A Conspiração Divina

A Conspiração Divina

Redescobrindo nossa vida oculta em Deus

Dallas Willard

Tradução de Elissamai Bauleo

Título original: *The Divine Conspiracy*
Copyright © 1997 Dallas Willard

Todos os direitos reservados por Vida Melhor Editora LTDA.

Os pontos de vista desta obra são de responsabilidade de seus autores e colaboradores diretos, não refletindo necessariamente a posição da Thomas Nelson Brasil, da HarperCollins Christian Publishing ou de sua equipe editorial.

Publisher	*Samuel Coto*
Editores	*André Lodos Tangerino e Brunna Castanheira Prado*
Preparação	*Carlos Augusto Pires Dias*
Revisão	*Davi Freitas e Eliana Moura Mattos*
Diagramação	*Sonia Peticov*
Capa	*Douglas Lucas*

DADOS INTERNACIONAIS DE CATALOGAÇÃO NA PUBLICAÇÃO (CIP)
(Benitez Catalogação Ass. Editorial, Campo Grande/MS)

W68c
 Willard, Dallas
  A conspiração divina: redescobrindo nossa vida oculta em Deus / Dallas Willard; tradução de Elissamai Bauleo. — 1.ed. — Rio de Janeiro: Thomas Nelson Brasil, 2021.
  512 p.; 15,5 x 23 cm.

  Título original: *Divine conspiracy*
  Bibliografia.
  ISBN 978-65-56891-94-1

1. Cristianismo. 2. Deus. 3. Moral cristã. 4. Prática cristã. 5. Vida espiritual. I. Bauelo, Elissamai. II. Título.

03-2021/94   CDD: 248.4

Índice para catálogo sistemático:
1. Vida espiritual : Prática cristã   248.4

Aline Graziele Benitez — Bibliotecária — CRB-1/3129

Thomas Nelson Brasil é uma marca licenciada à Vida Melhor Editora LTDA.
Todos os direitos reservados à Vida Melhor Editora LTDA.
Rua da Quitanda, 86, sala 218 — Centro
Rio de Janeiro — RJ — CEP 20091-005
Tel.: (21) 3175-1030
www.thomasnelson.com.br

O Reino dos céus é semelhante ao fermento que uma
mulher tomou e escondeu em três medidas de farinha,
até ficar tudo levedado.

JESUS DE NAZARÉ

Você já deve ter se perguntado muitas vezes por que o
Inimigo [Deus] não utiliza seus poderes para estar sensivelmente
presente nas almas humanas na esfera e no tempo que desejar.
Mas agora você vê que o Irresistível e o Incontestável são duas
armas que a própria natureza de seu desígnio o impede de
usar. Atropelar a vontade humana (o que aconteceria se ele se
tornasse perceptível, mesmo no nível mais tênue e mínimo) não
valeria de nada para ele, porque não pode violentá-los, pode
apenas encantá-los. Pois sua ideia desprezível é fazer duas coisas
incompatíveis ao mesmo tempo; as criaturas devem ser um com
ele, sem deixar de ser elas mesmas; simplesmente anulá-las ou
assimilá-las não servirá aos seus propósitos. […] Mais cedo
ou mais tarde, irá retirar, se não de fato, pelo menos de sua
experiência consciente, todo apoio e incentivo. Deixará a criatura
andar com suas próprias pernas — a fim de executar a partir
da própria vontade aqueles deveres que já perderam o atrativo.
[…] O Inimigo não pode "tentá-los" para a virtude da mesma
forma que "tentamos" para o vício. Ele quer que eles aprendam
a andar sozinhas e deve, por isso, retirar a sua mão. […] Não
haverá um perigo maior para a nossa causa do que quando um
ser humano, que não mais deseja, mas ainda assim pretende fazer
a vontade de nosso Inimigo, olhar ao redor, para um universo
do qual todo traço dele parece ter desaparecido, e perguntar-se
por que foi abandonado e ainda obedece.

MALDANADO
C. S. LEWIS, *Cartas de um diabo a seu aprendiz*

R. R. BROWN

JOE HENRY HANKINS

JOHN R. RICE

LEE ROBERSON

J. I. WILLARD

"Naquele tempo havia gigantes na terra."

Sumário

Prefácio	9
Introdução	13
Agradecimentos	19

1. Entrando desde já no tipo eterno de vida — 21

2. Evangelhos de administração de pecados — 62

3. O que Jesus sabia: um mundo impregnado de Deus — 93

4. Quem é realmente afortunado? As bem-aventuranças — 138

5. A justiça e o coração do reino: além da bondade de escribas e fariseus — 176

6. Investindo nos céus: escapando dos enganos da reputação e da riqueza — 245

7. A comunidade de amor e oração — 278

8. Sobre ser um discípulo de Jesus — 345

9. Um currículo para a imitação de Cristo — 393

10. A restauração de todas as coisas — 470

Índice	501
Referências bíblicas	508

Prefácio

A Conspiração Divina é o livro que procurei a vida inteira. Como o teto da Capela Sistina pintado por Michelangelo, trata-se de uma obra-prima, um prodígio; e, como os famosos afrescos, apresenta a Deus como um ser real e presente, sempre em busca da humanidade. Apesar de muitas coisas me impressionarem neste livro, gostaria de mencionar algumas.

Em primeiro lugar, impressiona-me a natureza abrangente deste livro. Ele me dá uma *Weltanschauung*, uma visão de mundo. Proporciona-me uma filosofia conceitual a partir da qual sou capaz de entender o significado e o propósito da existência humana. Mostra-me como desvelar o sentido do registro bíblico em sua íntegra. Ajuda-me a ver como são inteligentes, vitais e intensamente práticos os ensinos de Jesus.

É surpreendente a abrangência dos temas abordados: da redenção e justificação da alma ao discipulado; do nosso crescimento na graça até a morte; do nosso estado na terra à nossa existência celestial. Com muito acerto, os capítulos centrais concentram-se nos ensinamentos de Jesus, encontrados no Sermão do Monte. Mas Willard os expõem com tanta maestria, que, na verdade, aprendemos sobre toda a Bíblia — de fato, sobre a nossa vida por inteiro perante Deus.

Sua análise da vida contemporânea também é notável e abrangente. De modo incisivo, Willard revela a pretensão de diversas teorias, fatos e técnicas do materialismo secular contemporâneo, provando que "em nada respondem às questões absolutas da existência e da vida". Tampouco o panorama religioso contemporâneo escapa ao seu olhar incisivo. Talvez na frase mais reveladora do livro, Willard menciona várias "teologias de administração de pecado" que assolam as igrejas de hoje, conservadoras e liberais. Este é um livro que amplia os meus horizontes, levando-me a enxergar o quadro geral.

A CONSPIRAÇÃO DIVINA

Em segundo lugar, impressiona-me a acessibilidade deste livro. Não somente os assuntos analisados aqui são de extrema importância, como também são apresentados de forma compreensível, legível e aplicável. Talvez eu temesse que um filósofo mundialmente renomado fosse incapaz de expor a minha condição de uma forma inteligível para mim, entretanto eu estava errado. Vez após vez, vi-me refletido nos *insights* do Dr. Willard sobre a natureza humana.

Além disso, todos os assuntos tratados por Willard são intensamente práticos. Nunca permitindo às questões permanecerem no plano teórico, ele as tece constantemente na trama da experiência diária. Suas histórias encantam. Acima de tudo, Willard lida com temas humanos absolutamente fundamentais, mas de maneira incrivelmente sábia e racional.

Nenhum outro capítulo do livro o evidencia melhor do que o capítulo nove: "Um currículo para a imitação de Cristo". Ele é rico em conselhos práticos sobre como alguém pode vir a amar, honrar e obedecer consistentemente a "Deus, o Pai, o Todo-poderoso, criador dos céus e da terra".

Em terceiro lugar, impressiono-me com a profundidade deste livro. Willard é especialista em captar as ideias centrais dos ensinamentos de Jesus, talvez por levá-lo a sério como um Mestre inteligente e competente. Willard escreve: "Jesus não é apenas bonzinho, ele é brilhante".

Neste ponto, devo comentar a profundidade pedagógica da passagem que viemos a chamar de Sermão do Monte. Muitos escritores transformam as palavras penetrantes de Jesus em um novo conjunto de regras esmagadoras. Outros, ao perceber que esses ensinos são impossíveis de obedecer, tentam relegá-los a outra época, outro lugar, outra dispensação. Aqueles que rejeitam essas duas opções normalmente imaginam o sermão do monte apenas como um conjunto variado de belos dizeres, reunidos por compiladores desconhecidos — interessantes se lidos de forma poética, mas não tendo nada de essencial a oferecer para o modo como vivemos hoje. Qual é, pergunto-me, a contribuição que Willard poderia nos oferecer?

A resposta é simples: um banquete que satisfaz a alma. Até este momento, jamais havia lido um autor tão eficaz para alcançar o

PREFÁCIO

âmago dos ensinos de Jesus. Por exemplo, a análise que Willard faz das "bem-aventuranças" é simplesmente deslumbrante, transtornando muitas das ideias comuns que temos a respeito dessa famosa passagem. Só essa análise já vale o livro. No entanto, Willard nos oferece mais, muito mais — nossa mente e nosso coração alimentam-se.

E isso me leva à quarta e última observação: impressiona-me o caráter terno deste livro. Raras vezes encontrei um autor de intelecto tão perspicaz, combinado com um espírito tão generoso. Sem dúvida, Willard uniu sua capacidade intelectual à sua sensibilidade e, dessa posição, conseguiu tocar não somente o nosso intelecto, mas também o nosso coração.

Dallas Willard ministra palavras de graça e de misericórdia a todos nós, especialmente àqueles que são esmagados pelo mundo em que vivemos: "Os reprovados, os fracassados, e os esgotados; os falidos e os aflitos; os viciados e os divorciados; os aidéticos e os herpéticos; os deficientes mentais e os doentes terminais; as estéreis e as grávidas de filhos indesejados; os que trabalham demais, os que trabalham pouco e os desempregados; os enganados, os empurrados para o lado, os substituídos; os pais com filhos vivendo na rua, os filhos com pais que definham na casa de "repouso"; os solitários, os incompetentes e os ignorantes". Nesse e em tantos outros aspectos, descubro que, com compaixão, este livro vem ao nosso encontro onde "vivemos, nos movemos e existimos" [cf. At 17:28].

Particularmente, eu posicionaria *A Conspiração Divina* em rara companhia: ao lado dos escritos de Dietrich Bonhoeffer e John Wesley; João Calvino e Martinho Lutero; Teresa de Ávila e Hildegard von Bingen; e talvez de Tomás de Aquino e Agostinho de Hipona. Se a *parousia* não acontecer em breve, este é um livro para o próximo milênio.

RICHARD J. FOSTER

Introdução

Minha esperança é conquistar uma nova audiência para Jesus, especialmente entre aqueles que creem que já o entendem. Francamente, no caso de Jesus, a familiaridade presumida conduziu ao desconhecimento; o desconhecimento, ao desprezo; e o desprezo, à profunda ignorância.

Hoje, pouquíssimas pessoas acham Jesus uma pessoa interessante ou indispensável para o decurso de suas vidas. Em geral, ele não é considerado uma personalidade real ou alguém que lida com questões reais da vida, porém é tido como alguém preocupado com algum tipo de reino encantado, não com o mundo que devemos *enfrentar*, e enfrentar *agora*; e, francamente, ele não é tido como uma pessoa muito habilidosa (muito capaz).

Jesus é visto quase que automaticamente como uma figura mágica — um peão, ou talvez um cavalo ou um bispo em algum tipo de jogo religioso, — cuja vida se encaixa apenas nas categorias de dogma e de lei. Dogma é aquilo em que você deve crer, quer creia, quer não; e lei é aquilo que você precisa fazer, quer seja bom para você, quer não. Em contraste, o que devemos crer ou fazer *agora* corresponde com a vida real, repleta de coisas e pessoas interessantes, assustadoras e relevantes.

A verdade, porém, é que Jesus e suas palavras nunca pertenceram às categorias de dogma e lei, e interpretá-los dessa maneira é deixar de compreendê-los. Em essência, as palavras de Jesus são subversivas em relação a sistemas e formas de pensamento estabelecidos, algo evidente no modo como entraram pela primeira vez no mundo, em seus efeitos iniciais, em como foram preservadas nos escritos do Novo Testamento e na forma como continuam vivas em seu povo. O próprio Jesus descreveu suas palavras como "espírito e vida" (Jo 6:63). Elas invadem nosso mundo "real" com uma realidade ainda maior do que a nossa, o que explica o porquê de o ser humano, tanto na época de Jesus quanto agora, ter de se proteger delas.

O dogma e a lei — de modo errôneo, porém compreensível — cercaram-se de um ar de arbitrariedade. Devido à maneira como nossa mente se desenvolveu no decorrer da história, o dogma e a lei, para a maioria das pessoas de hoje, simplesmente significam aquilo que Deus *quis*. Tal ponto de vista torna ambos importantes e perigosos, fato devidamente reconhecido, mas também rompe qualquer conexão com nossa percepção de como as coisas realmente são, isto é, nossa percepção com a verdade e a realidade. A "vida real" é a nossa verdade e a nossa realidade. É lá onde as coisas realmente acontecem, não em uma esfera de suposições e achismos que apenas ameaçam tornar a vida mais difícil, ou mesmo insuportável.

A vida e as palavras que Jesus trouxe ao mundo vieram em caráter de informação e realidade. Ele e seus primeiros companheiros surpreenderam o mundo antigo por lhe trazerem uma corrente de vida no sentido mais profundo, com a melhor informação possível sobre as questões mais importantes. Tratava-se de questões com as quais a mente humana conflitava seriamente há um milênio ou mais, mas sem muito sucesso. Desse modo, a mensagem inicial não foi experimentada como algo cujos ouvintes *tinham* de crer ou fazer se quisessem evitar que algo ruim, sem qualquer conexão essencial com a vida real, sucedesse. As primeiras pessoas impactadas por essa mensagem normalmente concluíam que seriam tolas se a desconsiderassem. Essa era a base de sua conversão.

O próprio Jesus era considerado alguém digno de admiração e respeito, alguém tido em alta consideração e uma pessoa de grande habilidade. Adorá-lo envolvia esse respeito — ao contrário de hoje, quando o desconsideramos. Tal atitude era transmitida naturalmente em nomes e frases do Novo Testamento, como "Príncipe da paz", "Senhor da glória", "vida abundante", "insondáveis riquezas de Cristo" etc. Hoje, essas frases estão destituídas de boa parte de seu conteúdo intelectual e prático.

É a falha de entender Jesus e suas palavras como realidade e informação vitais sobre a vida que explica o porquê de, hoje, não ensinarmos rotineiramente àqueles que lhe professam lealdade fazer o que ele afirmava ser o melhor. Levamo-los a professar lealdade a

Jesus, ou simplesmente esperamos que o façam; em seguida, porém, paramos por aí, devotando esforços que nos restam para "atraí-los" para isto ou aquilo.

É verdade que você encontrará poucos eruditos ou líderes em círculos cristãos que negam que devemos fazer discípulos ou aprendizes de Jesus e ensiná-los a fazer todas as coisas que Jesus falou. Há alguns poucos aqui e ali, os quais não têm, contudo, muita influência; afinal, suas instruções sobre o assunto são categóricas e claras. O problema é que simplesmente não obedecemos à instrução de Jesus. Não tentamos segui-la com seriedade; e, mesmo que quiséssemos, não sabemos como fazê-lo. Basta olhar com honestidade para nossa agenda religiosa e constatar esse fato. Entristece-me dizer essas coisas, e não desejo condenar ninguém. No entanto, trata-se de uma questão de extrema importância e, a menos que isso seja reconhecido abertamente, nada poderá ser feito a respeito.

Destarte, vemo-nos forçados a procurar por uma explicação para essa condição. Como a instrução pode ser tão clara e, ao mesmo tempo, não haver qualquer tentativa de cumpri-la? Podemos estar certos de que o problema jaz no profundo das ideias que governam automaticamente nosso pensamento sobre quem somos, como cristãos e seres humanos, e sobre a relevância de Jesus para o nosso cosmos e a nossa vida.

De fato, o problema jaz muito além de qualquer coisa que porventura nos leve, com razão, a nos sentirmos culpados — uma vez que, na verdade, não diz respeito a qualquer coisa que fazemos ou deixamos de fazer. A questão é que, dado o contexto de nossa formação mental e espiritual, *não podemos deixar* de pensar e agir assim. Por isso, qualquer mudança significativa poderá ocorrer apenas pelo rompimento da fortaleza de ideias e conceitos que afastam automaticamente Jesus, "o Príncipe da Vida", quando surgem questões relacionadas ao domínio concreto da nossa vida.

Seja qual for, em última análise, a explicação para isso, o aspecto mais notório acerca do cristão contemporâneo reside no fato de ele não estar convencido de que entender a doutrina de Cristo e se conformar a ela é de importância vital para sua vida, nem de que ela é sequer essencial. Nós — incluindo multidões que se distanciaram de qualquer associação formal com Jesus — ainda nos sentimos culpados com respeito a esses ensinamentos, evidenciando-o com um sorriso apreensivo ou um olhar revelador. Contudo, tal obediência, penso eu, normalmente é considerada como simplesmente fora de cogitação ou impossível. A razão está no fato de a obediência ser, em grande medida, pensada apenas em termos de lei, tema a respeito do qual teremos muito a dizer no decorrer deste livro.

De qualquer maneira, mais do que qualquer aspecto particular, *a irrelevância prática da obediência a Cristo* serve de explicação para o enfraquecimento do cristianismo no mundo contemporâneo, algo evidenciado por sua tendência cada vez maior na ênfase da ação política e social como a forma principal de servir a Deus. Também serve de explicação para a irrelevância prática da fé cristã ao desenvolvimento do caráter individual, da sanidade e do bem-estar pessoal.

Minha esperança com este livro é apresentar uma explicação do evangelho que abrirá o caminho para que o povo de Cristo faça — isto é, faça mais uma vez, conforme já fez no passado — aquilo que seu reconhecido Maestro determinou. Talvez chegue o dia em que a "Grande Comissão" de Mateus 28:18-20 será plena e rotineiramente implementada como o objetivo das igrejas cristãs, a sua "declaração de missão", em termos individuais e coletivos.

Cristãos ainda escutam Jesus dizer: "Quem ouve estas minhas palavras e as pratica é como um homem prudente que construiu a sua casa sobre a rocha", posicionando-se firme contra toda pressão da vida (Mt 7:24). Quão vivificante seria se o nosso entendimento do evangelho simplesmente nos levasse a responder: "Eu vou cumpri-las! Descobrirei o que elas significam; devotarei minha vida à tarefa; é a melhor estratégia de vida da qual já escutei!". Então, daríamos um passo a mais na comunhão com a comunidade e com os mestres cristãos, aprendendo a viver naquele reino que Jesus ensinou ser o melhor.

MEUS PRESSUPOSTOS
A RESPEITO DA BÍBLIA

Em tal projeto, é tentador entrar em conflito — de longa data e atualmente chegando a um ponto de ebulição — sobre a necessidade do "verdadeiro" Jesus e de suas palavras para nós. Por não fazer parte desse conflito, simplesmente declararei meus pressupostos sobre a Bíblia: do lado humano, considero que ela tenha sido produzida e preservada por seres humanos competentes, pelo menos tão inteligentes e devotos como nós o somos hoje. Considero que eles eram plenamente capazes de interpretar sua própria experiência e apresentar objetivamente o que ouviram e experimentaram na linguagem de sua comunidade histórica, a qual também podemos entender se nos aplicarmos com a devida diligência.

Do lado divino, considero que Deus tenha sido competente na concretização de seu anseio de fazer com que a Bíblia, incluindo seu registro sobre Jesus, aparecesse e fosse preservada de modo a assegurar seus propósitos para ela entre seres humanos do mundo todo. Aqueles que já creem em Deus não terão problema algum com isso. Eu considero que Deus não planejou, nem o *faria*, que a sua mensagem para a humanidade fosse preservada de modo que seu conteúdo pudesse ser entendido apenas por um punhado de eruditos profissionais do fim do século XX, os quais não conseguem sequer concordar entre si quanto às teorias que eles pressupõem e que determinam a natureza da mensagem.

A Bíblia é, afinal, o dom de Deus para o mundo por meio de sua Igreja, e não para os eruditos. Ela surge pela vida de seu povo e nutre essa mesma vida. Seu propósito é prático, não acadêmico. Uma leitura inteligente, cuidadosa, intensa, mas direta — isto é, uma leitura não governada por teorias obscuras e passageiras, nem por uma ortodoxia irracional — é o que se requer para nos direcionar à vida no reino de Deus. Eu creio que qualquer outra abordagem à Bíblia entra em conflito com a imagem do Deus que, conforme o consenso de todos, surge de Jesus e sua tradição. Até que ponto minha crença pessoal pode ser condenável por se firmar em argumento circular, cabe ao leitor filosoficamente atento ponderar.

Traduzi e parafraseei livremente as passagens bíblicas, com o objetivo de ressaltar o que parecia importante. Ao citar versões diferentes da Nova Versão Internacional, isso será indicado.

COMPLETANDO UMA SÉRIE

Com este livro, completo uma trilogia sobre a vida espiritual daqueles que se tornaram convictos de que Jesus é o Messias. No primeiro livro, *In Search of Guidance* [À procura de orientação], procurei elucidar, do modo mais claro possível, a qualidade íntima da vida com ele como "um relacionamento conversacional com Deus".

Mas esse relacionamento não é algo que acontece automaticamente, e não o recebemos por infusão passiva. Assim, o segundo livro, *The Spirit of the Disciplines* [O espírito das disciplinas], explica como os discípulos ou os alunos de Jesus podem interagir efetivamente com a graça e o Espírito de Deus a fim de acessar plenamente as provisões e o caráter a nós destinados no dom da vida eterna.

Entretanto, o discipulado ou o aprendizado de Jesus não é mais, em nossos dias, tido como algo essencial à fé nele. Antes, é considerado como uma opção dispendiosa, um luxo espiritual, ou mesmo uma fuga. O raciocínio geralmente é: por que nos preocuparmos com discipulado quando temos um relacionamento conversacional com Deus? Preocupemo-nos apenas com aquilo que devemos *fazer*.

Este terceiro livro, então, apresenta o discipulado de Jesus como a própria essência do evangelho. A verdadeira boa notícia para a humanidade é que, agora, Jesus está aceitando alunos no *master class* da vida. A vida eterna, que começa com a confiança em Jesus, é uma vida em seu reino presente, agora na terra e disponível a todos. Assim, a mensagem a seu respeito é especificamente um evangelho para a nossa vida agora, não apenas para a morte. Diz respeito a viver, agora, como o seu aprendiz na vida do reino, e não apenas como consumidor de seus méritos. Nosso futuro, a despeito de quão distante olhemos, é uma extensão natural da fé pela qual vivemos hoje e a vida da qual hoje participamos. Já estamos navegando na eternidade, cujo curso já está acontecendo, quer gostemos, quer não.

Nesta trilogia, há pouquíssima informação nova, embora boa parte dela tenha sido esquecida. De fato, se eu achasse que a informação era nova, certamente não a defenderia ou publicaria. Para ver que ela é antiga, e que foi apenas recentemente esquecida, precisamos apenas compará-la com os escritos de P. T. Forsyth, C. S. Lewis, Frank Laubach, E. Stanley Jones e George MacDonald, dentre muitos outros do passado recente. Em seguida, se quisermos, podemos prosseguir na consulta das grandes fontes pós-bíblicas, como Atanásio, Agostinho, Anselmo, Tomás, Lutero e Calvino — e, finalmente, aos ensinos sobre o mundo, a alma e Deus que jazem ricamente nas passagens da própria Bíblia.

Agradecimentos

Sou grato a amigos e leitores que me encorajaram e aconselharam no decorrer dos anos. Nesta etapa da vida há tantos, que não sou capaz de sequer começar a mencioná-los individualmente. Porém, algumas pessoas dedicaram um esforço substancial ao refletir sobre alguns capítulos deste livro e me aconselharam a elaborá-los melhor.

Isso é especialmente verdade em se tratando de Bart Tarman, Ken Yee, John Ortberg, Trevor Hudson, Gary Rapkin, Scott Hilborn, Lynn Cory, Larry Burtoft, Greg Jesson, Richard Foster, Jim Smith, Randy Neal, Roger Freeman e Jane Lakes Willard.

Tenho uma dívida especial ao bom senso de linguagem e composição de Patricia Klein e sua persistência em me ajudar a dizer, tão claramente quanto possível, o que tenho de dizer. Ela realmente se dedicou ao conteúdo deste livro, e por isso sou-lhe grato. Virginia Rich e Terri Leonard fizeram grandes melhorias no livro pelo uso de suas habilidades editoriais, e as palavras de encorajamento de Mark Chimsky realmente me fortaleceram a terminar a tarefa. Bill Heatley e John S. Willard me ajudaram na correção final.

Além disso, Jane, Richard e Lynda Graybeal tornaram possível minha escrita, especialmente por se oporem contra minha prontidão de aceitar diversos compromissos, o que tornaria este escrito impossível. Contudo, sem Jane, este livro, por muitas razões, jamais teria sido produzido. Sua amável paciência, insistência e auxílio foram, como sempre, incomparáveis e indispensáveis. Este livro é dela.

DIA DE TODOS OS SANTOS, 1997

1
Entrando desde já no tipo
eterno de vida

O cuidado de Deus pela humanidade era tão grande,
que ele enviou seu único Filho entre nós, para que
aqueles que confiam nele não levem um tipo fútil de
existência, mas tenham a vida imortal do próprio Deus.

[Paráfrase de] João 3:16

A boa notícia de Jesus, então, era que o Reino de
Deus havia chegado, e que ele, Jesus, era seu arauto
e expositor aos homens. Mais do que isso: de modo
um tanto misterioso e especial, Jesus *era* o Reino.

Malcom Muggeridge, *Jesus: the man who lives*
[Jesus: o homem que vive]

VIDA NO ESCURO

Recentemente, uma piloto praticava manobras de alta velocidade em um caça. Acionando o controle do avião para o que pensava ser um impulso íngreme para cima, voou diretamente para o chão. Ela não se deu conta de que estava voando de cabeça para baixo.

Trata-se de uma parábola da existência humana em nosso tempo. Não que todo mundo esteja colidindo, embora isso seja bastante comum; a questão é que a maioria de nós, como indivíduos e a sociedade como um todo, vive em alta velocidade, normalmente despercebidos a respeito de estarmos voando da maneira certa ou de cabeça para baixo. Na verdade, somos assombrados por uma forte suspeita de que pode não haver qualquer diferença entre uma coisa e outra — ou pelo menos que tal diferença seja desconhecida ou irrelevante.

Rumores das alturas intelectuais

Essa suspeita tem tido a força do dogma silencioso nos maiores centros de aprendizado do Ocidente. Evidentemente, devemos presumir, na prática, que existe um lado correto com respeito ao modo pelo qual devemos viver. O problema é que, segundo igualmente se presume, esse lado certo não diz respeito ao *conhecimento*.

Derek Bok foi presidente da Universidade de Harvard por muitos anos. Em seu "Relatório do Presidente" para o período 1986-1987, Bok mencionou algumas falhas morais bem conhecidas nos círculos financeiros e na vida política da nação. O então presidente da instituição indagou, em alto e bom som, o que as universidades podiam fazer para fortalecer o caráter moral dos graduandos.

As "instituições religiosas", prosseguiu, "já não parecem tão aptas quanto já foram para incutir valores fundamentais nos jovens. Nessas circunstâncias, as universidades, incluindo Harvard, devem pensar seriamente sobre o que podem fazer diante do que muitos consideram como declínio generalizado nos padrões éticos".[1]

Bok destaca que, em outras épocas, "o objetivo da instrução era [...] alimentar uma crença em valores morais amplamente aceitos" (p. 10). Agora, tudo está diferente: "Hoje em dia, o curso em ética aplicada não procura transmitir um conjunto de verdades morais, porém tenta encorajar o aluno a pensar cuidadosamente acerca de questões morais complexas". Percebemos que o pressuposto de sua discussão é que esses dois objetivos são mutuamente excludentes.

"A meta principal do curso", Bok prossegue, "não é divulgar 'respostas certas', porém levar os alunos a uma percepção maior na detecção de problemas éticos quando surgirem, além de familiarizá--los mais com o melhor do pensamento ético acumulado no decorrer dos séculos, capacitando-os a refletir sobre as questões éticas que enfrentarão na vida" (p. 10).

Posteriormente, Bok cita Carol Gilligan, segundo o qual, "nos anos universitários, o desenvolvimento moral se centraliza na mudança de ideologia moral para responsabilidade ética" (p. 30). Não devemos deixar de notar que Bok coloca "respostas certas" entre aspas, enquanto Gilligan sustenta que aquilo que um aluno tem antes da universidade é "ideologia" — isto é, *crenças e atitudes irracionais*. Em outras palavras, expressam com fidelidade o ponto de vista intelectual aceito nas crenças morais comuns que orientam a existência humana.

Ao final de seu relatório, próximo da conclusão, o reitor Bok observa: "Apesar da importância do desenvolvimento moral ao aluno individual e à sociedade, não podemos dizer que o ensino superior tenha demonstrado preocupação profunda com o problema. [...] Especialmente em grandes universidades, o assunto não é tratado como responsabilidade séria, digna de discussão contínua e de ação determinada pelo corpo docente e pela administração" (p. 31).

Todavia, a falta de vontade dos educadores, destacada corajosamente por Bok, é inegável. Caso tivesse atravessado o Harvard

---

[1]BOK, Derek. *The President's Report 1986-1987* [Relatório do presidente]. Cambridge: Harvard University Press, 1987, p. 2-3. Compare com o último capítulo de seu *The Cost of Talent* [O custo do Talento] (Nova Iorque: Free Press, 1994).

Yard até o Emerson Hall e consultado alguns dos pensadores mais influentes do país, Bok teria descoberto que *não há, agora, conhecimento moral reconhecido apoiado no qual projetos de incentivo moral podem ser fundamentados.*

Hoje em dia, não existe uma única conclusão moral acerca de comportamento ou caráter sobre a qual um professor poderia basear as notas de um aluno — nem sequer as características mais apreciadas por educadores, relacionadas à justiça e à diversidade. Se, por exemplo, você diminuísse a nota de um aluno por defender, em uma avaliação, a discriminação como algo moralmente aceitável, o aluno poderia contestar a nota para a administração; e se essa posição a respeito da aceitabilidade moral da discriminação fosse o único ponto em questão, o aluno ganharia.

O professor seria lembrado de que não estamos aqui para impor nosso ponto de vista sobre os alunos, "a despeito de quão enganado o aluno possa estar". Caso a administração da universidade não chegasse a essa decisão, uma corte jurídica não demoraria por fazê-lo.

Naturalmente, se um aluno escrevesse seriamente em um teste que 7 vezes 5 é igual a 32, ou que Colombo descobriu a América em 1520, nesses casos teríamos a permissão de "impor nosso ponto de vista". Não importaria por qual meio o aluno chegou a essas conclusões, já que questões assim — polêmicas à parte — são tidas por definidas. É isso que marca a diferença.

Por que ficar surpreso?

Se, contudo, não existe hoje em dia um corpo de conhecimento moral em nossa cultura, então diversas coisas sobre as quais pessoas de alta posição expressam surpresa não têm, afinal, nada de surpreendente. Robert Coles, professor de psiquiatria e humanidades médicas de Harvard, conhecido pesquisador e comentarista em assuntos de cunho social e moral, publicou um artigo no jornal *Chronicle of Higher Education* [Crônica do Ensino Superior] acerca da "Disparidade entre Intelecto e Caráter".[2] O artigo diz respeito à "tare-

---

[2] "*Point of View*" [Ponto de vista], por Robert Coles, *The Chronicle of Higher Education* [Crônica do Ensino Superior], 22 de setembro de 1995, p. A68. Muitos outros

fa de juntarmos o intelecto ao caráter". Segundo o autor, a tarefa é "desafiadora".

O ensaio foi motivado por uma conversa com uma aluna quanto à questão da insensibilidade moral — por que ele não diz "comportamento imoral"? — por parte de outros alunos, alguns dos melhores e mais brilhantes de Harvard. Essa aluna era uma jovem "de família de classe trabalhadora, do centro-oeste", onde, conforme sabemos, coisas como "respostas certas" e "ideologia" continuam fortes. Ela limpava os dormitórios como forma de ajudar a pagar a universidade.

Vez após vez, segundo relatou a Coles, a jovem foi maltratada por alunos da mesma classe, por causa de sua condição econômica humilde, sem o mínimo de cortesia e respeito; com frequência, colegas de sala lhe foram rudes e desrespeitosos. Repetidas vezes, certo aluno insinuou-se para essa moça enquanto ela limpava o seu quarto. Tratava-se de um jovem com o qual havia feito dois módulos do curso "raciocínio moral", no qual se destacara e recebera as notas mais altas.

Esse tipo recorrente de tratamento levou-a a desistir do trabalho e abandonar os estudos — e a se submeter a algo semelhante a uma "entrevista de saída" com Coles. Após repassar o comportamento não apenas de colegas da universidade, mas também uma longa lista de pessoas altamente educadas que perpetraram atrocidades pelas quais o século XX é conhecido, sua conclusão foi a seguinte: "Tenho participado de todos esses cursos de filosofia, nos quais falamos

---

comentadores sociais do nosso tempo partilham da perspectiva de Coles. Em seu livro *The Revolt of the Elites and the Betrayal of Democracy* [A revolta das elites e a traição da democracia], Christopher Lasch examina nossa inabilidade contemporânea de responsabilizar as pessoas. Lasch observa, com aprovação, o chamado de muitos organizadores comunitários à compaixão daqueles que precisam de ajuda, e então acrescenta: "Mas é nossa relutância em exigir uns dos outros, muito mais do que nossa relutância de ajudar aqueles que estão em necessidade, que tem sugado, hoje, a força da democracia" (Nova Iorque: W. W. Norton, 1995, p. 107). No momento, porém, sofremos de algo muito pior do que "ignorância ética de pessoas que temos por eruditas", conforme Gordon Keith Chalmers disse há algumas décadas. (*The Republic and the Person* [A república e o indivíduo], Chicago, Henry Regnery Company, 1952, p. 4). Sofremos do dogma intelectual de que, em questões relacionadas ao que deve ser feito, o desconhecimento é generalizado; tudo não passa de sentimentos e pressão política. Em termos psicológicos e sociais, é impossível chamar outros (ou nós mesmos) à responsabilidade em tal contexto intelectual. Tudo que podemos fazer é gritar com os outros — algo que, de fato, fazemos.

sobre o que é verdadeiro, o que é importante, o que é *bom*. Como, afinal, *ensinar alguém a fazer alguma coisa* boa?". E então complementou: "Qual o propósito de *saber* a respeito do que é bom se não procuramos *nos tornar* pessoas boas?".

No artigo, o professor Coles dá continuidade ao seu argumento, comentando a respeito de como todas as tentativas de dar à moça uma resposta satisfatória foram ineficazes. Coles parece genuinamente pesaroso do fato de *não poder fazer muito* em resposta à desilusão da aluna; em nenhum momento, porém, encara o fato de não ter confrontado os seus alunos quanto a não desprezarem alguém cujo trabalho é servil, nem se insinuarem a uma colega de classe ou a qualquer outra que esteja limpando o seu quarto.

Não havia perguntas a respeito desses assuntos nas avaliações aplicadas por Coles. Ele nunca lida com o fato de não poder usar hoje esse tipo de pergunta em uma prova, pois ninguém reivindica conhecer as respostas. Nessa situação, o problema é menos de conexão entre caráter e intelecto e mais de ligação entre as realidades intelectuais, morais e espirituais. O problema é precisamente que o caráter *está* conectado ao intelecto; por outro lado, temos o desafio de definir o que está contido ou não *no* intelecto.

De fato, atualmente há certo consenso de que ninguém é capaz de, em princípio, *conhecer* a verdade de uma teoria moral, muito menos uma regra específica. Você jamais poderia avaliar alguém por defender a verdade ou falsidade do utilitarismo ou do kantismo. Podemos apenas saber *acerca* de tais teorias e princípios, refletindo a seu respeito com níveis diferentes de percepção. Podemos articulá-los de modo brilhante. Foi assim que o jovem obtentou as melhores notas. Evidentemente, porém, isso não teve qualquer efeito sobre o seu caráter ou comportamento moral, visto corresponder apenas com competência literária, histórica ou lógica, não com conhecimento moral. Ademais, no caso de você já estar voando de cabeça para baixo sem saber, sua inteligência não lhe servirá de nada.

O poder incrível de "meras ideias"

Diga-se, contudo, que Bok e Coles são reconhecidos, ampla e justificadamente, como pessoas de ótimo caráter e intelecto. Ambos estão preocupados com as consequências práticas de uma cultura cujo ponto de vista aceito é que aquilo que é bom e correto não está sujeito a um tipo de conhecimento norteador, capaz de orientar a ação das pessoas e segundo o qual podem ser responsabilizadas. Ambos não têm como eliminar esse ponto de vista, tampouco, penso eu, desejariam fazê-lo. No entanto, Bok e Coles parecem não perceber a inutilidade total de resistir às consequências práticas sem primeiro eliminar esse ponto de vista da mentalidade popular e acadêmica.

John Maynard Keynes, talvez mais profundo como observador social do que como economista, comenta no final de seu livro mais conhecido que as "ideias de economistas e filósofos políticos, estejam estes certos ou errados, são mais poderosas do que comumente se imagina. Na verdade, pouca coisa além delas rege o mundo. O homem prático, cuja autopercepção é de alguém isento de quaisquer influências intelectuais, geralmente é escravo de algum economista morto. As autoridades loucas, daquelas que escutam vozes, destilam a sua loucura de algum acadêmico de alguns anos antes".[3]

Quem dera isso fosse verdade apenas nas esferas econômica e política! O fato, porém, é que isso vale para a vida em geral. É verdade sobre a religião e a educação, as artes e a mídia. As palavras de Keynes se aplicam à vida como um todo: "Estou certo de que o poder do interesse ambicioso é grandemente exagerado em comparação com a invasão gradual das ideias". Não imediatamente, conforme ele reconhece, mas após certo período. "Cedo ou tarde, porém, são ideias, não interesses ambiciosos, que influenciam para o bem ou para o mal".

O poder de meras ideias é algo sobre o qual intelectuais comumente se enganam e, quer intencionalmente, quer não, também enganam o público. Eles se apropriam constantemente do fator mais poderoso da vida humana, as *ideias* — e, acima de tudo, ideias sobre o que é bom e correto. E a forma como as manipulam e aplicam permeia todos os aspectos do nosso mundo.

A queixa da jovem aluna de Harvard ao professor Coles é, na verdade, uma queixa sobre um sistema de ideias, isto é, sobre o que

---

[3]KEYNES, John Maynard. *The General Theory of Employment, Interest, and Money* [Teoria geral do emprego, do juro e da moeda]. Nova Iorque: Harcourt Brace, 1964, p. 383.

é bom e o que é correto. A esse sistema, o reitor Bok e o professor Coles sujeitam-se voluntariamente. O sistema é transmitido aos alunos (e ao leitor, e consumidor de produto intelectual) no decorrer das gerações e, desde o tempo em que a universidade se tornou o centro arbitrário do mundo da cultura, é transmitido, sem palavras, à sociedade em geral. Sua transmissão ocorre sob o disfarce de realidade simples, de modo que jamais precisa se justificar. Verdades realmente poderosas são precisamente aquelas que nunca precisam se justificar.

Ataques frequentes contra a "modernidade" e o "secularismo" normalmente erram quanto à raiz do problema. Não estamos essencialmente em uma batalha política, nem à mercê de algum tipo de conspiração social oculta. O "humanismo secular" é um movimento de ideias, não o trabalho de algum indivíduo em particular; além do mais, se considerarmos o movimento como um todo, perante ele o indivíduo não passa de mero peão em um jogo de xadrez.[4] A aparente trivialidade e irrelevância do "meramente acadêmico" representa aquilo que, em boa medida, ilude-nos sobre o poder de "meras ideias".

Meramente acadêmico?

Em 1889, o novelista francês Paul Bourget escreveu um romance intitulado *The Disciple* [O discípulo]. Nele, o autor narra a existência de um importante filósofo e psicólogo "genial", aparentemente perdido em coisas de cunho "meramente acadêmico", morando a quatro lances de escada do térreo e preso às rotinas de refeições, caminhadas, café e aulas. Três vezes por semana, recebia a visita de professores e alunos das quatro às seis da tarde; em seguida, jantava, fazia uma pequena caminhada, trabalhava um pouco mais e ia para a cama pontualmente às dez da noite. Sua existência era a de um homem erudito e inofensivo que, nas palavras de sua empregada doméstica, "não machucaria sequer uma mosca".

Entretanto, um dia, o acadêmico é intimado a depor em um inquérito criminal sobre um rapaz brilhante que, sendo seu aluno,

---

[4]Para uma abordagem substancial do assunto à luz de um ponto de vista particular, veja *Seven Men Who Rule the World from the Grave* [Sete homens que governam o mundo a partir do túmulo], por Dave Breese (Chicago: Moody Press, 1990).

ENTRANDO DESDE JÁ NO TIPO ETERNO DE VIDA

costumava subir aqueles quatro lances de escada para se embriagar de discussões iluminadoras e libertadoras. Na prisão, enquanto aguardava julgamento por homicídio, o jovem escreveu um relato do que havia feito e de como essas doutrinas libertadoras, entusiasticamente discutidas em termos abstratos, funcionaram perfeitamente na prática.[5] As consequências que resultam em homicídio são raras, mas acontecimentos mundiais e individuais navegam sobre as águas de um mar de ideias. Campos de execução no Camboja se originam de discussões filosóficas em Paris.[6]

Hoje, o absurdo da nossa existência recai sobre as massas da humanidade após diversas gerações de elites intelectuais e artísticas. Em sua forma moderna, isso emerge de um círculo restrito de intelectuais do fim do século XVIII e início do século XIX, restringido temporariamente e até certo ponto empregado nas artes plásticas dos séculos XIX e início do século XX. Grandes obras de literatura, música e pintura surgiram substancialmente em resposta à crise espiritual precipitada por mudanças gigantescas no âmbito das ideias. Entretanto, as artes plásticas capitularam ao absurdo em meados do século XX, tendo explorado brevemente o "fofo" como categoria estética, legitimando, então, alguns métodos banais e rápidos a partir dos quais o "fofo" e o "esperto" passaram a dominar as artes.

Há possibilidades estéticas tanto na fofura quanto na esperteza, bem como no sexo e na violência, mas elas são muito limitadas. Picasso é o exemplo mais familiar e brilhante de quão bem essa estética pode ser empregada, e de como se degenera. Conforme sabemos, porém, as massas podem ser "fofas" e "espertas", deixando de manifestar qualquer habilidade ou percepção artística. Como criadoras e consumidoras, elas preenchem o campo da cultura popular de hoje, um empreendimento econômico cuja relação com a arte é apenas ocasional e acidental. Atualmente, objetos de arte são rotulados como "produto" por aqueles que os manipulam, virando notícia

---

[5]Cf. a abordagem da questão, referindo-se ao romance, em *The Christian Faith in the Modern World* [A fé cristã no mundo moderno], por J. Gresham Machen (Grand Rapids: Eerdmans, 1968), p. 95-97.
[6]JOHNSON, Paul. *A History of the Modern World from 1917 to the 1980s*. London: Weidenfeld and Nicolson, p. 654-655.

apenas depois de roubados ou vendidos por somas exorbitantes de dinheiro. A arte está perdida na "arte" popular, assim como o esporte está perdido no "esporte" profissional; eis um paradoxo do mais alto nível. Impera o absurdo, e a confusão consegue disfarçá-lo.

Hoje, pela "arte" popular e pela mídia, o suposto absurdo da vida — que antes exigia muita criatividade por parte das elites para ser apreciada — é transmitido incautamente a milhões de pessoas. Ela chega até nós na forma de Bart e Homer Simpson, bem como por intermináveis seriados e novelas envolvendo médicos, advogados e policiais — sem contar as seleções e justaposições bizarras que nos são impostas por aquilo a que chamam de "noticiário". Tudo que precisa fazer é "ficar ligado", e então poderá chegar a um estado perpétuo de confusão e, em último caso, desespero — e isso sem qualquer esforço.

A jornada de Tolstoy

Talvez *Uma Confissão*, escrito por Tolstoy, seja o documento mais importante dos últimos dois séculos para entender nossa atual situação problemática. Os dogmas da incredulidade moderna haviam capturado seu círculo elitista de intelectuais, artistas e membros da aristocracia russa e, como consequência, destruíram gradativamente o fundamento da vida de Tolstoy. Com base nesses dogmas, apenas duas coisas são reais: partículas e progresso. "Por que eu vivo?", questionou. A resposta que recebeu foi: "Em espaço infinito, em tempo infinito, partículas infinitamente pequenas mudam de forma em um processo infinito de complexidade. Depois de entender as leis dessas mutações de forma, você entenderá o motivo pelo qual vive na terra" (p. 27).[7]

"Você é um pequeno amontoado acidental de alguma coisa", a história continua. "Este pequeno amontoado fermenta. O pequeno amontoado chama essa fermentação de 'vida'. O amontoado se

---

[7]TOLSTOY, Leo. *A Confession, The Gospel in Brief, and What I Believe* [Uma confissão: uma breve explicação do evangelho e no que eu creio]. Tradução de Aylmer Maude. Londres: Oxford University Press, 1958, p. 27.

desintegrará e levará ao fim da fermentação e ao fim de todos os questionamentos" (p. 31).

Todavia, o "amontoado" sonha com o progresso. "A fé da maioria das pessoas educadas de minha época", observa Tolstoy, "se expressava pela palavra 'progresso'. Naquele tempo, a palavra parecia-me significar alguma coisa. Ainda não compreendia que, sendo atormentado (como qualquer homem ativo) pela questão de qual seria a melhor maneira de viver, em minha resposta — "viva em conformidade com o progresso" — eu era como um homem em um barco que, levado pelo vento e pelas ondas, deve responder à questão mais primordial de todas — isto é: 'Para onde estamos indo?' — da seguinte maneira: 'Estamos sendo levados para algum lugar'" (p. 12).

Desde os tempos de Tolstoy, não houve nenhum avanço além dessa posição. Se você prestar atenção ao conteúdo dos mais aclamados programas de televisão ou livros acerca da "realidade" ou do cosmos, produzidos por pessoas como Carl Sagan ou Stephen Hawking, verá que tudo não passa de partículas e progresso. A melhor apresentação dos últimos anos é uma série da PBS chamada *A Glorious Accident* [Um acidente glorioso]. A única diferença da época de Tolstoy é que, conforme já indicado, a fé disfarçada por "científica" está disponível a todos, sem qualquer esforço.

E isso faz uma grande diferença. Tolstoy começou a cair em si depois de ter percebido que "eu e algumas centenas de pessoas semelhantes a mim não constituímos o todo da humanidade, e que eu ainda não conhecia a vida da humanidade" (p. 45). Tolstoy conseguia observar as massas, os camponeses, que, mesmo nas condições mais miseráveis, achavam significado e até doçura na vida. Eles não haviam escutado a respeito de "partículas e progresso". Mas isso já não é mais possível. Agora, camponeses assistem TV e consumem mídia constantemente. Agora, já não existem mais camponeses.

Sufocados em *slogans*

O manto de falta de significado intelectual permeia cada aspecto da nossa vida diária. Acontecimentos, coisas e "informação" nos inundam, oprimindo-nos, desorientando-nos com ameaças e possibilidades a respeito dos quais nós, na maior parte dos casos, não temos a menor ideia do que fazer.

A CONSPIRAÇÃO DIVINA

Comerciais, frases de efeito, *slogans* políticos e rumores intelectuais ambiciosos desorientam nosso espaço mental e espiritual. Nossa mente e corpo os absorve, assim como um terno escuro absorve fiapos. Eles nos decoram. Voluntariamente, ostentamos mensagens em camisetas, bonés — até no fundo das calças. Há um tempo, tivemos uma campanha nacional contra *outdoors* nas estradas, porém *outdoors* não são nada comparados ao que postamos por todo o corpo. Do nascimento à morte e cercados por toda parte, estamos imersos em um "barulho" — ora silencioso, ora não.

Não devemos nos espantar com aqueles que usam voluntariamente uma marca registrada na camiseta, no boné ou no sapato a fim de levarem outros a perceber quem eles são? Pense no tipo de mundo em que uma criança canta: "Quem dera eu fosse [certo tipo de] salsicha. É isso que realmente quero ser. Pois se eu fosse [esse certo tipo de] salsicha, todo mundo iria gostar de mim".

Imagine o que significaria *ser* uma salsicha, ou que alguém o amasse como você "ama" um cachorro-quente. Pense em um mundo em que adultos pagariam milhões de dólares para que crianças cantassem essa música em um "comercial" e no qual milhões ou bilhões de adultos não veriam problema algum nisso. Você está imaginando o *nosso* mundo. Se, para ser amado, alguém está disposto a se tornar uma salsicha, o que mais estará disposto a fazer? Devemos estranhar o nível epidêmico da depressão e de outros tipos de disfunção mental? Quem, exatamente, está voando de cabeça para baixo agora?

Em meio à confusão de garantias fragmentadas do passado, nosso anseio por bondade, justiça e aceitação — e orientação — faz-nos apegar a *slogans*, a marcas comerciais que ostentamos no corpo e a bugigangas compradas na loja de presentes. Em nossa profunda inversão, tudo isso parece profundo, quando, na verdade, não faz nenhum sentido: "Defenda seus direitos!" até que soa bem. E quanto a: "Tudo que devia aprender, aprendi no jardim de infância"? E "pratique bondade aleatória e atos irracionais de beleza"? E a lista continua.

Dizeres como esses contêm certo elemento de verdade. Mas, se você realmente tentar planejar sua vida com base neles, imediatamente estará em grande apuro. Tais ideias o levarão a um giro de 180 graus na direção errada; seria como basear sua vida em

Bart Simpson ou Seinfeld. Antes, tente algo como: "Defenda suas responsabilidades" ou "não sei o que deveria saber e por isso devo concentrar toda a minha atenção e força nessa descoberta" (considere Provérbios 3:7 ou 4:7) ou "pratique rotineiramente bondade intencional e atos de beleza inteligentes".

Colocar *essas ações* em curso imediatamente começa a trazer verdade, bondade, força e beleza à nossa vida; mas você nunca as encontrará em um cartão, em uma placa ou em um adesivo. Não são consideradas inteligentes. O que é realmente profundo é tido por estúpido e trivial — ou pior, como algo chato — enquanto aquilo que é realmente estúpido e trivial é tido por profundo. É isso que significa voar de cabeça para baixo.

O único aspecto realmente profundo na "estética da fofura" é a incrível necessidade da alma à qual ela incoerentemente responde. Sentimos a incoerência um pouco abaixo da superfície, e descobrimos a incoerência e a confusão como aspectos vagamente agradáveis e fiéis à vida: para que lutar por direitos em um mundo no qual poucas pessoas lutam por suas responsabilidades? A menos que outros sejam responsáveis, seus direitos não lhe servirão de nada. Outra coisa: alguém aprende no jardim de infância como atrair pessoas e ganhar um monte de dinheiro ao escrever livros assegurando às pessoas que elas já sabem tudo o que precisam para viver bem? E ainda: como você pratica algo que é aleatório? Não é possível, claro. Algo aleatório pode *acertá-lo*, mas qualquer coisa feita com propósito certamente não é *aleatória*. Ademais, nenhum ato de beleza é irracional, já que a beleza nunca é absurda. Nada é mais significativo do que a beleza.

De fato, os dizeres populares são atraentes apenas porque pessoas são atormentadas pela ideia, originada nos picos intelectuais, de que a vida é, na realidade, absurda. Assim, o único alívio aceitável é ser "fofo" ou "esperto". Em lares e edifícios públicos do passado, palavras sérias de exortação, invocação e bênção eram penduradas ou gravadas em pedra. Mas esse mundo se foi. Agora, a lei é: "seja fofo ou morra". A única sinceridade suportável é a insinceridade astuta. É sobre isso que *realmente* tratam as mensagens de roupas e de cartões. Pouco importa a "mensagem" em si.

A CONSPIRAÇÃO DIVINA

Contudo, ainda assim temos de agir. O foguete da nossa vida já foi lançado. A ação é eterna. Estamos nos tornando aquilo que seremos — para sempre. O absurdo e o fofo são bons tópicos de conversa para quem quer se divertir ou passar o tempo. Todavia, não têm valor algum como fundamento da vida. Não proporcionam qualquer proteção ou direção ao ser humano.

MENSAGEM SOBRE UMA REALIDADE DIFERENTE

O convite

Em meio à escuridão, raia uma luz. Recebemos um convite. Fomos convidados a uma peregrinação em direção ao coração e à vida de Deus — convite que, há muito, é de domínio público. Dificilmente alguém olhará para qualquer aspecto particular da vida humana sem o encontrar. Literalmente, o convite está sendo "soprado pelo vento". Uma porta receptiva parece aberta a qualquer um, sem exceção. Qualquer outra pessoa ou circunstância é incapaz de, além da nossa própria decisão, manter-nos distantes. "Quem tiver sede, venha" [cf. Ap 22:17].

Hoje, o maior problema do convite é precisamente sua excessiva familiaridade. Essa familiaridade gera a não familiaridade — primeiro uma não familiaridade modesta, seguida, porém, pelo desprezo. As pessoas acham que ouviram o convite. Pensam que o aceitaram — ou que o rejeitaram. Contudo, não é esse o caso. Antes de tudo, a dificuldade em nosso tempo está em ouvi-lo. Diz-se que genialidade está em sondar o óbvio. Estando escrito em todos os lugares, então indagamos: como esse convite seria sutil ou profundo? Assemelha-se mais a um grafite que vemos pichado por aí, aparecendo até mesmo nos mesmos lugares. Mas isso é parte da conspiração divina.

O desejo de Deus para nós é que vivamos nele, tendo enviado, para viver entre nós, o Caminho para si. Isso demonstra a que Deus se assemelha na essência de seu ser — de fato, a que se assemelha a *realidade*. Em sua natureza e significado mais profundo, nosso universo é uma comunidade de amor infinito e totalmente competente.

Deus tornou a si mesmo e a seu reino disponível não da forma imaginada pelo ser humano, porém o faz de uma maneira simples — isto é, de um modo que, paradoxalmente, é de extrema familiaridade a bilhões de pessoas e a respeito do qual milhões já ouviram a respeito. "Paradoxalmente" porque, embora multidões tenham ouvido acerca desse Caminho e insistam em sua retidão, a humanidade, em sua maioria, ainda vive em um "país distante".

O Caminho do qual falamos é Jesus, o "nazareno iluminado", conforme Albert Einstein certa vez o chamou. Com dois ladrões, ele foi executado pelas autoridades, cerca de 2 mil anos atrás. Hoje, porém, nas incontáveis pinturas, esculturas e construções; na literatura e na história; em personalidades e instituições; no profano e na música popular, no entretenimento e na mídia; na confissão e na controvérsia; na lenda e no ritual, Jesus continua silenciosamente no centro do mundo contemporâneo, segundo ele mesmo predissera. Jesus agraciou de tal modo o instrumento horroroso no qual morreu, que a cruz se transformou no símbolo mais exibido e reconhecido do planeta.

Uma força mundial histórica

Jesus se oferece a si mesmo como a entrada de Deus para a vida autêntica. Hoje, como em outras épocas, a confiança nele nos conduz a nos tornarmos aprendizes no viver eterno. "Quem entra por mim será salvo. Entrará e sairá, e encontrará pastagem." E ainda "eu vim para que tenham vida e vida em abundância" [cf. Jo 10:9].

Entretanto, a entrada inteligente e eficaz nessa vida vem sendo obstruída por nuvens de desinformação bem-intencionada. Os "evangelhos" que predominam onde ele é invocado mais frequentemente falam apenas de preparação para a morte ou da correção de práticas e condições sociais — ambas, evidentemente, questões de grande importância. Quem poderia negá-lo? No entanto, nenhuma delas toca na existência individual ou explora as profundezas da realidade de Cristo. Ouso dizer que, em termos de eficácia, os "evangelhos" que comumente pregamos não resultam em nada além de um convite constante a que *omitamos* Deus do curso de nossa existência diária.

Será que Jesus só me leva a "preencher todos os requisitos" para quando eu morrer? Ou só me ensina a protestar e votar, defender direitos e organizar-me? É bom saber que, depois da morte, estarei bem; no entanto, existe alguma boa notícia para a vida? Se eu pudesse escolher, optaria por um carro que funciona em vez de uma boa apólice para um carro que não anda. Não posso, afinal, ter as duas coisas?

E quais medidas sociais ou políticas, por mais importantes que sejam, podem me guiar e capacitar para que eu me transforme na pessoa que devo ser? Honestamente, alguém ainda acredita que, se tiver a permissão ou a possibilidade de fazer o que bem desejar, será mais feliz ou estará mais disposto a fazer o que é certo?

Jaroslav Pelikan observa que "Jesus de Nazaré tem sido a figura predominante na história da cultura ocidental por quase vinte séculos. Se fosse possível, com algum tipo de superímã, sugar da história cada pedaço de metal que traz algum vestígio de seu nome, quanto sobraria?".[8]

Além do mais, pense nisto: qual a probabilidade dessa grande força histórico-mundial — Jesus, chamado "Cristo" — ter deixado intactas as profundezas da existência humana, em seu aspecto contínuo, enquanto cumpria o seu propósito? O mais provável é que ainda não compreendemos quem ele é e o que ele fez.

E o que explica a importância duradoura de Jesus para a vida humana? Por que ele tem sido tão relevante? Por que continua relevante hoje? Por que continua a aparecer na capa de importantes revistas e jornais, após 2 mil anos? Por que seu nome continua a ser invocado até em xingamentos, mais do que o de qualquer outra pessoa que viveu sobre a terra? Por que mais indivíduos se autoidentificam como cristãos — segundo algumas estimativas, 33,6% da população mundial — do que qualquer outra religião mundial?[9] Como multidões continuam a creditá-lo por sua vida e bem-estar?

Penso, por fim, que devemos dizer que a importância duradoura de Jesus é baseada em sua habilidade historicamente comprovada de falar, curar e capacitar a condição humana individual. Ele é relevante

---

[8]PELIKAN, Jaroslav. *Jesus Through the Centuries* [Jesus no decorrer dos séculos]. New Haven, CT: Yale University Press, 1985, p. 1.

[9]Estatística extraída do *International Bulletin of Missionary Research* [Boletim internacional de pesquisas missionárias] (janeiro de 1994), citada em *World Partners* [Parceiros Mundiais] (publicado em Wayne, Indiana), uma publicação da Igreja Missionária, p. 2. Evidentemente, é inevitável que tais estimativas envolvem certo nível de erro.

pelo que trouxe e ainda traz para o ser humano *comum*, para aquele que tem de lidar com os desafios impostos pelo viver diário. Jesus lhe promete a plenitude. Ao partilhar de nossa fraqueza, Jesus nos fortalece e nos concede, por seu companheirismo, uma vida cuja qualidade é de eternidade.

Jesus vem até nós e nos traz a vida que ansiamos. Como um dos primeiros evangelistas registrou: "A vida estava nele, vida que dava sentido à existência humana" (Jo 1:4). O segredo da importância duradoura de Jesus está no fato de ele ser a luz da vida e conceder a vida de Deus para homens e mulheres, a despeito de onde se encontram e de sua condição. De repente, homens e mulheres percebem que estão voando do lado certo, em um mundo que faz sentido.

Entrando no comum

Jesus se infiltrou em nosso mundo por estradas secundárias e regiões remotas de um dos lugares menos importantes da terra; desde então, tem determinado o desenvolvimento lento, mas gradual, de seu plano para a história humana ao longo dos séculos.

Tendo vivido por trinta anos entre membros insignificantes de uma nação desprezível — embora uma nação com uma rica tradição de alianças e interações com Deus — Jesus cresceu no lar de um carpinteiro de Nazaré, um pequeno vilarejo do Oriente Médio. Após o falecimento de José, seu pai, Jesus se tornou o "homem da casa", ajudando sua mãe a criar o restante da família. O filho de Maria foi um trabalhador comum, um "operário".

Jesus fez tudo isso para estar conosco, para ser um de nós, para "providenciar a entrega" de sua vida a nós. Possibilitar vida eterna ao ser humano parece tarefa difícil. Entretanto, como F. W. Faber destaca na abertura de uma de suas obras mais profundas, agora "Jesus pertence a nós, disponibilizou-se a nós. Tudo que, da parte dele, podemos receber, Jesus nos disponibiliza".[10]

Se, como no passado, Jesus tivesse de voltar aqui hoje, poderia cumprir sua missão por meio de qualquer trabalho decente e útil.

---

[10]FABER, Frederick William. *All For Jesus:* Or, The Easy Ways Of Divine Love [Tudo por Jesus, ou: caminhos fáceis do amor divino]. Baltimore: John Murphy, 1854, p. 13. Cf. Marcos 4:33 sobre o método de Jesus de ensinar "tanto quanto podiam receber".

Poderia ser atendente ou contabilista em uma loja de ferragens; um técnico em informática ou um banqueiro; talvez um editor, médico ou garçom; ou quem sabe um professor ou fazendeiro, técnico de laboratório ou construtor. Jesus poderia dirigir uma empresa de limpeza doméstica ou reparar carros.

Em outras palavras, se ele viesse hoje, não teria problema algum em fazer o que você faz. Não teria problema algum em viver no apartamento em que você vive, estar empregado num trabalho como o seu, ter a mesma educação e os mesmos projetos de vida que você tem, e viver em sua parentela, em sua vizinhança e em seu tempo. Nada disso lhe serviria de qualquer empecilho ao tipo eterno de vida que era seu por natureza e que está disponível a nós por meio dele. De fato, nossa vida humana não é destruída pela vida de Deus; antes, satisfaz-se nela, e somente nela.

Habitação do eterno

O segredo obviamente bem guardado do "comum" é que ele é feito para ser um receptáculo do divino, lugar no qual a vida de Deus flui. Contudo, o divino não é insistente. Conforme observa Huston Smith: "Assim como a ciência descobriu o próprio poder do Sol trancado no átomo, assim também a religião proclama a glória do eterno a ser refletida nos elementos mais simples do tempo: uma folha, uma porta, uma pedra".[11] Evidentemente, também é refletida em entidades complicadas, como em galáxias, na música, na matemática e nas pessoas.

Ora, considerado longe de seu Criador — algo jamais intencionado —, o "comum" é *tão* vulgar e banal, que suscita pouco interesse e é de pouco valor. Por si só, nenhum átomo erradia poder solar. Por si mesma, cada coisa é sempre "só mais uma". Ser comum é ser apenas "mais do mesmo". O ser *humano* brada contra essa forma, com toda a sua força. Ser apenas "mais do mesmo" representa para nós uma agonia mórbida. De fato, isso conduz algumas pessoas à morte. Essa nunca foi a intenção de Deus para ninguém.

---

[11]SMITH, Huston. *Beyond the Post-Modern Mind* [Além da vida pós-moderna]. Nova Iorque: Crossroad, 1982, p. 191.

É por isso que todos, da criança ao idoso, desejam naturalmente ser, de alguma maneira, *extra*ordinários, *fora do* comum, fazendo uma contribuição única ou, se tudo mais falhar, ser tidos como tal — mesmo que por breve tempo. Os 15 minutos de fama que Andy Warhol disse que todos um dia teriam pode, em um mundo moderno saturado pela mídia, dar a almas desesperadas a segurança de uma exclusividade capaz de protegê-las contra serem "ninguém", ao menos aos próprios olhos.

O anseio por relevância, que primeiro aparece como necessidade vital em uma criancinha e, posteriormente, como desejo alvoroçado por atenção, não é egoísta. Indivíduos egoístas veem tudo à luz de si mesmos. São sempre as figuras dominantes em seu próprio campo de visão.

O egoísmo é auto-obsessão patológica, uma reação à ansiedade que se manifesta no questionamento: sou mesmo relevante? É uma forma de *auto*consciência aguda e pode ser impedido e curado apenas quando se é devidamente amado. Na verdade, é uma resposta desesperada à frustração da necessidade que todos temos de valer para alguma coisa e de sermos tidos como insubstituíveis, sem preço.

Diferentemente do egoísmo, o impulso para a relevância é uma simples extensão do impulso criativo de Deus, que nos gerou. Não é filtrado pela autoconsciência, tanto quanto não o é nossa disposição imediata de pegar o pacote que cai das mãos de alguém. Em termos exteriores, tal impulso é direcionado ao bem a ser feito. Fomos formados para ter valor, tanto quanto a água foi feita para destilar dos montes. Fomos posicionados em um contexto específico para ter valor como mais ninguém. Esse é o nosso destino.

Nosso anseio por relevância é sinal de quem somos e do motivo pelo qual estamos aqui, bem como a base para a resposta duradoura da humanidade em relação a Jesus. Jesus sempre leva tão a sério o indivíduo quanto a dignidade fragmentada deste o exige, assim como tem os recursos necessários para levar a cabo seu plano, segundo sua grande estima pela humanidade.

Reino de Deus: aberto a todos

Tendo imposto uma cabeça de ponte da vida divina na existência humana comum, Jesus entra na esfera pública, expõe sua vida e

A CONSPIRAÇÃO DIVINA

disponibiliza-a para o mundo. O evangelho de Marcos registra que "Jesus então foi para a Galileia, anunciando a boa notícia de Deus. 'Cada ponto preliminar foi resolvido', assegurou, 'e agora o governo de Deus está disponível a todos. Revejam planos pessoais e baseiem sua vida nessa oportunidade extraordinária" (Paráfrase de Mc 1:14, 15).

No relato de Mateus sobre as palavras e os feitos de Jesus, a formulação empregada repetidamente é a conhecida frase: "Arrependam-se, pois o Reino dos céus está próximo" (3:2; 4:17; 10:7). Trata-se de um chamado para reconsiderarmos a forma como abordamos a vida à luz do fato de que agora, na presença de Jesus, temos a opção de viver no contexto imediato dos propósitos eternos de Deus, inserindo nossa vida em sua vida.

O que Jesus e seus companheiros queriam dizer com essas palavras é esclarecido pela resposta que elas geraram nos ouvintes.

Por volta dos trinta anos, Jesus assumiu o papel familiar de rabi, ou mestre, no contexto das tradições de Israel. Seu primo, João Batista, era a principal figura religiosa da época, reconhecido por todos como um verdadeiro profeta, nos padrões do Antigo Testamento, o primeiro em séculos. O apoio público de João abriu as portas para que Jesus começasse seu próprio trabalho. Todavia, ele começou o seu ministério não sob os holofotes de Jerusalém, tampouco na própria terra natal de Nazaré, mas nas regiões mais remotas da vida judaica da Palestina de seu tempo.

Cafarnaum e Betsaida, ao norte do mar da Galileia, serviram de ponto focal do início de seu trabalho. De lá, percorreu toda a Galileia, passando por lugares conhecidos hoje como sul do Líbano, colinas de Golã, Síria e Jordânia. Onde quer que existisse uma sinagoga, seu *status* como rabi abria portas para que ele pudesse ensinar.

Seu ensino na sinagoga, por sua vez, dava-lhe a maior abertura possível no tecido social do seu povo, visto que a sinagoga era central às comunidades judaicas. Seu trabalho começou a ter grande efeito muito além dos lugares que normalmente visitava. Mateus nos dá o quadro:

Jesus foi por toda a Galileia, ensinando nas sinagogas deles, pregando as boas novas do Reino e curando todas as enfermidades e doenças entre o povo. Notícias sobre ele se espalharam por toda a Síria, e o povo lhe trouxe todos os que estavam padecendo vários males e tormentos: endemoninhados, epiléticos e paralíticos; e ele os curou. Grandes multidões o seguiam, vindas da Galileia, Decápolis, Jerusalém, Judeia e da região do outro lado do Jordão. (Mt 4:23-25).

Lucas 8:1-3 parece indicar que Jesus cobriu sistematicamente as cidades e os vilarejos na região, anunciando e exibindo o governo, ou "reino", de Deus. Seu "time ministerial" incluía os Doze Apóstolos, claro, mas também diversas mulheres que havia curado. Com outros que o acompanhavam, elas davam suporte à campanha, com contribuições pessoais. A fama de Jesus cresceu de tal modo, que multidões se aglomeravam aos milhares. Pessoas se atropelavam (Lc 12:1) e removiam telhados (Mc 2:4) para ter acesso a ele.

No entanto, tudo que as multidões estavam fazendo era *responder à disponibilidade incrível de Deus, presente nas ações de Jesus, de suprir a necessidade humana.* Ele próprio era é a boa notícia do reino. Ele ainda o é.

Convenções à parte

Algum tempo mais tarde, próximo da metade de seu ministério público, Jesus refletiu sobre a mudança impressionante que ocorrera quando seu primo, João Batista, passou-lhe a tocha da palavra de Deus.

Jesus comentou que João era o maior dos homens que havia vivido. Mesmo assim, porém, João ainda atuava nos parâmetros limitados em que a ação ou o governo de Deus eram primordialmente canalizados pelas práticas oficiais de rituais e instituições judaicas: pela "lei e os profetas", conforme a frase era usada na época.

Jesus prossegue em seu argumento, dizendo então que, desde João, não dependemos mais de "convenções". "Desde os dias de João Batista até agora, o Reino dos céus é tomado à força, e os que usam de força se apoderam dele" (Mt 11:12). Ou seja: o governo de Deus, agora presente na pessoa do próprio Jesus, submete-se a abordagens que anteriormente não eram possíveis. A necessidade pessoal e a confiança em Jesus leva qualquer pessoa a, repentinamente, deparar-se com a esfera de Deus. E, uma vez dentro dessa esfera, as pessoas descobrem um novo *status* impressionante: "o menor no Reino dos Céus é maior do que João".

A passagem paralela, em Lucas 16:16, registra o dizer de Jesus da seguinte maneira: "A Lei e os Profetas profetizaram até João. Desse tempo em diante estão sendo pregadas as boas novas do Reino de Deus, e todos tentam forçar sua entrada nele".

Em termos concretos, a que isso se assemelhava? Eis uma das muitas ilustrações que podem ser encontradas nas histórias registradas nos evangelhos.

Uma meretriz invade a festa

Certo homem "bonzinho" chamado Simão, um fariseu, convidou Jesus para jantar em sua casa, em Cafarnaum (Lc 7:36-s.). Enquanto reclinados ao redor da mesa, uma mulher, uma conhecida meretriz, entrou na casa, trazendo consigo um frasco caro de loção perfumada. Certamente, ela ouvira o ensino de Jesus e vira seu cuidado pelos outros. A mulher foi movida a crer que também ela era amada por ele e pelo Pai celestial, acerca do qual falava. A meretriz foi tomada por uma convicção transformadora, uma fé irresistível.

De repente, lá estava ela: aos pés de Jesus, com lágrimas de gratidão, derramando-se no chão. Secando as lágrimas com os cabelos, a mulher então enchia os pés de Jesus com beijos e os massageava com o perfume.

Que cena! Simão, o homem bonzinho, observava tudo e — sem dúvida lutando contra um impulso de desaprovação — tentava interpretar a situação da melhor maneira que podia.

Jesus era *bonzinho*, evidentemente; ele era um homem justo. Assim, só havia uma explicação para deixar que a mulher o tocasse, ou mesmo se aproximasse: Jesus não sabia que a mulher era uma prostituta. E isso, infelizmente, provava que Jesus não "era lá grande coisa", afinal. "Se este homem fosse profeta", raciocinou Simão, "saberia quem é esta mulher imunda". Talvez Simão se consolasse com a ideia de que pelo menos não é pecado não ser profeta. Jamais lhe ocorreu que Jesus sabia exatamente quem a mulher era e, mesmo assim, permitiu que ela o tocasse.

Mas Jesus realmente sabia, e da mesma forma conhecia o pensamento de Simão. Por isso, contou-lhe uma história de um homem que, digamos, emprestou 50 mil para uma pessoa e, para a outra, apenas cinco. Como nenhuma delas foi capaz de lhe pagar o empréstimo, o homem simplesmente perdoou as dívidas. "Qual deles", perguntou Jesus, "o amará mais?". Simão respondeu: "Suponho que aquele a quem foi perdoada a dívida maior".

Dito isso, Jesus posiciona Simão e a mulher de rua lado a lado com o objetivo de comparar ambos os corações:

> "Vê esta mulher? Entrei em sua casa, mas você não me deu água para lavar os pés; ela, porém, molhou os meus pés com suas lágrimas e os enxugou com seus cabelos. Você não me saudou com um beijo, mas esta mulher, desde que entrei aqui, não parou de beijar os meus pés. Você não ungiu a minha cabeça com óleo, mas ela derramou perfume nos meus pés. Portanto, eu lhe digo, os muitos pecados dela lhe foram perdoados; pois ela amou muito. Mas aquele a quem pouco foi perdoado, pouco ama" (Lc 7:44-47).

"Muito me amou!" Simplesmente isso, e não convenções e costumes, era agora a chave de entrada do governo de Deus.

Em seguida, Jesus disse à mulher: "Seus pecados estão perdoados. Sua fé a salvou; vá em paz". Eis o governo de Deus em ação.

Não devemos ignorar a conexão entre fé e amor. A mulher *viu* Jesus, reconheceu quem ele era e quem habitava nele. Essa visão era sua fé. Ela sabia que seria perdoada e aceita por Jesus, antes mesmo de ouvir da sua parte: "Seus pecados estão perdoados". A mulher sabia, por ter visto nele uma bondade cuja origem podia vir apenas de Deus, e isso quebrantou seu coração com gratidão e amor.

Usando o linguajar de hoje, diríamos que ela "ficou louca" por Jesus. Obviamente, seu comportamento era o de uma pessoa "louca". (Realmente devemos usar linguagem coloquial para capturar respostas que foram dadas a Jesus. A linguagem mais formal, literária ou teológica não é capaz de fazê-lo). Quando vemos Jesus conforme ele é, devemos ir embora ou então adorá-lo. Devemos manter isso em mente se desejamos qualquer compreensão autêntica do poder da fé cristã. Diferentemente de Simão, a mulher não estava disposta a ir embora.

Presença de Deus em ação

Tal resposta, ao lado de muitas outras familiares nos Evangelhos, ilustra como os ouvintes de Jesus entenderam o convite de basear a vida no governo de Deus, que havia se "aproximado". Evidentemente, eles não tinham muito entendimento do que estava envolvido, mas sabiam que Jesus queria dizer que estava agindo com Deus e Deus com ele — isto é, que o governo de Deus estava efetivamente presente por seu intermédio.

Histórias, tradições e rituais com os quais Israel estava familiarizado permitiam ao povo saber o significado prático do anúncio de Jesus. Eram histórias e tradições de indivíduos cujas vidas intercalavam-se com a ação de Deus. Abraão, Davi e Elias eram bem conhecidos de todos. Ademais, os rituais rotineiros de Israel constituíam normalmente ocasiões em que Deus agia. Todos sabiam que, qualquer que se lançasse confiadamente nas mãos *de Jesus*, como essa pobre mulher, estava, na verdade, lançando-se nas mãos de Deus. E as obras de Deus corroboravam com as palavras de Jesus.

Ao anunciar que Deus disponibilizou seu "governo" ou "reino" ao ser humano, Jesus não somente se referia primeiro ao que *ele* poderia fazer pelas pessoas, já que Deus agia com ele, mas também oferecia comunicar o mesmo "governo de Deus" a outros, dispostos a recebê-lo e a aprender dele. *Ele mesmo era a evidência dessa verdade de seu anúncio sobre a disponibilidade do reino ou governo de Deus à existência humana comum.*

Isso explica o porquê de, conforme todos viam, Jesus não ter ensinado "como os escribas", e sim como "quem falava por sua própria autoridade" (Mt 7:29). Os escribas, mestres da lei, ensinam ao citar outros. Jesus, porém, estava dizendo na prática: "Apenas me observe, e comprove que o que eu digo é verdade. Veja por você mesmo que o reino de Deus está entre pessoas comuns".

"Já durante a atividade terrena de Jesus", destacou Hans Küng, "a decisão *contra ou a favor do reino de Deus dependia da decisão contra ou a favor de Jesus*" (grifo meu). A presença de Jesus sobre a terra, antes e depois de sua morte e ressurreição, significa que o governo de Deus está, agora, aqui. "Nesse sentido", prossegue Küng, "a *expectativa imediata* ... [do reino] ... *foi cumprida*" (grifo meu).[12]

Governo de Deus estendido por meio de nós

Desde o início da obra de Jesus, quem tinha contato com ele entrava no governo ou reino de Deus e recebia de sua graciosa suficiência. Jesus não apenas agia por Deus, mas também *com Deus* — um pouco como, usando uma analogia simples, ajo com o meu poder sobre o volante ou o volante age comigo ao direcionar as rodas do meu carro.

E esse "governo" continua a ser projetado por intermédio daqueles que receberam Jesus. Ao recebermos o dom da vida de Deus pela confiança em Cristo, descobrimos que Deus age conosco à medida que dependemos dele em nossas ações. Isso explica a razão pela qual Jesus disse que o menor no reino é maior do que João Batista — não, claro, maior em si, mas com um poder maior operando consigo. "Maior" não diz respeito a algum aspecto inerente, a uma matéria de nossa própria substância, e sim a algo *relacional*.

Por isso, segundo escreve C. S. Lewis, a nossa fé não é uma questão de escutarmos o que Cristo pronunciou há muito e tentarmos "levar isso a cabo". Antes, é "O verdadeiro Filho de Deus ao nosso lado, começando a torná-lo no mesmo tipo que Ele mesmo. Jesus está começando, por assim dizer, a 'injetar' seu estilo de vida e pensamento, sua *Zoe* [vida], em você; começando a transformar o soldadinho de chumbo em um homem vivo. A parte em você que não gosta desse processo é a parte que continua chumbo".[13]

---

[12]KÜNG, Hans. *On Being a Christian* [Sobre ser um cristão]. Tradução de Edward Quinn. Garden City, Nova Iorque: Doubleday, 1976, p. 383. Já no fim de sua vida, Karl Barth reportou que "começou pensando que Jesus era o profeta do reino e, posteriormente, veio a enxergar que ele *era* o reino" (A. M. Hunter, *P. T. Forsyth* [Filadélfia: Westminster Press, 1974], p. 37). P. T. Forsyth escreveu: "Como 'Messias', 'o Reino' era uma frase do Antigo Testamento cujo propósito servia para encerrar a ideia do que [Jesus] trazia em si mesmo [...]. Em essência, o Evangelho do Reino era Cristo; Cristo era o Evangelho do Reino com poder... Ele era a verdade de seu grande Evangelho. O Evangelho é tudo que Cristo é. Ter Jesus é se assegurar do Evangelho" (*ibid.*).

[13]LEWIS, C. S. *Cristianismo puro e simples*. Rio de Janeiro: Thomas Nelson, 2017, p. 244 ss.

As palavras e a presença de Jesus deram a muitos dos ouvintes fé para ver que, quando ele agia, Deus também agia; que o governo ou "reino" de Deus entrara em cena e, por isso, estava *próximo*. Estavam cientes da presença invisível de Deus, agindo com a realidade e a ação visível de Jesus, o rabi carpinteiro.

Alguns anos de reflexão e maiores experiências com Jesus e o reino levaram seu povo a descrevê-lo, em linguagem exaltada, como "o ícone do Deus invisível" (Cl 1:15). Hoje, diríamos *fotografia* ou *retrato* em vez de *ícone*. Ele era a "imagem exata" ou "representação precisa da essência de Deus" (Hb 1:3). Mas o tempo ainda não havia se cumprido. Foi a ouvidos que não compreendiam que Jesus disse: "Quem me vê, vê o Pai" [cf. Jo 14:9].

FEITOS PARA REINAR

O que é um "reino"?

A fim de obtermos um entendimento mais profundo do nosso tipo eterno de vida no presente reino de Deus, devemos ter certeza sobre o nosso entendimento de *reino*. Cada um de nós tem um "reino", uma "esfera de atuação" ou "governo" cujo domínio é exclusivamente nosso; nele, as nossas escolhas determinam o que acontece. Eis uma verdade cujo alcance chega ao âmago do que é ser uma "pessoa".

Alguns discordam. De modo um tanto deprimente, João Calvino observa: "Cada qual se autobajula e leva consigo um reino no peito".[14] Com isso, Calvino entendia que "cada qual se enxerga como melhor que os outros". Talvez isso seja verdade sobre o ser humano em seu estado natural. Afinal, não nos é difícil tentar governar outros com as nossas opiniões, palavras e, em alguns casos, ações.

Todavia, também é verdade que fomos feitos para "ter domínio" no contexto de determinada esfera da realidade, algo que está na essência da imagem ou semelhança de Deus em nós e é a base do destino para

---

[14]CALVINO, João. *Golden Booklet of the True Christian Life* [Livreto dourado da verdadeira vida cristã]. Tradução de Henry J. Van Andel. Grand Rapids: Baker Book House, 1977, p. 28.

o qual fomos criados. Todos nós somos seres espirituais eternos, com um chamado único em prol do grande universo de Deus.

O nosso "reino" é simplesmente o *alcance da nossa vontade efetiva*. Qualquer coisa a respeito da qual temos uma palavra final *faz parte* do nosso reino. O fato de termos a palavra final sobre algo é precisamente o que posiciona esse algo em nosso reino. Ao criar os seres humanos, Deus os fez para governar, reinar, e ter domínio em uma esfera limitada. Só assim podem ser considerados "pessoas".

Qualquer ser que não tenha autoridade sobre absolutamente nada não é uma pessoa. Não precisamos pensar muito para confirmar esse fato. Tais "pessoas", imagine, não conseguiriam sequer comandar o próprio corpo ou pensamentos. Seriam apenas reduzidas a observadores completamente passivos e que não servem para nada, que não fazem diferença alguma.

O senso de ter certo nível de controle sobre as coisas é agora reconhecido como fator vital, tanto em termos de saúde mental quanto física, e pode fazer a diferença entre a vida e a morte naqueles cuja condição de saúde é séria.[15] Qualquer um que educou um filho ou supervisionou o trabalho de outros sabe como é importante *dar-lhes autonomia* — seja qual for a atividade — e tomar essa atitude o quanto antes, segundo a viabilidade da situação. Evidentemente, ter uma posição de governo toca o âmago de quem somos, isto é, de nossa integridade, força e competência.

Em contrapartida, ataques à condição humana sempre tomam a forma de diminuição do que podemos fazer ou do que podemos decidir a ponto de, às vezes, forçar-nos a submeter-nos ao que odiamos. Na tão familiar hierarquia humana, os escravos sempre ocupam o extremo oposto de reis. Seus corpos e vidas estão à disposição de outro. Na maioria dos casos, prisioneiros se encontram muitos níveis acima de escravos. Ademais, como o século XX nos ensinou, o controle da mente é o pior de todos. É a forma mais horrível de destruição, segundo a qual nem mesmo os pensamentos nos pertencem. Alcança o mais profundo do nosso ser.

---

[15]MORSE, Melvin. *Closer to the Light* [Mais próximo da luz]. Nova Iorque: Villard Books, 1990, p. 179.

A "aliança da criação" de Deus com o ser humano

Tendo em mente essas verdades a respeito da personalidade, não nos surpreendemos com a forma simples e consistente na qual a Bíblia retrata o ser humano em relação a Deus. A descrição do trabalho humano (podemos chamá-la de "aliança da criação"), encontrada no capítulo 1 de Gênesis, indica que Deus nos incumbiu coletivamente o *governo* de todas as coisas na terra, animais e vegetais. Perante Deus, somos responsáveis pela vida na terra (v. 28-30).

Entretanto, a despeito de quão improvável possa parecer do nosso ponto de vista, Deus nos equipou para a tarefa ao moldar nossa natureza de modo a funcionar em um relacionamento consciente, pessoal e de responsabilidade interativa *com* ele. Devemos exercer nosso "domínio" apenas em união com Deus, à medida que ele age conosco. Deus intencionou ser nosso companheiro e cooperador constante no empreendimento criativo da vida na terra. É isso que o seu amor por nós significa em termos práticos.

Ora, o que podemos fazer com a nossa força é muito pouco. Podemos realizar muito mais *com* poderes mecânicos, elétricos e atômicos. Normalmente, o potencial do que podemos alcançar é tão grande, que nos é difícil acreditar ou imaginar sem que vejamos algum resultado na prática. Mas o que podemos fazer com esses meios é ainda muito pequeno comparado ao que poderíamos fazer em união com o próprio Deus, criador e, em última análise, controlador de todas as forças.

Lamentavelmente, decaímos do contexto designado por Deus e da tarefa para a qual estamos naturalmente preparados. Desconfiamos de Deus, nos distanciamos dele e, em seguida, como consequência, distanciamo-nos uns dos outros. Em nossa arrogância e medo, movemo-nos pela existência, dificultosa e solitariamente. A própria terra está "sujeita à inutilidade" por causa disso (Rm 8:20). A despeito de como interpretamos o acontecimento original, "a Queda", ninguém pode negar que, hoje, tal desconfiança é característica generalizada da vida humana e que as coisas não andam bem na terra. A história, assim como o noticiário da noite, não deixa dúvidas.

Ao mesmo tempo, porém, nossa estrutura fundamental continua inalterada. Os anseios mais profundos do coração confirmam nosso chamado original. Nosso próprio ser ainda nos atribui a tarefa de "governar" nas circunstâncias da vida, sejam quais forem. Por exemplo, se os animais estão com problemas em algum lugar, geralmente as pessoas sentem que devem fazer algo a respeito — ou pelo menos que alguém deve. Além disso, ainda percebemos em nós uma vontade criativa e nos vemos como alguém que realiza coisas, ansiando constantemente por gerar aquilo que é bom e de valor, em nós e em nosso ambiente. Talvez ansiemos *demais*, dada a distorção de nossa visão e vontade, assumir responsabilidade pela terra.

Sem harmonia com Deus, os objetivos impostos por nossa natureza acabam em problemas. O caos social e individual dos desejos humanos testifica a esse respeito. Boa parte do nosso tempo e da nossa energia é gasta tentando dominar outros ou procurando escapar de sua dominação, de "políticas da empresa" à guerra tribal e às relações internacionais em escala global.

No relato bíblico de como decaímos do relacionamento com Deus, fomos fadados a ganhar o pão com o suor do nosso rosto. O suor vem da nossa própria energia, que é tudo o que nos resta depois de termos sido desarraigados da própria vida de Deus. Incansavelmente, porém, tentamos ganhar o nosso pão pelo suor do rosto de alguém, mesmo quando seria mais fácil se usássemos nossa própria força. Talvez João Calvino não estivesse totalmente errado a nosso respeito.

Redenção do *nosso* governo

Não obstante, Deus nos busca de modo redentor e convida cada um de nós a ser fiel a ele no pouco em que realmente temos "a última palavra". Lá, a cada instante, vivemos na interface entre a nossa vida e o reino de Deus entre nós. Se somos fiéis a ele, aprendemos sua fidelidade cooperativa para conosco. Descobrimos a eficácia do seu governo *conosco* precisamente nos detalhes da vida diária.

Frank Laubach escreveu sobre como, em seu experimento pessoal de submissão contínua à vontade de Deus, a fina textura de sua obra e experiência de vida foi transformada. Em janeiro de 1930, Laubach começou a cultivar o hábito de voltar sua mente a Cristo um segundo a cada minuto.[16]

---

[16]LAUBACH, Frank. *Practicing His Presence* [Praticando a sua presença]. Goleta, CA: Christian Books, 1976, p. 30.

A CONSPIRAÇÃO DIVINA

Após apenas quatro semanas, seu relato foi: "Sinto-me simplesmente motivado a cada hora, fazendo minha parte em um plano cuja abrangência vai muito além de mim. Esse senso de cooperação com Deus em pequenas coisas é o que realmente me impressiona, pois nunca me sentira assim antes. Preciso de algo e, de repente, percebo esse algo esperando por mim. Preciso trabalhar, sem dúvida, mas lá está Deus, trabalhando comigo".[17]

De um posto missionário solitário nas Filipinas, Deus elevou Frank Laubach ao *status* de estadista cristão mundial e porta-voz de Cristo. Laubach fundou a Cruzada Mundial pela Alfabetização, ainda hoje em atividade, e, sem qualquer nomeação política, influenciou a política externa dos Estados Unidos nos anos que seguiram a Segunda Guerra Mundial. Acima de tudo, porém, Laubach foi homem de Cristo, reconhecendo sempre que suas ideias brilhantes, sua energia incrível e sua eficácia estonteante tinham origem em sua prática relacional contínua e consciente com Deus.

Nosso governo estendido — pela eternidade

Ao submetermos nosso ser e nosso ambiente a Deus, nosso governo ou domínio aumenta. Conforme Jesus explicita na parábola dos talentos (Mt 25), nosso Senhor nos diz: "Muito bem, servo bom e fiel! Você foi fiel no pouco; eu o porei sobre o muito. Venha e participe da alegria do seu senhor!"; isto é, partilhe para sempre da administração ou do governo das coisas [cf. Lc 16:1-12]. Afinal, Deus é vontade criativa ilimitada e nos convida constantemente, mesmo agora, a partilhar de uma porção ainda maior do que ele está fazendo. Como Jesus, podemos entrar no trabalho que vemos nosso Pai fazer (Jo 5:17-19).

Em consonância com sua intenção original, o Pai celestial realmente preparou um reino individualizado para cada pessoa, desde o princípio da criação. Parece-nos impossível. No entanto, temos uma imaginação muito fraca em relação a Deus e ficamos confusos com os próprios desejos e medos, bem como por uma desinformação absurda. Para Deus, não há problema algum.

---

[17]Ibid., p. 5.

À medida que, por uma confiança cada vez maior, aprendemos a governar nossos afazeres minúsculos com ele, o reino que ele havia desde o início preparado para nós nos será entregue, no tempo apropriado: "Venham, benditos de meu Pai! Recebam como herança o Reino que lhes foi preparado desde a criação do mundo" (Mt 25:34).

Dessa maneira, no último capítulo da Bíblia, vemos os propósitos de Deus na criação cumprindo plenamente seu ciclo na eternidade: "O Senhor Deus os iluminará; e eles reinarão para todo o sempre" (Ap 22:5).

O Reino de Deus

Conforme aludimos, o "reino" ou "governo" de Deus é o alcance de sua vontade efetiva, a situação em que sua vontade é feita. A própria pessoa de Deus e a ação de sua vontade são os princípios organizadores de seu reino, mas tudo que obedece a esses princípios, por natureza ou escolha, está *dentro* do seu reino.[18]

No Antigo Testamento, o livro de Salmos culmina em uma celebração alegre e deslumbrante do reino de Deus (Sl 145–150). Devemos manter em mente a figura apresentada nesses poemas se desejamos entender o seu reino. Então, não duvidaremos de que esse reino existiu desde o princípio da criação, e jamais terá fim (Sl 145:13; Dn 7:14). O reino não pode ser "abalado" (Hb 12:27b) e é completamente bom. Ele nunca esteve em apuros, e nunca estará. Não é algo que o ser humano produz, nem que, em último caso, possa impedir. Recebemos um convite para participar no reino, mas, se o recusarmos, prejudicaremos apenas a nós mesmos.

Desse modo, o reino de Deus não é essencialmente uma realidade social ou política. Na verdade, os domínios social e político, com o coração individual, são os únicos lugares em toda a criação nos

---

[18]Em seu *The Greatness of the Kingdom* [A grandeza do reino], Alva McClain comenta: "Uma pesquisa geral do material bíblico indica que o conceito de 'reino' contempla uma situação total, contendo ao menos três elementos essenciais: primeiro, um *governante*, com autoridade e poder adequados; segundo, um *domínio* de súditos a serem governados; e terceiro, a existência verdadeira de uma *função governamental*" (Winona Lake, IN: BMH Books, 1987), p. 17.

quais é admissível que o reino de Deus e sua vontade efetiva estejam ausentes. Segundo demonstrado na oração do Pai Nosso, esse domínio está "na terra" em oposição a "no céu", onde a vontade de Deus simplesmente é feita. É o domínio daquilo que é cortado "por mãos humanas" em contraste com o que é "[cortado] sem o auxílio de mãos" (Dn 2, ARA).

Destarte, ao contrário de uma ideia popular, o reino de Deus não é *primeiro* algo que está "no coração do homem". O reino *pode* estar lá, governando o ser humano por meio da fé e de sua lealdade a Cristo. No momento, o reino governa o discípulo apenas por meio de seu coração, se é que o faz. Contudo, o reino de Deus não é algo confinado ao coração ou ao mundo "interior" da consciência humana. Não se trata de uma atitude interior ou de algum tipo de fé totalmente desconectada da esfera pública, do mundo comportamental e visível. O reino sempre abrange e governa a totalidade do universo físico — partes do planeta ocupadas pela humanidade e por outros seres pessoais, seres demoníacos, autorizados a operar por breve tempo.

Além disso, Deus não começou a trazer o seu reino à existência, o "reino dos céus" (segundo Jesus o denominava), pela presença de Jesus na terra, embora essa ideia seja comum. O próprio evangelho do reino pregado por Jesus não era que o reino estava por vir, nem que acabara de *vir à existência*. Se prestarmos atenção ao que Cristo de fato ensinou, torna-se claro que o seu evangelho dizia respeito ao seguinte: de maneira nova, o reino está acessível à humanidade através de si mesmo.

De qualquer maneira, se Jesus viesse anunciando apenas a existência do reino, sua notícia seria tão antiga aos ouvintes quanto o anúncio de que Moisés havia dado leis. O "evangelho" do Antigo Testamento, por assim dizer, era simplesmente: "O seu Deus reina!" (Is 52:7; Sl 96; 97; 99). Todos sabiam disso. Foi o clamor de Israel depois de ter sido liberto do Egito e atravessado o mar Vermelho (Ex 15:18). Todos entendiam que "seu glorioso braço esteve à mão direita de Moisés" (Is 63:12). Esse "braço" simplesmente era o governo de Deus em ação.

Por isso, quando Jesus nos ordena orar "Venha o teu reino", não quer dizer que devemos orar para que o reino passe a existir. Antes, oramos para que ele assuma o controle de todos os aspectos da ordem pessoal, social e política, da qual ele está, agora, excluído: "na terra como no céu". Com essa oração, evocamo-lo e colocamo-lo em prática no mundo real da nossa existência diária.

No contexto desse domínio abrangente, Deus nos criou e, como ele, deu a cada um de nós um alcance de vontade — a começar do nosso corpo e mente e estendendo-se para fora, culminando em um ponto não totalmente predeterminado pela nossa medida de fé, mas, até certo ponto, relativo a essa medida. Sua intenção é que aprendamos a atrelar nosso reino com o reino dos outros. O amor ao próximo, corretamente entendido, fará isso acontecer. Entretanto, só podemos amar adequadamente ao colocarmos como meta principal a integração do nosso domínio com o de Deus. É por isso que o amor ao próximo é o segundo mandamento, e não o primeiro; também é por isso que devemos buscar primeiro o reino de Deus ou seu governo.

Apenas quando a humanidade encontra esse reino e se estabelece nele é que pode reinar ou governar *coletivamente* com Deus. Só assim poderemos usufruir de "reinos" individualizados, sem isolamento ou conflito. Essa é a existência humana ideal, pela qual o idealismo secular luta em vão. Não é de admirar que, segundo Paulo comenta: "A natureza criada aguarda, com grande expectativa, que os filhos de Deus sejam revelados" (8:19).

Agora, o reino está "próximo"

Hoje em dia, essas questões são amplamente mal entendidas. O convite para sair das trevas e viver do lado certo — ou seja, na luz — não faz sentido algum para muitos. Por isso, precisamos reafirmar e explicar um pouco mais alguns dos pontos essenciais que já expusemos sobre o tipo eterno de vida que agora nos está disponível no governo sempre presente de Deus.

Jesus veio entre nós para nos mostrar e ensinar o tipo de vida para o qual fomos criados. Ele se aproximou com muita gentileza, trouxe consigo o acesso ao governo de Deus e colocou em andamento uma conspiração de liberdade em verdade entre seres humanos. Tendo vencido a morte, Cristo permanece entre nós. Confiando em sua palavra e presença, podemos reintegrar o pequeno reino que compõe a nossa vida ao governo infinito de Deus; e esse é o tipo eterno de vida. Arrebatada em seu governo ativo, nossa obra se transforma em um elemento da história eterna de Deus, compondo aquilo que ambos, nós e ele, fazemos em conjunto. Sua vida passa a ser nossa, e a nossa, dele.

A "realidade definitiva" — colocando-a em termos grandiosos — se deixa abordar e relacionar por intermédio do Filho do homem: Jesus. De fato, ao assumir o título de Filho do homem, Jesus reivindicou implicitamente ser tudo o que o ser humano deveria ser desde o início — e certamente muito mais. Coloquialmente, podemos defini-lo como "o melhor da humanidade", aquele que expressa sua natureza mais profunda e em quem sua esperança repousa. Os teólogos mais antigos se referiam a ele prudentemente como "o homem representativo" ou o "cabeça legal" da humanidade.

Já observamos como ele entrou na história humana por meio da vida de uma família comum. Mas então, como faísca que reacende a vida eterna entre nós, Jesus nos induz ao tipo eterno de vida que flui através de si. Ele o faz primeiramente ao aplicar essa vida às nossas *necessidades* e, em seguida, ao difundi-la por meio das nossas *obras* — obras feitas na expectativa de que ele e seu Pai agirão com e por meio de nossas ações.

Devido à má compreensão generalizada sobre esse ponto particular, temos de enfatizar novamente que, ao falar da "proximidade" do reino dos céus, Jesus *não* falava sobre algo que estava *prestes* a acontecer, que ainda não tinha acontecido e que talvez nem acontecesse.[19]

---

[19]Charles C. Ryrie, por exemplo, diz: "O reino dos céus não chegou durante os dias de Jesus porque, ao recusar o arrependimento, o povo não cumpriu as condições espirituais do reino" (*So Great Salvation:* What It Means to Believe in Jesus Christ [Tão grande salvação: o que significa crer em Jesus Cristo]. Wheaton, IL: Victor, 1989, p. 38). Essa pode ser considerada a interpretação preferida entre os cristãos conservadores e evangélicos deste século, até recentemente. Cf. o ponto de vista mais equilibrado de George Eldon Ladd (*O evangelho do reino.* São Paulo: Shedd Publicações, p. 123), recebido de modo mais favorável recentemente. Ladd tenta balancear o "já" e o "ainda não" do governo de Deus na apresentação do Novo Testamento. Pesquisas abrangentes sobre o tópico do reino de Deus — sua natureza, presença e ausência, sem referência primária à perspectiva evangélica — são representadas em *The Kingdom of God in the Twentieth Century* [O reino de Deus no século XX], editado por Wendell Willis (Peabody, MA: Hendrickson, 1978).

ENTRANDO DESDE JÁ NO TIPO ETERNO DE VIDA

No curso dos acontecimentos humanos, há sempre uma multidão de coisas no horizonte das possibilidades que nem sempre ocorrem, ou ocorrem mais tarde. Certamente, o cumprimento do reino de Deus traz ainda uma dimensão futura. No entanto, o termo *eggiken* — geralmente traduzido como "está próximo" ou "se aproximou" em passagens como Mateus 3:2; 4:17; 10:7; Marcos 1:15 e Lucas 10:9, 11 — é uma forma verbal indicando ação passada e completa. A palavra é melhor traduzida simplesmente como "já chegou".[20]

A realidade do governo de Deus, assim como todas as instrumentalidades que esse governo envolve, está presente na ação de Jesus e disponível com ele e por meio dele. Esse é o evangelho de Jesus. A realidade óbvia e presente do reino foi o que provocou as respostas que acabamos de mencionar. Passagens do Novo Testamento elucidam que esse reino não é algo a ser "aceito" agora e usufruído depois, mas algo no qual *entramos* agora (Mt 5:20; 18:3; Jo 3:3, 5). É algo que já tem cidadãos de carne e osso (Jo 18:36; Fp 3:20), os quais foram transformados para esse reino (Cl 1:13) e colaboram nele (Cl 4:11).

Em certa ocasião, o apóstolo Paulo descreveu o reino simplesmente como "justiça, paz e alegria" de um tipo tal cuja ocorrência só poderia resultar da "capacitação do Espírito Santo" (Rm 14:17). O fato de não ter origem neste mundo ou não ser "daqui" não significa que não seja real ou que não está *neste* mundo (Jo 18:36). Conforme Jesus afirmou, o reino abarca constantemente a vida humana (Lc 17:21; cf. Dt 7:21). De fato, significa que é mais real e está mais presente do que qualquer instituição humana jamais poderia.

NO MEIO DE MUITOS REINOS

Tornamo-nos portadores do governo de Deus, que "já chegou"

Aquele cuja vida foi renovada e tocada pelo perdão entrou no governo de Deus e se tornou, como Jesus, *portador desse governo*. Devemos reforçar esse ponto.

---

[20]DODD, C. H. *The Parables of the Kingdom* [Parábolas do reino]. Nova Iorque: Charles Scribner's Sons, 1958, p. 44.

Certa vez, respondendo a alguns críticos, Jesus fez a seguinte declaração: "Mas se é pelo dedo de Deus que eu expulso demônios, então chegou a vocês o Reino de Deus" (Lc 11:20). O reino chegou em sua pessoa e manifestou-se por meio de suas ações, um fenômeno que não é inteiramente novo no que tange a acontecimentos bíblicos. Magos egípcios da corte de faraó, ao verem o que aconteceu sob o comando de Moisés, reconheceram: "Isso é o dedo de Deus" (Ex 8:19). Ademais, a Bíblia relata que os Dez Mandamentos foram gravados em pedra pelo dedo de Deus (Ex 31:18).

Todavia, a ação conjunta de Deus também deveria ser verdadeira para os aprendizes e discípulos de Cristo. Após um tempo de instrução, Jesus os enviou para fazer as mesmas coisas que ele. Enquanto iam, deveriam curar enfermos e anunciar: "O Reino de Deus está próximo de vocês" (Lc 10:9). Mesmo aqueles que recusavam o seu ministério deviam ser informados de que "o Reino" lhes havia chegado (v. 11).

C. H. Dodd expressa de maneira surpreendente como o reino de Deus estava presente com Cristo e os apóstolos:

> Em que sentido, então, Jesus declarou que o Reino de Deus estava presente? Nossa resposta deve pelo menos começar com sua resposta a João: "Os cegos veem, os aleijados andam, os leprosos são purificados, os surdos ouvem, os mortos são ressuscitados e as boas novas são pregadas aos pobres". No próprio ministério de Jesus, o poder divino é liberado e se choca com o mal.[21]

Mas outros reinos permanecem

Uma coisa que pode nos confundir acerca do significado de "está próximo" na mensagem básica de Jesus é o fato de que *outros* "reinos" ainda estão presentes na terra, com o reino dos céus. Eles também

---

[21]Ibid., p. 50. Particularmente relevante sobre esse ponto é o capítulo 6 de *The Life and Teaching of Jesus Christ* [A vida e o ensino de Jesus Cristo], por James S. Stewart (Nashville, TN: Abingdon, 1984). James Kallas faz um estudo abrangente sobre essas questões em *The Significance of the Synoptic Miracles* [A importância dos milagres sinópticos] (Greenwich, CN: Seabury Press, 1961).

"estão próximos". Essa é a condição humana. Pessoas além de Deus, como eu e você, ainda têm permissão de ter a "última palavra" na terra de modo contrário à vontade divina. Um reino de trevas está aqui, certamente, assim como os reinos de muitos indivíduos que ainda tentam "fazer do seu jeito".

Tudo isso Deus ainda permite. E a falta de unidade humana em amor inteligente sob a direção de Deus não somente nos deixa à mercê de desastres causados por homens e mulheres — como guerra, fome e opressão —, mas também nos impede de sermos bem-sucedidos em lidar com supostos males naturais, como doença, escassez e desastres causados por mau tempo. Assim, com o "já chegou", permanece, obviamente, um aspecto do "ainda não" com relação ao governo presente de Deus na terra.

A situação presente de reinos em conflito é retratada de modo eloquente em Salmos 23 [ARA]: "Ainda que eu ande pelo vale da sombra da morte, não temerei mal nenhum". Sim, o "mal" está suficientemente presente no "vale" para ser temido. E: "Preparas-me uma mesa na presença dos meus adversários" — certamente, há "adversários" junto à mesa, mas estamos seguros nas mãos de Deus, ainda que outros "reinos" pairem sobre nós e nos ameacem.

Às vezes, lugares onde o governo efetivo ou fatual de Deus ainda não é executado, onde sua vontade ainda não é feita jazem *no contexto* dos pequenos reinos daqueles cujas vidas foram invadidas pela vida eterna — pessoas que realmente pertencem a Cristo, nas quais a vida de Jesus já está presente e em desenvolvimento.

O "castelo interior" da alma humana, como Teresa de Ávila o chamou, tem muitos cômodos, os quais são vagarosamente ocupados por Deus, dando-nos tempo para crescer. Esse é o aspecto crucial da conspiração. Mas mesmo isso não diminui a realidade do "reino entre nós". Tampouco destrói a escolha de que todos devem aceitá-lo e levar sua vida cada vez mais para sua esfera de atuação.

Ao lado de e entre outros reinos jaz o reino de Deus, sempre "próximo". É o reino de Jesus e de seu Pai celestial. Também pode ser o nosso. A porta está aberta, e a vida nesse reino é verdadeira. Mesmo agora, "a terra inteira está cheia da sua glória" (Is 6:3). É verdade que poucos o veem. A terra ainda não está cheia "do *conhecimento*

A CONSPIRAÇÃO DIVINA

da glória do Senhor, como as águas enchem o mar" (Hc 2:14). Mas esse dia também "virá" (Hb 10:37, ARA).

A eletricidade está "próxima"

Quando eu era criança, vivia em uma área ao sul de Missouri onde a eletricidade estava disponível apenas na forma de raios, energia que tínhamos mais do que conseguíamos usar. Mas, durante o meu último ano do ensino médio, a AER (Administração Elétrica Rural) estendeu fios para a área onde eu vivia, de modo que a eletricidade se tornou disponível a casas e fazendas.

Quando a eletricidade chegou à nossa fazenda, abriu-se um novo estilo de vida. Nosso relacionamento para com os aspectos fundamentais da vida — luz do dia e escuridão, calor e frio, limpeza e sujeira, trabalho e lazer, preparação e preservação do alimento — mudou amplamente para melhor. Ainda assim, porém, tínhamos de acreditar na eletricidade e em suas instalações, entendê-las e tomar medidas práticas para *depender* dessa energia.

Talvez você pense que a comparação é um pouco grosseira, e em alguns aspectos ela é. No entanto, ajuda-nos a compreender a mensagem básica de Jesus sobre o reino dos céus se pararmos para refletir sobre aqueles fazendeiros que, na prática, escutavam a mensagem: "Arrependam-se, pois a eletricidade está próxima". Ou: "Deixem de usar lâmpadas de querosene e lanternas; caixas de gelo e porões; tábuas de esfregar e batedores de tapete; máquinas de costura manuais e rádios de pilha".

O poder capaz de transformar a vida das pessoas para melhor estava bem ali; fazendo simples ajustes, elas poderiam utilizá-lo. Estranhamente, porém, alguns não o aceitaram e, por assim dizer, não "entraram no reino da eletricidade". Enquanto alguns não queriam mudança, outros, segundo pensavam, não podiam pagar pela eletricidade.

Talvez outra analogia nos ajude a entender esse aspecto da "disponibilidade" do reino, tão facilmente ignorado. Pense na visita a um lar onde nunca esteve antes. É uma casa razoavelmente grande, e você se assenta com seu anfitrião na sala ou na varanda. O jantar é anunciado, de modo que o anfitrião o conduz por um corredor, dizendo em certo ponto: "Vire aqui; a sala de jantar está próxima" — ou, o que é mais provável: "Esta é a sala de jantar". É de modo semelhante que Jesus nos direciona para o seu reino.

Nessas analogias, algo absolutamente crucial sobre a mensagem de Jesus é enfatizado. Não há qualquer sugestão de que eletricidade e sala de jantar não existem, mas passarão a existir em breve — quem sabe se alguém as receber ou *deixar* que elas apareçam. Antes, ambas já estão disponíveis. Semelhantemente, o reino de Deus também está ao nosso lado; de fato, ele é O Reino Entre Nós. Com seu coração e sua boca você pode alcançá-lo — mesmo por uma confiança vacilante e instável de que Jesus, o conquistador da morte, é o Senhor de todos (Rm 10:9).

Sem dúvida, o reino tem estado aqui muito antes do ser humano! Contudo, o reino nos foi disponibilizado pela confiança simples em Jesus, o Ungido, apenas quando ele se tornou uma figura pública. É um reino que, na pessoa de Jesus, recebe-nos como somos e onde estamos, levando-nos a traduzir nossa vida "comum" em uma vida eterna. O reino está tão disponível, que qualquer que, de todo coração, invocar o nome de Jesus como Senhor do Universo e Príncipe da vida será ouvido e transportado para a vida eterna.

Dois que invocaram

Um grande amigo da nossa família, Gary Smith, vivera à parte de qualquer influência religiosa até atingir cerca de trinta anos. Formado como meteorologista e trabalhando na área, Gary vivia afastado da cidade, com sua família. Ele e sua esposa, Diane, começaram a enviar os filhos para a escola dominical, pensando que era a "coisa certa a fazer". Depois de algum tempo, Gary passou a se preocupar com o conteúdo que seus filhos estavam recebendo como instrução. Afinal, quem era esse "Jesus"?

Certa noite, Gary foi acordado pelo que apenas pôde descrever como um "anseio" de ir para a sala com um lápis e um pedaço de papel. Ao se deslocar para a sala, descobriu-se "cercado de amor" e "conheceu" a presença de Jesus Cristo. Conforme disse posteriormente, a presença era "tangível demais" para ser o Espírito Santo, mas ainda assim não era visível.

A CONSPIRAÇÃO DIVINA

Não demorou para que ele começasse a escrever por todo o papel: "Não me importo! Não me importo!". Suas preocupações sobre quem era esse "Jesus" não importavam mais, em vista da presença com a qual se deparou. Gary se tornou pastor presbiteriano, muito conhecido e amado na região de Los Angeles.

Jesus está agora por todo o mundo, e atualmente escuta aqueles que clamam por ele com mais eficácia do que nos "dias da sua carne" [cf. Hb 5:7, ARA]. Ele vai ao encontro até mesmo daqueles cujo conhecimento a seu respeito é mínimo.

David (Paul) Cho lidera a Igreja do Evangelho Pleno em Seul, Coreia, considerada a maior igreja do mundo hoje. Porém, quando era jovem, Cho era budista, morrendo de tuberculose e em pobreza desesperadora. Ele havia escutado que "o Deus dos cristãos" ajudava e curava pessoas, de modo que, do lugar onde estava, simplesmente pediu para que o "Deus deles" o socorresse.

E foi o que o Deus dos cristãos fez. Ele curou esse jovem coreano e o ensinou, dando-lhe abundância da vida do reino que está em Jesus, o Filho do homem. Agora, essa mesma vida flui através de David Cho para milhares de outras pessoas.

Jesus e seu Pai atendem a budistas que clamam? Eles atendem a *qualquer um* que os invoca. "O SENHOR está perto dos que têm o coração quebrantado e salva os de espírito abatido" (Sl 34:18). Não há distinção entre "judeu e grego", entre aqueles que "têm" — seja lá o que for — e aqueles que "não têm", visto que "não há diferença entre judeus e gentios, pois o mesmo Senhor é Senhor de todos e abençoa ricamente todos os que o invocam" (Rm 10:12).

Não há como invocar Jesus Cristo ou Deus e *não* ser ouvido. Você vive na casa deles, no *oikos* deles (Hb 3:4). Simplesmente chamamos esse lugar de "universo". Mas ambos o preenchem, completamente. É o lugar deles, seu "reino", onde, por meio de sua bondade e amor sacrifical, podemos fazer da nossa existência uma vida eterna. Apenas quando entendermos isso haverá um caminho aberto para a verdadeira ecologia da existência humana, pois só assim lidaremos com o que de fato constitui o *habitat* humano.

Ademais, o Deus que escuta é também aquele que fala. Ele falou e continua falando. A humanidade não é autônoma de Deus, mas continua seu projeto; e as iniciativas divinas estão sempre operando entre nós. Ele certamente "nos dá paz", segundo dizemos, e isso é essencial. Contudo, Deus continua a falar, de modo que aqueles que realmente o buscam podem ouvir, se quiserem. Não precisamos, conforme descrito anteriormente, continuar tateando no escuro em relação ao que é realmente bom e correto. Não precisamos voar de cabeça para baixo. Existe um lado correto, e podemos encontrá-lo.

Por outro lado, porém, não *somos obrigados a* encontrá-lo. Somos livres. Pelo menos por enquanto.

2

Evangelhos de

administração de pecados

Ele então os ajudou a entender as escrituras, que previam que o Ungido seria morto e ressuscitaria dentre os mortos, e que o arrependimento e a remissão de pecados seriam oferecidos em seu nome para cada grupo étnico da terra, começando por Jerusalém: "Vocês farão isso", disse [...]. "Mas fiquem na cidade até serem revestidos de poder das alturas".

[Paráfrase de] Lucas 24:45–49

Descaracterizamos tanto o poder do Evangelho [...]. que é perdoável o fato de que aqueles que nos julgam pela mensagem duvidarem se ele é mais eficaz e inspirador do que as pressuposições patéticas que adornam os escritos da filosofia.

**Canon B. F. Westcott, *The Gospel of the Resurrection*
[O evangelho da ressurreição]**

O CONVITE DIMINUÍDO

Como o grande convite à vida soa hoje? Um adesivo de carro impõe gentilmente sua pequena mensagem: "Os cristãos não são perfeitos; apenas perdoados". Uma canção popular de alguns anos dizia que as palavras dos profetas estão escritas nas paredes do metrô. Onde não há metrôs, bastam adesivos.

Só perdoados? É esse realmente o significado de ser cristão? O dom da vida eterna se resume a isso? Um afastamento e tanto do tipo eterno de vida que podemos experimentar hoje!

Sem dúvida, o cristão não é perfeito. Sempre haverá a necessidade de melhorias. Mas ainda existe uma lacuna muito grande entre ser perfeito e "só perdoado", conforme se entende hoje em dia. Você pode ser *muito* mais do que perdoado, e mesmo assim não ser perfeito. Talvez você possa ser uma pessoa em que o tipo eterno de vida oferecido por Jesus predomina, e ainda assim ter espaço para crescimento.

Por agora, tal "teologia de adesivo" saltou de carros e foi parar nas geringonças cristãs. Lá, podemos encontrar o pequeno marcador de páginas enfeitado com flores, laços, ramos verdes e diversos corações cor-de-rosa, adornados por uma borda. No centro, vemos ursinhos de olhar arregalado, característicos de quem aprontou alguma coisa. A mensagem abaixo? "Cristãos não são perfeitos; apenas perdoados" — como já era de se esperar.

Certamente, precisamos afirmar que o cristão é perdoado. Também precisamos dizer que o perdão não depende da perfeição. Mas é realmente isso que o *slogan* comunica?

Infelizmente, não. O que o *slogan* realmente transmite é que o cristianismo se resume ao perdão, que o perdão é o elemento genuinamente essencial.

Ele diz que você pode ter uma fé em Cristo que traz perdão, enquanto, em todos os demais aspectos, a vida não é diferente da de outros, que não creem. Esse ponto de vista, apresentado de forma tão natural em adesivos e bugigangas, tem raízes históricas profundas. Hoje em dia, é elaborado em muitas obras sérias de teologia e acatado por multidões que se identificam sinceramente como cristãs.

Fé código de barras

Pense no código de barras, usado em produtos na maioria das lojas. O *scanner* responde apenas ao código de barras. Não faz diferença o que há na garrafa ou na embalagem, nem que o código está no item "certo" ou não. Através de seu olho eletrônico, a calculadora responde ao código de barras e ignora tudo o mais. Se o código do sorvete está na ração de cachorro, a ração *é* o sorvete, pelo menos para o *scanner*.

Recentemente, em um programa de rádio, um ministro proeminente gastou 15 minutos reforçando o ponto de que "justificação", o perdão de pecados, não envolve *qualquer mudança* no coração ou na personalidade daquele que é perdoado. Antes, insistiu, é algo inteiramente exterior, localizado apenas em Deus. Sua intenção era enfatizar o familiar ponto de vista protestante de que a salvação é somente pela graça de Deus, totalmente independente do que porventura façamos. Mas o que ele realmente *disse* foi que ser cristão não diz respeito, em nada, ao tipo de pessoa que você é. As implicações desse ensino são preocupantes.

A teologia das bugigangas cristãs diz que há algo sobre o cristão que funciona como um código de barras. Alguns rituais, certas crenças ou associações com determinado grupo afetam Deus, da mesma forma que o código de barras afeta o *scanner*. Talvez tenha ocorrido um momento de assentimento mental com respeito a uma crença, ou uma associação com determinada igreja. Deus o "escaneia", e o perdão flui como uma torrente. Uma medida apropriada de justiça é transferida da conta de Cristo para a nossa conta no banco celestial, e toda a nossa dívida é paga. Somos, então, "salvos". Nossa culpa é apagada. Quem deixaria de ser cristão nessas condições?

Para alguns grupos cristãos, a manutenção da "conta" deve ser constante, como forma de assegurar que as dívidas estão pagas, já que não somos perfeitos. Para outros — alguns grupos ultracalvinistas —, cada dívida passada, presente e futura foi paga logo na leitura

EVANGELHOS DE ADMINISTRAÇÃO DE PECADOS

inicial do código. Entretanto, em ambos os casos, o aspecto essencial é o perdão dos pecados; e o benefício de ter a fé "escaneada" vem após a morte. A vida que alguém vive hoje não tem necessariamente qualquer conexão com a pessoa ser cristã, desde que o "código de barras" faça o seu trabalho.

Ouvimos bastante o que *bons* cristãos fazem e deixam de fazer. Evidentemente, porém, não é necessário que alguém seja um *bom* cristão para ser perdoado. Esse é o ponto principal do código de barras, e está correto.

Deus realmente faria as coisas assim?

Muitos se afligem com essa disjunção entre fé e estilo de vida, porém continuam firmemente presos a ela por suas ideias sobre salvação. Outros, por sua vez, ficam irritados com tal ponto de vista que, para eles, soa irresponsável. Em tom de zombaria, referem-se a essa desconexão como "graça barata" ou "seguro contra incêndio". Alguns chegam a rejeitar o cristianismo por causa disso, enquanto outros insistem que a fé em Cristo diz respeito ao viver justo na arena social: o cristão deve se opor a males sociais em função do amor e da justiça.

Porém, para ser franco, a graça *é* barata, ao menos do ponto de vista daqueles que dela necessitam. É por isso que ataques contra a "graça barata" nunca fazem muita diferença. Tentar eliminar o cristianismo não heroico encarecendo a graça apenas traz mais confusão a questões importantíssimas. Além disso, se há probabilidade de incêndio, não é uma decisão inteligente abrir mão de um seguro que nos está realmente disponível.

Ninguém precisa se preocupar com a ideia de estar tirando vantagem de Deus por meio de alguma barganha com ele, ou de que de alguma forma seremos bem-sucedidos em usá-lo para cumprir propósitos pessoais. ("Tudo isso e ainda o céu", como às vezes se diz humoristicamente.) Qualquer que pense ser isso um problema subestimou seriamente a inteligência e a agilidade do nosso Pai celestial. Ele não será enganado ou trapaceado. Qualquer mecanismo estabelecido por Deus será bom para ele e para nós. Podemos contar com isso.

A verdadeira questão é, em nossa opinião, se Deus *estabeleceria* um mecanismo do tipo "código de barras". Nós é que corremos

A CONSPIRAÇÃO DIVINA

perigo, o perigo de perder a plenitude da vida que nos é ofereci-da. Podemos crer seriamente que Deus nos estabeleceria um plano cujo conteúdo essencialmente ignora a imensa necessidade humana na terra e deixa inalterado o caráter humano? Seria o caso de ele nos desamparar, ainda que temporariamente, sem qualquer auxílio neste mundo, deixando-nos à mercê de todos os nossos problemas: psicológicos, emocionais, sociais e globais? Podemos acreditar que a essência da fé e da salvação cristã não cobre nada além da vida após a morte? Podemos realmente crer que ser salvo em nada diz respeito ao tipo de pessoa que somos?

Ademais, para aqueles de nós que veem a Bíblia como guia con-fiável ou mesmo essencial para a perspectiva de Deus sobre a vida humana, é válido interpretar seu retrato da fé em Cristo como algo preocupado apenas com a administração de pecados, seja em forma de nossa dívida pessoal ou na forma de males sociais?

Fatos que nos deixam perplexos

Segundo pesquisas de opinião pública, 94% dos americanos creem em Deus, enquanto 74% reivindicam ter recebido Jesus Cristo como Senhor.[1] Cerca de 34% alegam uma experiência de "novo nascimen-to". São números alarmantes quando comparados com estatísticas feitas no mesmo grupo em tópicos abrangendo conduta antiética, crime, doença e desordem mental, problemas familiares, vícios, má administração financeira e coisas semelhantes.

Sem dúvida, há sempre exceções honrosas. Contudo, seria real-mente o caso de tal combinação de profissão de fé e falha moral constituir a "vida abundante" [cf. Jo 10:10, ARA] que Jesus disse ter vindo para dar? Ou será que, de alguma forma, desenvolvemos um entendimento de "fé em Jesus Cristo" que não tem ligação nenhuma com sua vida? Sem dúvida, foi essa última alternativa que aconteceu, e com consequências devastadoras.

Recentemente, uma das revistas cristãs mais influentes dos Esta-dos Unidos escreveu um editorial sobre um rumor de que um líder

---

[1]Veja em *Christianity Today* [Cristianismo Hoje], 21 de junho de 1993, p. 30.

de determinada instituição evangélica se demitira devido a uma "falha moral".[2] O rumor foi confirmado, mas a revista decidiu não fazer uma matéria sobre o caso.

Explicando sua decisão, os editores comentaram que casos assim são tão numerosos, que a revista foi "forçada a estabelecer critérios para decidir quais devem ser noticiados". Na situação em questão, eles não publicaram a história porque o "indivíduo não representava um líder notório".

O propósito do editorial era discutir a rapidez e o poder do "boato" em casos assim. Mas essas situações — incluindo os boatos — provocam uma reflexão mais profunda a respeito de qual deve ser a fé e a vida interior de líderes evangélicos e dos muitos cristãos que inventam "boatos". Devemos supor que todos, de madre Teresa a Hitler, são realmente iguais em seu interior, enquanto alguns dentre nós somos apenas vigilantes ou "sortudos" o bastante, evitando fazer o que *realmente* queremos? Devemos supor que Deus não nos oferece nada que realmente influencia nosso caráter e espiritualidade? Devemos supor que, na verdade, Jesus não tem nenhum impacto substancial em nossa "vida real"?

Helmut Thielicke destaca que normalmente nos questionamos se celebridades que fazem propaganda de comida e bebida realmente consomem o que estão vendendo.[3] Thielicke prossegue, dizendo que essa é a pergunta mais urgente para aqueles dentre nós que falamos em nome de Cristo. Certamente, há algo de errado quando falhas morais são tão patentes e difundidas entre *nós*. Talvez não comemos o que estamos vendendo. Mais provavelmente, creio eu, o que "vendemos" é irrelevante para a nossa existência real, destituído de poder para a vida diária.

Deus realmente não muda o nosso comportamento?

Um líder conhecido, cuja maior parte da vida foi dedicada ao ministério cristão, boa parte em nível nacional, completou recentemente

---

[2] *Christianity Today* [Cristianismo Hoje], 24 de setembro de 1990, p. 17.
[3] THIELICKE, Helmut. *The Trouble with the Church: A Call for Renewal* [O problema da igreja: um chamado à renovação]. Nova Iorque: Harper and Row, 1965, p. 3.

cinquenta anos. Fazendo uma retrospectiva, o ministro comentou em sua coluna mensal que, "nas últimas quatro décadas, minha fé foi realmente abalada". Ele relata como, desde sua conversão, aos dez anos, havia sido instruído de que, "se eu sou cristão, as *pessoas verão uma marca diferenciadora em minha vida*! E que... quanto mais perto de Deus — e mais espiritual –—, tal marca seria ainda maior e *mais visível*" (grifo meu).

Hoje, aos cinquenta, o ministro viu tantos de seus mentores "tropeçarem e caírem, para nunca mais recuperarem a fé; tantas 'verdades' sobre o evangelho que se revelaram falsas; tantas vítimas, tantas perdas, tantas suposições que não passaram disso — suposições, não aspectos da verdade", que, por fim, conclui: "Não creio mais nisso".

Ele ainda crê que Jesus transforma, mas sua definição de "mudança" foi alterada. "Seja qual for a mudança, ela não é tanto exterior quanto interior. A diferença feita por Deus é normalmente visível apenas para Deus [...] e mais ninguém. [...] Não abandonei a fé, abandonei a forma de olhar para a minha fé. [...] A vida é diferente. Mas a diferença é mais aguda do que pensei".[4]

A sugestão é que a mudança que torna alguém cristão, seja qual for, pode ser totalmente indetectável de uma perspectiva humana. Apenas o "scanner" de Deus pode detectá-la. Aparentemente, essa é a "realidade cristã" no momento.

Pelo menos é assim que pensam alguns dos nossos líderes mais conhecidos.[5]

Mudando o foco

Tentemos agora, porém, um pensamento subversivo. Suponhamos que as nossas falhas ocorram não a despeito do que fazemos, mas precisamente por causa disso.

Como ilustração, suponhamos que os educadores que estabelecem as diretrizes para o nosso sistema escolar considerem seriamente

---

[4]Mike Yaconelli, "The Terror of Inbetweenness" [O terror da indecisão], *The Door* 126 (nov./dez., 1992), p. 36. Ao dar-me permissão para citar suas palavras profundas, Mike Yaconelli indica que não diria as coisas exatamente da mesma maneira hoje.

[5]A esse respeito, compare o intrigante artigo de Philip Yancey sobre Tolstoy e Dostoiévski em *Christianity Today* [Cristianismo Hoje], 17 de julho de 1995.

a possibilidade de que o baixo desempenho das crianças americanas não ocorra apesar do que fazem na escola, mas principalmente pelo que são ensinadas e como são ensinadas. Ou suponhamos que legisladores começassem a pensar que nossa falha em reduzir a dívida pública ou a violência nas ruas não ocorra apesar do que os membros do legislativo fazem, mas precisamente por causa do que fazem.

Pode ser difícil levar a sério tal sugestão; fazê-lo, porém, pode nos servir de base para soluções genuínas a problemas que, hoje, parecem insolúveis.

Certo pastor americano de destaque lamenta: "Por que a igreja de hoje é tão fraca? Por que anunciamos tantas conversões e arrolamos tantos membros à igreja, mas causamos impacto cada vez menor sobre a nossa sociedade? Por que não se pode distinguir os crentes dos mundanos?".[6]

Não deveríamos ao menos considerar a possibilidade de que esse mau desempenho ocorra não apesar do que ensinamos e como ensinamos, mas precisamente por causa disso? Não seríamos levados a discernir o porquê de o poder de Jesus e seu evangelho ter sido cortado da existência humana comum, deixando-a à deriva do fluir da vida eterna que ele oferece?

Posteriormente, nos capítulos oito e nove, retornaremos a essa pergunta.

Os evangelhos de administração de pecados

A situação atual, na qual a profissão de fé tem pouco impacto na totalidade da vida, não é exclusiva da nossa época; tampouco é um desenvolvimento recente. Atualmente, porém, encontra-se em um estágio agudo. A história nos levou ao ponto em que a mensagem cristã é tida como estando *essencialmente* preocupada *apenas* com a forma como lidamos com o pecado, isto é, com más práticas, mau caráter e seus efeitos. A vida, nossa existência fatual, não é incluída

---

[6]James Montgomery Boice, Pastor da Décima Igreja Presbiteriana, Filadélfia, citado em *O evangelho segundo Jesus,* por John F. MacArthur Jr. (São José dos Campos, SP: Ed. Fiel, 1999), p. 9.

naquilo que é apresentado atualmente como o coração da mensagem cristã, ou é incluída apenas de modo marginal. É nesse ponto em que nos encontramos hoje.

Uma vez que entendemos a desconexão entre a mensagem corrente e a vida comum, ao menos as falhas que acabamos de notar fazem mais sentido. Elas devem ser esperadas. Ao examinarmos o amplo espectro da proclamação e da prática cristã, vemos que a única coisa essencial na ala direita da teologia é o perdão dos pecados do indivíduo. Na ala esquerda, a remoção de males sociais ou estruturais. O evangelho corrente se transforma, então, em um "evangelho de administração de pecados", no qual a transformação de vida e do caráter *não* é parte da mensagem redentora. O momento após momento da realidade humana, com toda a sua profundidade, não constitui a arena da fé e da vida eterna.

Para os de direita, ser cristão é uma questão de ter pecados perdoados. (Lembra-se do adesivo?) Para os de esquerda, você é cristão se tiver um comprometimento sério com a eliminação de males sociais. Ou o cristão é alguém pronto para morrer e deparar-se com o juízo de Deus ou alguém cujo comprometimento de amor e justiça na sociedade é infalível. E somente isso.

A história que ocasionou essa situação — filtrada pela controvérsia entre modernistas e fundamentalistas, a qual consumiu a religião americana por muitas décadas e ainda trabalha poderosamente às ocultas — também levou cada ala a insistir que o que a outra toma por essencial *não deve ser* considerado como essencial.

O que a direita e a esquerda têm em comum é isto: ambas não falam nada sobre a redenção da vida comum. Nenhum dos grupos estabelece um conjunto de ensinos práticos adequados à transformação pessoal, que leva à abundância e à obediência enraizadas no Novo Testamento, com a redenção correspondente da vida comum. O que é ensinado como mensagem essencial sobre Jesus não tem qualquer conexão com a vida de discipulado.

Evidentemente, o evangelho e a vida cristã nem sempre foram vistos dessa maneira. Qualquer pessoa que esteja familiarizada com os luzeiros brilhantes da história cristã sabe disso. Ademais, ainda existem, no presente, exceções notáveis à regra. O influente bispo anglicano Stephen Neill, por exemplo, simplesmente declara: "Ser cristão significa ser como Jesus Cristo". E: "Ser cristão depende de certa ligação interior com o Cristo vivo. Por meio dessa ligação, todos os demais relacionamentos de um homem — com Deus, consigo e com outras pessoas — são transformados".[7]

Mas a pergunta inevitável, então, é: Por esse padrão de semelhança autêntica com Cristo, quem pode ser considerado cristão? Certamente, a ideia soa bem com ensinos bíblicos e com os momentos mais elevados da história cristã; e as estatísticas deprimentes relacionadas à falha humana há pouco mencionadas seriam radicalmente reduzidas.

Sem dúvida! Mas o que podemos dizer das multidões, na direita e na esquerda da teologia cristã, que se autoidentificam como cristãos sem, todavia, manifestar qualquer traço de semelhança com Cristo ou qualquer ideia de que tal traço é possível — cuja convicção estabelecida talvez seja de que uma semelhança genuína com Cristo é impossível? Que tipo de evangelho esses cristãos ouviram?

O EVANGELHO DA DIREITA

Expiação como ponto-final

Se você perguntar a alguém dentre os 74% dos americanos que se dizem comprometidos com Jesus Cristo o que é o evangelho cristão, provavelmente receberá a seguinte resposta: Jesus morreu para pagar pelos nossos pecados e, se apenas crermos nisso, iremos para o céu após a morte.

Dessa forma, aquilo que constitui apenas uma teoria da "expiação" é transformado na totalidade da mensagem essencial de Jesus. Continuando com a linguagem teológica, a *justificação* tomou o

---

[7]NEIL, Stephen. *The Difference in Being a Christian* [A diferença do cristão]. Nova Iorque: Association Press, 1955, p. 6, 11. O livro do bispo Kallistos Ware, *How Are We Saved? The Understanding of Salvation in the Orthodox Tradition* [Como somos salvos? O entendimento da salvação na tradição ortodoxa] (Mineápolis: Light and Life Publishing, 1996), fornece uma articulação clara e impressionante a respeito da interpretação ortodoxa grega da salvação e do que é ser cristão.

lugar da *regeneração*, isto é, da nova vida.[8] Escapar da condenação divina substitui a posse de uma vida divina "do alto". Apesar de toda conversa sobre "novo nascimento" entre os cristãos conservadores, há quase que um desentendimento generalizado acerca do que é o novo nascimento em termos práticos e de como ele se relaciona com o perdão e a justiça que nos são imputados ou transmitidos.

Além do mais, o que significa *crer* que Jesus morreu por nós é atualmente explicado de diversas maneiras, com diferentes níveis e formas de confissão de fé ou de associação com uma igreja local ou denominação. De fato, segundo vemos persistentemente, essa questão — o significado da fé salvadora — é atualmente motivo de controvérsia. Contudo, já há algum tempo, a fé exigida para a salvação tem sido considerada uma ação totalmente pessoal, "somente entre você e o Senhor". Só o "scanner" sabe.

Assim, o único resultado certo da fé é que somos "apenas perdoados". Somos justificados, o que normalmente é explicado pela declaração de que, perante Deus, é como se eu nunca tivesse cometido qualquer pecado. Talvez ninguém tenha nada de positivo a ser dito sobre o que nos tornamos ou o que fizemos. Ao chegarmos, porém, aos portais celestiais, ninguém encontrará razão alguma para nos deixar de fora. O mero registro do momento mágico de um consentimento mental abrirá a porta.

Em termos práticos, sempre houve um grande problema com a ideia de termos realizado a ação mental correta, já que o seu único efeito essencial é uma mudança nos registros do céu, os quais não

---

[8]Na verdade, essa substituição tem como contexto "a absorção da cristologia à soteriologia", na linguagem de Karl Barth. Perdemos completamente a preocupação cristológica em nossa preocupação com salvação pessoal ou com a sociedade. (Veja *Demythologization — Crisis in Continental Theology*" [Demitologização — crise na teologia continental], por Peter Berger, em *European Intellectual History Since Darwin and Marx* [História intelectual europeia desde Darwin e Marx], editado por W. W. Wagar [Nova Iorque: Harper Torchbooks, 1966, p. 255].) "Evangelhos de administração de pecados" supõem um Cristo sem nenhuma obra séria além da redenção da humanidade. A direita alimenta "cristãos vampiros", cristãos que desejam apenas um pouco de sangue para os seus pecados, mas nenhum outro relacionamento com Jesus até chegarem ao céu, onde terão de se associar com ele. A esquerda alimenta o farisaísmo, com um senso quase que brutal de justiça própria social.

podemos ver agora. Desse modo, ocorre a luta familiar e geralmente amarga entre a tradição protestante de saber ou não se estamos "entre os eleitos" e se certamente "entraremos".

No entendimento da direita teológica, não existe nenhum comportamento que indica fé, e nenhum que seja absolutamente excluído por ela. A graça e o perdão (salvação) pela graça são nada mais, nada menos que uma única exigência. Insistir que algo mais do que mera fé deve estar presente seria acrescentar "obras" à graça pura. E isso, pelo que conhecemos da nossa herança cultural protestante, não pode ser feito.

"A salvação pelo senhorio"

A aceitação generalizada dessa interpretação da salvação nas igrejas evangélicas conservadoras da América do Norte foi o que produziu a situação esboçada há pouco, na qual aqueles que professam comprometimento cristão demonstram constantemente pouca ou nenhuma diferença comportamental e psicológica daqueles que não o professam. Isso, por sua vez, levou ao debate do que é chamado de "salvação pelo senhorio" entre os líderes evangélicos e seus seguidores.

Algumas questões envolvidas no debate podem parecer um pouco difíceis de seguir, porém um breve exame poderá nos ajudar em nosso entendimento de como as pessoas interpretam, hoje, o convite à vida.

Um dos escritores mais influentes do campo conservador é John MacArthur. Ele defende a perspectiva de que você não pode ter uma fé "salvadora" em Jesus Cristo sem a intenção de obedecer a seus ensinamentos. Você deve aceitá-lo como *Senhor*, daí o nome *salvação pelo senhorio*.[9]

Obviamente, para MacArthur, há mais em um cristão do que o perdão. Sua perspectiva é trabalhosamente defendida por meio da exposição bíblica e da análise histórico-teológica.

Em resposta a MacArthur, Charles Ryrie declara que "o evangelho que salva é a fé de que Cristo morreu pelos nossos pecados e

---

[9]MacArthur, *O evangelho segundo Jesus*, p. 28.

ressuscitou dentre os mortos".[10] "A boa notícia", prossegue, "é que Cristo fez algo sobre o pecado [pagou por ele] e vive para oferecer seu perdão a mim".

Como suporte à sua posição, Ryrie esclarece o que chama de "problema atrelado ao Evangelho":

> Hoje, parte da confusão atrelada ao significado do evangelho pode surgir da falha em esclarecermos o problema envolvido. O problema é este: Como o meu pecado pode ser perdoado? O que me impede de ir para o céu? O que me impede de ter a vida eterna? A resposta é o pecado. Portanto, preciso de uma maneira pela qual o problema do pecado seja resolvido. Deus declara que, pela morte de seu Filho, meu pecado é perdoado [...]. Pela fé, recebo Cristo e o seu perdão. Assim, o problema do pecado é resolvido, e posso estar plenamente seguro de ir para o céu.[11]

Ryrie não tenta elaborar sua reinvindicação de que a remoção da culpa do pecado (não do pecado em si, segundo a citação parece sugerir) como meio de assegurar a entrada no céu após a morte é *o* problema. Ele supõe corretamente que todas as partes envolvidas no debate concordarão com ele a esse respeito. Em face, porém, da história cristã e do registro bíblico, a reivindicação precisa de elaboração — uma elaboração que não pode ser encontrada. Sem dúvida, a tradição cristã lida com a culpa e com a vida após a morte, mas nunca toma ambas como os *únicos* elementos envolvidos na salvação.

Ryrie e outros do seu lado do debate não conseguem enxergar esse fato por causa da própria maneira sistemática com que interpretam o Novo Testamento, levando referências à fé em Cristo e ao "evangelho" a se encaixarem ao modo como expõem o assunto.

---

[10]Ryrie, *So Great Salvation* [Tão grande salvação], p. 40. Veja também Zane C. Hodges, *Absolutely Free!* [Completamente livre!] Grand Rapids: Zondervan, 1989. Para uma apresentação da perspectiva de Ryrie sobre a santificação ou a vida cristã e o papel indispensável da ação humana, cf. *Balancing the Christian Life* [Balanceando a vida cristã], Chicago: Moody Press, 1969, p. 64 e outros lugares.

[11]Ryrie, *So Great Salvation* [Tão grande salvação], p. 40.

Por exemplo: Ryrie declara que todas as referências de Mateus ao evangelho do reino correspondem à vinda do Messias para reinar na terra durante o milênio. O milênio é um período previsto de mil anos, quando então o governo efetivo da terra estará sob a direção pessoal de Jesus, após seu retorno. O "reino" relacionado às boas novas é, segundo Ryrie e muitos outros, o mesmo que esse futuro reino milenar — uma realidade política futura, não a ação presente da vontade de Deus na criação e em Cristo.

Poderia essa interpretação ser correta? Indubitavelmente, se substituirmos a frase *reino milenar* por *reino* em passagens como Mateus 6:33 e 8:12, acabamos com uma linguagem que não faz sentido: "Buscai, pois, em primeiro lugar o reino milenar de Deus" e "os filhos do reino milenar serão lançados para fora, nas trevas". Precisamos de uma explicação: por que *reino* significa algo diferente nas passagens citadas enquanto, supostamente, significa "reino milenar" em contextos do "evangelho", como em Mateus 4:17 e 9:35?

Por outro lado, se entendermos o reino de Deus simplesmente como algo que Deus está fazendo, conforme explicado anteriormente, então passagens do "reino" não apenas fazem sentido nos evangelhos, mas ainda abrem a possibilidade de dimensões futuras do reino, incluindo um reino milenar, de natureza política.

Ryrie está tão convicto de que o evangelho da salvação diz respeito à morte de Jesus, que, na história em que Maria Madalena unge os pés de Jesus para o seu sepultamento, encontrada no evangelho de Mateus, ele simplesmente insere as palavras *sobre a morte de Jesus* após a palavra *evangelho*, em Mateus 26:13. Nas palavras de Ryrie, a passagem diz: "onde quer que a boa notícia *sobre a morte de Jesus* for pregada, a boa obra de Maria Madalena ao ungi-lo em antecipação à sua morte será conhecida" (grifo meu).[12] Mas o texto bíblico apenas diz: "em qualquer lugar do mundo inteiro onde este evangelho for anunciado", e não indica em lugar algum que o evangelho diz respeito à "sua morte". O evangelho sem dúvida inclui a morte de Jesus pela humanidade, mas vai muito além disso.

---

[12]Ibid., p. 38.

Salvação excluída da vida

Nessa interpretação de Ryrie e de alguns outros, podemos isolar o que cremos para a salvação de outros fatos a respeito de Cristo. Embora essa distinção esteja correta e seja útil, devemos usá-la com cuidado.

"Crer em Cristo para a salvação", assegura-nos, "significa ter confiança de que ele pode remover a culpa do pecado e dar vida eterna [leia-se *céu*]. Significa crer que ele pode resolver o problema do pecado [leia-se *culpa*], que é aquilo em que mantém alguém fora do céu".[13]

Para Ryrie, há diversas coisas que você pode crer corretamente acerca de Cristo e que não são exigidas como fé para a salvação. Dentre elas:

> Você pode crer que o que ele ensinou enquanto na terra era bom, nobre e verdadeiro, e não estaria errado [...]. Você pode crer que ele é capaz de governar sua vida — o que ele realmente é capaz e anseia por fazer. Mas essas não são questões de salvação. A questão é se você crê ou não que sua morte pagou por todo o seu pecado e que, ao crer nele, pode receber o perdão e a vida eterna (p. 74).

"Ao crer, o indivíduo se compromete com Deus", explica Ryrie. "Que compromisso ele assume? Seu destino eterno. Essa é a questão, não os anos de sua vida na terra" (p. 123). As questões que "não estão relacionadas à salvação pertencem ao viver cristão" ou "dizem respeito à vida cristã". "Não preciso resolver problemas relacionados ao viver cristão para ser salvo" (p. 40).

Mas é essa *a* questão?

A diferença entre aderentes da salvação pelo senhorio e seus críticos diz respeito à natureza da fé salvadora. No entanto, devemos também considerar o ponto em que ambos os lados concordam. Ambos concordam que se perder ou salvar-se é exclusivamente uma questão de demérito e mérito; também concordam que há fé para a salvação e com o que significa ser "salvo". Para a direita teológica, esses pontos formam a essência do evangelho.

---

[13]Ibid., p. 119.

EVANGELHOS DE ADMINISTRAÇÃO DE PECADOS

Além disso, a frase *destino eterno* é muito usada por ambas as partes. Todos concordam que o assunto em questão é aquele apontado por Ryrie: o perdão de pecados por transferência de mérito, resultando na admissão ao céu depois da morte. Você é salvo se tem essas coisas, e a fé salvadora é a qualidade pessoal ou atitude exigida para que alguém "se aproprie" da vida eterna. O ponto de divergência está no que constitui a fé que salva. Em que exatamente devemos crer, se tal fé deve nos salvar?

MacArthur concorda com críticos: *o que está em jogo* na salvação é o perdão e o destino eterno. Do contrário, não haveria muita discórdia entre as partes; os dois lados estariam apenas falando de coisas diferentes. MacArthur estaria dizendo que, a fim de ter *A* (salvação), você teria de ter *B* (comprometimento ao senhorio), enquanto seus críticos estariam respondendo: "Não. A fim de ter *C* (outra 'salvação'), *não é necessário* ter *B*".

Atrelado a esse acordo, segundo o qual a questão na salvação diz respeito apenas a "céu ou inferno", está ainda outro acordo, isto é, de que ser salvo é uma condição forense ou legal em vez de uma realidade ou de um caráter vital. Ninguém está nessa condição de "salvação" até que Deus o *declare*. Não entramos na salvação por algo que nos sobrevêm, nem em virtude de uma realidade que ocorre em nossa vida, ainda que essa realidade seja o próprio Deus. O debate, então, diz respeito ao que deve ser verdade sobre nós *antes que* Deus nos declare como "salvos".

Por fim, ambos os lados concordam que ir para o céu depois da morte é o único *alvo* dos esforços divino e humano para a salvação. Em outras palavras, os esforços são direcionados à ida para o céu, não a um subproduto ou resultado natural de outro alvo qualquer.

Entretanto, obtemos um quadro totalmente diferente da salvação, da fé e do perdão se considerarmos a vida do reino dos céus — o tipo eterno de vida — como alvo hoje. As palavras e as ações de Jesus sugerem naturalmente que isso é de fato a salvação, tendo o discipulado, o perdão e o céu como partes naturais. E, nesse aspecto, Jesus apenas dá continuidade aos ensinos do Antigo Testamento. Toda a tradição bíblica, do início ao fim, trata do envolvimento íntimo de Deus ou de seu afastamento da vida humana. Essa é a alternativa

A CONSPIRAÇÃO DIVINA

bíblica da vida agora: "o SENHOR detesta o perverso", resume o provérbio, "mas o justo é seu grande amigo" (Pv 3:32).

Recordando-nos da fé e da justiça de Abraão

A Bíblia nos diz que "Abraão creu no SENHOR, e isso lhe foi creditado como justiça" (Gn 15:6). *Em que* Abraão creu para que Deus declarasse ou "creditasse" justiça ao patriarca? Abraão creu que Deus provera um pagamento para o seu pecado? Claro que não! A narrativa é clara: Abraão creu que Deus lhe daria um filho, um herdeiro, e por meio dele uma multidão de descendentes que tomariam posse da terra que lhe fora prometida. O patriarca creu em Deus, claro, mas em relação a coisas relacionadas à sua existência na terra.

Abraão cria que Deus *interagiria com ele naquele momento* — a mesma fé daqueles que se juntaram ao redor de Jesus. Abraão até mesmo ousou perguntar a Deus como poderia saber que a promessa de um filho herdeiro seria cumprida. Em resposta, Deus o direcionou a preparar animais para o sacrifício. Abraão o fez e esperou pela ação de Deus (Gn 15:8-11); esperou até que Deus materializasse fogo "do nada". Deus agiu a partir do espaço circundante, a atmosfera — isto é, a partir do "primeiro céu" da Bíblia. *Essa* foi a resposta à pergunta de Abraão. Posteriormente, "Deus visitou Sara", e Isaque foi concebido (Gn 21:1).

Diante de tamanha fé, Deus declarou Abraão como justo. Significa que Deus declarou que Abraão iria para o céu depois da morte? Não exatamente, e sim que os pecados e as falhas de Abraão não o separariam de Deus e do relacionamento contínuo que tinham durante a vida do patriarca.

Mas ele *iria* para o céu depois da morte? É claro! O que mais Deus faria com uma pessoa assim? Eles eram amigos, um fato estabelecido na escritura (2Cr 20:7; Is 41:8; Tg 2:23), assim como somos amigos de Jesus ao imergirmos em sua obra (Jo 15:15). Nenhum amigo de Deus irá para o inferno. Jesus até mesmo nos assegurou que, "se alguém der mesmo que seja apenas um copo de água fria a um destes pequeninos [...], não perderá a sua recompensa" (Mt 10:42).

Certamente, o perdão e a reconciliação são essenciais a qualquer relacionamento em que houve ofensa; e o nosso relacionamento com

EVANGELHOS DE ADMINISTRAÇÃO DE PECADOS

Deus não é diferente. Não podemos passar para uma nova vida do alto sem o perdão. Sem dúvida, foi Cristo que possibilitou tal transição, incluindo o perdão, por meio de sua vida e morte. Devemos estar reconciliados com Deus, e ele conosco, se desejamos uma vida em comum. Tal reconciliação, porém, envolve mais do que o perdão pelo nosso pecado ou o pagamento da nossa dívida. Ademais, a fé e a salvação de que Jesus fala são uma realidade muito mais positiva do que mera reconciliação. As histórias de Abraão e outros personagens bíblicos ilustram de maneira bela essa ideia.

Para os evangelhos, *a questão* é se estamos vivos ou mortos para Deus. Andamos em um relacionamento interativo com ele em função de um novo tipo de vida, a vida "do alto"? Como o apóstolo João declarou em sua primeira carta: "Deus nos deu a vida eterna, e essa vida está em seu Filho" (1Jo 5:11-12).

O que deve ser enfatizado em tudo isso é a diferença entre, por um lado, confiar em Cristo — ou seja, não em um Jesus imaginário, mas real, com tudo o que essa confiança implica — e, por outro, confiar em algum mecanismo estabelecido por ele para a remissão de pecados, confiando apenas em seu papel como removedor da culpa. Confiar em Jesus, uma pessoa real, é confiar nele em cada dimensão da nossa vida real, acreditando que ele está certo e que seu ensinamento é adequado em relação a tudo.

Com respeito ao uso da palavra "evangelho" nos Evangelhos de Marcos e Lucas, Ryrie comenta: "Nosso Senhor é o tema central das boas novas".[14] Sem dúvida, isso está correto. Porém ele e muitos outros não veem qualquer distinção entre afirmar isso e dizer: "O Evangelho é a boa notícia sobre a morte e ressurreição de Cristo" — ou que ele reivindica um *mecanismo* para o perdão de pecados, fazendo de Cristo, uma pessoa viva, simplesmente irrelevante à nossa existência presente.

A falha fundamental de multidões que professam a fé cristã é a seguinte: para elas, o que Deus está fazendo em sua vida hoje é irrelevante. Multidões foram levadas a crer que Deus, por alguma razão insondável, simplesmente acha apropriado transferir o crédito

---

[14]Ibid., p. 39.

da conta de Cristo para a nossa, zerando a nossa dívida de pecado ao inspecionar nossa mente e descobrir que cremos na veracidade de determinada teoria da expiação — mesmo que, em assuntos que nos dizem respeito, nossa fé esteja em tudo, menos em Deus.

Não temos explicação de como alguém pode confiar em Cristo para a vida após a morte, mas não para esta vida; confiar o destino eterno a Cristo, mas não as "coisas relacionadas à vida cristã". Isso é realmente possível? Claro que não! Pelo menos não no sentido de que a vida eterna é uma só.

Em suma, "o evangelho" para Ryrie, MacArthur e outros da direita teológica é que Cristo "desenvolveu o mecanismo" capaz de nos levar para o céu. Em contraste, *nos* Evangelhos, "evangelho" é a boa notícia da presença e da disponibilidade da vida no reino, agora e para sempre, pela confiança em Jesus, o Ungido. Essa também era a fé de Abraão. Como Jesus mesmo disse: "Abraão, pai de vocês, regozijou-se porque veria o meu dia; ele o viu e alegrou-se" (Jo 8:56).

Não é de admirar, então, que a única descrição de vida eterna que encontramos nas palavras de Jesus é: "Esta é a vida eterna: que [os discípulos] te conheçam, o único Deus verdadeiro, e a Jesus Cristo, a quem enviaste" (Jo 17:3). Isso pode soar para nós apenas como "mero conhecimento intelectual". Mas o "conhecer" bíblico sempre se refere a um relacionamento íntimo, pessoal e interativo.

É por isso que, por meio do profeta, Deus diz a Israel: "De todas as famílias da terra a vós somente conheci" (Am 3:2, ARC). E Maria, em resposta à declaração do anjo de que ela geraria um filho, pergunta: "Como se fará isso, visto que não conheço varão?" (Lc 1:34). Obviamente, Deus conhece a respeito de outras famílias da terra, assim como Maria conhecia informações sobre outros homens. A vida eterna da qual Jesus fala não é conhecimento sobre Deus, mas um relacionamento íntimo e interativo com ele.

O EVANGELHO DA ESQUERDA

O evangelho como algo inteiramente social

No extremo oposto do espectro social há muitos pastores, ministros e congregações cuja perspectiva é totalmente diferente com respeito ao que está em jogo no evangelho em si.

EVANGELHOS DE ADMINISTRAÇÃO DE PECADOS

Seria um erro, porém, referir-se a eles como "liberais", sem consideráveis ressalvas. O grupo realmente é herdeiro da igreja cristã liberal do século XIX e da primeira metade do século XX. Contudo, aquele que estiver familiarizado com ministros e teólogos do liberalismo mais *antigo* (até a década de 1960) descobrirá, na essência do seu ensino, em sua moralidade e espiritualidade, que eles estão mais próximos de MacArthur e Ryrie do que as figuras dominantes e os ensinamentos da esquerda cristã.

No fim da década de 1950 e início de 1960, a teologia liberal mais antiga havia, com seu "evangelho social", dado provas suficientes de sua incapacidade de cumprir a transformação da existência humana que antecipara e prometera. Posta de joelhos pelos acontecimentos mundiais, exaurido seu capital social e incapaz de justificar com exatidão o que estava acontecendo na vida e na sociedade ocidentais da época, descobriu-se, como realidade social e institucional, do lado do opressor no alvorecer do movimento pelos direitos civis.

Não demorou para que a liderança liberal assumisse uma postura ativista. Em 1963, o Conselho Nacional de Igrejas (CNI) adotou uma política de participação direta na luta dos afro-americanos em prol de igualdade social e econômica. Não muito tempo depois, envolveu-se em protestos relacionados à guerra do Vietnã e em movimentos de liberação em outros países. Posteriormente, vieram questões de igualdade de gênero, preferência sexual, meio ambiente, proteção animal e tudo mais que, na perspectiva desse grupo, precisava de correção.

A religião se transforma em ética social

Por volta de 1963, as lideranças do CNI andavam preocupadas com a questão da natureza e da missão da igreja e, portanto, com a natureza do evangelho cristão. James Findlay mostrou como essa preocupação lançou o fundamento da passagem ao ativismo, recuperando elementos do radicalismo do evangelho social das décadas de 1920 e 1930.[15]

---

[15]FINDLAY, James. *Church People in the Struggle: The National Council of Churches and the Black Freedom Movement, 1950-1970* [Igrejas na luta: o conselho nacional de igrejas e o movimento da libertação negra, 1950-1970]. Nova Iorque: Oxford University

Findlay destaca que, para muitos indivíduos que se envolveram com o movimento pelos direitos civis, foi um momento transformador. Ele cita um dos ministros que participaram no famoso projeto de verão do Mississipi, em 1964: "Foi o momento mais intenso da minha vida. Nunca tivera tanta certeza de estar no lugar certo, de que era lá que a igreja deveria estar e de que [...] minha presença era a presença da igreja". Vinte anos mais tarde, relata Findlay, esse indivíduo ainda revive o impacto emocionante e transformador de seu papel modesto na luta pelos direitos civis da década de 1960.[16]

James Traub, em um artigo publicado em 1994, fala "daqueles que, como eu, cresceram escutando Martin Luther King Jr. e que descobriram, na linguagem redentora do movimento pelos direitos civis, um substituto prático para a fé religiosa".[17]

Entretanto, para muitos na igreja liberal, tanto o clero quanto os leigos, essa linguagem não apenas substituiu a fé religiosa. Ela *se tornou* sua fé. Ou talvez devamos dizer que sua fé religiosa se tornou em comprometimento para com os direitos civis em certo sentido mais amplo — incluindo, mais recentemente, o direito de remover da presença de alguém qualquer símbolo ou linguajar ofensivo.

Dedicação ao oprimido, à libertação ou apenas à "comunidade" tornou-se, para muitos, na totalidade do que é essencial à fé cristã. Nessa perspectiva, o evangelho, ou "boa notícia", era que o próprio Deus apoiava a libertação, a igualdade e a comunidade; que Jesus morreu para promovê-los, ou pelo menos por esses elementos não estarem presentes; e que ele "continua vivo" em todos os esforços e tendências que os favoreçam. Para a esquerda teológica, isso simplesmente se transformou na mensagem de Cristo.

A teologia liberal mais antiga, caracterizada primordialmente como uma *teologia* ou visão de Deus, morreu e ressuscitou na

---

Press, 1994. Confira a resenha da obra por William McGuire King, em *Christian Century*, 6 de abril de 1994, p. 353-356.

[16]KING, William McGuire. "Shadows of the Social Gospel: White Mainliners in the Civil Rights Struggle" [Sombras do evangelho social: ativistas brancos na luta pelos direitos civis]. *Christian Century*, 6 de abril de 1994, p. 353.

[17]TRAUB, James. "Can Separate Be Equal?" [Separados podem ser iguais?] *Harper's Magazine*, junho de 1994, p. 37.

forma de uma ética social cuja fé podia ser compartilhada com pessoas incapazes de confiar em um Deus presente ou em um Cristo vivo. Seguindo o exclusivismo do próprio cristianismo tradicional, a inclusão total de todas as crenças e práticas, com exceção das opressoras, foi o próximo passo natural.

Deus e Jesus: imanentes no amor humano

Nenhum ministro ou teólogo foi mais influente na popularização dessa perspectiva do que John A. T. Robinson. Segundo ele:

> O Deus cristão não é distante. Ele é envolvido, engajado. Se Jesus Cristo tem algo a dizer, sua mensagem é que Deus pertence a este mundo [...]. Todos precisamos, mais do que qualquer outra coisa, amar e ser amados [...]. Precisamos de *aceitação* como indivíduos, em nossa integralidade, para o nosso próprio bem. E é isso que o verdadeiro amor faz. Ele aceita pessoas, sem qualquer condição, simplesmente pelo que elas são. Tal aceitação lhes dá valor, dá sentido à vida.[18]

A morte de Jesus, tida ainda como o acontecimento central do cristianismo histórico, entra neste ponto:

> É isso que vemos Jesus fazendo nos Evangelhos, fazendo e refazendo a vida dos homens, trazendo-lhes de volta a razão de viver. Nele, vemos o trabalhar do amor de uma forma que o mundo jamais presenciou, antes e depois. E é por isso que o Novo Testamento enxerga Deus trabalhando em Jesus — pois Deus é amor. Na cruz, esse amor é manifesto por completo. "Há amor para você!", diz o Calvário. Na ressurreição, vemos que nem a morte foi capaz de destruir seu poder de transformar e curar. O amor continuou prevalecendo.[19]

---

[18]ROBINSON, John A. T. *But That I Can't Believe* [Mas nisto eu não posso crer]. Londres: Collins-Fontana, 1967, p. 51. Devemos observar que, anos depois, Robinson mudou significantemente de posição.
[19]Ibid., p. 51.

A CONSPIRAÇÃO DIVINA

Eis o evangelho da esquerda teológica atual: o amor prevalece. E, claro, em prol disso todos devemos nos devotar com esperança.

Desse modo, segundo Robinson declara: "O cristão é aquele que crê *neste* amor [manifesto por Jesus] como a expressão definitiva de sua vida" (p. 52). E o Jesus *real*, conforme se diz hoje, é "aquele que se identifica com o povo oprimido e com aqueles que são diferentes, e os ama", conclamando-nos a fazer o mesmo. São essas palavras que expressam a perspectiva redentora da esquerda cristã, assim como "confiei em Cristo para o perdão" ou "orei para receber Jesus" caracterizam a direita teológica.

O significado político e social do amor

Entretanto, assim como há a questão séria do que constitui a fé salvadora, também há um problema com a natureza precisa do amor redentor. Neste mundo, há muitas coisas chamadas de "amor". Por qual tipo de amor Deus é *caracterizado*? Quem é o Deus de amor?

É nesse ponto que se destaca o afastamento da atual esquerda cristã da antiga teologia da libertação. Robinson e aqueles que adotam sua versão do evangelho raramente perdem a chance de descartar a perspectiva de Deus como "idoso celestial". O bispo James Pike costumava dizer: "Não acredito em um Deus reparador", negando, assim, *respostas* ao pedido feito em oração pelo ser humano.[20] Pike admite que a oração pode resultar em algum ajuste misterioso e não científico para a vida, mas que ela não evocará "respostas" em nenhum sentido direto — certamente, não respostas que mudam o que aconteceria na ordem "natural". Assim, a oração não passa de um aceno de mãos para um cosmos capaz de no máximo trazer consolo pessoal ou ajudar-nos a aprimorar as nossas atitudes.

O que, porém, esses teólogos realmente conseguem com sua posição revisada de Deus — além de se autoalinharem com uma perspectiva da realidade e da vida natural que tomam por algo mais científico? Não se trata simplesmente da destruição, em qualquer

---

[20]"An American Bishop's Search for a Space-age God" [A procura de um bispo por um Deus da era espacial], entrevista com Christopher Wren, *Look Magazine,* 22 de fevereiro de 1966, p. 26.

EVANGELHOS DE ADMINISTRAÇÃO DE PECADOS

sentido prático, da ideia de que Deus e Jesus são *pessoas* vivas e acessíveis, que se relacionam ainda hoje de modo interativo com aqueles que neles confiam?

Tal relacionamento, conforme vimos, foi chamado de "vida eterna" pelo próprio Jesus. No entanto, nas mãos da esquerda teológica, o credo e os rituais da igreja transformaram-se em símbolos consoladores de "outro" reino — remoto, inacessível e possivelmente apenas imaginativo e sentimental.

Infelizmente, esse "outro reino" não é capaz de, por exemplo, dar qualquer explicação direta a Salmos 23 ou à oração do Pai Nosso, nem à promessa da presença contínua de Cristo. A nova teologia assume o ponto de vista que William James certa vez descreveu como sobrenaturalismo "universalista" ou "refinado". Ela "se restringe a sentimentos sobre a vida como um todo", repara James, enquanto "a essência da religião prática [...] evapora".[21]

Privado de sua referência a um ser espiritual transcendente que mesmo assim se envolve pessoalmente com a humanidade, não deixando de responsabilizá-la quanto às diretrizes específicas de como viver, não há alternativa para esse "amor" ("Deus") além de se tornar qualquer coisa que a ideologia corrente diz. Atualmente, significa não tratar pessoas de forma diferente, liberando-as e capacitando-as para serem o que bem desejam.

Mas esse "evangelho" se revela na prática como nada além de outra versão do famoso sonho americano. Outras palavras associadas com ele são "igualitarismo", "felicidade" e "liberdade". Conforme um professor de educação na Universidade Bradley declarou recentemente, o sonho americano é que "pessoas podem fazer ou ser o que quiserem se apenas tomarem a iniciativa".[22] O desejo é sacralizado, de modo que tudo que se opõe ao desejo é maldade ou pecado. Afinal, não temos da esquerda cristã apenas outro evangelho de

---

[21]JAMES, William. *Varieties of Religious Experience* [Experiências religiosas variadas]. Nova Iorque: The Modern Library, n.d., p. 511. James se encontra "entre sobrenaturalistas do tipo mais solto ou grosseiro", pois crê que fatos se diferem em alguns casos daquilo em que de outra forma resultariam, porque um Deus pessoal atua no mundo em favor dos que oram.

[22]Extraído do *National Forum* (revista Phi Kappa Phi) 74, n. 1 (inverno de 1994), p. 5.

administração de pecados, mas um evangelho cuja substância é fornecida pelas ideias sociais e políticas ocidentais (americanas) sobre a existência humana em um mundo secular.

A lacuna do evangelho

Podemos, então, ter um adesivo com a mensagem: "Cristãos não são perfeitos, apenas comprometidos com a libertação"?

Possivelmente. Os evangelhos atuais, tanto da direita quanto da esquerda, exibem o mesmo tipo de desconexão conceptual e irrelevância prática à integridade pessoal dos cristãos — ainda mais se definirmos essa integridade em termos de "semelhança com Cristo". E tanto um quanto o outro não têm qualquer relação essencial com a vida do indivíduo como um todo, especialmente no que diz respeito à profissão ou ao trabalho, bem como ao tratamento delicado de relacionamentos pessoais, em casa e com a vizinhança. Isso é verdade, mesmo que todos concordem que não deveria ser assim.

Reiterando, essa irrelevância à vida tem origem no próprio conteúdo desses "evangelhos", ou seja, no que declaram e naquilo a que dizem respeito. Ambos tratam de culpa do pecado, de males estruturais (pecados sociais) e do que fazer com eles. Apenas isso. Como consequência, a vida segue *naturalmente* sem a necessidade de um ou de outro.

No livro *In Search for God at Harvard* [À procura de Deus em Harvard], Ari Goldman conta como uma de suas colegas de classe na Faculdade de Teologia agia "estranhamente" na escola e, de fato, era líder do Grupo de Gays e Lésbicas. Após a graduação, foi nomeada pastora auxiliar. A igreja local da Igreja Unida de Cristo que a nomeou foi a mesma que a ordenou.

Para ela, o momento da imposição de mãos pela congregação foi muito comovente. Mas a congregação não sabia que ela era lésbica. "Eu nunca compartilhei o assunto com a igreja", confessou. "Se o fizesse, não teria obtido o trabalho. É claro que, em certo sentido, estou vivendo uma vida dupla, mas isso não me parece um problema no momento".[23]

---

[23]GOLDMAN, Ari. *The Search for God at Harvard* [À procura de Deus em Harvard]. Nova Iorque: Random House, 1991, p. 277.

Quão familiar é esse tipo de evasão e irresponsabilidade! Uma realidade desconcertantemente comum. Todo mundo sabe o que isso significa, mas "negócio é negócio". Casos como esse existem em todos os pontos do espectro teológico. O pecado se revela espantosamente apartidário e sem originalidade. (Não nos sentiríamos até aliviados se encontrássemos algum pecado verdadeiramente original?) Para essa mulher, onde está a fé em Cristo? A fé é irrelevante, ou simplesmente impotente? Deus não estaria do seu lado caso ela contasse a verdade? Mais uma vez, porém, abundância de vida e obediência a parâmetros morais validados pela nossa experiência não têm conexão inerente com os evangelhos de administração de pecados. Conforme destacamos, pertencer à "direita" ou à "esquerda" não faz diferença alguma nesse ponto básico.

RUMO À INTEGRAÇÃO DE VIDA E FÉ

O caso do mestre ausente

A essa altura, temos, por um lado, certo tipo de "fé em Cristo" e, por outro, a vida abundante e a obediência que ela oferece. Entretanto, não temos uma ponte eficaz o suficiente para interligar fé e vida. Alguns conseguem integrá-las. Quando, porém, isso acontece, assemelha-se mais à sorte ou a algum acidente, não a *uma parte normal e natural das boas novas em si.* A oração parece "funcionar" para alguns. Mas quem sabe como e por quê? De qualquer maneira, a eficácia na oração não é exigida — nem para ir para o céu depois da morte, nem para estar comprometido com uma causa libertadora.

Na prática, aceitamos que a nossa religião se afaste de Jesus como amigo e mestre, bem como da nossa existência contínua como chamado santo ou um encontro com Deus. Alguns substituirão a vitalidade divina e a integridade pessoal com comportamento ritualístico; outros se contentarão com um conjunto isolado de "experiências" em vez de transformação de caráter.

Justo na essência dessa separação jaz a ausência de Jesus, o mestre, em nossa vida. Estranhamente, parecemo-nos preparados a aprender como viver a partir de qualquer um, menos dele. Estamos prontos para crer que os "estudos mais recentes" têm muito mais a nos ensinar sobre amor e sexo do que Jesus, ou que Louis Rukeyser sabe mais sobre finanças. "Dear Abby"[24] pode nos ensinar mais a respeito de como lidar com membros da família e colaboradores no trabalho, e Carl Sagan representa uma autoridade melhor quando o assunto é o cosmos. Perdemos qualquer sentido da diferença entre informação e sabedoria, agindo, assim, com imprudência.

A fonte em que buscamos espontaneamente por "informação" sobre como viver demonstra como nos sentimos realmente e em quem de fato confiamos. E nada demonstra de modo mais patente a extensão na qual supomos, de maneira automática, a irrelevância de Jesus como mestre para a nossa vida "real".

Historicamente, os cristãos conservadores suspeitavam de qualquer conversa sobre Jesus como "mestre", porque liberais ou "modernistas" usaram-no como forma de dizer que ele não era o Filho divino ou o salvador sobrenatural, mas "apenas um homem bom". Ademais, seu entendimento da salvação somente pela graça extraiu os elementos "essenciais" da fé cristã dos ensinos sobre a vida e o reino de Deus. Segundo vimos, ser cristão passa a não ter nada a ver com o tipo de pessoa que somos.

Já os modernistas, em comparação, professam considerar Jesus como um grande mestre, mas então o apresentam como que fundamentalmente errado a respeito dos elementos mais importantes de sua própria mensagem, como em relação à vinda do reino, de modo que acabaram por explicar em termos naturais todos os dizeres e feitos que exigiam uma interação sobrenatural — seu ensino e prática de oração, por exemplo. Assim, tornaram impossível, na prática, levá-lo a sério como mestre.

Thomas Oden enfatiza que "torna-se difícil, se não impossível, construir uma cristologia plausível a partir de um Jesus ingênuo, iludido, fraco ou ignorante".[25] E devemos acrescentar: "Ou um Jesus historicamente inacessível", conforme é tido quase que universalmente pela esquerda teológica.

---

[24]Uma coluna de aconselhamento de um jornal americano bem tradicional. [N. T.]
[25]ODEN, Thomas C. *After Modernity... What*? [Depois da modernidade... o quê?]. Grand Rapids: Zondervan, 1992, p. 119.

Não devemos nos surpreender, então, com o fato de que, enquanto os da esquerda reivindicam ter em grande estima os ensinamentos éticos de Jesus, a ética que lhe atribuem na verdade é, após exame cuidadoso, derivada de filósofos como Locke, Rousseau, Kant e Marx — ou mesmo, em anos mais recentes, de pensadores como Martin Heidegger, Jean-Paul Sartre ou Michel Foucault? Modernistas, tanto quanto conservadores, recusam-se a aceitar como vinculativos os ensinamentos dos evangelhos conforme os temos.

Essa reticência incrível se estende até mesmo aos Dez Mandamentos, assim como a todas as diretrizes morais específicas da herança judaico-cristã. Em meio a muito falatório, há pouca conformidade resoluta com relação a eles. Alguns críticos atuais da Suprema Corte americana gostam de aludir ao fato de ela não permitir que os Dez Mandamentos sejam exibidos em escolas públicas, ainda que estejam escritos nas salas do seu próprio tribunal.

Onde, porém, encontramos igrejas, da direita ou da esquerda, que exibem os Dez Mandamentos em seus muros? Na realidade, os Dez Mandamentos não são muito populares em lugar nenhum, mesmo a despeito do fato de que a prática geral de pelo menos alguns deles levaria à solução de quase todos os problemas relativos ao senso de significado e à ordem encontrados em sociedades ocidentais de hoje. São a melhor informação de Deus sobre como viver uma existência humana básica e decente.

O desaparecimento de Jesus como mestre explica o porquê de hoje, nas igrejas cristãs (independentemente de denominação), haver pouco esforço para ensinar pessoas a fazer o que Jesus fez e ensinou. Mais uma vez, é uma consequência natural da nossa mensagem básica. Quem dentre nós tem experiência pessoal de um curso de seminário cujo estudo e prática são oferecidos em um "Programa de Educação Cristã" acerca da seguinte passagem: "Amai a vossos inimigos, bendizei os que vos maldizem, fazei bem aos que vos odeiam e orai pelos que vos maltratam e perseguem"? (Mt 5:44). Muito menos, então, sobre como conduzir os negócios ou a nossa profissão para agradar a Jesus Cristo (Cl 3:17, 23). A resposta mais comum dada pelos cristãos ao ensino de Cristo no mundo "real" é precisamente esta: "Negócio é negócio". E todos sabemos o que isso quer dizer.

O ensino sincero em questões como essas simplesmente não aparece no horizonte intelectual cristão como algo que deve ser feito. Não consideramos Jesus seriamente como nosso mestre da vida, razão pela qual *não podemos* pensar de nós mesmos, em nossa existência contínua, como alunos ou discípulos de Cristo. Assim, voltamo-nos para palestrantes e escritores populares, alguns cristãos e outros não — seja quem for que estiver escrevendo livros e dando palestras e seminários em questões que nos interessam.

A centralidade do púlpito

Retornamos agora a um ponto que elucidamos anteriormente neste capítulo, quando falamos de "mudança de foco". No momento, dirigimo-nos especificamente àqueles dentre nós que ensinam e lideram, levando a cabo o papel pastoral nas igrejas e na sociedade.

A situação que acabamos de descrever — a desconexão entre vida e fé, a ausência de Jesus como mestre nas igrejas — não é causada por um mundo ímpio, por opressão social ou pela mesquinhez teimosa das pessoas que frequentam os cultos e levam a cabo o trabalho nas congregações. É em grande medida causada e sustentada pela mensagem básica que escutamos constantemente do púlpito cristão. Somos inundados pelo que chamei de "evangelhos de administração de pecados", de uma forma ou de outra, enquanto o convite de Jesus à vida eterna agora — bem em meio ao nosso trabalho, negócio e profissão — continua, em grande medida, ignorado e silenciado.

Aqueles que falam em nome de Cristo deveriam constantemente fazer as seguintes perguntas cruciais:

- O evangelho que eu prego e ensino tem uma tendência natural de levar aqueles que o escutam a se tornarem alunos de Jesus em tempo integral?
- Aqueles que creem no evangelho se tornam aprendizes de Jesus como um "passo seguinte natural"?
- O que, razoavelmente, podemos esperar como resultado de pessoas que realmente acreditam na essência da minha mensagem?

A condição tão eloquentemente lamentada por inúmeros líderes já citados neste capítulo não é nada além da *consequência natural da mensagem básica da igreja segundo é escutada hoje.* Seria tolice esperar qualquer outra coisa além do que já temos.

Uma frase conhecida entre especialistas da administração é: "O teu sistema foi perfeitamente projetado para dar os resultados que você tem obtido". É uma verdade profunda, porém dolorosa, que deve ser respeitada por todos que se interessam pela formação espiritual cristã quer para si, quer para grupos ou instituições.

Nós que professamos o cristianismo acreditaremos naquilo que nos é constantemente apresentado como evangelho. Se evangelhos de administração de pecados são anunciados, então, nestes o cristão acreditará. E aqueles no mundo que rejeitam esses evangelhos acreditarão que estão rejeitando o evangelho do próprio Jesus Cristo — quando, na verdade, eles ainda não o ouviram.

Dessa forma, temos o resultado já observado: recursos do reino de Deus permanecem separados da vida humana. Não há evangelho para a vida humana e o discipulado cristão, apenas para a morte e para a ação social. Abandonada, a alma do ser humano murcha e morre nos campos da vida por não ter sido introduzida ao ambiente para o qual foi criada: o vivificante reino da vida eterna.

A fim de contra-atacarmos essa situação, devemos desenvolver uma apresentação direta, em palavra e vida, da realidade da vida sob o governo de Deus hoje; e isso por meio da palavra e da pessoa de Jesus. Dessa maneira, podemos nos tornar naturalmente seus alunos e aprendizes. Podemos aprender de Cristo a usufruir a vida como se ele estivesse em nosso lugar. Podemos entrar em seu tipo eterno de vida agora.

O reino precisa fazer sentido

Todavia, isso não pode acontecer, a menos que aquilo em que o próprio Jesus creu, praticou e ensinou *nos faça sentido.* Sua mensagem precisa ser recebida livre de legalismos mortais, *slogans* políticos e tradicionalismos dogmáticos, comprovados há muito pela história como caminhos esmagadores da alma e becos sem saída. Obviamente, não é assim que temos recebido o evangelho, fato amplamente reconhecido.

Em 1974, na Conferência de Lausanne sobre Evangelização Mundial, Michael Green perguntou, retoricamente: "Quanto vocês escutaram aqui sobre o Reino de Deus?". Sua resposta foi:

A CONSPIRAÇÃO DIVINA

"Não muito. Não é a nossa linguagem. Mas essa era a preocupação número um de Jesus".[26]

O Dr. I. Howard Marshall, da Universidade de Aberdeen, comentou: "Durante os últimos 16 anos, não consigo me lembrar de duas ocasiões em que escutei mensagens devotadas especificamente para o tema do Reino de Deus... Acho esse silêncio um tanto surpreendente, já que os eruditos do Novo Testamento concordam com o fato de que o tema central do ensino de Jesus foi o Reino de Deus".[27]

Peter Wagner, talvez o líder mais conhecido do movimento mundial de "crescimento da igreja", também menciona a opinião unânime da erudição moderna de que o reino de Deus era a mensagem de Jesus. Em seguida, acrescenta:

> Não consigo deixar de me perguntar em voz alta por que não escutei mais sobre o reino nos trinta anos em que tenho sido cristão. Certamente, li o bastante sobre o tema na Bíblia... Honestamente, porém, não consigo me lembrar de qualquer pastor sob cujo ministério estive que realmente pregou uma mensagem sobre o Reino de Deus. Vasculhando a minha própria lista de mensagens, percebo agora que eu mesmo nunca preguei sobre o assunto. Por onde esteve o Reino?[28]

Em vista do que discutimos neste capítulo, não fica claro que sérias dificuldades barram atualmente as pessoas da boa intenção de entenderem efetivamente o evangelho de Jesus para a vida e para o discipulado em seu reino? Assim, devemos tentar identificar e remover essas dificuldades. Se não as removermos, nenhum evangelho que levarmos poderá exercer uma tendência natural de guiar rumo à vida do discipulado em Jesus e à realização pessoal no reino dos céus.

---

[26]Esta e as duas referências a seguir foram extraídas de *The Coming Kingdom of the Messiah* [O reino vindouro do Messias], por A. F. Buzzard (Wyoming, MI: Ministry School Publications, 1988), p. 14-16.

[27]Buzzard, *The Coming Kingdom of the Messiah* [O reino vindouro do Messias], p. 16n, citada a partir de *The Expository Times*, outubro de 1977, p. 13.

[28]Buzzard, *The Coming Kingdom of the Messiah* [O reino vindouro do Messias], p. 14-15, segundo extraído do livro de Wagner, *Church Growth and the Whole Gospel* [Crescimento da igreja e o evangelho pleno] (São Francisco: Harper and Row, 1981), p. 2.

3

O que Jesus sabia:
um mundo impregnado de Deus

Embora o homem sinta-se à vontade com os animais e
as estrelas, também é o vizinho próximo do Absoluto.

Gustave Martelet, *The Risen Christ and the Eucharistic World*
[O Cristo ressurreto e o mundo eucarístico]

No mundo da Fé, os céus acima da cidade são amigáveis
e próximos: são câmaras superiores de cada lar.

Max Picard, *The Flight from God* **[A fuga de Deus]**

UMA NOVA PERSPECTIVA DE DEUS E DO SEU MUNDO

O anúncio das boas novas do reino por Jesus pode nos servir de guia eficaz da vida se tão somente compartilharmos de sua perspectiva acerca do mundo em que vivemos. Aos olhos de Cristo, este mundo é impregnado de Deus e permeado por Deus. É um mundo pleno de uma realidade gloriosa, segundo a qual cada componente jaz ao alcance do conhecimento de Deus e de seu controle direto — ainda que, obviamente e por bons motivos, o Senhor permita que parte de sua criação não funcione como ele deseja por breve tempo. É um mundo inconcebivelmente belo e bom por causa de Deus e de sua interação com a criação, um mundo com o qual Deus está continuamente envolvido e no qual constantemente se regozija. Até que percebamos que cada elemento visível e cada acontecimento está cheio da presença gloriosa de Deus, a palavra de Jesus ainda não nos conquistou totalmente.

O romancista Vladmir Nabokov narra o despertamento súbito de um de seus personagens ao observar uma mulher de rua bebendo uma xícara de café que havia recebido:

> Surpreendi-me com a ternura do mundo, com a benevolência profunda de tudo ao meu redor, com o elo glorioso entre mim e toda a criação; foi então que me dei conta de que tal regozijo [...] soprava ao meu redor por toda parte: nos sons da rua movimentada; na bainha de uma saia que comicamente se ergue; no zunido metálico mas terno do vento; nas nuvens de outono, carregadas de chuva. Percebi que o mundo não representa uma luta, nem uma sequência predatória de acontecimentos, e sim um brilho cintilante, uma inquietação benéfica, um dom que nos foi dado e que não é apreciado.[1]

---

[1] Vladimir Nabokov, extraído da história "Beneficence" [Beneficência], citado em *Books and Culture*, novembro/dezembro de 1995, p. 26.

O ser jubiloso de Deus

Se desejamos compreender e proclamar o evangelho cristão hoje, devemos, como nos dias de Jesus, fazer uma revisão da vida de Deus e de como o universo físico se encaixa nele. Descobrir o que realmente pensamos quando imaginamos Deus é uma tarefa grandiosa e importante. Eu penso que boa parte dos obstáculos à fé em Cristo jaz nessa parte da nossa mente e alma. Se Jesus não for capaz de nos ajudar a entender a vida de Deus, em hipótese alguma poderá auxiliar-nos com essa salvação ou vida através da fé. E, naturalmente, ele pode e nos ajuda.

Para começar, devemos pensar que Deus leva uma vida muito interessante e cheia de alegria. Sem dúvida alguma, ele é o ser mais jubiloso do universo. A abundância de seu amor e de sua generosidade é inseparável de sua alegria infinita. Enquanto nossa alma prova pequenas gotas do manancial de coisas boas e belas, Deus as experimenta ininterruptamente, em toda sua extensão, profundidade e riqueza.

Há alguns anos, enquanto ensinava na África do Sul, certo jovem chamado Matthew Dickason me levou para ver as praias perto de sua casa, em Port Elizabeth. Eu estava totalmente despreparado para a experiência. Sabia bem o que eram praias, ou pelo menos é o que pensava. Mas, quando chegamos a uma elevação, onde o mar e a terra se abriram diante de nós, fui tomado por admiração e silêncio; lentamente, então, caminhei em direção às ondas. Palavras não podem captar a vista que me confrontava. Vi espaço, luz, textura, cor e poder... cuja origem parecia não ser desta terra.

Gradualmente, a ideia me ocorreu de que Deus vê isso o tempo todo. Ele vê, experimenta e conhece, a partir de cada ângulo possível, essa e outras bilhões de cenas parecidas e diferentes, neste mundo e em bilhões de outros mundos. Grandes ondas de alegria devem inundar constantemente o seu ser.

Talvez seja estranho dizer, mas de repente me senti extremamente feliz por Deus e pensei ter tido alguma percepção de sua consciência infinitamente gloriosa e do que deve significar, para ele, olhar para a sua criação e achá-la "muito boa".

Pagamos uma grande soma de dinheiro para ter um aquário com alguns peixes tropicais, e nunca nos cansamos de olhar para a sua iridescência brilhante ou para a sua forma e seu movimento maravilhosos. Deus, porém, tem mares *cheios dessas criaturas*, das quais usufrui constantemente. (Mal consigo observar uma dessas pequenas e belas criaturas por vez.)

Sentimo-nos arrebatados por uma sequência cinematográfica bem-feita ou por alguns trechos de ópera ou linhas de um poema. Entesouramos as melhores experiências por toda a vida, e talvez sejam poucas. Em contrapartida, Deus simplesmente experimenta, inesgotável e eternamente, de tudo que é bom, verdadeiro, belo e justo. É isso que precisamos ter em mente quando ouvimos os teólogos e os filósofos se referirem a ele como "ser perfeito". *Essa é a vida dele.*

Não faz muito tempo que o telescópio espacial Hubble nos deu imagens da Nebulosa da Águia, mostrando-nos nuvens de gás e poeira microscópica que, de alto a baixo, chegam a quase 10 trilhões de quilômetros. Nela, centenas de estrelas apareciam aqui e ali, mais quentes e maiores do que o Sol. Enquanto observava essas imagens, e por meio delas o passado e o desenvolvimento contínuo do cosmos, não pude senão pensar nas palavras de Jesus aos seus alunos antes de partir: "Há muitas moradas onde vive o meu Pai e vou aprontá-las para a vossa chegada" [cf. Jo 14:2, OL].

O ser humano pode se extasiar com jogos de carta ou trens elétricos e se autoconsiderar afortunado. Mas para Deus estão disponíveis, nas palavras do repórter, "nuvens imponentes de gás com trilhões de quilômetros de altura, iluminadas por fornos nucleares em estrelas recém-formadas, galáxias girantes colidindo umas com as outras, emitindo ondas de choque fervilhantes que atravessam milhões de anos-luz de tempo e espaço".[2] Tudo isso está perante Deus, com incontáveis flores que desabrocham, almas que lhe rendem graças e canções que lhe são oferecidas — além de tudo imensuravelmente mais que se encontra em sua presença e do qual não sabemos nada a respeito.

O poeta William Cowper exprimiu adequadamente a respeito de Deus:

---

[2] Joan Beck, *Daily News* (Los Angeles), 26 de novembro de 1995.

Fundo, em minas imensuráveis
Com destreza nunca esgotante
Deus trabalha seu projeto formidável
E opera sua vontade a todo instante.[3]

Ora, o próprio Jesus foi e é uma pessoa cheia de júbilo e criatividade. Sua vida e ensino nos proíbem pensar de seu Pai, que preenche e transborda o espaço, como um monarca moroso e fraco, ou como um pai frustrado e mesquinho, ou como um policial em ronda.

Ninguém pode pensar de Deus dessa maneira enquanto se depara com a declaração de Jesus: "Quem me vê, vê o Pai". Uma das características mais estonteantes da personalidade de Jesus era precisamente sua abundância de alegria, a qual deixou de herança aos seus alunos para que a alegria deles fosse "completa" (Jo 15:11). Em resposta, o pedido dos discípulos não foi: "Então passe o antidepressivo, por favor" — pois todos ao redor de Jesus sabiam que ele era um homem alegre. Um aspecto profundamente revelador da vida do reino é entender que a alegria constante de Cristo não foi anulada por sua experiência de tristeza e pesar.

Assim, devemos entender que Deus não nos "ama" sem gostar de nós — isto é, não nos ama da boca para fora, como o amor "cristão" muitas vezes se manifesta. Antes, das profundezas eternas daquele cujo ser se autorrenova perpetuamente, o Pai celestial estima a Terra e cada ser humano que nela habita. A afeição, o carinho e a consideração infinita de Deus para com cada criatura são o transbordamento natural de quem ele é em sua essência — algo que em vão tentamos captar com nossa gasta, porém indispensável, palavra "amor".

Encontrando palavras que expressem esse grande Deus

Honestamente, é difícil para nós pensar adequadamente a respeito de Deus — ou talvez sequer pensar nele. Nesse aspecto, nossa

---

[3]William Cowper. Essa é uma estrofe menos conhecida de seu famoso poema, que se inicia com: "Deus se move de maneira misteriosa e executa maravilhas", n. 68 do *Methodist Hymnal* [Hinário metodista] (Chicago: Methodist Publishing House, 1939).

história intelectual trabalha na contramão, e certamente não fomos treinados de forma adequada para essa tarefa. Francamente, as experiências diárias, sob pressão de todos os lados, distanciam-nos constantemente de nossa reflexão e nos "endurecem" de diversas maneiras — especialmente no que diz respeito à teologia. Entretanto, a falta de ideias e terminologias adequadas, resultado da nossa condição, prejudica muito a nossa fé, insulando nossa vida real do que dizemos crer. Não podemos, nem por um milagre, crer em um vazio ou em um borrão, muito menos *agir* com base nisso. Nesse caso, não existe um "algo" a que a nossa mente e vida podem se apegar — ou talvez nos apeguemos ao "algo" errado.

Para confiar em *Deus*, precisamos de uma forma rica e apurada de pensar e falar sobre ele, uma perspectiva na qual apoiar nosso viver e vontade. Evidentemente, tal perspectiva está presente na linguagem bíblica, assim como continuou a ser cuidadosamente elaborada nas obras de escritores cristãos até o século XX.

Ainda hoje, o livro veterotestamentário de Salmos é fonte de grande poder e vida simplesmente por preservar uma linguagem conceptualmente rica sobre Deus e o nosso relacionamento com ele. Aquele que se aprofunda no livro de Salmos emerge conhecendo a Deus e entendendo a vida.

Esse resultado em nada diz respeito, como sugerem alguns, ao "efeito poético" de uma linguagem rica. O que está envolvido não é mera elevação emocional. O que enriquece a linguagem e eleva o emocional é primordialmente sua descrição de Deus e da vida. Aprendemos, com Salmos, como pensar e agir com respeito a Deus. Saciamo-nos de Deus e do seu mundo na leitura desses poemas, cujo vocabulário nos leva em direção a Deus e é inspirado pelo próprio Deus. Os salmos nos mostram quem Deus é, e isso expande, eleva e direciona nossa mente e coração.

Contudo, por causa de ideias que surgiram no século XVIII — filtradas principalmente pelo "empiricismo britânico" e pela reação kantiana e racionalista a esse movimento na Alemanha —, a linguagem ricamente informativa, necessária para nutrir uma fé reflexiva em Deus, não é mais funcional em nosso contexto cultural. Agora, ideias da Modernidade dominam centros acadêmicos do mundo, mesmo onde não são conscientemente identificadas e compreendidas, e mesmo onde são explicitamente rejeitadas. Isso também é verdade com relação a muitos seminários cristãos, nos quais ministros e mestres são ensinados a abordar com ceticismo se alguém pode ser bem-sucedido em seu pensamento sobre Deus ou sequer falar inteligivelmente a seu respeito.

Todos nós somos resultado desse sistema de pensamento moderno, e você mesmo pode testar seu poder ao observar que resposta dá a uma declaração representativa sobre Deus feita há pouco mais de um século.

Nas palavras antigas, grandiosas e cuidadosamente formuladas de Adam Clarke, Deus é:

> o Ser eterno, independente e autoexistente; o Ser cujo propósito e cuja ação têm origem em si mesmo, sem qualquer motivação ou influência alheia; aquele cujo domínio é absoluto; a mais pura, a mais simples, a mais espiritual de todas as essências; infinitamente perfeito; eterno e autossuficiente, sem a necessidade de coisa alguma que criou; ilimitável em sua imensidão, inconcebível em sua forma de existência e indescritível em sua essência; conhecido plenamente apenas por si próprio, uma vez que uma mente infinita pode apenas ser plenamente conhecida por si mesma. Em outras palavras, um Ser que, por sua sabedoria infinita, não pode errar ou ser enganado, e, por sua bondade infinita, não pode fazer nada além do que é eternamente justo, direito e bondoso.[4]

Seria surpreendente se você achasse fácil esse tipo de leitura. Entretanto, assemelha-se muito a Shakespeare — não apenas em seu linguajar mais arcaico, como também em sua riqueza. Possivelmente, você chegou até a pensar que são simplesmente palavras sem sentido. No entanto, se refletíssemos com diligência, apreciaríamos o fato de que nossa vida teria uma mudança e tanto se acreditássemos

---

[4]M'CLINTOCK, John; STRONG, James (ed.), *Cyclopaedia of Biblical, Theological, and Ecclesiastical Literature* [Enciclopédia de literatura bíblica, teológica e eclesiástica], vol. 3. Nova Iorque: Harper & Brothers, 1894), p. 903-904.

em um Deus assim, retratado pelas palavras de Clarke. Pense em alguém cuja reação, pensamento ou inclinação, por mais sutis que fossem, manifestasse automaticamente a realidade do Deus descrito por Adam Clarke.

Ao fazê-lo, você terá captado nada menos do que o pensamento do próprio Jesus, com a fé e a vida que ele trouxe consigo. Com tais realidades em mente, torna-se iluminador dizer que *Deus* é amor — algo bem diferente do que tentar encaixar à força uma versão corrompida do "amor" humano no vazio mental que deveria estar sendo ocupado por Deus, e então defini-lo *dessa maneira*.

OS CÉUS COMO *HABITAT* HUMANO

Um conselho sobre a vida

Com esse Deus magnífico posicionado entre nós, Jesus traz a segurança de que o nosso universo é *um lugar perfeitamente seguro para nós*. A essência de sua mensagem, bem como de sua personalidade e ação, é encontrada nessa paráfrase de Mateus 6:

> Meu conselho para vocês é: não se preocupem com o que terão de comer ou beber, nem com as roupas que vestirão. Sua vida não consiste em comida, e seu corpo não se resume a roupas. Aprendam uma lição com os pássaros do céu. Eles não semeiam, nem colhem, nem acumulam em celeiros, e o Pai de vocês, que habita nos céus ao seu redor, garante o seu sustento. Vocês não são mais importantes do que pássaros?
>
> Quem, ao se preocupar com as próprias caraterísticas físicas, pode alterá-las? Quanto à preocupação com vestimenta, observem as pequenas flores do campo: elas simplesmente aparecem. Não trabalham como escravas para vestir ou confeccionar roupas. Mas o rei Salomão, em seu melhor traje, jamais se vestiu como qualquer flor. Ora, se Deus adorna a flor do campo, que hoje existe e amanhã é lançada no fogo, não fará ainda mais por vocês, pessoas de fé minúscula?!
>
> Portanto, não se preocupem com coisas materiais, questionando: "O que vamos comer?" ou "Teremos algo para beber?" ou "O que

vestiremos?". (Pessoas que não conhecem a Deus é que agem assim!) Pois o Pai de vocês, que habita nos céus ao seu redor, sabe que vocês precisam dessas coisas. Pelo contrário: façam de sua prioridade número um tomar parte no que Deus está fazendo e ter o tipo de bondade que ele tem. Tudo que vocês precisam, Deus proverá.

Quanto ao amanhã, não se preocupem com ele. Vocês poderão se preocupar com o amanhã... amanhã! De qualquer maneira, acontecerá o suficiente hoje para mantê-lo preocupado com as coisas até a hora de dormir.

Os Céus também estão *na Terra*

Essa declaração ousada e com certo tom zombeteiro acerca dos elementos básicos da nossa existência — comida, bebida, vestimenta e outras necessidades da vida — pode ser validada apenas com uma perspectiva clara de que um Deus totalmente bom e competente está bem aqui conosco e cuida de nós. E sua presença é precisamente o que a palavra *céu* significa — ou, mais acuradamente, *céus* — no registro bíblico e no decorrer de boa parte da história cristã.[5] No Antigo Testamento, a pessoa, o conhecimento e o poder de Deus foram experimentados diretamente por aqueles que confiavam nele e o serviam. Nada — nenhum ser humano ou instituição, tempo, espaço, ser espiritual ou acontecimento — permanece entre Deus e aquele que nele confia. Onde quer que você esteja, os "céus" estão sempre lá; e, em termos bíblicos, o "primeiro céu" é precisamente a atmosfera, o ar que circunda o seu corpo. Vimos o que isso significou para a experiência de Abraão no capítulo anterior, e nos aprofundaremos um pouco nesse texto posteriormente. Mas é justamente do espaço ao nosso redor que Deus observa e age.

Quando Paulo, no Areópago, afirma aos seus inquisidores que em Deus "vivemos, nos movemos e existimos", expressa, da forma mais literal possível, um fato aprendido pela experiência do povo de Deus, os judeus. O apóstolo não está falando em termos metafóricos ou abstratos.

---

[5]Artigo. "Céu", em *Cyclopaedia of Biblical, Theological, and Ecclesiastical Literature* [Enciclopédia de literatura bíblica, teológica e eclesiástica], vol. 4, p. 122–127.

A CONSPIRAÇÃO DIVINA

O mesmo é verdade quando Jesus censurou Nicodemos, que se autoconsiderava um "mestre em Israel", por não entender o nascimento "do alto" — a recepção da vida sobrenatural de um Deus cuja presença literalmente nos cerca. Na linguagem do Novo Testamento, nascer "do alto" significa estar ligado interativamente com um sistema dinâmico e invisível de realidade divina, no meio do qual toda a humanidade se move — quer saiba, quer não. E isso, claro, é "O Reino entre nós".[6]

Talvez todos nós sejamos parecidos demais com Nicodemos. Durante o culto, podemos cantar com fervor um hino como: "Adorai o Rei [...] cujo manto é luz, cujo dossel é o espaço":

> Teu cuidado generoso, que língua pode recitar?
> Na luz brilha, sopra no ar;
> Dos montes flui, corre para o mar;
> No orvalho destila, com a chuva desliza.[7]

Mas realmente acreditamos nisso? Ou seja: estamos prontos para agir automaticamente como se habitássemos, aqui e agora, na presença do grande ser descrito por Adam Clarke, que preenche e transborda todo espaço, incluindo a atmosfera ao redor do nosso corpo? A ponderação séria de algumas das experiências do povo de Deus no decorrer dos séculos poderá nos servir de auxílio à nossa fé.

Espaço humano invadido pelo céu

Naturalmente, Abraão lidera a lista. Hagar, sua concubina fugitiva, incapaz de olhar para o seu filho enquanto morria de sede no

---

[6]A esse respeito, João Calvino comenta, referindo-se ao trecho de João 3:3,5 e à nossa passagem para o reino dos céus por um nascimento adicional, que "erram aqueles que pensam que 'Reino de Deus' significa 'Céu'. Antes, 'Reino' é uma referência à vida espiritual, que se inicia pela fé neste mundo e cresce diariamente, de acordo com o progresso contínuo da fé" (CALVIN, John. *The Gospel According to St. John* [O evangelho segundo João]. Tradução de T. H. L. Parker. Grand Rapids: Eerdmans, 1959, p. 63). Paulo elucida esse fato ao escrever aos filipenses que "nossa cidadania está nos céus" (3:20).

[7]Número 2, *The Broadman Hymnal* [Hinário Broadman], 1940.

deserto, afastou-se do menino, que chorava de desespero. Contudo, "Deus ouviu o choro do menino, e o anjo de Deus, *do céu*, chamou Hagar e lhe disse: 'O que a aflige, Hagar? Não tenha medo; Deus ouviu o menino chorar' [...]. Então Deus lhe abriu os olhos, e ela viu uma fonte" (Gn 21:17-19).

Alguns anos depois, quando Abraão estava para sacrificar Isaque, "o Anjo do Senhor o *chamou do céu* [...] 'Não toque no rapaz', disse o Anjo" (Gn 22:11-12, 15). Nessas passagens, "céu" nunca é tido como um ambiente distante — como as nuvens ou a Lua. Ele está sempre aqui, "próximo".

Durante sua fuga, enquanto dormia em certo lugar em seu travesseiro de pedra, Jacó viu a terra e o céu conectados por uma passagem, com anjos subindo e descendo, e o próprio Senhor em pé, *ao lado dele*. Jacó acordou atônito, dizendo: "De fato, o Senhor Deus está neste lugar [...]. Este lugar dá medo na gente. Aqui é a casa de Deus, aqui fica a porta do céu!" (Gn 28:16b, 17b, NTLH).

Deus falou com Moisés *do céu* na presença de todo o povo de Israel durante a entrega dos Dez Mandamentos (Ex 20) e trovejou *do céu* contra os inimigos de Israel durante a batalha (1Sm 7:10). Em diversas ocasiões, fogo se materializou a partir do ar (Gn 15:17; Ex 13:21; 1Rs 18:38; 2Rs 1:10; 1Cr 21:26 etc.). A manifestação por meio de fogo atmosférico se tornou um acontecimento tão rotineiro na história de Israel, que Deus passou a ser conhecido como "fogo consumidor" (Dt 4:24; Hb 12:29) — um fogo que também é amor.

Essas são apenas algumas das interações constantes do "céu" com o povo de Deus, no Antigo Testamento. Elas nos mostram que o céu está aqui e que Deus também está aqui, já que Deus e os agentes sobrenaturais divinos agem na terra e estão constantemente disponíveis na terra.

Eis então a conclusão geral a que a comunidade de fé chegou: "Pois os olhos do Senhor estão atentos sobre toda a terra para fortalecer aqueles que lhe dedicam totalmente o coração" (2Cr 16:9). E mais uma vez: "Os olhos do Senhor voltam-se para os justos e os seus ouvidos estão atentos ao seu grito de socorro; o rosto do Senhor volta-se contra os que praticam o mal, para apagar da terra a memória deles. Os justos clamam, o Senhor os ouve e os livra de todas as suas tribulações" (Sl 34:15-17). Essas e muitas outras declarações do povo escolhido de Deus deixam claro seu entendimento de que Deus está realmente aqui.

Experiências do Novo Testamento

O mesmo acontece nos tempos do Novo Testamento. É claro que a encarnação na pessoa de Jesus é o caso mais completo de "Deus conosco", ou "Emanuel". Em sua mocidade, o apóstolo João foi o companheiro mais próximo de Jesus e maravilhou-se, quando já idoso, de que ele e outros conheceram com os seus próprios sentidos físicos — audição, visão e tato — a própria fonte da vida, cuja existência fora desde o princípio (1Jo 1:1).

Desse modo, a visita de Jesus, interagindo com o reino ao seu redor, dia após dia; sua transfiguração e presença ressurreta; sua ascensão; a vinda do espírito com um som "do céu" (isto é, da atmosfera), para onde acabara de ir, enchendo o lugar onde os discípulos aguardavam e pousando visivelmente em cada um deles como chamas de fogo; o fluir contínuo de interações entre o novo poder de Deus na terra e seres celestiais, a essência da "escada de Jacó" há pouco mencionada — tudo isso deu à Igreja Primitiva a impressão mais forte possível da realidade e presença imediata do reino de Cristo.

É necessário enfatizar que os acontecimentos em questão foram reais e que eles fornecem a base para o entendimento bíblico e prático de como Deus realmente está no nosso mundo. Mas talvez tenhamos visto "efeitos especiais" demais na televisão e em Hollywood, em que aparências sem correspondência com a realidade são produzidas. Muitos em nosso tempo perderam a habilidade de ler a Bíblia ou os acontecimentos da história cristã de maneira realista, conforme realmente aconteceram e foram descritos.

Pensamos todos que entendemos "simulações". Ademais, ouvimos falar de "projeção" psicológica, e nossa mente está cheia de perspectivas pseudocientíficas que rejeitam um mundo espiritual e insistem no vazio de espaço e matéria como a única realidade. Por isso, estamos preparados para tratar todo esse longo registro histórico como uma questão de "visões" que não passam de "imaginação" ou pura ilusão, não como percepções da realidade. Assim, estagnamo-nos nas mitologias materialistas de nossa cultura, as quais nos são comunicadas pela vida "normal" como sendo "o que todo mundo sabe".

Traduções constrangedoras?

A incapacidade de aceitar o fato de que a nossa atmosfera familiar é um "céu" onde Deus habita e de onde lida conosco leva a algumas traduções curiosas do texto bíblico. Em Atos 11:5-9, a mesma frase grega, *tou ouranou*, é traduzida de três maneiras diferentes na NASV e muitas outras versões em inglês. A frase é traduzida por "do firmamento" (v. 5), "do ar" (v. 6) e "do céu" (v. 9).

Conforme o leitor talvez saiba, o episódio narra a cena em que Pedro, em um transe, vê um lençol com todo tipo de animais sendo baixado pela *atmosfera* (*tou ouranou*). Dentre eles, há aves encontradas na *atmosfera*. E o apóstolo ouve uma voz na *atmosfera*, dizendo-lhe para se levantar e comer.

Ora, a palavra *céu* significa algo bem diferente de *ar*, assim como *céus* significa algo bem diferente das outras duas. Por isso, a tradução fica confusa em meio a todos esses significados. "Céu" corresponde mais a um limite do que a um lugar, assim como representa um lugar mais distante do que o ar. Eis o porquê do ditado: "O céu é o limite". Já *céus*, estritamente falando, é usado como referência ao que está fora de vista, certamente além da Lua e bem provavelmente "além" do universo físico.

Uma tradução consistente de *tou ouranou* à luz do contexto bíblico poderia optar pelo uso de "ar" ou "atmosfera" nas três ocorrências, como acabei de fazer, transmitindo de forma mais precisa, assim, o conteúdo da experiência de Pedro. Deus falou com Pedro "do ar" que o cercava, onde pássaros voam e de onde o lençol desceu. A alternativa comunica uma impressão bem diferente das traduções-padrão, que geralmente usam apenas "céu" nessa passagem.

Semelhantemente, Deus falou com Moisés do meio do fogo, no Sinai; também falou de cima do "propiciatório", no tabernáculo (Nm 7:89). Em ambos os casos, a voz surgiu "do ar". No entanto, a ideologia que domina a educação e o pensamento atuais dificulta nossa aceitação desse fato claro e direto.

É incalculável o estrago feito à nossa fé prática em Cristo e em seu governo-às-portas, confundindo os "céus" com um lugar no espaço sideral ou além do espaço físico. Evidentemente, Deus também está lá. Mas ao invés de Deus e o céu estarem sempre presentes conosco, conforme Jesus demonstra, acabamos por considerar que estão bem longe e, mais provavelmente, em um tempo distante — não aqui e agora. Devemos nos surpreender com o nosso senso de solidão?

A experiência continua hoje

Experiências com Deus no espaço ao nosso redor não se restringem, em hipótese alguma, ao registro bíblico. A despeito do ceticismo e do desconforto das pessoas, elas continuam a ocorrer nos dias de hoje. Grupos para os quais eu ministro quase sempre são compostos de pessoas que experimentaram alguma manifestação de Deus no espaço onde vivem.

Eu descobri que, se você conseguir estabelecer um ambiente de confiança no grupo, não somente uma, porém mais pessoas terão uma história semelhante para contar. Nem sempre essas histórias envolvem experiências visuais apenas, mas também a audição e o toque. E não estou me referindo a casos em que, conforme geralmente dizemos, a presença de Deus é "sentida".

Um mestre cristão conhecido, Sundar Singh, nasceu e foi criado como um sique em Rampur, Índia, por volta do início do século XX. Enquanto menino, foi colocado em uma escola missionária presbiteriana, na qual desenvolveu um relacionamento de "amor e ódio" com o evangelho cristão.

Há um tempo, Singh andava em uma condição de inquietação interior. Foi então que, certa manhã, acordou cedo para orar, segundo o seu costume religioso. Em sua oração, clamou: "Ó Deus, se você existe, mostra-me o caminho certo, e eu me tornarei um *sadhu* [homem santo]; do contrário, vou cometer suicídio."

Por volta de quinze para as cinco da manhã, seu quarto se encheu de luz. Singh olhou para fora, pensando se tratar de um incêndio, mas não viu nenhum. Continuando a orar, repentinamente viu diante de si um rosto glorioso, cheio de amor. A princípio, ele pensou que fosse Buda, Krishna ou outra divindade. Mas a voz, falando-lhe

O QUE JESUS SABIA: UM MUNDO IMPREGNADO DE DEUS

em um dialeto hindi, disse: "Até quando você me perseguirá? Lembre-se: eu morri por você; dei-lhe a minha vida".

Vendo as marcas em seu corpo, Sundar Singh reconheceu Jesus e viu que ele estava vivo; não era alguém que morrera séculos atrás. Singh caiu aos seus pés, aceitou Jesus com Senhor e o adorou. Depois disso, tornou-se um exemplo mundialmente famoso da vida de Deus, presente entre seres humanos.[8]

Esse tipo de experiência, envolvendo aqui uma pessoa notável e de registro público, é característica de muitas personalidades bíblicas e extrabíblicas. Deus, Cristo, anjos ou outros fenômenos incomuns são experimentados no espaço circundante, na atmosfera — o "primeiro céu" do registro bíblico. Lembre-se, por exemplo, da história de Gary Smith, ao fim do capítulo um. Não passa de uma dentre muitas.[9]

Naturalmente, tais experiências não glorificam aqueles que as têm. Não criam uma classe elitista de cristãos. A mula de Balaão continuou sendo mula depois de ter visto o anjo e discutido milagrosamente o problema com o seu senhor. Além do mais, são sempre verdadeiras as palavras de Jesus a Tomé: "Felizes os que não viram e creram" [cf. Jo 20:29].

Os tais são felizes, de fato! Não porque demonstram algum exercício ou comprometimento particularmente meritório. Antes, é porque as coisas mais importantes na vida humana são quase sempre invisíveis, algo que é verdade até mesmo sem referência especial a Deus. Pessoas que não podem crer sem ver encontram-se desesperadamente limitadas em seu relacionamento. Apesar disso, Deus realmente se manifesta de vez em quando na esfera daqueles que o

---

[8]A maior parte da informação que tenho sobre Singh vem de um artigo não publicado de Leonard W. Thompson: "Sadhu Sundar Singh — Man of Holiness, Man of India" [Sadhu Sundar Singh — homem de santidade, homem da Índia]. Friedrich Heiler, conhecido teólogo alemão, estudou a vida de Singh em primeira mão e escreveu um livro intitulado *The Gospel of Sadhu Sundar Singh* [O evangelho de Sadhu Sundar Singh] (Nova Déli, Índia: Sociedade Indiana para a promoção do Conhecimento Cristão, 1989).

[9]Relatei a história do meu irmão mais velho, J. I. Willard, em meu livro *In Search of Guidance* [À procura de orientação] (Harper São Francisco/Zondervan, 1993), p. 42. Muitos livros contemporâneos, como os de autoria de John Wimber e Agnes Sanford, relatam acontecimentos semelhantes.

A CONSPIRAÇÃO DIVINA

buscam e, com o tempo, deixa em meio ao seu povo lembretes visíveis de sua presença invisível, porém constante.

Assim, em suma, a razão pela qual o testemunho judaico-cristão considera o espaço circundante como um ambiente pleno de Deus é esta: é nele que, de vez em quando, ocorre a manifestação visível de Deus, onde pessoas têm experiências com ele. Iavé se tornou naturalmente conhecido entre os israelitas como "o Deus dos céus" na progressão de sua experiência histórica.[10]

Mateus, o evangelho judaico por excelência, emprega a frase *reino dos céus* no decorrer da narrativa para descrever o governo de Deus, ou seu "reino". A frase capta a rica herança da experiência judaica em relação à proximidade de Deus, tão ausente em nossa mente contemporânea. Essa herança é uma revelação primordial da natureza de Deus. Assim, ela forma a marca de identificação daquele a quem nos dirigimos na oração central do cristianismo: "Pai nosso, que estás nos céus [...]" (Mt 6:9).

"Reino dos céus" e "reino de Deus"

Uma diferença de terminologia, então, que a princípio parece insignificante, atinge profundamente o coração da mensagem de Jesus sobre o mundo em que vivemos. A frase "reino dos céus" ocorre 32 vezes no Evangelho de Mateus, e em nenhum outro lugar do Novo Testamento. Em contrapartida, a frase "reino de Deus" ocorre apenas cinco vezes em Mateus, porém é o termo comumente usado no restante do Novo Testamento. Qual a importância dessa variação terminológica?

Em termos gerais, os eruditos trataram a variação como algo sem qualquer importância — o que é uma pena, por razões que exploraremos agora. A declaração de C. H. Dodd capta bem a ideia: "As duas expressões, 'Reino de Deus' e 'Reino dos céus', essa última peculiar ao Primeiro Evangelho, são sinônimas, visto que o termo 'céu' é comum no uso judaico como substituto reverencial do nome divino".[11]

---

[10]Cf. passagens que empregam a linguagem de "céu" ou "céus" no Antigo Testamento (Esp. Ex 29:43-46; Dt 33:26-27; 1Rs 8:27-61; 2Cr 6; 7:14-16; 16:9; 20:6, 15-17; 36:23; Ed 1:2-3; 7:23, 8:18-23; Ne 1:5; 2:4, 20; 9:6, 27-28; Is 63:15; 66:1; Dn 5; 6).
[11]DODD, C. H. *The Parables of the Kingdom* [Parábolas do reino]. Nova Iorque: Charles Scribner's Sons, 1958, p. 34.

Certamente é verdade que a palavra *céu* é empregada na Bíblia como referência ao domínio de Deus — ainda que, penso eu, nunca como referência ao próprio Deus, estritamente falando. Mas isso não quer dizer que os termos são sinônimos. As duas expressões em questão se referem à mesma realidade em alguns contextos, mas sempre de maneira diferente como forma de comunicar aspectos correlatos importantes.

O próprio fato de a palavra *céu* poder ser utilizada como referência a Deus é profundamente instrutivo em relação à forma como Deus se relaciona conosco, uma vez que percebemos o que "os céus" são, falando-nos exatamente onde Deus está em relação ao mundo humano. Por outro lado, a omissão desses significados ao empregar apenas a expressão "reino de Deus" cria um vácuo que facilita a má interpretação de Jesus e seu ensino. O problema é exacerbado pela forma como somos ensinados a pensar sobre o espaço hoje.

ESPAÇO HABITADO POR DEUS

Espírito e espaço

Eu penso que em nenhum outro aspecto nossa mentalidade contemporânea diverge da vida e das boas novas de Jesus como acontece no entendimento de espaço. Em nosso intuito de que o ensino de Jesus e a prática do reino dos céus façam sentido, devemos compreender o significado de "espírito" e "espiritual" e como estes se localizam no espaço.

Confundir Deus com suas manifestações históricas no espaço pode ter levado alguns a pensar nele como um Mágico de Oz ou algum ser como o retratado na Capela Sistina, assentado em uma localização muito remota de nós. O universo é então apresentado principalmente como um vasto espaço vazio, com um Deus humanoide e alguns anjos voando para lá e para cá, enquanto bilhões de seres humanos rastejam pelo minúsculo intervalo da história humana em um enorme pedaço de rocha circulando uma estrela insignificante.

De um "deus" assim, tudo que podemos dizer é: "Adeus. Boa viagem!". Quando muitas pessoas tentam orar, parece que trazem na mente a imagem de um Deus assim. Por isso, elas acham a oração um ato psicologicamente impossível ou extremamente difícil. Não é de admirar.

Mas a resposta a esse erro levou muitos a dizer que Deus não está no espaço, como um "idoso celestial", e sim "dentro" do coração humano. A linguagem soa correta, mas na verdade não é de grande ajuda. De fato, ela pode até piorar as coisas. "Em meu coração" se transforma facilmente em "minha imaginação". De qualquer maneira, a questão do relacionamento de Deus com o espaço e o mundo físico continua não resolvida. Se ele não está no espaço, também não participa da vida humana, que é vivida no espaço. Tudo que fazem esses vastos oceanos de "espaço vazio" é olhar com ameaça para a esfera do "coração" humano, onde Deus, supostamente, refugiou-se da ciência e do mundo real.

A tentativa imprudente de aproximar Deus ao confiná-lo ao coração da humanidade rouba a ideia de seu envolvimento direto com a vida humana, em qualquer sentido. Ironicamente, tem quase o mesmo efeito de colocá-lo no espaço sideral e além. Dá-nos uma bela metáfora, porém nos deixa tateando em vão pela realidade. Simplesmente não podemos resolver o problema da relação do espírito com o espaço ao tirá-lo do espaço — seja posicionando-o além do espaço, seja posicionando-o "dentro" do coração.[12] Devemos entender mais profundamente o significado de "espírito".

O espírito humano

O espírito e o espaço mais familiar a cada um de nós estão contidos em nossa personalidade. O caminho necessário para o entendimento jaz na reflexão das partes que nos constituem.

Sou um ser espiritual que por enquanto tem um corpo físico. Ocupo meu corpo e suas imediações por minha consciência de ambos, bem como por minha capacidade de decidir e agir com o corpo e por meio dele. *Ocupo* meu corpo e seu espaço próximo, porém não sou localizável no corpo ou fora do corpo. Você não é capaz de me encontrar, nem qualquer um dos meus pensamentos,

---

[12]Em *The Meaning of Faith* [O significado da fé] (Nova Iorque: Association Press, 1922), Harry Emerson Fosdick faz um trabalho excelente ao analisar diversas interpretações enganosas de Deus que o tornam menos do que uma pessoa, alguém que, de maneira inteligente e consciente, preenche e transborda o espaço onde vivemos.

sentimentos ou traços de caráter em qualquer parte do meu corpo. Se quer *me* encontrar, a última coisa que você deve fazer é abrir o meu corpo para dar uma olhada — ou mesmo examiná-lo de perto com um microscópio ou algum outro instrumento físico.

Em Moscou, existiu por muitos anos um instituto científico em que o cérebro de grandes comunistas — líderes, cientistas e artistas — era preservado e analisado em um microscópio. Pesquisadores esperavam encontrar o segredo de grandes personalidades comunistas bem ali, no cérebro deles. Obviamente, não encontraram nada; afinal, estavam procurando no lugar errado e da maneira errada. Certamente, o cérebro é relativamente a parte mais importante e interessante do corpo, mas nada do intelecto, da criatividade ou do caráter pode ser encontrado nesse órgão.

O "eu" humano é constituído por uma *unidade de experiências*, de modo que não pode ser localizado em qualquer ponto específico do corpo, o instrumento pelo qual vivemos — nem mesmo no cérebro. Todavia, estou presente como agente ou influência causal das características e movimentos do meu corpo. Em contrapartida, o que o meu corpo experimenta influencia a minha vida como um ser pessoal. E, por meio do meu corpo, especialmente pela minha linguagem verbal e "corporal" (pelo meu rosto, por gestos etc.), posso me fazer presente a outros.[13]

Os rostos humanos, especialmente seus olhos, não são apenas objetos físicos adicionais no espaço. Dizemos que os olhos são a janela da alma, e há muita verdade contida nessa declaração. Os olhos, o rosto e as mãos são regiões no espaço em que a realidade espiritual de alguém se torna presente aos outros. Por meio desses órgãos, a parte mais íntima do indivíduo é revelada, ainda que, obviamente, ninguém seja mais plenamente identificável por seu olhar ou feição do que, digamos, pelos pulmões, pelas unhas ou pelo cérebro.

Curiosamente, "crescer" é uma questão de, em grande medida, aprender a esconder nosso espírito por trás de nossa face, de nossos olhos, de nossa linguagem; assim, podemos evitar outras pessoas ou

---

[13]LEVINAS, Emmanuel. *Totality and Infinity* [Totalidade e infinidade]. Pittsburgh, PA: Duquesne University Press, 1969.

manipulá-las para que façam o que queremos, evitando, ao mesmo tempo o que tememos. Em contrapartida, o rosto de uma criança é uma epifania constante, já que ela ainda não sabe como se esconder. O mesmo se dá com adultos em momentos de fortes sentimentos — razão pela qual o sentimento é ao mesmo tempo estimado e temido.

Aqueles que atingiram estatura espiritual considerável são normalmente notados por sua "semelhança com as crianças". O que isso realmente significa é que elas não usam o seu rosto ou o seu corpo a fim de esconder sua realidade espiritual. No corpo, eles estão genuinamente presentes àqueles ao seu redor. Trata-se de uma grande conquista espiritual, uma dádiva.

Ora, podemos dizer que, grosso modo, *Deus se relaciona com o espaço da mesma forma que fazemos com o nosso corpo*. Ele o ocupa e o transborda, mas não pode ser localizado no espaço. Cada ponto no espaço é acessível à sua consciência e vontade, e sua presença manifesta pode estar focalizada em qualquer localidade que ele julgue necessário. Na encarnação, Deus focalizou sua realidade de maneira especial no corpo de Jesus; assim, seríamos iluminados "pelo conhecimento da glória de Deus na face de Cristo" (2Co 4:6).

O entendimento tradicional cristão é que cada objeto físico e cada lei natural é uma manifestação da vontade de Deus. Não devemos pensar que Deus está conscientemente e a cada segundo escolhendo, por exemplo, que este elétron circunde aquele nêutron ou que este pilar deve dar suporte àquela casa. Não há dúvidas de que Deus poderia fazer isso, se quisesse. Só que, no mesmo sentido, é verdade que o arranjo dos móveis na sua casa é uma manifestação da sua vontade. Cada objeto está organizado da forma como você quis, embora nem sempre você esteja pensando na organização e "operando sua vontade" nos móveis. Também se trata de uma revelação a mais de quem você é para todas as pessoas que o conhecem bem.

Deus deseja ser visto

Semelhantemente, Deus é, sem as teofanias especiais, visto por toda parte por aqueles que anseiam viver para ele. Sem dúvida, Deus quer que o vejamos; isso parte de sua natureza de amor transbordante. O amor quer sempre ser visto. Assim, Deus busca por aqueles que segura e corretamente podem adorá-lo. Deus deseja estar presente em nossa mente com toda a força de clareza que objetos comuns se mostram à nossa percepção.

Em um belo trecho, Juliana de Norwich narra como certa vez seu "entendimento foi lançado no fundo do mar", onde ela viu "montes e vales verdejantes". Sua interpretação foi a seguinte:

> Se alguém estivesse lá, debaixo/sob/dentro das águas; se pudesse ver Deus, como Deus está continuamente com a humanidade, o tal sentiria segurança de alma e corpo, sem temer dano algum. Ainda mais: tal pessoa se sentiria mais consolada e fortalecida do que esse mundo é capaz de proporcionar. Pois é da vontade de Deus que acreditemos estar vendo-o continuamente, embora sua visão nos pareça apenas parcial; e por essa fé, ele sempre nos leva a obter maior graça, pois deseja ser visto, procurado e esperado, assim como deseja ser confiado.[14]

Evidentemente, ver não é algo simples. Geralmente envolve uma grande dose de conhecimento, experiência, imaginação, paciência e receptividade. Ao que parece, algumas pessoas não são capazes de ver bactérias ou as estruturas celulares em um microscópio. Mas ver é um processo ainda mais difícil em termos de coisas espirituais, esfera em que os objetos, diferentemente das bactérias ou das células, *devem querer ser vistos*.

Raramente as pessoas se fazem presentes onde não são sinceramente desejadas. Sem dúvida, isso é verdade sobre mim e você. Preferimos ser desejados, calorosamente desejados, antes de revelarmos a nossa alma — ou mesmo antes de irmos a uma festa. Desenvolvemos a capacidade e a prática de ver Deus e o seu mundo no decorrer de nossa busca e no crescimento de nossa intimidade com ele.

---

[14] *Julian of Norwich: Showings* [Juliana de Norwich: revelações]. Tradução de Edmund Colledge e James Walsh. Nova Iorque: Paulist Press, 1978, p. 193-194.

A CONSPIRAÇÃO DIVINA

Assim como podemos esperar progredir em nossa percepção de qualquer assunto, o mesmo se dá com Deus. Já no fim de sua vida, o irmão Lawrence observou: "Em breve, devo ir para Deus. O que me consola nesta vida é saber que agora o vejo pela fé; e vejo-o de tal maneira, que às vezes sou capaz de afirmar: *já não creio, mas vejo*".[15] Os céus se abrem progressivamente para nós à medida que o nosso caráter e entendimento se alinham cada vez mais à realidade do governo celestial de Deus.

O mito do espaço vazio

Dessa forma, devemos supor que o espaço é tudo, menos vazio. Tal ideia é central ao entendimento de Jesus, uma vez que é central para entendermos o governo celestial de Deus, que é o seu reino entre nós. Viajar pelo espaço e não encontrar a Deus não significa que o espaço é vazio, da mesma forma que viajar pelo meu corpo e não me encontrar não quer dizer que não esteja aqui.

Em *Além do planeta silencioso*, C. S. Lewis nos dá uma descrição pitoresca de como um de seus personagens principais, Ransom, experimenta um "alívio progressivo e exultação de coração" à medida que a nave que o transporta se afasta da terra:

> Ele estava se libertando de um pesadelo há muito engendrado na mente moderna pelo vácuo da ciência. Ele havia lido a respeito do "Espaço": na base do seu pensamento durante anos espreitava a sofisticação lúgubre do vácuo escuro e frio, a total falta de vida que separava os mundos. Até aquele momento ele não sabia quanto aquilo o afetava — agora que a própria palavra "Espaço" parecia uma difamação blasfema contra aquele oceano empíreo de esplendor no qual eles nadavam. Ele não poderia chamar aquilo de "morto"; sentia a vida derramando-se daquele oceano, a cada momento. De fato, como poderia ser de outro jeito, uma vez que foi daquele oceano que os mundos e toda vida que há neles surgiram? Ele pensava que

---

[15]Irmão Lawrence, *The Practice of the Presence of God* [A prática da presença de Deus]. Westwood, NJ: Fleming H. Revell, 1958, p. 58.

o espaço era estéril, mas viu que na verdade o espaço era o útero dos mundos, cuja descendência ardente e incontável olhava para baixo, para a Terra, todas as noites, com muitos olhos — e aqui, com quantos mais![16]

Alguns podem objetar que o trecho não passa de literatura. É verdade. Mesmo assim, é capaz de abalar ideias sem fundamento que, sem validação cientifica de qualquer tipo, jorram da cultura da pseudociência com o objetivo de paralisar a fé. Às vezes, coisas importantes podem ser representadas na literatura ou na arte que de outro modo não seriam.

Certamente, uma mera viagem espacial não é a forma de descobrir a riqueza divina que preenche toda a criação. A descoberta vem pela busca pessoal e pela reorientação espiritual, bem como pelo ato responsivo de Deus ao fazer-se presente àqueles que estão prontos para recebê-lo. Apenas então clamaremos com os serafins: "Santo, santo, santo!" à medida que descobrimos que "a terra inteira está cheia da sua glória".

Em uma notável comparação, Ole Hallesby destaca que somos completamente envolvidos pelo ar de que o nosso corpo precisa. Para recebê-lo, tudo que precisamos fazer é respirar. Semelhantemente, "O 'ar' que a nossa alma precisa também nos envolve por todo lado, o tempo todo. Em Cristo, Deus está ao nosso redor a cada instante, com sua graça multifacetada e é mais-do-que-suficiente. Tudo que precisamos fazer é abrir nosso coração".[17]

TODAS AS COISAS VISÍVEIS E INVISÍVEIS

O que, então, é realidade *espiritual*?

Talvez isso nos ajude a repensar o problema de como Deus está presente ao nosso redor no espaço e o que é "o reino dos céus".

---

[16]LEWIS, C. S. *Além do planeta silencioso*. Tradução de Carlos Caldas. Rio de Janeiro: Thomas Nelson Brasil, 2019, p. 32.

[17]Citado em *Christianity Today*, 15 de agosto de 1994, p. 40.

A CONSPIRAÇÃO DIVINA

Devemos, porém, prosseguir rumo a um entendimento ainda mais profundo do significado de "espírito" e "espiritual".

Para tal, examinemos mais uma vez a personalidade, conforme a encontramos em nós mesmos. Pois é em pessoas, ou no "eu" — e em suas experiências de sentimento, pensamento e vontade — que passamos a conhecer precisamente o significado de "espiritual". "Espiritual" não é apenas algo que *devemos* ser; é algo que *somos* e do qual não podemos escapar, a despeito do que pensamos ou sentimos a respeito. É a nossa natureza e o nosso destino.

Não físico. Ao afirmar que "o pessoal é o espiritual", queremos dizer, negativamente, que o espiritual é algo não perceptível por nenhum dos cinco sentidos. Em si mesmo, em outros ou no próprio Deus, ele não tem propriedades físicas, como forma, tamanho e peso; cor, odor e textura. Assim, quando, em 2Coríntios 4:18, Paulo fala de tirar vida do invisível ao focalizarmos nele nossa mente e nossas expectativas, em oposição ao visível — "fixamos os olhos, não naquilo que se vê, mas no que se não vê..." — o apóstolo naturalmente está se referindo ao domínio das pessoas e, acima de tudo, ao de Deus.

Sua *ideia de* ou seu *desejo por* uma barra de chocolate ou por sucesso profissional são exemplos triviais de algo do qual você está plenamente ciente e pode descrever com certo detalhe, ao passo que não consegue tocar ou cheirar; tampouco o uso de uma luz mais forte ou de óculos poderia levá-lo a "ver" melhor. Pensamentos não têm as características reveladas aos sentidos físicos. Além disso, o fato de seu pensamento estar além dos cinco sentidos não serve como refutação válida de que ideias não existem, visto que, se elas tivessem tais propriedades, não poderiam ser consideradas como ideias ou desejos. Essa observação está associada com o fato já considerado: ideias ou desejos não são localizáveis no espaço.

O poder definitivo. Ao observarmos que o espiritual não é físico, não queremos negar que tenha poder ou energia; certamente ele tem. Trata-se de um ponto importante para a caracterização positiva do espiritual. Espírito é uma forma de energia, já que trabalha; e tudo que trabalha tem poder. Naturalmente, na perspectiva bíblica, o espírito consiste na forma definitiva de poder, servindo de base para todas as outras formas.[18]

Considerando mais uma vez uma ilustração simples, caso você esteja sentado em um cômodo neste exato momento, provavelmente tudo que vê ao seu redor deve sua existência, ou pelo menos sua presença no recinto, aos sentimentos, às ideias e ao desejo de uma ou mais pessoas. Outro exemplo: ao olhar para o alto e ver um avião sobrevoando sua localidade, você está observando algo que deve sua existência à realidade espiritual, ou seja, à mente e vontade do ser humano. Aviões não crescem em árvores.

PENSAMENTO. Mas qualquer caracterização positiva do espiritual também deve mencionar que, além de ter poder, a pessoa ou "eu" e suas experiências são conscientemente direcionadas a vários assuntos de seu interesse. Em outras palavras, pessoas *pensam*, e seu pensamento seleciona objetos específicos do passado, do presente e do futuro. Essa é a atividade da mente. É o aspecto cognitivo do ser espiritual que uma pessoa é. Nenhum elemento físico o tem.

AVALIAÇÃO. Por isso, como também sabemos, pessoas terão predisposição favorável em relação a algumas coisas em detrimento de outras (a esfera do sentimento, da emoção ou da avaliação), capacitando-as a *escolher* e agir segundo sua preferência. Essa é a nossa *vontade*.

Encontramos cada uma dessas dimensões do pessoal ou espiritual em nós mesmos, mesmo que não pelo uso da visão, da audição, do olfato ou de qualquer outro sentido físico. E os encontramos fluindo tão abundantemente, que é impossível descrever nossa própria existência em termos de sua verdadeira plenitude de detalhes.

A centralidade da vontade ou do coração

É o aspecto "volitivo" da realidade pessoal/espiritual que constitui sua essência mais profunda. Na linguagem bíblica, a vontade é

---

[18]É por isso que Frank Laubach deu a um de seus livros sobre oração o título: *Prayer: The Mightiest Force in the World* [Oração: a força mais ponderosa do mundo] (Old Tappan, NJ: Fleming H. Revell, 1946). A oração move o poder do qual todos os demais poderes dependem.

A CONSPIRAÇÃO DIVINA

normalmente referida como "coração", aquilo que organiza todas as dimensões da realidade como meio formativo da vida. A vontade, ou o coração, é o centro executivo do ser. Assim como em Deus, o ponto central do espiritual no ser humano é a autodeterminação, também chamada de "liberdade" ou "criatividade".

Criancinhas aprendem rapidamente a fazer coisas e a dá-las às pessoas que amam. Se a alma delas não for trucidada pela vida, como acaba sendo a de muitas pessoas, elas continuarão com a mesma prática por toda a vida e, na morte, desejarão deixar a outros as coisas que produziram ou asseguraram por seu próprio esforço.

As pessoas criativas em posição de liderança (relações humanas), nas artes e na esfera intelectual são as que mais admiramos. Às vezes, criatividade é uma questão de perseverança e fidelidade a ideais ou a relacionamentos. Sempre valorizamos muito o que surge do centro do nosso ser, a saber, o coração. Mais do que qualquer outra coisa, o coração representa quem somos.

Comentando como nossa força, inteligência, riqueza e sorte "faz-nos sentir à altura da vida", William James acrescenta: "porém mais profundamente do que todas essas coisas e independentemente de todas elas está o senso do quanto podemos nos esforçar". Tal "esforço parece pertencer a uma esfera totalmente diferente, como se fosse a substância da qual somos compostos, enquanto as demais coisas não passam de aspectos exteriores que *carregamos*". Nosso "consentimento e não consentimento", segundo William James os chama, "parecem ser nossos órgãos mais profundos de comunicação com a natureza das coisas! Seria de admirar se o esforço exigido por elas correspondesse com a medida do nosso valor como seres humanos [...] a única contribuição estritamente prototípica e original que trazemos ao mundo?".[19]

Quanto a Deus, a revelação bíblica mais elevada de sua natureza metafísica é Êxodo 3:14. Nessa passagem, em resposta à pergunta

---

[19]JAMES, William. *The Principles of Psychology* [Princípios de psicologia]. Vol. 2. Londres: Macmillan, 1918, p. 578-579. O trecho é muito semelhante à abertura de *Fundamentação da Metafísica dos Costumes*, de Immanuel Kant, em que toda a dignidade moral é tida por boa vontade.

de Moisés sobre quem ele é, Deus lhe diz: "Eu Sou o que Sou" — um Ser cuja existência é totalmente independente dos recursos que criou. Jesus dirá posteriormente que o Pai tem vida "em si mesmo" e concedeu o mesmo tipo de vida para o Filho (Jo 5:26). Além de Deus, nada mais tem essa característica de autossuficiência ou auto-determinação *completa*.

Entretanto, cada ser humano tem vontade e determinação, carac-terizadas por nossa inclinação ou capacidade de agir sozinhos e pro-duzir o que julgamos ser bom — isto é, de ser livremente criativos. Por termos vontade, não somos *coisas*. Temos em nós a capacidade de autodeterminação em uma medida significativa. Sem a vontade, não teríamos vida alguma reconhecidamente humana.

Já tratamos um pouco sobre esse assunto em um capítulo ante-rior, no qual descrevemos o "reino" que pertence a todo ser humano por natureza. Também vimos como a graça, por meio da confiança em Jesus, permite ao nosso reino aumentar em união com o reino de Deus.

Assim, o coração, ou a vontade, simplesmente *constitui* o espírito no ser humano e, como tal, é a única coisa que Deus aceitará como base do nosso relacionamento com ele. É o plano espiritual da nossa existência natural, lugar da verdade perante Deus, único fundamen-to a partir do qual toda a nossa vida pode se tornar eterna.

A *substancialidade* do espiritual

Unificamos todos esses pensamentos ao dizer que espírito é *poder pessoal incorpóreo*. É primariamente uma *substância*, e é acima de tudo Deus, cuja natureza é espírito e substância.

Entender o espírito como "substância" é de importância central para o mundo atual, tão devotado à primazia da matéria. Significa que o espírito é algo que existe de modo independente — no caso do homem, em termos parciais; no caso de Deus, em termos abso-lutos. Pensamentos, sentimentos, vontades e seus desenvolvimentos são as muitas dimensões dessa substância espiritual, cujo poder é exercido fora da esfera física. O espaço é ocupado por tal substância; além disso, ela pode se manifestar no espaço, se quiser. É assim que Jesus enxerga o nosso mundo. É parte do seu evangelho.

A CONSPIRAÇÃO DIVINA

Conforme acabamos de explicar, porque somos seres espirituais, devemos, individual e coletivamente, viver em dependência interativa de Deus e sob o seu domínio, para o nosso próprio bem. Toda espécie de vida, da couve ao búfalo, vive a partir de um mundo que lhe é adequado. Seu bem-estar depende disso. Cortado de seu mundo especial, qualquer espécie definha e, com o tempo, morre.

É assim que nos sobrevém o chamado à espiritualidade. Devemos ser espirituais em cada aspecto da vida, visto que o *nosso* mundo é espiritual. É o mundo para o qual somos adequados. Assim, Paulo, a partir de sua profunda compreensão da existência humana, aconselha-nos: "Encher a mente com o visível, com a 'carne', é morte; mas encher a mente com o espírito é vida e paz" (Rm 8:6).

À medida que entregamos cada vez mais nossa vida ao mundo espiritual de Deus, ela assume cada vez mais a substância do eterno. Somos destinados a um tempo quando a nossa vida será inteiramente sustentada a partir de realidades espirituais, não mais dependente, em aspecto algum, das realidades físicas. Nossa condição "mortal" terá sido trocada por uma imortal, e a morte terá sido tragada pela vitória.[20]

O dilema humano

Evidentemente, esse destino contradiz categoricamente a perspectiva humana comum ou o que "todo mundo sabe" ser verdade; nesse aspecto, o senso comum tem um ponto em seu favor. Nossa "vida de desespero silencioso", nas palavras familiares de Thoreau, é-nos imposta pela desesperança. Percebemos um mundo onde não temos valor, onde fazemos pouca diferença e onde aquilo que realmente

---

[20]Obviamente, são essas as palavras de Paulo (1Co 15:54). Wilder Penfield, cientista ganhador do prêmio Nobel, explica: "Está claro que, a fim de sobreviver depois da morte, a mente *deve* estabelecer uma conexão com outra fonte de energia além do cérebro. Se durante a vida (conforme alguns explicam) a comunicação direta é às vezes estabelecida com a mente de outras pessoas ou com a mente de Deus, então está claro que a energia advinda externamente pode alcançar a mente de alguém. Nesse caso, não é irrazoável esperar que, após a morte, a mente despertará para outra fonte de energia." É verdade. (Citado em Melvin Morse, *Closer to the Light* [Mais próximo da luz]. Nova Iorque: Ivy Books, 1990, p. 127.)

amamos é inatingível ou pouco seguro. Chegamos à beira da loucura e do desespero.

Em seu livro *The Doors of Perception* [As portas da percepção], Aldous Huxley comenta: "A maior parte dos homens e das mulheres leva uma vida marcada pela dor ou, na melhor das hipóteses, por monotonia, mediocridade e limitação; assim, o desejo de escapar, o anseio pela autotranscendência, ainda que por alguns momentos, é e sempre foi um dos principais desejos da alma".[21] O ser humano é implacavelmente levado a buscar, nas palavras de H. G. Wells, "Portas na Parede" que os sepulta na vida.

Huxley estava certo de que "o anseio por escapar da individualidade e do ambiente está em quase todo mundo o tempo todo" (p. 63). Portanto, a necessidade de "férias químicas de uma individualidade tóxica e de circunstâncias repulsivas" nunca mudaria. A seu ver, a necessidade humana só poderia ser suprida pela descoberta de uma nova droga cujo efeito aliviaria nossa espécie sofredora, sem fazer mais bem do que mal em longo prazo (p. 64-65).

Em *A Confession* [Uma confissão], Tolstoy relata como o impulso à bondade que o movera enquanto criança foi apagado por suas experiências na sociedade. Posteriormente, após grande sucesso como escritor, Tolstoy mesmo assim afundou em uma paralisia psicológica, ocasionada por sua percepção da futilidade de tudo. A ideia de que bastava a passagem do tempo para que tudo que ele amava se reduzisse ao nada deixou Tolstoy completamente sem esperança. Por anos ele viveu nessa condição, até que finalmente foi levado à fé em um mundo coordenado por Deus, onde tudo que é bom é preservado.

Uma solução na "mente do Espírito"

Foi precisamente esse mundo, o mundo do espírito, que Jesus abriu à humanidade há muitos anos e continua abrindo para aqueles que o buscam. Ao observar a fé de camponeses comuns e a vida

---

[21]HUXLEY, Aldous. *The Doors of Perception* [Portas da percepção]. Nova Iorque: Harper and Row, 1970, p. 62.

significativa (embora dolorosa) que lhes florescia, Tolstoy foi conduzido a Jesus e à sua mensagem do reino de Deus. Essa mensagem, por sua vez, mostrou ao escritor o caminho para o mundo espiritual e para a "mente do espírito", que, segundo Paulo nos assegura, é "vida e paz".

A mente ou mentalidade do espírito é vida e paz precisamente por localizar-nos em um mundo adequado à nossa natureza como seres incessantemente criativos sob o domínio de Deus. A "mente da carne", por outro lado, é uma morte viva. Para ela, os céus estão fechados; tudo que enxerga é "a Tigela invertida denominada Firmamento, Sob a qual vivemos e morremos, sem paz e em desalento".[22] Ela nos restringe ao mundo visível e físico, onde o que o nosso coração exige nunca pode ser satisfeito. Nessa condição, como Tolstoy observou com desgosto, descobrimos que devemos violar constantemente a nossa consciência, a fim de "sobreviver".

Em contrapartida, Jesus nos leva a um mundo sem medo. Surpreendentemente, em seu mundo não há nada de mal que devemos fazer para prosperar. Ele viveu e nos convida a viver em um mundo eterno, onde é seguro praticar o bem e ser bondoso. Para os amigos de Jesus, ele "aboliu a morte e trouxe à luz a vida e a imortalidade por meio do evangelho" (2Tm 1:10). Desse modo, nossa postura de confiança e segurança nele em tudo nos leva a integrar nossa vida imortal, de valor eterno, à perspectiva e ao mover do Espírito.

A existência humana, entendida no contexto desse mundo *pleno de Deus* — "todas as coisas visíveis e invisíveis", para usar uma linguagem bíblica —, pode ser tão boa quanto naturalmente ansiamos e antecipamos, embora não exatamente como imaginamos. Ela pode ser bem melhor, na verdade, visto que Deus está constantemente pronto para fazer "infinitamente mais do que tudo o que pedimos ou pensamos, de acordo com o seu poder que atua em nós" (Ef 3:20).

---

[22]"Rubaiyat of Omar Khayyam of Naishapur" [Rubayat de Omar Khayyam], quartet 72, traduzido por Edward Fitzgerald, em *British Poetry and Prose* [Poesia e prosa inglesa]. 3. ed., editada por Paul Lieder, Robert Lovett e Robert Root (Boston: Houghton Mifflin, 1950), vol. 2, p. 644-651. "Rubayat" está presente em diversas edições.

A NEGAÇÃO DA MORTE

Indiferença frente à morte

Uma vez que compreendemos a nossa situação no mundo pleno de Deus, o desprezo surpreendente de Jesus e dos escritores do Novo Testamento pela "morte física" repentinamente faz sentido. Paulo declara abruptamente, conforme vimos, que Jesus aboliu a morte — simplesmente a eliminou. Nada do que geralmente entendemos por morte acontecerá àqueles que entraram na vida de Cristo.

Para um dos grupos de seu tempo, cuja crença era de que a "morte física" cessava a existência do indivíduo, Jesus alegou: "Ele não é Deus de mortos, mas de vivos" (Lc 20:38). Sua intenção foi demonstrar que os que amam a Deus e são amados por ele não podem deixar de existir; eles são o tesouro de Deus. Ele se deleita nos que o amam e intenciona preservá-los para si. Deus até mesmo lhes preparou um trabalho individualizado eterno em seu vasto universo.

Neste exato momento, o Cristo eternamente criativo está preparando lugares para que irmãos e irmãs se juntem a ele. Alguns já se encontram lá — sem dúvida ocupados com sua grande obra. Dificilmente podemos imaginá-los como meros espectadores. No dia de sua morte, Jesus se comprometeu com outro homem que morria ao seu lado, assegurando-lhe que ambos estariam juntos, naquele mesmo dia, em um lugar chamado "Paraíso". O termo sugere um lugar amável, semelhante a um jardim.

Muitos são tentados a ignorar o que Jesus diz, alegando que sua fala não passa de "palavras bonitas". No entanto, aqueles que as têm como irrealistas ou impossíveis são mais limitados de imaginação do que abundantes em lógica. Devem primeiro observar com cuidado o universo que Deus *já* criou antes de decidir que ele não é capaz de preparar a vida futura da qual a Bíblia fala.

Qualquer que perceba que a realidade pertence a Deus e tenha visto um pouco do que ele *já* fez entenderá que tal "Paraíso" não lhe seria problema algum. Lá, Deus preservará cada um de seus preciosos amigos na integralidade de sua existência pessoal — precisamente por valorizá-los nessa forma. Ser-lhe-ia possível comungar com seus amigos, ou acaso poderiam servi-lo, se estivessem "mortos"?

A CONSPIRAÇÃO DIVINA

Já empregamos as palavras de Vladmir Nabokov neste capítulo a fim de expressar a realidade do mundo de Deus e sua proximidade conosco. Em uma carta à sua mãe, consolando-a pela morte de seu pai, Nabokov escreveu:

> Três anos já se passaram — e cada característica do papai, mesmo as mais triviais, continua mais vívida do que nunca dentro de mim. Estou certo, querida mãe, de que o veremos outra vez em um céu inesperado, mas completamente natural, em um lugar onde tudo emana brilho e deleite. Em nossa eternidade partilhada, ele virá em nossa direção, erguendo levemente os ombros, como costumava fazer; então, beijaremos a marca de nascença que ele leva em sua mão, sem nenhuma surpresa. A senhora, querida mãe, deve viver na expectativa dessa hora terna, sem nunca ceder à tentação do desespero. Tudo voltará.[23]

Claro que, se alguém não crê no Deus a respeito do qual temos falado, essa pessoa terá uma opinião qualquer sobre Jesus. Isso, infelizmente, é deveras comum. Talvez deva ser exigido das pessoas, ao começarem a interpretar Jesus, se creem no Deus de Jesus ou não. Então, teríamos uma boa ideia do que esperar.

Nunca provarão a morte

De qualquer forma, Jesus enfatiza de forma especial que aqueles que nele confiam e receberam o fluir de sua vida divina nunca experimentarão a morte. Tais pessoas, assegurou, jamais *verão* a morte, jamais *provarão* a morte (Jo 8:51-52). Em outra passagem do mesmo evangelho, ele simplesmente afirma: "quem vive e crê em mim não morrerá eternamente" (11:26).

Então, à medida que pensamos na vida e fazemos planos para ela, não devemos antecipar a passagem por um acontecimento terrível

---

[23]Vladmir Nabokov, citado em *Books & Culture*, novembro/dezembro de 1995. Sou extremamente grato a Larry Woiwode por sua revisão de *The Stories of Vladimir Nabokov* [Histórias de Vladmir Nabokov], em que esta e a citação anterior aparecem. Obviamente, Nabokov não se resume a *Lolita*!

chamado "morte", tentando evitar o inevitável. Sem dúvida, essa é a atitude comum do ser humano. Imersos, porém, no Cristo em ação, podemos estar seguros de que a nossa vida — sim, a vida familiar a que estamos acostumados — nunca cessará. Devemos antecipar o que faremos daqui a trezentos anos ou a mil anos ou a dez mil anos neste universo maravilhoso.

O hino *Graça Sublime* foi tido, em uma pesquisa recente feita pelo jornal *USA Today*, como o cântico favorito dos americanos. A música é cantada em concertos pop e tocada em funerais militares e policiais, tornando-se parte sólida da cultura americana, se não ocidental. A versão inglesa apresenta acuradamente o futuro da humanidade redimida:

> Depois de dez mil anos,
> Como a luz do sol brilhando,
> Como pela primeira vez
> Prosseguiremos cantando.

Será que isso é realmente verdade sobre a nossa condição? Não restam dúvidas de que a palavra de Jesus para nós seria: "Creia!". Somos seres espirituais, cuja existência nunca cessa e cujo destino é eterno no mundo pleno de Deus.

Ao se aproximar da morte devido a doenças causadas por uma vida de alcoolismo, Mickey Mantle, famoso jogador de beisebol, disse que teria cuidado melhor de si se soubesse por quanto tempo viveria. O atleta nos dá uma profunda lição: como devemos "cuidar de nós mesmos" quando sabemos que nunca deixaremos de existir? Jesus mostra aos seus aprendizes como viver à luz do fato de que *nunca* deixarão de existir. É isso que seus alunos estão aprendendo dele.

Deixando nossa "tenda" ou casa temporária

Evidentemente, algo vai acontecer. Em dado momento, deixaremos o nosso corpo; nossa partida e o que deixamos para trás não soarão agradáveis àqueles que se importam conosco. Contudo, nesse ponto estaremos, nas palavras de Paulo, simplesmente "ausentes do corpo e presentes com o Senhor" (2Co 5:8).

A CONSPIRAÇÃO DIVINA

Para os primeiros cristãos, quem experimenta a morte física está "dormindo". Assim, estaremos, conforme dizemos agora de quem está dormindo, "mortos para o mundo". Aos que ficam para trás, existe uma similaridade óbvia, ainda que superficial, entre o corpo de quem dorme e o corpo de quem passa para o mundo pleno.

Não há, porém, qualquer intenção, nessa linguagem, de dizer que estaremos inconscientes. A consciência continua enquanto dormimos, assim como continuará quando "dormirmos em Jesus" (1Ts 4:14; At 7:60). A diferença diz respeito simplesmente ao seguinte: estamos conscientes de quê? Na verdade, na morte "física", *tornamo-nos* conscientes e usufruímos de uma riqueza de experiência que jamais havíamos conhecido antes.

O evangelista americano Dwight Moody observou, próximo do fim de sua vida: "Um dia, em breve, vocês ouvirão dizer que eu estou morto. Não acreditem nisso. Estarei ainda mais vivo do que antes". Quando dois guardas vieram para levar Dietrich Bonhoeffer para a forca, ele brevemente levou um amigo a um canto e lhe disse: "Este é o fim; mas, para mim, é o começo da vida".[24]

Como, então, devemos pensar sobre a transição? Falhar em desenvolver uma forma de pensar a respeito da morte é uma das coisas que continua a torná-la pavorosa, até para aqueles que têm confiança em Jesus. Para nós, o inimaginável é naturalmente assustador. Mas há duas imagens que, creio eu, são acuradas e úteis. Elas podem nos ajudar a saber o que esperar ao deixarmos "nossa tenda", o nosso corpo (2Co 5:1-6).

Uma delas foi popularizada por Peter Marshall há alguns anos. É a imagem de uma criança brincando à noite com seus brinquedos. Gradualmente, a criança se cansa e põe a cabeça no travesseiro para um momento de descanso, continuando a brincar preguiçosamente. A próxima coisa que ela experimenta ou "prova" é a luz de um novo dia, inundando a cama e o quarto onde seu pai ou mãe a colocou. Curiosamente, nunca nos lembramos de ter adormecido. Não "vemos", não "provamos" o adormecimento.

---

[24]BONHOEFFER, Dietrich. *Life Together* [Vida em comunhão]. Nova Iorque: Harper and Row, 1954, p. 13.

A outra imagem é a de uma pessoa que passa por uma porta entre dois cômodos. Ela interage com aqueles em cujo recinto se encontra, porém começa a conversar com pessoas no cômodo ao lado, onde sua presença pode estar totalmente oculta dos que ficam para trás. Antes da disseminação dos sedativos, era comum aos que estavam presentes observar algo semelhante. Aquele que faz a transição geralmente começa a falar com os que já haviam partido; eles vêm ao nosso encontro enquanto ainda estamos em contato com os que ficam para trás. As cortinas se abrem para nós, pouco antes de as atravessarmos.

Falando da magnificência dessa passagem para o mundo pleno dos "céus reabertos", John Henry Newman comenta: "As maravilhas do novo mundo sempre continuam as mesmas. São imortais e eternas. A alma que se tornar consciente delas as enxergará em toda a sua serenidade e majestade, onde sempre estiveram. [...] A vida que começar durará para sempre; certamente, porém, se a memória for para nós o que é hoje, o dia de nossa passagem será celebrado perante o Senhor pelos séculos dos séculos".[25] Será o nosso nascimento no mundo pleno de Deus.

O duplo contexto da vida no mundo de Deus

Segundo a sabedoria de Jesus, cada acontecimento assume uma realidade e um significado diferente; tudo depende do contexto visível ou do mundo pleno de Deus, onde, na verdade, vivemos. Tudo que Jesus ensinou pressupõe essa ideia e, para sermos seus alunos, devemos entendê-la e aceitá-la. A lição é, nesse sentido, "axiomática".

Em uma história familiar do evangelho [retratada em Marcos 12:41-44], Jesus está sentado próximo de uma caixa de oferta, no templo. Ele observa enquanto homens ricos depositam doações consideráveis. Em seguida, uma viúva pobre deposita tudo o que tem: duas das menores moedas da época. Isso leva Jesus a comentar aos seus alunos que a viúva depositou uma oferta maior do que todos os outros ofertantes.

---

[25]John Henry Newman, citado por BAILLIE, John (ed.). *A Diary of Readings* [Um diário de leituras]. Nashville, TN: Abingdon Festival Books, 1978, p. 153.

A CONSPIRAÇÃO DIVINA

Vista em um contexto meramente físico ou humano, parece que a afirmação de Jesus não passa de "palavras bonitas". De fato, isso corresponde a quase tudo que Jesus disse, uma vez que ele vivia e ensinava na perspectiva plena dos céus abertos. Multidões, então, são levadas a dispensar o ensino de Cristo como "irrealista". Elas não veem o mundo de Jesus.

Obviamente, em certo sentido, a viúva não depositou uma quantia maior. Vista, porém, no contexto do que Deus faz com sua ação e o que faz — ou melhor, deixa de fazer — com a ação dos outros, trata-se de uma verdade estritamente literal a ideia de que a viúva contribuiu mais. Sua oferta era de maior valor. Mais coisas de valor foram feitas com os centavos da viúva do que com as "grandes" ofertas dos outros. O contexto do Reino Entre Nós transforma as respectivas ações. Costumamos dizer: "pouco é muito quando Deus está na ação". Sim. Realmente.

QUE LADO ESTÁ REALMENTE CERTO?

O primeiro será último e, o último, primeiro

Essa história chama a nossa atenção para A Grande Inversão que jaz na essência da boa notícia (ou do evangelho) de Jesus e do seu povo. A cena da caixa de oferta no templo serve de ilustração. O que aparece tão graficamente nesse caso corresponde, na verdade, a uma estrutura geral cuja mensagem permeia a Bíblia como um todo e a realidade por ela retratada.

A estrutura indica que a humanidade frequentemente voa de cabeça para baixo e, ao mesmo tempo, fornece uma mensagem de esperança para todos os que contam com a ordem de Deus, a despeito das circunstâncias que enfrentam. Não há ninguém em posição tão humanamente "baixa" que não possa ser exaltado ao entrar na ordem de Deus; não há ninguém em posição tão humanamente "alta" que possa desprezar o ponto de vista de Deus em sua vida.

Vemos essa inversão em jogo na vida dos patriarcas: Abraão, Isaque e Jacó. Mesmo vivendo como nômades, obtiveram grande riqueza e tomaram posse, pela promessa de Deus, da terra por onde vagaram. Tudo dependia do fato de que Deus estava, óbvia e tangivelmente, *com eles*. Em um sentido positivo, os patriarcas impunham medo a seus vizinhos (Gn 26:27-29).

Outro exemplo: os filhos de Israel constituíam o segmento mais carente da sociedade egípcia. Contudo, os israelitas "triunfaram sobre o cavalo e o seu cavaleiro no meio do mar". A estéril, a viúva, o órfão, o eunuco, o estrangeiro — todos modelos de desesperança — são frutíferos e seguros no cuidado de Deus. Vez após vez, o Antigo Testamento os retrata como testemunho da grande inversão entre o nosso caminho e o caminho de Deus (e.g., Isaías 56:3-8).

Essa inversão se torna tão conhecida à medida que a revelação de Deus progride, que é tratada como recurso literário formal no ensino da perspectiva de Deus e de como ele trabalha. Ezequiel contemplou a destruição total da casa real de Israel e do governo de seu tempo. Sua destruição completa viria pela Babilônia. Em contraste com o colapso de uma realidade física e social, o profeta descreve o método de Deus: pegar o broto de um cedro e plantá-lo nos altos montes de Israel, totalmente independente de cuidado humano.

O broto representa o remanescente "sem reino", humanamente falando, do povo judaico. Como porta-voz de Deus, o profeta testifica: "Nos montes altos de Israel eu o plantarei; ele produzirá galhos e dará fruto e se tornará um cedro viçoso. Pássaros de todo tipo se aninharão nele; encontrarão abrigo à sombra de seus galhos. Todas as árvores do campo saberão que eu, o SENHOR, faço cair a árvore alta e faço crescer bem alto a árvore baixa. Eu resseco a árvore verde e faço florescer a árvore seca. Eu, o SENHOR, falei, e o farei" (Ez 17:23-24).

Jesus renovou essa imagem em sua parábola do reino dos céus como uma minúscula semente que cresce e se torna uma grande árvore, onde pássaros podem fazer sua morada (Mt 13:31-32). Na parábola, Jesus se refere precisamente ao crescimento do seu povo na terra, sem referência a governo humano. *Seu* governo celestial é mais do que suficiente para o seu povo.

Ver tudo da perspectiva dos "céus abertos" é enxergar tudo conforme está perante Deus. O Reino Entre Nós é simplesmente o próprio Deus e o domínio espiritual de seres sobre nós, sobre os quais a vontade divina preside perfeitamente — "como no céu".

O reino de Deus deve ser contrastado e distinguido do reino dos homens: o domínio da vida humana, a parte minúscula da realidade segundo a qual a vontade humana exerce, por um tempo, certo nível de influência, mesmo contrária à vontade de Deus. "Os céus são os céus do Senhor", diz o salmista, "mas a terra, deu-a ele aos filhos dos homens" (Sl 115:16, ARC). Do modo como as coisas andam hoje, só nos resta lamentar, exclamando: "Ai da terra!".

Tornar-se discípulo de Jesus é aceitar a inversão das distinções humanas que mais cedo ou mais tarde serão impostas sobre todos pela realidade irresistível do seu reino. Como devemos pensar a seu respeito para entender a inversão de nossa perspectiva atual? Devemos simplesmente aceitar o fato de que Jesus é o melhor e o mais inteligente homem que já existiu neste mundo, já agora "o soberano dos reis da terra" (Ap 1:5). Então, unimo-nos de coração à sua conspiração cósmica de vencer o mal com o bem.

Resistência incorporada à nossa vida diária

A vida humana certamente resiste à grande inversão. Para ela, a mera ideia de uma inversão assim é um insulto e uma ilusão. No momento, nossa civilização está nos estágios avançados do que Max Picard descreveu como "a fuga de Deus". A ideia de um mundo todo-abrangente e todo-penetrante de Deus, interativo em cada ponto com a nossa vida — em que podemos sempre estar totalmente à vontade e seguros, a despeito do que acontece na dimensão visível do universo —, é rotineiramente tratada como ridícula.

Não é difícil ver a forma concreta e opressiva que a fuga de Deus assume nos dias de hoje. Não existe, por exemplo, qualquer campo de *expertise* humano em que a interação com Deus é parte do tópico ou prática a ser dominada, segundo a qual o indivíduo é tido por competente. Isso é verdade sobre química e administração pública, mas também nas áreas de educação, enfermagem, trabalho policial e, em diversos, casos — por incrível que pareça — no ministério cristão. É verdade sobre o casamento e a criação de filhos. Apenas observe como pessoas são ensinadas, certificadas e julgadas por competentes em qualquer uma dessas áreas e acabará por se deparar, face a face, com a fuga de Deus.

Todos vivemos em um mundo assim, visto que vivemos por nossa competência. Nossa alma é, assim, encharcada com o secularismo. Em qualquer contexto em que pessoas são tidas por espertas e informadas, mesmo o cristão mais reflexivo e devoto achará difícil fazer uma apresentação convincente da relevância de Deus e seu mundo espiritual à "vida real".

O mundo "real" tem pouco espaço para um Deus de pardais e crianças. Para o mundo, Jesus só pode ser visto como "de outro mundo" — uma pessoa de bom coração, mas desconectado da realidade. Sim, todos admitem que ele é influente; mas apenas por afirmar o que indivíduos fracos de mente e de coração fantasiam diante de um mundo brutal. Ele é como um líder de torcida que continua gritando: "vamos vencer!", embora o placar marque 98 a 3 contra nós, no último minuto do jogo.

Quando aqueles que professam fé em Cristo abordam o "mundo real" com essa perspectiva-líder-de-torcida, pode ser que demonstrem fé na fé, mas pouca fé em Deus; para eles, Deus e o seu mundo simplesmente não são "reais". Cristãos professos podem acreditar no poder da fé, sem, na prática, crer em Deus — como muitos em nossa cultura amam o amor, mas são incapazes de amar pessoas de verdade. Podem crer na oração, vendo-a como algo bom, julgando-se, porém, incapazes de orar com fé e não desenvolvendo, assim, a prática devocional.

Pessoalmente, comecei a perceber que muitas pessoas que creem em Jesus na verdade não creem em Deus. Ao dizer isso, não desejo condenar ninguém, mas lançar luz no porquê de a vida de muitos cristãos professos andar do jeito que anda, geralmente na direção contrária da que sinceramente intencionam.

JESUS: SENHOR DO INTELECTO

A onda cada vez maior de incredulidade

A "realidade cultural" que corta a vitalidade do discipulado tem nos atingido por um longo tempo. Durante séculos, foi alimentada no contexto de um círculo restrito de intelectuais. O bispo Joseph Butler, no fim do século XVII, referiu-se a esses

A CONSPIRAÇÃO DIVINA

"pensadores avançados" sarcasticamente ao observar que "o cristianismo parece ter sido descoberto como história amplamente fictícia".[26]

O século XIX presenciou uma luta intelectual amarga nos centros de aprendizado do mundo ocidental, nos quais a postura frente a Jesus, conforme a estou apresentando agora, perdeu sua posição como opção intelectual. Não que a fé cristã seja apenas uma questão intelectual, porém veio a ser identificada nesse período com ideias e atitudes simplesmente irrelevantes à realidade.[27]

Em meados do século XX, a atitude dominante nesses círculos acadêmicos com sua postura rígida contra o sistema de fé cristão foi expressa nas palavras de Evelyn Waugh, no livro *Brideshead Revisited* [Memórias de Brideshead]. Charles Ryder, protagonista na narrativa, comenta a respeito da religião de outro personagem central:

> A fé de Sebastian me era um enigma na época, mas não com o qual sentia-me particularmente preocupado em resolver [...] O ponto de vista implícito na minha educação era que a narrativa básica do cristianismo há muito fora exposta como mito, e que a opinião agora estava dividida quanto ao seu ensino ético ter qualquer valor no presente — divisão em que o peso principal pendia contra a fé cristã. A religião não passava de um passatempo, uma atividade professada por alguns e por outros, não; na melhor das hipóteses, uma prática levemente decorativa e, na pior, terreno de "complexos", "inibições" — clichês da década — e da intolerância, hipocrisia e pura estupidez com a qual foi rotulada por séculos. Ninguém me

---

[26]BUTLER, Joseph. *The Analogy of Religion to the Constitution and Course of Nature* [A analogia da religião à constituição e ao curso da natureza], muitas edições. A citação é da "Propaganda" prefixada em sua primeira edição; cf. edição preparada por Joseph Angus (Londres: The Religious Tract Society, n.d.), p. xiv.

[27]Um dos livros mais importantes para o nosso autoentendimento como cristãos no mundo ocidental de hoje é o título de George M. Marsden, *The Soul of the American University* [A alma da universidade americana] (Nova Iorque: Oxford University Press, 1994). Sua obra aborda de forma muito mais profunda o que aconteceu com as maiores universidades americanas em sua fuga para a incredulidade. O livro aborda desesperadamente questões afetando os prospectos do evangelho cristão para o futuro próximo.

havia sugerido que essas observações antigas expressavam um sistema filosófico coerente e reivindicações históricas intransigentes; mas, mesmo que sim, teria tido pouco interesse em me aprofundar no assunto.[28]

Essas palavras expressam perfeitamente o peso esmagador da posição secular que permeia e pressiona cada pensamento que temos hoje. Às vezes, até mesmo força aquele que se autoidentifica como "mestre cristão" a descartar declarações expressas de Jesus sobre a realidade e a relevância total do reino de Deus, substituindo-as com especulações filosóficas cuja única autoridade é sua consistência com uma "mentalidade" moderna.

A pressuposição poderosa, porém vaga e infundada, é de que *algo novo foi descoberto*, algo que descarta como tolice o entendimento da realidade segundo explicada por Jesus aos que estão "do lado do conhecimento". Mas, quando chega a hora de dizer exatamente o que foi descoberto, nada de concreto é apresentado.

Assim, Rudolf Bultmann, considerado um dos maiores líderes intelectuais do século XX, tinha o seguinte a dizer: "É impossível utilizar a luz elétrica, o rádio transmissor e beneficiar-se de descobertas da medicina moderna e crer, ao mesmo tempo, no mundo de espíritos e milagres do Novo Testamento".[29]

Para qualquer que tenha pesado o argumento ponto por ponto, uma declaração como essa é simplesmente ridícula. Apenas demonstra que grandes personalidades são capazes de grande estupidez. Contudo, por mais de um século esse tipo de "raciocínio" tem dominado boa parte da nossa vida intelectual e profissional, incluindo o campo de estudos bíblicos.

---

[28]WAUGH, Evelyn. *Brideshead Revisited* [Memórias de Brideshead]. Boston: Little, Brown, 1946, p. 85 ss.

[29]BULTMANN, Rudolf; JASPERS, Karl. *Kerygma and Myth: A Theological Debate* [Proclamação e mito: um debate teológico]. Edição de H. W. Bartische (Londres: S.P.C.K., 1957), p. 5. Para uma crítica relevante da posição de Bultmann e seus efeitos na teologia, veja *A Crítica bíblica em julgamento*, escrito por uma ex-aluna, Eta Linnemann. Tradução de Charles Marcelino da Silva (São Paulo, SP: Editora Cultura Cristã, 2011).

O homem mais inteligente do mundo

Tal suposição infundada, porém, deve ser exposta pelo que é — preconceito oco — se de fato queremos nos matricular na escola da vida estabelecida por Jesus. Embora este não seja o lugar para discutir o assunto, você pode estar certo de que nada fundamental mudou em nosso *conhecimento* acerca da realidade definitiva e do ser humano desde os tempos de Jesus.[30]

Muitos ficarão pasmos com uma afirmação assim, mas pelo menos ela nos fornece um pensamento — o pensamento de que nada de fundamental mudou desde os tempos bíblicos — que toda pessoa responsável deve considerar pelo menos uma vez na vida; e, quanto mais cedo, melhor. Àqueles que acham tal declaração incrível — deparo-me constantemente com pessoas assim em meu campo de trabalho —, você deve apenas lhes perguntar *o que* exatamente mudou e onde a mudança está documentada. Será o suficiente para que fiquem sem resposta. Descer aos pormenores sempre ajuda a clarear a mente.

As inúmeras teorias, fatos e técnicas que emergiram nos últimos séculos em nada respondem às questões absolutas da existência e da vida. Nesse aspecto, servem apenas para distrair e confundir pessoas já assediadas por *slogans*, avanços científicos, aparelhos que "facilitam o trabalho" e por uma enxurrada de promessas sobre quando e como "a felicidade" será alcançada. Referências vagas a "partículas e progresso" não proveem uma imagem coerente da vida.

De qualquer modo, podemos dizer, com certeza ainda maior, o seguinte: se nos movermos com as correntezas da modernidade, nunca entenderemos o evangelho de Jesus para a vida e para o discipulado. Colocando-o de modo simples, sua obra e seu ensino, bem como o rumo principal do cristianismo histórico que dele surgiu, baseiam-se essencialmente sobre a realidade substancial do espírito e do mundo espiritual. Não podemos separar Jesus da realidade espiritual. A esta altura, já temos experiência suficiente em nossa tentativa

---

[30]Obviamente, há muitas questões neste capítulo que devem ser exploradas com mais profundidade. Este livro não é o lugar para isso.

de separação para que qualquer pessoa lúcida e informada conclua que tal divisão não pode ser feita.

Nossa fé em Jesus não pode ser baseada em nenhum outro fundamento além do reconhecimento de que somente ele conhece a verdade sobre a nossa vida e o nosso universo. Não é possível confiar em Jesus, e de fato em nenhuma outra pessoa, em assuntos acerca dos quais não presumimos que tenham competência. Não podemos pedir ajuda a Cristo em oração ou rogar por sua colaboração em assuntos da vida real se cremos que eles estão acima do seu conhecimento e da sua habilidade.

Podemos, aliás, seriamente imaginar Jesus como *Senhor* se ele não fosse inteligente? Sendo divino, como Cristo pode ser ignorante? Ou desinformado? Uma vez que você para e pensa no assunto, questiona-se: como Jesus pode ser quem pensamos em todos os aspectos da existência e não ser a pessoa mais bem-informada, inteligente e brilhante que já existiu?

É exatamente assim que seus primeiros aprendizes na vida do reino pensavam a respeito dele. Jesus não era considerado, por exemplo, como um mágico que sabia as "palavras certas" com o objetivo de obter os resultados certos sem entendimento, ou então alguém capaz de manipular aparências de modo eficiente. Antes, ele foi aceito como o cientista e artesão definitivo.

A perspectiva bíblica e histórica de Jesus era de criador e mantenedor de toda a realidade — em cujo ser, literalmente, "tudo subsiste" (Cl 1:17). Hoje, consideramos inteligentes pessoas que fazem lâmpadas, chips de computador e foguetes a partir de "coisas" já providenciadas! Só que Jesus criou "as coisas"!

Não é de admirar, então, que os primeiros cristãos pensavam de Jesus como aquele que retém em si "todos os tesouros da sabedoria e do conhecimento" (Cl 2:3). Essa confiança em sua grandeza intelectual é a base do radicalismo do aprendizado cristão em relação à ordem humana. Ela enxerga Jesus vivendo neste exato momento além da morte como "a testemunha fiel, o primogênito dentre os mortos e o soberano dos reis da terra... o Primeiro e o Último... Aquele que vive", alguém que pode dizer: "Estive morto, mas agora estou vivo para todo o sempre! E tenho as chaves da morte e do Hades" (Ap 1:5, 17-18).

Senhor das moléculas

No plano estritamente material, Jesus sabia como transformar a estrutura molecular da água e torná-la em vinho. Esse conhecimento também permitiu a Jesus partir alguns pedaços de pão e um pedaço de peixe e alimentar milhares de pessoas. Ele podia criar matéria a partir da energia que sabia como acessar "dos céus", precisamente de onde estava.

Não é de surpreender que, após o milagre da multiplicação, milhares dentre a multidão tentaram proclamar Jesus rei à força. Sem dúvida, alguém assim, capaz de brincar com o equilíbrio entre energia e matéria, podia fazer qualquer coisa — como transformar galhos secos em ouro e pagar a dívida externa! Será que hoje em dia ele conseguiria ser eleito presidente ou primeiro-ministro?

Jesus sabia como transformar tecidos do corpo humano da condição de enfermidade para a saúde e da vida para a morte. Sabia como suspender a gravidade, interromper padrões climáticos e eliminar árvores infrutíferas sem uma serra ou machado. Tudo o que precisava era de uma palavra. Certamente, ele deve se divertir com as descobertas pelas quais hoje em dia as pessoas ganham o prêmio Nobel.

No plano ético, Jesus trouxe um entendimento da vida que influenciou o mundo das ideias como nenhum outro pensador. Veremos o que isso significa nos capítulos a seguir. E um dos maiores testemunhos à sua inteligência é que certamente ele sabia como entrar na morte física — isto é, realmente morrer — e então viver além da morte. Jesus tomou a morte pelo pescoço e a derrotou. Esqueça a criogenia humana!

A morte não foi algo que outros impuseram sobre ele. Jesus explica a seus seguidores no momento de crise que ele podia a qualquer momento convocar a ajuda de 72 mil anjos para fazer o que quisesse. Certamente, qualquer anjo ou dois de porte médio teriam sido o suficiente para tomar conta daqueles que pensavam estar capturando-o e matando-o. Jesus disse claramente: "Ninguém a tira de mim, mas eu a dou por minha espontânea vontade. Tenho autoridade para dá-la e para retomá-la. Esta ordem recebi de meu Pai" (Jo 10:18).

Todas essas coisas mostram o domínio cognitivo e prático de Jesus sobre cada fase da realidade: física, moral e espiritual. Ele é

Senhor apenas porque é Maestro. Na prática, "Jesus é Senhor" significa pouco para qualquer um que tem de hesitar antes de confessar: "Jesus é inteligente".

Jesus não é apenas bonzinho, mas brilhante; o homem mais inteligente que já viveu. Neste exato momento, Jesus está supervisionando todo o curso da história mundial (Ap 1:5) enquanto prepara, simultaneamente, o restante do universo para o nosso futuro papel no cosmos (Jo 14:2). Ele sempre tem a melhor informação com respeito a tudo, e certamente também no que se refere às coisas mais importantes para a vida humana. Examinemos, então, o seu ensino sobre quem vive uma boa vida, sobre quem se encontra entre aqueles que são realmente bem-aventurados.

4

Quem é realmente afortunado?

As bem-aventuranças

Bem-aventurados os espezinhados,
os desprezados, os traídos.

Paul Simon

Bem-aventurados os desprivilegiados,
pois eles também encontrarão o reino dos céus.

Mateus 5:3

Muitos primeiros serão últimos,
e muitos últimos serão primeiros.

Mateus 19:30

O ENIGMA DAS BEM-AVENTURANÇAS

O que viemos a chamar de "Sermão do Monte" consiste em declarações concisas do ensino de Jesus sobre como viver de fato na realidade do reino presente de Deus, cuja disponibilidade nos envolve. O ensino conclui com uma declaração de que todo aquele que escuta e faz o que ele diz terá uma vida capaz de suportar qualquer coisa — isto é, uma vida por toda a eternidade, já que ela pertence à esfera do eterno (Mt 7:24-25).

Como fizeram os pensadores extraordinários antes e depois dele, Jesus lida com as duas maiores questões com as quais a humanidade sempre se depara.

A primeira é o que constitui a boa vida: o que corresponde genuinamente ao meu interesse e como posso alcançar o verdadeiro bem-estar? Evidentemente, já sabemos que viver bem é partilhar da vida divina, de modo que a reafirmação contínua de Jesus quanto à disponibilidade direta do reino sempre manteve essa verdade básica perante seus alunos e ouvintes.

Exatamente quem está, porém, assegurado ou não dessa vida continua sendo motivo de confusão, desde a época de Jesus. O que veio a ser chamado de bem-aventuranças nos foi dado como forma de esclarecer o assunto. Elas e o epílogo vital que as acompanha estão expressos em Mateus 5:3-20.

A segunda questão com a qual Jesus lida no sermão diz respeito a quem é, de fato, uma pessoa boa. Quem tem o tipo de bondade encontrada no próprio Deus, demonstrando a semelhança de família entre Deus e seus filhos? Jesus lida com o assunto no restante do sermão, de 5:20 a 7:27. Retornaremos à sua resposta para essa questão no capítulo seguinte.

Não é sem razão que o ensino de Jesus em resposta a essas duas grandes questões demonstrou ser o mais influente sobre o assunto

A CONSPIRAÇÃO DIVINA

a vir à tona neste fatigado planeta. Isso não quer dizer, de modo algum, que tudo mais produzido na história humana não vale nada. Longe disso. Seu ensinamento, porém, do que é bom para o ser humano representa, tomado como um todo, algo único, um ensino excepcionalmente profundo e poderoso.

Para chegarmos a um entendimento completo de sua força e profundidade, nada seria mais útil do que compará-lo com todas as alternativas promissoras,[1] tarefa cuja execução exigiria um tipo diferente de livro, e nós simplesmente não temos como empreender neste livro. Vamos nos concentrar diretamente no que o próprio Jesus ensinou.

A primeira pergunta é: quem, segundo Jesus, vive a boa vida?

Cálice envenenado?

As bem-aventuranças de Jesus respondem a essa pergunta; elas se encontram entre os tesouros literários e religiosos da humanidade. Com os Dez Mandamentos, Salmos 23, a oração do Pai Nosso e outras poucas passagens da Bíblia, as bem-aventuranças são reconhecidas por quase todos como uma das expressões mais elevadas de *insight* religioso e inspiração moral. Podemos refletir a seu respeito e

---

[1]Se você estudar a vida dos grandes mestres morais do Oriente e do Ocidente, descobrirá sua preocupação com essas duas questões básicas. A *República* de Platão e a *Ética a Nicômaco* de Aristóteles são dois bons lugares para começar, continuando, porém, com outros grandes moralistas do período moderno, como Thomas Hobbes, John Locke, Immanuel Kant e John Stuart Mill. Você reparará, entre os moralistas modernos, que eles, com raras exceções, acatam a posição de Jesus e sua autoridade, tentando identificar sua própria teoria com os ensinamentos de Cristo. Uma descrição e apreciação balanceada dos efeitos históricos da vida e do ensinamento de Jesus sobre a teoria e prática da moralidade podem ser encontradas no livro de W. E. H. Lecky, *History of European Morals from Augustus to Charlemagne* [História da moralidade europeia de Augusto a Carlos Magno], 3. ed. revisada (Nova Iorque: D. Appleton, 1916), especialmente do cap. 3 em diante. No início do século XX, ainda não era considerado estranho a um professor de filosofia da Universidade Harvard concluir uma série distinta de palestras, dizendo: "Sem dúvida, a ética é o estudo de como a vida pode ser plena e rica, e não, como frequentemente se imagina, como pode ser contida e escassa. As palavras de Jesus [...] anunciando que ele veio para que os homens pudessem ter vida, e vida em abundância, é a declaração mais clara dos propósitos da moralidade e da religião, isto é, da justiça na terra e no céu" (PALMER, George Herbert. *The Field of Ethics* [O campo da ética]. Boston: Houghton Mifflin, 1929, p. 213). O fato de tal declaração ser suicídio profissional hoje em dia fala por si só em que pé estamos.

saboreá-las, afirmá-las, gravá-las em placas e pendurá-las na parede. Mas uma questão importante permanece: como devemos *viver* em resposta às bem-aventuranças?

Não se trata de uma pergunta qualquer. Equívocos em relação às "bem-aventuranças" de Jesus em Mateus 5 e Lucas 6 têm causado muita dor e confusão no decorrer dos séculos. Por incrível que pareça, essas declarações de bem-aventurança nem sempre foram motivo de bênção. Para muitos, elas se revelaram nada menos do que um cálice envenenado.

Certa vez, depois de eu ter falado sobre as bem-aventuranças, uma senhora se aproximou e expressou grande alívio com relação ao que acabara de ouvir. Ela me contou que seu filho abandonara sua identificação com o cristianismo e deixara a igreja por causa das bem-aventuranças. Ele era um jovem forte e inteligente, tendo feito da carreira militar sua profissão. Como muitas vezes acontece, fora-lhe dito que as bem-aventuranças — com sua lista de pobres e tristes, fracos e mansos — formavam um quadro do cristão ideal. O jovem foi franco com sua mãe: "Este não sou eu. Jamais vou ser desse jeito".

É certo que esse homem não era perfeito e tinha o potencial de fazer diversas mudanças para melhor. Mas é isso que devemos fazer das bem-aventuranças — "ser desse jeito"? Honestamente, a maior parte das pessoas pensa que sim — mas elas estão completamente enganadas. Um cenário mais comum do que a rejeição escancarada do cristianismo é o fardo constante de culpa levado por aquele que não está, ou sequer deseja estar, entre os supostos favoritos de Deus. Esse tipo de culpa também alimenta uma vertente mórbida que infelizmente persiste no cristianismo histórico, tendo enfraquecido em muito seu impacto para o bem na história e na vida das pessoas. Por outro lado, não é difícil ver o orgulho estampado naqueles que se autoidentificam na lista dos "bem-aventurados".

Ensinando à luz do contexto

Podemos aprender o que fazer — e o que não fazer — com as bem-aventuranças se descobrirmos o que o próprio Jesus estava fazendo ao declará-las. Essa deve ser a chave para entendê-las; afinal, são as bem-aventuranças de Jesus, e não nossas, para fazermos com elas o que quisermos. Visto que grandes mestres e líderes sempre têm uma mensagem coerente que desenvolvem de maneira ordenada, devemos supor que o ensino de Jesus nas bem-aventuranças é um esclarecimento ou desenvolvimento do tema primário em sua jornada e vida: *a disponibilidade do reino dos céus*.[2] Como, então, o ensino de Jesus desenvolve esse tema?

Em Mateus 4, vemos Jesus proclamando sua mensagem básica (v. 17) e demonstrando-a ao agir *com* o governo celestial de Deus, suprindo as necessidades desesperadas das pessoas ao seu redor. Como resultado: "O povo levava a Jesus pessoas que sofriam de várias doenças e de todos os tipos de males, isto é, epiléticos, paralíticos e pessoas dominadas por demônios; e ele curava todos. Grandes multidões o seguiam" (4:24b-25a, NTLH).

Tendo ministrado às necessidades da multidão aglomerada ao seu redor, seu desejo era ensiná-las; por isso, subiu a um lugar mais elevado — ou seja, "subiu ao monte" (Mt 5:1) — onde poderiam ouvi-lo e vê-lo bem. Mas ele não se retira da multidão, como sugerem alguns, a fim de dar um discurso exotérico e de irrelevância sublime às necessidades urgentes dos que o apertavam por todo lado. Antes, *em meio a* essa multidão de pessoas simples, atentas a cada palavra sua — repare que são elas que reagem ao final do discurso — Jesus ensina seus alunos e aprendizes, com todos os que o ouvem, sobre o significado da disponibilidade dos céus.

Creio que ele usava o método "fale e demonstre" para elucidar a extensão de "o reino nos está próximo". Perante Jesus, estavam aqueles que haviam *acabado de receber* diretamente dos céus por meio

---

[2]Alfred Edersheim vê corretamente que o tema do Sermão do Monte não é "justiça, nem ainda a Nova Lei (se tal designação for adequada àquilo que em nenhum aspecto é caracterizado como Lei), mas aquilo que estava no mais profundo do coração e da mente de Cristo: o Reino de Deus. Particularmente, o Sermão do Monte não contém uma doutrina detalhada ou sistemática, nem algum ensino ritualístico, nem prescreve a forma de qualquer observância exterior [...] Cristo veio para fundar um Reino, não uma escola; para instituir uma comunhão, não defender um sistema. Para os primeiros discípulos, todo ensino doutrinário surgia da comunhão com Jesus. Eles o viram, e por isso creram [...]. A semente da verdade que caiu no coração dos discípulos foi aprofundada pela flor de sua Pessoa e Vida" (*The Life and Times of Jesus the Messiah* [A vida e época de Jesus, o Messias], 3. ed., 2 vols. [Grand Rapids: Eerdmans, 1953], vol. 1, p. 528-529).

dele. O contexto deixa isso claro. Cristo podia apontar para determinado indivíduo na multidão e dizer que o tal era "abençoado", visto que o Reino Entre Nós acabara de tocá-lo através do coração, da voz e das mãos de Jesus. Talvez seja por isso que, nos Evangelhos, apenas encontramos Jesus dando as bem-aventuranças em meio a uma multidão de pessoas que ele havia tocado.

Assim, sua mensagem era: "Bem-aventurado os mendigos espirituais — os espiritualmente falidos e carentes, pedintes espirituais, destituídos de qualquer traço de 'religião' — quando o reino dos céus lhes sobrevém".

Ou, colocando-o de outra forma: "Bem-aventurados os pobres de espírito, pois deles é o Reino dos céus". Essa, claro, é a tradução mais tradicional e *literalmente* correta de Mateus 5:3. O pobre de espírito é abençoado como resultado de o reino de Deus lhe estar disponível, mesmo em sua pobreza espiritual. Hoje, porém, a expressão "pobres de espírito" não transmite mais o sentido de destituição espiritual que originalmente carregava. Surpreendentemente, essas palavras passaram a se referir a uma condição louvável. Assim, como uma forma de corrigir o seu sentido, eu parafraseei o versículo como está acima transcrito. Sem dúvida, Jesus tinha muitos exemplos dessa categoria na multidão ao seu redor. A maior parte dos Doze Apóstolos, senão todos eles, era desse tipo, assim como muitos que estão agora lendo estas palavras.

"Mendigos espirituais" também usufruem do cuidado dos céus

Durante o ensinamento de Jesus, ao seu redor estão pessoas sem nenhuma qualificação ou habilidade espiritual, pessoas que jamais seriam chamadas para fazer alguma "obra espiritual". Sem carisma, brilho espiritual ou influência, nada nelas sugere que o sopro de Deus se move em sua vida.

Essas pessoas "não conhecem sua própria Bíblia"; não "conhecem a lei", como os críticos de Jesus dirão posteriormente. São "meros leigos", capazes de, na melhor das hipóteses, ocupar um banco na igreja ou deixar uma oferta. Ninguém os chama para a direção de culto ou para liderar um encontro de oração; e mesmo se fossem chamados, desmaiariam com o pedido.

São os primeiros a dizer que "não entendem nada de religião". Eles cruzam o nosso caminho às centenas ou milhares, todos os dias. Tais pessoas seriam as últimas a reivindicar qualquer coisa a respeito de Deus. As páginas dos Evangelhos estão repletas de gente assim. Um dia, porém, o milagre acontece: "Ele me tocou!". O governo dos céus desce sobre a sua vida por meio do seu contato com Jesus, de modo que elas também são abençoadas — curadas de corpo, mente e espírito — pelas mãos de Deus.

Certo ministro conta como tentou liderar um grupo de estudos bíblicos em um lar entre pessoas carentes na região norte do México. Em tais estudos, a participação é, naturalmente, sempre encorajada. O ministro relatou que, no início, ele lia uma passagem bíblica e perguntava: "O que vocês acham?", mas não obtinha resposta alguma. Apenas silêncio. Isso aconteceu vez após vez. Foi então que o pregador percebeu que ninguém jamais pergunta ao pobre o que ele *acha*. Isso é parte do que significa ser pobre "de espírito". Se você é pobre, ninguém imagina que sua ideia é digna de compartilhamento. Na ordem humana, pobreza é automaticamente interpretada como um sinal de fracasso, em todos os sentidos.

A forma como os tradutores lutam para fazer da condição de "pobreza espiritual" algo bom em si e merecedor de bênção revela muito a respeito de como pensamos sobre Deus. Traduções que não dão o sentido literal indicado geralmente colocam algo como "humildes de espírito" em seu lugar.[3]

Na primeira edição da *New English Bible* [Nova Bíblia Inglesa], por exemplo, lemos: "Bem-aventurados os que sabem que são pobres". Trata-se, no entanto, de uma tradução errada, a qual a segunda edição felizmente reconhece, retornando ao "Bem-aventurados os pobres de espírito".

Na versão em geral excelente de Berkeley, lemos: "Felizes as pessoas que sabem que são espiritualmente pobres, pois o reino do céu é delas". Mais uma vez, uma má tradução *óbvia* quando comparada

---

[3]Foi um estudo comparativo das traduções publicadas de Mateus 5:3, com uma leve ajuda de Steven Graves, que primeiro me alertou para o fato de que deve haver algo desesperadamente errado com a interpretação mais comum das bem-aventuranças de Jesus.

QUEM É REALMENTE AFORTUNADO? AS BEM-AVENTURANÇAS

com o grego, impulsionada pela necessidade de dar sentido a algo mal compreendido. Se a língua grega deseja transmitir uma ideia relacionada a autoconhecimento e autopercepção de necessidade espiritual, certamente tem recursos adequados para fazê-lo. Mas o original grego não diz nada a esse respeito.

Essa luta com a tradução reflete nossa necessidade intensa de encontrar algo de bom nas condições que mencionamos, algo que Deus supostamente deseja ou até mesmo exige, que pode servir como base "razoável" para a bênção que ele concede. Contudo, a abordagem perde de vista o objetivo com o qual a própria formulação das bem-aventuranças capta nossa atenção.

Jesus não disse: "Bem-aventurados os pobres de espírito *porque* são pobres de espírito". Ele não pensava algo do tipo: "Como é bom não ter nenhuma conquista ou qualidade espiritual, pois torna as pessoas dignas do reino". Assim, roubamos o significado muito mais profundo do seu ensino sobre a disponibilidade do reino, substituindo o estado do empobrecimento espiritual — de modo algum bom em si mesmo — por algum estado ou atitude supostamente dignos, que nos "qualificam" para o reino.[4]

---

[4]Em estudo inestimável do Sermão do Monte, Robert Guelich distingue dois usos bíblicos da fraseologia "bem-aventurados os…". A um ele chama de "sábio-condicional"; a outro, de "profético-apocalíptico". No primeiro caso, a bênção declarada é realmente baseada na condição citada, de modo que a condição é naturalmente entendida como parte da sabedoria. Seu uso certamente está presente no Novo Testamento (e.g., Mt 24:46; Lc 11:27-28; e Tg 1:12) e em outros lugares. No segundo caso, de acordo com Guelich: "a bem-aventurança consiste em uma declaração de reivindicação e recompensa futura. Ela surge como segurança e encorajamento em face da tribulação" (*Foundation for Understanding the Sermon on the Mount* [Fundamentos para a compreensão do sermão do monte]. Dallas: Word Publishing, 1982, p. 65). Guelich percebe que, "enquanto as bem-aventuranças de Lucas pressupõem bênçãos escatológicas, as de Mateus soam mais como exigências para a entrada no Reino". É esse o ponto de vista que ele defende. O que a distinção continua a perder de vista, receio, é que, nas bem-aventuranças de Jesus, a bênção, seja em relação à sabedoria ou à libertação futura, não surge por causa da condição citada, mas precisamente a despeito dela. Embora certo equilíbrio das coisas não seja alheio à mente de Jesus (Lc 16:25), pobreza (material ou espiritual), miserabilidade, perseguição etc. nunca são características consideradas, por ele ou por qualquer outro escritor do Novo Testamento, como a causa ou a base da bem-aventurança do reino.
Além disso, o elemento escatológico, embora certamente presente em casos óbvios, não exclui o aspecto presente das bem-aventuranças — a bênção divina em meio à bagunça

A CONSPIRAÇÃO DIVINA

Agindo dessa forma, apenas substituímos o anúncio empolgante do evangelho por outra forma banal de legalismo. Pobres de espírito são declarados "bem-aventurados" por Jesus, mas não por estarem em uma condição de mérito, e sim porque, *precisamente a despeito de e em meio à sua condição deplorável,* o governo dos céus se moveu de modo redentor sobre eles, pela graça de Cristo.

Desse modo, Alfred Edersheim está completamente certo ao dizer que:

> No Sermão do Monte [...] as promessas atreladas às chamadas "bem-aventuranças" não podem ser consideradas como *recompensa* pelo estado espiritual com o qual estão respectivamente conectadas, tampouco com seu resultado. Não é *porque* um homem é pobre de espírito que o Reino do Céu lhe pertence, no sentido de que um estado se desenvolverá no outro ou será o seu resultado; muito menos um é recompensa do outro. Em cada caso, o elo é o próprio Cristo, visto que ele [...] "abriu o Reino do Céu para todos os que creem".[5]

Ainda no comando

Empobrecidos espirituais dentre a multidão, presentes durante a mensagem de Jesus, são abençoados apenas porque o toque gracioso dos céus caiu generosamente sobre eles. Contudo, as más traduções que observamos continuam atraentes por se encaixarem no nosso senso humano de decoro, que se opõe à ideia de que Deus abençoaria pessoas apenas por elas necessitarem, por sua escolha pessoal ou simplesmente em resposta ao pedido de alguém.

---

humana, por assim dizer. Para Jesus, o pobre, o faminto etc. é abençoado agora porque a mão de Deus está sobre eles. Compare com o testemunho pessoal constante de Paulo a esse respeito (At 16:25; 2Co 1:3-12; 4:8-18; 6:4-10; Fp 4:6-19; 1Tm 6:6-8). Pode ser uma afirmação extraordinária, mas a bem-aventurança é possível a todos hoje, *a despeito* da situação em que estejam. Essa é a esperança do evangelho de Jesus, que de modo algum pode servir de pretexto para deixar de atuar em situações que precisam de mudança.

[5]Edersheim, *The Life and Times of Jesus the Messiah* [A vida e época de Jesus, o Messias], p. 529.

QUEM É REALMENTE AFORTUNADO? AS BEM-AVENTURANÇAS

O mesmo senso de decoro pode até mesmo nos levar a evitar o contato com Jesus em suas próprias bem-aventuranças. De fato, boa parte da interpretação de suas palavras até mesmo ignora que ele está presente.

Se tudo o que precisamos para ser bem-aventurados no reino dos céus é de uma mentalidade humilde pelo reconhecimento da nossa pobreza espiritual, façamos isso, então, e teremos a bênção garantida. Escapamos à humilhação da incompetência espiritual porque, por mais estranho que pareça, conseguimos torná-la uma conquista espiritual apenas por reconhecê-la. Além disso, escapamos do constrangimento de receber misericórdia pura, já que o nosso reconhecimento humilde torna a bênção de algum modo apropriada.

Sentimo-nos humilhados, talvez, mas pelo menos estamos cientes — e então podemos ostentá-lo com orgulho, como uma medalha de honra. Conquistamos uma porção de justiça e tanto; e, a propósito, pessoas boas não são todas humildes? Então todas as pessoas boas têm o reino dos céus! Que outro papel Jesus tem nisso tudo — além do bom senso de perceber essas coisas e manifestá-las?

Logicamente, isso também significa que podemos mostrar às pessoas como arquitetar sua trajetória para o céu. Talvez algumas descubram que já chegaram lá! Segundo dizem: "Basta ser humilde". (Aliás, quem não se acha humilde? Será que existe alguém?) Tal solução terá grande apelo particularmente sobre eruditos e intelectuais, que, em minha experiência, orgulham-se especialmente de humildade intelectual.

Entretanto, essa maneira de interpretar as bem-aventuranças dá a diversos outros tipos de pessoa, de forma muito conveniente, acesso automático ao reino dos céus — especialmente se elas têm um Deus distante, não um Rei presente. Caso não estejam em uma posição de humildade, talvez consigam chorar, praticar a mansidão ou ser perseguidas; assim, alguma das beatitudes, segundo essa interpretação, assegurará a sua bênção.

Temos aqui, senão a salvação por obras, a salvação pela atitude. Ou talvez por circunstância ou casualidade, no caso de você ser perseguido, por exemplo — atitude ou circunstância meritória, garantindo a aceitação de Deus! Podemos imaginar seriamente que Jesus tinha algo assim em mente?

E quanto aos que não se encontram "na lista"?

Concluímos essa interpretação popular das bem-aventuranças com um argumento final. Segundo ela, não apenas as condições citadas (pobreza de espírito, choro, mansidão etc.) são meritórias, "contribuindo", de alguma forma, para que Deus as interligue com alguma bem-aventurança; não apenas você pode estar seguro de pertencer ao reino ao se enquadrar em uma dessas condições. Pense bem: caso você não se enquadre em nenhuma delas, certamente não será abençoado. Se você não está na lista, não está no reino. Talvez nem chegue ao "céu" depois da morte. Já ouvi esse argumento de diversos líderes cristãos.

Se o objetivo de Jesus é dizer-nos como nos qualificamos para a vida do reino, não devemos crer que ele nos daria uma lista *completa*? Se esse fosse o seu objetivo, não teria ele falhado em mencionar outras formas possíveis de obtermos o reino?

Que a lista é completa e exclusiva em relação a outras formas de entrada no reino pode ser provado pelos "ais" ou "maldições" pronunciados com as "bênçãos". Podemos encontrá-los na versão de Lucas:

> Mas ai de vocês, os ricos, pois já receberam sua consolação.
> Ai de vocês, que agora têm fartura, porque passarão fome.
> Ai de vocês, que agora riem, pois haverão de se lamentar e chorar.
> Ai de vocês, quando todos falarem bem de vocês,
> pois assim os antepassados deles trataram os falsos profetas.

Não seria o caso de, na passagem, o rico contrastar com o pobre, o que ri contrastar com o que chora e o popular contrastar com o perseguido?

Tem como ser mais claro do que isso? Se a interpretação comum das bem-aventuranças de Jesus como direções de obter a bênção está correta, você teria de ser pobre, teria de chorar, ser perseguido etc. para estar entre os benditos. Assim, teríamos de esperar que todo aquele que leva a sério essa interpretação buscasse ser pobre, triste, perseguido e assim por diante, mas poucas pessoas fazem isso, na verdade. Será que sentir-se culpado é substituto suficiente para não o fazer?

Não para hoje?

Dessa forma, podemos ver facilmente o porquê de muitos terem decidido que o Sermão do Monte, que abre as bem-aventuranças, não pode valer para hoje — para "esta dispensação" ou tempo presente —, e sim para o milênio, ou possivelmente para a vida no além. Vivemos no tempo da *graça*, dizem. Não sofremos o suficiente para estabelecer essa ideia? Porque a participação no reino de Deus é, na interpretação comum das bem-aventuranças, uma questão de alcançar condições especiais, e não de graça; o tempo presente não pode ser o do reino. Esse é o pensamento de muitos.[6]

Tal interpretação explica prontamente o fato de que entre muitos evangélicos, até cerca de vinte anos atrás, ninguém podia ensinar os princípios do reino para a vida presente sem ser considerado como que pregando um mero evangelho "social", o qual buscava cumprir

---

[6]A amplamente utilizada Bíblia de Estudos Scofield há muito é conhecida por defender o dispensacionalismo. A atitude resultante em relação às palavras de Jesus é claramente expressa em uma nota de rodapé de Mateus 6:5, edição de 1988 da *New American Standard*. No trecho, lemos: "No Sermão do Monte, Cristo estabelece o padrão perfeito de justiça exigido pela lei [cf. 5:48], demonstrando que todo homem é pecador, decaindo habitualmente do padrão divino; portanto, a salvação pelas obras é uma impossibilidade". Nessa interpretação, Cristo é mais exigente do que Moisés. Seu ser superior permite-lhe apertar o parafuso da inabilidade humana ainda mais e, espera-se, levar o ser humano a desistir da autossalvação mais rapidamente. A interpretação padrão do ensino de Paulo, segundo a qual "a Lei foi o nosso tutor até Cristo, para que fôssemos justificados pela fé" (Gl 3:24), é que a lei faz o seu trabalho apenas nos mostrando nossa necessidade desesperadora.

Estranhamente, a nota seguinte do Sermão do Monte encontrada na Bíblia Scofield declara: "Embora a lei, conforme expressa no Sermão do Monte, não possa salvar pecadores (Rm 3:20) e os redimidos do tempo presente não estejam sob a lei (Rm 6:14), tanto a lei mosaica quanto o Sermão do Monte pertencem à Escritura Sagrada, inspirada por Deus e, portanto, 'útil para o ensino, para a repreensão, para a correção e para a instrução na justiça' (2Tm 3:16), para os redimidos de todos os tempos". Não está claro como isso funciona. Sem dúvida, pressupõe-se a distinção vista no capítulo 1 entre salvação e vida cristã.

A CONSPIRAÇÃO DIVINA

os ideais do reino de Deus ao enfatizar reformas jurídicas e sociais, em linha com imperativos cristãos. De fato, apesar de toda a sua boa intenção, essa corrente ideológica foi uma forma de "salvação pelas obras" e continua viva no movimento totalmente secularizado da "ética social". É claro que, para os defensores do movimento, a única salvação em questão era de uma forma de privação e sofrimento nesta vida.

Todavia, supor que o ensino de Jesus sobre o reino dos céus não é para hoje é exatamente como dizer que Salmos 23 também não é para o nosso tempo. É verdade que o chamado de Jesus para o reino *agora*, assim como no salmo em questão, é de natureza tão radical, que qualquer que o levar a sério estará sob tentação constante de desconectar-se da existência humana "normal". Eis a razão pela qual "o Senhor é o meu Pastor" está escrito mais em lápides do que em vidas.

Por outro lado, a intenção do Novo Testamento como um todo é que o ensino de Jesus seja aplicado hoje; do contrário, também teríamos de ignorar o que o restante do Novo Testamento diz sobre a vida. Não podemos afirmar consistentemente que grandes passagens — como Romanos 8, 1Coríntios 13, Colossenses 3 e Gálatas 5, por exemplo — são para agora, como todos admitem, enquanto consideramos o Sermão do Monte e outros trechos dos Evangelhos para a próxima dispensação ou vida. Não pode ser esse o caso, já que todas falam a mesma coisa.

Essas passagens dizem, por exemplo: "Revistam-se de profunda compaixão, bondade, humildade, mansidão e paciência" (Cl 3:12). Ou então: "O amor é paciente, o amor é bondoso. Não inveja, não se vangloria, não se orgulha. Não maltrata, não procura seus interesses, não se ira facilmente, não guarda rancor. O amor não se alegra com a injustiça, mas se alegra com a verdade. Tudo sofre, tudo crê, tudo espera, tudo suporta" (1Co 13:4-7).

A oposição a esse respeito normalmente se baseia na hipótese de que o ensino de Paulo é para o "tempo da igreja", enquanto o ensino de Jesus é para "outro tempo"; tal oposição, porém, não procede. Se a sua vida e forma de pensar realmente se encaixam com o que Paulo diz em suas cartas, você descobrirá pouca coisa nova em relação ao que é dito no Sermão do Monte.

Em vez de negar a relevância do ensino de Jesus para o presente, devemos apenas reconhecer que ele foi mal interpretado. Em particular, as bem-aventuranças não são ensinamentos sobre *como* ser abençoado. Aliás, não são instruções de como fazer nada. Elas não indicam condições particularmente agradáveis para Deus e boas para o ser humano.

Na verdade, Jesus não diz que alguém é melhor por ser pobre, por chorar, por ser perseguido etc., nem que as condições listadas são formas recomendadas para o bem-estar perante Deus e os homens. Tampouco as bem-aventuranças servem de indicadores sobre quem estará no topo "após a revolução". Antes, *elas são explicações e ilustrações, tiradas do contexto imediato, da disponibilidade presente do reino de Deus por meio de um relacionamento pessoal com Jesus.* As bem-aventuranças selecionam casos específicos como prova de que, em Cristo, o governo celestial de Deus realmente está disponível nas circunstâncias da vida que estão além de qualquer esperança humana.

Já observamos algumas das razões pelas quais erramos em nossa abordagem das beatitudes; agora, porém, devemos olhar mais de perto *como* Jesus ensinava, isto é, sua estratégia de ensino e aprendizado. Fazê-lo nos ajudará a retornar às bem-aventuranças com a alegria e o *insight* que provocaram nos primeiros ouvintes.

As bem-aventuranças não podem ser "boa notícia" se entendidas como "passo a passo" sobre como alcançar a bênção; nesse caso, não passariam de um novo tipo de legalismo. O ensino de Jesus não serviria para escancarar as portas do reino — muito pelo contrário. Antes, imporiam uma nova categoria de farisaísmo, uma nova maneira de fechar a porta — assim como algumas novas possibilidades para que o ser humano arquitetasse sua própria justiça.

LIDANDO COM A PROFUNDIDADE DA ALMA

O método de ensino de Jesus

Conforme já sugerido em nossa referência a "fale e demonstre", Jesus ensina de modo contextual e concreto, se possível a partir do seu ambiente imediato ou à luz de acontecimentos corriqueiros da vida. Podemos perceber isso no reconhecido uso que Jesus faz da

A CONSPIRAÇÃO DIVINA

parábola — que, pela origem na palavra grega *paraballein*, significa literalmente "jogar uma coisa ao lado da outra". As parábolas não são apenas histórias bonitas e fáceis de lembrar; antes, ajudam-nos a entender algo difícil por meio da comparação — ou seja, colocando algo difícil ao lado de outro elemento familiar, algo concreto e específico.

No entanto, o método "concreto" do ensino de Jesus vai muito além do uso de parábolas. Vemo-lo também na forma como ele emprega, para os próprios fins, o que acontece ao seu redor. Por exemplo: em certa ocasião, durante o seu ensino, um homem no meio da multidão pede a Jesus que convença seu irmão a repartir com ele a herança. Jesus responde com uma história sobre alguém que tem toda a riqueza que deseja e, ainda assim, não tem nada (Lc 12).

Em outra ocasião, estando Jesus em meio à multidão, sua mãe e seus irmãos lhe enviaram o recado de que queriam falar com ele. Jesus aproveita a oportunidade para chamar atenção à nova família debaixo dos céus, destacando que aqueles que fazem a vontade de seu Pai celestial são todos irmãos, irmãs e mães na família do reino (Mt 12).

Ainda em outra ocasião, ele e os discípulos estão comendo a refeição da Páscoa. Usando os elementos simples do pão e do vinho, Jesus transmite alguns dos significados mais profundos de sua morte para a nossa nova vida "do alto": "*Isto* é o meu corpo"; "*isto* é o meu sangue" (Mt 26).

Nada é mais concretamente poderoso do que corpo e sangue.

Ensino para a correção de práticas e ideias correntes

No entanto, o seu uso de concretude no ensino assume ainda outra forma, absolutamente necessária para o entendimento das bem- -aventuranças. Esse uso é encontrado em contextos nos quais Jesus corrige uma suposição ou prática *geral*, considerada válida em situações específicas. Ele o faz ao destacar que determinado caso é uma exceção, demonstrando que a ideia ou prática não serve de guia confiável para a vida sujeita a Deus.

Em Marcos 10, temos a história familiar do "jovem rico", com implicações interessantes para a primeira bem-aventurança de Lucas: "Bem-aventurados os pobres". A suposição comum da época, como em diversos períodos desde então, era que a prosperidade do rico indicava o favor especial de Deus. Do contrário, como ele poderia ser rico, visto que o próprio Deus controla a riqueza da terra? O rapaz, porém, amava mais sua riqueza do que a Deus. Deparando-se com a opção de continuar a gerir o seu negócio ou servir a Deus, o jovem escolhe as riquezas — embora com grande relutância.

Jesus então comenta com seus aprendizes como é difícil para o rico sujeitar-se ao governo de Deus, ou seja, entrar no reino. Por causa da suposição comum de que a riqueza *sinalizava* o favor de Deus, os discípulos ficam abismados. Em resposta ao seu espanto, Jesus explica: "Como é difícil entrar no Reino de Deus! É mais fácil passar um camelo pelo fundo de uma agulha do que um rico entrar no reino de Deus" (v. 24b-25). Mas eles não entenderam nada dessa "explicação", pois o texto diz que "os discípulos ficaram perplexos, e perguntavam uns aos outros: 'Neste caso, quem pode ser salvo?'" (v. 26).

É de suma importância observar aqui o que Jesus *não* diz. Ele não disse que o rico não pode entrar no reino. De fato, ele assegurou que sim — com a ajuda de Deus, essa é a única forma pela qual qualquer um pode entrar. Tampouco afirmou que, em geral, o pobre tem uma vantagem sobre o rico em termos de "ser salvo". Usando a situação diante de si, Jesus simplesmente quebrou a suposição dominante sobre Deus e as riquezas. Afinal, como Deus *poderia* favorecer alguém, por rico que fosse, cujo amor fosse maior às riquezas do que a ele?

Portanto, o fato de uma pessoa ser rica não significa que ela partilha do favor de Deus — o que sugere ainda mais o fato de que ser pobre não implica automaticamente a exclusão do favor divino. O caso do jovem rico corrige a suposição dominante; os ouvintes ficam alarmados, mas passam a idealizar, de forma mais apropriada, o seu relacionamento com Deus.

Não convidar parentes para jantar?

Uma ilustração desse tipo de ensino é encontrada em Lucas 14. No texto, Jesus está em um "jantar de domingo", na casa de um líder religioso. Reparando que seu anfitrião convidara apenas parentes e vizinhos abastados, comenta: "Quando você der um banquete ou jantar, não convide seus amigos, irmãos ou parentes, nem seus vizinhos ricos; se o fizer, eles poderão também, por sua vez, convidá-lo, e assim você será recompensado. Mas, quando der um banquete, convide os pobres, os aleijados, os mancos e os cegos. Feliz será você, porque estes não têm como retribuir. A sua recompensa virá na ressurreição dos justos" (v. 12-14).

Dependendo dos parentes que você tem, essa pode se tornar a sua passagem favorita da Bíblia! Jesus lhe diz claramente para não os convidar para jantar. Contudo, é necessário elucidar que Jesus não está proibindo-o de convidar membros da família para o jantar — mesmo que diga explicitamente para não o fazer? Alguns de nós nos alegraríamos se o seu mandamento fosse esse, mas não é isso que Jesus está nos ensinando.

Não estamos, então, desobedecendo-lhe se convidarmos para o jantar a mãe, uma tia ou um tio — nem algum vizinho financeiramente próspero. Tudo depende do que está no nosso coração. Jesus apenas usa a ocasião particular para corrigir a prática dominante de negligência àqueles que realmente necessitam de ajuda enquanto nos esbanjamos com pessoas cujo tratamento para conosco será recíproco.

Por outro lado, Jesus certamente está nos dizendo para suprir mais do que o nosso círculo de apreciação mútua, levando-nos ao contexto mais amplo do governo celestial, segundo o qual temos um tipo diferente de mente e coração, a despeito de quem convidamos ou não para o jantar.

O caso do bom samaritano

Às vezes, diversas "técnicas de concretude" se aglomeram em algum dos ensinamentos de Jesus. Assim, a *parábola*, a *ocasião* e o *caso* contradizendo a suposição dominante se aglutinam na ilustração do "bom samaritano" (Lc 10).

A ocasião em questão é aquela na qual um perito da lei, buscando testar a exatidão doutrinária de Jesus, acaba caindo na própria armadilha. Tendo concordado com Jesus que, para "herdar a vida eterna", você precisa amar o próximo como a si mesmo, acaba por perceber a exigência mais rigorosa do que gostaria.

É então que o "intérprete da lei" tenta, como é característico de *experts*, livrar-se da armadilha, fazendo uma pergunta capciosa:

"Quem é o meu próximo?". Trata-se do tipo de coisa que "experts" gostam de fazer: um questionamento geral que nos deixará exatamente no mesmo ponto em que, na prática, começamos. O intérprete tentava se justificar por certamente saber que não amava ao próximo como a si mesmo. Agora, porém, Jesus o tem na palma da mão. Jesus apresentará a esse homem, assim como às demais pessoas presentes, lições cuja recordação não exigirá a escrita ou alguma forma de "registro em vídeo".

Evidentemente, as palavras "bom samaritano" não ocorrem na história. Para aqueles que escutavam Jesus, a frase teria soado como o que chamamos de "oximoro": uma combinação de palavras que não fazem sentido. Podemos dizer que, naquela época, para os judeus em geral, "samaritano *bom* é samaritano morto".

Jesus desenvolve magistralmente a história, reservando a entrada do samaritano para o final, antes que a porta da mente dos ouvintes se fechasse. O samaritano incorpora de modo concreto a resposta à pergunta capciosa a respeito de "quem é o próximo de quem", destruindo, ao mesmo tempo, as suposições gerais sobre quem "logicamente" herdaria a vida eterna.

A história narra como certo homem viajando de Jerusalém para Jericó é atacado por assaltantes, os quais o maltratam, levam tudo o que estava em sua posse e o abandonam na estrada, quase morto. Eis então um homem nu, sangrando e inconsciente — ou pelo menos incapaz de locomover-se. Enquanto isso, um sacerdote vem pela mesma estrada. O sacerdote (um pastor?) vê a situação complicada e se afasta o máximo que pode, movendo-se para o outro lado da estrada. Em seguida, um levita (um diácono?) — depois de talvez observar o sacerdote, faz exatamente a mesma coisa. O tal homem não era o *seu* próximo! Eles não tinham responsabilidade por ele; sequer o conheciam. Talvez até se apressassem para Jerusalém a fim de "fazer algo religioso". Seria justo arriscar tornar-se ritualmente impuro apenas para ajudar alguém?

Normalmente, tal é a vida e o pensamento daqueles que não estão destituídos de coisas espirituais — isto é, não são "pobres de espírito" — mas que, pelo contrário, estão cheios de espiritualidade.

Por último, então, vem o samaritano, o mestiço desprezado, que, segundo o judeu, não tinha um traço sequer do que podemos

A CONSPIRAÇÃO DIVINA

chamar de "espiritual"; e nem sequer *poderia* ter! Contudo, a chave para entendermos esse homem — como também o sacerdote e o levita — está no seu coração. Só de olhar para a vítima, o samaritano imediatamente "teve piedade dele". Naturalmente, foi isso que o levou a socorrer o pobre homem e lhe prestar socorro imediato da melhor forma que podia.

Mas ele não parou por aí e lhe desejou boa sorte. Antes, colocou-o no seu animal de carga, caminhou com ele para uma "pousada de viajantes" e cuidou dele por um dia e uma noite. No dia seguinte, levou o hospedeiro a prometer que cuidaria da vítima, até a sua recuperação. Então, o samaritano deixou certa quantia com o hospedeiro, assegurando-lhe que cobriria quaisquer outras despesas em sua viagem de regresso.

Nesse ponto, Jesus está realmente "cutucando" o perito na lei. Mesmo assim, a história corresponde a uma realidade da vida. É um dos casos em que, enquanto é possível que a história não passe de uma parábola, também pode equivaler a um acontecimento real. É o tipo de coisa que todos os ouvintes de Jesus sabiam que acontecia, o tipo de coisa que ainda acontece hoje.

Quando Jesus conclui a história com a pergunta: "Qual destes três você acha que foi o próximo do homem que caiu nas mãos dos assaltantes?" — qualquer pessoa decente teria apenas uma resposta. Trivializar ainda mais seria revelar um coração inequivocamente ímpio. Assim, o *expert* em teologia responde: "Aquele que teve misericórdia dele". Seria demais para o perito responder: "o samaritano".

Definindo o nosso próximo

Devemos, porém, ser capazes de fazê-lo, assim como devemos entender o que isso significa: significa que as suposições gerais dos ouvintes de Jesus acerca de quem tem a vida eterna precisam de revisão à luz da condição do coração das pessoas. A história não nos ensina que podemos alcançar a vida eterna ao amar o próximo. Tampouco podemos nos safar com um tipo de legalismo coreografado. Nossa postura perante Deus ainda deve ser levada em conta. No entanto, na ordem de Deus, nada substitui o amor pelas pessoas; e definimos o nosso próximo por aqueles aos quais amamos. Fazemos de alguém o nosso próximo ao nos preocuparmos com tal indivíduo.

Assim, não definimos primeiro uma classe de pessoas a que chamamos de "próximos" e então a selecionamos como objeto do nosso amor — deixando o restante largado por aí. Com habilidade, Jesus rejeita a pergunta: "Quem é o meu próximo?" — e a substitui pela pergunta que realmente importa: "De quem eu serei próximo?". E ele sabe que poderemos responder a essa pergunta apenas contextualmente, à medida que nos deparamos com as situações do dia a dia. A condição do nosso coração determinará quem, ao longo do trajeto, será o nosso próximo; e nossa fé em Deus estabelecerá, em grande medida, se teremos força o suficiente para fazer deste ou daquele o nosso próximo.

Se Jesus estivesse aqui hoje, a história seria contada de maneira diferente. Agora, as palavras *bom samaritano* identificam uma pessoa de boa índole em nossa sociedade. Temos até leis que protegem "bons samaritanos" ao fazerem "boas obras".

A fim de estabelecer hoje o mesmo argumento, talvez Jesus teria de colocar o "bom samaritano" em lugar do sacerdote ou do levita na história que contou. Ou se estivesse em Israel hoje, provavelmente contaria a história do "bom palestino". Os palestinos, por sua vez, escutariam a respeito do "bom israelita".

Nos Estados Unidos, ouviríamos a história do "bom iraquiano", do "bom comunista", do "bom mulçumano" etc. Em algumas regiões, teria de ser o "bom feminista" ou o "bom homossexual". Ainda em outras, o "bom cristão" ou o "bom membro da igreja" produziria o efeito desejado. De fato, diante da postura secular de alguns, falar do "bom ministro" ou do "bom diácono" geraria um efeito e tanto. Todos eles exemplificam a quebra de generalizações com respeito a quem certamente manifesta ou não o tipo eterno de vida.

Na história do bom samaritano, Jesus não apenas nos ensina a ajudar pessoas em necessidade; mais profundamente, ensina-nos a não identificar quem "tem a vida eterna", quem "está com Deus" ou é "abençoado" apenas pelas aparências. É uma questão do coração. Somente ali entrelaçam-se o reino dos céus e o reino humano, seja este grande ou pequeno. Estabeleçamos a linha cultural ou social que quisermos, e Deus achará uma forma de ultrapassá-la: "O homem vê a aparência, mas o SENHOR vê o coração" (1Sm 16:7). E: "Aquilo que tem muito valor entre os homens é detestável aos olhos de Deus" (Lc 16:15).

Por que Jesus ensina dessa maneira?

Obviamente, esse método "concreto" ou contextual de ensino é bem diferente da forma como tentamos ensinar ou aprender hoje, e a diferença dificulta o nosso entendimento *preciso* daquilo que Jesus ensina. O que Cristo diz não pode ser entendido se não compreendermos o seu método de ensino; e o seu método não pode ser compreendido se não levarmos em conta certos aspectos do mundo no qual seu ensino ocorreu.

Antes de tudo, precisamos reconhecer que, na época de Jesus, o objetivo do mestre popular não era transmitir informação, mas causar uma mudança significativa na vida dos ouvintes. É claro que o processo envolvia transmitir alguma informação; contudo, é uma noção particularmente moderna que o objetivo de ensinar é levar pessoas a conhecer coisas que não terão efeito algum em sua vida.

Em nosso tempo, os aprendizes normalmente pensam de si como um tipo de recipiente, com um espaço puramente passivo a ser preenchido pela informação que o professor tem e deseja transferir — o modelo "da jarra para a caneca". Espera-se do professor que preencha as partes vazias do receptáculo com a "verdade", a qual, posteriormente, poderá ou não fazer alguma diferença na vida daquele que a recebe. O professor deve depositar a informação *dentro* do aluno. Em seguida, "testamos" os pacientes para ver se eles "entenderam", observando se são capazes de reproduzir o que aprenderam em termos de linguagem, não de conduta.

Assim, se fôssemos convidados para escutar o Sermão do Monte hoje — ou mais provavelmente a "conferência no ginásio 'x'" — apareceríamos com caderno, caneta e algum tipo de gravador. Ficaríamos surpresos se encontrássemos discípulos "apenas ouvindo" Jesus e tentaríamos encontrar alguém na multidão que estivesse gravando, certificando-se de que todos pudessem "obter uma cópia da mensagem", se quisessem.

Passando pela multidão, chegaríamos ao braço direito de Jesus, Pedro, a quem pediríamos a programação da conferência e outros materiais, abismando-nos ainda mais ao ouvir da parte dele: "Só escute!". Talvez usaríamos o celular para gravar a mensagem, gratos por pelo menos ter captado toda a informação espiritual — isto é, se a bateria não acabasse.

QUEM É REALMENTE AFORTUNADO? AS BEM-AVENTURANÇAS

A situação de mestre/aprendiz era tão diferente nos dias de Jesus, que mal podemos imaginá-la. A escrita não era incomum, mas estava fora de cogitação para alguém que tentasse "captar" o que Jesus ensinava. Ademais, o fato é que a mera transmissão de "informação" não tinha o valor de hoje.

É claro que informações relevantes para uma necessidade real sempre foram estimadas. Contudo, "aprender por aprender", como geralmente fazemos hoje no ensino médio e na universidade, seria uma prática risível — e talvez inimaginável, aliás. "Saber por saber" não fazia sucesso na época. (A propósito, hoje, qualquer pessoa reflexiva questionaria o futuro de uma sociedade cujo sistema educacional beira o colapso. Mas isso é outra história...)

Na época de Jesus, o mestre — especialmente o mestre religioso — ensinava de modo a impactar a vida do aprendiz, deixando nele uma marca indelével, sem o auxílio de notas, gravadores ou até mesmo da memorização. Qualquer mensagem que não fizesse esse tipo de diferença acabaria por não fazer diferença alguma. Ponto-final. E isso, claro, vale para as leis da mente e da autopercepção.

Recordo-me perfeitamente de onde eu estava e do que fazia quando ouvi a notícia do assassinato de John Kennedy. Eu e meu irmão Duane jogávamos basquete com outros alunos na antiga quadra da Universidade de Wisconsin-Madison. Tínhamos acabado de terminar uma partida e caminhávamos para o vestiário. Lembro-me exatamente do canto da quadra onde eu estava e para qual direção olhava no instante em que ouvi a notícia. Nunca precisei escrever sobre o acontecido, nem o memorizar. Hoje, milhões de pessoas podem fazer um relato semelhante quanto à sua própria experiência do acontecimento.

Lembramo-nos automaticamente daquilo que faz a diferença em nossa vida. O segredo do grande mestre é falar palavras e alimentar experiências que causam impacto no fluxo ativo da vida do ouvinte. Era o que Jesus fazia ao ensinar, atrelando seu ensino a acontecimentos concretos, comuns à vida dos discípulos. Ele direcionava o seu ensino ao coração e ao hábito do ouvinte, revelados em sua conduta diária.

Jesus nos surpreende ainda hoje, acompanhando-nos em nossa jornada, supondo as nossas suposições, subindo em nosso balão — e então, de modo gentil, mas firme, soltando-lhe o ar. E, quando ele o faz, não precisamos tentar "captar" seu ensino ou memorizá-lo; nossa vida é marcada por ele, quer concordemos, quer não. Com o tempo, de uma forma ou de outra, vamos aceitá-lo. Usando parábolas e incidentes, Jesus muda nossa generalização de "como o mundo funciona" e, como uma medicação em nosso organismo, produz em nós o efeito desejado. O mestre dos mestres continua a fazer sua obra.

Ora, Jesus não apenas ensinou dessa maneira, mas também nos ensinou — a nós, aprendizes do reino — a ensinar da mesma forma. O mestre nos ensinou a ensinar sobre reino dos céus ao empregar, claro, uma parábola: "Por isso, todo mestre da lei instruído quanto ao Reino dos céus é como o dono de uma casa que tira do seu tesouro coisas novas e coisas velhas" (Mt 13:52). Ao mostrar aos outros a presença do reino nos detalhes concretos de nossa existência partilhada, impactamos a vida e o coração dos ouvintes, não apenas a sua mente. E eles não terão de escrever o ensino para praticá-lo.

O VERDADEIRO PROPÓSITO DE JESUS COM AS BEM-AVENTURANÇAS

Um olhar na versão das beatitudes segundo Lucas

Munidos, agora, com o entendimento da forma como Jesus ensina, retornemos às bem-aventuranças — desta vez para a versão de Lucas, que parece mais intransigente e difícil de "embelezar" do que a versão de Mateus, e na qual "bênçãos" são acompanhadas pelos rigorosos "ais" mencionados anteriormente.

No caso de Lucas, a cena difere um pouco da que se encontra registrada em Mateus. Ao que me parece, não estamos lidando com um registro diferente do mesmo sermão, embora muitos dos tópicos apareçam em ambos.[7] Em Lucas, Jesus acabara de passar a noite nos montes, preparando-se em oração para designar 12 de seus estudantes como emissários especiais ou "apóstolos" para a história mundial.

---

[7] Não há consenso entre os eruditos se Lucas 6 fornece-nos um sermão diferente do de Mateus 5–7. Cf. PLUMMER, Alfred. *A Critical and Exegetical Commentary on the Gospel According to St. Luke* [Comentário crítico-exegético do Evangelho segundo Lucas]. Edimburgo: T. & T. Clark, 1964, p. 176 ss., que oferece um resumo das muitas posições acerca do relacionamento entre as duas passagens.

QUEM É REALMENTE AFORTUNADO? AS BEM-AVENTURANÇAS

Logo pela manhã, Jesus chama para si e nomeia os 12 "vencedores". Então, eles se dirigem juntos a uma planície, onde "uma imensa multidão procedente de toda a Judeia, de Jerusalém e do litoral de Tiro e Sidom" viera "para ouvi-lo e serem curados de suas doenças [...] e todos procuravam tocar nele, porque dele saía poder que curava todos" (6:17-19).

Nesse contexto familiar, Jesus se volta para os discípulos e classifica quatro grupos de pessoas que são abençoadas *no momento em que* a provisão celestial de Deus lhes sobreveio:

O pobre.

O faminto.

O abatido.

O odiado e ferido por sua associação com Jesus.

Reitero: trata-se precisamente do tipo de pessoa que compunha a multidão que o cercava. Seria realmente difícil fazer essa gente parecer boa. Estou para encontrar alguém que tentaria traduzir a primeira bem-aventurança de Lucas como: "Bem-aventurados os que pensam que são pobres". Mesmo assim, naturalmente houve muitos, conforme demonstrado na história da Igreja, que ensinaram que a pobreza, a miséria e o martírio são condições meritórias, as quais, de alguma maneira, tornam alguém santo e justificam a bem-aventurança de Deus.

Ao longo da história, porém, não podemos nos esquecer de que houve multidões de pobres, famintos e abatidos cujo estado permaneceu tão ímpio quanto o próprio pecado — a despeito da compaixão que lhes foi devotada. Também houve muitos que, devido ao sofrimento por sua associação com Jesus, rejeitaram-no e encheram sua vida de amargura contra Deus e os homens. Eles são tudo, menos abençoados.

Todos sabemos de casos assim. "Ainda que eu dê aos pobres tudo o que possuo", ressalta Paulo, "e entregue o meu corpo para ser queimado, se não tiver amor, nada disso me valerá". Assim, seja qual for a lição das bem-aventuranças, o objetivo não é declarar condições que garantem a aprovação, a salvação ou a bênção de Deus.

Semelhantemente, a menos que tenhamos um círculo extremamente restrito de relações, todos conhecemos pessoas que agradam a

Deus e têm a sua bênção *sem* ser pobres, famintas, aflitas ou persegui-das. Elas confiam em Jesus de todo o coração e servem o próximo em seu nome. Seu coração está cheio de paz e regozijo em sua fé, e elas fazem "justiça, amam a misericórdia e andam em humildade para com o seu Deus". Somente aqueles que estão cegos por ideias precon-cebidas continuam a insistir na necessidade de pertencer a essa lista de "bem-aventurados" como forma de viver sob a bênção de Deus.

Bem-aventuranças como proclamação do reino

O que, então, Jesus nos ensina com as bem-aventuranças? Como devemos viver em resposta a elas? Foi essa a pergunta que fizemos no início do capítulo, e agora é hora de respondê-la.

Já indicamos a chave para entender as bem-aventuranças. Elas servem para esclarecer a mensagem fundamental de Jesus: a dis-ponibilidade graciosa do governo e da justiça de Deus para toda a humanidade por intermédio da confiança no próprio Jesus, aquele que está solto no mundo entre nós. Elas cumprem esse propósito ao selecionar aqueles que, do ponto de vista humano, são considerados como os mais perdidos, além da possibilidade da bênção ou sequer do interesse de Deus, e exibindo-os como aqueles que estão usu-fruindo do toque celestial e da provisão abundante de Deus.

Tal cuidado e provisão divinos demonstram a todos que nenhu-ma condição humana exclui a bem-aventurança; demonstram também que Deus pode ir ao auxílio de qualquer pessoa com seu cuidado e livramento. Às vezes, Deus ajuda aqueles que não podem se autoajudar — ou sequer desejam fazê-lo. (Mais uma generaliza-ção bem conhecida. Basta!) O sistema religioso do tempo de Jesus deixava multidões do lado de fora, mas ele as recebia em seu reino. A porta estava aberta a qualquer um. Ainda está. Eis o evangelho das bem-aventuranças.

Apenas olhe para a lista dos "excluídos", dos "espezinhados, des-prezados e traídos". É interessante notar que os compositores Paul Simon e Art Garfunkel entenderam, em sua antiga música, a ideia central de Jesus, enquanto muitos de nós, "escribas", não. Uma vez que já consideramos os falidos e privados espirituais, passemos aos que choram.

Lucas se refere a eles como "vocês, que agora choram" (6:21): homens e mulheres cujo cônjuge os largou, deixando-os paralisados pela rejeição, por exemplo; um pai repleto de tristeza e angústia pela morte de uma filha pequena; pessoas em fim de carreira que perderam o emprego, o negócio ou as economias por causa de um "revés econômico" ou pela restruturação da empresa para a qual se dedicaram. Tantas coisas para quebrar o coração! À medida, porém, que veem o reino em Jesus, entram no reino e aprendem a viver nele, encontram consolo e suas lágrimas se transformam em alegria. Sim, elas passam a uma condição ainda melhor do que antes de seu desastre particular.

Em seguida, Jesus fala dos mansos. (Bem-aventurados os mansos, porque eles herdarão a terra" [Mt 5:5].) Esses são os tímidos, os intimidados, os gentis, os hesitantes. O manso é aquele que sai da calçada para outros passarem, como se fosse o gesto mais natural e correto a ser feito; e, se algo dá errado perto de si, é automático: ele sente que parte da culpa pode ser sua. Quando outros se posicionam contra o manso e fazem exigências, ele se retrai; suas cordas vocais se movem, mas não produzem nenhum som. A menos que se sinta encurralado, o manso não defende o seu direito legítimo e, quando o faz, geralmente é com um tipo de raiva ineficaz. Mas, à medida que o reino dos céus o envolve, o manso percebe que toda a terra pertence ao seu Pai — e a ele, segundo a sua necessidade. O Senhor é o pastor do manso, e nada lhe faltará.

Em seguida, há aqueles que ardem com um desejo intenso para que a maldade seja desfeita. ("Bem-aventurados os que têm fome e sede de justiça, porque eles serão fartos" [Mt 5:5].) Pode ser que o mal esteja neles. Talvez tenham falhado de tal modo, que noite e dia se retraem diante do próprio pecado e clamam em seu interior para ser purificados. Ou pode ser que foram severamente prejudicados, sofreram alguma injustiça terrível e são consumidos por seu anseio de ver o dano reparado — como os pais que ouvem dizer que o assassino de seu filho foi liberto rapidamente da prisão e está rindo deles. O reino dos céus tem uma química capaz de transformar até mesmo o passado, fazendo perdas terríveis e irreversíveis que o ser humano experimenta parecerem insignificantes perante a grandeza

A CONSPIRAÇÃO DIVINA

de Deus. Jesus restaura a nossa alma e nos completa com a bondade proveniente da justiça.

Misericordiosos também estão na lista. ("Bem-aventurados os misericordiosos, porque eles alcançarão misericórdia" [Mt 5:7].) Obviamente, o sábio segundo os padrões do mundo dirá: "Ai do misericordioso, pois alguém o usará"). Fora do governo celestial, nada é mais verdadeiro. Meus pais faliram e perderam seu negócio de roupas no início da década de 1930, pouco antes de eu nascer. Naquela época, os Estados Unidos enfrentavam a Grande Depressão, porém meu pai e minha mãe simplesmente não conseguiam cobrar as pessoas pelo que deviam. A roupa era vendida "a crédito", mesmo quando estava claro que o pagamento não aconteceria.

Uma história de família, sem dúvida. O misericordioso é sempre desprezado por aqueles que sabem como "gerir o negócio". Todavia, fora da ordem humana, o misericordioso encontra, sob a profusão imensa da bondade celestial, a misericórdia necessária para suprir as próprias necessidades, muito além de qualquer "reivindicação" que possam fazer a Deus.

E então há os puros de coração, aqueles para os quais nada e ninguém é bom o suficiente, incluindo a si mesmos. ("Bem-aventurados os limpos de coração, porque eles verão a Deus" [Mt 5:8].) São os perfeccionistas — espinho na carne de todo mundo, principalmente a sua própria carne. Na fé cristã, certamente encontram erros na doutrina, na prática e talvez no coração e na atitude de *alguém*. São duros até consigo mesmos, reavaliando o tempo todo a própria motivação. Perfeccionistas queriam que Jesus lavasse as mãos mesmo que estivessem limpas; além disso, chamavam-no de "glutão" e "beberrão".

Seu alimento nunca foi cozido da forma correta; nunca estão satisfeitos com sua vestimenta e com seu cabelo. Os perfeccionistas podem apontar o que está errado com tudo. Que gente infeliz! Entretanto, o reino está aberto até mesmo para eles, e lá encontrarão algo que finalmente satisfará o seu coração puro. *Eles verão a Deus* e, ao verem-no, descobrirão o que estavam procurando: alguém que é bom o suficiente.

Não podemos nos esquecer dos pacificadores. ("Bem-aventurados os pacificadores, porque eles serão chamados filhos de

Deus" [Mt 5:9].) Os pacificadores compõem a lista porque, fora do reino, eles são, segundo se diz, "chamados de tudo, *menos* de filhos de Deus". A razão é porque o pacificador está sempre no meio. Pergunte ao policial que é chamado a intermediar uma disputa doméstica. Não existe situação mais perigosa. Nenhum dos lados confia nele. Por saberem que o policial está considerando as duas partes, não está do lado de um e nem de outro.

Sob o governo de Deus, porém, há o reconhecimento de que, levando o bem aos que estão errados (geralmente ambos os lados estão), você demonstra traços da família de Deus, já que o Altíssimo "é benigno até para com os ingratos e maus" (Lc 6:35). O pacificador lida precisamente com os ingratos e os maus, como qualquer que tenha tentando apaziguar duas partes sabe muito bem.

E então, temos aqueles que são atacados por se posicionarem pelo que é justo. ("Bem-aventurados os que sofrem perseguição por causa da justiça, porque deles é o Reino dos céus" [Mt 5:10].) Não se trata de gente perseguida momentaneamente, e sim daquela pessoa cuja vida é arruinada ou que acaba morta, apenas por se recusar a concordar com o erro.

Às vezes, as leis são passadas para proteger o denunciante em certos casos; mas o que a lei pode oferecer não faz jus ao dano normalmente causado. Boa parte do que está errado nas relações humanas simplesmente não pode ser resolvida com a lei. É uma posição extremamente desconfortável. Contudo, também o perseguido pela justiça pode ser tomado pelo reino dos céus; e isso será o suficiente para que usufrua de uma vida abençoada. Ele experimenta uma segurança inabalável, segundo a qual sabe que não pode sofrer nenhum dano.

Por fim, vemos aqueles que são insultados, perseguidos e maltratados por terem "perdido o juízo e se metido com este tal Jesus". Sem dúvida, os discípulos eram vistos dessa maneira. "Eles realmente acham que esse carpinteiro de uma cidadezinha qualquer foi enviado para salvar o mundo!". É quase impossível a qualquer que não tenha recebido esse tipo de tratamento entender o quanto ele é degradante.

Do ponto de vista humano, essa pode ser a posição mais distante da bênção de Deus, uma vez que você está, aos olhos da sociedade ao redor, precisamente ofendendo a Deus. Assim, ao matarem-no, pensam estar fazendo um favor para Deus (Jo 16:2). Todavia, Jesus diz: pule de alegria quando isso acontecer, pois você sabe que, mesmo agora, tem uma recompensa imperecível no mundo de Deus, nos céus. Sua reputação é elevada perante Deus Pai e sua família eterna, cujo companheirismo, amor e recursos pertencem à sua herança, desde agora e para sempre.

Às vezes, dizem-me que a leitura das bem-aventuranças que acabei de fornecer funciona bem para todas elas, exceto em relação aos que têm fome e sede de justiça e aos puros de coração. Mas, se a antiga interpretação "arquitetada" ou legalista estiver errada, o erro inclui essas duas também. É extremamente improvável que Jesus seguisse em uma direção em relação a todas as bem-aventuranças e então revertesse seu argumento somente para essas duas. Ademais, creio que a leitura que forneço para essas duas bem-aventuranças é inerentemente aceitável, uma vez que consideramos as várias traduções permitidas para termos como *dikaiosunen* (v. 6) e *hoi katharoi te kardia* (v. 8).

Bem-aventuranças sob o ministério pessoal de Jesus

Ao proclamar "bem-aventurados" aqueles que na ordem humana são tidos por "desesperados" — e ao pronunciar os "ais" aos seres humanos tidos por felizes —, Jesus abre o reino dos céus para todos.

Duas outras cenas conhecidas da vida de Jesus interligam as bem-aventuranças à sua vida e ao seu ministério.

A primeira é sua visita a Nazaré, cidade onde fora criado, em meio à onda de popularidade que saudou a sua entrada para a vida pública. Sua fama crescente o havia precedido. No sábado, entrando na sinagoga, Jesus manifestou o seu desejo de ler e comentar uma passagem bíblica, segundo o costume da época.

Jesus leu um trecho do profeta Isaías: "O Espírito do Senhor está sobre mim, porque ele me ungiu para pregar boas novas aos pobres. Ele me enviou para proclamar liberdade aos presos e recuperação da vista aos cegos, para libertar os oprimidos e proclamar o ano da graça do Senhor" (Lc 4:18-19). Em seguida, fez saber aos concidadãos de Nazaré que ele mesmo era aquele referido pelo profeta, aquele por meio do qual a bênção lhes sobreviria.

QUEM É REALMENTE AFORTUNADO? AS BEM-AVENTURANÇAS

A resposta dos nazarenos foi violenta. Eles tentaram matá-lo por terem entendido claramente que ele reivindicava ser o líder ungido por Deus, enquanto sabiam que Jesus não passava do "filho de José", o carpinteiro, que trabalhara como assalariado para muitos dos que ali estavam presentes.

Repare, porém, na lista falada por Jesus ao ler as palavras do profeta: pobres, cativos, cegos e oprimidos. Trata-se claramente do mesmo tipo de lista encontrado nas bem-aventuranças de Mateus e de Lucas. A lista é composta por pessoas que, mesmo consideradas uma "causa perdida" do ponto de vista humano, vieram a experimentar, nas mãos de Jesus, a bênção do reino dos céus.

A segunda cena ocorre posteriormente no ministério de Jesus. João Batista já estava na prisão há algum tempo, mas acompanhava o ministério de Jesus a partir de sua cela. Por todo o seu ministério, a compreensão de João com respeito a Jesus foi sempre muito limitada. Sua tarefa não era compreendê-lo. Entretanto, João começou a ficar cada vez mais preocupado quando percebeu que Jesus não fez o que qualquer Messias vigoroso faria: assumir o governo da época e consertar o mundo. Assim, finalmente ele envia os próprios discípulos para lhe perguntar diretamente se ele, Jesus, era aquele que estava por vir, o ungido, ou se deveriam esperar por outro.

Jesus instruiu os discípulos de João a somente reportar o que viram e ouviram ao seu redor: "os cegos veem, os coxos andam, os leprosos são purificados, os surdos ouvem, os mortos são ressuscitados e aos pobres está sendo pregado o evangelho". Então complementou, usando a linguagem das bem-aventuranças: "E bem-aventurado é aquele que não achar em mim motivo de tropeço" (Mt 11:4-6, ARA).

A palavra traduzida no texto por "bem-aventurado", *makarios*, é a mesma usada em Mateus 5 e Lucas 6. Refere-se ao maior estado possível de felicidade atingido pelo ser humano, mas também é um termo que os gregos usavam para o tipo de existência jubilosa característica dos deuses. Ainda mais importante, porém, é reparar na lista de "casos perdidos" que são abençoados pela suficiência de Deus, capaz de supri-los em sua necessidade abismal. O ministério pessoal de Jesus, a partir de seu reino presente, traz a essas pessoas a bem-aventurança.

A CONSPIRAÇÃO DIVINA

De fato, tal transformação de *status* para o desamparado, para o humanamente desesperançado, ao ser alcançado pela mão de Deus em sua situação é, possivelmente, o mais difundido tema no texto bíblico. Sem dúvida, é um componente importantíssimo da grande inversão, discutida no capítulo anterior.

Algumas das passagens mais importantes enfatizando a transformação do *status* sob o governo de Deus são o "cântico de Moisés e de Miriã", em Êxodo 15; a oração de Ana, em 1Samuel 2; a história de Davi e Golias, em 1Samuel 17; a oração de Josafá, na batalha de 2Crônicas 20; e o "magnificat" de Maria, em Lucas 1. Os Salmos 34, 37, 107 e outros celebram o tema da mão de Deus, elevando aqueles que estão abatidos e abatendo os que, em termos humanos, são elevados. O reinado de Deus sobre toda a vida é a boa notícia da Bíblia inteira: "Como são belos nos montes os pés daqueles que anunciam boas novas, que proclamam a paz, que trazem boas notícias, que proclamam salvação, que dizem a Sião: 'O seu Deus reina!'" (Is 52:7).

É precisamente essa inversão divinamente fundamentada que Jesus expressa ao repetir diversas vezes a reversão de "primeiros" e "últimos". Sem dúvida, a resposta inicial da maioria de nós ao escutar sobre o cuidado pessoal de Deus é que ele assegurará os diversos projetos que elaboramos em nosso coração. Na cena da história do "jovem rico" discutida anteriormente, Pedro aponta a Jesus que ele e os outros discípulos haviam, ao contrário daquele jovem rico, deixado tudo para segui-lo. "Que será de nós?", o apóstolo queria saber.

Jesus respondeu que os discípulos seriam recompensados nesta vida muitas vezes mais por todo o seu sacrifício e receberiam a vida eterna no mundo por vir. "Contudo", acrescentou, "muitos primeiros serão últimos, e os últimos serão primeiros" (Mc 10:31). Jesus sabia que muito do que Pedro e outros tinham como importante não era, na verdade, tão importante assim; também sabia que aquilo que eles pensavam não ter importância geralmente tinha muito valor perante Deus. O pensamento dos discípulos teria de ser retreinado antes que eles pudessem entender a sua "recompensa" por terem deixado tudo para segui-lo. Assim, Jesus acrescenta sua fórmula "invertida" para ajudá-los a continuar refletindo sobre o assunto.

Em geral, muitos que são tidos por benditos ou "primeiros" em termos humanos são miseráveis ou "últimos" aos olhos de Deus, enquanto muitos que são considerados malditos ou "últimos" em termos humanos podem ser abençoados ou os "primeiros" aos olhos de Deus, à medida que confiam no reino de Jesus. Muitos, mas não necessariamente *todos*. As bem-aventuranças são listas de "últimos" dentre os seres humanos que, ao toque individualizado dos céus, tornaram-se os "primeiros" em termos divinos. O evangelho do reino é que ninguém está além da bem-aventurança, visto que o governo de Deus nos céus está disponível a todos. Qualquer um pode alcançá-lo, e ele pode alcançar qualquer um. Agimos apropriadamente com relação às bem-aventuranças de Jesus ao viver a verdade desses fatos, aplicando-os para nós e para outros.

TORNANDO A MENSAGEM PESSOAL PARA NÓS

E quanto à sua lista de bem-aventurados?

Você está realmente andando na boa notícia do reino se puder, com confiança, ir a qualquer das pessoas desesperadas ao seu redor e transmitir, sem qualquer esforço, a segurança de que ela pode fazer parte de uma vida abençoada com Deus.

Quem comporia a sua lista de "benditos desesperançados", conforme encontrados no mundo de hoje? Certamente, todos na lista de Jesus, pois, embora a lista seja apenas ilustrativa, também é atemporal. Contudo, podemos, seguindo a liderança do mestre, concretizar o evangelho ainda mais para aqueles que estão ao nosso redor? Quem você consideraria o mais desafortunado atualmente?

Salvação para a nossa tolice?

Consideremos, antes de tudo, que existe um lado tolo na pergunta, o qual repentinamente se demonstra sombrio. Se você reparar na publicidade e em acontecimentos correntes nos jornais e em outras mídias — aquilo com o que você se depara, por exemplo, nos caixas de supermercado, nas bancas de jornal, nas livrarias, no rádio

A CONSPIRAÇÃO DIVINA

e na televisão — concluirá que as pessoas mais desafortunadas do mundo de hoje são as que sofrem de obesidade, deformação, calvície ou velhice; as que são pouco atraentes ou não se envolvem incansavelmente em casos amorosos ou sexuais; ou as que não praticam exercício físico ou não andam na moda.

A triste verdade é que muitas das pessoas ao nosso redor, especialmente na adolescência ou no início da fase adulta, sucumbem a uma vida em que ser magro e andar em forma, ter um cabelo "glorioso", aparentar jovialidade etc. são os únicos termos de "bem-aventurança" e os "ais" para a sua existência. É tudo o que sabem. Não escutaram mais nada. Hoje, muitos realmente se encontram nessa posição.

A julgar por a que elas dedicam tempo e esforço, percebemos que, para pessoas assim, ser gordo, ter pouco cabelo ou pele ruim, ficar enrugado ou flácido é motivo de autocondenação incondicional. Parece tolice, mas o fato é que, para os que se deixam levar pela mensagem veiculada hoje em dia, seu estado está além dos limites da aceitabilidade humana. Dizer-lhes: "que bobagem a sua!" não é exatamente levar-lhes a boa nova do reino de Jesus.

Antes, Jesus fez questão de, em seu ensino, enfatizar a beleza natural de todo ser humano. Jesus chama atenção para o fato de como a pessoa mais gloriosa que você conhece ("Salomão em todo o seu esplendor") não é tão bela quanto uma simples flor do campo. Apenas posicione as belas flores ao lado de qualquer indivíduo presente na festa de inauguração de um presidente eleito, ou de alguém presente na entrega do Oscar, e você perceberá. Mas a vida abundante do reino, fluindo através de nós, torna-nos ainda mais belos do que as flores: "Ora, se Deus adorna a flor do campo, que hoje existe e amanhã é lançada no fogo, não fará ainda mais por vocês? Pessoas de fé minúscula!" (Mt 6:30).

Esse é o evangelho para um mundo tolo: ainda mais necessário pelo fato de a tolice ter se tornado para tantos matéria de vida ou morte. A propósito: o pecado é uma tolice. Se o reino não nos alcançasse em nossa absurdidade, quem *seria* salvo? Não precisamos afundar na perdição para encontrar redenção.

Dessa maneira, devemos perceber que:

Bem-aventurados os fisicamente repulsivos.
Bem-aventurados os que cheiram mal.
Bem-aventurados os estranhos, os deformados.
Bem-aventurados os que são grandes demais,
pequenos demais.
Bem-aventurados os que falam alto demais.
Bem-aventurados os calvos, os gordos, os idosos...
Pois todos eles são profusamente celebrados na festa de Jesus.

Salvação para o lado mais sério

Mas também existem os que "realmente" sofrem: os reprovados, fracassados, esgotados; os falidos e aflitos; viciados e divorciados; aidéticos e herpéticos; deficientes mentais e doentes terminais; estéreis e grávidas de filhos indesejados; os que trabalham demais, trabalham pouco e os desempregados; os enganados, empurrados para o lado, substituídos; pais com filhos vivendo na rua, filhos com pais que definham na casa de "repouso"; os solitários, incompetentes, ignorantes; os emocionalmente carentes ou emocionalmente mortos; e assim por diante. É verdade que "não há tristeza alguma na Terra que os céus não podem curar?".[8] Sim, é verdade! Trata-se precisamente da disponibilidade do evangelho celestial, que nos sobrevêm pelas bem-aventuranças. E você não precisa esperar até a morte. Jesus oferece a todo tipo de gente a bênção presente de um reino presente, a despeito das circunstâncias. A condição de vida buscada pelo ser humano ao longo dos séculos é alcançada na amizade gentil e transformadora de Jesus.

Salvação para o imoral

Mesmo os moralmente fracassados são recebidos por Deus à medida que passam a confiar em Jesus e a fazer dele seu companheiro no reino: homicidas e pedófilos; violentos e intolerantes; traficantes de drogas e viciados em pornografia; criminosos de guerra e sadistas; terroristas

---

[8]"Vinde, vós os desolados", hino 327 do *Modern Hymnal* [Hinário moderno] (Dallas: Broadman, 1926).

e pervertidos; imorais e ilicitamente ricos; assassinos notórios, como David Berkowitz ("filho de Sam") e Jeffrey Dahmers, e líderes inescrupulosos, como o coronel panamenho Noriega Moreno.

Há momentos em que nos identificamos com os contemporâneos de Jesus quando o atacavam, dizendo: "Este homem trata bem os pecadores e até come com eles!". Às vezes, sinto como se não desejasse que o reino estivesse aberto a pessoas assim. Mas ele está. Esse é o coração de Deus. Além do mais, como Jonas aprendeu a partir de sua experiência de pregação aos ímpios ninivitas, Deus não pode ser reduzido à nossa estatura.

Em sua primeira carta à igreja de Corinto, Paulo fornece uma lista abrangente daqueles que, persistindo em sua maldade, não podem "herdar o reino": "nem imorais, nem idólatras, nem adúlteros, nem homossexuais passivos ou ativos, nem ladrões, nem avarentos, nem alcoólatras, nem caluniadores, nem trapaceiros herdarão o Reino de Deus". Então, o apóstolo acrescenta: "Assim foram alguns de vocês. Mas vocês foram lavados, foram santificados, foram justificados no nome do Senhor Jesus Cristo e no Espírito de nosso Deus" (1Co 6:10).

Se eu, pecador em processo de transformação, aceito a boa notícia de Jesus, então posso ir ao assassino em série e dizer: "Você pode ser abençoado no reino dos céus. Nele, há perdão ilimitado". Posso fazer o mesmo com o pederasta, o incestuoso e o satanista; com o que rouba idosos e se aproveita dos fracos; com o desonesto e o mentiroso, o extorsivo e o vingativo. A todos que se refugiam nos braços do Reino Entre Nós: bem-aventurado, bem-aventurado, bem-aventurado! [Cf. Sl 2:12].

Esse é o povo improvável de Deus. No meio dele, uma Corrie Ten Boom estende a mão para o nazista que matou membros de sua família. A cena é estritamente não-deste-mundo. Qualquer congregação espiritualmente saudável de fiéis em Jesus se assemelhará mais ou menos a esses "tições tirados do fogo". Se o grupo é composto de gente totalmente boazinha, certamente é sinal de que algo está errado. Afinal, em meio aos alunos de Jesus, encontram-se os que para o mundo são loucos e fracos, insignificantes e desprezados, aos quais Deus escolheu para anular os que são, em termos humanos, grandes (1Co 1:26-31; 6).

Entre o povo de Deus, existem alguns que de fato são humanamente sábios e influentes, pertencentes à elite social. O reino também lhes pertence. Deus não se incomoda com a presença deles. Mas as bem-aventuranças não representam sequer uma lista de gigantes espirituais. Normalmente, você discernirá uma nobreza e glória particular entre os "benditos". Mas essas marcas não provêm deles. Antes, são o brilho do reino entre eles.

Eles compõem o sal da terra e a luz do mundo

Dirigindo-se às pessoas comuns, "às multidões" que por meio de Cristo encontraram a bênção no reino, Jesus lhes diz que são elas, não os "melhores e mais inteligentes" na escala humana, que devem tornar a vida na terra aceitável enquanto vivem à luz do reino (Mt 5:13-16). Deus lhes dá "luz" — verdade, amor e poder — para que iluminem o ambiente onde estiverem. Ele as torna "sal" para purificar, preservar e dar sabor aos tempos em que vivem.

São essas pessoas "pequenas", sem qualquer caráter ou qualificação tida por necessária entre os seres humanos, as únicas que podem realmente fazer o mundo funcionar. É o estado delas que determina o caráter de cada época e lugar. Deus lhes dá determinado brilho, tal como alguém acende uma lâmpada para irradiar todos na casa. Por isso, Jesus diz àqueles aos quais tocou: "Assim brilhe a luz de vocês diante dos homens, para que vejam as suas boas obras e glorifiquem ao Pai de vocês, que está nos céus" (Mt 5:16).

A obliteração completa de distinções sociais e culturais como *base* para a vida sob o governo de Deus foi claramente entendida por Paulo como aspecto essencial à presença de Jesus em seu povo. Significa nada menos do que *um novo tipo de humanidade*, a "semente de Abraão". Aqueles que, na linguagem de Paulo, "revestiram-se de Cristo", ignoram distinções entre judeu e grego, escravo e livre, homem e mulher. Se eles "pertencem a Cristo", herdaram a vida no reino, assim como Abraão a herdou por meio de sua fé (Gl 3).

Em uma declaração paralela aos discípulos em Colossos, Paulo diz que, na nova humanidade, cujo conhecimento da realidade se conforma ao ponto de vista de seu Criador, não há distinção entre grego e judeu, entre circunciso e incircunciso, bárbaro e cita, escravo ou livre; pois o Cristo em cada um é a única coisa que importa (Cl 3:10-11).

A inclusão do "bárbaro cita" nessa passagem de Colossenses é instrutiva e deve ser entendida como referência ao tipo mais inferior de humanidade. O cita era o bárbaro dos bárbaros, tido por um completo e brutal selvagem — em grande medida porque, de fato, era. Todavia: "bem-aventurados os citas". O cita é tão passível de bênção no reino quanto o judeu ou o grego mais educado.

A política de Paulo com respeito à comunidade redentora simplesmente seguia o evangelho das bem-aventuranças. O apóstolo se recusava a basear qualquer coisa referente à excelência da fala, ao entendimento e à cultura *como conquistas do ser humano*. Antes, na edificação da obra de Deus, Paulo excluía tudo da nova humanidade, com exceção daquilo que vinha de Jesus, de sua crucificação e além: "Pois decidi nada saber entre vocês, a não ser Jesus Cristo, e este, crucificado" (1Co 2:2). Ou, conforme nossa paráfrase de 2Coríntios 5:16-17: "De agora em diante, desconsideramos toda distinção comum entre as pessoas; e mesmo que tenhamos considerado Cristo em termos humanos, agora já não o consideramos assim. Portanto, se alguém está 'em Cristo', é um novo tipo de criação. As categorias antigas caem por terra, e o indivíduo emerge em uma nova ordem".

Certamente, essa é uma perspectiva radical e revolucionária. Ela explica a razão pela qual Jesus, ao completar sua declaração de "bem-aventurados" e do governo de Deus, acha necessário advertir: "Não pensem que vim abolir a Lei ou os Profetas" (Mt 5:17) — isto é, abolir toda a ordem estabelecida, algo que estava deixando seus ouvintes apreensivos.

Obviamente, ele tinha de esclarecer esse ponto, já que seus ouvintes estavam pensando *exatamente isso*! Eles não podiam imaginar outra coisa! Os que escutavam Jesus estavam certos de não estarem ouvindo apenas mais uma lista impotente de legalismos, por mais belos que fossem; eles ouviam um mundo de cabeça para baixo sendo reposicionado do lado certo.

A Lei e os Profetas haviam sido distorcidos para autorizar uma ordem social opressora, ainda que religiosa, que colocava seres humanos com vantagem — os ricos, os instruídos, os "bem-nascidos", os populares, os poderosos etc. — em posse de Deus. A proclamação de Jesus claramente os expulsou de sua posição privilegiada e elevou pessoas comuns, sem qualificação humana, à comunhão divina pela fé nele.

Trata-se de uma mensagem poderosa, capaz de confundir por completo um povo simples, cuja existência era marcada pelo trabalho árduo e cujo entendimento não concebia outra ordem além daquela que lhe fora imposta por especialistas religiosos que, com zelo, defendiam os próprios privilégios. Dessa forma, Jesus os adverte a respeitar a lei — a cumpri-la, não a aboli-la — enquanto, de Mateus 5:20 em diante, prossegue para explicar o que a lei realmente significa para a vida humana sob o governo de Deus. Exatamente como os ouvintes devem respeitar a lei e ir além da justiça dos escribas e fariseus é o que veremos no próximo capítulo.

5

A justiça e o coração do reino:

além da bondade de escribas e fariseus

Nenhuma árvore boa produz mau fruto, e nenhuma árvore má produz bom fruto. [...] O homem bom, da bondade entesourada em seu coração, produz o que é bom.

Lucas 6:43-45

O mandamento *Sede perfeitos* não é um palavreado idealista, tampouco é uma ordem de fazer algo impossível, pois ele [Jesus] vai nos transformar em criaturas capazes de obedecer a esse mandamento.

C. S. Lewis, *Cristianismo puro e simples*

MESTRE DO ENTENDIMENTO MORAL

Ao lidar com maldade e bondade morais, Jesus não começa pela teoria. Antes, vai logo ao ponto (Mt 5:21-44), às entranhas da existência humana: raiva incontrolável, desprezo, ódio, cobiça obsessiva, divórcio, manipulação verbal, vingança, humilhação pública, palavra de maldição, coerção e mendicância. As novelas e as notícias de jornal são compostas por essas coisas — é o material da vida real.

Jesus adota essa abordagem concreta porque o seu objetivo é levar pessoas a ser boas, não apenas falar sobre o assunto. Ele realmente sabe como trabalhar para que as pessoas sejam boas, de modo que aplica o seu conhecimento à vida como ela é, e não a alguma versão intelectualizada e santificada da existência humana.

Jesus sabe que as pessoas anseiam profundamente ser boas, embora não saibam como alcançar essa condição. Ninguém deseja fazer o mal pelo mal; infelizmente, apenas o julgamos "necessário". Queremos fazer o bem, mas estamos prontos para fazer o mal, e, para isso, armamo-nos com longas justificativas.

John Milton estava correto ao colocar as seguintes palavras na boca de Satanás: "Mal, sejas tu o meu bem". O Diabo pode se apropriar do mal como seu objetivo direto e definitivo, apenas como oposição a Deus. Essas palavras são verdadeiramente demoníacas, e não humanas. Em contrapartida, durante a escola dominical, uma menina expressou bem a ambiguidade humana. Questionada sobre o que é uma mentira, ela respondeu: "Mentira é uma abominação para Deus e um socorro bem presente em tempos de tribulação".

Tendo ilustrado concretamente, em situações de realismo sórdido (Mt 5:20-44), o que é ser uma pessoa realmente boa — alguém que encontrou o reino e vive de acordo com os caminhos do reino —, Jesus dá continuidade ao seu argumento, fornecendo uma imagem geral do cumprimento moral e da beleza do reino dos céus. O cumprimento do reino é o amor sincero para com todos, incluindo aqueles que se alegrariam em vê-lo morto. Esse amor não consiste em atos e projetos, mas em uma esfera de visão, alegria e amor em que passamos a habitar. É o mesmo amor experimentado por Deus (Mt 5:45-48). Devemos ser "perfeitos" ou completos, *da mesma forma como* o nosso Pai, que está nos céus, é perfeito e completo.

Desse modo, no espaço de poucas palavras, Jesus passa de uma realidade penetrante e específica para a abrangência da teoria — uma teoria moral de grande força, trabalhada por cristãos de séculos posteriores, como Agostinho, Tomás de Aquino, John Wesley e Dietrich Bonhoeffer. No entanto, ele nunca perde de vista o contexto da vida real em que a teoria deve se traduzir em ação. Afinal, seu objetivo não é fornecer uma teoria — outros podem desenvolvê-la —, e sim começar um movimento histórico.

Entendimento moral profundamente histórico

O que Jesus disse sobre a bondade e a maldade humana foi de profundidade, poder e justificativa suficientes para dominar a cultura europeia e suas ramificações por 2 mil anos. Ninguém teria qualquer ideia do que seria a "Europa" e o "Ocidente" sem Jesus e suas palavras. O historiador W. E. H. Lecky descreve o ensino de Cristo como "instrumento que, para o bem ou para o mal, serviu da mais poderosa alavanca moral já aplicada aos assuntos da humanidade".[1]

O historiador contemporâneo Michael Grant comenta:

> A figura mais poderosa não apenas na história da religião, mas na história do mundo como um todo é Jesus Cristo: criador de uma das pouquíssimas revoluções que perduraram. Milhões de homens e mulheres, século após século, descobriram sua vida e ensino de extrema importância e comoção. E há ampla razão [...] neste fim de século XX pela qual essa tendência deve continuar.[2]

---

[1]LECKY, W. E. H. *History of European Morals from Augustus to Charlemagne* [História da moral europeia: de Agostinho a Carlos Magno]. 3. ed. Revisada. Nova Iorque: D. Appleton, 1916, p. 338.

[2]GRANT, Michael. *Jesus: An Historian's Review of the Gospels* [Um historiador analisa os Evangelhos]. Nova Iorque: Charles Scribner's Sons, 1977, p. 1.

Friedrich Nietzsche é normalmente visto como um opositor ferrenho de Jesus. Contudo, Nietzsche via claramente o papel de Cristo na civilização em que ele mesmo havia nascido. O filósofo também entendia que o mundo moderno havia rompido com seu fundamento cristão de bondade moral, e que, como resultado, ocorreriam mudanças cataclísmicas. Elas vieram e continuarão a vir.

No mundo ocidental, faz cerca de duzentos anos que esses "pensadores avançados", assim chamados pelo bispo Butler em nosso capítulo anterior, tentam secularizar a natureza e o intelecto humanos, livrando-os de qualquer dependência de Jesus e seu ensino como base para o entendimento e a prática moral.

Figuras importantes, que se autodenominavam profundamente cristãs — como Immanuel Kant e G. F. W. Hegel —, exerceram um papel de destaque nesse esforço. Desenvolveram uma versão do cristianismo que, ironicamente, sequer exigia a existência de Jesus. Eles sinceramente pensavam que isso lhes serviria de vantagem para o seu trabalho.

Segundo esses filósofos, a *essência* do que Jesus ensinava estava contida na racionalidade humana como tal. Hoje, o mais provável é que, segundo diriam, estivesse contida na "busca humana por significado e propósito". Aparentemente, o entendimento moral pode ser estabelecido por meio da análise e da experiência humana, independentemente de qualquer tradição histórica. No entanto, a tentativa histórica de conceber uma moralidade à luz de recursos meramente humanos provou-se falha. Falaremos mais a esse respeito no final deste capítulo.

A palestra no monte

Antes, porém, de nos voltarmos diretamente à figura poderosa da essência do reino em Mateus 5, precisamos tirar alguns equívocos do caminho.

Aquilo que chamamos de "Sermão do Monte" (Mt 5–7) deve ser realmente lido como um sermão, como um discurso unificado. Certamente, não é o que chamaríamos de "pregação" hoje em dia; tampouco foi dado literalmente na reclusão de uma montanha. Não é uma "lição de moral", e seu ensino é denso demais para funcionar

A CONSPIRAÇÃO DIVINA

como "pregação" no contexto em que usamos a palavra hoje. Atualmente, diríamos que o ensino de Jesus é mais característico de uma "palestra", ministrada em benefício de uma multidão de pessoas comuns que, aconchegadas na relva macia de um local próximo do mar da Galileia, ouviram-na e apreciaram-na.

Reiterando: essa passagem no Evangelho de Mateus corresponderá a um sermão ou a uma palestra no sentido de que ela se encontra organizada em torno de um só propósito e se desenvolve ao longo de uma única linha de pensamento. Isso é crucial para entendermos o que Jesus está dizendo. Foi um grande dia em minha vida quando me deparei com algumas palavras do velho homileticista de Princeton, A. W. Blackwood, que declarou a necessidade de lermos o Sermão do Monte *como* um sermão. Blackwood discernira sua unidade magistral.

Naquela época, eu sequer pensava ser *permissível* lê-lo dessa forma. Havia sido ensinado que o "sermão" não passava de uma coletânea de "dizeres" desconectados, unificados por "editores" desconhecidos que os lançaram no texto, como quem joga bolinhas de gude em um saco. Por isso, alguém só poderia interpretar os "dizeres" um por um, como quando selecionamos bolas de gude e joias, ponderando a seu respeito de modo isolado.

Como resultado, o "sermão" permaneceu um texto enigmático para mim, como aparentemente continua sendo para a maioria dos eruditos até hoje. O teólogo Clarence Bauman abre seu estudo sobre as 19 interpretações do texto, radicalmente diferentes e opostas umas das outras, com a declaração de que a passagem é "um enigma para a consciência moderna". Ele prossegue: "O sermão do monte é o mais importante e controverso dos textos bíblicos" (p. 3).[3]

---

[3]BAUMAN, Clarence. *The Sermon on the Mount: The Modern Quest for its Meaning* [O Sermão do Monte: a busca moderna por seu significado]. Macon, GA: Mercer University Press, 1985, p. ix, 3. As palavras de Bauman traduzem claramente a situação atual: "O Sermão do Monte é um enigma para a consciência moderna. Muitas mentes iluministas admiram o que o sermão diz, mas sem afirmar o que ele significa. Elas supõem, embora com certa relutância, que sua mensagem não se aplica à vida contemporânea e que, assim, a ética de Jesus é essencialmente irrelevante — uma impossibilidade bela e irresistível, uma conspiração para assegurar nossa falha. Minha primeira percepção desse dilema remonta à minha infância, quando observei — na pintura *Die*

As implicações dessa declaração são simplesmente estarrecedoras, como o próprio Clarence reconhece. O texto mais importante é um enigma? Esse fato é profundamente revelador da condição da igreja no mundo moderno. Espalhados, vagamos sem direção, sem uma mensagem clara e abrangente para a vida; afinal, o nosso texto mais importante é um enigma. Não funciona como intencionava o seu autor, isto é, servir de guia claro para a vida.

É certo que, tomadas como dizeres independentes, as diversas declarações contidas no "sermão" serão consideradas como "leis", ditando o que devemos ou não fazer. Não demorará, então, para serem vistas como uma prescrição de impossibilidades e, em alguns casos, como enunciados simplesmente ridículos. Por exemplo: o comentário sobre arrancar a mão ou o olho (Mt 5:29-30) é geralmente apresentado como uma recomendação *séria* de Jesus, embora não deva ser interpretada literalmente. (Conforme veremos mais adiante, Jesus estava ensinando precisamente a futilidade de qualquer ação do tipo. Arrancar um membro do corpo não faria diferença alguma, já que justiça é uma questão do coração.)

Por que, então, importa compreendermos Mateus 5–7 como um único sermão? É importante porque, a menos que o interpretemos como um único discurso, organizado propositadamente por seu hábil orador, a compreensão de cada parte — de cada declaração particular — será governada pelo capricho do leitor ao contemplar cada pérola de sua sabedoria. O significado da passagem não poderá ser regido pela unidade do discurso como um todo — e é exatamente isso que, em grande medida, acontece hoje.

Em termos históricos, o "capricho" mais constante se resume à ideia desastrosa que acabamos de mencionar: que, no sermão, Jesus está dando *leis*; pois, se isso é tudo que ele está fazendo, sem dúvida serão leis impossíveis de cumprir. Cumprir leis acaba sendo uma meta inerentemente autorrefutável: antes, o ser interior deve ser mudado.

Bergpredigt [O Sermão do Monte], produzida por Schnorr von Carolsfeld — a face perplexa de um soldado romano que, assentado atrás da multidão, escuta Jesus, mas com sua espada na mão. Para a minha consternação, descobri posteriormente quão ampla e enraizada tal perplexidade é por toda a cristandade" (p. xi).

A CONSPIRAÇÃO DIVINA

Do contrário, tentar meramente cumprir a lei se assemelha a tentar fazer uma macieira produzir pêssegos ao prendê-los aos ramos.

Sim, impossível — é a reação padrão de hoje frente ao sermão; contudo, muito mais eficaz para esmagar a esperança humana do que a lei de Moisés, forçando-nos a correr em busca de perdão. Jesus é apresentado como mais implacável e intransigente do que Moisés. E todos já fomos sujeitos a tanta intransigência bem-intencionada, que estamos preparados para acreditar nisso. Nosso pensamento é: quanto mais santo, mais difícil. Mas não podíamos estar mais errados!

O objetivo do sermão — indicado claramente pelos últimos versículos do trecho — é levar as pessoas a compreender a sua vida na terra de modo esperançoso e realista, elucidando, em termos concretos, a natureza do reino para o qual Jesus as convida: "Arrependam-se, pois a vida no reino dos céus é, agora, uma das opções que vocês têm". Partes isoladas do discurso devem ser interpretadas à luz desse propósito único. Não devemos lê-las como declarações desvinculadas umas das outras. Precisamos discernir o plano geral de vida no qual as partes separadas do discurso fazem sentido.

Assim, longe de serem *leis* adicionais para nos esmagar ou mostrar que não podemos agradar a Deus por nosso próprio esforço (é claro que não podemos!), as partes separadas são perspectivas distintas de uma vida dócil de amor e poder, verdade e graça, que aqueles que confiam em Jesus podem usufruir ainda hoje em seu reino: "A lei foi dada por intermédio de Moisés; a graça e a verdade vieram por intermédio de Jesus Cristo" (Jo 1:17). Seu ensino ilustra como aqueles que estão vivos no reino podem experimentar, pelos dias e horas de sua existência comum, o caminho do mundo pleno de Deus.

O brilhantismo de Jesus: uma observação final

A fim de nos preparamos para a riqueza e a estrutura coerente do discurso no monte, devemos retornar a uma ênfase final sobre um tema tratado no final do capítulo três. Lá, notamos um pensamento equivocado a respeito de Jesus, segundo o qual ele era bonzinho, mas não muito inteligente. Esse equívoco é a sentença de morte do discipulado, pois posiciona Cristo fora do grupo daqueles que têm conhecimento e, assim, priva-nos do poder prático do seu ensino.

Hoje, se você jogar um jogo de associação de palavras, perceberá que alguns nomes quase sempre aparecem em conexão com termos como *esperto*, *erudito*, *inteligente* etc. Einstein, Bill Gates e outros cientistas e empreendedores famosos se destacarão. Mas uma pessoa cujo nome quase certamente não aparecerá nessa conexão particular é Jesus.

Eis um fato profundamente importante: em nossa cultura, tanto entre cristãos quanto não cristãos, Jesus Cristo é automaticamente desassociado da ideia de brilhantismo ou capacidade intelectual. Nem sequer um em mil pensará espontaneamente nele em conjunção com palavras como *bem-informado*, *brilhante* ou *inteligente*.

Na maioria das vezes, sequer atribuímos consciência a Jesus. Ele é visto como um mero ícone, uma imagem humana assombrada, adequada para o papel de cordeiro sacrificial ou talvez crítico social alienado; mas não mais do que isso.

Uma imagem "erudita" comum o retrata caminhando pelos montes da Palestina, profundamente confuso em relação à sua identidade e até mesmo crítico quanto a alguns pontos cruciais do seu tópico fundamental: o reino dos céus. Nessa perspectiva, de vez em quando Jesus pronuncia algumas irrelevâncias desconectadas, mas também profundas, agora preservadas obscuramente nos Evangelhos.

Você seria capaz de confiar a vida a uma pessoa assim? Se é assim que ele aparenta ser, você estaria inclinado a tornar-se seu aluno? Claro que não! Todos sabemos que a ação deve ser baseada no conhecimento, e concedemos o direito de liderar e ensinar apenas àqueles que, segundo cremos, conhecem melhor a realidade.

O mundo foi bem-sucedido em opor inteligência à bondade. Um dizer russo fala daqueles que são "estúpidos que beiram a santidade". Em outras palavras, alguém tem de ser realmente idiota para receber a qualificação de santo. Mesmo séculos atrás, quando Dante atribuiu o título de "mestre daqueles que sabem" a uma personalidade histórica, atribuiu-o erradamente a Aristóteles, não a Jesus; afinal, Jesus é *santo*.

Tertuliano, famoso líder cristão dos séculos II e III, perguntou retoricamente: "O que tem Jerusalém com Atenas, a Igreja com a

A CONSPIRAÇÃO DIVINA

Academia, o cristão com o herege?".[4] A resposta certa, supunha, era: "Absolutamente nada!". A devoção a Deus independe do conhecimento humano. Evidentemente, a perspectiva secular moderna opõe rigorosamente santidade à inteligência, de modo que, hoje, qualquer tentativa de combinar espiritualidade ou pureza moral com grande inteligência causa pânico geral de "dissonância cognitiva". Como Jesus, por exemplo, não pensamos na madre Teresa como uma pessoa inteligente: boazinha, claro, mas não *inteligente*. "Inteligência" diz respeito a navegar a vida como ela "realmente" é.

A despeito da vasta influência que Jesus exerceu na história humana, temos de dizer com honestidade que ele é normalmente visto como um indivíduo patético, cuja vida ocorreu e ainda ocorre às margens da "vida real". O que jaz na essência do enorme desprezo para com Jesus na existência contínua de milhões de cristãos professos corresponde simplesmente a uma falta de *respeito* por ele. Jesus não é seriamente apresentado como alguém de grande habilidade. O que, então, podem significar devoção e adoração se nem sequer lhe dedicamos respeito? Não muita coisa.

Atualmente, a imagem que o homem comum faz do ambiente onde Jesus viveu durante o seu tempo na terra parece determinada, em grande medida, pela impressão que essa terra natal, a Palestina, deixou em turistas notórios do século XIX, como Mark Twain. Tais impressões do ambiente social de Jesus persistem na concepção popular. Imaginamos uma terra desolada e arruinada, cheia de vilarejos e camponeses ignorantes, dentre os quais encontramos Jesus. Contudo, não há verdade nisso. De fato, devemos pensar na sociedade judaica da época de Jesus como o equivalente do lugar de Israel no mundo de hoje.

Nos dias de Jesus, Jerusalém era uma cidade gloriosa, repleta por milhares e milhares de visitantes, incluindo multidões de pessoas eruditas de todo o mundo "conhecido". Jerusalém era um ambiente

---

[4]Tertuliano, "The Prescriptions Against the Heretics" [Prescrições contra hereges], subseção 7, em *Early Latin Theology* [Primórdios da teologia latina], editado por S. L. Greenslade, volume 5, em The Library of Christian Classics [Biblioteca de clássicos cristãos] (Filadélfia: Westminster Press, 1956), p. 36.

cosmopolita, interagindo com todo o mundo romano e além. Em termos de conhecimento, os habitantes da cidade não perdiam em nada para qualquer outro lugar do mundo. Foi em um ambiente assim que, já com a idade de 12 anos, Jesus fascinou algumas das melhores mentes de Israel durante alguns dias. Felizmente, os trabalhos recentes arqueológicos e históricos fizeram muito para dar-nos uma imagem correta da cultura rica em que Jesus trabalhou, viveu e tomou parte.[5]

Esboçando o "sermão"

O brilhantismo e a profundidade de Jesus se destacam na estrutura e no esboço gerais do discurso no monte, no qual ele transmite de modo veemente o entendimento de como a vida humana realmente funciona. Naturalmente, a palestra como um todo é dada com base no pressuposto de que o reino de Deus por ele proclamado estava disponível. Nesse contexto, a primeira parte da palestra (sobre os "bem-aventurados" e o sal da terra) faz uma revisão da ideia dominante sobre o bem-estar humano, apresentando todo tipo incomum de gente que, na verdade, encontrava e ainda encontra bênçãos no reino. Lidamos com esse trecho do sermão no capítulo anterior.

A mudança radical de perspectiva em relação à "boa vida" e quem a possui levou ouvintes de Jesus a suspeitar de que, no mundo de Deus, "a lei" era irrelevante nos aspectos práticos da vida. Por um lado, eles estavam certos de que seu viver não correspondia às exigências da lei, algo que os que estavam "no comando" faziam questão de enfatizar. Por outro lado, Jesus havia dito que a bem-aventurança lhes pertencia no reino. Para o ouvinte, era como se Jesus colocasse a lei de lado.

Entretanto, "a lei" que as pessoas tinham em mente e com a qual se deparavam todos os dias não era a lei de Deus, mas uma versão contemporânea de respeitabilidade religiosa, dura e opressiva em sua

---

[5]Para um retrato mais realista do mundo em que Jesus cresceu e serviu, veja a obra inestimável de Richard A. Batey, *Jesus and the Forgotten City: New Light on Sepphoris and the Urban World of Jesus* [Jesus e a cidade esquecida: nova luz sobre Séforis e o mundo urbano de Jesus] (Grand Rapids: Baker Books, 1991).

aplicação, à qual Jesus se refere como "justiça dos escribas e fariseus" (5:20). A lei, conforme Deus a intencionou, continua essencial ao reino para sempre, de modo que Jesus deixou claro aos seus ouvintes que seu objetivo é levar aqueles que o seguem ao cumprimento da verdadeira lei. O cumprimento que ele tinha em mente não objetivava torná-los humanamente *aceitáveis*. A preocupação de Jesus não é essa. Antes, o cumprimento da lei de Deus é importante porque a lei é boa e adequada para a humanidade; e a presença do reino acarreta tudo que é adequado para a vida humana.

Em Mateus 5:20-48, então, descobrimos precisamente a que o cumprimento da lei se assemelhava na vida diária. Nessa passagem crucial, em que a justiça e o coração do reino são evidenciados de modo mais completo, há uma sequência de contrastes entre o ensino antigo, correspondendo ao que uma boa pessoa faria — não matar, por exemplo — e o quadro essencial do reino, pintado por Jesus. Nele, o indivíduo demonstra um coração terno para com todos. A passagem de Mateus 5 se move das raízes mais profundas da malignidade humana, ira incandescente e desejo obsessivo, e atinge o pináculo do cumprimento humano no *agape*, no amor divino. Dessa maneira, a estrutura inteira da corrupção humana é minada pela eliminação de seus fundamentos na personalidade humana.

Em seguida, o restante do discurso no monte (capítulos 6 e 7) fornece-nos uma sequência de advertências acerca de práticas e atitudes que obstruirão nossa vida no reino. Em primeiro lugar, somos advertidos a não depender de realidades além do reino: depender da reputação religiosa e moral perante seres humanos (6:1-18) e de bens materiais ou riquezas (6:19-34). Essa é a "mente da carne", chamada, em Romanos 8, simplesmente de "morte" pelo apóstolo Paulo. Lidaremos com essas questões no capítulo seis.

Depois, temos a advertência sobre tentar controlar outros pelo "julgamento", culpando-os e condenando-os. Posteriormente, o apóstolo Paulo contrastará o "ministério da condenação" com o "ministério do Espírito" ou o "ministério que produz justificação" (2Co 3:6-10). Jesus estava bem ciente do "ministério" da condenação e de sua futilidade. Em contrapartida, ele nos mostra como podemos realmente ajudar aqueles que amamos e outras pessoas na "comunidade de amor e oração" (título do capítulo sete).

Finalmente, Jesus nos adverte com urgência sobre deixar de *aplicar* o que ele nos ensina; também menciona coisas específicas que quase certamente nos farão tropeçar. Com veemência, Dietrich Bonhoeffer declara: "A única resposta adequada à palavra que Jesus nos traz a partir da eternidade é simplesmente praticá-la".[6] Cerca de um sexto de todo o Discurso (15 dos 92 versículos) é devotado à ênfase sobre a importância de praticar o que ele diz. Pôr em prática, não apenas ouvir e falar a respeito, é a maneira como conhecemos a realidade do reino e integramos nossa vida nele. Desse modo, essa seção final conclui com a familiar imagem do homem prudente que construiu a sua casa sobre a rocha (aquele que *aplica* as palavras de Jesus) em contraste com o outro, que deixa de aplicá-las.

A estrutura simples mas poderosa do discurso no monte pode, portanto, ser representada da seguinte maneira:

1. Pressuposto básico: a vida no reino por meio da confiança em Jesus (Mateus 4:17-25; os capítulos 1 a 3 deste livro são devotados ao tópico).
2. Pessoas comuns são a luz e o sal do mundo ao usufruírem a vida bendita do reino (Mateus 5:1-20, capítulo 4 deste livro).
3. A essência da bondade do reino é retratada de modo concreto como um tipo de amor característico do próprio Deus (Mateus 5:21-48, este capítulo do livro).
4. Advertência contra fontes de falsa segurança: reputação e riquezas (Mateus 6, capítulo 6 deste livro).
5. Advertência contra a "engenharia da condenação" como plano para ajudar pessoas. Chamado à comunidade de amor e oração (Mateus 7:1-12, capítulo 7 deste livro).

---

[6]Dietrich Bonhoeffer, *The Cost of Discipleship* [Discipulado], citado em *Disciplines for the Inner Life* [Disciplinas para a vida interior], de Bob Benson e Michael W. Benson (Nashville: Generoux/Nelson, 1989), p. 127. Veja também as primeiras três linhas, na p. 43, de *Ethics* [Ética], de Bonhoeffer, traduzido por Neville Horton Smith (Nova Iorque: Macmillan Collier Books, 1986): "É evidente que a única conduta apropriada do homem perante Deus é fazer Sua vontade. O sermão do monte existe com o propósito de ser aplicado (Mt 7:24). Apenas em sua prática pode haver submissão à vontade de Deus".

6. Advertências sobre como podemos de fato falhar em realizar as exigências do Discurso e sobre os efeitos disso (Mateus 7:13-27).

A ordem sequencial do discurso deve ser respeitada

A fim de entendermos corretamente *o que* Jesus nos ensina em seu Discurso, devemos manter a *ordem* do tratamento em mente e reconhecer sua importância. Naturalmente, esperaríamos isso ao escutar alguém que tem pleno domínio do tópico ensinado e da forma de transmissão. As partes finais do Discurso se interligam aos trechos iniciais, formando, assim, uma interdependência. Não podemos entender claramente um sem compreender o outro.

Por exemplo: receber o ensino sobre ira e desprezo (5:21-26) depende da compreensão de nosso bem-estar e bem-aventurança. Em contrapartida, tendo recebido o ensino sobre o bem-estar, as diretrizes sobre ira e desprezo serão reconhecidas como sendo justas e corretas.

Reitero: uma vez liberto da ira, do desprezo e do desejo obsessivo, sou inundado pelo amor característico daqueles que estão vivos no reino do Pai e, assim, sou liberto da necessidade de autossegurança advinda de reputação e riqueza. Em contrapartida, se não estiver imerso na realidade desse reino de amor, não me será bom ou correto renunciar a reputação, o orgulho, a vaidade e a riqueza, de modo que serei impulsionado a buscá-los.

Sem mantermos em mente a *ordem sequencial* da vida do reino, como Jesus certamente fazia, soará como se cada novo tópico no Discurso se isolasse do outro, sem conexão com o que foi dito anteriormente. Desse modo, o Discurso não fará sentido algum como guia prático de vida. Por exemplo: esta é a condição daquele que, da perspectiva corrente de sua alma caótica, olha com perplexidade para um "mandamento" como, digamos, voltar a outra face ou fazer o bem àqueles que o odeiam. Naturalmente, tal indivíduo achará o mandamento impossível ou algo que tornará sua vida miserável, uma vez que sua perspectiva é a de alguém que ainda não foi tocado pelo ensino anterior de Jesus com respeito aos aspectos mais fundamentais do seu ser.

Na verdade, as várias cenas e situações que Jesus discute em seu discurso no monte representam *estágios* rumo à vida do amor *agape*. Eles supõem progressivamente que sabemos onde realmente jaz nosso bem-estar, que deixamos de lado nossa ira e nosso desejo obsessivo, que não tentamos enganar pessoas para obter o que desejamos etc. Então, amar e ajudar aqueles que nos machucam e odeiam, por exemplo, virá como progressão natural. Fazê-lo nos soará a coisa certa, e seremos capazes de agir em prol de outros.

Um ponto semelhante deve ser feito com respeito a agir para ser visto por outros, não depender de riquezas, não usar a condenação como meio de corrigir pessoas etc. Apenas quando esses elementos são mantidos na ordem em que Jesus os apresenta eles nos servem de fundamento para uma estratégia prática com o objetivo de nos tornarmos o tipo de seres intencionados por Deus. Enquanto ouvimos o ensino de Jesus, devemos revisá-lo constantemente e nos lembrar dele até que forme parte de nossa mente consciente.

LEI E ALMA

O "além" da verdadeira obediência

É precisamente o entendimento de Jesus sobre a alma humana que o leva a lidar primeiro com as *fontes* da transgressão em vez de focalizar as ações em si. Assim, ele evita a futilidade, conforme já ressaltamos, de fazer da lei algo definitivo. Conforme Jesus bem sabia, a má ação não é o problema da existência humana, embora seja retratada dessa forma. É apenas um sintoma que, de tempos em tempos, produz, por si só, grandes males.

Ir à fonte da ação constitui boa parte do que Jesus tem em mente ao dizer que precisamos ir além da "justiça dos escribas e fariseus". Devemos ir além de respeitabilidade humana e socialmente motivada se desejamos "entrar", isto é, participar da vida do "reino dos céus" (5:20).

Uma coisa é certa: Jesus também queria dizer que realmente devemos *fazer* o que a lei, conforme Deus a intencionou, requer. E isso também estava muito "além" da bondade de escribas e

A CONSPIRAÇÃO DIVINA

fariseus.[7] Ambos os grupos falavam muito sobre lei, porém não a guardavam. Por isso, Jesus instruiu ouvintes a fazer o que as autoridades religiosas dizem, uma vez que elas "se assentam na cadeira de Moisés. Obedeçam-lhes e façam tudo o que eles lhes dizem. Mas não façam o que eles fazem, pois não praticam o que pregam" (Mt 23:3).

Devemos enfatizar que, corretamente entendida, a confiança em Cristo é inseparável do cumprimento da lei. Em certa ocasião, algumas pessoas foram ao seu encontro e perguntaram: "O que precisamos fazer para realizar as obras que Deus requer?" (Jo 6:28). Sua resposta foi: "A obra de Deus é esta: crer naquele que ele enviou". Hoje, corretamente, diríamos: "Confie em Jesus Cristo". No entanto, já vimos, em capítulos anteriores, como a ideia de ter fé em Jesus passou a isolar-se totalmente de ser seu aprendiz e aprender a praticar o que ele ensinou.

O resultado trágico dessa separação é visto ao nosso redor, por toda a parte. Temos observado no mundo ocidental exatamente o que Cristo nos alertou. Nós *já* o escutamos. Por quase 2 mil anos, já o escutamos, conforme exposto anteriormente. Escolhemos, porém, não fazer o que ele nos diz. Jesus nos advertiu de que tal atitude nos tornaria "como um insensato que construiu sua casa sobre a areia. Caiu a chuva, transbordaram os rios, sopraram os ventos e deram contra aquela casa, e ela caiu. E foi grande a sua queda" (Mt 7:26-27). Hoje, estamos no meio do desastre que ele acuradamente previu, "voando de ponta-cabeça", porém satisfeitos em pregar resolutamente contra justiça "por obras".

Hoje, se pessoas em nossa comunidade cristã anunciassem a decisão de guardar a lei de Deus, provavelmente reagiríamos com

---

[7]Mais uma vez, Bonhoeffer: "O erro dos fariseus, portanto, não consistia em sua insistência estrita na necessidade de ação, e sim em sua falha de agir. 'Ensinam, mas não praticam'" (*Ética*, p. 43). Se o analisarmos mais profundamente, eles não *intencionavam* obedecer, de modo que elaboravam planos em que pareciam estritamente justos, enquanto permaneciam essencialmente antagonistas à lei e ao coração de Deus. À sua iniquidade profunda e incessante, Jesus finalmente responde com um diagnóstico de sua verdadeira condição [Cf. Mt 15:3-14; Lc 11:17–12:5; todo o capítulo 23 de Mateus].

ceticismo e preocupação. Provavelmente elas seriam convocadas para uma seção de aconselhamento; talvez pedíssemos que outras pessoas responsáveis do grupo ficassem de olho nelas. Teríamos plena convicção de que nada de bom poderia se originar de uma coisa assim. Sabemos que ninguém é *salvo* por guardar a lei; por isso, não vemos razão alguma para tentar obedecê-la.

Somos, então, enredados em uma estranha inversão com respeito à obra dos judaizantes que azucrinavam Paulo na época do Novo Testamento. Assim como eles desejavam adicionar a obediência ritual à fé em Cristo, queremos subtrair a lei moral da fé em Cristo. Sem dúvida, combinar fé e obediência constitui a tarefa essencial da igreja que entra no século XXI.

A centralidade da verdadeira lei de Deus para a vida humana

A lei que Deus dera a Israel foi, até a vinda do Messias, o bem mais precioso do ser humano na terra. Tal lei consistia em ensinos fundamentais, como os Dez Mandamentos, o "Ouça, ó Israel..." de Deuteronômio 6:4-5, a grande passagem sobre o amor ao próximo, em Levítico 19:8-18, e elaborações e aplicações desses princípios pelos profetas judaicos, até João Batista.

Moisés questiona, pasmo: "Que grande nação tem decretos e preceitos tão justos como esta lei que estou apresentando a vocês hoje?" (Dt 4:8). Os escritores da Antiguidade conheciam bem o problema desesperador humano de saber como viver; desse modo, reconheciam a lei revelada por Iavé, o Deus que entrou em aliança com Israel, como a única solução real para o problema.

A verdadeira lei de Deus também tem uma beleza inerente por si só, já que é uma expressão da mente bela de Deus. Ela contém verdades profundas e, por isso, é preciosa em si mesma. Em Salmos 119 e em outras passagens, vemos como o devoto da lei, o dom precioso de Iavé, foi arrebatado por sua bondade e poder, descobrindo-a como guia perfeito para a vida abençoada em Deus. A lei era o constante deleite de sua mente e coração.

Devemos entender que Jesus, o Filho fiel, não se desvia nem um pouco de seu entendimento da verdadeira lei de Deus. Ele próprio poderia ter facilmente escrito o salmo 119. Quando questionado

A CONSPIRAÇÃO DIVINA

por um jovem zeloso, mas desorientado, sobre como receber a vida eterna, Jesus apontou para o ato de conhecer os mandamentos (Mc 10:19). Não há duplo sentido nesse texto, como muitas "interpretações da salvação" parecem endossar. A mesma resposta [Apontar para os mandamentos] é dada a um perito da lei que lhe fez a mesma pergunta enquanto avaliava a habilidade e a ortodoxia de Jesus (Lc 10:28).

O problema é que, em ambos os casos, o inquiridor queria justificar-se com uma versão parcial e distorcida da lei, uma versão que dominava o contexto social da época. Mas essa "justiça dos escribas e fariseus", conforme Jesus a chamou, não *era* a lei de Deus, como já sugerimos. E Jesus, com sua típica firmeza mesclada com gentileza, não cooperaria com a ilusão desses indivíduos.

Ao confrontá-los com a verdadeira lei de Deus, cada qual reprovou, à sua maneira, no teste em que professavam ter passado. Mas isso não anula em nada o fato de que a lei de Deus é inefavelmente boa e preciosa, e que viver nela é participar da vida eterna. Certamente, a lei não é a *fonte* da justiça, mas é para sempre o *percurso* da justiça.

Por isso, em seu discurso no monte, Jesus não demora para combater, de modo veemente, a ideia que surgia nos ouvintes, segundo a qual a lei devia ser abolida (Mt 5:17). Enquanto perdurar a criação, nenhum elemento da lei — nem "a menor letra", nem o "menor traço" — será retirado (5:18). A razão para isso é simples: a lei é boa, justa. É por esse motivo que Deus a defende, e não por ter a sua dignidade ofendida, de uma forma ou de outra.

Virá o tempo na história em que o ser humano seguirá os Dez Mandamentos e os demais preceitos da lei de modo tão natural quanto é atraído pela gravidade ao cair de um telhado. Nesse tempo, ficará mais pasmo com a ideia de alguém mentir ou cobiçar do que hoje se admira quando alguém não faz essas coisas. A lei de Deus estará escrita em seu coração, como os profetas previram (Jr 31:33; Hb 10:16). Essa é uma parte essencial do futuro triunfo de Cristo e da libertação da humanidade, na história e além.

Jesus ressalta que, da perspectiva de Deus e do reino dos céus, quem pratica e ensina os mandamentos está entre os maiores seres humanos, enquanto quem viola o menor dos mandamentos genuínos de Deus e ensina outros a fazerem o mesmo está entre os piores seres humanos (Mt 5:19).

A lei divina marca os movimentos do reino de Deus, de suas próprias ações e de como o reino funciona. Ao guardarmos a lei, andamos no caminho de Deus e bebemos do seu poder. Jesus nos mostra mais profundamente esses caminhos e nos conduz neles. Segundo ensinou: "Se vocês me amam, obedecerão aos meus mandamentos. E eu pedirei ao Pai, e ele lhes dará outro Conselheiro para estar com vocês para sempre" (Jo 14:15-16).

O "além", mais profundo de onde surgem as ações

Mas a pergunta é: como alguém pode guardar a lei? Jesus bem conhecia a resposta, razão pela qual instruiu aqueles que desejavam praticar a obra de Deus a depositarem sua confiança naquele que, da parte de Deus, lhes fora enviado (Jo 6:29). Jesus sabia que não conseguimos guardar a lei apenas tentando guardar a lei. Para sermos bem-sucedidos, devemos ter um objetivo diferente, um objetivo maior. Nosso objetivo deve ser nos tornarmos o *tipo de pessoa* a partir da qual as obras da lei fluem naturalmente. A macieira produz maçãs facilmente por causa de sua natureza interior. Precisamos nos lembrar dessa ideia crucial se desejamos entender a essência do reino pintado por Jesus no Sermão do Monte.

Eis aqui também o erro fundamental dos escribas e fariseus: focalizam as *ações* exigidas pela lei e elaboram as especificações exatas de como essas ações devem ser praticadas. Outro erro é a maneira como geram uma pressão social, forçando a conformidade à lei segundo a sua interpretação particular. Eles se preocupam de modo desmedido em fazer o que era correto e em ser reconhecidos por causa disso.

Entretanto, as dimensões interiores de sua personalidade, de seu coração e de seu caráter continuam contrárias ao que Deus exige; e, em última análise, o coração acabará triunfando sobre as ações conscientes, levando-os a fazer o que sabem ser errado. Suas palavras revelam, em particular, o conteúdo do seu coração (Mt 12:34). Além do mais, sua necessidade de parecer justos "diante dos outros" (Mt 6:1) os força à hipocrisia. A hipocrisia se transforma no espírito, no "fermento" que domina e colore toda a sua existência (Lc 12:1).

Não podemos enfatizar o suficiente o quanto esse "fermento" mortal infecta relacionamentos humanos ao nosso redor. Quem dera apenas pessoas religiosas estivessem sujeitas a ele!

Lições do lavador de pratos e do agricultor

Esforçando-se para nos ajudar a entender a conexão entre as dimensões interiores da personalidade e sua revelação em atitudes exteriores — levando-nos a construir, assim, a estratégia para que nos tornemos no tipo de pessoa que Deus intenciona —, Jesus extrai lições da vida diária, segundo o seu costume (Mt 13:52).

A primeira é a do lavador de pratos: "Ai de vocês, mestres da lei e fariseus, hipócritas! Vocês limpam o exterior do copo e do prato, mas por dentro eles estão cheios de ganância e cobiça. Fariseu cego! Limpe primeiro o interior do copo e do prato, para que o exterior também fique limpo" (Mt 23:25-26).

É fácil lavar o exterior de um copo sem lavar o interior; mas é difícil lavar bem o interior sem que o exterior também fique limpo. Lavar por dentro tem como acompanhamento natural a limpeza por fora. Talvez sobrem apenas vestígios de sujeira.

A outra lição vem do fazendeiro, imagem a que Jesus se refere repetidamente, apropriada também por outros escritores do Novo Testamento. Segundo nota, uma boa árvore produz bom fruto, e a má, fruto mau (Lc 6:43-45). Tiago, seu irmão mais novo, estende a ideia ao observar que a figueira não produz azeitonas, nem a videira, figos (Tg 3:12).

As ações não surgem do nada. Antes, elas revelam e manifestam fielmente o que está no coração, e podemos saber o que está no coração de quem essas ações emanam. De fato, todos sabemos interpretar outras pessoas; faz parte do que significa ser uma pessoa mentalmente capaz. O coração não é um mistério em termos de interações humanas comuns. Nesse plano, discernimos muito bem o coração uns dos outros.

Ouvindo diariamente a ladainha de más obras que chegam à nossa atenção pela mídia, por exemplo, todos sabemos bem, se pararmos para pensar, o tipo de vida interior e caráter que produz essas obras — ainda que, em certo sentido, questionamos: "como pode alguém fazer algo assim?". O mesmo é verdade em relação ao comportamento em casa e no trabalho.

É a vida interior da alma que devemos transformar; então, o comportamento fluirá de modo natural e fácil. Mas não o contrário. Um termo especial é usado no Novo Testamento para marcar o caráter da vida interior quando ele está no seu devido lugar. O termo é *dikaiosune*.

Dikaiosune

A definição de Jesus para *dikaiosune*, ou ser uma pessoa realmente boa, é dada em Mateus 5:20-48. Entretanto, precisamos parar e comentar a respeito desse termo especial, cujo uso exerce um papel proeminente na cultura helenista, assim como na linguagem da Bíblia nos primórdios do cristianismo, que emergiu para conquistar o mundo greco-romano dos séculos II e III.

A necessidade humana de saber como viver é perpétua. Jamais foi mais urgente do que hoje, seja em Los Angeles e Nova Iorque, em Londres, Paris e Berlim. Mas essa necessidade é *sempre* desesperadora, visto ser parte da condição humana. Ela é especialmente urgente em tempos e lugares onde há instabilidade social. Instabilidades tiram nossa ilusão de que ser um bom cidadão americano, armênio ou judeu resolve o problema. Precisamos de algo mais profundo.

Por volta do século V a.C., a busca por um significado mais profundo se transformara em um projeto intelectual e espiritual sério no mundo mediterrâneo. Embora essa busca tivesse abrangência mundial,[8] em nenhum lugar alcançou um resultado mais elevado do que nos grandes profetas de Israel, como Amós, Miqueias e Isaías.

Seu primeiro tratamento minucioso e sistemático nos limites da razão humana é encontrado em *A República*, de Platão, cujo título seria mais bem traduzido como *A Cidade*. O livro realmente é um estudo da alma humana e da condição em que a alma deve estar para que o ser humano viva bem e consiga fazer o que é certo.

---

[8] Sobre o tema, veja a excelente "Introdução" à *World Bible* [Bíblia mundial], editada por Robert O. Ballou (Nova Iorque: Viking Press, 1970).

A CONSPIRAÇÃO DIVINA

Na *República*, a condição necessária é chamada precisamente de *dikaiosune*. É exatamente o termo no qual Jesus se concentra em seu discurso no monte, conforme o temos na língua grega. Normalmente, o termo é traduzido por "justiça" nos textos de Platão. Mais uma vez, porém, corresponde a uma tradução imprecisa, uma vez que *dikaiosune* está apenas indiretamente relacionada ao que, hoje, entendemos por "justiça".

A melhor tradução de *dikaiosune* seria uma paráfrase, algo como: "aquilo que caracteriza alguém realmente bom", isto é, uma marca que, resumindo, corresponde à "verdadeira bondade interior". Seguindo Sócrates, Platão tenta dar uma definição completa e precisa do que significa essa bondade interior.

Estabelecendo o termo central da ética, Aristóteles substituiu a palavra empregada por seu mestre Platão, *dikaiosune*, por *arete*, normalmente traduzida por "virtude". Historicamente, Aristóteles venceu a batalha terminológica, e *virtude*, mais do que outro termo, passou a remeter, no decorrer dos séculos, à essência da justiça humana. Representa uma combinação de habilidade, sabedoria, poder e perseverança pelo bem, tornando-a uma qualidade muito atraente.

No Antigo Testamento, o livro de Provérbios está mais focalizado em *arete* do que em *dikaiosune*, e *arete* também ocorre nos escritos do Novo Testamento (e.g., Fp 4:8; 2Pe 1:3-5). Mesmo assim, porém, nas tradições hebraica e neotestamentária, *dikaiosune* continua sendo o termo preferido — talvez por reter certa ênfase sobre o relacionamento da alma com Deus, ao passo que *arete* enfatiza, acima de tudo, a habilidade e a realização humana em si. Evidentemente, nenhum especialista contemporâneo no campo da ética arriscaria discutir "justiça", embora "virtude" tenha despertado, recentemente, um novo interesse na área.

Dois séculos depois de Platão — certamente antes de 285 a.C. — o Antigo Testamento começou a ser traduzido para o grego, resultando no que conhecemos por "Septuaginta". O termo *dikaiosune* foi usado para traduzir termos hebraicos como *tsedawkaw* e *tsehdek*, geralmente traduzidos para o português como "justiça". Assim, um texto central do Antigo Testamento, Gênesis 15:6, diz: "Abraão creu no Senhor, e isso lhe foi creditado como *dikaiosune*". Também lemos em Isaías: "toda a nossa *dikaiosune* é como trapo de imundícia" (64:6). E novamente em Amós: "Corra, porém, o juízo com as águas, e *dikaiosune*, como o ribeiro impetuoso" (5:24).

Por conseguinte, as duas maiores tradições de reflexão moral no mundo antigo são unificadas no termo *dikaiosune*. A expressão reemerge nos ensinos de Jesus, três séculos após o surgimento do Antigo Testamento na língua grega, tornando-se o termo central no entendimento da salvação cristã representada no Novo Testamento. De fato, para Paulo, o ato redentor de Jesus torna-se chave para o entendimento da *dikaiosune* do próprio Deus (Rm 1–8). É a pessoa de Jesus e sua morte por nós que deixam claro o aspecto de Deus que o marca como "realmente bom".

Seis contrastes entre a antiga e a nova realidade moral

Em Mateus 5, Jesus percorre conosco seis situações em que a bondade originada no coração e por meio do reino entre nós é contrastada com a velha *dikaiosune*, concentrada apenas em "fazer a coisa certa".

Situação	Antiga *dikaiosune*	*Dikaiosune* do Reino
1. Irritação com o próximo (v. 21–26).	Não matar.	Desejo intenso de ajudar o próximo, sem ira ou desprezo.
2. Atração sexual (v. 27–30).	Não fazer sexo.	Não cultivo da cobiça sexual.
3. Infelicidade com o cônjuge (v. 31–32).	Em caso de divórcio, liberar o cônjuge para novas núpcias.	Renúncia da prática do divórcio, segundo o padrão da época.
4. Desejo de convencer alguém (v. 33–37).	Manter votos e juramentos, feitos para convencer.	Dizer apenas como as coisas são e não são, sem manipulação verbal.
5. Sofrimento de injustiça (v. 38–42).	Infligir exatamente o mesmo sofrimento no ofensor.	Em vez de punir, ajudar aquele que o prejudicou.
6. Atitude para com o inimigo (v. 43–48).	Odiar o inimigo.	Amar e abençoar o seu inimigo, como o Pai celestial faz.

Por fim, tendo diante de nós a estrutura fundamental e a progressão do discurso no monte, podemos começar a navegar o ensino de Jesus sobre a justiça e o coração do reino. O restante deste capítulo será devotado ao exame de cada situação em profundidade. Depois de analisarmos esses contrastes em situações de vida que nos são familiares e frequentes, conseguiremos ver claramente o tipo de caráter que pertence àqueles cuja vida realmente flui do reino de Deus.

NO CALDEIRÃO DA IRA E DO DESPREZO

A primazia da ira na ordem do mal

A primeira ilustração da *dikaiosune* do reino é extraída de casos em que estamos descontentes com o nosso "irmão", deixando-nos levar por ira ou desprezo.

Ao traçarmos as raízes da injustiça no coração humano, descobrimos que ela envolve, na maioria dos casos, alguma forma de ira; e, bem ao lado da ira, encontramos o seu irmão gêmeo: o desprezo. O entendimento de Jesus a respeito desses elementos e de seu papel na vida tornam-se a base de sua estratégia para o estabelecimento da bondade do reino. É a eliminação da ira e do desprezo que Jesus apresenta como o passo primordial rumo à justiça essencial do reino.

Remetendo à inadequação moral do mandamento "não matarás" como guia para o relacionamento com aqueles que nos causam ira, Jesus atinge mais profundamente a textura da personalidade humana: "Eu, porém, vos digo que qualquer que, sem motivo, se encolerizar [*orgizomenos*] contra seu irmão será réu de juízo" (5:22). Ele usa exatamente a mesma frase encontrada no ensinamento antigo, "será réu de juízo", como aplicação à ira.

Uma definição de ira

Quando olhamos cuidadosamente para a ira, podemos ver a justificativa para uma declaração tão forte de Jesus. Em sua forma mais simples, ela é uma resposta espontânea e exerce uma função essencial em nosso viver. Como tal, ela não é errada. É um *sentimento* que se apropria de nós e nos impele a bloquear, ou até mesmo atacar, aqueles que frustram a nossa vontade e interferem na nossa vida.

A JUSTIÇA E O CORAÇÃO DO REINO: ALÉM DA BONDADE DE ESCRIBAS E FARISEUS

De fato, a ira é, por si só — mesmo sem a "extravasarmos", provocando consequências maiores —, um dano feito a outros. Ao descobrir que você está irado comigo, *já me sinto* machucado. Talvez seja o suficiente para que eu pare ou mude de rumo, bem como para aumentar o nível de estresse de todos ao redor. Sua ira também pode evocar, em resposta, a minha; e geralmente o faz, já que ela impõe uma restrição sobre mim. Sua ira cruza a *minha* vontade; assim, ira gera mais ira. Na vida, sua função primária é alertar-me de uma obstrução à minha vontade, soando imediatamente o meu alarme e a minha resistência antes mesmo que eu tenha tempo para processar a situação.

Se a ira implicasse apenas isso, não haveria problema algum. Nesse sentido, a ira não é pecado — embora deva ser evitada, sempre que possível. (Dor de cabeça não é pecado, mas você precisa dela?) Resumindo-se a um sentimento de alerta, a ira exerceria, como no caso da dor física, sua função vital e, logo depois, passaria. Mas a raiva que se manifesta entre nós vai muito além, transformando-se em algo inerentemente maligno.

Para entendermos o porquê, precisamos avaliá-la mais de perto. Trata-se primordialmente de uma função da vontade humana, em diversos aspectos. Conforme acabamos de observar, a ira surge em nós de modo espontâneo, quando a nossa vontade é obstruída. É isso que a ocasiona. Como *resposta*, porém, àqueles que interferem em nossa vida, inclui o desejo, ainda que leve, de prejudicá-los, de modo que cada nível de ira contém certo nível de malícia.[9] Eis a razão pela qual sempre nos sentimos machucados ao saber que alguém está irado conosco.

Consequentemente, preferimos, quando temos escolha, não provocar a ira de ninguém, exceto em situações em que esperamos obter algum benefício. Sabemos que aqueles que estão irados conosco desejam nos prejudicar, seja pelo modo como olham (ou se eximem de nos olhar), ou mesmo quando sobem o tom da voz (ou simplesmente deixam de falar conosco), procurando com isso

---

[9]Veja as discussões profundas de David Hume a respeito de ódio, ira e desprezo em seu *Treatise of Human Nature* [Tratado da natureza humana], livro 2, parte 2, seções VI-X. O tratado continua relevante, duzentos anos após sua publicação.

A CONSPIRAÇÃO DIVINA

intencionalmente causar uma má impressão em nós, o que certamente conseguem.

Ira e ego ferido

Entretanto, há um terceiro possível envolvimento da vontade com relação à ira que a torna tão mortal a ponto de merecer a censura feita por Jesus. Nós podemos escolher, e geralmente escolhemos, *ficar* irados. A princípio, a ira surge espontaneamente, mas, com o tempo, podemos ativá-la e nutri-la. Podemos até nos tornar pessoas irritadiças, e qualquer incidente pode evocar de nossa parte uma torrente de raiva que faz com que sempre estejamos prontos para reagir.

Isso explica a atual epidemia de "raiva no trânsito". A explosão de ira *nunca* surge apenas do incidente. Muitos carregam consigo um suprimento de raiva, acompanhado talvez do "desespero silencioso" que, segundo Henry David Thoreau, caracteriza a vida da maioria das pessoas. O problema é que, agora, o desespero não é mais silencioso.

Por que razão, porém, alguém optaria por acolher e alimentar a ira? Por que, como frequentemente acontece, escolhemos inchar o rosto de raiva e ostentá-la como uma medalha de honra, mesmo que tal atitude tenha o potencial de infligir verdadeiro dano, não apenas ao seu objeto (isto é, àquele que contrariou a vontade do que se irou), mas também aos que estão próximos — muitas vezes com consequências letais à vida, saúde e felicidade? Hoje, é indiscutível o fato de que muitos morrem em função da própria ira,[10] enquanto outros incontáveis morrem "de tabela" pelo ódio dos outros — como acontece com o fumante passivo. Em cidades como Los Angeles, por exemplo, dificilmente transcorre uma semana sem a morte de uma criança, atingida pela bala disparada por alguém que, irado, desejava acertar outras pessoas.

Se desejamos entender os caminhos do coração humano, devemos responder à pergunta relacionada ao porquê de cultivarmos a

---

[10]Veja o estudo recém-publicado de Redford e Virginia Williams, *Anger Kills* [A ira mata] (Nova Iorque: HarperCollins Publishers, 1994). Esse tipo de trabalho é de extrema importância para reverter a tendência já de algumas décadas de incitar ou mesmo cultivar a ira como algo bom.

ira. A resposta é esta: quando alimentamos a ira em vez de simplesmente rejeitá-la, há sempre envolvido um elemento de justiça própria e vaidade. Encontre alguém que alimenta a ira, e você descobrirá uma pessoa com o ego ferido.

A importância do ego e da ferida, real ou imaginária, é desmedidamente exagerada por aquele que se entrega à ira, a qual, por sua vez, transforma-se de um ressentimento ardente a uma cruzada santa para infligir dor ao que lhe causou frustração ou feriu seu senso de honra. Pode explodir em qualquer um e em qualquer coisa que estiver ao seu alcance. Além disso, o indivíduo pode viciar-se na adrenalina e nunca se sentir realmente vivo, exceto quando a sua ira estiver acessa.

Apenas esse elemento de justiça própria pode me sustentar quando persisto em reter a ira por muito tempo ou deixo sua intensidade aumentar, atingindo um ponto de insanidade. Para me conservar irado, tenho de me manter envolvido na retificação de um mal insuportável, algo que não tenho dificuldade de fazer.

Por conseguinte, o alimento da ira corrói a personalidade e a vida humana. Ela não precisa ser "extravasada" para envenenar o mundo. Devido à sua natureza e à forma como, simplesmente por sua presença, aproveita-se do corpo e de seu ambiente, a ira não pode ficar escondida. Todos os recursos mentais e emocionais são voltados ao seu serviço, e o nosso corpo vibra com isso. Canalizamos energia para mantê-la acesa: lembramo-nos constantemente de quão injustamente fomos tratados. Além disso, quando permitimos que ela governe a nossa ação, sua maldade se multiplica rapidamente, trazendo, como consequência, o endurecimento pessoal e a transmissão de ódio ao coração e ao corpo de todos ao redor.

A ira praticada e encorajada

Nos Estados Unidos, cerca de 25 mil homicídios acontecem por ano. Mil deles acontecem no ambiente de trabalho, e 1 milhão de pessoas são lesionadas por ataques violentos de colegas de trabalho.[11] A maioria dos homicídios no trabalho acontece após longos períodos

---

[11]"ABC Morning News", 15 de março de 1996.

de hostilidade aberta e ameaças, e muitos envolvem a morte de pessoas inocentes, que por acaso estão por perto. O simples fato é que nenhum dos 25 mil homicídios ocorreria, ou apenas uma fração desse número aconteceria, se o agressor não tivesse alimentado a sua ira.

A ira e o desprezo são calamidades gêmeas da terra. Mescladas com ganância e cobiça sexual (analisaremos ambas mais tarde), essas emoções amargas formam a mistura venenosa em que a existência humana está suspensa. Poucas pessoas se livram delas nesta vida e, para a maioria de nós, nem mesmo o envelhecimento traz alívio.

Uma vez que você vê esses sentimentos como realmente são, percebe também a que se resume o fluxo constante de catástrofes na vida e na história humana: uma consequência natural da vontade humana, ou seja, de pessoas que optam pela ira e pelo desprezo. É um milagre não ocorrerem catástrofes ainda maiores e terríveis. Devemos nos lembrar disso ao ler o que Jesus e outros autores bíblicos declaram sobre a ira. Cortar a raiz da ira é fazer secar a árvore da maldade humana. É por isso que Paulo apenas adverte: "Abandonem a ira" (Cl 3:8).

Todavia, pessoas influentes do nosso tempo nos dizem que *devemos* ficar irados, e que a ira é necessária como oposição aos males sociais. A ideia penetra fundo em nosso pensamento. Certa vez, enquanto aconselhava um casal cristão sobre questões de cunho familiar, sugeri que seu filho não fosse disciplinado com raiva. Ambos ficaram surpresos: "Como podemos discipliná-lo com calma?". Eles não tinham ideia de como seu senso de justiça se entrelaçara com a ira.

Certo comentarista social de destaque ensina que o desespero e a ira são elementos essenciais na luta pela justiça.[12] Ele, e outros que ensinam esse tipo de ideia, semeiam vento para colher tempestade. De fato, já começamos a colhê-la em uma nação cuja ira e o ressentimento manifestam-se cada vez mais, de um cidadão para o outro. E, como se não bastasse, ambos são defendidos como justificáveis em nome de Deus.

O fato, porém, é que tudo que é feito com a ira pode ser feito melhor sem a ira. O senso de justiça própria que acompanha nossa

---

[12]Cornel West, "NBC News", 2 de junho de 1996.

ira simplesmente provoca mais ira e mais justiça própria nas outras pessoas envolvidas. Obviamente, quando não fazemos nada com respeito ao que está errado, a ira cresce naturalmente e por fim extravasa — seja em uma família, seja em uma nação. Isso é inevitável e até necessário *fora* do Reino Entre Nós.

Entretanto, a resposta é corrigir o erro por meio do amor persistente em lugar da ira, não adicionando, assim, maiores males reais ou imaginários. Em contrapartida, reter a ira e cultivá-la é "dar lugar ao diabo" (Ef 4:26-27). Ele aproveitará a oportunidade, e o inferno será a recompensa. O pedaço delicioso de justiça própria contido na ira cultivada sempre custa caro na reação autojustificada daquele a quem direcionamos nossa raiva. Enquanto a ira prevalece, o ciclo nunca acaba.

O desprezo é pior do que a ira

Só que o desprezo é um mal ainda maior e, por isso, merece uma condenação pior. Diferentemente da ira inocente, o desprezo é um tipo de degradação premeditada em relação ao outro e está mais presente da vida do que a ira. Nunca é justificável ou bom. Por isso, Jesus nos adverte: "Qualquer que disser ao seu irmão: 'Raca', será levado ao Sinédrio, a suprema corte de Israel" (Mt 5.22).

O termo aramaico *raca* era comum no tempo de Jesus como uma expressão depreciativa e para marcar alguém como desprezível. Provavelmente se originou do som que fazemos ao coletar catarro na garganta para cuspir. Em ira, desejo feri-lo; em desprezo, não me importo se você é ferido ou não. Ou pelo menos é o que eu digo. De qualquer maneira, você não é digno de consideração. Posso ficar irado com você, sem negar o seu valor. Mas o desprezo incita meu desejo de machucá-lo e vê-lo ainda pior.

Evidentemente hoje em dia não diríamos "raca", mas chamaríamos alguém de "tonto", "tolo", "idiota" ou "bitolado". São palavras gentis em nosso vocábulo de desprezo; quando a coisa piora, o linguajar passa a ser sujo. Nosso arsenal verbal é carregado de termos desprezíveis: alguns com conotação sexual, racial ou cultural; outros, com degradação pessoal. Nunca devemos pronunciá-los.

A CONSPIRAÇÃO DIVINA

A intenção e o efeito do desprezo referem-se sempre a excluir, empurrar e isolar alguém. Eis o porquê de o linguajar sujo estar frequentemente acompanhado de expressões de desprezo e a depreciação ser sempre tão cruel, tão séria. O desprezo rompe mais severamente o laço social do que a ira, e mesmo assim pode ser praticado com muita sofisticação.

Como é comum ver isso na escola e na festa, ou mesmo no lar e até mesmo na igreja! Alguém é rebaixado ou tão cruelmente omitido, deixado de lado. É uma situação constante em muitos aspectos da vida humana. No curso natural da vida, dificilmente estamos em situação em que o desprezo não paira no ar — e não há quem não se atemorize dele. O desprezo nunca está além dos limites da nossa consciência.

Os "excluídos", porém, tornam-se alvo fácil de um tratamento pior, ao passo que o respeito constrói automaticamente uma muralha contra maus-tratos. Em disputas familiares, a progressão é quase sempre da ira para o desprezo (sempre expresso em linguajar vil) e do desprezo para a brutalidade física. No entanto, uma vez estabelecido, o desprezo justifica a ira inicial e aumenta a sua força.

Há pouco tempo, observadores culturais notaram o aumento significativo no uso da vulgaridade na linguagem, especialmente entre os jovens. Curiosamente, poucos acharam qualquer fundamento para condená-lo, além de gosto pessoal. Que estranho! Seria o caso de acharam o desprezo aceitável ou de não conseguirem reconhecê-lo? Linguajar sujo e abusivo é *sempre* uma expressão de desprezo. A onda atual de linguajar grosseiro flutua sobre o mar de desprezo no qual a sociedade, sem rumo, vaga.

Recentemente, certa atenção foi devotada a crianças de 12 e 14 anos que, aparentemente, matam pessoas sem qualquer motivo. Analistas destacam a falta de sentimento nesses jovens homicidas. Ao observá-los, porém, de modo mais acurado, vemos que eles são, na verdade, impulsionados por um sentimento. Olhe bem para o rosto desses jovens; o desprezo é nítido. Alimentam um sentimento mortal de repulsa pelos outros, ao mesmo tempo que ficam aterrorizados e irritados com a ideia de ser "xingados", sua forma de dizer "desprezados".

O comentário de Jesus em Mateus 5:22 é que qualquer um que diz "raca" ao seu próximo deve ser encaminhado para a maior autoridade da nação — o "tribunal" ou Sinédrio — para sofrer as devidas penalidades. Ações e atitudes de desprezo são uma faca no coração, machucando permanentemente e mutilando a alma das pessoas. O fato de serem comuns não diminui seu poder de destruição. Em boa parte dos círculos profissionais e da "alta" sociedade, em que esperamos o maior nível de sensibilidade moral, o desprezo é uma arte. Praticá-lo é até mesmo parte de ser "saudável". Não saber a quem desprezar e como desprezar é um dos sinais mais evidentes de que você ainda não dominou a arte e se autoqualifica, então, como desprezível.

Em seu pequeno e maravilhoso livro, *The Inner Ring* [O círculo interior], C. S. Lewis comenta: "Acredito que na vida de todas as pessoas em certos períodos, e na vida de muitas pessoas em todos os períodos, entre a infância e a extrema velhice, um dos elementos mais dominantes é o desejo de estar dentro do Círculo local, bem como o temor de ser deixado fora".[13]

Pertencer é uma necessidade vital, baseada na natureza espiritual do ser humano. O desprezo pisoteia essa necessidade "patética" profunda e, como a ira, não precisa ser exteriorizado para ser maligno. Ele é inerentemente venenoso. Por si só, o desprezo seca a alma humana. Quando, porém, expresso em uma frase desdenhosa — de milhares de formas diferentes — ou no gesto ou no olhar, igualmente poderosos, esfaqueia o profundo da alma e esvazia seu poder de vida. Pode machucar tanto e destruir tão profundamente quanto o homicídio, que, quando comparado, seria um ato de misericórdia. Seu poder também é visto na intensidade do ressentimento e da raiva que sempre evoca.

"Louco!"

Entretanto, Jesus observa um estágio a mais na progressão da maldade interior, presente no coração sem que o homicídio ocorra: "e qualquer que lhe chamar de louco será réu do fogo do inferno" (v. 22).

"Louco!", dito com a combinação característica de desprezo frio e ira debilitante que Jesus tinha em mente, é um dano mais profundo

---

[13]LEWIS, C. S. *O peso da glória*. Rio de Janeiro: Thomas Nelson Brasil, 2017, p. 143-144.

do que apenas um ou outro elemento isolado. Geralmente não dizemos "tonto" ou "tolo" com ira, mas até em tom de brincadeira. Por outro lado, "louco", no sentido bíblico, é uma expressão não só de maldade, mas de desprezo.

Na verdade, a palavra não é o suficiente para captar o sentido do ensino de Jesus e, de fato, está mais perto de "tonto" do que da expressão que ele tinha em mente. Assim, aquele que segue a "lei" de Jesus ao evitar chamar pessoas de "loucas" se safa, hoje, com facilidade. Temos um vocábulo diversificado o suficiente para ignorar sua ordem e fazer exatamente o que ele estava condenando, sem empregar a palavra "louco".

O sentido dominante de "louco" em nossa cultura é o de uma insensatez benigna, como em "Festa dos Loucos", uma ideia antiga que acabou por se transformar, há alguns anos, em um livro popular. Desculpe-me a grosseria, mas o equivalente bíblico mais próximo de "louco" seria, na linguagem de hoje, "estúpido", "imbecil" ou "idiota", como diríamos de alguém que acabou de atrapalhar algo importante que estávamos fazendo ou de algum motorista que nos fechou no trânsito. Dificilmente usaríamos a expressão "Festa dos Loucos Imbecis" com o mesmo sentido festivo.

Na linguagem bíblica, "loucura" é uma combinação de perversidade estúpida, rebelião contra Deus e contra tudo que as pessoas valorizam. Biblicamente, o louco é deliberadamente pervertido e rebelde, consciente de sua impiedade e dos males que causa. No Antigo Testamento, o livro de Provérbios delineia cuidadosamente sua alma. "O tolo", lemos, "é impetuoso e irresponsável" (Pv 14:16). "O tolo não tem prazer no entendimento, mas sim em expor os seus pensamentos" (18:2). "Como o cão volta ao seu vômito, assim o insensato repete a sua insensatez" (Pv 26:11). E a lista continua.

Rotular alguém como "louco", nesse sentido bíblico, era uma violação tão devastadora da alma, de tamanho prejuízo para alguém, que, como Jesus viu, justificaria condenar o ofensor ao depósito de lixo da existência humana: o *gehenna*. Combina tudo que é maligno na ira e no desprezo. Àqueles que têm esse tipo de atitude para com outros, não é possível participar do mover do reino de Deus, visto que estão totalmente em desarmonia com ele.

Essas três proibições não são leis

Hoje, podemos pensar que Jesus falava sério demais sobre o assunto. Mas o que exatamente Cristo está fazendo ao delinear de maneira tríplice essa progressão de proibições — da ira ao desprezo e do desprezo à degradação verbal? A resposta é que Jesus está nos dando uma revelação da preciosidade do ser humano. Sua intenção é revelar o valor das pessoas. Obviamente, apenas evitar matá-las não pode fazer jus a esse valor.

Por outro lado, em hipótese alguma Jesus apenas nos dá três coisas a mais que não podemos fazer, três pontos a mais em uma "lista" a ser evitada. Certamente, devemos evitá-los, mas *a questão não é essa*. Se isso fosse tudo, a engenhosa mente humana não demoraria para achar uma forma de burlá-los. Já não sabemos que evitar ficar com raiva é a maneira pela qual algumas pessoas obtêm vantagem? Além do mais, é ou não comum a frase "Não me irrito; apenas me vingo"? Ninguém precisa ficar irritado para ser maldoso.

Assim, nesse trecho, como em outras partes de seu amável discurso no monte, devemos tirar por completo da cabeça a ideia de *leis*. Jesus trabalha, conforme já indicado, em um nível muito mais profundo, ou seja, na *fonte* das ações, boas ou más. Cristo nos leva mais profundamente ao tipo de criatura que somos, ao tipo de amor que Deus tem por nós e ao tipo de amor que, enquanto o compartilhamos, harmoniza-nos com a vida divina. Em termos de reino, ninguém pode ser "justo" se não for transformado nesse nível. E então, claro, as complicações envolvidas em *não* se irar com justiça própria, *não* expressar desprezo, *não* chamar pessoas de "estúpidas" e "idiotas" etc. resolvem-se automaticamente.

Quando vou para a cidade de Nova Iorque, não tenho que pensar em *não* ir para Londres ou Atlanta. Pessoas não me encontram no aeroporto ou na estação para me dizer o quão surpresas estão por eu *não* ter ido para outro lugar. Tomo providências para ir a Nova Iorque, e todo o meu planejamento se encaixa nisso.

Semelhantemente, quando valorizo aqueles que estão ao meu redor e os vejo como criaturas de Deus, projetadas para o seu propósito eterno, não estabeleço o ponto adicional de não as odiar ou de chamá-las de "tolas" e "loucas". Não fazer isso é apenas "parte do pacote": "Aquele que ama seu próximo tem cumprido a lei", assegura-nos Paulo (Rm 13:8). Simples assim.

Por outro lado, ir para Nova Iorque apenas porque não desejo ir para Londres ou Atlanta é um péssimo planejamento. Da mesma maneira, *não* se irar com senso de justiça própria é um péssimo planejamento quando desejo tratar pessoas com amor. Não funciona assim. Jesus nunca intencionou que agíssemos desse modo. Apesar de sua necessidade, bondade e beleza, leis que lidam apenas com a ação humana, como no caso dos Dez Mandamentos, simplesmente não podem alcançar o coração humano, a *fonte* das ações: "Se tivesse sido dada uma lei que pudesse conceder vida", explica Paulo, "certamente a justiça viria da lei" (Gl 3:21). Mas a lei, a despeito de toda a sua magnificência, não pode conceder vida. O relacionamento gracioso, sustentado pelo Cristo-mestre, certamente pode.

Aprendemo-lo em nossa condição de discípulos de Cristo.

Ilustrações positivas da essência do reino

Todavia, a revelação da bondade do reino referente à nossa interação com outros não está ainda completa. Mostrar que a ira e o desprezo são questões tão sérias apenas serve para estabelecer um fundamento para o movimento final nesse primeiro contraste de Jesus entre a essência do reino e os ensinos mais antigos sobre o "reto proceder". Nesse ponto, Jesus declara um "portanto" impressionante, conduzindo-nos para fora de meras negociações e proibições a uma consideração positiva e impressionante pelo nosso próximo, a quem devemos amar como o próprio Deus ama.

Referindo-se ao que acabara de ficar claro, Jesus diz: "Portanto" (v. 23). *Porque* a realidade da alma humana e a consideração de Deus para com ela em seu reino é tão grande, que tipo de cuidado positivo nos leva a ficar à vontade na vida do reino? Duas ilustrações nos são dadas a respeito daquilo que, mais uma vez, a lei não poderia jamais captar.

Na primeira, você está com os oficiais do templo perante o altar, prestes a apresentar seu sacrifício a Deus (Mt 5:23-24). É um dos momentos mais sagrados da vida ritualística do fiel. A prática era que nada podia interromper o ritual, exceto alguma questão cerimonial mais importante, exigindo atenção imediata.

De repente, justo em meio à apresentação da oferta, você se lembra de que um irmão está chateado com você. Percebendo quão importante é para a sua alma encontrar libertação, e atribulado pelo rompimento de sua amizade com a dele, você interrompe o ritual, deixando o ambiente, a fim de encontrar o irmão ofendido e fazer as pazes. *Essa atitude* ilustra a bondade positiva da essência do reino.

Para entender o impacto pleno dessa ilustração, temos de nos imaginar em nossa cerimônia de casamento, de batismo ou de alguma ordenação especial, como a ordenação pastoral. No meio dos procedimentos, deixamos o recinto para buscar reconciliação com alguém que nem está presente. A situação figura o amor do reino, que nada mais é do que a justiça do reino.

O fato de Jesus escolher essa cena para ilustrar a qualidade da essência do reino continua a longa e estabelecida ênfase profética de Israel, que sempre pesava a moralidade acima do ritualismo. "Desejo misericórdia, e não sacrifícios" (Os 6:6). Eduard Schweizer comenta: "Quando uma prática de culto é interrompida por amor de algum irmão, como Jesus exige, a ideologia ritualística foi basicamente vencida".[14]

Pense, agora, no tipo de qualidade de vida e caráter existentes em alguém que interrompe rotineiramente rituais sagrados em busca de reconciliação com outro ser humano. Que tipo de vida intelectual, que tonalidades de humor, que hábitos de corpo e mente, deliberações e escolhas você encontraria em alguém assim? Respondendo a essas perguntas, você terá um vislumbre da verdadeira "justiça que vai além", em consonância com o reino divino de poder e amor.

Naturalmente, a tendência *legalista* do ser humano passará a funcionar imediatamente. Ela nunca parece descansar, questionando: "E se o meu irmão recusar a reconciliação? Devo parar de ir à igreja?" (já que Jesus disse: "vá primeiro reconciliar-se com seu irmão; depois volte e apresente sua oferta"). Em outras palavras, devemos sempre fazer isso, a despeito das demais coisas que estão em jogo em determinada situação? É óbvio que não! Jesus não nos dá uma lei

---

[14]SCHWEIZER, Eduard. *The Good News According to Matthew* [As boas novas segundo Mateus]. Tradução de David E. Green. Atlanta: John Knox Press, 1975, p. 119.

segundo a qual nunca devemos levar a cabo nossa prática religiosa se alguém tiver algo contra nós. Ele não nos decreta uma lei, como: "não matarás". O objetivo de sua ilustração — e isso não passa de *ilustração* — é levar-nos a perceber o que está em nosso coração e, simultaneamente, mostrar-nos a justiça essencial do reino.

Não controlamos resultados, nem somos responsáveis por eles, mas apenas contribuímos para que eles ocorram. Nosso coração anseia por reconciliação? Fizemos todo o possível? Honestamente? Recusamo-nos a substituir comportamento ritualístico por atos genuínos de amor? Lamentamos pelo mal que a ira do nosso irmão está fazendo à sua alma, para nós e para outros ao nosso redor? Se sim, estamos além da "justiça dos escribas e fariseus", imersos nos caminhos de Deus. Sem dúvida, podemos achar um meio apropriado para agir à luz de um coração assim, sem receber uma *lista* de coisas para fazer.

A segunda ilustração de uma ação típica da essência do reino é extraída de um caso em que temos um *adversário* perante o sistema jurídico. Hoje, provavelmente significaria que estamos sendo processados.

Nesse contexto, Jesus nos diz para termos uma boa disposição de mente (*eunoon*) em relação ao nosso adversário durante as interações preliminares que levariam a um julgamento. Com amor genuíno pelo adversário, tente resolver a questão antes que ela chegue ao tribunal. Podemos nos encontrar cordialmente com tal indivíduo, por exemplo, e simplesmente perguntar, com sinceridade, o que fazer para ajudar. Esse é o tipo de coisa que alguém faria quando infundido da essência do reino.

Amando verdadeiramente o nosso adversário, permanecemos no âmbito do reino e de seus recursos; e é muito provável que atraiamos o nosso adversário para a mesma esfera. Nesse contexto, as coisas são bem diferentes, de modo que uma resolução manifestando a presença divina torna-se possível. Veja o que acontecerá. Aventure-se no reino. É assim que nós o "buscamos".

Se não abordarmos nosso "adversário" dessa maneira, acabaremos por limitar-nos, tanto a nós quanto o nosso adversário, apenas ao sistema e às leis humanas, e teremos de suportar seu fruto amargo.

A JUSTIÇA E O CORAÇÃO DO REINO: ALÉM DA BONDADE DE ESCRIBAS E FARISEUS

Provavelmente, não escaparemos desse sistema até que ele tenha drenado nosso recurso por completo. Como é realista a descrição de Jesus de processos cujo desenrolar presenciamos o tempo todo à nossa volta! Atualmente, alguns tribunais mandam para a cadeia filhos que se recusam a visitar o pai que abandonou a família. Talvez tenhamos de admitir que, hoje, esse sistema seja inevitável; contudo, ele não deixa de ser cruel o bastante para a existência humana, segundo os padrões de qualquer pessoa reflexiva.

É crucial percebermos que, na passagem, Jesus *não* diz que devemos simplesmente ceder às exigências de um adversário. Ter uma mente favorável a um adversário ou a qualquer pessoa não significa fazer o que ela exige. Significa estar genuinamente comprometido com o que lhe é bom, buscar o seu bem-estar. Talvez isso até mesmo exija que *não* cedamos a ela. No entanto, há muitas maneiras pelas quais podemos nos manter firmes — algumas aprovadas por Deus, outras não.

Semelhantemente, ele não nos proíbe de ir para o tribunal. Entretanto, quantas pessoas, procurando por uma lei, supuseram falsamente que sim? Só que não é isso que Cristo diz. Certa vez, um conhecido meu fez negócio com um sócio que se aproveitou dele e o arruinou. Esse homem cedeu às exigências e ações ilegítimas desse sócio e não foi à justiça para resolver a questão, supondo que Jesus decretara uma lei que proibisse tal medida. Na verdade, ele esperava que Deus providenciasse para que ele não tivesse perdas. Só que ele perdeu. E hoje ele tem muita raiva de Deus e de muita gente.

Jesus nos dá, então, uma segunda ilustração de como alguém infundido na essência do reino responderia. Ele não nos fala o que fazer, e sim como fazê-lo. Na verdade, você pode ir ao tribunal ou não; tudo depende da circunstância. Mas faça tudo sem hostilidade, amargura e desejo implacável de *vencer*. Esteja preparado para sacrificar o seu interesse em prol de outra pessoa se for o curso mais sábio a tomar. Mantenha também uma confiança jubilosa em Deus, a despeito do que acontecer.

Como participantes do reino, tomamos, em amor, decisões responsáveis, assegurados de que não nos importa muito a maneira como a situação se desenrola; afinal, *estamos* no reino dos céus. Nesse reino, nada daquilo que acontece conosco é "o fim do mundo".

A CONSPIRAÇÃO DIVINA

Por meio das duas ilustrações, finalmente vemos a bondade do reino posicionada lado a lado com a mera bondade de "não matar", que, em comparação com o ensino de Jesus, perde o seu brilho. Se tratássemos essas ilustrações como leis, seríamos justificados em nosso tratamento com um irmão ou uma irmã? De jeito nenhum! Poderíamos praticá-las e ainda assim encontrar muitas outras maneiras de odiar e ferir nosso próximo. Demonstraríamos não ter entendido nada.

O PODER DESTRUTIVO DO DESEJO FANTASIOSO

O veneno do desejo sexual alimentado e fantasiado

No discurso no monte, Jesus trata a hostilidade em maior nível do que qualquer outra questão abordada — certamente por se tratar de um tema mais fundamental. Ao extirpar da vida humana o desprezo e a ira desenfreada, teremos nos livrado daquilo que constitui boa parte dos males que acontecem no mundo.

Nessa primeira amostragem concreta, porém, entre a antiga e a nova *dikaiosune*, Jesus também nos permite perceber *como* ele trata o assunto. Doravante, poderemos lidar mais brevemente com os cinco contrastes que ainda faltam em sua exposição da justiça do reino.

O segundo contraste com o qual Jesus lida diz respeito ao sexo, tema cuja relevância é tão atual quanto em sua época. O sexo e a violência são dois elementos repetidamente citados como as áreas mais problemáticas da humanidade, no dia a dia e na mídia. A violência é o transbordar inevitável da ira e do desprezo no coração. A ira e o desprezo se entrelaçam constantemente, um com o outro e com as torrentes de gratificação fantasiosa que inundam o coração humano, como a fama, as drogas, o álcool, o poder e o dinheiro. O anseio por essas coisas domina a estrutura social, na qual uma gama aparentemente ilimitada de desejos reivindica constantemente a "liberação" para uma satisfação também ilimitada.

Como nos exemplos de violência verbal e física, Jesus parte de um dos Dez Mandamentos, "não adulterarás", como ponto de contraste, segundo sua interpretação na época. Estritamente falando, o mandamento proíbe uma pessoa casada de ter relações sexuais com qualquer um além de seu cônjuge. Como no caso do homicídio, a ordem é uma proibição absoluta, de modo que sua aplicação não está aberta à interpretação.

Todavia, conforme vimos no mandamento anterior, o mero fato de você não cometer adultério com alguém não significa que, na esfera da sexualidade, o seu relacionamento com essa pessoa funciona como deveria, nem que você está sendo autêntico com respeito à própria sexualidade.

Jesus se deparou com um número grande de homens que se autojulgavam corretos e justos em sua vida sexual por não terem cometido a infração proibida pelo mandamento. Sua condição era a mesma daqueles cuja percepção de si era de que fossem justos, por não terem matado o próximo.

Contudo, Jesus estava ciente, segundo facilmente reparamos hoje, que aqueles que se autojulgavam sexualmente puros e justos eram os mesmos que acompanhariam uma mulher com um olhar esbanjado, traçando com a vista as demarcações do seu corpo, demonstrando-se, por seu aspecto facial e por sua postura, absortos pelo desejo. Seu prazer nesse tipo de atitude é nítido, isto é, fantasiar a sensação do toque, das carícias, do intercurso sexual.

Todo mundo sabe o que é isso, e há poucos que, em algum momento da vida, não tenham se engajado nesse tipo de atividade, em um nível ou em outro. Sem dúvida, a mesma coisa acontecia no tempo de Jesus. Só que a prática persiste entre pessoas de todo o tipo — de ministros a professores universitários — e, na época atual de oportunidades iguais, entre mulheres e homens do mesmo sexo. Sobre essa questão, Jesus ensina que aquele que cultiva a cobiça sexual dessa maneira não consegue participar da bondade do reino de Deus.

Olhos de Jó

No livro de Jó, datado por alguns como o mais antigo livro da Bíblia, existe uma declaração analítica relacionada ao percurso do envolvimento sexual (Jó 31). Conforme sabemos, Jó protesta sua integridade em todos os aspectos. Assim como Jesus o fará muitos séculos depois, o patriarca toca num assunto sensível, ao elaborar uma política bem pensada sobre isso: "Fiz aliança com meus olhos", alega. Jó tem, por assim dizer, um acordo formal com os olhos para que não se envolvam com cobiça sexual. "Como, pois", questiona, "os fixaria numa donzela?" [v. 1, ARA]. Deus perceberia o olhar obsceno, e a cobiça certamente levaria a ações enganosas (v. 5). Mas Deus sabe que nada disso é parte da vida de Jó (v. 6).

Jó é tão enfático a respeito de sua pureza nessa área, que expõe detalhadamente a trajetória do envolvimento sexual ilícito e suas consequências. Evidentemente, ele sabia exatamente como tudo acontece: "Se me desviei de seu caminho", defende-se, "se meu coração cobiçou o que os olhos viram... Se meu coração foi seduzido por uma mulher, ou se cobicei a esposa de meu próximo, que minha esposa se torne serva de outro homem; que outros durmam com ela" (Jó 31:7, 9-10).

Estar sexualmente puro perante Deus é andar precisamente como Jó. É ser o tipo de gente que tem uma prática detalhada e estabelecida de não envolver o corpo, a percepção, os pensamentos e os desejos em flertes e insinuações sexuais. É ser o tipo de gente cujos pés, olhos, mãos e coração simplesmente andam dentro dos limites da boa política que estabeleceram em vista do conhecimento daquilo que é correto e justo.

Adultério "no coração"

Assim, nessa área, Jesus não está exatamente estabelecendo ideias desconhecidas à humanidade. Todos, exceto aqueles que estão comprometidos com uma trajetória de autojustificação, entenderão claramente a respeito do que ele fala e reconhecerão que isso não é bom/correto. Jesus simplesmente descreve a cobiça, ao dizer: "Qualquer que olhar para uma mulher *para desejá-la*", usando sua presença visual como meio de saborear o ato fantasioso, "já cometeu adultério com ela no seu coração" (Mt 5:28, grifo nosso).

Em outras palavras, todos os elementos de um genuíno ato de adultério além dos movimentos do corpo estão presentes nessa situação. Os elementos do coração estão presentes. Quando o coração está pronto, a ação flui segundo a ocasião. Assim como um ladrão roubaria nas circunstâncias certas, um adúltero também praticaria relações sexuais ilícitas. Geralmente, isso significa que ele ou ela procuraria assegurar-se de não ser pego; é isso que Jesus chama de "adultério no coração". Nesse caso, o indivíduo não se importa com o outro, mas usa-o. A condição está errada, mesmo que a relação sexual não ocorra.

Quando alguém é dominado pela fantasia sexual, a cobiça é, como no caso da ira e do desprezo, manifesta. Podemos detectá-la na "linguagem corporal" e na expressão de alguém. Como resultado, seus efeitos afetam todas as pessoas envolvidas na situação, mesmo que o desejo não seja "extravasado". De fato, como condição do "eu" social personificado, a cobiça é *sempre* extravasada em um nível ou outro; por isso, não pode permanecer uma realidade individual. O "olhar" é um ato público, de modo que sua ocorrência acarreta consequências públicas que reestruturam o quadro geral das relações pessoais.[15]

A pessoa sujeita à fantasia, bem como outros que estão por perto, são profundamente afetados por tal cobiça. Quase sempre ela produz algum nível de ação inapropriada, incluindo todo o comportamento atualmente rotulado como "assédio sexual". De fato, a menos que haja consenso, a cobiça constitui uma forma de assédio sexual. O indivíduo dominado por ela e todos que estão por perto devem "lidar com o problema", normalmente por planejamento e alerta constantes. O assédio como o conhecemos simplesmente desapareceria sob a ética sexual de Jesus.

Também eliminado seria o tratamento injusto daqueles que não atraem o olhar cobiçoso. Eles não têm a "vantagem sexual" que, de modo sutil, facilita a vida de outros: atenção mais favorável, uma aplicação mais "compassiva" de parâmetros de desempenho, avanço de carreira e recompensa financeira. Naturalmente, o que sofre desvantagem não pode *reclamar*, já que seria uma admissão humilhante de sua "falta de atração". Tudo que faz é sofrer calado.

---

[15]Existe uma sabedoria profunda atrelada ao "olhar", preservada em diversas tradições cristãs. Cf., por exemplo, *The Rule of Saint Augustine* [A regra de Santo Agostinho] (muitas edições) sobre o "olhar" e como lidar com ele.

A consumação do adultério é pior

Assim sendo, ninguém pode estar em harmonia com o Reino Entre Nós e cultivar esse tipo de desejo escravizador. O fato, porém, de alguém não cometer adultério é importante. O adultério consumado envolve todo o erro do "adultério do coração", e muito mais. Jesus nunca sugere que o adultério seja aceitável, desde que praticado "do jeito certo"; nem que, se alguém já estiver envolvido com adultério no coração, deve seguir em frente e consumá-lo. Cristo sabia quão terrivelmente destrutivo esse ato é para a vida. O moralista clássico Aristóteles, que viveu quatro séculos antes de Jesus, também sustentou que o adultério é simplesmente errado. Segundo ele defendia, não existe algo como "cometer adultério com a mulher certa, na hora certa, da forma certa... já que o adultério é simplesmente errado".[16] Até meados do século XX, a posição geral era de que essa perspectiva estava correta.

Hoje, claro, esse ponto de vista mudou quase que por completo. Atualmente, seria difícil descobrir qualquer autor de ética que considerasse o adultério como simplesmente errado. Na verdade, quase tudo que envolve relações sexuais é tido por correto hoje em dia, desde que ambas as partes estejam de acordo. Segundo alguns, não havendo concepção não haveria adultério, já que, desde o início, a "verdadeira" proibição não diz respeito à relação sexual, mas à inclusão de uma criança na relação conjugal de outro casal, "adulterando", assim, a linhagem familiar do homem.

Hoje, é mais comum pensar sobre o sexo como prática correta com qualquer um que você ama no sentido de envolvimento "romântico". Por outro lado, o sexo sem sentimentos românticos é tido por errado, mesmo quando os parceiros sexuais são casados. Normalmente, o "amor romântico" em questão acaba não sendo nada além de uma cobiça fantasiosa, precisamente aquilo que Jesus chamou de "adultério no coração". A atração do indivíduo não é pautada no amor, mas na cobiça, que se disfarça de glorificação mais profunda com o objetivo de conseguir o que deseja.

---

[16]Aristóteles, *Ética a Nicômaco*, livro 2, capítulo 6.

Nessa perspectiva, o que é "certo" e o que é "errado" no intercurso sexual dependem do que hoje é interpretado como amor romântico. Entretanto, em geral, a posição bíblica é a seguinte: a relação sexual é correta quando atrelada a uma aliança pública e solene entre duas pessoas; incitação e deleite sexuais são uma resposta ao dom de uma intimidade pessoal exclusiva, envolvendo todo o ser de duas pessoas que juram fidelidade uma à outra.

A intimidade é a fusão mútua de almas que se inter-relacionam de modo cada vez mais profundo. O verdadeiro erótico jaz na fusão de almas. Como seres livres, a nossa intimidade não pode ser nem passiva nem forçada; como seres de extrema limitação, nossa intimidade deve ser exclusiva. Eis a realidade metafísica e espiritual que subjaz a violação amarga daquele que é traído. Também revela a condição desfigurada e superficial daquele que pratica a traição.

Na verdade, a descaracterização profunda do erótico que prevalece hoje representa a inabilidade humana, em sua versão ocidental atual, de entregar-se para os outros e recebê-los com fidelidade duradoura.[17] O relacionamento pessoal foi de tal modo esvaziado, a ponto de impossibilitar a intimidade. Assim, questionamos com ar de naturalidade: "Por que não?", ao contemplar o adultério. Por que se preocupar com o rompimento de algo se não há nada para ser rompido?

Um dos aspectos mais reveladores sobre o indivíduo contemporâneo é o fato de ele não encontrar razões para não cometer adultério. Todavia, a intimidade é uma fome espiritual da alma humana; não podemos escapar dela. Isso sempre foi verdade, e continua sendo hoje. Vivemos batendo na tecla do sexo na esperança de extrair um pouco de intimidade, mas em vão. A intimidade surge apenas no

---

[17]Thomas Oden comenta de modo incisivo sobre "a falha da Modernidade em entender o casamento como sendo a dica mais transparente do fracasso da consciência moderna, mas [...] também da falha nas esferas da amizade e da política. Sempre que contemplo a esfera interpessoal, vejo o fracasso de valores relativizados, naturalistas e narcisistas como meio de nutrir e sustentar relacionamentos interpessoais justos e amor pactual responsável [...] A história recente do divórcio é sinal-chave da falha da Modernidade de sustentar a prestação de contas no âmbito interpessoal [...] [A Modernidade transformou o casamento] em um cálculo hedonista contínuo, capaz de ser rejeitado da maneira tão irreverente quanto foi introduzido" (*After Modernity... What?* [Depois da Modernidade... o quê?] (Grand Rapids: Zondervan, 1990), p. 195-196).

A CONSPIRAÇÃO DIVINA

contexto de uma fidelidade individualizada na esfera do reino de Deus. Tal fidelidade é violada tanto pelo "adultério no coração" quanto pelo adultério no corpo.

Ira e desprezo no sexo

É claro que a mesma intimidade pautada na aliança há pouco mencionada é uma expressão do mesmo coração de amor a que Jesus se refere em seu discurso anterior sobre a ira, o desprezo e sentimentos semelhantes. A progressão ordeira do Discurso vem à tona imediatamente. O prazer sexual que ocorre naturalmente com a intimidade da aliança matrimonial é totalmente destruído pela ira e pelo desprezo. Quantas uniões matrimoniais são minadas fatalmente por causa do desprezo de um cônjuge em relação ao outro — às vezes por causa do corpo, outras vezes por causa da mente, dos talentos, da família ou por algo que ele ou ela fez? O desprezo sempre suscita ira, a qual, por sua vez, suscita ainda mais ira. É uma história familiar. Raramente as feridas são curadas; sua tendência é infeccionar e crescer. Sob condições carregadas de desprezo, o "sexo" tende apenas a aprofundar o problema.

A ira e o desprezo impossibilitam o prazer sexual entre cônjuges; quando tal necessidade importante não é suprida, as pessoas são quase que inevitavelmente atraídas à esfera da fantasia. Cônjuges insatisfeitos projetam imagens fantasiosas, forçando pessoas reais em sua vida a, de uma forma ou de outra, corresponder com elas — ou não. Tal atitude leva a uma frustração ainda maior, produzindo ainda mais ira e desprezo.

O sentimento de hostilidade pode até se tornar essencial ao estímulo sexual, impossibilitando o estímulo e a satisfação sexual sem recursos artificiais. A "perversão" e a degradação (humilhação, violência etc.) tornam-se necessárias para a excitação sexual. Ao final, o ciclo de ira e desprezo volta a entrar em jogo, dessa vez contra aqueles que não aprovam a necessidade e o comportamento sexual anormais, ou contra o próprio indivíduo que os pratica.

A sexualidade explícita encontrada nas revistas expostas nos caixas de supermercado, em propagandas, livros de ficção e praticamente todos os filmes e programas de televisão é sempre um exercício de fantasia sexual e incita a frustração, a ira e o desprezo que acabamos de descrever. Em nosso planejamento de vida, devemos nos lembrar sempre de que nem tudo que não consideramos errado ou mau nos é, necessariamente, bom.

Evidentemente, quando o assunto é pornografia explícita, podemos ver, se ainda temos o mínimo de sensibilidade e de cérebro, que ela sempre envolve algum elemento de desprezo ou até de repugnância. Seus atores são *obviamente* usados, sendo considerados pelo espectador como "merecedores" de repulsa ou até mesmo dor. O espectador sequer cogita para eles uma relação humana digna.

O arquétipo feminino explorado pela pornografia, tão recorrente em publicações nos últimos anos, é simplesmente um absurdo. A pornografia se alimenta da imaginação hostil e degradada, ao lado do "adultério no coração". O ensino de Jesus sobre o assunto alcança as profundezas da alma e do corpo humano, tornando-nos cientes de possíveis ou reais aspectos tenebrosos em nós, dos quais, como Jó, devemos nos afastar.

Apenas pensar ou desejar não é errado

Por outro lado, devemos ter o cuidado de reconhecer que, assim como a ira ou a dor, o desejo sexual não é errado como resposta natural e não cultivada. O desejo sexual exerce uma função vital e, desde que permaneça nos limites *dessa* função, constitui algo bom e correto.

Além do mais, quando apenas *pensamos* em sexo com alguém que vemos, ou simplesmente o achamos atraente, isso não é errado, e certamente não representa o que Jesus chama de "adultério no coração". Quando somos *tentados* sexualmente, pensamos em alguém com quem não estamos casados e desejamos essa pessoa — geralmente, claro, alguém que vemos. Mas a tentação não é sinônimo de pecado, embora ela não deva ser alimentada voluntariamente. O próprio Jesus sofreu, experimentou e entendeu a tentação.

Assim, traduções de Mateus 5:28 que dizem "Quem olhar para uma mulher *e* a desejar" ou "quem olhar para uma mulher com desejo" estão terrivelmente erradas e são muito prejudiciais, principalmente para os jovens. A razão é que elas mudam completamente o significado do texto e apresentam o "adultério no coração" como algo inevitável, algo que simplesmente acontece sem o envolvimento da vontade.

A CONSPIRAÇÃO DIVINA

O fato de essas traduções igualarem a tentação ao pecado deveria bastar, por si só, para mostrar que elas estão erradas. Nenhuma tradução bíblica que contradiga os princípios básicos do ensino bíblico como um todo pode estar certa.

A terminologia de Mateus 5:28 é clara o suficiente para todo o que presta atenção, e muitas traduções a acertam. A preposição grega *pros* e o caso dativo são usados no texto. A terminologia se refere a olhar para uma mulher *com o propósito* de desejá-la. Isto é: desejamos desejar. Entregamo-nos ao desejo e o cultivamos por gostar de fantasiar sobre sexo com a pessoa que vemos. Desejar sexo é o propósito que nos leva a olhar.

Outra passagem do Novo Testamento fala graficamente daqueles que têm "olhos cheios de adultério" (2Pe 2:14). São aqueles que, ao verem uma pessoa sexualmente atraente, não enxergam a pessoa em si, mas a si mesmos tendo relações sexuais com ela. Veem o adultério ocorrendo na imaginação. Tal condição pode e deve ser evitada. Trata-se de uma escolha.

Infelizmente, para muitas pessoas, isso já se transformou em um hábito consciente. Ainda assim, porém, não se trata de algo que apenas lhes *acontece*; elas não são vítimas passivas, sem poder de decisão sobre a questão. Não é como a lei da gravidade. O desejo é ansiado, aceito, alimentado, elaborado, fantasiado. É o alimento e o estímulo proposital do desejo que Jesus marca como manifestação da condição sexualmente indevida da alma. Ninguém precisa agir dessa maneira, a menos que tenha chegado a um estágio avançado de distúrbio ou possessão compulsivo. Em casos assim, o indivíduo precisa de ajuda que vai além da instrução e do conselho.

Não basta apenas evitar o adultério no coração

Podemos, todavia, fazer do ensino de Jesus sobre o adultério uma *lei* que declara a justiça na esfera sexual? Teríamos, sem dúvida, um coração correto nessa esfera se não cometêssemos adultério *e* não alimentássemos a cobiça visual?

De maneira nenhuma! Seria, mais uma vez, transformar a ilustração de Jesus sobre o assunto em uma lei de justiça. E isso nos leva a perder de vista seu propósito principal, já que seu ensino diz respeito à condição interior, do "coração".

O caso da luxúria obsessiva ilustra um erro do ser humano em seu interior que ainda pode estar lá, mesmo que nenhum ato externo de adultério seja cometido. Sim, mas a injustiça sexual ainda pode estar presente quando alguém não olha para os outros a fim de alimentar uma fantasia sexual. Evitar esse tipo de situação não é uma garantia de ser sexualmente sadio. Assim como é um erro pensar que o simples fato de elaborar uma lei que afirme "Não olhe com luxúria" nos garantirá que vamos obedecê-la. Tudo isso depende de como as coisas são feitas e do que mais está acontecendo no coração.

Por exemplo: houve homens, até mesmo grupos de homens, que fizeram de seu objetivo principal não olhar com lascívia para uma mulher (cometendo, assim, o típico erro farisaico de tentar controlar a ação em vez de mudar a fonte). E eles alcançaram esse objetivo. Não olharam para uma mulher por anos, nem mesmo para a sua mãe ou irmã; afastaram-se totalmente da companhia feminina, em todas as circunstâncias. Recusaram-se a estar no mesmo local onde a presença de uma mulher era visível.[18]

Alguém poderia concluir que certamente isso resolveria o problema quanto à conformidade à nova *lei* de Jesus sobre pureza sexual. Afinal, se você não vê uma mulher, não pode cultivar o desejo por ela. Ou suponhamos que eu treine a mim mesmo para odiar a mulher a fim de não a desejar? Isso também já foi feito. A prática me tornaria, então, sexualmente justo? É esse o caminho do Reino Entre Nós?

Nem sequer precisamos refletir muito para saber o quanto essa ideia está equivocada. Podemos dizer que práticas assim constituem uma relação de amor com o sexo feminino, incluindo a mulher que pertence ao seu círculo familiar? É claro que não. Historicamente, tal "solução" tem sido associada com a consideração da mulher como o problema, ou mesmo como inerentemente má. Embora, em algumas circunstâncias, tudo que alguém pode fazer é fugir da tentação ou evitar sua possibilidade, a fuga deve ser considerada como um recurso temporário. Não pode servir de solução permanente nem de regra de vida, já que não muda quem somos.

---

[18]Cf. WILLARD, Dallas. *The Spirit of the Disciplines* [O espírito das disciplinas]. São Francisco: Harper & Row, 1988, p. 141.

Reductio ad absurdum da justiça em termos de ações

De fato, a tentativa de resolver o problema do comportamento sexual lícito por uma lei ou um conjunto de leis que governam comportamentos específicos é o que Jesus aborda em Mateus 5:29-30: "Se o seu olho direito o fizer pecar, arranque-o e lance-o fora. É melhor perder uma parte do seu corpo do que ser todo ele lançado no *gehenna*" (v. 29). Jesus fala o mesmo sobre a mão direita (v. 30).

Jesus está dizendo que, se alguém pensa que leis podem eliminar a transgressão, então deve, para ser consistente, cortar o braço direito ou arrancar o olho a fim de garantir que não cometerá as ações que a lei proíbe — já que, se o indivíduo se autocegar, não poderá olhar para uma mulher com a intenção de desejá-la; se alguém se automutilar, não será capaz de praticar qualquer *ação* ilícita. Essa é a lógica por meio da qual Jesus reduz ao absurdo a justiça dos escribas e fariseus.

Na perspectiva dos fariseus e dos escribas, se tão somente você deixasse de pecar, então satisfaria à lei e alcançaria a bondade. O indivíduo é justo quando não faz nada de errado. Você poderia evitar o pecado se simplesmente eliminasse as partes corporais que possibilitam a ação pecaminosa. Assim, mutilado, você entraria no céu.

Naturalmente, ser aceito por Deus é tão importante que, se mutilar partes do corpo garantisse a aceitação, a automutilação seria uma decisão sábia. Jesus parece ter falado a mesma coisa em outras ocasiões (Mt 18:8-9; Mc 9:43). Longe, porém, de sugerir que qualquer vantagem perante Deus poderia ser alcançada dessa maneira, Jesus ensina exatamente o contrário nessa passagem. O indivíduo mutilado ainda assim pode ter um coração ímpio. A questão mais profunda sempre diz respeito a quem você é, não ao que fez ou pode fazer. O que você *faria* se pudesse?[19] Eliminar partes do corpo não muda esse fato.

---

[19]Logo no início da reflexão ética séria na Grécia, o problema é estabelecido da seguinte maneira: por que é melhor fazer o que é justo se eu posso fazer a coisa errada, de modo totalmente anônimo? Veja a história de Gyges na *República* de Platão, livro 2. Sócrates (personagem do diálogo de Platão) elabora a resposta em termos do tipo de pessoa que você se torna, quer os outros estejam cientes, quer não. Saber que você é uma fraude e que foi capaz de "se safar" é o suficiente para deixá-lo satisfeito?

A JUSTIÇA E O CORAÇÃO DO REINO: ALÉM DA BONDADE DE ESCRIBAS E FARISEUS

Se você desmembrasse as partes do seu corpo a ponto de não poder mais cometer homicídio, olhar com ódio para alguém, cometer adultério ou cobiçar com os olhos, mesmo assim o seu *coração* estaria cheio de ira, desprezo e desejo compulsivo pelo que é errado, a despeito de atitudes sufocadas e suprimidas. "Pois do interior do coração dos homens vêm os maus pensamentos, as imoralidades sexuais, os roubos, os homicídios, os adultérios, as cobiças, as maldades, o engano, a devassidão, a inveja, a calúnia, a arrogância e a insensatez. Todos esses males vêm de dentro e tornam o homem 'impuro'" (Mc 7:21-23).

A bondade essencial do reino, em comparação, é o amor positivo para com Deus e para com aqueles que, participando desse reino, rejeitam as muitas manifestações do mal. Dessa bondade é que surgem atos de respeito e pureza, característicos da sexualidade segundo designada por Deus.

Além dos papéis de divórcio

Estamos, então, prontos para lidar com acordos sociais que, embora não tivessem *status* de lei no sentido mais amplo, representavam, por assim dizer, a "velha" retidão e, por isso, deviam dar lugar à presença do reino. O primeiro diz respeito ao divórcio.

Uma das coisas mais importantes na mentalidade machista dos dias de Jesus — não só daquela época, mas de todas as épocas — era a de que um homem era capaz de livrar-se de uma mulher que não o agradasse. Nesse aspecto, o homem tinha grande liberdade, enquanto, do ponto de vista da mulher, o divórcio era simplesmente brutal e, em termos práticos, essa opção não lhe era dada. Quando Jesus ensinou que o divórcio segundo praticado na época era inaceitável, os homens que formavam seu grupo mais próximo de discípulos responderam da seguinte forma: "Se esta é a situação entre o homem e sua mulher, é melhor não casar" (Mt 19:10).

Normalmente, o homem era tido por justo ou bondoso na questão do divórcio quando, ao se separar de sua mulher, dava-lhe um registro por escrito, declarando-a divorciada. Ao menos ela teria um certificado para provar seu *status* como não casada. Caso fosse pega

A CONSPIRAÇÃO DIVINA

com um homem, o certificado de divórcio lhe permitia autodefesa contra a acusação de adultério, uma vez que tal acusação poderia resultar em sua morte. Também lhe permitia buscar o casamento com outro homem, ou, se nada mais desse certo, ganhar a vida como prostituta.

Certamente, os intérpretes da lei há muito debatiam a respeito de um homem ser livre para divorciar-se de sua mulher "por qualquer motivo" (Mt 19:3) ou apenas por adultério. Os fariseus arrastaram Jesus para a controvérsia, e ele claramente ficou ao lado da posição altamente restritiva da escola de Shamai, que permitia o divórcio com bases "morais". A escola de Hilel, por sua vez, permitia o divórcio "por qualquer motivo" (se a mulher queimasse a comida ou a cozinhasse demais, por exemplo). O rabi Aquiba permitia o divórcio até se o marido apenas visse uma mulher cuja aparência lhe agradasse mais e a desejasse por mulher em lugar da sua.[20]

Na prática, porém, a mulher sabia muito bem que podia sofrer o divórcio por qualquer motivo elaborado pelo marido. Conforme praticada, a lei era totalmente favorável aos mínimos caprichos do marido, mesmo que o código mosaico, principalmente encontrado em Deuteronômio 22–24, seja obviamente muito mais restritivo e exija algum tipo de impropriedade por parte da mulher, especificando também as condições sob as quais o homem perde totalmente o direito de divorciar-se da esposa.

Quando o próprio Jesus aborda a questão da justiça do indivíduo em relação ao divórcio, ele não o proíbe absolutamente, porém deixa claro que o divórcio nunca foi a intenção de Deus para o homem e a mulher no casamento. A intenção no casamento é a união de duas pessoas, uma união ainda mais profunda do que a de pais, filhos ou qualquer outro relacionamento humano. O homem e a mulher devem se tornar "uma só carne", uma unidade natural cuja vida, assim, jamais permanece integral com a perda ou a substituição de um dos membros (Mt 19:5; Gn 2:24).

---

[20]Veja o tópico "divórcio" em *Cyclopaedia of Biblical, Theological, and Ecclesiastical Literature* [Enciclopédia de literatura bíblica, teológica e eclesiástica], editado por John M'Clintock e James Strong (Nova Iorque: Harper & Brothers, 1894), p. 839-844.

O princípio da dureza de coração

Ainda assim, Jesus não diz que o divórcio nunca é permitido. Para começar, ele aceita a exceção mosaica de "impureza", a qual podia cobrir uma série de coisas, porém referia-se principalmente ao adultério (Mt 5:32; 19:8-9). Sua interpretação das bases para a exceção mosaica não é, entretanto, simplesmente que o adultério e as práticas semelhantes são intrinsecamente tão horríveis, que um relacionamento matrimonial não pode sobreviver a eles. Julgando erroneamente o ensino de Jesus, mesmo hoje alguns pensam que, onde há adultério, o ensino bíblico *exige* o divórcio; mas não é assim.

Antes, é a dureza do coração do homem que Jesus cita como base para permitir o divórcio em caso de adultério. Em outras palavras, o fundamento para o divórcio é o egoísmo humano. Se não fosse por esse fator, mesmo o adultério não o legitimaria. Sem dúvida, a maior preocupação de Jesus era com o fato de a mulher poder acabar morta, ou brutalmente abusada, se o homem não pudesse "se livrar" dela. Temos a mesma situação hoje, claro. Tal é a nossa "dureza de coração". Melhor, então, divorciar-se do que fazer da vida algo insuportável. Jesus não faz nada para mascarar esse princípio.

Ao passo, porém, que não desautoriza, em termos absolutos, o divórcio, Jesus faz diversos comentários incisivos acerca de como o divórcio marca as pessoas. Em primeiro lugar, ele insiste, conforme notamos, que o divórcio nunca foi a intenção de Deus para o homem e a mulher em um casamento, pois rompe a unidade natural de modo a deixar feridas nos ex-cônjuges por toda a vida — a despeito de quão *pior* seria se ambos permanecessem juntos. A união matrimonial significa que "eles já não são dois, mas sim uma só carne" (Mc 10:8). Trata-se de uma disposição natural estabelecida por Deus, e nenhuma ação humana pode mudá-la.

Talvez uma das coisas mais difíceis de ser aceitas pela mente contemporânea é que a vida gira em ciclos naturais, os quais não podem ser interrompidos sem danos permanentes nos indivíduos envolvidos. Por exemplo: a criança que não recebe nutrição adequada nos anos iniciais sofrerá efeitos negativos pelo resto da vida. A deficiência não poderá ser compensada depois. E a falha de um recém-nascido de se interligar com sua mãe nas primeiras semanas de vida é tida por muitos pesquisadores como causa de irreparável dano psicológico.[21]

Esses exemplos são representativos de diversos ciclos naturais encontrados na vida humana. Atualmente, sabemos que mesmo a estrutura física do cérebro não se desenvolverá em certas direções cruciais senão em determinado período da vida do indivíduo. Na ordem da natureza, algumas coisas simplesmente não podem ser reconquistadas se forem perdidas.

O divórcio também interrompe poderosamente um dos maiores ciclos naturais da existência humana. E as pessoas envolvidas jamais serão as mesmas — a despeito de o divórcio, ponderados todos os ângulos, ter sido justificável. É por isso que ninguém considera o divórcio como algo a ser escolhido como um bem em si — como uma "grande experiência", por exemplo. No entanto, um casamento brutal também não é algo bom, e devemos resistir a quaisquer tentativas de classificar o divórcio como um tipo especial e irremediável de impiedade. Não é. Analisados todos os ângulos, talvez seja a coisa certa a fazer.

Em segundo lugar — e esse é o ponto principal do ensino em Mateus 5:31-32 —, apenas o fato de alguém ter dado ao cônjuge uma "carta branca" e "feito tudo dentro da lei" não significa que ele ou ela fez o que é justo ou foi uma boa pessoa com relação ao relacionamento. É isso que Jesus está negando com seu ensino na passagem em questão, pois é precisamente o que a afirmava a antiga *dikaiosune*, em exercício entre os homens de seu tempo.

O "adultério" forçado

Em terceiro lugar, Jesus claramente dá razões para rejeitar a antiga perspectiva sobre a justiça no divórcio ao declarar que, exceto com base em "imoralidade", qualquer que se separa de sua mulher *força-a* a um relacionamento adúltero; e qualquer que toma para si uma

---

[21] Sobre essa pesquisa, cf. a excelente introdução de KAREN, Robert. *Becoming Attached* [Interligando-se]. Nova Iorque: Warner Books, 1994.

mulher divorciada se envolve em adultério (Mt 5:32; 19:9).[22] Sua fala não proíbe o divórcio, mas deixa claro os efeitos produzidos por ele. O que, exatamente, essas declarações de Jesus significam?

Na sociedade judaica da época de Jesus, como em quase todos os contextos e lugares da história humana, as consequências de um divórcio eram devastadoras para a mulher. Exceto por algumas circunstâncias altamente improváveis, a vida da mulher estava simplesmente arruinada. Em contrapartida, pouco dano sobrevinha ao homem, exceto no caso de algumas perdas financeiras de vez em quando e talvez um relacionamento amargo com os membros da família da ex-mulher.

Entretanto, para a mulher, havia apenas três possibilidades realistas nos dias de Jesus. Ela podia ser recebida no lar de algum parente generoso, mas geralmente em termos hesitantes, tratada como pouco mais que uma serva; podia encontrar um homem disposto a se casar, mas sempre como "mercadoria danificada", sendo sustentada em um relacionamento degradável; ou podia, por último, tomar o lugar na sociedade como prostituta. A sociedade simplesmente não apoiava, como não apoia hoje, uma mulher divorciada, negando-lhe o autossustento decente.

Essas circunstâncias explicam o porquê de Jesus dizer que divorciar-se de uma mulher leva essa mulher a cometer adultério, e casar-se com uma mulher divorciada é cometer adultério (Mt 5:32; 19:9). *Não* se casar outra vez era um prospecto terrível para a mulher. Significava, em quase todos os casos, envelhecer sem filhos e sem posição social, tratada como falha perpétua como ser humano. Por outro lado, casar-se era viver um relacionamento sexual degradável pelo resto da vida, e poucos maridos deixariam de lançar isso em rosto. Como na frase "adultério no coração", Jesus fala de alguém forçado ao "adultério" para destacar a condição sexual degradável que certamente resultaria, como ocorre também hoje, do divórcio.

---

[22]O Evangelho de Marcos, escrito mais para um contexto gentílico — no qual, ao menos em alguns círculos, não se ouvia falar de divórcio iniciado pela mulher —, elucida que a discussão se aplica tanto à mulher quanto ao homem (Mc 10:12).

Não é melhor, então, permanecer solteiro?

Conforme já observado, quando os aprendizes de Jesus ouviram o seu ensino sobre o divórcio, concluíram imediatamente que era melhor não se casar do que ser incapaz de se livrar facilmente de uma mulher (Mt 19:10). Todavia, Jesus, destaca — como Paulo fará posteriormente (1Co 7:9) — que não se casar também pode levar a uma situação impossível. De qualquer maneira, o celibato é uma opção apenas àqueles que estão qualificados para esse estilo de vida (v. 11-12). O mais importante, claro, é que Jesus sabia que os recursos do reino dos céus são suficientes para resolver as divergências entre marido e mulher, tornando a união rica e boa perante Deus e os homens — contanto que, evidentemente, ambos estejam preparados para buscar e encontrar esses recursos.

Também devemos nos lembrar, naturalmente, do que temos dito até agora sobre a ordem no Sermão do Monte. Não é acidental o fato de Jesus lidar com o divórcio *após* ter tratado de ira, desprezo e desejo obsessivo. Apenas questione-se: quantos divórcios ocorreriam e em quantos casos a própria questão do divórcio nem sequer surgiria se a ira, o desprezo e o desejo fantasioso e obsessivo fossem eliminados? A resposta é, claro, quase nenhum.

Em particular, não ocorreria o tratamento brutal que, no tempo de Jesus, a mulher — também o homem, atualmente — recebia no divórcio. Os corações endurecidos podem tornar o divórcio necessário como meio de evitar um prejuízo maior — levando-o, desse modo, à sua justificativa. Contudo, os corações do reino não são duros, e ambos podem encontrar meios de suportar, falar a verdade um ao outro em amor e mudar — geralmente por tempos de grande dor e angústia —, até que a intimidade terna do amor mútuo, amigável e pactual encontre um caminho para que as duas vidas continuem uma só, crescendo de modo belo.

Há, então, casos em que o divórcio é justificável para Jesus? Penso claramente que sim. Seu princípio acerca do endurecimento do coração o permite, embora a aplicação do divórcio exija o máximo de cuidado. Talvez o divórcio deva ser visto de certa maneira como a prática da triagem no cuidado médico. Decisões devem ser tomadas sobre quem não pode ser, sob determinadas circunstâncias, ajudado. Pacientes assim ficam à mercê da morte para que aqueles que podem ser ajudados vivam. Uma ideia semelhante se aplica a alguns casamentos. Mas assim como no caso de processar alguém, discutido anteriormente, *o divórcio nunca é certo na forma como era e continua a ser praticado.* E, hoje, não faz diferença alguma se você é homem ou mulher.

Praticado corretamente, o divórcio seria um ato de amor. Seria ditado pelo amor e feito com honestidade para o bem das pessoas envolvidas. Tal forma de divórcio, embora rara, ainda continua possível e pode até ser necessária. O divórcio será correto se sua base for o amor, apesar da amargura e do senso de perda que a ação invariavelmente acarreta.

Essa posição certamente representa uma mudança de opinião. Lembro-me, com constrangimento, de uma situação em que participava de uma palestra, no início da década de 1960, na Universidade de Wisconsin. O professor ainda não havia chegado para a sua palestra sobre lógica formal, e um dos colegas da classe estava falando sobre os trâmites do seu divórcio. Sem que ninguém pedisse a minha opinião, ousei dizer: "O divórcio é sempre errado".

Refletindo sobre a situação, a coisa mais estranha foi que ninguém se objetou ao que eu disse, nem à minha arrogância. Todos *pareciam* aceitá-lo, já que a minha declaração representava um pressuposto cultural da época. No entanto, a verdade é que eu era vastamente ignorante quanto às coisas que homens e mulheres fazem uns com os outros.

Posteriormente, deparei-me com a situação de uma mulher devota cujo marido se casara com ela apenas como disfarce para a sua homossexualidade. Ele consumou o casamento de modo a não poderem anulá-lo, mas, após isso, não quis mais nada com ela. Ambos não tinham qualquer tipo de relacionamento pessoal. O homem trazia amigos para casa e fazia sexo com outros homens na presença de sua esposa, na sala ou em qualquer outro cômodo onde quisesse, quando quisesse. Os líderes religiosos daquela mulher orientaram-na a perseverar em um "casamento" no qual ela morria lentamente — dia após dia, ano após ano.

Eu não passava de um jovem ignorante e cheio de justiça própria. Esses e outros episódios posteriores de descoberta educaram-me na dureza do coração humano. Mas Jesus, claro, sempre soube.

PALAVRAS TRANSPARENTES E AMOR INEXTINGUÍVEL

Um "sim" que é apenas "sim"

O quarto ponto em que Jesus contrasta a justiça antiga com a justiça do reino corresponde à prática de fazer votos ou *jurar por* alguém de importância, especialmente o próprio Deus, a fim de dar peso a uma declaração. Em uma sociedade como a nossa, em que o sagrado não é real — isto é, não é real o bastante —, juramentos têm apenas o efeito de formalidade legal, possibilitando o crime de perjúrio, de mentir "sob juramento". Entretanto, em um mundo em que as pessoas realmente acreditam no sagrado, "o juramento confirma o que foi dito, pondo fim a toda discussão" (Hb 6:16).

Assim, mesmo hoje, por exemplo, escutamos as pessoas dizerem: "juro por tudo que me é sagrado!". Também dizemos, entre outras coisas: "juro por Deus" ou "juro pela minha mãe". Invocamos a Deus como xingamento. Exclamamos: "Meu Deus do céu!". Por que fazemos isso? Por hábito, obviamente. Mas de onde veio o hábito? Sem dúvida alguma, de algo bem mais profundo.

Na questão de invocar a Deus ou outros elementos que lhe são associados, a justiça antiga sustentava que você poderia recorrer a coisas elevadas e santas o quanto quisesse — desde que, obviamente, não o fizesse "em vão" ou tolamente (Ex 20:7). O único requisito seria ter o cuidado de cumprir tudo que você disse que faria "perante Deus": "cumpra os juramentos que você fez diante do Senhor" (Mt 5:33).

Entretanto, Jesus vai direto ao coração do porquê pessoas juram. Ele sabia que indivíduos juram para impressionar outros com sua sinceridade e confiabilidade, ganhando, assim, aceitação do que estão dizendo e do que realmente querem. É um método utilizado para conseguir o que desejam. Declaram alguma promessa, propósito ou detalhe de informação ou conhecimento que lhes é precioso; querem que os ouvintes aceitem o que dizem e façam a vontade deles. Então, dizem: "Deus sabe!" ou "juro por Deus!" para dar peso à sua palavra e presença. É simplesmente um recurso de manipulação, elaborado para anular a avaliação e a vontade daqueles com os quais lidam e, assim, tirá-los do caminho em vez de respeitá-los e deixar estritamente sobre si o peso de sua decisão e ação.

O problema com jurar ou fazer votos — práticas incorporadas em diversos aspectos da vida no mundo de Jesus — não é apenas o envolvimento do nome de Deus em vão e seu uso despreocupado, sem amor ou respeito por ele. Sem dúvida isso acontece normalmente, mas nem sempre. Para Jesus, a malignidade do juramento está na forma inerentemente errada de tratar outros seres humanos.

Assim, seu ensino é: "Não jurem de forma alguma: nem pelos céus, porque é o trono de Deus; nem pela terra, porque é o estrado de seus pés; nem por Jerusalém, porque é a cidade do grande Rei. E não jure pela sua cabeça, pois você não pode tornar branco ou preto nem um fio de cabelo" (Mt 5:34-36).

Tiago, irmão mais novo de Jesus, ecoa o mesmo pensamento, assim como faz com respeito a diversos outros pontos do Sermão do Monte: "Sobretudo, meus irmãos, não jurem, nem pelo céu, nem pela terra, nem por qualquer outra coisa. Seja o sim de vocês, sim, e o não, não, para que não caiam em condenação" (Tg 5:12).

A essência de jurar ou fazer votos é tentar usar algo que, embora impressionante, é irrelevante ao assunto em questão, servindo apenas de tentativa de levar outros a crerem no que você está dizendo e deixarem-no fazer o que quer. Isso está errado. Não é característico de Deus. Ademais, apenas se certificar do cumprimento de qualquer promessa feita a Deus, segundo ensina a justiça antiga, não torna a ação justa. Evidentemente, devemos cumprir promessas feitas a Deus sob quaisquer circunstâncias. Mas a transgressão do juramento jaz mais fundo: usamos pessoas ao jurar, tentando evitar seu entendimento e julgamento a fim de desencadear sua vontade e dominá-las para que cumpram o nosso objetivo. Qualquer consentimento que porventura nos derem será desinformado, já que não lhes revelamos a extensão do que está acontecendo.

Jurar, então, não passa de uma versão do que chamamos comumente de "fazer rodeios", muito comum em pessoas que estão "vendendo" alguma coisa, seja figuradamente ou literalmente, como na vida política. No sul da Califórnia, há um conhecido vendedor de carros usados que não para de falar, em comerciais de televisão, sobre

A CONSPIRAÇÃO DIVINA

o seu "cachorro", chamado "Spot". Só que "Spot" pode ser qualquer coisa, como um avestruz ou hipopótamo, de que o vendedor se utiliza enquanto passa diante de sua fila de carros.

Por que ele faz isso? Para criar uma atmosfera em que potenciais compradores serão inclinados a comprar. (Talvez acreditem mais em um vendedor engraçado e que não pareça tão inteligente.) Certamente, não é com o propósito de respeitar ou servir o consumidor. Há muitas maneiras pelas quais ele poderia fazer isso se desejasse, mas o vendedor prefere agir de modo a ajudá-lo a vender carros.

Muitas pessoas têm uma boa vida sem fazer nada além de dizer, de forma atraente e coercitiva, "sins" e "náos" mentirosos. Em contextos sóciopolíticos, chamamo-los de "marqueteiros".

A malignidade inerente de tais projetos leva Jesus a dizer: "Simplesmente não o faça". O juramento, ou "fazer rodeios" em geral, não respeita aqueles sobre os quais a palavra é direcionada. Como criaturas livres de Deus, as pessoas devem ter a liberdade para tomar as próprias decisões, sem coerção ou manipulação. Por isso, "que a sua afirmação seja apenas uma afirmação", um sim, e "que a sua negação seja apenas uma negação", um não. "O que passar disso vem do Maligno" (Mt 5:37) — a intenção maligna de conseguir alguma coisa por manipulação verbal dos pensamentos e das escolhas de outros.

A atitude correta do reino respeita a necessidade de a alma humana estabelecer juízos e decisões apenas com base no que concluíram ser o melhor. É uma necessidade vital, uma necessidade biológica. O nosso caráter e desenvolvimento são afetados quando essa necessidade não é respeitada,[23] e isso frustra o propósito de Deus em nossa criação.

Reagindo à agressão pessoal

O quinto contraste com relação às duas justiças diz respeito à retaliação por males sofridos. Os males em questão correspondem

---

[23]Uma tendência significativa da teoria ética recente tenta fundamentar normas morais apenas na condição da possibilidade de comunicação entre seres racionais livres. Karl-Otto Apel e Jürgen Habermas são nomes de destaque em conexão com essa ideia. Cf. *The Communicative Ethics Controversy* [A controvérsia da ética comunicativa], por Seyla Benhabib e Fred Dallmayr (Cambridge: MIT Press, 1990).

claramente à agressão pessoal, não à maldade social ou institucional. Como sabemos disso? Fica claro pelas partes citadas da lei antiga. Por isso, a aplicação dessa passagem particular à guerra ou a outros males sociais — feita por Tolstoy e outros, causando muitos danos à compreensão do ensino de Jesus — não passa de má interpretação.

A justiça antiga para os casos em questão dizia que agressores deviam receber em troca a agressão *exatamente da mesma forma* como, segundo possível, haviam-na infligido. Tratava-se de uma declaração generalizada a fim de cobrir qualquer tipo de dano, abrangendo, inclusive, a maldade intencional e os danos à propriedade (Lv 24:17-21; Dt 19:14-21). A intenção da *lex talionis* — ou lei da retaliação, conforme veio a ser chamada — era a de que a reciprocidade deveria ser alcançada por meio da equalização.

Deveria existir compensação para cada agressão feita pelo perpetrador; contudo, a compensação não podia ser maior do que a agressão cometida. Esse era um ponto elevado da lei antiga e um grande avanço para a civilização. Se alguém lhe quebrasse o braço, você, em troca, não deveria quebrar ambos os braços do agressor, nem mesmo um braço e um dedo. Deveria haver uma equalização da agressão e, por meio dela, um fim ao dano causado. É claro que não era uma tarefa fácil, segundo pode ser visto hoje em dia e ao redor do mundo, em nossa casa e em nosso ambiente de trabalho. De fato, tal sistema retributivo raramente funciona. Obviamente, precisamos de uma abordagem melhor.

Qual é, então, a justiça e o coração do reino no contexto da agressão pessoal? Neste ponto, devemos nos recordar novamente do princípio que estabelecemos acerca da ordem: que *já* escutamos e recebemos a palavra do reino, e que a ira, o desprezo e o desejo obsessivo foram tratados, de modo que a nossa vida não é mais governada por eles. É natural que esses elementos nos testem de vez em quando; mas eles não nos controlam, nem nos incapacitam para prosseguir com a vida com a intenção sóbria de fazer o bem e evitar o mal.

Sendo assim, quando somos pessoalmente agredidos, nosso mundo não se resume, de repente, ao dano que sofremos. Temos uma visão mais ampla da vida e do nosso lugar no mundo divino. Vemos a Deus; enxergamo-nos em sua mão. Além disso, vemos o nosso agressor como mais do que alguém que nos impôs sua vontade e nos machucou. Reconhecemos a sua humanidade, as suas limitações lamentáveis (das quais partilhamos) e o vemos sob a autoridade de Deus. Essa perspectiva, assim como a graça que a acompanha, permite-nos orar: "Pai, perdoa-lhes, pois não sabem o que estão fazendo" [cf. Lc 23:34]. E realmente não sabem, como Jesus estava ciente ao fazer essa oração em favor dos que o assassinavam.

Alguns casos de não resistência

Quais são as formas características pelas quais alguém que partilha do reino e está vivo para o Reino Entre Nós responde a afrontas, agressões e imposições contra si? Jesus menciona quatro diferentes respostas do reino. Tal pessoa:

1. Oferecerá "a outra face" (Mt 5:39) — ou seja, continuará vulnerável. Em termos negativos, ela não tomará sobre si a prerrogativa da autodefesa, fazendo o que for necessário para se autoproteger. Desde que a situação se restrinja ao indivíduo em questão — Jesus nunca sugere que voltemos a face *de outra pessoa* ou deixemos outro em situação vulnerável —, ele se deixará ferir em vez de injuriar o seu prospectivo agressor. Esse será seu comportamento característico e previsível.

2. Deixará que levem "também a capa" (Mt 5:40). Tentará ajudar conscientemente, segundo apropriado, aqueles que ganharam um caso contra ele no tribunal. Ou: se encontrará com alguém prestes a levá-lo ao tribunal e lhe dará, em espírito de amor, mais do que o previsto no processo. Afinal, o aprendiz de Jesus está profundamente interessado nas necessidades da outra parte e preparado para ajudar essa pessoa o quanto pode.

3. Irá "com ele duas" milhas (Mt 5:41). Se um policial ou outro oficial responsável exercer o direito de exigir-lhe assistência, o aprendiz de Jesus fará mais do que o estritamente necessário como expressão de boa vontade para com o policial ou para com o seu ofício. Ele se preocupará com a pessoa envolvida e agirá à luz do reino em seu favor. O discípulo considerará o problema do oficial em termos de importância pessoal.

4. Dará "ao que lhe pede" (Mt 5:42). O aprendiz de Jesus normalmente dará coisas àqueles que não têm qualquer reivindicação sobre o que estão pedindo. O pedido em si é reivindicação suficiente para mover o discípulo. Ademais, ele não evitará, ignorará ou voltará "as costas àquele que deseja pedir-lhe algo emprestado". O texto paralelo do Evangelho de Lucas diz: "se alguém tirar o que pertence a você, não lhe exija que o devolva" (Lc 6:30).

Penso que talvez essas quatro declarações, mais do quaisquer outras no Discurso, levem as pessoas a jogar tudo para o alto em desespero ou a sucumbir ao legalismo. Isso porque as situações mencionadas são familiares, de modo que alguns só conseguem imaginar que Jesus estabelece *leis* que *devem* ser cumpridas, a despeito do que está em jogo.

Porém, tudo muda quando percebemos que se trata de ilustrações do que certos tipos de pessoa, a pessoa do reino, fará caracteristicamente em tais situações. Não são leis de "comportamento justo" àqueles que sofrem abuso ou agressão. Não são leis pela razão óbvia de que não cobrem todas as possibilidades. Além do mais, se lermos esses ensinamentos *como leis*, veremos imediatamente que poderíamos "obedecê-los" com o tipo errado de atitude. Não é incomum, por exemplo, a ideia: "Eu dou a outra face, mas arranco a sua cabeça!".

Haverá, então, casos em que pessoas da *dikaiosune* do reino *não* farão o que, para fins ilustrativos, Jesus diz? Sim, certamente — mas em casos muito raros, desde que se trate de uma agressão individual e que não esteja em jogo o bem maior. Afinal, Jesus ilustra o comportamento *característico* daquele que tem o coração do reino, o qual expressa verdadeiramente quem essa pessoa é, no íntimo do seu ser. Embora o assunto em questão não corresponda com o que alguém deve fazer para "tornar-se cristão" ou "ir para o céu depois da morte", estamos observando como as pessoas que fluem na vida de Deus vivem no mundo. Vemos a justiça interior daqueles que estão vivos — em termos fatuais, não apenas em momentos excepcionais — além da justiça do escriba e do fariseu.

Invertendo os pressupostos

Já falamos da "grande inversão" entre a ordem humana e a ordem do reino. À luz dessa inversão de realidades, podemos, agora, entender a inversão correspondente de pressupostos que governam a ação humana. Na ordem humana, pressupõe-se que alguém pague o mal com o mal ("resista ao mal"), que você faça apenas o que a força da lei exige e que você dê apenas àqueles que porventura tenham alguma reivindicação sobre você (membros da família, alguém que lhe deve um favor etc.).

Esse pressuposto é precisamente invertido quando participamos do reino. Nessa condição, o *pressuposto* é que: pagaremos o mal com o bem; "resistiremos" apenas por razões de força maior; faremos mais do que o estritamente necessário para ajudar outros; e daremos coisas às pessoas apenas por terem pedido por algo do qual necessitam.

Se alguém me tirou algo de valor no tribunal, darei, segundo apropriado, algo mais (a capa), se tal pessoa precisar. Ainda a ajudarei de outras maneiras, conforme razoavelmente puder.

Se um oficial do governo me compelir a carregar uma bagagem por uma milha a fim de ajudá-lo em seu trabalho — como qualquer soldado romano poderia exigir de um judeu nos dias de Jesus —, irei, mais uma vez "conforme apropriado", ajudá-lo em sua necessidade. Talvez ele ainda tenha mais uma milha para ir, e eu esteja livre. Em caso positivo, eu irei e não direi: "Isso é tudo que você pode me obrigar a fazer", lançando a bagagem ao chão. Antes, carregarei também mais uma milha, quer o oficial queira, quer não, e direi: "Porque Jesus me ensinou a fazê-lo".

Se eu souber que pessoas querem pegar emprestado algo de que precisam, não vou evitá-las, nem ao seu pedido; poderei, conforme apropriado, dar àqueles que me pedem por algo, mesmo que não tenham qualquer "reivindicação" sobre mim — nenhuma, claro, além de sua necessidade e do seu simples pedido. É assim que Deus age, e ele nos convida a imitá-lo.

Naturalmente, devo, em cada caso, determinar se a dádiva da minha vulnerabilidade, dos meus bens, do meu tempo e da minha força é, precisamente, *apropriada*. Essa é a minha responsabilidade perante Deus. Como filho do Rei, vivo sempre em sua presença.

Em comparação, proceder pela lei evita a responsabilidade individual de decidir. Significa passar a responsabilidade e o ato de culpar para Deus. Eis uma razão de as pessoas que *têm* uma lei para todas as suas ações levarem vidas enclausuradas e empobrecidas, desenvolvendo pouco em termos de profundidade genuína no caráter piedoso.

Se, por exemplo, sou um cirurgião cardíaco a caminho de um transplante, não devo ir uma milha extra com alguém. Devo dizer "não" ao fim da minha obrigação e, com a melhor das intenções, desejar, com pressa, meu "tudo de bom". Tenho outros deveres a fazer, de modo que devo tomar uma decisão. Não posso citar uma lei e, assim, fugir da minha responsabilidade de exercer discernimento.

Se eu devo dinheiro a um lojista cujos bens já consumi, não estou livre para dar *esse* dinheiro "ao que me pede" — a menos que, mais uma vez, fatores muito especiais entrem em jogo.

Se dar a outra face significa que me exponho à morte, ou então que outros sofrerão grandes males, devo levar em conta esse contexto mais amplo. Há muito mais envolvido nisso do que a minha dor pessoal e a minha humilhação. Isso quer dizer que eu vou "atirar primeiro"? Não necessariamente, mas significa que não posso simplesmente recorrer a uma suposta "lei de vulnerabilidade exigida". Devo *decidir* perante Deus o que fazer, e pode haver espaço para certa medida de resistência.

É claro que o fundamento *nunca* será a retaliação pessoal. Também nunca será, à medida que vivo no reino, uma forma de revide. Não "retribuímos mal por mal", como os primeiros cristãos entendiam e praticavam (Rm 12:17; 1Pe 3:9). "Dar o troco" está fora de questão para aqueles que partilham do reino. Esse é o ponto estabelecido por Jesus.

Se alguém exigir a minha capa por uma ação judicial, pode ser o caso de outra pessoa ou eu mesmo ter uma necessidade maior da minha vestimenta do que o requerente. Do contrário, dou-a com amor e bênção generosos. Ou talvez a necessidade do outro seja tão grande, que eu dou minha capa, mesmo pagando um alto preço. Mas e se o outro não precisar da capa? Então não vou dá-la apenas "porque Jesus ensinou" e porque devo guardar essa "lei".

A CONSPIRAÇÃO DIVINA

Em cada situação concreta, não devemos nos perguntar: "Pratiquei o que foi especificado nas ilustrações de Jesus?", e sim "Estou sendo o tipo de pessoa que as ilustrações de Jesus demonstram?".

Mudando a cena

O que realmente acontece quando derivamos nossa resposta da realidade do reino é a transformação da dinâmica pessoal. Qual a reação seguinte daquele a quem foi oferecida a outra face, daquele que acabou de dar o tapa? Continuar batendo? Por quanto tempo? E depois? Devemos sempre estar alertas quanto a formas aceitáveis de nos retirarmos da situação. Em casos de abuso de qualquer tipo, devemos começar envolvendo outros, especialmente as autoridades legitimamente instituídas.

Sem dúvida, aqueles que nos atormentam contam com a nossa resistência e ira como base para continuar com a maldade que está dentro deles. Se respondermos como Jesus ensina, a força de ação dos agressores é minada, levando-os a questionar o tipo de gente que são. É claro que estão agindo a partir da ira e de um poder muito pior. Agora, porém, com a nossa outra face à vista, já esbofeteada ou prestes a sê-la, foi-lhes retirada a justificativa em que contavam de sua ira e maldade. Assim como a ira se alimenta da ira, a bondade paciente normalmente vai abrandá-la. Quer a ira diminua, quer não, a comunidade deve ser, quando apropriado, envolvida.

E nós, alunos de Jesus, seguindo o seu ensino e exemplo, já lidamos com a ira, o desprezo e o desejo fantasioso, de modo que eles não entram em jogo. Nossa resposta permite ao reino de Deus, com todos os seus recursos, começar a sua obra: "aventuramo-nos no reino", conforme já dissemos e, de repente, os agressores ou os ofensores percebem que não estamos jogando segundo as regras que imaginavam; dão-se conta de que não estão no controle. O seu comportamento vai, na maioria dos casos, sofrer uma mudança radical, mas eles sempre serão profundamente afetados. É por isso que aquele que se posiciona com Jesus em seu reino nunca deve se preocupar quanto a tornar-se um "capacho".

E se a situação não mudar? E se o ofensor se endurecer ainda mais e continuar a nos agredir? Nesse caso, cabe-nos decidir se tomamos uma atitude mais incisiva ou não. Como em outras situações que Jesus usa para exibir o coração do reino, sabemos que não devemos ceder a certos tipos de atitude e reações retaliatórias. Mas a atitude que *devemos* tomar em cada situação é algo que nos cabe decidir. Decidiremos, da melhor forma possível, com base no amor por todos os envolvidos e com uma prontidão para sacrificar o que simplesmente queremos. Além disso, em cada situação, temos a perspectiva mais ampla. Não somos passivos; apenas agimos sempre com amor lúcido e resoluto.

Sabemos o que realmente está acontecendo, pois enxergamos a situação do ponto de vista da eternidade. Também sabemos que Deus toma conta de nós, a despeito do que aconteça. Podemos ser vulneráveis, porque, no final de tudo, somos invulneráveis. Uma vez que rompemos com o poder da ira e do desejo obsessivo, sabemos que o caminho de Cristo em resposta à injúria pessoal e à imposição alheia é sempre o caminho mais fácil. É a única atitude que nos leva a avançar serenamente para além da agressão que sofremos.

O que fazer com os inimigos?

Poucos dentre nós conseguem navegar pela vida sem atrair um grupo de indivíduos cuja atitude não seria de tristeza ao saber que morremos. Grande parte dos povos que viveram sobre a terra teve de se deparar com certos tipos — outras "tribos"— que teriam prazer em matá-los. Nos noticiários, há uma lista-padrão de "inimigos", uma lista que, na verdade, mal arranha a superfície do ódio contínuo que define as nações como inimigas umas das outras neste mundo.

O último contraste ilustrativo entre a justiça antiga e o coração do reino diz respeito à nossa atitude para com inimigos: aqueles que nos desprezam e nutrem ódio por nós, fantasiando regularmente nossa dor e destruição. No caso de inimigos, a "justiça antiga" era muito simples, visto tratar-se apenas de mais uma aplicação da *lex talionis*. Os inimigos buscam a nossa destruição; por isso, buscamos a destruição deles. Eles nos odeiam; por isso, odiamo-los também. É a única coisa certa a ser feita (Mt 5:43).

Por outro lado, Jesus nos ensina, a amar os inimigos, demonstrando-o pelo gesto de amor mais elevado: a oração. "Amem os seus inimigos e orem por aqueles que os perseguem, para que vocês venham a ser filhos de seu Pai que está nos céus. Porque ele faz raiar o seu sol sobre maus e bons e derrama chuva sobre justos e injustos" (Mt 5:44-45).

Amar aqueles que nos amam, derramando bênçãos e honra sobre membros do nosso próprio grupo, é algo feito por traidores, opressores, membros da máfia e terroristas. Como, então, *algo assim* serviria para distinguir a bondade de alguns, nascidos na família de Deus, ou a presença de um tipo diferente de realidade, de vida? Até os que não têm nenhum conhecimento de Deus, "os gentios", fazem isso.

É como se Jesus ensinasse aos discípulos: "Porque vocês derivam sua vida de Deus, demonstrem, como cidadãos do reino, o tipo de integridade e de funcionalidade plena que ele tem". Ou então: "Sejam perfeitos [*teleioi*] como perfeito é o Pai celestial de vocês".

A BONDADE É AMOR

Completando o quadro do coração do reino: amor *agape*

Com esse contraste, Jesus conclui a sua exposição do tipo de "justiça que vai além", a qual anda de mãos dadas com a bem-aventurança do tipo eterno de vida. Desse modo, ao completar as ilustrações com o amor *agape* que caracteriza o Pai, Jesus se moveu além de atos e ilustrações específicas da bondade do reino. O amor não pode ser plenamente ilustrado; ele simplesmente *é* um tipo de bondade que vai além da que escribas e fariseus praticam. Todas as ilustrações fornecidas por Jesus nas situações discutidas em Mateus 5:20-48 exemplificam essa ideia.

No amor *agape*, partilhamos de unidade plena com o reino dos céus; buscamos e encontramos o tipo de governo e o tipo de *dikaiosune* do próprio Deus (Mt 6:33). Nessa unidade, descobrimos o amor como um poder de vida cuja expressão é diversificada e multifacetada, conforme menciona Paulo, em 1Coríntios 13. Todavia, essa bela declaração de Paulo é comumente interpretada da mesma forma legalista que o ensino de Jesus em seu discurso no monte.

Na descrição de Paulo, "o amor é paciente, o amor é bondoso. Não inveja, não se vangloria, não se orgulha. Não maltrata, não procura seus interesses, não se ira facilmente, não guarda rancor. O amor não se alegra com a injustiça, mas se alegra com a verdade. Tudo sofre, tudo crê, tudo espera, tudo suporta" (1Co 13:4-8).

Pessoas geralmente leem a descrição de Paulo, e são ensinadas a ler, como uma ordem para que sejam pacientes, bondosas, livres de inveja etc. — assim como leem o Discurso de Jesus como ordens para que não chamem alguém de tolo, não olhem com uma mulher para cobiçá-la, não façam juramentos, andem a milha extra e assim por diante.

Entretanto, Paulo diz claramente — observe as palavras do apóstolo — que é o amor que faz essas coisas, não nós, de modo que o nosso dever é "segui-lo" (1Co 14:1, ARA). À medida que "tomamos posse" do amor, descobrimos que temos, afinal, praticado os elementos descritos por Paulo. Gestos de bondade — ações e comportamentos piedosos — resultam da nossa permanência no amor; só então nos tornamos pacientes, bondosos, livres de inveja etc. A mensagem de Paulo é exatamente a mesma de Jesus — o que não é de admirar, pois, conforme o apóstolo reconhecia, seu ensinamento vinha do próprio Jesus (Gl 1:12).

Essas coisas são difíceis de fazer?

É difícil, então, praticar as coisas que Jesus ilustra como o coração de amor do reino? Ou as coisas que, segundo Paulo, o amor faz? Sim, são dificílimas de praticar — a não ser que você tenha sido transformado nas profundezas do seu ser e inundado pelo amor divino em sua forma de pensar e sentir, em seu senso de segurança e em suas disposições. Uma vez permeado pelo amor, praticar o ensino de Jesus não é difícil. Na verdade, difícil seria continuar agindo da forma antiga.

Pendurado no madeiro, Jesus orou: "Pai, perdoa-lhes, pois não sabem o que fazem" (Lc 23:34). Tal oração não lhe foi difícil. Para Cristo, difícil teria sido amaldiçoar os inimigos e proferir toda a sorte de palavras torpes contra Deus e o mundo; foi assim que agiram os ladrões crucificados ao seu lado, ao menos por um tempo. Jesus nos chama para si a fim de transmitir-se a nós. Não para fazermos exatamente o que ele próprio fez, e sim para sermos, como Jesus, pessoas

A CONSPIRAÇÃO DIVINA

permeadas pelo amor. Dessa forma, fazer o que ele fez e dizer o que ele disse passa a ser uma expressão natural de quem nós somos nele.

Bertrand Russell, conhecido filósofo britânico do século XX, foi educado como cristão, embora tenha posteriormente adotado o ateísmo. Russell estava familiarizado com o ensinamento de Jesus, ou talvez até com seu significado fatual. Em certa ocasião, comenta: "O princípio cristão de 'amar o inimigo' é bom. [...] Não há nada a ser dito contra ele, exceto que o princípio é difícil demais para que a maioria de nós o pratique com sinceridade".[24]

Evidentemente, Russell estava certo na forma como, de uma perspectiva natural, entendia o princípio, uma vez que considerava a maneira como ele e outros, à luz de sua disposição interior, tentavam amar os inimigos quando necessário. É claro que falhavam, pelo menos na maioria das tentativas. O próprio Russell tinha a auto-percepção, partilhada por pessoas próximas, de ser alguém cheio de ódio. Por isso, não é de admirar que achasse o amor difícil.[25]

A falácia de Russell é a mesma dos fariseus, o que para nós já deve estar claro a esta altura. O fariseu procurava cumprir a lei ao invés de tornar-se no tipo de pessoa cujas obras manifestam naturalmente a lei. Jesus conhecia o coração humano melhor do que Bertrand Russell, de modo que conclui sua exposição do tipo de bondade do reino ao contrastá-la com o amor comum da humanidade — isto é, o amor exclusivista do ser humano em comparação com o amor *agape* de Deus.

O amor de Deus em nós alcança todos com os quais lidamos. Não cabe ao discípulo de Cristo mudar esse fato. Esse amor está na essência do que somos ou do que podemos nos tornar na comunhão com Jesus, não em algo que simplesmente praticamos. Somente a partir da comunhão com ele é que as *atitudes* de amor *agape*, incluindo o amor aos inimigos, fluirão de nós como as pessoas novas em que nos tornamos.

---

[24]Bertrand Russell. *A History of Western Philosophy*. [A história do pensamento ocidental] (Bloomfield, NJ: Simon and Schuster, 19145) p. 579.
[25]HAMPSHIRE, Stuart. "The Loneliness of the Long Distance Runner" [A solidão do corredor de longa distância]. *The New York Review of Books*, 28 de novembro de 1996, p. 39-41. Veja as citações na p. 41.

O vácuo intelectual do pensamento moral corrente

No início deste capítulo, declaramos que a tentativa centenária de elaborar uma moralidade a partir de recursos humanos próprios demonstrou-se fracassada. Agora, queremos retornar a esse ponto à luz da exposição feita por Jesus sobre a justiça e o coração do reino.

Qual a base para tal declaração? Simplesmente isto: que, segundo notamos na abertura do primeiro capítulo, não há, de fato, nenhum conjunto unificado de conhecimento moral atualmente em operação nas instituições de conhecimento em nossa cultura. Esse é o resultado do esforço antigo de desenvolver um guia moral para a vida apenas no contexto do pensamento humano e da experiência, sem o auxílio da revelação.

Em contrapartida, o ensinamento cristão a respeito da bondade moral que se origina dos princípios estabelecidos por Jesus realmente tem uma reivindicação histórica, teórica e prática como um conjunto unificado e verdadeiro de preceitos morais. Não o afirmamos para encorajar a aceitação cega, mas precisamente por razões opostas: dizemo-lo para encorajar o teste mais rigoroso com relação aos ensinos de Jesus, em todas as áreas do pensamento e da vida prática.

No capítulo um, vimos como a jovem aluna se dirigiu ao professor Coles, pouco antes de sair de Harvard, e lhe disse: "Tenho participado de todas estas aulas de filosofia, nas quais falamos sobre o que é verdadeiro, o que é importante, o que é *bom*. Como, afinal, *ensinamos* bondade às pessoas?". Vimos também como, em seguida, questionou: "Qual o propósito de *saber* a respeito do que é bom se não procuramos *nos tornar* pessoas boas?". Conforme destacamos, *conhecer o que é bom* não é algo seriamente proposto em cursos universitários hoje em dia. Qualquer reivindicação de "conhecimento" em assuntos assim é tida por algo completamente impossível.

Na verdade, conhecer o bem e agir em bondade são, na maioria dos casos, ações tratadas com desdém no contexto acadêmico que determina boa parte da nossa vida — resultado de um longo esforço no estabelecimento de uma ética secular no período moderno. Mas a preocupação com "tornar-se bom" e "ser bom" continua, conforme testificam as palavras de Bok e Coles, visto tratar-se de uma questão prática da vida e que jamais deixará de existir.

A CONSPIRAÇÃO DIVINA

E é precisamente com respeito à questão do tipo de pessoa que devemos ser que o ensino de Jesus sobre a justiça e o coração do reino expõe-no como o mestre inigualável da vida humana. Qualquer inquiridor sério poderá validar o ensino de Cristo em sua própria experiência. Por outro lado, ninguém pode invalidar o ensino de Jesus simplesmente por se recusar a considerá-lo, escondendo-se por trás de dogmas do intelecto moderno.

6

Investindo nos céus:

escapando dos enganos da reputação e da riqueza

Como vocês podem crer, se aceitam glória uns dos outros, mas não procuram a glória que vem do Deus único?

João 5:44

Os fariseus, que amavam o dinheiro, ouviam tudo isso e zombavam de Jesus. Ele lhes disse: "Vocês são os que se justificam a si mesmos aos olhos dos homens, mas Deus conhece o coração de vocês. Aquilo que tem muito valor entre os homens é detestável aos olhos de Deus.

Lucas 16:14-15

A CONSPIRAÇÃO DIVINA

À luz do discurso no monte proferido por Jesus, aprendemos até agora as respostas que deu às duas grandes perguntas com as quais todo ser humano se depara: (a) quem é realmente afortunado? (b) quem é uma pessoa genuinamente boa? Por agora, sabemos que alguém é abençoado se sua vida é baseada na aceitação e nas interações íntimas com o que Deus está fazendo na história humana. Tais pessoas *já* participam do reino dos céus.

As pessoas genuinamente boas são aquelas que, no âmago de seu entendimento e motivação, estão comprometidas com a promoção do bem de todos aqueles com quem se relacionam — incluindo, claro, o relacionamento com Deus e consigo mesmas. Nesse aspecto, elas excederam, com a ajuda de Deus, a justiça tida apenas como "não fazer nada de errado" — além da bondade dos escribas e fariseus —, agindo, a partir de sua união interior de mente e coração, com "os céus".

É sua confiança em Jesus que as estabelece em união vívida com o Reino Entre Nós. Sua união com Jesus permite-lhes, com as forças da verdade, da liberdade e do amor, tomar parte em sua conspiração de minar as estruturas malignas que continuam a dominar a história humana. Sigilosa e perseverantemente, podemos alinhar-nos com o poder divino em qualquer circunstância, pois sabemos para onde o universo caminha. Vencer "o mal com o bem" [cf. Rm 12:21], nas palavras de Paulo, não é algo que cabe apenas a um esforço individual e esporádico, mas corresponde com aquilo que há de passar nesta terra. O poder da ressurreição de Jesus e sua vida contínua entre os seres humanos nos servem de garantia.

Depois de apresentar a verdadeira bondade e prosperidade do reino, Jesus nos alerta, em Mateus 6, sobre as duas coisas que poderão servir de obstáculo para uma vida de interação contínua com Deus e o crescimento saudável no reino. São elas: o desejo pela aprovação dos outros, especificamente por meio da devoção, e o desejo de segurança por meio da riqueza material.

Se permitirmos, esses dois desejos nos afastarão da esfera do reino — do "alcance da vontade efetiva de Deus", conforme a descrevemos — e nos arrastarão outra vez à "justiça" de escribas e fariseus. Ao mantermos, porém, essas duas coisas em seu devido lugar por meio da confiança constante, disciplinada e esclarecida em Deus, cresceremos rapidamente na realidade do reino. Nele, incorporaremos progressivamente todos os aspectos da vida, incluindo, claro, a dimensão social e financeira. Até hoje, multidões já comprovaram esse fato.

A ARMADILHA DA RESPEITABILIDADE
A sedução da honra religiosa

O desejo por respeito e reputação religiosa nos atrairá imediatamente para a justiça dos escribas e fariseus, visto que ele está sempre focalizado na ação visível, e não no coração, a fonte da ação. Jesus destacou que os escribas e fariseus "fazem tudo para serem vistos pelos homens: alargam símbolos religiosos na vestimenta e gostam de tomar lugar nos assentos mais proeminentes em jantares e nas sinagogas. Têm prazer de serem saudados em lugares públicos como 'mestres' ou 'doutores'" (Mt 23:5-7).

O anseio por títulos e premiações públicas na vida humana — e na vida religiosa, diga-se — é estonteante. A fanfarronada e o exibicionismo visíveis na traseira de automóveis, na ostentação rotineira de credenciais, currículos e em boa parte do que é tido por normal em nossa cultura de "autoestima" são parte de uma vida alheia à nossa posição na presença de Deus.

Em contrapartida, os filhos do reino não devem ter parte alguma nisso: "Mas vocês não devem ser chamados 'mestres'; um só é o Mestre de vocês, e todos vocês são irmãos. A ninguém na terra chamem 'pai', porque vocês só têm um Pai, aquele que está nos céus. Tampouco devem ser chamados 'líderes', porquanto vocês têm um só Líder, o Cristo. Além do mais, o maior dentre vocês não é o líder, mas o servo" (v. 8-11).

A CONSPIRAÇÃO DIVINA

Que diferença agradável e inovadora! Infelizmente, porém, se você for apostar no texto que será usado para o sermão do próximo domingo, melhor não apostar nessa passagem. As formas públicas que a nossa devoção cristã assume assemelham-se muito àquelas que Jesus põe em segundo plano. Basta ver quem é celebrado, e por qual motivo, em nossas congregações locais, em associações religiosas e na mídia. Temos motivo de preocupação quanto aos efeitos da respeitabilidade religiosa sobre a nossa fidelidade a Deus.

Atuando para uma plateia de um só

Naturalmente, sabemos, a esta altura, que não devemos ficar escravizados à forma exterior, nem à sua ausência. A forma pode estar errada e o coração, certo; ou a forma pode estar certa e o coração, errado. O fato de eu chamar alguém de "Pai" por mera formalidade não significa que eu considere tal pessoa como pai, assim como o juramento antes do testemunho em um tribunal não significa que eu esteja tentando manipular os ouvintes. O meu coração desenfreado poderia até usar minha própria recusa em fazer o juramento no tribunal como artifício para ir além do "sim" e do "não". O importante é a intenção do nosso coração perante Deus.

Jesus nos dá seu princípio orientador logo no início de seu ensino, em Mateus 6:1: "Tenham o cuidado de não praticar suas 'obras de justiça' diante dos outros para serem vistos por eles. Se fizerem isso, vocês não terão nenhuma recompensa do Pai celestial".

Imediatamente, devemos notar duas coisas:

A primeira é que Jesus não nos ensina a *ocultar* nossas boas obras. Talvez seja o certo a fazer em alguns casos, mas não é o que Jesus tem em mente. Não há nada inerentemente errado em ser conhecido. Como no caso do "adultério no coração", o que está em jogo são as intenções e os propósitos. Não é errado olhar para uma pessoa *e* desejá-la sexualmente, conforme já vimos, mas, olhar para alguém *com o intuito* do desejo sexual é. Semelhantemente, o errado aqui não é ser visto praticando uma boa obra, porém praticá-la *com o fim de ser visto*. Sempre que usarmos o prospecto do reconhecimento como motivação para cumprir o nosso dever, usurparemos o papel de Deus em nossa vida.

A segunda coisa que devemos notar é que a nossa intenção é determinada por aquilo que desejamos e esperamos da nossa ação. Ao realizarmos boas obras com o objetivo de sermos vistos por homens, realizamo-las porque buscamos algo de procedência humana. Deus responde conforme a nossa expectativa. Quando tudo que queremos é a aprovação e o elogio humano, de modo a agirmos apenas por isso, Deus gentilmente fica de lado, já que, conforme o nosso desejo, a situação em nada lhe diz respeito.

Isso condiz com a natureza pessoal de Deus e o nosso relacionamento com ele. Segundo já observamos, Deus não gosta de estar onde a sua presença é indesejada. E ele sabe quando é ou não desejado. Da mesma maneira, quando alguém busca respostas de outra pessoa além de Deus, ele não interfere — em geral, não. Assim, quando o nosso objetivo é impressionar seres humanos com a intensidade da nossa devoção, Deus põe-se de lado e nos deixa seguir nosso próprio caminho. Obviamente, chegará o tempo em que isso acabará. Haverá um "dia do Senhor", sua vez de "dar as cartas", por assim dizer.

Por outro lado, se vivermos somente para Deus, ele corresponderá com a nossa expectativa — cuja origem é dele mesmo. Os Guinness, famoso pensador e líder cristão, comenta como os puritanos da história dos Estados Unidos viviam perante uma plateia de Um só, levando sua vida como se a única opinião que importasse fosse a de Deus. Evidentemente, eles entendiam que era esse o ensino de Jesus Cristo.

Entretanto, o princípio da "plateia de Um" não se resume apenas a obras de devoção e amor, estendendo-se, porém, a tudo que fazemos. O apóstolo Paulo nos desafia a fazer qualquer coisa "de todo o coração, como para o Senhor, e não para os homens, sabendo que receberão do Senhor a recompensa da herança" (Cl 3:23-24). De fato, devemos fazer tudo "em nome do Senhor Jesus, dando por meio dele graças a Deus Pai" (Cl 3:17) — o que também vale, em um nível ainda maior, para os nossos atos de "justiça".

Não deixe que a mão esquerda saiba

Agora, Jesus *ilustra* seu ensino — são ilustrações, lembre-se, e não leis — com três ações elogiáveis e motivadas pela glória de Deus.

A CONSPIRAÇÃO DIVINA

Na primeira, Jesus fala de ações filantrópicas que socorrem o necessitado, chamadas comumente de "esmolas" ou "doações". A palavra portuguesa "esmola" tem origem direta no termo grego empregado por Mateus (6:2), que, com o tempo, passou a se referir a instituições filantrópicas e de caridade.

"Quando você der esmola", insta-nos Jesus, "não anuncie isso com trombetas, como fazem os hipócritas nas sinagogas e nas ruas, a fim de serem honrados pelos outros" (6:2). "Eu lhes garanto", continua", "que eles já receberam sua plena recompensa". Aquilo que queriam, receberam. Queriam ser reconhecidos por sua boa ação, e foi o que aconteceu. O ego infla, enquanto a alma definha.

Neste ponto, devemos falar um pouco sobre a palavra "hipócritas". No Novo Testamento, a expressão é empregada 17 vezes, e apenas por Jesus. No grego clássico, *hipócrita* era um termo usado para designar um ator teatral, porém passou a se referir a qualquer que pratica o engano. A partir de registros literários, vê-se claramente que foi Jesus quem introduziu o termo e seu significado ao vocabulário moral do mundo ocidental.[1] Jesus o fez devido à sua ênfase singular acerca da importância moral do eu interior perante Deus. Por sermos criaturas dotadas de criatividade, o coração é a essência do nosso ser. Jesus, então, fazia, de modo contínuo e inequívoco, distinção entre o que representamos para o mundo e o que representamos para Deus.

Hoje, sabemos que na Palestina dos tempos de Jesus havia muitos teatros excelentes; certamente, ele os conhecia. Um deles ficava a poucos quilômetros de sua casa em Nazaré, na cidade de Séforis, que foi construída na época em que Jesus ainda era jovem — e quem sabe ele e seu pai José tenham trabalhado nessa construção. Herodes, o Grande, já havia construído teatros esplêndidos em Jericó e em Samaria, assim como em Jerusalém.[2] Por isso, ao falar

---

[1]Veja o excelente artigo "Hipocrisy" [Hipocrisia], por Eva F. Kittay, em *Encyclopedia of Ethics* [Enciclopédia de ética], editado por Lawrence C. Becker, 2 vols. (Nova Iorque: Garland, 1992), vol. 1, p. 582-587.

[2]*Jesus and the Forgotten City: New Light on Sepphoris and the Urban World of Jesus* [Jesus e a cidade esquecida: nova luz sobre Séforis e o mundo urbano de Jesus], por Richard A. Batey (Grand Rapids: Baker Book House, 1991), p. 83 ss., 213.

de "hipócritas", Jesus utilizava uma imagem vívida, capaz de efetivamente captar a mente e o coração dos ouvintes em função de sua familiaridade com personagens teatrais. Seus ouvintes conseguiam reconhecer que os comportamentos religiosos evidentes de sua época não passavam de uma farsa.

É difícil acreditar que alguém fizesse o que Jesus descreve. Certamente, porém, não se tratava de algo incomum. Tocar literalmente uma trombeta para chamar atenção para as boas obras não é nosso estilo hoje em dia; no entanto, o comportamento ilustra características humanas comuns. Captadores de recursos sabem como é mais fácil atualmente convencer de algo alguma instituição social, como um hospital ou uma universidade, do que levá-la ao comprometimento com a manutenção de um edifício. A nova construção pode ser nomeada a partir dos doadores ou membros de sua família — ou ao menos uma placa pode ser colocada com o nome dos doadores. Contudo, a mesma coisa não pode acontecer no caso da manutenção de um edifício, já que, aparentemente, ninguém quer ter o nome associado a um rodo ou a uma vassoura. Há muitas outras maneiras de obtermos glória com doações do que com o soar de uma trombeta. Damos sempre um jeito de consegui-la.

O ensino contrastante de Jesus, no que se refere a oferecer uma "esmola", é "que a sua mão esquerda não saiba o que está fazendo a direita". Então, como isso é possível? Se acaso você não se propõe a isso, certamente não o fará. O que você diria para a sua mão esquerda? "Agora, por favor, ignore o que a mão direita está fazendo?" Dessa forma, é claro que isso é impossível de acontecer. Ignorar a mão direita é precisamente uma maneira de observá-la, de estar consciente disso.

O comediante Bill Cosby costumava fazer um *sketch* sobre a sua infância, na qual, quando "a gangue" queria excluir uma criança de alguma atividade, pedia para que ela fosse para algum canto e não pensasse em um urso polar cor-de-rosa por 15 minutos. É claro que é impossível fazê-lo deliberadamente, já que você tem de pensar em não pensar em um urso polar cor-de-rosa — e, assim, acaba pensando nele!

Todavia, não devemos nos esquecer nunca de que Jesus vai *além* do ato, pois remete à origem do ato no caráter. É um princípio geral que rege tudo o que ele diz. Aquele cuja mão esquerda não nota o que faz a direita — com a espontaneidade de quem dirige o próprio carro ou fala sua língua materna — é justamente o que se transformou tanto por sua caminhada diária com Deus, que as boas obras passaram a fluir naturalmente do seu caráter. Sua obra é feita de modo natural e muitas vezes automático, pois corresponde a quem ele é como indivíduo, no íntimo do seu ser; assim, ele não precisa refletir muito para fazer o bem aos outros. A despeito de quem o observa, suas obras são feitas "em secreto", pois ele está consumido pelo amor a Deus e às pessoas ao seu redor. Dificilmente repara nas obras que faz, e raramente se lembra delas.

E porque tal indivíduo está realmente olhando para Deus e vivendo para ele, Deus lhe responde: "Seu Pai, que vê o que é feito em segredo, o recompensará" (6:4). Aquele que contribui sem a preocupação de quem está olhando — e sequer repara no que faz como se fosse algo especial — é precisamente o que tem sobre si a atenção de Deus, tornando-se seu parceiro criativo na prática do bem. Ele ou ela experimentará a comunhão com Deus e verá os efeitos dessas obras se multiplicarem para o bem, no poder de Deus. Normalmente, pessoas assim são conhecidas por suas inúmeras conquistas. Mas sabemos, como Jesus bem sabia, que é por causa da "mão de Deus" que age sobre elas.

E quando vocês orarem

Semelhantemente, os "hipócritas" oram com o objetivo de ser vistos por outros. Contudo, justamente por serem hipócritas e fazerem jus ao significado da palavra, eles não são o que parecem ser. Para o observador, os hipócritas parecem devotos a Deus. Mas sua intenção se resume a impressionar os outros: "Eles gostam de ficar orando em pé nas sinagogas e nas esquinas, a fim de serem vistos pelos outros" (Mt 6:5). Os hipócritas podem, ou não, pensar que Deus também fica impressionado. Mas isso não é importante; o que importa é eles serem vistos.

E adivinhe: eles *são*, de fato, vistos pelos outros. Eis a recompensa que desejavam — e a recebem. O processo todo jaz no âmbito da competência humana. Por deixar Deus de fora do que estava fazendo, Deus não se intromete em seu projeto. Os hipócritas atuam no plano da justiça farisaica, que nunca "entra no reino". Mais uma vez, o ego infla, mas a alma definha.

Muitas vezes, algo parecido com o que Jesus descreve acontece com pessoas bem-intencionadas, que simplesmente não se acostumaram a desconsiderar o contexto humano ao orar. Assim, quando oram, pensam apenas na impressão que transmitem aos outros; ou talvez sua preocupação maior seja o que outros pensarão delas se Deus não atender sua oração. Devemos simplesmente abandonar todas essas inquietações do ego ao orarmos no reino.

Desse modo, quando os filhos do reino oram, podem até desaparecer de vista por um tempo, visto que aprenderam a ser indiferentes quanto a outros saberem se oram ou não. Entram em um quarto e fecham a porta, onde oram ao seu Pai, que não apenas *vê* em secreto, mas que, como Jesus declara aqui, *está* em secreto (v. 6). Isso é muito importante. Deus habita no lugar secreto. Lá, descansamos à "sombra do Todo-poderoso" (Sl 91.1).

Segundo corretamente se diz, a oração é o genuíno método de pesquisa teológica, o método pelo qual entendemos a natureza e o ser de Deus. Deus é espírito, de modo que existe no nível de realidade em que o coração humano — ou espírito — *também* existe, servindo como fundamento e fonte de nossa vida visível. É nessa realidade que o indivíduo se encontra com Deus "em espírito e em verdade".

Mais uma vez, o efeito é uma diferença impressionante na vida daquele que crê. "Seu Pai, que vê em secreto, o recompensará" (v. 6). O lado visível da sua vida envolverá acontecimentos extremamente significativos, os quais não poderão ser explicados em termos do mundo visível. "Quem é espiritual" não é discernido por ninguém, como diz Paulo (1Co 2:15). Isso porque o espiritual age a partir da realidade do estar "em secreto".

Nessa passagem, Jesus também adverte sobre o risco de fazermos da oração um processo mecânico, algo que também a transformaria em um acontecimento do mundo físico ou visível, e não do coração. Aqueles que não compreendem a Deus, os "gentios" ou *ethnikoi*, iludem-se, pensando que meros sons, repetidos incansavelmente, gerarão o efeito desejado. A palavra *battalogaste*, traduzida por "vãs

A CONSPIRAÇÃO DIVINA

repetições" na conhecida versão Almeida Revista e Corrigida (6:7), refere-se a repetições sem sentido, como alguém que gagueja ou balbucia. Não diz respeito em nada ao uso ponderado da liturgia.

Os "gentios" não entendem que a oração ao Deus de Israel e a Jesus, o Deus vivo e pessoal do universo, é um *diálogo inteligente sobre questões de interesse mútuo*. A conversa se dá em uma sociedade que partilha esforços e objetivos, na qual o amor *agape* e o espírito de perdão constituem elementos relacionais básicos (6:14-15). É por essa razão que os gentios insistem em repetições insensatas, esperando usar "deus" para obter o que desejam.

Esse mal-entendido é ilustrado por uma história do livro de Atos (capítulo 8). Por meio dos apóstolos, o reino invisível dos céus se manifestava poderosamente em Samaria, lugar onde o próprio Jesus fora bem-recebido algum tempo antes. Simão, conhecido como "Grande Poder", era um feiticeiro local que observava os efeitos visíveis das palavras e feitos dos apóstolos. Ele pensava que as ações dos apóstolos se assemelhavam às suas práticas de feitiçaria e que, por isso, poderia comprar "o segredo" dos apóstolos e usá-lo em seu próprio negócio.

Simão não entendia que as manifestações que via correspondiam a quem os apóstolos eram perante Deus e resultavam de uma conexão espiritual. Um erro semelhante é feito por um grupo de exorcistas judeus, em Atos 19:11-17.

A oração do reino e sua eficácia é inteiramente uma questão de o coração estar totalmente aberto e honesto perante Deus. Depende do que dizemos com todo o nosso ser, inserindo-nos com intenção resoluta e clareza de pensamento no fluir da ação divina. Essa é uma das ações mais importantes do nosso aprendizado no decorrer de nossa caminhada com Jesus, que nos ensina a ser na oração o que somos na vida, e a ser na vida o que somos na oração.

É nesse ponto do discurso que Jesus, de modo oportuno, profere a oração-modelo a qual comumente chamamos de "Oração do Pai Nosso". Na verdade, é a oração do *discípulo*, e tem um papel absolutamente vital no reino. Vamos analisá-la detalhadamente no capítulo seguinte, em que consideraremos a comunidade de amor e oração que Deus está, agora, edificando.

O leitor que compreendeu o que já foi exposto até aqui não se deixará levar pela ideia de que, em seu ensino sobre oração, Jesus está nos dando uma lei que proíbe a oração em público, uma lei que exige que alguém ore com as palavras dadas em sua oração-modelo etc. Em face de equívocos que predominam hoje, porém, não é muito comum escutar alguém dizer que no Sermão do Monte não temos leis, mas vida: uma vida em que as leis verdadeiras de Deus acabam cumprindo-se naturalmente.

Da mesma maneira, nada que ele nos ensina exclui o uso de liturgia ou orações escritas. Você pode buscar "agradar homens" e ser "carnal" tanto em práticas religiosas improvisadas e informais quanto em práticas estabelecidas e formais — talvez até mais em práticas informais, especialmente em orgulhar-se de ser informal.

Jejuando apenas perante Deus

Também o jejum havia se transformado, em boa parte dos casos, em um exercício de exibicionismo e respeitabilidade. Ao jejuar, privamo-nos, por algum tempo e em certa medida, de alimentação sólida e líquida normal. Trata-se de uma prática atestada biblicamente, compondo um dos aspectos da vida do cristão em sua interação com Deus. Contudo, os de comportamento "hipócrita" dos dias de Jesus tentavam parecer bastante debilitados ao jejuar. Eles haviam desenvolvido até mesmo meios pelos quais desfiguravam o rosto para garantir que as pessoas notassem que estavam jejuando.

Mais uma vez, Jesus destaca o anseio e o propósito dos hipócritas: o desejo de serem conhecidos por sua "devoção", o qual, sem dúvida, acabam realizando. Jesus reenfatiza: "Eu lhes digo a verdade: eles não receberão outra recompensa além dessa" (Mt 6:16, NVT) — isto é, o reconhecimento que estavam buscando.

Em seguida, Jesus demonstra que o jejum correto consiste na prática da vida do reino (Mt 6:17-18). É como se ele dissesse: "Arrume o cabelo e lave o rosto, escove os seus dentes, passe uma colônia ou um perfume e vista uma boa roupa para que não pareça aos outros que você está jejuando, mas apenas a seu Pai, que vê em secreto. E seu Pai, que vê em secreto, o recompensará". Uma vez mais, impressionamo-nos com o bom senso revitalizante que caracteriza as palavras de Jesus.

Evidentemente, se não estivermos ainda experimentados no jejum segundo Cristo, pensaremos que a prática nos deixará em um estado lamentável. Se o jejum torna o nosso estado deplorável, não deveríamos demonstrá-lo? Jesus nos pede para "fingir"? Na verdade, aqueles que não jejuam somente para Deus, ou que ainda não aprenderam bem *como* jejuar, obviamente ficarão em um estado deplorável — como, sem dúvida, "os hipócritas".

O próprio Jesus, porém, sabia que, quando aprendemos a jejuar "em secreto", temos a alma e o corpo sustentados diretamente pelo reino invisível. Não entramos, então, em uma condição deplorável. Mas certamente ficaremos em um estado *diferente*. Teremos força e alegria em abundância que a nossa existência humana física, na "carne", desconhece, já que ambas virão de fontes cujas origens "estão em secreto".

Ao passar por um longo período de jejum entre o seu batismo e sua carreira pública, Jesus foi tentado por Satanás a transformar pedras em pães. Sua resposta é profundamente importante para o entendimento do reino e da vida no reino. Ele cita uma passagem de Deuteronômio: "Nem só de pão viverá o homem, mas de toda palavra que procede da boca de Deus" (Mt 4:4; Dt 8:3). O que devemos ponderar com cuidado aqui é o trecho: "toda palavra que procede da boca de Deus".

O "maná" como um tipo de palavra de Deus

A passagem de Deuteronômio 8 nos dá a chave. A referência principal de "palavra que procede da boca de Deus" era o "maná", o sustento dos israelitas durante os anos errantes pelo deserto, entre Canaã e o Egito. Ora, "maná" é um termo interessante. Basicamente, significa: "seja lá o que for" ou "o que é isto?". Maná era uma forma de substância física até então desconhecida. Na verdade, era uma forma de *matéria* digestiva, adequada às necessidades do ser humano e produzida diretamente pela ação ou "palavra" de Deus, não por um processo já encontrado na natureza.

É significativo o fato de não apenas necessidades alimentares terem sido supridas pela ação direta de Deus no deserto, mas também as necessidades de roupas e calçados. O povo de Israel usou o mesmo calçado e a mesma vestimenta, continuamente renovados por Deus, por quarenta anos (Dt 8:4). Foi parte fundamental do treinamento que receberam para a vida no reino. Séculos mais tarde, Neemias lembra a provisão divina no deserto, quando outra grande libertação histórica acontece pelas mãos de Deus: "Durante quarenta anos tu os sustentaste no deserto; nada lhes faltou, as roupas deles não se gastaram nem os seus pés ficaram inchados" (Ne 9:21).

Evidentemente, tudo isso deve ser entendido como a ação de um Deus que criou toda a ordem física por sua palavra/ação, fez jorrar água de uma rocha e causou o desabrochamento de uma vara extraída de uma árvore, "produzindo botões e flores, além de amêndoas maduras" (Nm 17:8).

Esse Deus é senhor de todas as equações fundamentais que regem a realidade, física ou não física, como a famosa $e=mc^2$, descoberta por Albert Einstein. (Na equação, e representa energia; m, matéria; c, velocidade da luz). Ora, da perspectiva humana, o que está mais ao nosso alcance é a *matéria*. Para satisfazer necessidades, podemos, dentro de limites rigorosos, manipulá-la a fim de produzir formas utilizáveis de energia em processos como a digestão, a combustão, a fissão ou fusão nuclear etc.

No entanto, o aspecto da "energia" presente na equação também está ao alcance de Deus. Ele tem reservatórios inesgotáveis de energia. Assim, pode alimentar milhares, "multiplicando" um punhado de pães e peixes, ou atender diretamente às necessidades físicas do corpo de quem jejua com fé nele. Para mim, sua "palavra" *rhema* (Mt 4:4) é uma realidade concreta, transformando-se no jejum em sustento físico para o meu organismo.

É claro que Jesus se alimentava normalmente, como todos nós o fazemos; faz parte do curso normal da vida e esse gesto deve ser recebido com humildade e gratidão. Mas Jesus também sabia o que era receber o sustento direto de Deus em seu corpo, e deseja que tenhamos a mesma experiência. O relato de João sobre o encontro de Jesus com a mulher samaritana (Cap. 4) consiste em uma das passagens mais ricas da escritura. No entanto, um de seus ensinos mais ricos acontece no final da história, e raramente é percebido.

Era fim de tarde. Os discípulos haviam ido à cidade para comprar comida, enquanto Jesus descansava da viagem ao lado de uma fonte. Ao regressarem, encontraram-no conversando com "uma mulher"! Apesar de surpresos por vê-lo fazer algo tão socialmente reprovável, antes que as pessoas da cidade se dirigissem à fonte em resposta ao testemunho da "mulher" — que retornara ao povoado para contar o que ouvira de Jesus — os discípulos instam com Jesus para que coma o alimento que lhe trouxeram.

Sua resposta nos ensina muito sobre o jejum e sobre o que acontece quando entramos no reino dos céus. Ele diz: "Tenho algo para comer que vocês não conhecem". Os discípulos, partindo de sua compreensão limitada das possibilidades do nutrimento humano, começam imediatamente a questionar se outra pessoa lhe havia trazido alimento. Então, Jesus explica que o alimento celestial o sustentava: "A minha comida é fazer a vontade daquele que me enviou e concluir a sua obra" (Jo 4:34).

Aqui, como em tantas outras declarações bíblicas bem-informadas sobre as realidades do mundo pleno de Deus, temos de decidir se não estamos apenas diante de "palavras bonitas". Sem dúvida, muitos pensam que elas têm *algum significado*, mas nada além de uma condição vaga de devoção humana. Por exemplo: alguns pensam que, para Jesus, ao fazermos a vontade de Deus, ou talvez apenas "coisas boas", sentimo-nos melhor conosco e com a vida, levando outros ao nosso redor a apoiar-nos e a encorajar-nos. Desse modo, a boa notícia de Jesus é reduzida, na prática, a uma esperança vaga da condição humana.

Antes, porém, de aceitarmos essa opinião, devemos levantar um questionamento. Como a declaração "tenho algo para comer que vocês não conhecem" seria interpretada de maneira natural pelos primeiros ouvintes? No caso de João 4, a questão abordada no diálogo de Jesus com os discípulos era precisamente a necessidade de alimento material e de como ela poderia ser suprida. Jesus sugere que o suprimento material também estava disponível ao ser humano, diretamente de fontes espirituais.

Comparando-o com João 3, a questão de um *tipo adicional de vida* está sendo tratada. A ideia de um nascimento "do alto" é apresentada por Jesus para explicar como tal vida adicional passa a fazer parte da vida do ser humano na terra. Esse "nascimento" é uma *realidade*, um acontecimento ou condição fatual, não palavras bonitas que talvez se refiram a um recomeço de vida.

É claro que o que realmente está em jogo em passagens assim são as crenças que temos mantido acerca da "realidade", especialmente com respeito a Deus e ao mundo. A falta de confiança no reino nos leva a aceitar a interpretação de passagens bíblicas como meras "palavras bonitas". Muitos enquadram toda a Bíblia, e mesmo a religião como um todo, nessa categoria. É por essa razão que, certa vez, George Santayana descreveu a religião como apenas "um clamor lírico em meio aos afazeres da vida", uma satisfação agradável em sentimentos fugazes.

Conta-se a história de um homem que perdeu a compostura e deixou escapar um palavrão na presença do seu pastor. Após um silêncio constrangedor, o homem olhou envergonhado para o pastor e disse: "Ah! Tudo bem, pastor. Eu xingo um pouco, você ora um pouco, mas nenhum de nós quer dizer muita coisa...". O desafio para a nossa fé no reino é levar nossa palavra a sério.

Que o próprio Jesus "levava a sério sua palavra" se pode demonstrar precisamente em seu caráter e em seu poder de amar e ajudar pessoas ao seu redor. Sua vida e seu ministério impressionantes vieram do relacionamento com o seu Pai. Evidentemente, nenhum de nós tem exatamente esse mesmo relacionamento, porém aspectos do que vemos nele certamente farão parte da nossa vida à medida que nos nutrimos dele e de seu reino.

Alimentando-nos do próprio Jesus

Jesus mesmo nos disse que era o nosso "alimento": "Eu sou o pão vivo que desceu do céu. Se alguém comer deste pão, viverá para sempre" (Jo 6:51). Ele, não o maná, é "o pão que desce do céu, para que não morra quem dele comer" (v. 48-50). A prática do jejum anda com esse ensinamento sobre como devemos nos nutrir da pessoa de

A CONSPIRAÇÃO DIVINA

Jesus, enfatizando a disponibilidade direta de Deus em alimentar, sustentar e renovar a alma. É um testemunho à realidade de outro mundo, do qual Jesus e seu Pai mesclam continuamente sua vida com a nossa (Jo 14:23). E os resultados da nossa determinação de buscar intensamente esse "alimento" verdadeiro serão óbvios.

Eis um breve testemunho de um pastor que aprendeu recentemente sobre o jejum do reino e começou a colocá-lo em prática:

> A disciplina do jejum passou a ter uma nova importância para mim, de modo que eu o realizo com maior regularidade. [...] A "Regra de São Benedito" exortava os monges a "amar o jejum". Hoje, criei o hábito de jejuar sempre que vou pregar, o que me dá uma noção mais profunda de dependência e do imenso poder da palavra falada, demonstrado pela irmã da minha congregação que controla o ministério de distribuição de áudio das mensagens. Segundo ela, desde janeiro deste ano, dobraram os pedidos pelas mensagens. "Não consigo explicar", disse-me. "Seja o que estiver fazendo, continue!".

O pastor aprendeu a jejuar perante o Pai, que está em secreto; e o Pai o "recompensou", agindo *com* o pastor em seus esforços ministeriais. Os efeitos da palavra visível foram muito maiores do que poderia ser atribuído às suas próprias capacidades. Assim como Jesus ensinou.

A discrição como disciplina fundamental

Jesus nos ensina nessa passagem importante de seu discurso a sermos livres das opiniões dos outros. O termo maravilhoso empregado por Paulo sobre esse tipo de controle é *ophthalmodoulian* (literalmente, "escravizado pelo olhar"; Colossenses 3:22; Efésios 6:6). Naturalmente, o termo envolve tanto a *não* prática de coisas más por medo de ser visto, quanto o fazer o que é bom para ser visto. A motivação decisiva, tanto para agir quanto para não agir, deve ser nossa consideração pelo reino de Deus, no qual vivemos como povo de Jesus.

O efeito da ação e da inação com vistas à aprovação humana é o afastamento da presença de Deus como algo irrelevante e a sujeição ao reino humano. Quer evitando o mal, quer fazendo o bem, nosso respeito deve ser apenas por Deus. Podemos pensar que está tudo bem em evitar o mal por medo de sermos vistos, pois, em qualquer caso, evitamos o mal. Contudo, isso apenas mostra que não temos respeito por Deus e que o desobedeceríamos, se não fosse pela opinião dos outros. O princípio básico é o mesmo em ambos os casos.

A *disciplina* da discrição nos ajudará a romper com as garras da opinião humana sobre a nossa alma e as nossas ações. Sendo uma atividade em nosso poder, a disciplina é algo que praticamos, permitindo-nos fazer o que não conseguimos por esforço direto. Na passagem em questão, Jesus nos leva à disciplina da discrição. Às vezes, fazemos coisas que o nosso círculo religioso aprova — como dar esmolas, orar, jejuar, participar do culto etc. — mas de uma forma que ninguém sabe. Dessa maneira, nossa motivação e recompensa por fazer essas coisas não procedem de seres humanos. Somos libertos da "escravidão do olhar", de modo que não importa se os outros sabem ou não. Aprendemos a viver constantemente dessa maneira.

Trata-se de um ponto importante para entender o que Jesus nos ensina nessa seção do Sermão do Monte. Por causa da ameaça constante do legalismo, que resume a justiça apenas a ações particulares, devemos ver o porquê de Jesus não tornar *lei* que nossas boas obras, orações e jejuns sejam praticados apenas em secreto. A prática bíblica, assim como a prática do próprio Jesus, obviamente demonstra que a discrição não é uma lei.

Lembre-se de que, para ensinar, Jesus normalmente parte do contexto de uma prática errada. Já comentamos a esse respeito em capítulos anteriores. Naturalmente, supomos que o contexto de práticas em Mateus 6:1-18 esteja atrelado às boas obras, à oração e ao jejum como formas de exibicionismo. Jesus nos ensina a não nos envolvermos nessas práticas, quando diz: "Quando você der esmola [orar, jejuar], faça-o em segredo". Mas ele *não* quer dizer: "Nunca, sob pena de culpa de pecado, deixe alguém ver que você faz ou não uma boa obra [oração, jejum]".

É por isso que não há inconsistência com seu princípio anterior no discurso: "Assim brilhe a luz de vocês diante dos homens, *para*

A CONSPIRAÇÃO DIVINA

que vejam as suas boas obras e glorifiquem ao Pai de vocês, que está nos céus" (5:16). Seu ensino leva à disciplina, não à lei, e a disciplina nos prepara para agir precisamente de modo a cumprir a lei do amor sincero a Deus.

"Evasão religiosa"

Tendo em vista o ensino de Jesus, o exame ponderado de congregações cristãs locais revela quão ineficazes elas são como escolas do viver eterno. Na verdade, o seguinte fator parece corresponder a uma lei geral do desenvolvimento social e histórico: que instituições tendem a distorcer e destruir a função central para a qual vieram a existir. Poucos anos atrás, Clyde Reid fez uma análise dolorosa de como as atividades eclesiásticas parecem estruturadas em torno da *evasão* de Deus. Sua "lei da evasão religiosa" declara: "Estruturamos nossas igrejas e as mantemos de modo a nos protegerem de Deus e da genuína experiência religiosa".[3]

Com muitas outras observações reveladoras acerca da vida eclesiástica, Reid observa:

> Hoje em dia, os membros adultos da igreja raramente levantam questionamentos religiosos sérios com medo de que revelem as suas dúvidas ou sejam tidos por estranhos. Implicitamente, há uma *conspiração do silêncio* em questões de ordem religiosa nas igrejas. Essa conspiração procura esconder o fato de que igrejas não mudam as vidas, nem influenciam a conduta dos membros em uma profundidade considerável.[4]

Em boa parte das nossas reuniões, há pouquíssimo tempo e oportunidade para que alguém se abra; tememos tal abertura. Pensamos que pode resultar em confrontação, ira e divisão. Não nos

---

[3]REID, Clyde H. *The God Evaders* [Evasores de Deus]. Nova Iorque: Harper & Row, 1966, p. 41. E também todo o cap. 4, no qual o autor tem muito a dizer sobre como a motivação inconsciente trabalha em nível grupal com o objetivo de trancafiar congregações em associações completamente superficiais.
[4]*The God Evaders* [Evasores de Deus], p. 19.

abrimos por receio do que outros pensarão de nós e farão conosco. Se, com honestidade, comparássemos o tempo inútil que gastamos preocupados com o que outros pensam com o tempo gasto na reflexão do que Deus pensa, provavelmente ficaríamos alarmados. Aqueles dentre nós que participam da liderança da congregação devem pensar profundamente sobre o assunto.

Normalmente, a "escravidão do olhar" que ocorre nos cultos de hoje vem na forma de tentar "mover" as pessoas. "O culto não foi uma bênção?", questionamos tendenciosamente. Mas o que queremos dizer? Estamos realmente pensando acerca do que Deus sentiu no culto? Qual a correlação entre a perspectiva de Deus em relação a um "grande culto" e a perspectiva humana? Devemos tomar muito cuidado com isso, ou a regra "já receberam a sua recompensa" se aplicará a nós.

Suponhamos que eu seja um pastor. Se verdadeiramente Deus não fizesse nada durante os cultos na minha igreja ou em resposta aos *meus* esforços ministeriais, quanto realmente importaria se frequentadores ainda pensassem e falassem bem de como andam as coisas e retornassem para o próximo culto, trazendo amigos? Seria tentado a pensar que tenho de atrair pessoas para me escutar, mas que poderia fazê-lo sem Deus.

As palavras do Senhor ao profeta Ezequiel devem ressoar aos ouvidos de todo aquele que exerce uma posição de liderança:

> O meu povo vem a você, como costuma fazer, e se assenta para ouvir as suas palavras, mas não as põe em prática. Com a boca eles expressam devoção, mas o coração deles está ávido de ganhos injustos. De fato, para eles você não é nada mais que um cantor que entoa cânticos de amor com uma bela voz e que sabe tocar um instrumento, pois eles ouvem as suas palavras, mas não as põem em prática (Ez 33:31-32).

Seja qual for nossa posição na vida, para que a nossa vida e obra estejam em consonância com o reino de Deus não devemos ter a aprovação humana como fator primário, nem como objetivo importante. Devemos, com amor, deixar as pessoas pensarem o que quiserem a nosso respeito. Às vezes, podemos, se conveniente, tentar ajudá-las a entender e apreciar o que estamos fazendo. Isso pode ser um ato de amor. De qualquer maneira, porém, só poderemos servi--las de fato ao servirmos apenas ao Senhor.

A ESCRAVIDÃO DAS RIQUEZAS

Onde estiver o seu tesouro

Jesus prossegue com sua advertência contra a busca pela segurança fora do reino e, para isso, passa a ensinar a respeito dos nossos *tesouros*. Tesouros são coisas que procuramos conservar devido ao valor que lhes atribuímos. Podem não ter nenhum valor intrínseco; contudo, esforçamo-nos sobremaneira para protegê-los, razão pela qual empregamos o verbo *entesourar* para descrever aquilo que procuramos guardar com zelo. Por exemplo: não é interessante o fato de conectarmos a palavra "cofre" — isto é, uma caixa ou urna — com as ideias de *tesouro*? Um dicionário descreve "cofre" como "caixa ou cubículo em que se guardam valores; tesouro".

Obviamente, também valorizamos outras coisas além de bens materiais, como nossa reputação, o relacionamento com outra pessoa, a segurança ou a reputação da nossa escola, da nossa empresa ou do nosso país. O mandamento mais importante da tradição judaico-cristã é valorizar a Deus e o seu reino acima de qualquer outra coisa. É esse o significado de amar a Deus de todo o coração, alma, entendimento e forças. Significa *entesourá-lo*, aceitar a Deus e aqueles aos quais ele ama; significa zelar por sua reputação e por seus propósitos. Nossa única sabedoria, segurança e sentimento de satisfação jazem em atribuirmos tal valor a Deus. Só então valorizaremos corretamente o nosso próximo, como *ele* os valoriza.

Todos temos tesouros; é um elemento essencial do homem. Não ter tesouro nenhum é estar em condição sub-humana, e nada rebaixa mais alguém do que ridicularizar, destruir ou privar o indivíduo de seus tesouros. De fato, quando apenas fitamos o olhar nos tesouros de outro, já cometemos uma grave intromissão. Exceto em circunstâncias muito especiais, ninguém tem o direito de sequer saber qual é o nosso tesouro; e boa parte da intimidade entre duas pessoas é precisamente o conhecimento mútuo dos tesouros um do outro. Os tesouros estão diretamente ligados ao nosso espírito ou vontade e, assim, à nossa dignidade humana. Por exemplo: é muito importante que os pais respeitem os "tesouros" dos filhos. A criança guarda os seus tesouros no cerne de sua alma e, por isso, podemos causar-lhe muito dano quando não os respeitamos.

Quando o nosso filho John Samuel era criança, ele tinha um cachorro de pelúcia que se chamava "Dorminhoco". Creio que você já consegue imaginar a aparência do bichinho. Meu filho o carregava consigo para todo lado nas brincadeiras, além de dormir com ele na cama. Com o tempo, o bichinho foi ficando encardido e surrado. Minha esposa o limpou e o reparou da melhor forma que pôde, claro. Mas eu, em minha sabedoria infinita — da qual tinha em maior abundância quando era mais jovem — decidi, com o tempo, que o Dorminhoco deveria ser substituído. Então, compramos outro bicho de pelúcia, e o Dorminhoco desapareceu. John nunca aceitou realmente aquela substituição e, com a gentileza que lhe é característica, lamentou, durante um bom tempo, a perda do amiguinho de pelúcia. Evidentemente, não havia qualquer boa razão pela qual ele não devesse ter ficado com seu bichinho.

Pessoas em campos de concentração ou moradores de rua fazem coisas inacreditáveis para conservar objetos que para outros parecem simplesmente ridículos, chegando a arriscar a própria vida. Por piores que sejam as condições de alguém, ele ou ela nunca deixa de ter algum tesouro. Talvez seja uma foto, uma carta antiga, um ornamento ou bijuteria. Revelamos nossos tesouros pelo que tentamos proteger e conservar. Muitas vezes, esses tesouros não têm valor algum para outras pessoas; às vezes, claro, têm grande valor para os outros. É o caso do dinheiro, das riquezas, dos bens materiais.

Assim, discutir nossos tesouros é o mesmo que, na verdade, discutir o que *valorizamos*. Não devemos tentar mascará-los como apenas "bens exteriores", coisas "não espirituais" ou apenas de ordem física. Lidar com tesouros é lidar com a estrutura fundamental da alma. Diz respeito precisamente ao tipo de vida que temos agora, na esfera física. A forma como lidamos com o nosso tesouro demonstra se temos experimentado vida eterna ou uma vida meramente carnal.

Além de traças, ferrugens e ladrões

A primeira coisa que Jesus nos diz com respeito a tesouros é que entesourar coisas que estão "na terra" não é uma estratégia de investimento inteligente. Tesouros da terra, por sua própria natureza, não podem simplesmente permanecer intactos. A terra é "onde a traça e a ferrugem destroem, e onde os ladrões arrombam e furtam" (Mt 6:19). Nem mesmo a esfera digital está livre de "vírus", apagões e desaparecimentos de arquivos.

Se não conseguimos pensar em uma alternativa, a análise de Jesus é muito deprimente. Alguns capítulos atrás, mencionamos Tolstoy e sua jornada rumo à fé. Como sabemos, o escritor russo caiu em uma longa e sufocante depressão devido à percepção de que tudo que ele valorizava morreria ou desapareceria.[5] Isso ocorreu depois de ele ter se tornado um dos autores mais bem-sucedidos que o mundo conhecera. Mas a "visão de mundo dos educados" imposta sobre ele era de total desesperança, como a visão de mundo atual. Nos ensinamentos de Jesus, Tolstoy encontrou uma alternativa, a qual o libertou da desesperança com respeito à vida e à falta de significado do esforço humano.

Portanto, o conselho de Jesus é que devemos acumular "tesouros nos céus" (6:20), onde as forças da natureza e da malignidade humana não podem afetar o que entesouramos. Em outras palavras, Jesus nos ensina a direcionar nossa ação à esfera espiritual, cuja substância é sustentada e governada por Deus. Invista sua vida no que Deus está fazendo, e os resultados não serão perdidos.

Obviamente, isso significa que investiremos em nosso relacionamento com o próprio Jesus e, por seu intermédio, em nosso relacionamento com Deus. Estar atrelados, porém, a esse relacionamento, significa que nos devotaremos a pessoas que fazem parte da nossa esfera de influência. Elas são parte dos tesouros de Deus. Na Bíblia, lemos: "A porção do SENHOR é o seu povo; Jacó é a parte da sua herança" (Dt 32:9, ARC). E esse povo certamente inclui a nós também, de uma maneira única e fundamental. Há um nível de cuidado

---

[5]Tolstoy, *A Confession* [Uma confissão].

com a nossa vida que ninguém mais tem; devemos cuidar dela como nenhum outro cuida.

Também devemos zelar pelo reino físico, estonteantemente rico e belo, do qual nós e o nosso próximo fazemos parte: "Conforme as tuas ordens, tudo permanece até hoje, pois tudo está a teu serviço" (Sl 119:91). O próprio Deus ama ternamente a terra e jamais a abandona. E, porque ele a ama e ela é boa, nosso zelo para com a terra também é parte do nosso trabalho eterno e da nossa vida eterna.

Há uma ordem natural nas coisas que fazemos bem em respeitar. O homem sabe disso instintivamente, caso seu bom senso não lhe tenha sido furtado por suas experiências pessoais ou por sua educação. Vemos diversas expressões dessa ordem na antiga lei dada por Deus aos israelitas. Por exemplo: um princípio familiar dessa lei referia-se a não cozer o cabrito no leite da sua própria mãe. É uma regra importante do lar judaico em que o *kosher* é praticado. Uma pessoa displicente diria: "Que tolice!". E é claro que, diante de uma necessidade vital e de alguma circunstância extraordinária, essa lei poderia ser quebrada.

Entretanto, qualquer um que tenha criado cabritos e cabras e que tenha visto o quanto um se apega ao outro entenderá a injustiça de usar o que a mãe dá como sustento à vida do filhote para cozinhá-lo. De fato, a vida está naturalmente estruturada, do início ao fim, em coisas apropriadas e não apropriadas.[6] Assim, "guardar tesouros no céu" é valorizar todos esses aspectos íntimos e comoventes da vida do céu, tudo o que Deus está fazendo na terra. É fazê-lo na ordem e da forma como os céus indicaram, especialmente conforme o vemos resplandecendo no próprio Jesus. Quando vivemos dessa maneira, nosso tesouro está *absolutamente seguro*. Tudo o que fazemos conta, e conta para sempre. O que fazemos é preservado na esfera da vida eterna de Deus.

Isso é, em grande medida, o que o apóstolo Paulo chama de "semear para o Espírito". Quando fazemos tal semeadura, "do Espírito colhemos o que é eterno". Assim, "não nos cansemos de fazer o bem", o apóstolo prossegue, "pois a seu tempo colheremos, se

---

[6]Conforme enfatizamos anteriormente, o pensamento ético atual luta em vão para concordar sobre qualquer razão conclusiva para condenar as atrocidades humanas mais vis.

não desistirmos. Portanto, enquanto tivermos oportunidade, façamos o bem a todos os homens, especialmente aos da família da fé" (Gl 6:8-10). É precisamente dessa forma que depositamos tesouros no céu — dia após dia, hora após hora.

A vida se ajusta em torno do nosso coração

Investindo nos céus, não apenas podemos proteger e assegurar por completo nosso tesouro, mas também toda a nossa vida se alinha de modo adequado à realidade. Nossa alma está preparada para lidar com as coisas, pois enxergamos claramente. Nosso tesouro focaliza o nosso coração. "Pois onde estiver o seu tesouro, aí também estará o seu coração", diz Jesus (Mt 6:21). Lembre-se de que o nosso coração é a nossa vontade, o nosso espírito: o centro do nosso ser, a partir do qual a vida flui. Também dá orientação para tudo o que fazemos. Por isso, um coração corretamente direcionado traz saúde e plenitude à personalidade como um todo.

Para facilitar o nosso entendimento, Jesus compara os olhos naturais com os "olhos do coração" (veja Mt 6:22-23). Sabemos como a visão afeta o deslocamento do corpo em seu ambiente. "Os olhos são a lâmpada do corpo". Se a visão funcionar bem, então o corpo se moverá com facilidade em seu ambiente. Interpretando as palavras de Jesus, "todo o teu corpo será bem dirigido", isto é, "será cheio de luz".

Aquele que entesoura o que jaz no reino vê tudo à luz de seu verdadeiro valor. Em contrapartida, aquele que entesoura o que está "na terra" vê tudo a partir de uma perspectiva distorcida e é sistematicamente enganado. Em especial, a importância relativa das coisas não é avaliada de forma correta. Um exemplo prático é o do dependente químico ou do envolvido em alguma prática ilícita: para o usuário de drogas, tudo é visto em relação ao seu objeto de prazer — até o seu corpo e a sua alma.

É por isso que, "se os teus olhos forem maus, todo o teu corpo estará em trevas". Se os olhos da sua alma, "a luz que está dentro de você", não estão funcionando, então você está em trevas a respeito de *tudo* (6:23). Em outras palavras, você está simplesmente perdido. Não sabe onde está, nem para onde está indo. É isso que significa ser uma "alma perdida", uma alma morta.

A impossibilidade de servir a Deus e aos bens terrenos

Não podemos deixar de servir os nossos tesouros. Trabalhamos duro o dia todo por eles e pensamos neles a noite toda. Eles preenchem os nossos sonhos. Mas não nos é incomum pensar que podemos valorizar este mundo *e* o reino invisível ao mesmo tempo; que podemos servir a ambos. Talvez podemos fazer isso funcionar por um tempo. Contudo, chegará o momento em que um deverá se subordinar ao outro. Simplesmente não podemos ter dois objetivos *definitivos*, dois pontos de referência para as nossas ações. A vida é assim, e ninguém escapa a essa regra.

Você não pode ser servo de Deus e das coisas "na terra", visto que ambos são incompatíveis. A menos que Deus já tenha sido posto em primeiro lugar, por exemplo, o que você fizer para alcançar estabilidade financeira, impressionar outras pessoas ou cumprir seus desejos o colocará, inevitavelmente, em conflito com a vontade divina. É por isso que "Não terás outros deuses além de mim" é o *primeiro* dos Dez Mandamentos.

Assim, valorizar a Deus e a Mamom não faz sentido e, de qualquer maneira, não podemos imaginar que Deus o toleraria. É claro que você pode se servir de bens materiais — valorizá-los, usá-los bem — porque ama a Deus. Mas isso é fazer precisamente o que Jesus ordenou, posicionando tesouros nos céus. Teremos ainda muito mais a dizer sobre esses dois capítulos quando examinarmos o modo pelo qual devemos agir como discípulos ou alunos de Jesus.

Tesouros celestiais nos estão disponíveis agora

Eu penso que existe uma tendência de considerar esse tesouro celestial como algo que é apenas para um ponto muito distante no futuro. Consideramo-lo como um tipo de seguro de vida, por assim dizer, cujos benefícios vêm apenas após a morte. De fato, é importantíssimo entender que, por sermos amigos de Jesus Cristo, realmente temos "uma herança que jamais poderá perecer, macular-se ou perder o seu valor. Herança guardada nos céus para vocês que, mediante a fé, são protegidos pelo poder de Deus até chegar a salvação prestes a ser revelada no último tempo" (1Pe 1:4-5). Isso é importante. Como os egípcios descobriram, estaremos "mortos" por muito mais tempo do que vivemos nesta terra.

Todavia, o tesouro que temos no céu é também algo perfeitamente disponível para nós hoje. Podemos e devemos recorrer a ele conforme a nossa necessidade, pois esse tesouro não é nada menos do que o próprio Deus e a comunhão maravilhosa do seu reino, entrelaçados, agora mesmo, com a nossa vida. Já chegamos ao "monte Sião, à Jerusalém celestial, à cidade do Deus vivo; chegaram aos milhares de milhares de anjos em alegre reunião; à igreja dos primogênitos, cujos nomes estão escritos nos céus. Vocês chegaram a Deus, juiz de todos os homens, aos espíritos dos justos aperfeiçoados, a Jesus, mediador de uma nova aliança" (Hb 12:22-24). Não se trata de algo ainda muito distante no futuro, mas do agora.

O mais valioso para qualquer ser humano, a despeito de sua vida após a morte, é ser parte desta realidade maravilhosa: o reino de Deus, disponível agora. A eternidade é algo contínuo. Estou levando uma vida que durará para sempre. Agora mesmo, extraio coisas do meu tesouro celestial para satisfazer necessidades atuais. Se, com vistas às minhas necessidades nesta vida, tivesse de escolher entre ter um bom crédito com um banco ou um bom crédito com Deus, não hesitaria por um minuto. Certamente, renunciaria ao banco!

Agora mesmo, a minha verdadeira vida está "escondida com Cristo em Deus" (Cl 3:3). O que eu "entesouro" no céu não é apenas o pouco que consegui armazenar lá: é o que eu amo *lá*, onde coloquei minha segurança e felicidade. Deus é "o nosso refúgio e a nossa fortaleza, auxílio sempre presente na adversidade" (Sl 46:1). Em conformidade com o ensino do apóstolo Paulo, à luz de sua própria experiência: "O meu Deus suprirá todas as necessidades de vocês, de acordo com as suas gloriosas riquezas em Cristo Jesus" (Fp 4:19). Esse é o testemunho constante do registro bíblico acerca do Reino Entre Nós.

Quantos pássaros você vale?

Tendo esse contexto em mente é que retornamos, na sequência do discurso de Jesus, a temas já abordados neste livro: "Não temos razão para ficar ansiosos"; "este mundo é um lugar perfeitamente seguro". Certamente é o que Jesus e a Bíblia como um todo têm a nos dizer.

"Sei que a bondade e a fidelidade me acompanharão todos os dias da minha vida, e voltarei à casa do Senhor enquanto eu viver" (Sl 23:6).

Eu reconheço que isso soa estranho e até *forçado* — mas apenas porque nos acostumamos a considerar nossa vida e experiências "terrenas" imediatas como a única realidade existente. Assim, valorizar qualquer outra coisa deve estar *necessariamente* errado; é basear-se em ilusões. Devemos estar preparados para ser tratados como loucos quando não estamos dispostos a considerar o que está "na terra" como algo de valor supremo para a vida humana.

Se, contudo, valorizarmos "Mamom" como as pessoas normais pensam que devemos, nosso destino está selado. Nosso destino será a *ansiedade*, a preocupação e a frustração. As palavras *ansioso* e *preocupado* remetem ao sentido de sentir-se sendo estrangulado ou sufocado. Sem dúvida, é assim mesmo quando estamos ansiosos. É como se as circunstâncias e os acontecimentos nos agarrassem pelo pescoço e procurassem tirar-nos a vida. Sentimo-nos prejudicados, tememos o que nos sobrevirá e nada do que fazemos parece o bastante para aliviar a situação. Talvez o mundo tenha gastado mais energia para lidar com esse problema humano do que com qualquer outro. É por isso que fazem sucesso as músicas que nos aconselham: "Não se preocupe! Fique tranquilo!", e é por isso que estamos dispostos a pagar um preço elevado por uma hora de terapia.

Entretanto, confiando em Jesus, porque temos à disposição os tesouros nos céus, ele nos dá outro "portanto": "Portanto eu lhes digo: Não se preocupem com as suas próprias vidas, quanto ao que comer ou beber; nem com seus próprios corpos, quanto ao que vestir. Não é a vida mais importante do que a comida, e o corpo mais importante do que a roupa?" (Mt 6:25). A eternidade é, em parte, o que estamos vivendo agora.

Jesus nos aconselha a olhar para o universo vivo ao nosso redor. Em especial, refere-se aos pássaros e aos lírios. O aspecto mais relevante dos pássaros é que eles não "juntam tesouros na terra". Antes, recebem do mundo, sob o cuidado de Deus, alimento diário para as suas necessidades diárias. Observando as aves, somos lembrados do trecho da oração do Pai Nosso: "Dá-nos hoje o nosso pão de cada dia".

A realidade imediata do Reino — que também produziu o maná no deserto, recolhido dia após dia e que não podia ser armazenado senão no sábado — é mais uma vez evidenciada com a ilustração dos pássaros. Vemos também essa realidade imediata na posição que os Evangelhos dão às crianças. Elas são tidas por "as maiores no reino". A criancinha não tem capacidade de gerenciar um negócio que lhe possibilite viver independentemente dos outros. Só lhe resta esperar que os outros lhe suprirão o necessário.

Além do mais, em relação aos pássaros, a questão não é que eles não trabalham. As aves pertencem à classe de cidadãos mais ocupados do nosso mundo. Segundo podemos observar, algumas aves, como as galinhas, trabalham *muito*. Também nós devemos trabalhar, e às vezes trabalhar duro. Nossos amigos alados, porém, parecem não se preocupar muito sobre o sustento de sua vida física, como alimento, água e abrigo. Simplesmente procuram o que precisam e quando precisam — e *pegam* apenas o que encontram. E é assim que devemos ser. Ter tesouros no céu é algo que nos livra de viver simplesmente no presente, ao menos no que diz respeito ao suprimento de necessidades vitais. Trabalhamos duro, claro, e cuidamos daqueles que amamos. Todavia, não nos preocupamos — nem mesmo com os nossos amados. "Tendo o que comer e com que vestir-nos, estejamos com isso satisfeitos" (1Tm 6:8).

A provisão regular de Deus para os pássaros servia de base para certa dose de humor no ensino de Jesus, repetido algumas vezes nos Evangelhos. No Sermão do Monte, ele enfatiza a provisão do Pai direcionada a nós ao questionar, retoricamente: "Não têm vocês muito mais valor?". Já em Mateus 10, Cristo nos ensina sobre o medo da morte física: "Não tenham medo dos que matam o corpo", instrui, "mas não podem matar a alma". É claro que a morte física é categorizada com um dos tesouros "na terra". Talvez o que a maioria das pessoas valorize seja a continuidade de sua vida na terra. Como resultado, elas passam a vida inteira escravizadas pelo medo da morte física (Hb 2:15).

Entretanto, o único que devemos temer, conforme Jesus enfatiza, é ele, que é capaz de destruir alma e corpo no "gehenna", o aterro sanitário cósmico e eterno (Mt 10:28). Aliás, esse a quem devemos temer é o mesmo que cuida gentilmente dos pardais. Dois pardais são vendidos por "um asse", a menor moeda de cobre em circulação na época. Negociando, aparentemente alguém conseguiria comprar cinco pardais por dois asses (Lc 12:6). No entanto, Deus cuida de cada um deles. E ele vigia você tão de perto, que sabe quantos fios de cabelo você tem na cabeça em determinado momento de sua vida. "Portanto, não tenham medo; vocês valem mais do que muitos pardais" (Mt 10:31).

Em outra ocasião, Jesus, em tom humorístico, usa a imagem de corvos, pássaros muito menos atraentes do que pardais. "Contudo, Deus os alimenta. E vocês têm muito mais valor do que as aves!" (Lc 12:24). Você já tentou avaliar alguém em termos de aves? Que tal cinco pardais, um falcão, duas cacatuas e uma águia?

Também os lírios

Até agora, o ensinamento enfatizou a comida e o armazenamento de alimento; naturalmente, porém, algumas pessoas prefeririam passar fome a ter um aspecto ruim. Assim, de acordo com o apóstolo João, uma das três coisas que constituem o "mundo", a ordem humana, é a "cobiça dos olhos" (1Jo 2:16). Jesus entendia o quanto as pessoas valorizam sua aparência física, e um fator determinante da aparência é o tamanho. Hoje em dia, vemos sua importância em diversos rótulos, como "obeso e magricelo", "baixo e alto" etc. Porém a altura é particularmente valorizada pelo homem e, de modo mais limitado, pela mulher. Uma menina "alta demais", mais alta do que a maior parte dos meninos, pode sofrer por causa disso. E "pessoas baixinhas não têm razão para existir", como declara [sarcasticamente] certa música popular americana.

Mas é claro que valorizar a altura e preocupar-se com ela — talvez remoendo sua ausência ou sentindo-se inferior — não torna alguém mais alto. "Qual de vós, por ansioso que esteja, pode acrescentar um côvado ao curso da sua vida?" (Mt 6:27, ARA). De qualquer maneira, a altura de alguém não tem qualquer peso sobre sua atratividade e beleza como ser humano. Nossa beleza está em sermos "seres espirituais eternos, com um chamado único em prol do grande universo de Deus", conforme declaramos anteriormente.

A natureza proporciona a sua própria beleza a todas as criaturas de Deus. Quem tenta ser belo apenas em termos físicos está

A CONSPIRAÇÃO DIVINA

fadado ao fracasso. Sem a beleza interior da alma, a beleza exterior é simplesmente superficial. Como diz o provérbio: "Como anel de ouro em focinho de porco, assim é a mulher bonita, mas indiscreta" (Pv 11:22). Alguns dos indivíduos mais belos que eu já vi são pessoas idosas, cujas almas brilham de modo tão intenso, que seus corpos sequer são notados: Dorothy Day, Malcolm Muggeridge, Agnes Sanford, Golda Meir, Ethel Waters etc. Essa beleza não existe apenas para o idoso: a beleza natural do ser humano está disponível no reino para todo aquele que quiser recebê-la.

Jesus destaca que flores selvagens que crescem nos montes exibem, sem qualquer esforço, um tipo de beleza tão radiante, que o ser humano mais poderoso — "Salomão, em todo o seu esplendor" (6:29) — não se equipara a elas. Se você comparar uma dessas flores com os homens polidos e as damas enfeitadas que frequentam noites de gala em jantares e premiações de nossos centros de poder e cultura, tudo que podemos fazer é sentir pena dessa gente. Não dá nem para competir.

À medida, porém, que extraímos nossa vida de Deus e do mundo de Deus, obtemos um tipo de beleza que supera o das flores. "Se Deus veste assim a erva do campo, que hoje existe e amanhã é lançada no fogo, não vestirá muito mais a vocês, homens de pequena fé?" (Mt 6:30). Nessa passagem, Jesus usa um termo que talvez ele próprio tenha inventado: *oligopistoi* — literalmente, "os-de-fé-minúscula". O termo ocorre dez vezes, em cinco versículos dos Evangelhos. Parece ter sido um apelido inventado por Jesus como forma de repreender gentilmente os seus aprendizes por sua falta de confiança em Deus e nele mesmo. A fé que enxerga seres humanos posicionados no Reino Entre Nós também os enxerga como seres radiantes, de valor eterno. E é claro que, um dia, "quando Cristo, que é a nossa vida, se manifestar, então, vós também sereis manifestados com ele, em glória" (Cl 3:4, ARA).

As pessoas que não conhecem a Deus — os *ethne*, "as nações", que também oram, conforme vimos, de modo mecânico e sem sentido — vivem para comer, beber e vestir-se. "Porque os gentios é que procuram todas estas coisas" e, como resultado, sua vida é cheia de ansiedade, ira e depressão a respeito de sua aparência e do que se passa com eles.

Em contrapartida, aqueles que compreendem Jesus e seu Pai sabem que a provisão já lhes foi preparada. Sua confiança lhes é confirmada pela experiência. Embora trabalhem, os discípulos de Jesus não se preocupam com as coisas "na terra". Antes, buscam sempre "o Reino em primeiro lugar" — isto é, colocam "a sua prioridade em identificar e participar do que Deus está fazendo e ter o tipo de bondade [*dikaiosune*] que ele tem" (6:33). Tudo mais de que necessitam lhes é provido. Um longo histórico em suas vidas não tarda em demonstrar a veracidade dessas palavras.

A referência a buscar ter a *justiça* do Pai interliga o ensinamento sobre a reputação e os tesouros mencionados nos versículos finais do capítulo cinco, que falam sobre "ser filhos de seu Pai que está nos céus" e ser "perfeitos como perfeito é o Pai celestial de vocês" (5:45,48). Em ambos os casos, a referência é ao caráter do amor divino, possuído apenas por aqueles que pertencem à família de Deus. É o fio de ouro que tece toda a análise da vida no reino feita por Jesus, corrigindo continuamente a nossa visão e dando-nos esperança.

Jesus conclui essa seção de seu discurso (Mt 6:19-34) com outro toque de humor [que parafraseamos]: "Quanto ao amanhã, não se preocupem com ele. Vocês poderão se preocupar com o amanhã… amanhã! De qualquer maneira, acontecerá o suficiente hoje para mantê-lo preocupado com as coisas até a hora de dormir" (6:34).

Não sem razão, quando confiamos em coisas que estão além de qualquer ameaça ou risco — e quando aprendemos a partir de boas fontes, incluindo a nossa própria experiência, que tais coisas nos estão realmente *disponíveis* — viver ansioso não faz nenhum sentido. Ocorre apenas como resquício de maus hábitos, estabelecidos quando confiamos em coisas que, como a aprovação humana e as riquezas, certamente nos decepcionarão. A partir de agora, nossa estratégia deve ser de rejeição absoluta da ansiedade, enquanto nos concentramos no futuro com esperança e em oração e nos recordamos do passado com gratidão.

Paulo, mais uma vez, *compreendeu bem* o ensino de Jesus: "Não andem ansiosos por coisa alguma, mas em tudo, pela oração e súplicas, e com ação de graças, apresentem seus pedidos a Deus. E a paz de Deus, que excede todo o entendimento, guardará o coração e a mente de vocês em Cristo Jesus" (Fp 4:6-7).

A CONSPIRAÇÃO DIVINA

Acharemos tudo isso mais fácil quando formos libertos da velha dependência da opinião dos outros e do nosso "tesouro" de bens materiais.

"NESTE MUNDO VOCÊS TERÃO AFLIÇÕES"

Observamos anteriormente que aquele que não valoriza os bens terrenos deve estar preparado para ser tratado como louco. O mesmo se dá quando escapamos das ilusões da respeitabilidade e, por isso, não somos governados pelas opiniões daqueles que nos cercam, mesmo que os respeitemos em amor. Afinal de contas, aquilo que o mundo chama de "bem-aventuranças" deve incluir "os ricos" e "aqueles de quem todos falam bem a respeito deles" (Cf. Lucas 6:24, 26).

Por essa razão, Jesus ensinou aos seus alunos que "o mundo" os odiaria (Jo 15:19). Estou certo de que eles devem ter ficado alarmados com essa declaração, assim como pasmaram com a rejeição e o homicídio de seu mestre pelo *establishment*. A palavra "mundo" (*kosmos*) é usada dessa forma em diversas declarações no Novo Testamento não em referência ao planeta terra ou à sua realidade física, mas à organização histórica que, pela capacidade humana, desenvolveu-se nas estruturas sociais e culturais em que todos devemos viver. O "mundo" não se refere aos indivíduos em si. Evidentemente, Jesus era muito amado por milhares de indivíduos, assim como seus seguidores imediatos e posteriores. Mesmo assim, porém, eles foram assassinados. E isso não é incomum atualmente.

No século XVI, na Holanda, os menonitas eram considerados fora da lei e, quando pegos, normalmente eram executados. Um deles, Dirk Willens, estava sendo perseguido em um campo de gelo quando seu perseguidor rompeu a camada de gelo e caiu na água. Ouvindo os gritos de socorro, Willens voltou e o resgatou das águas. O perseguidor sentiu-se grato e surpreso diante desse ato, mas, mesmo assim, prendeu o cristão, como julgava o seu dever. Poucos dias depois, Willens foi condenado à fogueira, na cidade de Asperen. Foi justamente a sua semelhança com Cristo que provocou a sua execução.[7]

---

[7]Veja Ronald A. Wells, *History Through the Eyes of Faith* [A história pelas lentes da fé] (São Francisco: HarperSanFrancisco, 1989), p. 238-239.

Ao concluirmos este capítulo, queremos deixar claro, portanto, que o discípulo que resplandece o caráter do Príncipe da Vida não será isento dos problemas comuns da vida; e, além disso, terá problemas relacionados a "não se encaixar", sendo incapaz de se conformar à ordem do mundo, seja ela velha, seja nova. Não será incomum que isso resulte em morte, aprisionamento, exclusão de meios econômicos e educacionais etc. Todas essas coisas aconteceram repetidamente na história.

De fato, diz-se que mais cristãos morreram como mártires no século XX do que em todo o período do cristianismo, dos primórdios até 1900.[8] Hoje, o segmento "ocidental" da Igreja vive em uma bolha de ilusão histórica sobre o significado do discipulado e do evangelho. Somos essencialmente dominados pelos valores do Iluminismo em nossa cultura: busca pela felicidade, acesso a escolhas irrestritas e desdém pela autoridade. Os resultados são os evangelhos de prosperidade, os evangelhos de libertação e a percepção confortável de "domínio da vida" que enche a mente dos cristãos mais devotos em nossas denominações. Quão diferentes são as declarações perspicazes de Tiago e João: "Amizade com o mundo [*kosmou*] é inimizade com Deus" (Tg 4:4); "se alguém amar o mundo, o amor do Pai não está nele" (1Jo 2:15).

Por conseguinte, quando falamos da libertação da dependência da reputação e de riquezas materiais, *não* sugerimos um triunfalismo fácil. Na verdade, haverá momentos em que não teremos nem amigos nem riquezas das quais nos desfazer. E esse é precisamente o "x" da questão. Em situações assim, não seremos abalados. A vida é dura neste mundo, mesmo para o discípulo de Jesus. Em seu "discurso de despedida", como talvez chamaríamos o trecho de João 14–16, Jesus fala claramente aos seus discípulos entristecidos: "Neste mundo (*kosmou*) vocês terão aflições". O problema não é negado, mas transcendido quando, então, ele acrescenta: "Contudo, tenham ânimo! Eu venci o mundo" (Jo 16:33). No mesmo espírito, o salmista declara: "Muitas são as aflições do justo, mas o Senhor de todas o livra" (Sl 34:19, ARA).

---

[8]Veja as publicações excelentes do *Christianity Today* de julho e agosto de 1996 para conferir esses fatos alarmantes.

7

A comunidade de

amor e oração

Pois Deus enviou o seu Filho ao mundo, não para condenar
o mundo, mas para que este fosse salvo por meio dele.

João 3:17

Dentro da comunhão espiritual nunca e de forma alguma
há uma relação "imediata" entre uma pessoa e outra,
enquanto na comunhão anímica existe um profundo e
original desejo da alma por comunhão, por contato direto
com outras almas humanas, assim como na carne vive o
desejo por união imediata com outra carne.

Dietrich Bonhoeffer, *Life Together* [Vida em comunhão]

Peçam, e lhes será dado.

Mateus 7:7

NENHUMA CONDENAÇÃO

Jesus contempla o cosmos e a extensão passada e futura da história humana. Por isso, diz-nos que não há necessidade de estarmos ansiosos, visto existir uma vida divina, a verdadeira morada da alma, em que podemos entrar simplesmente ao depositar nossa fé nele, isto é, tornando-nos seus amigos e conspirando com ele para subverter o mal com o bem. Jesus também nos mostra como podemos ser renovados no fundo da nossa alma, excedendo a "bondade dos escribas e fariseus" e experimentando a paz genuína no mundo criado por Deus.

Na parte final de seu discurso no monte, Jesus continua a alertar-nos acerca de práticas específicas e atitudes implícitas que, apesar de "totalmente comuns, humanas", certamente nos isolam da bondade e do poder que fluem do Reino Entre Nós.

Nos 12 primeiros versículos de Mateus 7, Jesus lida com a forma mortal pela qual tentamos "gerenciar" ou controlar os que estão perto de nós por meio da culpa e da condenação, forçando sobre eles "soluções maravilhosas" para os problemas que eles enfrentam. Sem dúvida, essa também é uma forma de sair dos confins da *Torá*, do *Logos*, do Reino Entre Nós, procurando gerenciar nosso mundo sozinhos. Tudo o que podemos esperar é um desastre — em maior ou menor medida, cedo ou tarde.

A prática humana da condenação, quase universal, é o tema do início do capítulo (v. 1-6). Após sua análise incisiva do tema, Jesus nos mostra uma forma verdadeiramente eficaz e graciosa de cuidar das pessoas que amamos e de ajudá-las (v. 7-12). É a forma da *solicitação*, do *pedido*, transferida naturalmente para a oração do reino. Trata-se de uma forma que realmente funciona, já que aproxima as pessoas do reino e não de nossa teia de maquinações e planos. A prática gera uma comunidade de amor e oração.

Mais uma vez, a centralidade da sequência

Recordamo-nos, à medida que abordamos essas passagens, que já abandonamos a ira e o desprezo, a cultivação da cobiça, a manipulação verbal, a vingança, os fardos da ansiedade atrelados à aparência e o senso de segurança atrelado às riquezas.

Se ainda somos dominados por ira, desprezo e cobiça — se eles ainda "dominam nossa casa com cetro de ferro" — essas áreas mais sensíveis para as quais Jesus chama a atenção serão simplesmente incompreensíveis. Devemos começar do ponto que Jesus escolheu — com a natureza da verdadeira bem-aventurança, da "felicidade" — e seguir sua ordem, deixando a ira, o desprezo, a cobiça, a manipulação e a vingança, prosseguindo, então, para o abandono da dependência por reputação humana e riqueza material. Só assim estaremos prontos para o que vem a seguir. Afinal, como Senhor do conhecimento, Jesus lida com a realidade pessoal e moral conforme ela é; e tal realidade realmente segue uma ordem. Se a omitirmos, será por nossa própria conta e risco.

Para o ensino em Mateus 7:1-12, essa questão de ordem e progressão pode ser ainda mais importante do que em comparação com outras partes do discurso. Os versículos 1-5, 6 e 7-11, se tomados de forma isolada — como geralmente se faz — parecem não passar de observações impressionantes, mas desconexas, coisas que Jesus falou ao final de seu ensinamento. Mas não são. Antes, são observações absolutamente vitais na progressão do seu ensino, pois ilustram a textura interior da vida do reino em relação à família, aos amigos, colegas de trabalho e vizinhos. Elas ilustram a atitude do reino com relação aos que estão mais próximos de nós. Sem elas, o restante do Sermão não serviria como plano para a construção de uma "casa", uma vida sobre a rocha.

Evidentemente, sabemos que a atitude positiva do reino é o amor *agape*, e já o analisamos em alguma medida. Contudo, esse amor é um assunto inesgotável, de modo que Jesus o considera novamente. Na passagem em questão, seu tratamento do amor continua a assumir a forma de ação, de "prática". Mas também envolve um novo olhar com relação à atitude interior, e seu ensino caracteriza essa atitude de modo útil para contextos específicos.

A COMUNIDADE DE AMOR E ORAÇÃO

Dessa forma, o versículo 12 declara: "Assim, em tudo, façam aos outros o que vocês querem que eles lhes façam; pois esta é a Lei e os Profetas". Naturalmente, trata-se da famosa regra áurea, analisada e aceita por todo pensador moral desde então. Segundo Jesus, sua declaração resume "a Lei e os Profetas". Em outras palavras, isso é amar. Tudo que Deus intenciona para nós está contido nessa frase.

O "assim" no versículo 12 remonta aos versículos 1-11, de modo que devemos, como sempre, reparar cuidadosamente no que essa conjunção representa. Ela está lá como indicadora de que o versículo 12 estabelece o ponto geral que as passagens anteriores ilustram. Na vida do reino, respeitamos os outros como gostaríamos de ser respeitados. É assim que o amor se comporta não só na esfera de relacionamentos gerais, mas também em nossos relacionamentos íntimos.

Nos versículos anteriores (1-11), o amor *agape* foi ilustrado concretamente de três maneiras:

1. Não condenando ou culpando aqueles que estão ao nosso redor (v. 1-5).
2. Não forçando "soluções maravilhosas" sobre as pessoas (v. 6).
3. Apenas pedindo o que queremos delas — e de Deus (v. 7-11).

Não julguem

Se realmente desejamos ajudar aqueles que nos são queridos — se desejamos aprender a conviver com a nossa família e com os nossos vizinhos no poder do reino —, devemos abandonar a prática profundamente humana de condenar e culpar. É isso que Jesus quis dizer quando afirmou: "Não julguem". Ele nos ensina que podemos nos tornar o tipo de pessoas que não condenam ou culpam os outros — e que de fato esse é o nosso dever. Ao praticarmos o seu ensino, o poder do reino se disponibiliza mais livremente para abençoar e guiar aqueles que estão ao nosso redor em direção aos caminhos de Deus.

Ao ouvirmos a regra áurea pela primeira vez, porém, sentimo-nos como quando primeiro ouvimos o ensino de Jesus sobre abandonar a ira, o desprezo e o cultivo da cobiça: incrédulos. Podemos *realmente* viver dessa maneira? Podemos ser bem-sucedidos na negociação de relacionamentos pessoais, sem deixar que as pessoas saibam o que reprovamos a seu respeito e sem expor os seus erros? O hábito de condenar e ser condenado é parte tão "normal" da existência humana, que não podemos sequer imaginar como a vida seria sem ele.

Ao menos devemos ter a opção de dar às pessoas uma boa dose de culpa e de condenação quando convier, não é mesmo? Temos grande confiança no poder da condenação para "endireitar os outros". Se isso falhar, não devemos ao menos deixar claro que estamos no lado certo — algo de suma importância em si?

Mas o que é que fazemos, exatamente, quando condenamos alguém? Ao condenar outra pessoa, o que realmente comunicamos é que, de algum modo profundo ou irremediável, ela é má — má como um todo e passível de rejeição. Aos nossos olhos, o condenado está entre os dejetos da vida humana. O indivíduo condenado não é aceitável. *Sentenciamos* tal pessoa à exclusão. Certamente podemos aprender a viver bem e contentes sem condenar os outros.

Quem pode "corrigir" outros?

Temos de admitir que, no fundo, raramente temos a intenção de rejeitar completamente alguém; entretanto, é isso o que normalmente acontece. Corrigir alguém sem que isso aconteça requer grande maturidade pessoal e espiritual. É por isso que Paulo escreveu aos gálatas: "Irmãos, se alguém for surpreendido em algum pecado, vocês, que são espirituais, deverão restaurá-lo com mansidão. Cuide-se, porém, cada um para que também não seja tentado" (6:1).

A sabedoria de Jesus demonstrada pelas palavras de Paulo é extremamente rica. Em primeiro lugar, não tentamos corrigir alguém, exceto no caso de estarmos absolutamente seguros do pecado cometido. Nesse contexto, entram em cena as palavras que encontramos em 1Coríntios 13: o amor "tudo sofre, tudo crê, tudo espera, tudo suporta". Se não há clareza de que um pecado aconteceu, devemos partir do pressuposto de que o pecado não aconteceu. Pelo menos não devemos começar apressadamente o processo de disciplina.

Em segundo lugar, não é qualquer um que deve corrigir outros. A correção é reservada para aqueles que vivem e trabalham no poder divino, não na sua própria força. Pois esse poder é também sábio, mais amoroso do que jamais seríamos por nós mesmos. É por isso que Paulo se refere aos "espirituais". Somente aqueles que levam um tipo particular de vida estão em posição de "disciplinar".

Em terceiro lugar, a "disciplina" a ser feita não diz respeito a "consertar" o indivíduo. Não se trata de martelar sobre o que alguém fez de errado ou as consequências de sua ação, caso não mude a sua atitude. Disciplina é uma questão de *restauração*. Ao lidar com o que foi "surpreendido em algum pecado", o intuito é levá-lo de volta ao caminho de Jesus e estabelecê-lo, de modo que o seu progresso no caráter e no viver do reino possam continuar. Se a disciplina não visar esse fim, é melhor nada fazer.

Em quarto lugar, aquele que trabalha na restauração de outros deve estar sempre ciente de que é passível de cometer o mesmo tipo de pecado que o irmão "surpreendido", ou até mesmo algo ainda pior. Isso remove totalmente qualquer senso de justiça própria ou de superioridade, que, se presente, certamente fará da restauração um processo impossível. Como forma de auxílio nessa direção, os restauradores devem procurar sentir o peso — o "fardo" — daquele que está sendo restaurado de seu aprisionamento no pecado.

Obviamente, esses ensinos nunca foram intencionados para ser aplicados apenas à vida e à comunhão da igreja. Sua relevância abrange toda a vida humana, aplicando-se aos nossos relacionamentos mais próximos, ao nosso cônjuge e aos nossos filhos, aos nossos parentes mais chegados e a todo o tipo de gente com quem nos relacionamos. Nesse tipo de ambiente, em virtude de nossa condição distorcida e de ponta-cabeça, é provável que a familiaridade alimente o desprezo. A maioria das famílias seria mais saudável e feliz se os membros tratassem uns aos outros com o respeito que devotam a um completo estranho.

A análise de C. S. Lewis sobre a palavra grega *storge*, afeição familiar, é altamente instrutiva nesse ponto, leitura obrigatória para todo o que deseja uma vida familiar decente. Lewis observa o quanto ficou "impressionado muito mais com os maus modos dos pais em relação a seus filhos do que o contrário".[1]

---

[1]LEWIS, C. S. *Os quatro amores*. Rio de Janeiro: Thomas Nelson Brasil, 2017, p. 64-65.

A CONSPIRAÇÃO DIVINA

Segundo Lewis, os pais parecem tratar os filhos "com uma descortesia tal que, se fosse com qualquer outro jovem, teria precipitado o fim da amizade". São dogmáticos em assuntos dos quais os filhos entendem e, pessoas mais velhas, não; interrompem assuntos de forma rude; ridicularizam coisas que o jovem leva a sério; e fazem referências insultantes aos amigos do filho. Isso fornece uma explicação fácil para perguntas do tipo: "Por que o meu filho está sempre fora? Por que gosta mais de qualquer outra casa do que do próprio lar?". Lewis questiona: "Quem não prefere civilidade em vez de barbarismo?".

Domingos de Gusmão, que viveu no século XIII e fundou a grande Ordem Dominicana da Igreja Católica, ilustra belamente o caminho terno de Jesus. O irmão de Domingos, Paulo de Veneza, testifica, entre outras pessoas, o seguinte: "Ele [Domingos] desejava que a Regra [da Ordem Dominicana] fosse observada rigorosamente, por si e pelos outros. Domingos repreendia ofensores com tamanho afeto, que ninguém se chateava por sua correção ou punição".

O frei Frugerio de Penna também diz de Domingos: "Ele próprio observava a Regra estritamente e queria que ela fosse observada por outros. Domingos convencia e corrigia os ofensores com tamanha gentileza e bondade, que ninguém ficava chateado, mesmo que as penitências fossem, às vezes, muito severas".[2] Esse é o efeito natural de um espírito não condenador.

É evidente como um tratamento assim difere-se do tratamento humano comum. Hoje em dia, dizemos que alguém é um "caso perdido". Antigamente, havia uma prática tribal segundo a qual pessoas eram excluídas do grupo, forçadas pela comunidade a viver nas trevas, além do ponto onde o fogo e a luz comunais davam um pouco de visibilidade às coisas. Para os antigos, tal indivíduo era um "caso perdido".

Durante milênios, a figura do leproso era o símbolo mais gritante de condenação e exclusão. O "imoral" também traz uma longa história de exclusão, bem como a mulher divorciada. Uma das lições mais importantes dos Evangelhos é como Jesus tratava essas pessoas,

---

[2] TUGWELL, Simon. (Ed.). *Early Dominicans: Selected Writings* [Os primeiros dominicanos: escritos seletos]. Nova Iorque: Paulist Press, 1982, p. 83-85.

aceitando-as, tocando-as e realizando suas refeições com elas. Ele fazia isso de modo natural. Fazia-o por amor a elas, não para provar algo para os outros.

Hoje em dia, moradores de rua e pessoas com aids encontram-se na triste condição em que são tidas como uma combinação de leproso e imoral. Certamente Jesus teria contato com essas pessoas também ao deparar-se com elas em qualquer conexão natural da vida. Embora Cristo tenha pronunciado condenação contra líderes cheios de justiça própria e corrupção (Mt 23; Lc 11:29-54), nunca o vemos condenando as pessoas em outros contextos. Mesmo que o víssemos, poderíamos confiar em sua justiça e capacidade de pronunciar juízo, embora nós mesmos raramente estejamos em condição de julgar alguém. Como no caso da vingança, podemos deixar a ira e a condenação nas mãos de Deus. Devemos ter o cuidado de não pensar que está tudo bem em condenar outros, desde que condenemos as coisas certas. Não é tão simples assim. Posso confiar em Jesus quando vai ao templo e, usando uma corda, expulsa os que lucram da religião. Não posso, porém, confiar em mim para fazer a mesma coisa.

A ira e o desprezo atrelados à condenação

Ora, apenas um momento de reflexão é tudo de que precisamos para fazer-nos perceber quão terrivelmente poderosa é a condenação. Ela agride as áreas vulneráveis das profundezas do nosso ser. Eis o porquê de machucar tanto e, ao mesmo tempo, recorrermos a ela com tanta frequência. O abandono da condenação — isto é, não condenar nem receber condenação — constitui um ponto decisivo em nossa vida. Se, como cristãos normalmente afirmam, somos realmente "diferentes" como seguidores de Cristo, essa é a área em que o nosso discipulado deve ser mais evidente. Optamos não só por não condenar, mas também por não "receber" a condenação que nos é direcionada.

É claro que boa parte da guerra contra a condenação é ganha uma vez que renunciamos à ira e ao desprezo. A condenação sempre envolve certo nível de justiça própria e distanciamento daqueles a quem condenamos. Além disso, justiça própria sempre envolve um elemento de comparação e de condenação. Jesus, por exemplo, dirige-se a "alguns que confiavam em sua própria justiça e desprezavam os outros" (Lc 18:9). A combinação não é acidental. Estritamente falando, o desprezo forma boa parte da condenação, de modo que, quando o renunciamos em nossa alma e em nossa postura, a condenação raramente acontece. Se vier a acontecer, não produzirá seus efeitos mais devastadores.

A ira não está associada tão de perto à condenação como o desprezo o faz, mas, na verdade, essa relação é estreita. Observando a ira em ação, percebemos que ela quase sempre leva à condenação — em parte porque a condenação é indubitavelmente uma forma prática de ferir profundamente as pessoas. Ademais, a ira deseja ferir. Por outro lado, a condenação facilita o trajeto à ira. O condenado é visto como digno de sofrimento e, em todo caso, como alguém indigno de proteção e respeito. Sua reação, então, é responder com indignação à dor de ter sido condenado. E o círculo continua.

Claramente, então, se quisermos abrir mão da condenação, devemos primeiro lidar com a ira e o desprezo; e, se já tivermos lidado com ambos, restará pouco espaço para lidar com a condenação. Pouco espaço, reitero, mas ainda assim ela não desaparecerá por completo. Parece existir algo de justo na condenação.

Na verdade, existe um "ministério da condenação", o qual tem certa "glória" (2Co 3:9, ARA). Observei muitas pessoas boas que parecem sentir uma obrigação positiva de condenar outros e, em alguns casos, conseguem fazê-lo sem qualquer resquício de ira ou desprezo. Na verdade, fazem-no com até certo nível de tristeza e compaixão. Todavia, os efeitos continuam os mesmos. Ao condenar alguém, não deixo de atacá-lo e feri-lo de modo ferrenho. Seja qual for o benefício que a condenação traz para as relações humanas, seu custo é alto demais.

Além disso, a condenação normalmente se desenvolve em vergonha, a qual, por sua vez, parece mais difundida e profunda entre as pessoas que levam a justiça e a bondade mais a sério. É uma dimensão da condenação que atinge os níveis mais profundos da nossa alma. Na vergonha, sentimo-nos autocondenados justamente por ser quem somos. A vergonha toca a nossa identidade e leva à autorrejeição. Sentimo-nos um fracasso, apenas por sermos nós mesmos. Desejamos ser outra pessoa; mas é claro que não podemos. Prendemo-nos nessa condição e nos desesperamos da vida.

Eis o porquê de a discriminação contra alguém pelo *tipo* de pessoa que ele ou ela é — ou seja, por sua identidade — ser tão odiosa e destrutiva. Também explica o porquê de o evangelho do reino exercer tamanho poder transformativo na vida humana. O evangelho abre as portas do reino a qualquer um, a despeito de qualquer classificação, levando tal indivíduo a, de modo consciente, tornar-se um *tipo diferente* de pessoa, além da condenação, da culpa e da vergonha. Ao entrar no reino dos céus, aquele que chora passa a ter "uma bela coroa em vez de cinzas, o óleo de alegria em vez de pranto, e um manto de louvor em vez de espírito deprimido" (Is 61:3).

Para que vocês não sejam julgados

O resultado da condenação e da culpa será um contra-ataque nos mesmos termos. Por exemplo, os pais que reprovaram seus filhos pelo uso de drogas logo se depararão com a condenação pelo consumo excessivo de café, ou então pelo uso do cigarro ou do álcool. Esse é um exemplo clássico do que Jesus disse: "Não julguem, para que vocês não sejam julgados. Pois da mesma forma que julgarem, vocês serão julgados; e a medida que usarem, também será usada para medir vocês" (Mt 7:1-2).

Se a condenação não vier por conta de vícios "aceitáveis", será por outros excessos, reais ou imaginários, como na alimentação, no trabalho ou em outra coisa. Mas o contra-ataque certamente virá, mesmo que ele exija uma sondagem mais profunda no inconsciente ou no corpo daquele que for condenado.

Se não aceitarmos o contra-ataque — que provavelmente se dará em um contexto familiar —, então correremos o risco de "jogá-lo para debaixo do tapete", de modo que seus efeitos virão à tona em muitas formas de comportamento diferentes, como o perfeccionismo, a procrastinação, a rejeição de autoridade, as tendências passivo-agressivas, o cansaço crônico ou a rejeição constante do sucesso, ou até mesmo manifesto em sintomas físicos. É assim porque a condenação acarreta ira, e a ira se manifesta em ataque. Muito provavelmente, isso tudo redundará em desprezo, em insultos ("tolo!"), em vergonha ou até em agressão ou violência física. Por causa da complexidade envolvida nos processos químicos da mente, o agressor poderá até mesmo voltar-se contra si próprio.

A CONSPIRAÇÃO DIVINA

Tal reciprocidade explica a razão pela qual a condenação como estratégia para corrigir ou "ajudar" aqueles que estão próximos de nós quase sempre falha. É extremamente raro que alguém condenado responda com uma mudança na direção desejada. E aqueles que respondem positivamente à condenação provavelmente já são gigantes espirituais. Como diz o provérbio: "repreenda o sábio, e ele o amará" (Pv 9:8). Por outro lado, na maioria dos casos em que condenamos, não estamos lidando com pessoas sábias. Lidamos com pessoas, em sua maioria, jovens, cuja reação será de profunda mágoa e ira. E elas nos retribuirão em igual medida.

Há algumas décadas, surgiu na sociedade americana um fenômeno social que podemos rotular de "ruptura geracional", que não existia nas décadas de 1940 e 1950, quando eu ainda era jovem. A ruptura foi causada exatamente por aquilo ao qual Jesus chama nossa atenção: a "lei da reciprocidade condenatória", segundo podemos chamá-la. A arte popular, a moralidade ou imoralidade sexual, o desencanto com o *establishment*, a Guerra do Vietnã, o recrutamento militar, a segregação racial, o papel da educação na sociedade — tudo isso, dentre outros fatores, fazia parte desse "pacote".

Agora, porém, não importa muito saber o que "causou" ou "começou" esse fenômeno social. O fato é que, hoje em dia, carregamos, como nação, o fardo do conflito entre jovens e idosos, idosos contra jovens, geração contra geração. Há uma mistura de culpa, mal-entendidos, desconfiança, condenação e vergonha entre grupos etários. Atualmente, temos nomes que, em maior ou menor intensidade, incorporam essa mistura, como *baby boomer*, geração "x" etc. E temos muitas outras formas de agrupar as pessoas em grupos de condenação mútua. Somente a aceitação sincera do evangelho das bem-aventuranças pode oferecer alívio a essa batalha terrível de condenação e contra-ataque.

Elimine a condenação e então ajude

Jesus nos mostra como proceder de outra forma, uma forma *melhor*, a fim de ajudarmos aqueles com quem nos importamos. Ele nos diz: "Por que você repara no cisco que está no olho do seu irmão, e não se dá conta da viga que está em seu próprio olho? Como você pode dizer ao seu irmão: 'Deixe-me tirar o cisco do seu olho', quando há uma viga no seu?" (Mt 7:3-4). Somos levados a questionar: como Jesus sabe que temos uma viga no olho, um sério problema de caráter que deve ser removido? No versículo seguinte, ele prossegue: "Hipócrita, tire primeiro a viga do seu olho, e então você verá claramente para tirar o cisco do olho do seu irmão".

Como Jesus sabe que aqueles que "julgam", no sentido de condenar outros, são hipócritas? Seria o caso de ter apenas *algo* de errado conosco, já que existe algo de errado com todo mundo, de modo que não podemos condenar ninguém até sermos perfeitos? Diz respeito à ideia de que quem não tem pecado deve ser o primeiro a atirar a pedra? [cf. Jo 8:7] Não. Antes, Jesus entende o que a condenação é e o que ela envolve.

A condenação *é* a viga em nosso olho. Jesus sabe que o mero fato de condenarmos alguém mostra que o nosso coração não tem a justiça do reino da qual ele fala. A condenação, especialmente acompanhada com a ira, o desprezo e o senso de justiça própria, cega-nos à realidade da outra pessoa. Não podemos "ver claramente" como ajudar nosso irmão, já que não conseguimos vê-lo. E nunca saberemos como ajudá-lo até crescermos e nos tornarmos o tipo de pessoa que não condena. Ponto-final. "Tirar a viga" não é uma questão de corrigir algo que está errado em nossa vida para que possamos condenar melhor aqueles que amamos — isto é, condená-los de modo mais eficaz, por assim dizer.

"Julgando" e discernindo

Alguns, porém, têm dificuldade em desistir de "julgar" por causa de outro sentido da palavra, que marca um aspecto absolutamente central da vida e que Jesus não sugere que omitamos. O termo *krino*, no sentido pretendido por Jesus em Mateus 7, tem como seu sentido primário "separar, distinguir, exercer julgamento, calcular ou avaliar".

Por exemplo: um dentista pode examinar os dentes do paciente e concluir: "Vejo que você não tem escovado os dentes regularmente. A gengiva está com placa, e há uma cárie no lado inferior direito". Ao fazê-lo, o dentista está realmente julgando a condição dos dentes do paciente, observando a sua gengiva e sua higiene bucal. Ele está discernindo, vendo e declarando o problema.

Porém, ao fazer essa declaração, o dentista não é visto como alguém que condena o paciente, nem tampouco os seus dentes ou a condição de suas gengivas. Ele avalia o estado geral da boca, ao compará-la com bocas que estão em melhor condição. É o seu trabalho. Naturalmente, o dentista pode estar avaliando e condenando o paciente ao mesmo tempo. Talvez ele odeie ou despreze todo indivíduo que não cuida bem dos dentes, posicionando-o na condição de "caso perdido". Mas certamente isso seria incomum, e muitos considerariam essa atitude do dentista antiética.

Não precisamos — na verdade, não *podemos* — renunciar à prática vital de distinguir e discernir como as coisas são, a fim de evitar condenar outros. *Podemos*, entretanto, treinar a nós mesmos no sentido de responsabilizar pessoas por suas ações e discutir com elas as falhas que cometeram — e mesmo aplicar-lhes algum tipo de penalidade, se estivermos, por exemplo, em posição de fazê-lo — sem atacar o seu valor como seres humanos ou tratá-las com rejeição. Um espírito treinado no *agape* inteligente tornará isso possível. Recorde-se das palavras de Paulo e do exemplo de Domingos de Gusmão, mencionados anteriormente.

Entretanto, na melhor das hipóteses, trata-se de uma tarefa complicada: não apenas por não sabermos como executá-la, como é geralmente o caso, mas também porque aqueles aos quais avaliamos podem não saber como interpretar a avaliação de outro modo além de um ataque pessoal. Isso é especialmente verdade hoje, quando as pessoas buscam desesperadamente aprovação. Sem qualquer percepção adequada de si como seres espirituais ou do seu lugar no belo mundo criado por Deus, alguns consideram qualquer avaliação negativa como um ataque pessoal. Para eles, o ataque não se enquadra em nenhum outro paradigma.

É interessante e importa-nos notar que, hoje em dia, a antiga frase: "odeie o pecado, mas ame o pecador" não é mais aceitável. Se você desaprovar as minhas ações e métodos, a ideia corrente é que estou sendo rejeitado e condenado. Essa é mais uma evidência dos efeitos devastadores da falta de percepção do "eu" em nossa cultura como ser espiritual, cuja essência não apenas tem, mas também *é*, substância espiritual. Frases comuns são: "*Eu sou* o que faço" e "como você pode dizer que me ama quando reprova minhas ações?".

É claro, porém, que essa atitude também pode ser um recurso manipulativo que eu uso para impeli-lo a aprovar tudo o que eu faço. Então, talvez possa usufruir, sem qualquer reprovação, a minha liberdade soberana — tão querida ao coração ocidental — de fazer exatamente o que eu desejo. Ou ao menos eu posso repreendê-lo severamente por tentar "impor suas ideias sobre mim". Hoje, poucos conseguem defender esse artifício nas esferas pública e privada e ao mesmo tempo exibir com equanimidade a própria noção de verdade e realidade. Melhor é nem pensar, ou então ficar quieto.

Mal-entendidos como esses, tão corriqueiros em nossos dias, tornam ainda mais importante que seja evidente em nossa mente a natureza da condenação e como ela se relaciona ao senso de julgamento mais básico, o qual envolve "separar", dentro do possível, uma coisa da outra. Não podemos simplesmente abandonar o discernimento, e o próprio Jesus, na segunda seção de Mateus 7, insiste precisamente na necessidade de discernirmos — ou, nesse sentido, de "julgarmos". Mesmo assim, porém, precisamos renunciar à prática de condenar os outros, tarefa que não será difícil se entendermos claramente a natureza da condenação e já tivermos abandonado a ira e o desprezo.

Uma família sem condenação

Evidentemente, é de grande ajuda se a ausência da condenação nos foi modelada como um estilo de vida. Ainda quando criança — na época, estava no ensino fundamental — conheci uma família maravilhosa na região sul do Missouri, onde cresci. Eram os VonAllman, a família da minha cunhada Bertha VonAllman Willard.

Embora tenha grande estima pela minha família e a considere cuidadosa e responsável, os VonAllman, liderados pelos avós Elmer e Nora, tinham um espírito que eu desconhecia e, desde então, jamais vi igual. Eles não condenavam. Trabalhavam arduamente, andavam em retidão e disciplinavam cuidadosamente seus filhos. Mas nunca vi nem senti neles o menor elemento de condenação ou de culpa.

Entre eles, observei rapidamente que os filhos deveriam ser não somente ouvidos, mas também vistos. (Quão cruel é o dito: "Filhos devem ser vistos, não ouvidos"!) À medida que, no decorrer dos anos, observei os filhos e os netos dos VonAllman crescerem, o

A CONSPIRAÇÃO DIVINA

mesmo espírito não condenatório pareceu, em geral, prevalecer na vida deles.

Enquanto ainda jovem, morei com meu irmão mais velho, J. I. Willard, e sua mulher, Bertha; no decorrer dos anos, passei diversas temporadas na casa deles. Foi com a família VonAllman, e acima de tudo com Bertha, que aprendi como era possível levar uma vida saudável e forte sem usar a condenação como meio de punir ou controlar os outros.

Por todos aqueles anos, nenhuma vez sequer ela me condenou ou culpou, embora tivesse motivos de sobra para fazê-lo. Naquela época, há muitos anos, pensava ser esse o "jeitão" de Bertha. Hoje, sei que era o seu coração, o coração que herdou de seus pais e, por meio deles, de Cristo.

Não é fácil imaginar a possibilidade de viver sem condenação quando crescemos em um mundo como o nosso. A influência constante de um exemplo claro e real pode auxiliar-nos muito em nosso entendimento da gentileza atrelada ao caminho de Jesus. Infelizmente, não aprendi imediatamente a viver no espírito da minha cunhada e de sua família e continuei por muitos anos a usar a condenação sobre aqueles que estavam próximos de mim. Ainda pensava o ensino de Jesus como "leis impossíveis".

Ao entrarmos na vida de amizade com o Jesus que agora mesmo está atuando em nosso universo, posicionamo-nos em uma nova realidade, segundo a qual a condenação é simplesmente irrelevante. Perante Deus, diz Paulo, "já não há condenação para os que estão em Cristo Jesus" (Rm 8:1). Quanto à condenação que porventura receberemos de outros, empenho-me por não a aceitar, simplesmente ignorando-a ou deixando-a de lado. Aprendi a olhar para a condenação *apenas* enquanto sustento simultaneamente o fato de que Jesus, longe de condenar-me, morreu por mim e, agora mesmo nos céus, intervém em meu favor. Isso me ajuda a ficar longe de contra--atacar, suscitando dor e ira.

"Quem é este que me condena", pergunto, "quando posicionado ao lado Daquele que não me condena?". Penso que não ficarei deprimido se souber que nada "me separará do amor eterno de Cristo" [cf. Rm 8:33-39]. Nesse contexto, soa-me inteligente abandonar de uma vez por todas esse jogo de condenação.

QUANDO O BOM SE TRANSFORMA EM ALGO MORTAL

Sobre pérolas e porcos

Nossa prática de "engendrar condenação", conforme podemos chamá-la, normalmente acompanha de perto outro recurso usado para gerenciar a vida daqueles que amamos. Trata-se da prática de *jogar* as coisas de Deus sobre eles, independentemente de as desejarem ou estarem preparados para recebê-las. E não só as coisas de Deus, mas coisas genericamente boas, como educação ou uma alimentação mais saudável.

A própria ideia de "educação compulsória" — de forçar jovens a frequentar a escola, exceto no caso da criança, a quem devemos encaminhar com muito jeito e delicadeza — ilustra o costume equivocado de empurrar o que é de valor goela abaixo dos outros. As consequências desastrosas na sociedade contemporânea confirmam com precisão a verdade do que Jesus ensinou. Aliás, o que ele ensinou se tornou um provérbio. Infelizmente, porém, alteramos o sentido desse ensino e nos distanciamos do que Jesus tinha em mente.

"Não deem", ele disse, "o que é sagrado aos cães, nem atirem suas pérolas aos porcos; caso contrário, estes as pisarão, e aqueles, voltando-se contra vocês, os despedaçarão" (Mt 7:6).

O sentido comumente atribuído a essa passagem opõe-se diretamente ao espírito de Jesus e ao seu ensino. Segundo essa interpretação equivocada, possuímos tesouros maravilhosos e passíveis de compartilhamento: por exemplo, a verdade ou um ato de serviço. Talvez esse "tesouro" seja o próprio evangelho. Entretanto, há pessoas que não são *merecedoras* de tais tesouros. Todavia, a suposição é de que devemos ter cautela de pessoas "indignas", gente que recusaria ou faria mal uso do que temos a oferecer, os "cães" ou "porcos" mencionados no versículo. Nesse sentido comum, é como se não devêssemos gastar o que temos de bom com pessoas indignas, malignas. É essa a leitura-padrão do versículo em questão.

Contudo, é difícil imaginar qualquer ideia mais oposta ao espírito de Jesus. De fato, a própria vinda de Cristo ao mundo, a pérola de Deus, seria um caso de pérolas aos porcos se mantivéssemos a interpretação corrente.

A CONSPIRAÇÃO DIVINA

Deixemos claro, então, de uma vez por todas, que Jesus não sugere que certas classes de pessoas devem ser vistas como porcos ou cães. Tampouco ele ensina que não devemos dar coisas boas e fazer boas obras a pessoas que podem rejeitá-las ou usá-las egoisticamente. Na verdade, o seu ensino é precisamente o oposto disso. Devemos ser como o Pai celestial, que "é bondoso para com os ingratos e maus" (Lc 6:35).

O problema de dar pérolas aos porcos não está no fato de eles serem indignos. A questão aqui não está na dignidade, e sim na solicitude. Porcos não podem digerir pérolas nem extrair delas o seu nutriente. O mesmo acontece com um cão em relação à Bíblia ou a um crucifixo. O cão não pode comê-los. Se insistir em levar pérolas aos porcos e Bíblias aos cães, eles se voltarão contra você e o "despedaçarão" pelo simples fato de *você* ser comestível. Qualquer que tenha tido a prática de cuidar de animais entenderá imediatamente o que Jesus afirmou.

E que ilustração cabível sobre o nosso esforço de corrigir e controlar outros, derramando-lhes coisas boas e até preciosas — coisas que, apesar de boas, não podem nutri-los! Geralmente, não os escutamos. "Sabemos" sem escutar. Jesus via isso acontecer o tempo todo ao seu redor, como nós também vemos hoje. O resultado? Em geral, o mesmo citado no exemplo dos porcos e cães. Nossas boas intenções fazem pouca diferença. O necessitado acaba ficando irritado e nos ataca. Então, o importante não é desperdiçar a "pérola", mas o fato de ela não servir de ajuda àquele que a recebe.

Quantas vezes isso não acontece entre pais e filhos! Ao lado da condenação — manipulação e condenação andam de mãos dadas —, o contra-ataque é a causa principal da alienação entre as gerações. Nossos filhos e outros jovens não sabem o que fazer conosco, os "doadores de pérola". Por isso, mesmo que eles nos amem — como pai ou amigo, por exemplo —, acabam não tolerando mais nossa "irrelevância insistente", conforme interpretam nossa ajuda forçada. Ou talvez o problema realmente esteja em nossa teimosia cega.

Impor a religião sobre o jovem que não vê nela nenhum sentido constitui uma das principais razões pelas quais eles se "formam" na igreja quase na mesma época em que se formam no ensino médio,

294

optando por não voltar pelos próximos vinte anos — se é que voltam um dia. A lacuna geracional é apenas acentuada quando os mais velhos, por sua vez, são condenados por não responderem à sabedoria recém-adquirida dos jovens.

Francamente, nossas "pérolas" são oferecidas com certo ar de superioridade, impedindo-nos de prestar atenção naqueles a quem tentamos ajudar. *Nós* temos a solução. Deve ser o suficiente, não é? Então, não demora muito para que deixemos escapar certa forma de desprezo, impaciência, ira e mesmo condenação em conjunto com a nossa oferta.

Além disso, a própria bondade da nossa "pérola" pode levar-nos a pensar na impossibilidade de termos a atitude errada para com aquele a quem pretendemos ajudar. Afinal, como poderíamos oferecer-lhe pérolas se o nosso coração não fosse reto? Infelizmente, é possível que estejamos errados, sim! Já estivemos errados outras vezes. Um ótimo sinal da nossa verdadeira intenção será o que sentirmos com sinceridade quando virmos a nossa "pérola" desprezada e espezinhada no chão pela pessoa desinteressada que queríamos ajudar.

O que realmente fazemos ao empregar nossas condenações e forçar soluções maravilhosas é eximir outros de responsabilidade, tirá-los das mãos de Deus e colocá-los sob o nosso controle. A intenção original não é essa, e geralmente não é o que nós, em sã consciência, tentamos fazer. Talvez sejamos movidos pela ansiedade por aqueles que amamos. No entanto, como vimos anteriormente no caso de juramento e fazer votos, devemos sempre respeitar os outros como seres espirituais, responsáveis perante Deus apenas pela trajetória que escolhem a partir de seu livre-arbítrio.

Deus pagou um preço altíssimo pela autodeterminação humana. Certamente, é algo que ele valoriza muito. Afinal, talvez seja a *única* forma pela qual ele pode conseguir o tipo de seres espirituais que deseja para cumprir os seus propósitos eternos. Portanto, assim como não devemos tentar manipular outros pelo uso de qualquer linguagem impressionante (Mt 5:37), também não devemos incomodá-los com a condenação, nem com nossas "pérolas" ou coisas sagradas.

A serpente e a pomba

O que, então, devemos fazer para ajudar outras pessoas? Nada? Isso é inaceitável. Não é consistente com amar verdadeiramente os que estão ao nosso redor. Agostinho entendia o amor ao próximo como a exigência de que "nos empenhamos por fazer o próximo amar a Deus". Ele entendia que isso se aplicava à família, aos de casa e, assim, "a todos os que estão ao nosso alcance".[3] Agostinho está certo. Em larga medida, o que importa em nosso relacionamento com as pessoas não é somente o que fazemos, mas como e quando fazemos. Podemos estar certos de que uma atitude de superioridade ou condenação jamais nos ajudará a ajudá-las.

Pouco antes de enviar os discípulos a ministrar o reino dos céus como meio de suprir as necessidades do ser humano, Jesus deu a seguinte instrução: "Sejam astutos como as serpentes e sem malícia como as pombas" (Mt 10:16). A imagem familiar desses animais nos ajuda a compreender o lado positivo de uma associação com outras pessoas, de modo a ajudá-las sem condená-las ou forçar sobre elas coisas boas que, apesar da nossa intenção, não lhes servirão de benefício.

Qual é a sabedoria da serpente? Ser vigilante e observadora, até o tempo certo de agir; esperar pela oportunidade certa. Raramente vemos uma serpente atrás da presa ou debatendo-se para intimidá-la. Mas, quando ela ataca, age rápida e decisivamente. Quanto à pomba, ela não trama, não maquina; é incapaz de intrigas. Não há nada de enganoso nessa criatura gentil. A pomba é, nesse sentido, "inofensiva". O ensino bíblico enfatiza muito a importância da honestidade. Uma das características das crianças, que Jesus chama de "os maiores cidadãos do reino", é sua inabilidade de enganar. Devemos ser assim enquanto adultos.

Tais são as qualidades que devemos ter para *andar com os outros* no reino em lugar de tentar mudar os seus caminhos e as suas atitudes e, com o tempo, alterar até mesmo a sua personalidade. Essas qualidades, por sua vez, são fundamentadas em elementos ainda mais profundos, como paciência, confiança, esperança, verdade e respeito genuíno pela liberdade e individualidade dos outros.

---

[3]Agostinho. *The City of God* [A cidade de Deus], livro 19, cap. 14.

A COMUNIDADE DE AMOR E ORAÇÃO

A PETIÇÃO COMO A ESSÊNCIA DA COMUNHÃO

A dinâmica da petição

Com tais qualidades, como vimos no caso de "oferecer a outra face", a dinâmica dos relacionamentos pessoais é radicalmente transformada. O elemento mais importante na transformação é este: enquanto estiver condenando meus amigos e parentes ou empurrando-lhes as minhas "pérolas", eu sou o problema deles. Eles se veem forçados a reagir, o que normalmente leva a um "julgamento" mútuo — ou, como Jesus disse, eles acabam me "despedaçando".

Uma vez, porém, que eu recuo, preservando uma atitude sensível e não manipulativa, não sou mais o problema deles. À medida que aprendo a escutar, eles não precisam mais proteger-se de mim, de modo que começam a abrir o coração. Talvez até seja tido por um aliado, alguém em quem podem confiar. Agora, eles começam a perceber mais objetivamente que o problema foi criado por eles, ou então que eles mesmos são o problema. Porque não tento mais *dirigi-los*. A comunicação genuína, o verdadeiro compartilhamento do coração torna-se uma possibilidade atraente. E essa é a ilustração final, a ilustração positiva de como realmente ajudar aqueles que estão próximos de nós (7:7-11).

Com essa postura no reino, nossa forma de influenciar outros, para o bem deles e o nosso, será simplesmente *pedir*: pedir-lhes para mudar e ajudá-los, quando pedirem ajuda, da melhor maneira possível. É uma extensão natural dessa dinâmica quando passamos a pedir a Deus para que trabalhe na vida e no coração deles, ocasionando mudanças. Essas mudanças certamente envolvem mais do que qualquer escolha consciente que eles mesmos fariam ou que jamais conceberíamos.

Desde que os respeitemos perante Deus, e desde que sejamos ponderados e graciosos, poderemos continuar pedindo, conforme a situação exigir. Podemos continuar buscando, batendo na porta de sua vida [cf. Mt 7:7-20]. Devemos observar que o ensino sobre pedir, buscar e bater aplica-se primeiro à forma como abordamos outros, não à nossa oração a Deus. Devemos respeitá-los, sem jamais

A CONSPIRAÇÃO DIVINA

esquecer-nos de que o trinco do seu coração fica do lado de dentro. Não ignoramos esse fato; antes, alegramo-nos com ele. Podemos, então, manter, com gentileza e persistência, uma expectativa esperançosa diante das pessoas, assim como diante de Deus. A *petição* é, de fato, a grande lei do mundo espiritual, através da qual as coisas são cumpridas em cooperação com Deus e em harmonia com a liberdade e o valor individual de cada pessoa.

A unidade da orientação espiritual

Para compreendermos a doutrina de Jesus, devemos perceber que, em nosso interior, não podemos ter uma postura em relação a Deus e outra em relação às pessoas. Somos um todo, de modo que o nosso verdadeiro caráter permeia tudo que fazemos. Não podemos, por exemplo, amar a Deus e odiar o ser humano. Como escreveu o apóstolo João: "Quem não ama seu irmão, a quem vê, não pode amar a Deus, a quem não vê" (1Jo 4:20b). João também nos diz: "Quem não ama não conhece a Deus, porque Deus é amor" (1Jo 4:8).

Semelhantemente, Tiago vê incoerência quando bendizemos a Deus com a nossa boca e amaldiçoamos os seres humanos, "feitos à semelhança de Deus" (Tg 3:9). Também indica que a humildade perante Deus e perante as pessoas caminham juntas. Aqueles que andam em humildade perante Deus não "falam mal" de seus irmãos e irmãs (Tg 4:11-12).

O mesmo ponto básico relacionado à unidade da orientação espiritual é visto no ensino de Jesus sobre o perdão, particularmente na conexão entre o perdão e a oração: "Pois se perdoarem as ofensas uns dos outros, o Pai celestial também lhes perdoará. Mas se não perdoarem uns aos outros, o Pai celestial não lhes perdoará as ofensas" (Mt 6:14-15). O mesmo também se aplica à confissão pública ou à vergonha do nome de Jesus: "Se alguém se envergonhar de mim e das minhas palavras nesta geração adúltera e pecadora, o Filho do homem se envergonhará dele quando vier na glória do seu Pai com os santos anjos" (Mc 8:38).

Com relação à oração, Jesus declara de modo explícito: "E quando estiverem orando, se tiverem alguma coisa contra alguém, perdoem-no, para que também o Pai celestial lhes perdoe os seus pecados" (Mc 11:25). Perdoar nada mais é do que dar algo a uma pessoa; por isso, aquele que não perdoa não vive na atmosfera espiritual e na realidade da doação, na qual as orações são respondidas.

A vida no reino de Deus não diz respeito a algo que *fazemos*, como investir na bolsa de valores ou aprender espanhol, levando-nos a reservar para nós mesmos certo domínio sobre a nossa vida e *usar* o reino para fins pessoais. Devemos render nosso eu interior a Deus, conforme expressa Jesus e seu reino. Não podemos "usar o reino" e ao mesmo tempo reter para nós mesmos o nosso interior. Há poucas vias de mão única no reino. Por exemplo: Deus me perdoa, mas eu não perdoo; Jesus confessa sua amizade comigo perante a congregação celestial, mas eu não o confesso perante seres menos gloriosos ao meu redor. Devemos manter tudo isso em mente quando contemplamos o ensino de Jesus sobre o poder da *petição*, como ela funciona entre os seres humanos e entre nós e Deus.

Quando *peço* a alguém que faça algo por mim ou me dê alguma coisa, coloco-me ao lado dessa pessoa na esfera de uma restrição, sem força nem obrigação. Permanecemos juntos; a união é característica natural da petição. Em contrapartida, exigir algo separa imediatamente. É a "atmosfera" peculiar de comunhão que caracteriza o reino, atmosfera na qual o ser humano foi criado para se desenvolver.

Ensinamos nossos filhos a dizer "por favor" e "obrigado". É uma questão de respeito, e estamos certos em ensinar isso. Mas também é uma forma de conseguir o que desejamos ou precisamos; uma maneira de obter algo sem violar a liberdade da pessoa a quem o pedido está sendo feito. No próprio ato da petição, na própria natureza do *pedido*, reconhecemos que a outra pessoa pode dizer "não" e, como pombas, "sem malícia", aceitamos a resposta. Não a castigamos por termos sido negados. Todavia, pedimos, conforme devemos fazer e, na maioria dos casos, nosso pedido é atendido. "Peçam", disse Jesus, "e lhes será dado; busquem, e encontrarão; batam, e a porta lhes será aberta". Dessa maneira é que devemos nos relacionar com os outros. Essa é a intenção principal dessa passagem tão citada.

Conforme escreveu Emily Dickinson:

A CONSPIRAÇÃO DIVINA

Para escolher sua companhia,
A alma é exigente, porém discreta;
Em sua escolha divina, portanto,
Não se intrometa.[4]

O *continuum* da oração

Como é belo ver relacionamentos em que pedir e receber transformam-se em um estilo de vida amoroso e alegre! Normalmente, vemos pessoas que se respeitam tentando, quer de brincadeira, quer seriamente, servir umas às outras ainda mais. É assim que relacionamentos deveriam ser. É claro que jamais podemos eliminar do relacionamento a petição. Devemos manter um equilíbrio, visto que pedir e receber é diferente de impor e receber. É por isso que Deus simplesmente não dá o que precisamos sem que o peçamos. Sendo assim, a oração não é nada além de a forma correta pela qual duas pessoas devem interagir. Por essa razão, Jesus passa naturalmente, em Mateus 7:7-11, do ato de pedir aos outros aquilo de que necessitamos ao ato de pedir que o Pai celestial, que está nos céus, satisfaça-nos. Jesus nos ensina claramente que ambos os relacionamentos formam uma linha contínua.

"Qual de vocês", pergunta Jesus, "se seu filho pedir pão, lhe dará uma pedra?" (7:9). Tudo que ele está fazendo aqui é uma leitura dos caminhos do coração humano. Apesar de existirem monstros capazes de algo tão cruel, a ponto de até darem uma cobra a uma criança (v. 10), isso não diminui a verdade de que o próprio ato de pedir desencadeia um poder cujo resultado desejado é geralmente conseguido. Tudo que a exceção faz é confirmar a regra.

O poder da petição é tão grande, que até leva as pessoas a sentirem-se desconfortáveis. Em certo momento da vida, acaso não fizemos de tudo para evitar alguém que porventura viesse pedir-nos alguma coisa? Isso acontece mesmo com pessoas que não conhecemos ou que jamais veremos outra vez. A questão é que não queremos

---

[4]Emily Dickinson, "The Soul Selects Her Own Society" [A alma escolhe a própria companhia], em *A Pocket Book of Modern Verse* [Livro de bolso do verso moderno], editado por Oscar Williams (Nova Iorque: Washington Square Press, 1970), p. 77.

sentir o poder do *pedido*. Quem realmente gosta de comer um sanduíche na frente do cachorro de estimação?

Não importa se é o seu sanduíche favorito, se você o preparou com amor, como parte de um pequeno passeio ou de um momento de lazer sossegado em algum lugar agradável: eis o olhar, o focinho ou quem sabe a pata no seu joelho. Você já sabe o fim da história. Não há como resistir, pois está lutando contra uma força fundamental do universo.

Em relacionamentos sociais e íntimos, a petição é o bastante para conseguirmos o resultado desejado — a menos que os relacionamentos tenham sido prejudicados por incidentes no passado, nos quais as pessoas envolvidas continuam machucadas. Às vezes, há bons motivos para que o pedido não seja atendido. Mas situações assim são incomuns.

Fatos relacionados à realidade da petição são algo que todos podemos observar. Jesus os emprega para ajudar-nos a entender o poder da oração, dando continuidade ao seu argumento com o foco em nossos pedidos a Deus: "Se vocês, apesar de serem maus, sabem dar boas coisas aos seus filhos, quanto mais o Pai de vocês, que está nos céus, dará coisas boas aos que lhe pedirem!" (7:11).

Finalmente, eis a resposta à pergunta fundamental que sugerimos neste capítulo: como podemos influenciar outros para o bem? A resposta é: pela oração, pela petição a Deus. A oração é o meio seguro pelo qual podemos influenciar outros para o que é bom. *Nossa confiança em Deus é a única coisa que torna possível tratarmos os outros como gostaríamos de ser tratados*. Por isso, devemos prestar atenção mais uma vez à palavra "assim". Tendo explicado o poder da oração como meio de alcançarmos coisas boas que desejamos, Jesus conclui: "Assim, em tudo, façam aos outros o que vocês querem que eles lhe façam". Em outras palavras, *por causa* do poder da oração e da petição, trate os outros como você gostaria de ser tratado. "Pois esta é a Lei e os Profetas" (7:12).

A origem das disputas e das brigas

Ainda outra perspectiva sobre a harmonia comunal que vem pelo poder da oração é vista em Tiago 4, capítulo em que a oração é apresentada como uma alternativa em lugar de brigar com os outros pelo que queremos. Tiago questiona: "De onde vêm as guerras e contendas que há entre vocês?" Ele está escrevendo a cristãos. Sua resposta é: "Não vêm das paixões que guerreiam dentro de vocês? Vocês cobiçam coisas, e não as têm; matam e invejam, mas não conseguem obter o que desejam. Vocês vivem a lutar e a fazer guerras" (v. 1-2a).

O que devemos fazer, então? Devemos pedir. Essa é a solução para a disputa. Devemos nos voltar para Deus em oração e pedir-lhe coisas boas, não apenas o que desejamos. Devemos orar pelo sucesso dos outros. "Não têm, porque não pedem. Quando pedem, não recebem, pois pedem por motivos errados, para gastar em seus prazeres" (v. 2b-3). Esse modo de abordar a vida está totalmente errado.

Devemos amar o nosso próximo como a nós mesmos, fazendo-lhe conforme desejamos que nos seja feito. Acolher a boa notícia do reino nos ajudará a cumprir esse mandamento, pois ela oblitera a mentalidade de escassez e de relacionamentos nos moldes eu-ganho-você-perde. Uma vida de oração nos mostra o caminho para o que precisamos e harmoniza o desejo de todos no grupo. Por vivermos no reino dos céus, somos libertos de absorver desejos que nos desviam do que é realmente bom. Em muitos aspectos, descobrimos pela vida de oração um espaço no qual todos podemos viver.[5]

O mediador na comunidade de amor

Desse modo, o ensino de Jesus sobre pedir, sobre o poder da *petição* leva-nos à natureza mais profunda da nossa vida em comunhão no reino de Deus, conforme encontra-se presente na terra. Tal vida é demonstrada em sua dimensão horizontal (humana) e vertical (divina). Entendê-la revoluciona totalmente como lidamos com a nossa família, com os nossos irmãos cristãos e com os demais cidadãos da terra, dentro e fora do reino.

Em uma longa seção de seu indispensável livro *Life Together* [Vida em comunhão], Dietrich Bonhoeffer fornece-nos uma caracterização admirável da comunidade de amor e oração. Extraí dele a

---

[5]Veja Bertrand Russell, *The Free Man's Worship* [A adoração do homem livre] etc., que trata do desespero como base para a vida moral.

epígrafe de abertura deste capítulo. No trecho em questão, Bonhoeffer enfatiza que na comunidade espiritual nunca existe uma relação *imediata* entre seres humanos.

Uma outra forma de expressá-lo é dizer que, entre aqueles que vivem como aprendizes de Jesus, não existem relacionamentos que omitem a presença e a ação de Jesus. Nunca nos relacionamos "um-a-um": todos os relacionamentos são mediados por ele. Eu nunca penso simplesmente no que farei com você, para você e por você. Eu penso no que nós, eu e Jesus, faremos com você, para você e por você. De modo semelhante, eu nunca penso no que você fará comigo, para mim e por mim, e sim no que você e Jesus farão comigo, para mim e por mim.

Os *insights* e a linguagem de Bonhoeffer são tão poderosos, que, neste ponto, seria um erro não citar as suas palavras:

> Porque a comunidade cristã é fundamentada apenas em Jesus Cristo, ela é uma realidade espiritual, não apenas psíquica [meramente humana]. Nesse aspecto, ela se difere absolutamente das outras comunidades. [...] A fraternidade cristã não é um ideal que devemos alcançar; antes, é uma realidade criada por Deus em Cristo, da qual podemos participar. Quanto mais rapidamente aprendermos a reconhecer que o fundamento, a força e a promessa de toda a nossa comunhão estão somente em Jesus Cristo, mais serenamente conceberemos, oraremos e teremos esperança em nosso relacionamento fraternal.[6]

Para Bonhoeffer, a qualidade do amor na comunidade de oração é radicalmente diferente da forma mais elevada de todo amor humano. Ainda segundo o autor:

> O amor humano é direcionado a outra pessoa por amor de si mesma; o amor espiritual é, por sua vez, direcionado a alguém por causa de Cristo. Portanto, o amor humano busca um contato direto com a outra pessoa; ele a ama não como uma pessoa livre, mas faz

---

[6]Bonhoeffer, *Life Together* [Vida em comunhão] (Nova Iorque: Harper and Row, 1954), p. 30-31.

A CONSPIRAÇÃO DIVINA

dela, antes, sua prisioneira. [...] O amor humano deseja ser irresistível, deseja dominar; por isso, tem pouco respeito pela verdade. Esse tipo de amor relativiza a verdade, pois nada, nem mesmo ela, deve interferir entre alguém e a pessoa amada.

A verdade deve dar lugar ao desejo, que dirige a comunidade humana. Já no reino do amor:

> Jesus Cristo se interpõe entre a pessoa que ama e aquela que é amada. [...] Porque Cristo está entre mim e os outros, não ouso desejar um relacionamento direto com eles. Assim como apenas Cristo pode falar comigo de modo a salvar-me, também outros só podem ser salvos pelo próprio Cristo. Isso significa que eu devo liberar a outra pessoa de qualquer forma de controlá-la, coagi-la e dominá-la com o meu amor. [...] Assim, esse amor espiritual se direcionará a Cristo, mais do que a outro irmão, pois o cristão sabe que o caminho mais direto aos outros é sempre por meio da oração a Cristo; também sabe que o amor a outros é totalmente dependente da verdade em Cristo.

Riso e redenção

As palavras captam perfeitamente o significado e o propósito dos ensinos de Jesus em Mateus 7:1-12. Em vez de perturbar os que estão ao nosso redor com julgamentos e oferecendo-lhes o nosso tesouro, posicionamo-nos perante eles de modo desarmado, isto é, com a nossa petição. Ao mesmo tempo, permanecemos perante o Rei sábio e poderoso, a quem oferecemos nossa petição em favor deles. Precisamos apenas adicionar um comentário de como a nossa humanidade entra na comunidade espiritual do amor "indireto", algo que Bonhoeffer também entendia muito bem. Todos os relacionamentos naturais da vida —familiares, de trabalho, com os vizinhos e com pessoas distantes, que permeiam as esferas política, artística e intelectual — são bons em si, desde que compreendidos corretamente. São relacionamentos essenciais demais para a vida conjunta no reino. Não há espiritualidade humana sem eles. Na verdade, devemos buscar *neles* a nossa espiritualidade.

A COMUNIDADE DE AMOR E ORAÇÃO

Assim, relacionamentos puramente "espirituais" com os outros seriam, na melhor das hipóteses, perigosos, pois são inerentemente falsos com respeito à condição humana. Essa condição é de trabalho duro, glória, pó e morte, pautada, por um lado, pela incongruência de aspirações elevadas e dignidade; por outro, pela realidade. Somos seres de carne e finitos, trilhando nuvens de aspiração elevada, mas com os farrapos da incompletude. Um dos principais sinais de que a nossa "espiritualidade" se desconectou de contextos e relacionamentos naturais, os quais estão *sempre* ao nosso redor, é que perdemos a habilidade de rir.

O riso é a resposta humana automática à incongruência, a qual, por sua vez, está sempre presente no cenário humano, a despeito de quão avançados estejamos no reino. A incongruência está gravada indelevelmente em nossa finitude. Você pode estar certo de que haverá muito riso no céu, e muito regozijo, já que sempre seremos finitos. Imagine como seria uma eternidade sem riso!

Repare que uma das coisas que desaparece quando importunamos os outros com condenações, censuras e com as nossas "pérolas" é precisamente o riso. Tornamo-nos insuportáveis, desagradáveis. Contudo, o riso genuinamente partilhado é uma das formas mais seguras de unir as pessoas e de superar os impasses da vida. O riso é essencial à comunidade genuína.

Não é de admirar, então, que o riso seja tão bom para a nossa saúde. É até mesmo um símbolo de redenção, pois não existe uma incongruência maior em toda a criação do que a redenção. Quando experimentamos a libertação, "foi como um sonho. Então a nossa boca encheu-se de riso, e a nossa língua de cantos de alegria" (Sl 126:1b-2a).

Foi por isso que Abraão caiu no chão rindo quando Deus lhe disse que ele, um homem de cem anos, teria um filho com Sara, de noventa e nove anos (Gn 17:17). Posteriormente, a própria Sara riu da mesma "piada" (18:12-15). Deus especificou a Abraão que o filho da promessa seria chamado de "Riso" (*Isaque* significa "ele riu"): "Sara, sua mulher, lhe dará um filho, e você lhe chamará Isaque. Com ele estabelecerei a minha aliança" (Gn 17:19). A escolha do nome foi uma *penalidade* imposta a Abraão e Sara por terem rido? Claro que não! Antes, foi uma lembrança perpétua de que Deus intervém na vida humana de forma milagrosa. Que alegria Abraão e Sara tiveram enquanto o pequeno Riso crescia e desenvolvia maturidade!

Já comentamos diversas vezes como a imagem que fazemos de Jesus hoje em dia simplesmente torna impossível achá-lo interessante, cativante e digno de amor. As reações de pessoas comuns a ele, encontradas nas páginas dos evangelhos, demonstram quão falsa é essa imagem. Jesus era uma pessoa tão cativante e um orador tão poderoso, que, do ponto de vista humano, os líderes da época o mataram por inveja de sua popularidade (Mt 27:18). Era um mestre do humor e o empregava para enfatizar as verdades que transmitia, como qualquer bom orador faz hoje.[7] Entretanto, poucos nos dias atuais o colocariam em sua lista de convidados para uma festa — se é que podemos chamar um aglomeramento qualquer de *festa*. Assim como não pensamos de Jesus como alguém inteligente, também não o temos como uma companhia agradável, alguém de cuja companhia gostamos. Não é de admirar que poucos queiram ser alunos de Jesus!

A ORAÇÃO NO CONTEXTO CÓSMICO

Sobre não recebermos o que pedimos

Apesar de tudo, a *petição*, embora poderosa, nem sempre nos garante o que pedimos. O princípio se aplica tanto a pedidos dirigidos a outros seres humanos quanto em nossa oração a Deus. E isso é totalmente normal e necessário. Uma grande vantagem da petição está no fato de ela não ser um mecanismo infalível, pois, em decorrência de nossa finitude humana, somos todos limitados em conhecimento, poder e capacidade de comunicação. No entanto, devemos agir; devemos seguir adiante. Mesmo desconsiderando a nossa má vontade, não é de admirar que não façamos, nem sequer tenhamos o poder de fazer, aquilo que alguém nos pede.

---

[7]TRUEBLOOD, Elton. *The Humor of Christ* [O humor de Cristo] (1964; reimp., São Francisco: HarperSanFrancisco, 1990).

Não sabemos o suficiente. Tampouco o nosso desejo é perfeito o suficiente para que possamos obter com segurança tudo que pedimos. Simples assim. C. S. Lewis expressa bem o bom senso dessa ideia à medida que oramos a Deus:

> As orações nem sempre são — no sentido bruto, fatual da palavra — "atendidas". O motivo não é porque a oração é um tipo mais fraco de causalidade, mas porque é um tipo mais forte. Quando ela "funciona", ela funciona de modo ilimitado no espaço e no tempo. É por isso que Deus reteve um poder arbitrário para ora atendê-la, ora negá-la; sem esta condição, a oração nos destruiria. É cabível ao diretor dizer: "Vocês podem fazer tais e tais coisas segundo as regras fixas desta escola. Porém, outras tais e tais coisas são perigosas demais para serem regidas pelas regras gerais. Caso queiram praticá-las, é preciso fazer uma solicitação e discutir o assunto comigo em meu escritório. Só então, veremos o que será feito".[8]

O ser humano tem dois tipos diferentes de causalidade, conforme Lewis também destaca. Uma delas está totalmente sob o nosso controle. Já a outra, que funciona por meio da *petição*, não. Se você tiver ervas daninhas no jardim ou o pneu do seu carro estiver furado, é melhor não ficar apenas na oração para que as ervas daninhas morram ou o pneu se conserte sozinho. Você pode, claro, pedir a alguém que cuide da situação, e pode ser recusado; mas é melhor que você resolva o problema das ervas daninhas ou do pneu, se puder. Basicamente, esse é o seu domínio por natureza e ao qual foi divinamente designado. Por outro lado, se tiver um amigo dependente químico (heroína), ou que esteja perdido nas selvas do modismo intelectual, então o melhor que você tem a fazer para ajudá-lo é orar — não apenas porque "consertá-lo" está além da sua capacidade, mas porque é bom que esteja além da sua capacidade.

---

[8]C. S. Lewis, "Work and Prayer" [Trabalho e oração], em *Deus no banco dos réus* (Rio de Janeiro: Thomas Nelson Brasil, 2018), p. 135.

A CONSPIRAÇÃO DIVINA

Profundamente instrutivo quanto à natureza da vida humana e sua redenção é o fato de Jesus não ter tentado "consertar" Pedro, impedindo-o de cometer algo tão terrível, ao saber que este o trairia. Certamente Jesus era capaz de livrá-lo. Todavia, livrá-lo não teria cooperado com o avanço de Pedro para que desse um passo a mais na direção em que precisava caminhar. Assim, Jesus disse a Pedro, talvez com tristeza, mas com grande confiança no Pai: "Mas eu orei por você, para que a sua fé não desfaleça. E quando você se converter, fortaleça os seus irmãos" (Lc 22:32).

Talvez não exista nenhuma outra cena em toda a Bíblia que ilustra de modo tão enfático a comunidade de amor e oração como a atitude de Jesus para com Pedro. Como Jesus ansiava que Pedro fosse vitorioso na hora de sua provação! No entanto, Jesus o deixou livre para falhar diante de Deus e dos homens — aliás, perante toda a história humana subsequente. Jesus não lançou condenação, vergonha ou "pérolas de sabedoria" sobre Pedro. Tampouco usou seu poder sobrenatural para reescrever a alma ou o cérebro do apóstolo. Tudo que fez foi isso: "Orei por você, para que a sua fé não desfaleça". Sua atitude corresponde perfeitamente a Mateus 7:1-11. É o belo padrão de Jesus para que o pratiquemos em nosso relacionamento com aqueles que estão próximos de nós.

Em busca de uma compreensão maior da oração

Essa é, então, a comunidade de amor e oração para a qual Jesus nos conduz em seu reino. Naturalmente, o seu cerne está na oração, e há diversas outras questões sobre a natureza da oração e sobre como orar que precisamos discutir, antes de deixarmos seu discurso no monte. Lembre-se de que adiamos a análise da oração do Pai Nosso, registrada em Mateus 6; por isso, temos agora de retornar a ela e incorporá-la à nossa prática da vida do reino. A oração do Pai Nosso permanece para sempre na essência da vida e da comunidade terrena dos discípulos de Cristo.

Espero que os poucos pontos essenciais que abordaremos aqui sejam úteis e sirvam para abrir um caminho prático rumo à vivência mais profunda da oração. Como todas as práticas que Jesus nos ensina por sua palavra e exemplo, a eficácia da oração será autoevidente

A COMUNIDADE DE AMOR E ORAÇÃO

a todo que orar como ele diz, sem desanimar.[9] Será muito mais difícil aprender se sucumbirmos à tentação de nos envolver em esforços "heroicos" em oração. Isso é importante. Em geral, o heroísmo não tem vez na vida espiritual, a menos que cresçamos a ponto de nunca considerarmos o que fazemos como heroísmo.

Evidentemente, há pessoas que oram de modo heroico, e elas devem ser respeitadas pelo que Deus as chamou para fazer. Pensamos em pessoas como Rees Howells ou John Hyde.[10] Contudo, trata-se de um chamado especial, reservado a poucos de nós. Olhar para o chamado deles como o ideal da vida de oração é tomar sobre si um fardo desnecessário de culpa e optar por uma prática que nos levará a abandonar a oração como um aspecto realista e necessário da vida no reino. É certo que existirão fases heroicas para as quais

---

[9]Mas penso que seja útil mencionar alguns livros sobre oração que demonstraram ser-me de extrema ajuda, bem como a milhares de pessoas. Se estudados ao lado da Bíblia, especialmente com um grupo pequeno de cristãos focalizados na prática da oração, esses livros fortalecerão grandemente a compreensão das realidades do Reino Entre Nós. Os livros listados nos mostram como viver *na prática* uma vida eficaz de oração. São eles: *Prayer: The Mightiest Force in the World* [Oração: o maior poder da terra] e *Game with Minutes* [Jogo dos minutos], por Frank Laubach; *Prayer — Asking and Receiving* [Oração: pedindo e recebendo], por John R. Rice; *Prayer* [Oração], por George Buttrick; e *Prayer: Finding the Heart's True Home* [Oração: encontrando o verdadeiro lar do coração], por Richard J. Foster. Ao lermos em busca de entendimento e crescimento espiritual, é melhor não lermos muitos livros. Como Richard Foster acuradamente observa: "É melhor encontrar alguns grampos espirituais e alimentar-se deles até que eles o tenham prendido" (p. 153). Os cinco livros indicados são excelentes, saudáveis e sábios. Uma razão pela qual os livros listados são úteis é o fato de terem sido escritos por *praticantes*. Os autores escrevem a partir de sua experiência em primeira mão. Isso também explica o porquê de não serem difíceis de ler. O domínio prático de um assunto leva alguém a falar de maneira clara e simples sobre algo cuja realidade em si é profunda. Os livros de Laubach foram republicados na edição Heritage Collection de *Frank C. Laubach: Man of Prayer* [Frank C. Laubach: homem de oração] (Siracusa, Nova Iorque: Laubach Literacy International, 1990). Porque esses livros são difíceis de adquirir pelas "fontes convencionais", incluo aqui um endereço postal: 1320 Jamesville Avenue, Box 131, Siracusa, Nova Iorque 13.210. Ambas as obras listadas foram publicadas anteriormente, em muitas edições.

[10]Acerca desses homens notáveis de oração, cf. Norman Grubb, *Rees Howells Intercessor* [Rees Howells: Intercessor] (Fort Washington, PA: Christian Literature Crusade, 1980); Francis McGaw, *John Hyde* (Mineápolis: Bethany House, 1970); e Basil Miller, *Praying Hyde: A Man of Prayer* [John Hyde: homem de oração] (Grand Rapids: Zondervan, 1943).

seremos chamados, mas sem a intenção de sermos heroicos. Seremos simplesmente como crianças que andam e conversam com o nosso Pai, que está próximo de nós.

Orar é essencialmente pedir

Voltamo-nos agora a alguns pontos específicos, nos quais o progresso na oração do reino parece frequentemente bloqueado. O primeiro diz respeito a entender a questão central do que exatamente é a oração. O quadro da oração que emerge da vida e dos ensinamentos de Jesus nos Evangelhos é claro: basicamente, trata-se de pedir, requisitar algo de Deus.

Textos relevantes sobre o assunto — como a própria oração do Pai Nosso — não deixam dúvidas sobre isso, sendo consistentes com o restante do Novo Testamento e com a Bíblia como um todo. Compare, por exemplo, a oração e a imagem da oração em 1Reis 8:22-56. Todavia, muitas pessoas se sentem desconfortáveis com o conceito de oração como "pedido", especialmente pela ideia de que pedimos a Deus coisas que *nós* queremos.

Certa vez, após uma palestra, um casal muito simpático levou-me ao aeroporto, situado a algumas horas de onde eu havia ministrado. Durante o trajeto, enquanto conversávamos, o assunto recaiu sobre as dificuldades que o filho desse casal vinha enfrentando nos negócios. Perguntei se estavam orando pelo problema e sobre a sua experiência de oração. Ambos ficaram espantados e perguntaram: "Devemos mesmo orar pelos negócios do nosso filho?". Creio que eles teriam orado sem muitos problemas pela saúde ou pela salvação do rapaz. Mas pelos negócios? Em algo no qual tinham interesse pessoal? Parecia-lhes totalmente fora de questão.

De fato, havia um elemento importante de verdade, bem como certa bondade de coração por trás do desconforto do casal. Orar nunca diz respeito *apenas* a pedir, tampouco pedir *apenas* pelo que desejamos. Deus não é um mordomo cósmico, muito menos um "quebra-galho"; e o objetivo do universo não é a satisfação dos meus desejos e das minhas necessidades. Por outro lado, devo orar pelo que me diz respeito. Na verdade, muitas pessoas consideram a oração impossível por pensarem que deveriam orar somente por necessidades maravilhosas, mas remotas, acerca das quais têm pouco interesse ou com as quais não estão familiarizadas.

A oração simplesmente *morre* quando nos esforçamos por rogar sobre "coisas boas" que, honestamente, não nos interessam. A forma pela qual podemos orar sinceramente por essas coisas é começar orando por aquilo a respeito do qual temos real interesse. O círculo dos nossos interesses inevitavelmente crescerá na vastidão do amor de Deus.

O que a oração como petição pressupõe é simplesmente um relacionamento pessoal — ou seja, interativo e experimental — entre nós e Deus, como no caso de um pedido de um filho a um pai, ou de um amigo para o outro. A oração parte do princípio de que os nossos interesses serão expressos de modo natural, e que Deus dará ouvidos à oração que fizermos em prol de nós mesmos e dos outros. Reitero: isso é o que vemos claramente na prática bíblica da oração. Vemo-lo da melhor forma possível no maior de todos os livros de oração: Salmos.[11]

Portanto, creio que a definição mais apropriada de oração é simplesmente esta: conversar com Deus sobre o que fazemos em conjunto. Nessa definição, concentramos imediatamente a atividade no ponto em que nos encontramos, expulsando, ao mesmo tempo, o egoísmo. É natural fazermos petições no decorrer do nosso diálogo com Deus. A oração é uma forma explícita pela qual compartilhamos com Deus os assuntos de interesse mútuo. E é claro que ele se preocupa com as minhas preocupações, particularmente com aquelas que coincidem com as suas. Faz parte do nosso caminhar em comunhão.

É no contexto dessa caminhada que eu oro.

Outros aspectos válidos da vida de oração

Muitas vezes, ao analisarmos o papel da oração, confundimo-lo com outros aspectos válidos de qualquer vida em que a oração está funcionando como deveria; isso não é proveitoso. Na verdade,

---

[11]Uma nova e revigorante perspectiva sobre o livro de Salmos é dada por Kathleen Norris, "Why the Psalms Scare Us" [Por que o livro de Salmos nos assusta], *Christianity Today*, 15 de julho de 1996, p. 19-24.

A CONSPIRAÇÃO DIVINA

a confusão pode ter o efeito de substituir ou até omitir a oração. Podemos confundir a oração com atividades especiais que, embora importantes, simplesmente não são oração. Desse modo, pessoas bem-intencionadas acabam não orando e nem sequer têm consciência disso. O que fazem é bom. Só que não é oração e, por isso, não traz os resultados da oração. Já constatei o caso muitas vezes, até em congregações inteiras, e o mal que essa má prática causa à nossa vida e confiança em Deus é muito grande.

Destarte, devemos considerar cuidadosamente, por exemplo, que apenas falar com Deus não é oração, embora oração seja falar com Deus. Da mesma maneira, louvar não é orar, embora o louvor seja um exercício maravilhoso, de modo que oraremos muito pouco se o nosso coração não estiver cheio de louvor. De fato, para qualquer que tenha um conhecimento genuíno de Deus, o louvor é a única atitude apropriada na qual viver. É a única atitude sensata.

Apenas uma convicção vívida da grandeza e da bondade de Deus pode estabelecer o fundamento para uma vida de oração, e tal convicção certamente se expressará em louvor. O grande "capítulo da fé" do Novo Testamento, Hebreus 11, usa palavras simples para nos dizer: "Sem fé é impossível agradar a Deus, pois quem dele se aproxima precisa crer que ele existe e que recompensa aqueles que o buscam" (v. 6). O louvor é o resultado inevitável no coração daquele que conhece a Deus e vive de modo interativo com ele.

As ações de graça também são um acompanhamento vital da oração. O propósito não é manipular a Deus, tentando enganá-lo como se fôssemos gratos quando na verdade tudo o que queremos é obter mais. É evidente que essa ideia infeliz é ridícula, entretanto, mesmo assim, muitos brincam com ela ou até tentam colocá-la em prática. Todavia, a oração da forma como Jesus nos ensinou terá resultados impressionantes, e as ações de graça serão um tema constante, visto que constituem parte da realidade do nosso relacionamento com Deus. O agradecimento anda de mãos dadas com o louvor. Somos *realmente* gratos quando estamos cientes de viver sob a provisão da mão generosa de Deus.

Por essa razão, Paulo disse aos cristãos de Filipos: "Não andem ansiosos por coisa alguma, mas em tudo, pela oração e súplicas, e com ação de graças, apresentem seus pedidos a Deus. E a paz de Deus, que excede todo o entendimento, guardará o coração e a mente de vocês em Cristo Jesus" (4:6-7).

Portanto, a oração é uma atividade completa, pois incorpora muitos elementos essenciais a um relacionamento pessoal entre duas pessoas — pessoas diferentes e ao mesmo tempo relacionadas uma à outra, como o Pai se relaciona com os seus filhos na terra. Ainda assim, porém, a *essência* da oração é a petição.

Podemos convencer Deus a mudar de ideia?

A resposta de Deus à nossa oração não é uma charada. Deus não finge responder nossa oração quando na verdade está apenas fazendo o que planejara fazer de qualquer modo. Nossa petição realmente exerce influência sobre aquilo que Deus faz ou deixa de fazer. A ideia de que tudo aconteceria exatamente como acontece, independentemente de orarmos, é um espectro que assombra a mente de muitos que professam uma fé sincera em Deus. Trata-se de um empecilho psicológico à oração, substituindo-a, na melhor das hipóteses, por um ritual vazio. E é obvio que Deus não reage a rituais vazios. Você também não reagiria.

Suponhamos que os seus filhos acreditem que você nunca faz nada diferente em função do seu pedido. Por exemplo: você lhes dará dinheiro na sexta-feira, a despeito de eles pedirem ou não. Suponhamos que seus filhos também acreditem que você exige deles que tenham o "ritual" de pedir — e é o que eles fazem. Sexta-feira à noite, eles se aproximam e pedem dinheiro para gastar no fim de semana. Seus filhos lhe pedem, mesmo sabendo que a sua mente já está decidida quanto a dar-lhes alguma coisa ou não, independentemente de qualquer pedido que façam, e mesmo sabendo que você está ciente de que eles acreditam nisso. Infelizmente, essa é a ideia que algumas pessoas têm sobre a oração.

Evidentemente, essa não é a ideia bíblica de oração, nem das pessoas para quem a oração é parte essencial da vida. Há duas passagens no Antigo Testamento que contribuíram para a mudança da minha forma de pensar sobre o assunto e que me ajudaram a conhecer mais profundamente o ensinamento de Jesus.

A CONSPIRAÇÃO DIVINA

Pois também eu fui criado segundo uma teologia que fazia de Deus um imenso controlador cósmico, o qual precisa saber de tudo, quer queira, quer não, e que nunca, nem mesmo nos aspectos mais insignificantes, muda de ideia com respeito ao que pretende fazer.

Um primeiro exemplo de como essa ideia é errada é exemplificado no episódio após a rebelião dos israelitas, quando Moisés estava no monte, recebendo as tábuas dos Dez Mandamentos pela primeira vez (Ex 32). Os israelitas haviam feito um ídolo e o adoravam, tendo os corações voltados para o Egito e os corpos entregues à orgia. Em resposta, Deus manifesta a intenção de destruir todos eles e levantar uma nação nova, somente com Moisés (v. 10).

A resposta de Moisés a Deus nessa situação é uma das passagens mais instrutivas sobre oração em toda a Bíblia (v. 12-14). Repare como Moisés *argumenta* com Deus, perguntando-lhe por que Deus deveria ser derrotado em seu projeto com o povo que havia trazido do Egito. Acaso ele não era capaz de completá-lo? Moisés também ressalta que os egípcios certamente pensariam que Deus conduzira o povo para fora do Egito com o objetivo de destruí-lo no deserto, de modo que os inimigos de Israel questionariam: "Esse Deus é bom? Esse Deus é grande?". Ao mesmo tempo há o fato de que isso se relacionava às promessas feitas a Abraão, Isaque e Jacó. O povo rebelde, prestes a ser destruído, ascendia dos patriarcas, e Deus havia firmado com eles um compromisso acerca de seus descendentes. Destruí-los seria consistente com esse comprometimento?

Com ousadia, Moisés pede a "Iavé", nome usado especialmente para designar o Deus que faz uma aliança com Israel, para "mudar de ideia" sobre trazer mal ao "seu povo" [cf. v. 12]. A resposta de Deus foi: "E sucedeu que o SENHOR arrependeu-se do mal que ameaçara trazer sobre o povo" (v. 14).

A segunda cena do Antigo Testamento envolve um dos melhores reis de Judá, Ezequias, o qual já havia testemunhado respostas extraordinárias à oração, especialmente em sua confrontação com Senaqueribe, rei da Assíria (2Rs 19:8-37). É uma daquelas histórias bíblicas que, de tão maravilhosa, capta a imaginação artística. Lord Byron escreveu "A destruição de Senaqueribe" para eternizá-la em verso.

Agora, porém, Ezequias está fatalmente enfermo, e seu amigo, o profeta Isaías, vem com uma palavra de Deus: "Você vai morrer;

não se recuperará" (2Rs 20:1). Em vista do intento declarado por Deus de permitir que a morte chegasse a Ezequias, o rei age exatamente como Moisés. Ele "orou ao Senhor". Ezequias "virou o rosto para a parede" e "chorou amargamente", argumentando: "Lembra-te, Senhor, como tenho te servido com fidelidade e com devoção sincera. Tenho feito o que tu aprovas" (2Rs 20:2-3).

Isaías não havia sequer saído do palácio, quando Deus lhe ordena a voltar com outra mensagem para Ezequias: "Ouvi sua oração e vi suas lágrimas; eu o curarei. [...] Acrescentarei quinze anos à sua vida" (2Rs 20:4-6). E foi exatamente o que o Senhor fez.

Ora, o que vemos aqui é um Deus que pode ser *convencido* por aqueles que se colocam perante ele com fidelidade. Neste ponto, devemos recordar a nossa discussão anterior sobre como os pais reagem aos pedidos feitos pelos filhos. Não há nada automático nas petições. Não existe uma "palavra mágica" na oração. Pedidos são atendidos ou não. Quer recebamos um "sim", quer um "não", será por um bom motivo. É assim que o relacionamento entre as pessoas funciona, ou pelo menos deveria funcionar.

Deus é grande o suficiente para conduzir suas decisões dessa maneira. Não restam dúvidas de que a sua natureza e identidade, bem como seus propósitos mais abrangentes são imutáveis. O que não é imutável são as suas intenções relacionadas a diversas questões particulares concernentes a cada indivíduo. E isso não o diminui — muito pelo contrário! Ele não seria um Deus tão majestoso se não pudesse mudar as suas intenções quando achasse apropriado. Se ele, então, escolhe lidar com a humanidade de modo flexível em alguns aspectos, não há problema algum nisso.

Um universo que reage à personalidade

Tal fato abre espaço para uma verdade profunda sobre o nosso universo como um todo: é um mundo que responde ao desejo e à vontade, de várias maneiras. Não deveríamos esperar outra coisa de um universo fundamentado na Trindade, a realidade definitiva, uma união exclusiva demais para conter "muitos", mas aberta demais para conter "mais de um".

A CONSPIRAÇÃO DIVINA

Muitos cientistas nos dizem que, no plano físico do universo, cada elemento e acontecimento é derivado e totalmente determinado por certas partículas subatômicas chamadas "quarks".[12] Os quarks são tidos como os constituintes fundamentais de todo o universo físico. Em uma análise estritamente científica da realidade física, não devemos supor, acredita-se, nada além de quarks.

Entretanto, nem toda a realidade é física. Na verdade, não há *ciência* alguma que procure demonstrar que tudo o que existe é de natureza física. Desafio qualquer um a apontar qual ciência faz isso, e onde. Se existisse uma "ciência" assim, certamente ela fracassaria. De qualquer maneira, os próprios quarks não são autossuficientes. Sua existência e natureza — incluindo as leis segundo as quais tais elementos determinam tudo mais — dependem necessariamente de algo mais, além dos próprios quarks.

Porque esse "algo mais" é Deus, toda a realidade física, incluindo os quarks, está sujeita à sua vontade. Nosso próprio corpo reage, em larga medida, ao nosso pensamento, desejo e vontade. É isso que nos possibilita agir e perceber; sabemo-lo experimentalmente, a despeito das teorias filosóficas que porventura tenhamos sobre o assunto. Se não fosse assim, não conseguiríamos agir, organizar a vida e viver. Mas esse fato central da vida nos mostra que a matéria não é indiferente à personalidade. Ela é influenciada pela personalidade, e vice-versa. Trata-se de um *fato* sobre o mundo e o nosso lugar nele.

Em termos limitados, então, o desejo e a vontade influenciam diretamente a realidade física, levando-a a comportar-se de determinada maneira. Nosso corpo físico serve de ilustração, conforme acabamos de observar. Se o desejo ou o mero pensamento influenciam outras coisas além da nossa própria alma e corpo é algo muito menos claro. Atualmente, ninguém se aventuraria muito na telecinesia, a suposta habilidade de mover as coisas apenas pelo pensamento e

---

[12]Sobre os quarks como fonte de toda a matéria, veja J. C. Polkinghorne, *The Quantum World* [O mundo quântico] (Princeton, NJ: Princeton University Press, 1985) e *The Faith of a Physicist* [A fé de um físico] (Princeton, NJ: Princeton University Press, 1994). Para referências específicas sobre o cérebro e a mente, veja John Searle, "The Mystery of Consciousness" em duas partes, *New York Review of Books,* 2 de novembro de 1995, p. 61-66 e 16 de novembro de 1995, p. 54-61.

pela vontade. Todavia, estudos científicos recentes sobre a oração indicam fortemente um poder muito semelhante.

Estudos científicos sobre oração

Estudos empíricos sobre os efeitos da oração têm sido realizados há algum tempo. Na Califórnia, na década de 1950, William R. Parker, da University of Redlands, desenvolveu um programa de "grupos terapêuticos de oração". Parker monitorou as mudanças na vida de indivíduos que participavam de pequenos grupos e oravam e também de pessoas que não oravam, com o objetivo de obter cura em diversos casos de dificuldade física. O pesquisador também estudou os efeitos de diferentes tipos de oração e de diferentes posturas diante da oração. Descobriu-se que a oração — no que podemos chamar acuradamente de "oração no espírito de Jesus Cristo" — produzia resultados notáveis naqueles que aprendiam a utilizá-la. Ainda hoje vale a pena ler o livro que registra os resultados do estudo, *Prayer Can Change Your Life* [A oração pode mudar sua vida], uma obra especialmente útil para quem deseja aprender alguns aspectos da prática da oração de cura.[13] Na época de sua publicação, porém, o livro era bastante incomum.

Entretanto, desde a década de 1980 foram produzidos mais de 130 estudos sobre os efeitos da oração, publicados em periódicos de medicina e de outras áreas. Muitos deles foram submetidos aos métodos mais meticulosos de controle científico, e alguns incluíram até orações direcionadas aos seres vivos em geral. Talvez o estudo mais famoso tenha sido conduzido por Randolph Byrd, da faculdade de medicina da Universidade da Califórnia, São Francisco, publicado em 1988. O estudo abrangeu 393 pacientes de doenças coronárias, os quais haviam sofrido enfarte ou apresentado sintomas graves. A pesquisa foi baseada na metodologia de estudo duplo-cego: nem os pacientes nem as equipes médicas sabiam o nome daqueles que estavam recebendo as orações.

---

[13]PARKER, William R.; JOHNS, Elaine St. *Prayer Can Change Your Life* [A oração pode mudar sua vida]. Englewood Cliffs, NJ: Prentice-Hall, 1957.

A CONSPIRAÇÃO DIVINA

Os resultados foram tão impressionantes, que as maiores redes de televisão e jornal nos Estados Unidos o divulgaram de alguma maneira. No grupo de pessoas para as quais foram feitas orações, o número de mortes foi significativamente menor, o emprego de medicamentos foi menor e nenhum paciente precisou do auxílio de aparelhos para sobreviver. Tais resultados, com muitos outros estudos, são analisados de modo detalhado pelo médico Larry Dossey em seu livro *Healing Words* [Palavras de cura].[14]

Dossey também comenta experimentos de oração com formas de vida não humanas, como sementes em germinação, plantas e bactérias (p. 190, 218-21). Contatou-se, além disso, que a distância não interfere nos efeitos da oração. A oração revelou-se tão eficaz para coisas do outro lado do planeta quanto para coisas próximas. Manteve-se eficaz mesmo quando o objeto estava encerrado em uma caixa revestida de chumbo, que impede todas as formas conhecidas de energia física: ondas, partículas etc.

Por fim, segundo a interpretação de Dossey, pouco importa, dentro de determinados limites, como alguém ora ou para quem a oração é dirigida. Não existe um método de "como fazer" no sentido de procedimento metodológico (p. 9-10). Na oração, estamos em "terra de ninguém" (p. 18), principalmente porque, segundo o seu ponto de vista, não existe nenhum "Deus externo" para quem nossa oração deve ser dirigida a fim de obtermos os resultados desejados (p. 8). De qualquer maneira, mesmo que Deus existisse, a conclusão de Dossey é que ele não poderia ser conhecido (p. 23). Aquilo "para quem" oramos está dentro de nós.

Por um lado, Dossey corrobora com o pensamento do biólogo R. Davenport: "A realidade física [...] surge de nossa consciência durante nossa experiência de mudança na natureza" (p. 68). Trata-se de uma ideia filosófica corrente, embora não sejamos obrigados a aceitá-la para levar a sério os estudos científicos sobre a oração.

Por outro lado, essa interpretação da oração — ou, para Dossey, da "atitude de oração" como empreendimento estritamente humano,

---

[14]Larry Dossey, *Healing Words* [Palavras de cura] (São Francisco: HarperSanFrancisco, 1993). Veja especialmente as páginas 90 e 179-186, para o estudo de Byrd.

envolvendo apenas a interação com forças impessoais — obviamente se difere da interpretação de Jesus. Ainda assim, meu propósito é entender o estudo, não apenas criticá-lo. A oração é, sob qualquer interpretação, uma expressão particular do pensamento, da vontade e dos desejos. Esses estudos sobre os efeitos da oração cuidadosamente realizados mostram, creio eu, que a personalidade em sua forma humana produz impactos — por meio de expressões adequadas de pensamento e vontade — que ultrapassam os meios comuns de causalidade física. Essa é a essência da posição de Dossey e não tão evidente na posição de Parker. Ambos são profissionais preocupados com a saúde humana, e ambos creem que todo recurso beneficamente comprovado deve ser implementado. Ademais, está claro que ambos desejam tratar da questão mais imediata, a cura, sem atolar-se em controvérsias teológicas. Qualquer pessoa honesta deve ser compreensível quando diante das posturas de Dossey e Parker.

Ainda assim, permanece a questão: a definição de "oração" em termos de poderes impessoais capta o sentido da oração como uma atividade no reino de Deus ou se serve apenas de extensão da esfera puramente humana? Talvez o reino humano seja significativamente maior, e de uma natureza muito diferente, do que a interpretação materialista atual queira admitir. Particularmente, creio que sim. Todavia, tal posição de modo algum exclui a primazia e a prioridade do reino dos céus sobre a vida humana. Mesmo depois de explorarmos tudo o que pode ser dito sobre o poder de uma "oração" que não "passa por um Deus externo", ainda assim devemos abordar a questão da existência de Deus e lidar com as dimensões da existência humana, especialmente em suas dimensões morais, com as quais o tipo de oração de Dossey claramente não tem qualquer envolvimento.

Esse tipo "externo" de oração diz respeito a dirigir-se a outro além de você e pedir que esse *outro* faça algo que você mesmo não é capaz de fazer. É dirigir-se àquele que repetidas vezes invadiu a história humana e continua a fazê-lo. É trabalhar inteligentemente com esse ser para cumprir objetivos e satisfazer propósitos na criação e na promoção por um tempo da vida humana na terra. É, portanto, uma oração do *espírito* ou do reino, não apenas uma oração da *alma*. A oração da alma é um exercício de poderes inerentes ao ser humano,

A CONSPIRAÇÃO DIVINA

sem qualquer referência a um "Deus externo". Talvez ela também envolva algum tipo de esfera mais ampla da realidade não física.

Desejamos, aqui, enfatizar a distinção feita por Bonhoeffer, mencionada anteriormente, entre comunidades espirituais e realidades físicas, meramente humanas. O aspecto físico do ser humano é certamente real e não deve ser ignorado. No entanto, para entender o escopo da oração no mundo pleno de Deus, devemos ir muito além da interpretação de Dossey acerca da esfera física.

Para a oração do reino, as personalidades são realidades definitivas e distintas. Elas interagem pela comunicação explícita e proposital, ouvindo e falando, não apenas por um "senso de unidade". Em Números 12:7-8, enfatizando seu tipo de relacionamento preferido, Deus exemplifica-o: "meu servo Moisés, que é fiel em toda a minha casa. Com ele falo face a face, claramente, e não por enigmas; e ele vê a forma do SENHOR" (v. 7-8).

Jesus indica que Deus intenciona algo muito parecido na relação com qualquer um que o ama: "Se alguém me ama, obedecerá à minha palavra. Meu Pai o amará, nós viremos a ele e faremos morada nele" (Jo 14:23). Se você conhece a tradição bíblica, não consegue imaginar esse tipo de relacionamento como algo que se resume a sensações estranhas ou sentimentos acolhedores. Deus é, acima de tudo, um Deus que fala e escuta.[15]

A oração nos ensina a reinar

A oração do reino é um acordo explicitamente instituído por Deus a fim de que nós, como indivíduos, possamos, à medida que aprendemos a governar passo a passo, reinar com ele em seu reino. Entrar no reino e aprender dele é o que dá à vida individual o seu devido significado. Tal chamado elevado também explica o porquê de a oração geralmente exigir muito esforço, esforço contínuo — e, em algumas questões, talvez anos e anos de esforço.

---

[15] O livro *The Latent Power of the Soul* [O poder latente da alma], por Watchman Nee (Nova Iorque: Christian Fellowship Publishers, 1972), deve ser completa e cuidadosamente analisado em conexão com este tema. Confira também o meu livro *In Search of Guidance* [À procura de orientação].

A oração é, acima de tudo, um meio de formação de caráter. Ela combina liberdade e poder com serviço e amor. O que Deus obtém da nossa vida — de fato, o que nós mesmos obtemos da nossa vida — é simplesmente a pessoa que nos tornamos. A intenção de Deus é que alcancemos tal maturidade, a ponto de ele nos dar tudo que desejamos. Então, estaremos prontos para "reinar para todo o sempre" (Ap 22:5).

Sem dúvida, *reinar* é uma palavra grandiosa demais para a mente contemporânea, embora o seu significado remeta ao que todos na verdade buscam na vida. Fomos treinados a pensar em "reinado" em termos que excluem outras pessoas. No entanto, no coração da conspiração divina, reinar significa apenas ter a liberdade e o poder na criação e no governo daquilo que é bom. Na vida de oração, treinamos para reinar em união harmoniosa com o poder infinito de Deus.

Um dos elementos principais dessa experiência de treinamento é *esperar* pelo mover de Deus, sem nos precipitarmos e assumindo as rédeas. Dessa experiência de esperar surge uma forma de caráter que não tem preço perante Deus, caráter que pode ser capacitado a agir segundo a vontade individual. Isso explica o motivo pelo qual, segundo Tiago, a paciência nas tribulações nos torna "plenamente funcionais" (*teleion*), "perfeitos" (1:4, ARA).

Às vezes, devemos esperar pela atuação de Deus porque a resposta envolve uma mudança em outras pessoas ou em nós, e esse tipo de mudança sempre leva tempo. Em outros momentos, ao que tudo indica, a mudança em questão envolve conflitos acontecendo no reino espiritual, totalmente fora do controle humano (Dn 10:13). Sempre vivemos em um contexto mais amplo de atividades que não enxergamos. Mas, seja qual for a causa exata, Jesus nos ensinou enfaticamente a perseverar em nosso pedido. Trata-se simplesmente de um aspecto essencial de todo relacionamento humano sério. Perseveramos em determinado assunto até que o problema seja resolvido, de uma forma ou de outra.

Jesus emprega uma ilustração extraída do cotidiano da experiência humana, enfatizando mais uma vez a continuidade entre fazer pedidos a alguém e orar a Deus. Em certa ocasião, Jesus comparou a oração com o ato de ir a um amigo para pedir comida a fim de servir a

A CONSPIRAÇÃO DIVINA

um conhecido que, de viajem, chegou tão tarde em sua casa que não havia nenhuma refeição para lhe oferecer (Lc 11:5-6).

Você apresenta o seu pedido para o seu amigo e recebe a seguinte resposta: "Não me incomode. A porta já está fechada, e eu e meus filhos já estamos deitados. Não posso me levantar e lhe dar o que me pede" (v. 7). Ele, porém, acaba levantando-se. Por causa de sua espera paciente, seu amigo o atende — mesmo que tenha de acordar as crianças e destrancar a porta, uma tarefa complicada na época de Jesus.

Talvez ele acorde uma hora mais tarde e veja você em pé, acenando com as mãos. Que alternativa seu amigo teria? Conforme Jesus destaca, "embora ele não se levante para dar-lhe pão por ser seu amigo, por causa da importunação se levantará e lhe dará tudo o que precisar" (v. 8). É claro que, se você for embora, ele não lhe dará nada, já que não estará lá para receber os pães. Isso não passa de senso comum, e Jesus o insere logo na essência da vida de oração.

Outra ilustração vívida da importância de perseverar em um pedido é encontrada em Lucas 18. Como na ilustração anterior, esta tem o objetivo explícito de ensinar-nos a não esmorecer ao rogar pelo que precisamos. Neste texto, lemos:

> Então Jesus contou aos seus discípulos uma parábola, para mostrar--lhes que eles deviam orar sempre e nunca desanimar. Ele disse: "Em certa cidade havia um juiz que não temia a Deus nem se importava com os homens. E havia naquela cidade uma viúva que se dirigia continuamente a ele, suplicando-lhe: 'Faze-me justiça contra o meu adversário'. Por algum tempo ele se recusou. Mas finalmente disse a si mesmo: 'Embora eu não tema a Deus e nem me importe com os homens, esta viúva está me aborrecendo; vou fazer-lhe justiça para que ela não venha mais me importunar'. E o Senhor continuou: 'Ouçam o que diz o juiz injusto. Acaso Deus não fará justiça aos seus escolhidos, que clamam a ele dia e noite? Continuará fazendo--os esperar? Eu lhes digo: Ele lhes fará justiça, e depressa'" (18:1-8).

Mas o pressuposto é que o nosso pedido continua a ser apresentado; continuamos a rogar. Essa é a nossa parte. O principal ensinamento dessa passagem é que devemos esperar que a oração aconteça como um relacionamento entre pessoas. Logicamente, corresponderá à forma mais nobre de relacionamento, mas o caráter geral de *petição* continuará. Na verdade, talvez, pressupor o contrário é o que, mais do que qualquer outra coisa, leva pessoas a desistir da oração. A oração é tida equivocadamente como o ato de inserir uma moeda em uma máquina de bebidas, ou então como lançar uma bomba. Basta fazer um simples ato, uma única vez, para que o mecanismo produza automaticamente o resultado inevitável. Já ouvi alguns ensinarem, com toda a seriedade, que, se você pedir a Deus pela mesma coisa uma segunda vez, isso só demonstra para ele que você não creu na primeira — como se ele já não soubesse.

Esse ponto de vista também leva aquele que ora no esforço enganoso de ter de falar tudo de maneira correta, certificando-se, por exemplo, de dizer "em nome de Jesus" ou "se for da tua vontade". A ideia de que "dizer tudo de maneira correta" faz a sua petição funcionar trata a oração como uma máquina de bebidas. A oração nunca é um mecanismo. É sempre uma negociação pessoal, como a citação anterior de C. S. Lewis tão sabiamente sugere. Jesus nos ensina constantemente sobre oração com o objetivo de levar-nos a entender esse ponto.

Isso ofende a dignidade de Deus?

Entretanto, assim como a fé religiosa tem os seus dogmas tradicionais, o mesmo se dá com a incredulidade. Conheço intelectuais altamente qualificados cujo ponto de vista sobre a natureza de Deus é que ela não pode ser conhecida. Mesmo assim, eles não hesitam em afirmar que seria indigno da parte de Deus receber qualquer coisa do ser humano ou "responder" a um pedido. Sem dúvida, Deus é "grande" demais para ser incomodado — como no caso de "grandes" seres humanos. Todavia, alguém pode argumentar que, se não conhecemos nada acerca da genuína natureza de Deus, então *não sabemos* se ele se sente incomodado ou não.

Trata-se de um preconceito antigo, pelo menos tão antigo quanto Platão, que considerava a crença de que os deuses são

A CONSPIRAÇÃO DIVINA

"movidos por sacrifícios e orações" uma forma de insolência contra Deus.[16] Tal preconceito também nos foi transmitido por homens como Cícero e Hume.[17] Em um capítulo anterior, vimos que ele se manifesta no pensamento de muitos teólogos contemporâneos de esquerda.

Devemos admitir, penso eu, que algumas perspectivas sobre oração são degradantes a Deus, e talvez até mesmo ao ser humano. Penso, por exemplo, naqueles que ensinam que a resposta de Deus é inevitável se ao menos usarmos as palavras certas. Ou então naqueles que nos ensinam que devemos comprar o Senhor com sacrifícios de todos os tipos. Tudo isso está em desarmonia com o ensino de Jesus. Supor que Deus se comunica com as pessoas no contexto de seu desígnio individual para elas, conforme já explicamos, e que à luz dessa relação ele faz o que não pretendia fazer antes — ou deixa de fazer algo que pretendia — não atenta contra a dignidade de Deus. Antes, *é uma condição que ele mesmo estabeleceu.*

A inflexibilidade não está inerentemente atrelada à "grandeza". Essa é uma ideia infeliz de grandeza, derivada de padrões de comportamento comuns em um mundo caído. Tal ideia transforma Deus em uma ilustração cósmica. Essa noção infeliz é reforçada pelas "fontes intelectuais mais elevadas" e por ideias clássicas de "perfeição", cuja ênfase está na inalterabilidade absoluta de Deus. No entanto, em uma esfera permeada por pessoas, como o Reino Entre Nós, é muito mais nobre ser flexível e ainda assim alcançar os propósitos designados de antemão. Essa é uma parte essencial da Personalidade Divina demonstrada na Bíblia, encarnada na pessoa de Jesus e apresentada em sua mensagem. Assim, longe de enquadrar-se no modelo clássico de "aquele que move, mas não é movido", o Deus demonstrado no registro histórico é "aquele que move e é constantemente movido". Esse é o Deus que vive conosco e de quem nos aproximamos em meio à comunidade de amor e oração.

---

[16]Cf. Platão, *Laws* [Leis], livro 10 (Stephanus Pagination, p. 885).

[17]Veja a análise de Norman Kemp Smith, editor, em sua introdução a *Hume's Dialogues Concerning Natural Religion* [Diálogos de Hume sobre a religião natural] (Nova Iorque: Social Sciences Publishers, 1948), p. 22-23.

A COMUNIDADE DE AMOR E ORAÇÃO

A MAIOR ORAÇÃO DE TODAS

A oração do Pai Nosso

Tudo isso fica claro quando prestamos atenção ao ensino explícito de Jesus sobre oração e à sua prática de oração, algo que os seus aprendizes fariam naturalmente. Embora gastasse muito tempo em oração solitária, Jesus também gastou tempo orando na presença de seus alunos. Eles ficavam tremendamente impressionados. Certa ocasião, Jesus levou Pedro, Tiago e João para o topo de uma montanha. Lá, "enquanto ele orava, a aparência do seu rosto se transformou, e suas roupas ficaram alvas e resplandecentes como o brilho de um relâmpago" (Lc 9:29).

Parece um relato fantástico. Os três amigos de Jesus nem sabiam ao certo para o que estavam olhando, pois só entenderam o que aconteceu muito tempo depois (2Pe 1:16-19). Lembre-se, porém, conforme já dissemos, que vivemos em um universo trinitário, no qual a realidade final é composta pela energia infinita de uma natureza pessoal. Quando oramos, entramos no mundo real, na substância do reino, de modo que o nosso corpo e a nossa alma passam a funcionar pela primeira vez como foram criados para funcionar. De fato, a "transfiguração" de Jesus deve ser considerada a revelação mais elevada sobre a natureza da matéria já registrada na história humana.

A matéria, substância física comum, é o lugar para o desenvolvimento e a manifestação de personalidades finitas, as quais, em seu corpo, trazem recursos significativos para oporem-se a Deus ou servi-lo. Jesus é o Homem por excelência, isto é, o *Filho* do homem, o único que elevou o papel da matéria à sua plenitude em sua própria pessoa. É esse fenômeno que contemplamos nos Evangelhos. Quanto a cada um de nós, trata-se de algo que jaz no futuro, no mundo vindouro (Fp 3:20-21; 1Jo 3:2). Todavia, mesmo hoje, ao posicionarmos nosso corpo e alma na oração, os efeitos são impressionantes.

William Penn testifica sobre George Fox, ao redor de quem a Sociedade dos Amigos (o movimento *quaker*) surgiu:

> Acima de tudo, Fox excedia em oração. A profundidade e o peso do seu espírito; a reverência e solenidade em seu modo de vestir-se e

comportar-se; a brevidade e profundidade das suas palavras — tudo isso alcançava as pessoas com consolação e evocava a admiração até mesmo de estranhos. A imagem mais imponente, vívida e reverente que presenciei foi esse homem em oração.[18]

Evidentemente, a presença de Jesus em oração era mais impressionante do que a de George Fox. Pouco depois da transfiguração de Cristo perante seus amigos, o Evangelho de Lucas registra: "Certo dia Jesus estava orando em determinado lugar. Tendo terminado, um dos seus discípulos lhe disse: 'Senhor, ensina-nos a orar, como João ensinou aos discípulos dele'" (11:1). Trata-se, claro, de uma expressão exata do relacionamento entre o mestre e o aluno. Aprendizes observaram o mestre fazer algo importante e ouviram sua explicação sobre o tema. Agora, desejam que ele lhes mostre e os induza a colocá-lo em prática.

A resposta de Jesus deve ser levada a sério. Muitas pessoas fazem pouco progresso em oração simplesmente por não levarem a sério a resposta de Jesus a um pedido explícito: "Ensina-nos a orar". A oração é uma forma de expressão verbal, mais bem-aprendida quando sondamos as palavras que Jesus nos deu para falarmos com Deus em oração. Ele também é mestre desse assunto.

Naturalmente, segundo vimos no capítulo seis, a mera *repetição* não constitui a oração do reino, mesmo quando envolve as palavras dadas por Jesus. Antes, de modo inteligente e amoroso, aprendemos a direcionar ao Pai celestial, com quem estamos envolvidos em uma vida comum, a oração que ele nos deu. No entanto, nós *realmente* empregamos as palavras de Jesus. Somente empregando-as como fundamento é que nos movemos — em parte por nossa iniciativa, algo que Deus desencadeia em nós e espera de nós — para a oração sobre os detalhes da nossa vida e do nosso tempo "debaixo do Sol".

Nossa oração deve ser direcionada a Deus

As variações nas frases encontradas na oração do Pai Nosso em Mateus 6 e Lucas 11 são insignificantes; por essa razão, trataremos

---

[18]LAWSON, James Gilchrist. *Deeper Experiences of Famous Christians* [Experiências mais profundas de cristãos famosos]. Anderson, IN: Warner Press, 1981, p. 100.

ambas as passagens como o mesmo modelo de oração. Antes de tudo, devemos reparar naquele a quem a oração está sendo dirigida. A versão de Lucas apenas diz "Pai", enquanto a de Mateus é mais específica, referindo-se aquele a quem nos dirigimos como "Pai nosso que estás nos céus". A pessoa a quem a oração está sendo direcionada é de grande importância. Não podemos negligenciá-la. É uma das coisas que distingue a oração de uma simples expressão de preocupação, em voz alta ou em silêncio, a qual, infelizmente, muitos confundem com a oração.

Ao falarmos *com* alguém, usamos um nome para distingui-lo de todos os demais. Desse modo, indicamos o nosso desejo de falar *particularmente com essa pessoa*. O nome também chama atenção para a relação que temos com aquele a quem nos dirigimos. Isso é quase sempre verdade no caso de relacionamentos íntimos. Eu chamo o meu filho de "meu garoto", minha filha de "princesinha" e minha esposa de "meu bem". Ninguém mais faz isso; ninguém mais pode fazer isso. O mesmo acontece quando eles falam comigo: ao dizer "papai" ou "meu bem", meus filhos e minha esposa são guiados por uma esfera relacional que existe ao nosso redor, uma configuração relacional mais forte do que aço. Tudo o que acontece e tudo o que dizemos uns aos outros é condicionado por essa configuração.

Uma transformação evidente no espírito da nossa sociedade é marcada pelas recentes mudanças na forma de tratamento. Essas mudanças não são incidentais nem insignificantes. Elas revelam as ambiguidades profundas e multifacetadas, assim como incertezas quanto aos papéis que desempenhamos na vida. Hoje, por exemplo, dirigir-se a alguém em um bilhete ou memorando dizendo "querido Fulano…" é considerado fora de moda; basta escrever "Fulano". Se a tendência continuar, os próximos bilhetes poderão ser: "Fala, meu/Ei, você".

Penso que por trás da mudança encontra-se a ideia de que não queremos ser hipócritas, expressando uma afeição que na realidade não sentimos. Que sentimento nobre! A maioria parece não entender que a questão das formas de tratamento não se refere à afeição, e sim ao respeito, quando se diz "querido Fulano". A mudança marca a perda do tratamento respeitoso, não a eliminação da hipocrisia — que, ao que tudo indica, continua forte e saudável.

Pai nosso, que estás nos céus

Quando falamos com Deus, ensina-nos Jesus, devemos nos dirigir a ele como "Pai nosso, que estás nos céus". É a partir dessa configuração da realidade que nós oramos. As grandes dificuldades que muitas pessoas têm em oração, tanto em sua compreensão quanto em sua prática, provêm simplesmente de sua falha ou inabilidade de colocar-se nessa configuração e recebê-la pela graça — talvez porque realmente não vivam nessa configuração do reino ou porque estejam em rebelião contra ela. Mas até que aprendam a fazê-lo de modo rotineiro e profundo, deixarão de experimentar a estabilidade e o desenvolvimento em sua prática de oração.

Se já nos "voltamos" para o Pai e nos tornamos recipientes do reino, uma forma comum de nos dirigirmos a Deus como Jesus instruiu é engajar-nos em uma leitura profunda e meditativa de alguma passagem da escritura. Martinho Lutero afirmou que os já experimentados no "aquecimento do coração" produzido pela oração "serão capazes de empregar um capítulo da Bíblia como acendedor", como *Feuerzeug*, termo usado pelos alemães para designar um isqueiro.[19]

Para esse fim, serão muito benéficas as grandes passagens bíblicas que demonstram claramente a relação paternal de Deus com a sua criação e família terrena. São passagens como Gênesis 1 ou 15; Êxodo 19; 1Reis 8; 2Crônicas 16 e 19; Neemias 9; muitos dos salmos (34, 37, 91 e 103, por exemplo); Isaías 30, 44 e 56–66; Lucas 11; Romanos 8; Filipenses 4.

Ler e cantar grandes hinos, ou mesmo usar orações escritas que o Senhor concedeu ao seu povo no decorrer dos séculos, também será extremamente útil. Tal atividade não deve ser corrida. A absorção silenciosa e profundamente meditativa das palavras, recebendo as imagens que preenchem as realidades sobre as quais elas se referem, é uma prática que certamente nos levará à devida orientação perante Deus.

---

[19]TROBISCH, Walter. *Martin Luther's Quiet Time* [O tempo devocional de Martinho Lutero]. Downers Grove, IL: InterVarsity Press, 1975, p. 3-4.

A COMUNIDADE DE AMOR E ORAÇÃO

Certas posturas corporais também podem ser úteis nesse sentido. Mais uma vez, Lutero nos recomenda "ajoelhar-nos ou permanecermos em pé, com as mãos erguidas aos céus".[20]

Os discípulos de Domingos de Gusmão descrevem como ele orava de 9 maneiras diferentes, incluindo a prostração humilde perante o altar na igreja; deitando-se com o rosto perante o crucifixo; em pé com as mãos e os braços abertos, em forma de cruz; esticando-se ao máximo e ficando em pé, na posição mais ereta possível.[21]

É claro que essas questões de postura não são leis. Ninguém *precisa* fazer isso. Aliás, nossa interação com Deus é uma realidade totalmente interior, entre nós e ele. Tanto a leitura como a postura, os cânticos, os ambientes especiais e coisas assim são usados apenas para estabelecer uma presença envolvente, uma forma mais natural de nos dirigirmos a Deus. Apenas devemos decidir o que é útil ou não. O importante é que cada um encontre uma forma eficaz de orar, sem jamais pensar que o modo como oramos não tem relevância.

Jesus normalmente ficava em pé e "levantava os olhos aos céus" como parte de sua forma de dirigir-se ao Pai. Fazia isso porque a pessoa com quem ele falava estava, claro, *presente*. Devemos nos lembrar disso e, embora às vezes possa ser útil encurvar a cabeça e fechar os olhos, tal postura não deve ser considerada uma "posição canônica", a única na qual estamos *realmente* orando. Os aspectos convenientes dessa postura específica não devem ser os únicos considerados na oração, e muitas pessoas, por estranho que pareça, preferem orar com os olhos abertos, talvez até andando de um lado para o outro.

De qualquer maneira, ao orarmos, devemos separar um tempo para fixar a nossa mente em Deus e orientar o nosso ser em direção a ele. Devemos fazer todo o necessário para alcançar esse estado. Então, veremos que estamos situados na família de Deus ao longo do tempo e do espaço à medida que oramos "Pai *nosso*", assim como veremos a Deus como nosso *Pai*, disponível a nós diretamente em uma comunicação face a face. É isso que significa para Deus ser o *Pai nosso, que está nos céus.*

---

[20]Ibid.

[21]Tugwell, *Early Dominicans* [Os primeiros dominicanos], p. 96-103.

A CONSPIRAÇÃO DIVINA

Infelizmente, a velha fórmula-padrão: "Pai nosso, que estás nos céus" passou a significar: "Pai nosso, que está muito longe e atrasado". Conforme explicado em um capítulo anterior, o significado do plural *céus*, erroneamente omitido em algumas traduções, vê Deus como alguém que ocupa o lugar mais longe imaginável, mas que também está presente na atmosfera, o primeiro dos "céus", ao nosso redor. A omissão do plural deturpa, na oração-modelo, o sentido que Jesus originalmente lhe deu. O sentido é: "Pai nosso, que estás sempre perto de nós".

Tendo-nos ensinado a dirigir-nos a Deus da forma como acabamos de indicar, o restante da oração-modelo, segundo registrado em Lucas 11, consiste em pedidos ou categorias de pedidos.

São cinco:

1. Que o nome "Deus" seja considerado com o maior respeito e devoção possível.
2. Que o reino venha plenamente à terra.
3. Que a nossa necessidade seja suprida para o dia de hoje.
4. Que o nosso pecado seja perdoado, isto é, não seja retido contra nós.
5. Que Deus não nos permita passar por provações e que sejamos livres de coisas ruins.

Trata-se basicamente da mesma oração em Mateus 6, em que poucas palavras são adicionadas a alguns dos pontos. Consideraremos ambas as passagens em conjunto.

"Santificado" seja o teu nome

O primeiro e o segundo pedido concernem diretamente à posição de Deus na esfera humana. O primeiro roga para que o *nome* de Deus seja exaltado: "Santificado seja o teu nome".

No mundo bíblico, nomes nunca são apenas nomes. Antes, eles partilham da realidade acerca da qual se referem. A reverência judaica ao nome de Deus era tão grande, que alguns judeus particularmente devotos evitavam pronunciá-lo. Assim, não sabemos realmente como *Iavé*, conforme dizemos, é realmente pronunciado. A pronúncia se perdeu na história.

Hoje em dia, pouquíssimas pessoas entendem o que significa "santificar" algo. De modo geral, associam-no a uma relíquia "santificada" ou mesmo a fantasmas ou Halloween. Assim, é melhor traduzir a linguagem aqui como "que o teu nome seja reverenciado como santo". Que ele seja respeitado de modo único, exclusivo. Na verdade, a ideia é que o nome de Deus seja valorizado e amado mais do que qualquer outro, ocupando uma posição absolutamente única entre os seres humanos.

A palavra traduzida por "santificar" é *hagiastheto*. É basicamente a mesma palavra usada, por exemplo, em João 17:17, texto em que Jesus pede para que o Pai *santifique* os seus discípulos, especialmente os apóstolos, por meio de sua verdade. A palavra aparece outra vez em 1 Tessalonicenses 5:23, passagem na qual Paulo expressa sua esperança de que Deus santificará completamente os tessalonicenses, mantendo-os irrepreensíveis em espírito, alma e corpo até o retorno de Jesus. Também nessas passagens, o termo significa localizar as pessoas referidas em um tipo separado e muito diferente de realidade.

A petição é baseada na necessidade mais profunda do mundo humano. A vida humana não diz respeito a si mesma. Nada dará certo até que a grandeza e a bondade da fonte que a governa sejam apreendidas adequadamente. O próprio nome de Deus, então, deve ser reputado com a maior estima. Enquanto isso não acontecer, a bússola humana estará sempre apontando na direção errada, e cada homem, bem como a história humana como um todo, padecerá de uma desorientação contínua. Se formos sinceros, admitiremos que essa é precisamente a condição em que nos encontramos.

Entretanto, a importância cósmica da primeira petição não deve ocultar o fato de tratar-se também de um pedido natural de uma criança que ama seu "Aba", seu querido Pai. Como sabemos, o coração do filho é profundamente machucado ao ver os pais desonrados ou atacados. Tal ataque abala as bases da existência da criança, cujo mundo se resume aos pais. A confiança marcante que leva os filhos pequenos a acreditarem que seus pais são "os melhores" em tudo é deveras essencial para o bem-estar das crianças nos primeiros anos de vida.

Ao aprendermos, então, a primeira petição — e o mesmo vale para a segunda —, lembramo-nos de que a oração corresponde à adoração de um filho, de uma criança enciumada, por assim dizer, do pai. Ansiamos que o "Aba", nesse caso realmente "o maior", seja reconhecido como tal. Somos levados a refletir com tristeza, quem sabe até com lágrimas, sobre o fato de o nome de Deus não ser compreendido dessa forma. Queremos ficar *alarmados* com a falta de admiração e confiança do mundo, como a criancinha que se depara com aqueles que não pensam de seu pai ou mãe como os maiores ou os melhores, e então transferir esse sentimento para o nosso Pai celestial.

Venha o teu Reino

A segunda petição origina-se da primeira. Confiante em um "Aba" que a tudo administra com benignidade, o filho anseia pela manifestação do reino de seu Pai em todo lugar onde ele ainda não foi implementado. Lembre-se: no momento, o *reino* de Deus é o alcance de sua vontade *efetiva*, a esfera na qual o que ele prefere de fato acontece. Em "Gaia" — isto é, neste planeta triste — raramente a vontade do Pai celestial é feita.

"Seja feita a tua vontade, assim na terra como no céu", acrescentado à versão de Mateus 6 da oração-modelo, apenas esclarece o significado de "venha o teu Reino". Como já destacamos em capítulos anteriores, "venha o teu Reino" não significa "que o Reino venha a existir". O reino de Deus existe desde a eternidade e existirá para todo o sempre. Na esfera humana, por sua vez, outros "reinos" podem se impor por determinado tempo, o que frequentemente acontece. Na segunda petição, rogamos a Deus para que o seu reino substitua ou coloque em sujeição todo governo humano.

Temos em mente os lugares onde passamos a vida: em casa, no parque, nas ruas da cidade, no local de trabalho, na escola etc. Pensamos em nossa esfera de atuação ao pedir que o reino, o governo de Deus venha e seja estabelecido de modo efetivo. Também temos em vista *nossas* ações, mais do que as dos outros. Conhecemos nossas fraquezas, limitações e hábitos; sabemos como é ínfima a nossa capacidade de escolha consciente. Por essa razão, pedimos que, por meios que ultrapassam nosso conhecimento e o alcance de nossa vontade, sejamos auxiliados para agir segundo o fluxo da vontade divina.

Contudo, oramos também em resposta a atitudes maléficas dos outros ao nosso redor. Sabemos o quanto o mundo está enredado nas coisas que ele mesmo frequentemente repudia e despreza. Rogamos especialmente contra os males estruturais ou institucionalizados que dominam boa parte do planeta. Diariamente, essas circunstâncias dominantes levam multidões a fazer coisas profundamente iníquas, das quais sequer estão cientes. Muitos não sabem o que fazem, tampouco têm a capacidade de distanciar-se para poder enxergar o problema. Eis o poder da "cultura".

Percebemos a cultura nas coisas que as pessoas fazem sem pensar, em ações que lhes são "naturais" e, portanto, não exigem uma explicação ou justificativa. Todos têm cultura — ou melhor, "culturas" em diversos níveis multifacetados. Tais culturas estruturam a nossa vida. Sem dúvida, boa parte da cultura das pessoas é justa, boa e essencial. Boa parte, mas não toda. É na cultura que a iniquidade assume uma forma coletiva, assim como é na carne, boa e correta em si, que reside a iniquidade individual. Por isso, oramos para que o nosso Pai rompa essas condutas iníquas, além do nosso alcance. Também rogamos ao nosso Pai celestial que ele nos ajude a perceber os padrões com os quais *nós* estamos envolvidos. Pedimos que ele nos ajude a não cooperar com essas condutas iníquas, que lance a sua luz sobre as nossas más ações e atue de modo eficaz para removê-las.

Dá-nos hoje o nosso pão de cada dia

A terceira petição da oração-modelo diz respeito ao sustento imediato do nosso corpo. Embora o alimento seja essencial, "o nosso pão" simboliza tudo de que realmente precisamos para viver de maneira funcional. Paulo fala sobre sentirmo-nos satisfeitos "tendo o que comer e com que vestir-nos" (1Tm 6:8), ordenança que, lembre-se, encaixa-se exatamente com o que encontramos na ilustração de Jesus sobre os pássaros e as flores (Mt 6:25-34) e com a provisão de Deus ao povo de sua aliança durante a peregrinação pelo deserto (Dt 8:3-5).

Evidentemente, essa petição personifica a confiança no Pai, aliviando-nos de toda ansiedade. A ênfase recai sobre o que precisamos *hoje* — visto que Deus está sempre presente, seja qual for o dia. Seu governo é o Eterno Agora. Por isso, não precisamos pedir-lhe que nos dê o necessário para amanhã. Tê-lo em mãos no dia de hoje não garante que o teremos amanhã, quando então precisarmos. Hoje, o que eu tenho é Deus, e *ele* tem a provisão. Amanhã será o mesmo. Desse modo, eu simplesmente peço, hoje, aquilo de que preciso hoje; rogo agora por aquilo de que preciso agora.

É por isso que as crianças agem assim, naturalmente. A mãe que descobre o filho guardando mingau, pedaços de torrada ou fatias de toucinho defumado com medo de não ter alimento amanhã tem motivos para ficar alarmada. Em vista do mundo mau em que vivemos, talvez possamos imaginar situações em que a ação da criança fosse razoável. No entanto, em qualquer situação normal, os pais ficariam espantados e chateados ao verem que seu filho não acredita que eles lhe darão o necessário para o dia a dia. Qualquer criança nem sequer deve pensar no sustento futuro enquanto não tiver maturidade suficiente para assumir tal responsabilidade.

Cabe-nos, neste ponto, elucidar que não há problema, conforme observamos anteriormente, em ter agora coisas que intencionamos usar amanhã; tampouco é errado pedir com sensatez pelo que desejamos amanhã. O que atrapalha ou impede o viver do reino não é ter tais provisões, e sim confiar nelas para a segurança futura. Não temos qualquer real segurança em tê-las, mas apenas no Deus que está presente conosco a cada dia.

Na Inglaterra, costumava-se dizer que a vida, a propriedade ou a reputação de nenhum homem estava segura enquanto o Parlamento estivesse em sessão. Contudo, fora as decisões do governo, centenas de outras coisas podem reduzir nossa provisão ao pó. Essa é a condição precária de "quem guarda para si riquezas, mas não é rico para com Deus" (Lc 12:21). No entanto, ao aceitar e praticar o ensino de Jesus sobre oração, estamos inteiramente protegidos de preocupações futuras. Podemos imaginar facilmente o efeito transformador desse ensino sobre a nossa vida e em nossos relacionamentos com os outros.

Perdoa-nos os nossos pecados

A quarta petição é o perdão dos pecados. Rogamos ao Pai que lide conosco com base em sua misericórdia. Perdoamos alguém de algum

A COMUNIDADE DE AMOR E ORAÇÃO

mal que nos tenha feito quando decidimos não o punir por sua ação contra nós. Isso *não* significa que devemos impedir o sofrimento que porventura lhe sobrevenha como resultado do mal que ele ou ela nos causou. O mesmo se aplica a nós, quando outros nos perdoam ou quando somos perdoados por Deus. Em algumas situações limitadas, *talvez* consigamos mitigar um pouco o sofrimento do ofensor, mas interferir no tratamento de Deus não é sábio. As consequências naturais das ações humanas foram muito bem-planejadas por Deus com o objetivo de levar-nos a ser as pessoas que ele intencionou. Neutralizar essas lições pode acabar prejudicando aqueles que queremos ajudar.

Entretanto, somente a misericórdia torna a vida possível. Não gostamos de ouvir isso, mas mesmo os melhores homens não passam de criaturas lastimáveis, que "vão e voltam como a sombra" [cf. Sl 39:6]. Somente as misericórdias de Deus nos impedem de sermos consumidos por nossos próprios pecados (Lm 3:22). "Não nos trata conforme os nossos pecados nem nos retribui conforme as nossas iniquidades. [...] Como um pai tem compaixão de seus filhos, assim o SENHOR tem compaixão dos que o temem; pois ele sabe do que somos formados; lembra-se de que somos pó" (Sl 103:10, 13-14). Essa é a natureza maravilhosa e restauradora do Reino Entre Nós.

Ao entrarmos nesse reino e depositarmos nele a nossa confiança, o próprio ambiente em que vivemos é permeado pela compaixão. Tudo começa, claro, pela compaixão de Deus, o qual tem paciência conosco durante toda a nossa jornada no reino. "O Senhor é cheio de compaixão e misericórdia" (Tg 5:11). Entretanto, também devemos ser "todos de igual ânimo, compadecidos, fraternalmente amigos, misericordiosos, humildes" (1Pe 3:8, ARA).

Não nos é possível *experimentar* a misericórdia de Deus em termos psicológicos e continuar sendo duros para com os outros. Assim, perdoamo-nos "mutuamente, como Deus nos perdoou em Cristo" [cf. Ef 4:32]. O pedido faz parte da nossa oração. Todavia, não apenas resolvemos ou prometemos perdoar. Rogamos pedindo a Deus por ajuda para perdoar os outros, pois, embora o perdão caiba a nós — ou seja, nós é que devemos perdoar —, sabemos que não somos capazes de fazê-lo sem o auxílio divino. Mas podemos esperar por sua ajuda, pois a "unidade da orientação espiritual", discutida neste capítulo, abrange todas essas questões.

A CONSPIRAÇÃO DIVINA

Desse modo, vivo com minha família com base em sua compaixão para comigo. Minha esposa e meus filhos recebem a graça para terem misericórdia de mim. Antes deles, essa graça havia sido dada aos meus pais, avós, irmãos e irmãs. Todos lidaram comigo de modo misericordioso. Todos tiveram piedade e compaixão de mim.

Agora que eu conheço o Reino Entre Nós, também eu devo ser misericordioso para com aqueles que me são próximos. A questão não é apenas que eu não os condeno, embora isso seja importante. Tenho que exercer misericórdia. O reino e o seu Deus são muito poderosos, e neles "encontram-se a graça e a verdade, a justiça e a paz se beijaram" (Sl 85:7-10, ARA). Além do mais, "a misericórdia triunfa sobre o juízo" (Tg 2:13, ARA). A provisão do Pai na vida e na morte do seu Filho, assim como em seu próprio coração eterno, possibilita a minha misericórdia.

A compreensão dessas questões pode ajudar-nos em um dos fracassos mais dolorosos e comuns em nossa família. Todos nós temos uma necessidade biológica de honrar os pais, a qual se exprime no mandamento: "Honra teu pai e tua mãe, a fim de que tenhas vida longa na terra que o SENHOR, o teu Deus, te dá" (Ex 20:12).

Honrar os pais significa ser grato por sua existência e respeitar o seu papel como dispensadores de vida, dando continuidade à existência humana. É evidente que, para honrá-los assim, devemos ser gratos também pela nossa existência. Mas geralmente também precisamos ter compaixão deles, pois, ainda que sejam pessoas boas, quase sempre podemos dizer que eles erraram em muitos aspectos, e possivelmente ainda erram.

É comum que aqueles que experimentaram um grande antagonismo com os pais sejam capazes de honra e gratidão pela existência deles apenas quando seus progenitores estiverem idosos. Então, será possível honrá-los, ter compaixão deles. A velhice dos pais abre as portas para que os filhos os honrem — talvez com certa tristeza, mas também com alegria e, por fim, paz. Um dos maiores dons do Reino Entre Nós é a cura do relacionamento entre pais e filhos: "Ele fará com que os corações dos pais se voltem para os filhos, e os corações dos filhos para seus pais" (Ml 4:6).

É claro que, enquanto *exigirmos* as coisas, não poderemos *pedi-las*, e não haverá espaço para a compaixão. Às vezes, o pedido será necessário; talvez o relacionamento tenha se desgastado a ponto de não restar uma alternativa. É sempre melhor, porém, evitar exigir quando pudermos. Viver segundo a piedade facilita o pedir e o doar — inclusive o perdoar. Pessoas impiedosas, incapazes de compadecer-se de outros ou de aceitar a compaixão de outras pessoas, simplesmente têm uma vida árdua, repleta de problemas insolúveis.

Hoje, é comum nos referirmos a pessoas que não conseguem perdoar a si mesmas. Normalmente, porém, o problema é muito mais profundo. Na maioria dos casos, são pessoas que se recusam a viver com base na compaixão. Seu problema não está no fato de serem duras consigo mesmas, e sim de serem orgulhosas. E, se são duras consigo mesmas, é justamente porque são orgulhosas, pois não querem aceitar que só são capazes de viver com base na compaixão dos outros e que o benefício que recebem raramente é "merecido". Se aceitassem esse fato, sua vida seria transformada. Não levaria muito tempo para que deixassem de se autopunir pelo que fizeram.[22]

Recentemente, houve a publicação de um livro muito popular, com o título *When Bad Things Happen to Good People* [Quando coisas ruins acontecem a pessoas boas]. Para completar o quadro, porém, precisamos contemplar outras situações. Por exemplo: e quanto à situação em que coisas ruins *não* acontecem a pessoas boas? Não poderíamos escrever um bom livro baseado nesse tema? E no caso de coisas ruins não acontecerem a pessoas más? Ou quando coisas boas acontecem a pessoas más?

O livro em questão estabelece um bom argumento, e o caso específico que ele menciona me comoveu. A resposta que o livro dá ao problema do sofrimento de pessoas boas é que Deus não pode fazer nada a respeito. Tal argumento foi reutilizado e registrado muitas vezes ao longo da história humana, e a resposta que o autor elabora é uma das mais comuns. Contudo, devemos ver *todas* as dimensões da nossa condição humana se quisermos ter um quadro equilibrado da nossa posição perante Deus.

---

[22]Para um estudo mais aprofundado, veja o livreto de John Wimber, *Kingdom Mercy: Living in the Power of Forgiveness* [A misericórdia do reino: vivendo no poder do perdão]. Ann Arbor, MI: Servant Publications, 1987.

A CONSPIRAÇÃO DIVINA

Se ao ler estas palavras você se sente desconfortável, há uma boa razão para isso. Nesta seção, empreguei a palavra *piedade* em lugar do termo *misericórdia*, ou ainda um termo mais digno, *compaixão*. Fiz isso, pois somente o termo *piedade* alcança a essência da nossa condição. Ao contrário de *misericórdia*, *piedade* é uma palavra que nos traz desconforto. Hoje em dia, ter piedade é o mesmo que ter pena de alguém, o que é considerado algo degradante. Por outro lado, exercer misericórdia é tido como algo um pouco mais nobre, como "dar uma chance" a alguém.

Atualmente, muitos cristãos leem "perdoa as nossas dívidas" como "dá-me uma nova chance". Assim, com uma atitude característica do fim do século XX, preservam o seu ego e o seu egoísmo. Afinal: "não sou *pecador*; só preciso de uma chance!". O problema, porém, é que eu não preciso apenas de uma nova chance: preciso de compaixão em função de quem eu sou. Se o meu orgulho permanece intacto quando oro pedindo perdão, então é como se eu não tivesse orado pedindo perdão. Eu ainda não entendi essa questão.

Na oração-modelo, Jesus nos ensina a rogar por piedade em função das nossas transgressões. Sem ela, vive-se sem esperança. Por outro lado, a atmosfera compassiva torna a vida mais agradável. Viver nessa atmosfera é ser capaz de renunciar a diversas questões pessoais, que tornam a vida humana miserável para, com a clareza de mente que acontece quando deixamos de proteger nosso orgulho, trabalhar em prol das coisas boas que existem ao nosso redor e que sempre podemos realizar em cooperação com Deus.

Não nos deixes cair em tentação

A última petição é que o nosso Pai não nos ponha à prova: "não nos deixes cair em tentação". No contexto dessa oração, "tentação" não corresponde necessariamente a sermos tentados para pecar. No entanto, as provações sempre nos tentam ao pecado. E a tentação ao pecado é sempre uma provação, já que podemos fracassar e cair em pecado. Ademais, as coisas ruins que nos acometem são sempre provações. É por isso que a versão de Mateus 6 desenvolve essa última petição, acrescentado: "livra-nos do mal".

A petição não busca apenas a fuga da dor e de coisas das quais não gostamos, embora, honestamente, o pedido se resuma a isso. Ela também expressa a ideia de que não conseguimos suportar muita pressão, e que sofrer não é, para nós, algo bom. Essa parte da oração exprime um "voto de desconfiança" em relação às nossas próprias capacidades. Assim como a oração começa com uma série de pedidos relacionados à exaltação de Deus, termina com o reconhecimento da fraqueza do ser humano.

Deus espera que oremos para escapar das provações, e devemos fazê-lo. Coisas ruins que nos sobrevêm são sempre um desafio à fé, e talvez não sejamos capazes de suportá-las. Situações ruins são *perigosas*. Para constatar esse fato, basta observar como as pessoas não demoram para culpar Deus ao passarem por situações adversas. A popularidade do livro sobredito, cujo tema central é o porquê de coisas ruins acontecerem a pessoas boas, serve-nos de testemunho explícito de como "coisas ruins" minam a fé.

A confiança excessiva que as pessoas têm na força de sua própria fé — é claro que isso acontece geralmente quando *não* estão sofrendo — simplesmente agrava o perigo. É característica a atitude de Tiago e João, buscando de antemão sua autopromoção no governo que, segundo esperavam, Jesus estabeleceria. Jesus lhes perguntou se seriam capazes de enfrentar o que ele estava prestes a sofrer. A resposta dos dois irmãos? "Podemos" (Mt 20:22). Trata-se precisamente dessa atitude autoconfiante que devemos evitar, e a petição final da oração-modelo foi elaborada a fim de ajudar-nos a evitá-la. Novamente rogamos por piedade, dessa vez na forma de proteção contra circunstâncias adversas. A um Pai capaz de tamanha compaixão, disposto a exibir tamanha misericórdia, pedimos: "Não deixe que coisas ruins nos aconteçam".

Se, de modo consciente, fizermos dessa oração parte da nossa postura perante a vida, então certamente *veremos* que Deus nos afasta de provações e nos livra do mal. Constantemente. Veremos como coisas boas acontecem não só a pessoas boas, mas também a pessoas "más". E, naturalmente, veremos que também nós enfrentamos provações comuns a todo ser humano. Podemos estar certos de que ninguém está totalmente isento de problemas.

Entretanto, passaremos também a ter convicção de que as provações e males que nos sobrevêm exercem uma função especial nos

A CONSPIRAÇÃO DIVINA

planos de Deus. Assim como Deus nos dá o pão diário, também nos provê continuamente em resposta a cada necessidade, por pior que seja a situação. Talvez nem sempre tenhamos o auxílio de antemão, mas, na maioria das vezes, seremos socorridos precisamente na hora da necessidade. Receberemos a intervenção direta do Deus que, em todo o tempo, está ao nosso lado. Nossa convicção do cuidado de Deus aumentará na proporção em que experimentarmos a presença e a bondade do nosso Pai. Teremos experiência em primeira mão de como sua força é aperfeiçoada em nossa vida precisamente em nossa fraqueza, atuando em conjunto com a nossa esperança e a nossa fé.

Eis o segredo do testemunho impressionante de Paulo: "Por amor de Cristo, regozijo-me nas fraquezas, nos insultos, nas necessidades, nas angústias. Pois, quando sou fraco é que sou forte" (2Co 12:9-10).

É precisamente essa segurança baseada na experiência que os grandes salmos expressam [cf. Sl 23; 34; 37; 91]. Essas e outras passagens bíblicas semelhantes deixam muitas pessoas inquietas, porque parecem fazer promessas demais, criando expectativas irrealistas. Mas elas não prometem que não teremos provações, segundo a perspectiva humana. Antes, prometem um cuidado divino integral, bem como graça da parte de Deus para lidarmos com a situação.

O salmo 91, por exemplo, serve-nos de grande afirmação da proteção total de Iavé àqueles que "habitam" em sua presença. Mas a passagem não promete *demais*? "Nenhum mal o atingirá" (v. 10). Mesmo? Ou então: "Porque ele me ama, eu o resgatarei; eu o protegerei, pois conhece o meu nome. Ele clamará a mim, e eu lhe darei resposta, e na adversidade estarei com ele; vou livrá-lo e cobri-lo de honra. Vida longa eu lhe darei, e lhe mostrarei a minha salvação" (14-16). Promessas semelhantes são feitas nos demais salmos mencionados. Devemos entender que Deus normalmente nos poupará das provações, especialmente se vivermos na esfera da oração do Pai Nosso. Também devemos compreender que Deus, ao permitir que passemos por provações, tem algo melhor em mente que o livramento delas.

A lição que Jesus nos ensina sobre Deus torna explícito o fato de que os sofrimentos e as "coisas ruins" não são o meio preferido pelo qual o Pai celestial lida conosco. Às vezes são necessários, mas jamais correspondem ao que Deus normalmente preferiria. O testemunho do salmista se aplica a muitos dentre nós: "Antes de ser castigado, eu andava desviado, mas agora obedeço à tua palavra. [...] Foi bom para mim ter sido castigado" (Sl 119:67, 71). A disciplina é essencial para o nosso devido lugar junto à família terrena de Deus, e "nenhuma disciplina parece ser motivo de alegria no momento, mas sim de tristeza. Mais tarde, porém, produz fruto de justiça e paz para aqueles que por ela foram exercitados" (Hb 12:11).

A verdade que acabamos de exprimir é distorcida em nossa imaginação para dar uma falsa ideia a respeito de Deus. Em grande medida, essa distorção é responsável pelo fluxo venenoso que corre através dos riachos de boa parte do cristianismo — não só histórico, mas também contemporâneo. Projetamos em Deus tendências sadistas que, na realidade, estão presentes no ser humano. Em vista da ira, do ódio e do desprezo que permeiam a sociedade humana, não é incomum que indivíduos *se agradem* do sofrimento de outros. Um dos nossos piores pensamentos sobre Deus é que também ele se agrada do sofrimento humano. Isso dá origem à imagem do Marquês Celestial, homólogo divino do marquês de Sade, a partir de quem originou-se o termo "sadismo":

> Eis o Marquês Celestial, pronto para mostrar-lhe o quanto se importa, punindo-o. [...] Em um instante de raiva, continentes convulsionam com atividade sísmica. Em um ímpeto de indignação moral, demonstra as últimas novidades em mutação virótica. [...] O Marquês Celestial é simplesmente um deus que odeia, uma divindade que despreza o pecado e o pecador com tal intensidade, que recorre ao extermínio para extirpá-los do mundo.
>
> Ele obriga a mais nobre de suas criaturas a dançar à beira da aniquilação, como um *poodle* treinado. Como um biscoito de cachorro, a sua graça é oferecida ou retida em resposta ao desempenho do homem.[23]

---

[23]SHEVACK, Michael; BEMPORAD, Jack. *Stupid Ways, Smart Ways, to Think About God* [Formas estúpidas e inteligentes de pensarmos sobre Deus]. Ligouri, MO: Triumph Books, 1993, p. 17 s.

É de admirar que Jesus tenha nos ensinado a esquecer tudo que pensávamos conhecer a respeito da natureza de Deus e a imergir no quadro que ele pintou de seu Pai celestial? (Mt 11:25-27; Jo 3:13; 17:6-8). O último pedido na oração do Pai Nosso é a revelação de um Deus que ama poupar seus filhos e que *sempre* os poupará mediante a oração, a menos que tenha algo melhor em mente — o que, no caso, corresponderia a uma situação extraordinária.

Aqueles que não rogam a Deus para ser poupados de provações e males nem sequer reconhecem quando são libertos de alguma adversidade. Longe de Deus, as pessoas vivem na ilusão de que sua vida é governada pelo acaso, pela sorte, pela probabilidade, pelos caprichos dos outros e por sua própria astúcia. E porque não pedem, ou seja, porque não convidam Deus continuamente a tomar parte em sua vida, talvez essa ideia não seja uma completa ilusão; muito pelo contrário. Se alguém se contenta com esse ponto de vista, é muito provável que Deus não lhe arranque dessa ilusão. Por mais que estejamos errados, Deus nos respeita. Contudo, nessa condição, jamais teremos a vida do Reino Entre Nós. As palavras de Jesus sobre a oração constituem uma porta aberta para esse reino.

O fundamento duradouro da vida de oração

Eu mesmo não pensava na oração do Pai Nosso como uma porta de entrada para a vida de oração senão quando completei vinte e poucos anos. Na minha família, sempre recitávamos juntos essa oração na mesa do café da manhã, seguindo uma tradição que já chegava pelo menos à terceira geração. A certa altura, porém, por razões que não sei explicar, comecei a empregá-la de modo novo: isolando cada frase e, absorto em um estado de tranquilidade e meditação, adentrando as profundezas do seu significado, analisando nela os detalhes importantes da minha vida.

Após ter começado a "vivenciar" a oração desse modo — a única maneira pela qual consigo descrever esse processo —, houve muitas noites em que acordei por volta das duas da manhã e gastei cerca de uma hora de deleite na presença de Deus, meditando em uma ou mais frases. Às vezes, tinha de me obrigar a pronunciar de forma meditativa, como ainda faço hoje, *toda* a oração. Do contrário, tudo o que conseguia desenvolver em minha mente eram duas ou mais frases da oração, de modo que acabava por não me beneficiar de todo o seu conteúdo.

Hoje, não começo necessariamente pelo primeiro pedido, mas dirijo-me imediatamente à seção do meio ou ao final da oração e reflito sobre essas passagens por um tempo. Em outros momentos, uso a frase de abertura, "Pai Nosso, que estás nos céus", a fim de estabelecer e restabelecer, nos diversos momentos do dia, o rumo e a direção que devo seguir. Por alguma razão, essas palavras são muito valiosas para mim enquanto dirijo pelas ruas de Los Angeles. É como se, perante Deus, minha perspectiva fosse corrigida com relação a toda aquela paisagem urbana, vasta e esparramada, mais populosa até do que algumas nações, levando-me a uma nova visão de quem sou e onde estou. Até agora, não experimentei nenhuma situação em que meditar em trechos da oração do Pai Nosso não tenha sido extremamente poderoso.

Evidentemente, o tema da oração não se resume apenas à oração do Pai Nosso; a oração-modelo nos *ensina* a orar. Serve-nos de base para a vida de oração, do início ao seu desenvolvimento; serve-nos de fundamento para toda oração. Conseguiremos ir além dela, mas apenas quando partirmos dela. A oração do Pai Nosso exerce o papel semelhante ao do contrabaixo acústico na grande sinfonia da oração. É uma lente poderosa através da qual podemos ver constantemente o mundo na perspectiva de Deus.

Todos estão sobremodo familiarizados com a forma pela qual a oração do Pai Nosso é recitada em português. Além disso, a oração-modelo de Jesus já foi incorporada aos tesouros da consciência ocidental. Por isso, talvez nos seja útil refraseá-la, a fim de captarmos melhor a plenitude do seu significado e seu lugar no evangelho do reino:

> Pai querido, que está sempre perto de nós,
> que o teu nome seja valorizado e amado.
> Que o teu governo seja plenamente estabelecido entre nós;
> que a tua vontade seja feita na terra,
> da mesma forma como é feita no céu.

Dá-nos o que precisamos para o dia de hoje.
Perdoa-nos dos nossos pecados e dos fardos que impusemos
sobre ti,
da mesma forma que temos perdoado aqueles que nos ofenderam.
Por favor, não nos deixes passar por testes e provas,
mas livra-nos de todo o mal.
Pois é o Senhor que governa todas as coisas;
do Senhor é o poder e a glória, para todo o sempre.
E é exatamente o que desejamos!

"Exatamente o que desejamos" não é uma paráfrase ruim de "amém". O necessário para o fim da grande oração que Jesus nos ensinou é uma afirmação sonora da bondade de Deus e do mundo de Deus. Se não lhe for demais, por que não tentar (de vez em quando) alguns brados de alegria? Creio que Deus não acharia ruim.

8

Sobre ser um

discípulo de Jesus

Vão e façam discípulos de todas as nações.

Mateus 28:19

Jesus, só de pensar em ti,
Vai-se toda a indiferença;
Anseio contemplar tua face,
E descansar em Tua presença.

Bernardo de Clairvaux

QUEM É O NOSSO MESTRE?

Quem te ensina? De quem você é discípulo? Seja honesto.

Uma coisa é certa: você é discípulo de alguém, pois aprendeu o seu estilo de vida com outra pessoa. Não há exceções a essa regra, visto que o ser humano é o tipo de criatura que tem de aprender e continuar aprendendo a viver com os outros. Aristóteles observou que temos uma dívida maior com os nossos mestres do que com os nossos pais, pois, embora os pais nos deem vida, os mestres nos ensinam a viver bem.

É difícil entendermos realisticamente o papel dos mestres em nossa formação. Hoje, especialmente na cultura ocidental, preferimos pensar que somos "donos do próprio nariz". *Nós* tomamos nossas próprias decisões. Mas isso só acontece porque fomos orientados por aqueles que nos ensinaram a agir de determinada maneira, pessoas que nos disseram que deveríamos agir de uma ou outra forma. Embora o individualismo faça parte do legado que nos torna "modernos", certamente não adquirimos uma postura individualista por meio da nossa própria intuição ou por algum *insight* que tivemos com respeito à verdade absoluta.

É muito provável que você seja discípulo de diversos "alguéns", assim como é muito provável que eles o tenham moldado de maneiras que nem de longe são as melhores ou as mais coerentes. Certamente, você é, como eu, aluno de alguns indivíduos fundamentais, vivos ou mortos — personalidades que, em períodos cruciais, estiveram ao seu lado para moldar suas reações, pensamentos e sentimentos mais comuns. Felizmente, o processo de formação é contínuo e, até certo ponto, autocorrigível.

No início da vida, somos discípulos dos nossos pais e de outros membros próximos da família. Normalmente, isso é muito bom.

Pais e familiares podem ser pessoas amáveis e constantes, gente que conhece a Deus e anda nos caminhos do Senhor. Eu e muitos outros fomos criados por pais e parentes piedosos.

Mas nem sempre é assim. Laços de família originais podem abranger do levemente debilitante ao catastrófico. Sabemos muito mais sobre isso hoje do que sabíamos décadas atrás. Com considerável precisão, por exemplo, sabemos como serão os filhos criados por pais alcoólatras. Eles aprenderão, a partir do relacionamento com seus pais alcoólatras, como *ser* neste mundo – de forma trágica, na maioria dos casos.

Em seguida, tornamo-nos discípulos dos nossos professores; depois, dos nossos amigos e companheiros — uma das relações "discipuladoras" mais poderosas. Por fim, retornamos aos nossos professores, embora eles desempenhem um papel muito diferente durante a nossa transição para a fase adulta. Nessa fase, o esforço dos professores para registrar em nossa mente os impulsos principais da nossa autoimagem é muito maior, já que envolve, em maior nível, a participação da nossa escolha consciente. Aspectos enrijecidos da nossa personalidade no início da fase adulta serão decisivos para o sucesso e o fracasso de conexões importantes da nossa vida.

Dentre esses últimos mestres, encontram-se geralmente pessoas famosas e poderosas, professores ou instrutores de algum tipo, como no contexto acadêmico ou mesmo das forças armadas. Mas também podem incluir personalidades públicas de diversos tipos: artistas, músicos, escritores, ou profissionais de determinada área. É comum que eles nos transmitam uma forte ideia sobre como a vida funciona como um todo, proporcionando-nos diretrizes absolutamente indispensáveis de conduta consciente em nosso relacionamento conosco, com a sociedade e com Deus. Nós temos tais orientadores, mesmo que eles estejam errados.

Uma das transições principais da vida é justamente identificar quem nos ensinou e conduziu e depois avaliar as marcas que essa orientação deixou em nós. Trata-se de uma tarefa angustiante, de modo que nem sempre conseguimos empreendê-la. Contudo, essa autoanálise também pode abrir portas para a escolha de outros mestres, talvez melhores — incluindo o maior Mestre de todos.

A "sociedade de Jesus" na terra

O pressuposto do projeto de Jesus para os seus seguidores na terra era que eles viveriam como seus alunos e cooperadores. Eles o perceberiam como alguém tão admirável em todos os aspectos — sábio, belo, poderoso e bom —, que buscariam constantemente estar em sua presença para receber dele orientação, instrução e auxílio em todos os aspectos da vida. De fato, Jesus é o cabeça vivo da comunidade de amor e oração, por toda a história e em todos os lugares.

Com base nesse pressuposto, a promessa que fez ao seu povo foi a de estar com ele em todos os momentos, até "o fim dos tempos", quando então o universo entrará em uma nova fase (Mt 28:20; Hb 13:5-6). Em termos mais gerais, as *provisões que ele fez* ao seu povo durante esse período são destinadas precisamente àqueles que são seus aprendizes na vida do reino. Qualquer que não aprende continuamente de Jesus e mesmo assim lê as grandes promessas bíblicas como se fossem para si é como alguém que tenta descontar um cheque da conta de outra pessoa. Na melhor das hipóteses, só esporadicamente consegue fazê-lo.

O resultado de aprendermos continuamente com Jesus é fazer tudo "em nome do Senhor Jesus" (Cl 3:17) — isto é, com sua autorização e em seu lugar, como se ele próprio estivesse agindo. Obviamente, significa aprender "a guardar todas as coisas que vos tenho ordenado" (28:20, ARA). Em sua presença, nossa vida interior será transformada, de modo que nos tornaremos o tipo de gente para a qual a forma de agir de Cristo será o curso natural (e sobrenatural).

O caminho estreito e a árvore boa

Aos olhos de Cristo, está claro que não existem boas razões para deixarmos de fazer o que ele nos ordenou, visto que tudo que ele nos manda é o melhor. Certa vez, Jesus perguntou aos seus alunos: "Por que vocês me chamam 'Senhor, Senhor' e não fazem o que eu digo?" (Lc 6:46). Apenas imagine-se diante dele, explicando o porquê de você não ter feito o que ele ensinou ser o melhor. Em alguns casos até podemos imaginar que isso seria apropriado. Sem dúvida, podemos contar com a compreensão de Jesus. Não podemos, porém, usar sua longanimidade como pretexto para viver sem a devida confiança nele. Jesus nos preparou um caminho para a obediência fácil e contente — um caminho, na verdade, para a realização pessoal. Esse é o caminho do aprendizado, o caminho do "discipulado" cristão. O evangelho de Jesus é um evangelho *para a vida e para o discipulado cristão*.

Em outras palavras, sua mensagem básica implica que a vida deve ser reavaliada à luz do fato de que, hoje, o reino dos céus está aberto a todos [cf. Mt 4:17] e ele apresenta os recursos necessários para que vivamos da forma como todo ser humano acredita, em um nível ou em outro, que ela deve ser vivida. Na realidade, só aprendemos a viver quando ouvimos a mensagem de Jesus e nos tornamos seus aprendizes na vida do reino.

Por essa razão, a prática rotineira da obediência sincera é o tema final do discurso no monte. Sem dúvida, Jesus sabia de antemão que os homens tentariam todo artifício concebível para simplesmente evitar fazer as coisas que, segundo ele testificou, seriam as melhores. Confirmamos essa realidade não somente no decorrer da história, mas também nos dias de hoje.

Assim, na conclusão do Sermão, em Mateus 7:13-27, Jesus nos fornece quatro contrastes pictóricos a fim de nos ajudar a não errar o caminho que conduz à comunidade de amor e oração, esfera em que aquilo que a lei e os profetas disseram é cumprido, pois as pessoas tratam umas às outras como gostariam de ser tratadas (7:12).

Antes de mais nada, Jesus destaca que a entrada nessa comunidade do reino ocorre por uma porta estreita. Em outras palavras, existe uma maneira correta de entrar. Não adianta pegar qualquer estrada — o amplo "caminho que leva à perdição" (7:13-14).

Depois, Jesus faz um alerta sobre aqueles que acabam nos iludindo, os quais parecem bons, mas, por dentro — onde, agora sabemos, jaz a verdadeira ação — são governados apenas pelos próprios desejos. Externamente, assemelham-se a ovelhas, ao passo que, interiormente, só pensam em devorar as ovelhas, isto é, usá-las para fins egoístas (7:15). São eles que Judas, o irmão mais novo de Jesus, descreve como os que "seguem os seus próprios desejos impuros [...] e adulam os outros por interesse" (Jd 1:16b).

A CONSPIRAÇÃO DIVINA

Tudo que devemos fazer para identificar aqueles que querem nos enganar é observar o que eles fazem e prestar pouca atenção ao que dizem. Suas obras serão o sinal certeiro de quem eles são interiormente. As árvores e as plantas manifestam sua natureza no fruto: figueiras geram figos, não uvas. Da mesma forma, aquilo que as pessoas fazem revela, após considerações abrangentes e honestas, o tipo de gente que são (Mt 7:16-20).

Aqueles em que podemos confiar são os que realmente aprenderam a fazer o que Jesus ensinou ser o melhor. Chamá-lo de "Senhor", ou mesmo fazer coisas impressionantes em seu nome, não são substitutos. Segundo Mateus, entra no reino dos céus aquele que faz a vontade do Pai celestial de Jesus (7:21). E qual é a vontade do Pai? Precisamente o que Jesus tem ensinado aqui, na encosta do monte, elucidando o verdadeiro significado da "Lei" e dos "Profetas" (7:12).

A pessoa que ouve e põe em prática as palavras de Jesus constrói para si uma casa totalmente indestrutível. A casa é construída sobre a rocha, não sobre a areia, onde os ventos da vida a derrubarão. Usando uma linguagem atual, é o mesmo que dizer: "Apenas faça!". Jesus sabe que em todas as situações nas quais deixamos de praticar o que aprendemos, estaremos, na mesma proporção, afastando-nos da realidade bendita do reino.

Os quatro contrastes pictóricos dessa passagem de Mateus 7 são:

1. A porta estreita e a porta larga (v. 13-14).
2. A árvore boa com seu "bom interior" e a árvore ruim (vv. 15-20). *Imagem complementar*: lobos vestidos de pele de ovelha. Falsos líderes contrastados com verdadeiros líderes: não têm a bondade espontânea e constante do coração de Jesus (v. 15). Internamente, são "lobos".
3. Juízo final daqueles que fazem "a vontade de meu Pai" e daqueles que tentam substituí-la por grandes obras, feitas "em teu nome" (v. 21-23).
4. Aqueles que o escutam e praticam o que ele diz (casa sobre a rocha) e aqueles que o escutam e não fazem o que ele diz (casa sobre a areia) (v. 24-27).

A porta estreita não é, como interpretam alguns, exatidão doutrinária. A porta estreita é a obediência — e a confiança em Jesus é indispensável a essa obediência. Sabemos que não se trata de exatidão doutrinária porque muitos dentre aqueles que nem sequer conseguem compreender corretamente as doutrinas depositam, mesmo assim, toda a sua fé em Jesus. Além disso, deparamo-nos com muitos que parecem agir corretamente em termos doutrinários, mas que carregam um coração cheio de ódio e raso de compaixão. A porta larga, por outro lado, é simplesmente fazer o que bem entendemos.

O fruto da árvore boa é a obediência, acompanhada pela transformação pessoal (o "bom interior" da árvore) que experimentamos na companhia de Jesus. O lobo disfarçado de ovelha é aquele que tenta *simular* o discipulado com obras exteriores. Depois de um tempo, porém, as realidades interiores o sobrepujam.

A "vontade de meu Pai" é tudo aquilo que Jesus acabou de falar no seu Discurso. Fazendo o que ele diz, começando com "crer naquele que [Deus] enviou" [cf. Jo 6:29], fluímos nos caminhos de Deus e "entramos no reino dos céus". Naturalmente, também entraremos na próxima fase, em sua plenitude, marcada pelo fim da história humana e pela prestação final de contas.

Tudo isso equivale a dizer que, na realidade, fazendo o que Jesus sabe ser o melhor para nós, construímos uma vida absolutamente indestrutível, "sobre a rocha"; "e essa rocha era Cristo" (1Co 10:4).

Grandes passagens escritas por Paulo, Pedro e João — como 1Coríntios 13; Colossenses 3; 1Pedro 2; 2Pedro 1:1-15; 1João 3:1–5:5 — abordam precisamente essa mesma mensagem de ângulos diferentes: a mensagem da transformação interior que sofre todo aquele que se torna discípulo de Jesus. Nesses textos, o ponto central de referência é sempre um tipo divino de amor, o amor *agape*, que passa a caracterizar a essência da nossa personalidade. As "obras da lei" se originam naturalmente desse amor. A lei não é a causa da bondade natural, conforme já enfatizamos, e sim sua consequência inevitável.

Como podemos estar *com* Jesus?

Se, porém, desejo ser o aprendiz de alguém, existe uma condição absolutamente essencial: preciso estar com essa pessoa. De modo geral, isso é verdade no relacionamento professor-aluno. E é exatamente o que significava *seguir* a Jesus quando ele estava aqui em forma humana. Segui-lo significa primordialmente estar com ele.

E se eu sou discípulo de Jesus isso significa que eu *estou com ele, para aprender dele a como ser parecido com ele.* Tomando um exemplo da vida comum, a criança que aprende a multiplicar e a dividir números é aprendiz do seu professor. As crianças ficam perto do professor, aprendendo com ele a agir de determinada maneira — e o mesmo vale para um aluno de piano ou canto, de espanhol, de tênis etc. O fator "estar com", observando e ouvindo, é uma necessidade imprescindível.

É por isso que uma provisão nos foi dada para que ficássemos com Jesus, como duas pessoas que se relacionam, em nossa vida diária. Mas também é necessário que tenhamos um entendimento prático — não metafísico nem teológico — desse fato, a fim de cumprirmos nossa parte como aprendizes. Como lhe era característico, Jesus demonstrou grande zelo por instruir os seus primeiros alunos, tanto antes da sua morte quanto no intervalo entre a ressurreição e ascensão, sobre o modo de sua presença com eles (e conosco) durante o longo período que a igreja teria pela frente. Antes de deixá-los, Jesus fez questão de que os discípulos compreendessem exata e claramente como se daria essa presença.

Em João 14, Jesus deixa claro que em breve se ausentaria da presença dos discípulos naquela forma humana que eles conheciam. Em sua explicação, Cristo demonstra que, após a sua morte, outro "fortalecedor" — "consolador" já não é a palavra certa para traduzirmos *paracleton* — se demonstraria ativo e interativo na vida de seus aprendizes. A nota explicativa marginal da Bíblia Shedd é excelente quanto ao significado intencionado (14:16). Nela, lemos que *paracleton* significa "encorajador", "quem dá força". Esse outro fortalecedor (outro semelhante ao Jesus visível que os discípulos haviam conhecido) estaria com eles até o fim.

Em comparação, a ordem humana — o mundo (*cosmos*) — não pode receber o "espírito da verdade", conforme Jesus o descreve, já que não pode *vê-lo* e, assim, conhecê-lo. A mente humana em sua forma natural geralmente não aceita como realidade aquilo que não pode ver. A natureza espiritual de Deus, reafirmada aqui por Jesus com referência à sua própria personalidade, esteve presente na vida

SOBRE SER UM DISCÍPULO DE JESUS

do povo judeu desde os primórdios de sua história [cf. Ex 20:4; Dt 4:12, 15 etc.]. Contudo, nem mesmo Israel chegou a compreender perfeitamente o caráter divino — embora entendesse o perigo da idolatria. Isso é demonstrado pela supremacia da "justiça dos escribas e fariseus", pautada na visibilidade, ainda na época de Jesus. Ninguém jamais tentaria viver segundo essa "justiça" se compreendesse com maturidade que todo pensamento e intenção é um livro aberto perante um Deus sempre presente. Mesmo assim, muitos de nós tentamos viver hoje segundo essa justiça.

Como personalidade, Deus não é uma realidade física que todos podem ver quer queiram ou não. É claro que ele pode manifestar-se à mente humana da forma como bem entender. No entanto, por razões profundamente arraigadas na natureza pessoal e nas relações pessoais, sua maneira preferida é a *fala*, a *comunicação*; daí a centralidade absoluta da Escritura para o nosso discipulado. E, dentre outras, essa é a razão pela qual períodos longos de solidão e meditação se demonstram tão necessários para o crescimento do espírito humano, pois ambos formam um contexto apropriado para falarmos com Deus e ouvi-lo.[1]

Ensinando a transição

Em Atos 1, temos um relato fascinante sobre os quarenta dias que Jesus gastou com seus onze apóstolos entre sua ressurreição e sua ascensão. O relato é absolutamente central para o nosso entendimento de como ele se relaciona com o seu povo hoje. Indica claramente que, durante o período em questão, Jesus alternou entre a comunicação *invisível* com os discípulos e a comunicação *visível*, antes da ascensão.

No texto, lemos: "Depois de haver dado mandamentos *por intermédio do Espírito Santo* aos apóstolos que escolhera, foi elevado [ascensão] às alturas". Em seguida, Lucas acrescenta imediatamente: "A estes *também*, depois de ter padecido, se apresentou vivo, com

---

[1]Meu livro *In Search of Guidance: Developing a Conversational Relationship with God* [À procura de orientação: desenvolvendo um relacionamento conversacional com Deus] (Harper San Francisco/Zondervan, 1993) é devotado a como escutar a Deus.

muitas provas incontestáveis, aparecendo-lhes durante quarenta dias e falando das coisas concernentes ao reino de Deus" (At 1:2-3, ARA).

O Mestre dos mestres toma todas as providências necessárias para garantir que os alunos assimilem o modo como estará com eles a partir de então. Jesus diz o que acontecerá com os discípulos; em seguida, conversa com seus alunos sobre o que aconteceu. Então, as lições são repetidas, e o processo recomeça. Assim é Jesus, o mestre. É absolutamente essencial que seus amigos entendam, da melhor maneira possível, *como* ele estará com eles e *como* deverão agir para continuar aprendendo e colaborando no reino a partir do momento em que não o virem do modo habitual. Afinal, trata-se de uma situação que perdurará por todo o período da existência da igreja — ou seja, aplica-se aos dias de hoje.

"Cobertos" na presença espiritual

Entretanto, a realidade concreta das interações invisíveis com os discípulos durante o período pré-ascensão não elimina imediatamente todas as dúvidas e mal-entendidos que tinham. Remetendo ao próximo passo no desenvolvimento dos discípulos, Jesus relembra aos seus alunos a antiga promessa de imersão no Espírito de Deus. A promessa fora renovada na mensagem de João Batista e enfatizada repetidamente pelo próprio Jesus. Agora, ele os instrui a permanecerem em Jerusalém a fim de que, em poucos dias, sejam cobertos pelo Espírito Santo (At 1:4-5). Nas palavras de Lucas (24:49), os discípulos deveriam esperar na cidade "até serem revestidos do poder do alto".

É realmente inimaginável que os discípulos tenham esperado, como Jesus lhes ordenara, sem a *experiência* da realidade do Espírito que lhes havia sido cuidadosamente apresentado por Cristo após a ressurreição. Mesmo assim, eles ainda perguntavam se Jesus não estava prestes a "restaurar o reino a Israel" (At 1:6), isto é, a realidade *visível* de uma entidade política. Essa era ainda a única forma na qual concebiam a cobertura prometida, o "batismo" que, segundo Jesus, estava próximo. No entanto, a promessa era de um "poder" que não dependeria de um reino visível, um poder sem posição visível. Coberto por tal poder, seu povo existiria e testemunharia, começando por Jerusalém e alcançando os confins da terra, da ascensão em diante (v. 8).

Então, fortalecidos pelo ensinamento e pela experiência, os discípulos realmente aguardaram — embora não entendessem. Eles verdadeiramente *foram* cobertos, interpretando a experiência o suficiente para darem uma explicação do que estava acontecendo na ocasião. Os discípulos entenderam e explicaram as manifestações do Pentecoste em termos da promessa de Deus a Israel, de sua experiência com Jesus e de sua tarefa desde a ascensão de Cristo (At 2:14-40).

A promessa se cumpriu com uma manifestação e tanto: um estrondo vindo do céu, no qual, dez dias atrás, tinham visto Jesus desaparecer (At 2:2). Pedro então se levantou no coração do mundo judaico e reinterpretou a vocação que Deus dera na Antiguidade ao povo judaico: a vocação de ser luz para as nações. Parafraseando o apóstolo: "A promessa do viver santo, baseada em um poder maior do que o nosso, não foi destinada apenas ao pequeno grupo de discípulos que andou com Jesus. Ela também é válida para todo o povo de Jerusalém, para todo o Israel e para todos, não importa quão distantes estejam, pois o Senhor os atrai para si mesmo" (2:39).

A vida no Espírito e no Reino dos Céus

A presença pessoal de Jesus com indivíduos e grupos que confiam nele foi logo interpretada por seus primeiros alunos como a realidade *prática* do reino de Deus na terra. Em outras palavras, a presença de Jesus é o fator prático do reino na vida do cristão. A realidade da presença de Jesus é a "vida" adicional, tão mencionada pelo apóstolo João em seus escritos. É o "em Cristo" que forma a espinha dorsal do entendimento de Paulo sobre a redenção.[2]

Infelizmente, a inclinação incansavelmente legalista da alma humana levou muitos, ao longo do tempo, a identificar a imersão no espírito com manifestações exteriores: sinais e prodígios; outras línguas; pobreza, castidade e obediência; poder para converter os incrédulos;

---

[2]O capítulo 8 de *The Mysticism of Paul the Apostle* [O espiritualismo do apóstolo Paulo], por Albert Schweitzer, traduzido por William Montgomery (Nova Iorque: Henry Holt, 1931), p. 160-176, ainda é extremamente útil. Confira especialmente as páginas 164-170. Veja também *A Man In Christ* [Um homem em Cristo], por James Stewart (Nova Iorque: Harper & Brothers, 1935).

determinadas práticas e símbolos que passaram a distinguir uma denominação da outra. Contudo, por mais que sejam importantes, essas coisas não constituem em si a realidade da vida do reino. Tal realidade é interior, oculta, associada ao Pai "que está em secreto". E muitas vezes elas se encontram ausentes naqueles que convertem muitos ou que manifestam línguas, sinais, prodígios e obras do gênero.

Não que a presença genuína do reino em uma pessoa possa realmente permanecer oculta. Não pode, assim como não se pode ocultar sua ausência. Ao mesmo tempo, a presença do reino não pode ser domada, controlada, produzida sob demanda, padronizada ou levada a um ponto em que um ser humano é capaz de transmiti-la a outro.

No reino de Jesus, a realidade da vida espiritual, distintamente de manifestações no mundo visível, não pode ser usada como meio de obtermos um monopólio de Deus e provarmos que *nós*, afinal, somos aqueles que "finalmente compreendemos tudo". O Espírito não pode ser comercializado, nem mesmo de forma sutil. Infelizmente, ao longo dos séculos, o povo de Jesus tem sido marcado pelo traço maligno do caráter de Simão, "o Grande Poder" (At 8:9-24), já mencionado neste livro. Todos temos de lutar contra essa tendência "simonizadora". De qualquer maneira, podemos estar certos de que o Espírito de Jesus não cooperará com essa tendência.

Por isso, Paulo, com muita simplicidade, declara: "Todos os que vivem em interação com o Espírito de Deus são filhos de Deus" (Rm 8:14). A interação a que o apóstolo se refere é a realidade interior, não manifestações exteriores. "Pois o Reino de Deus não é comida nem bebida [não depende de seguirmos o costume "a" ou o costume "b"], mas justiça (*dikaiosune*), paz e alegria no Espírito Santo; aquele que assim serve a Cristo é agradável a Deus e aprovado pelos homens" (Rm 14:17-18).

Semelhantemente, ao escrever para os colossenses, Paulo ora para que eles vivam de maneira digna diante do Senhor e em tudo possam agradá-lo, frutificando em toda boa obra, crescendo no conhecimento de Deus (Cl 1:10). Em seguida, o apóstolo roga em favor dos colossenses para que sejam "fortalecidos com todo o poder, de acordo com a força da sua glória" (v. 11). Para quê? Para alguma manifestação exterior extraordinária? Não! Para que "tenham toda a perseverança e paciência com alegria, dando graças ao Pai, que nos

SOBRE SER UM DISCÍPULO DE JESUS

tornou dignos de participar da herança dos santos no reino da luz" (v. 11, 12). O resultado mais exaltado da submersão no Cristo ressurreto é a transformação do ser interior à sua semelhança.

Assim, o reino dos céus, *do ponto de vista prático em que todos devemos viver*, é simplesmente a experiência contínua da interação de Jesus com o seu povo ao longo da história e no decorrer dos dias, das horas e dos momentos da nossa existência terrena. É por isso que encontramos Filipe na cidade de Samaria, à medida que o reino jorrava para além dos limites da Judeia, pregando "as boas novas do Reino de Deus e do nome de Jesus Cristo" (At 8:12). O reino lhes era realidade pelo nome de Jesus. Pelo uso do nome, o próprio Jesus ainda agia. É por isso que, no relato final do livro de Atos, Paulo, à época em Roma, "pregava o Reino de Deus e ensinava a respeito do Senhor Jesus Cristo" (At 28:23, 31).

Desse modo, cumpriu-se a declaração de Jesus à nação judaica — não, enfatizamos, ao judeu individual — de que "o Reino de Deus será tirado de vocês e será dado a um povo que dê os frutos do Reino" (Mt 21:43). Aqueles aos quais Cristo se refere são o "povo do nome", isto é, do nome de Jesus.

Ademais, a transição *em meio ao* Reino Entre Nós — isto é, de uma fé inicial em Jesus a uma vida de satisfação e obediência — se dá pelo discipulado, o aprendizado prático de Jesus. Foi precisamente por isso que Jesus disse aos discípulos, quando então o viram pela última vez em sua conhecida forma visível, que fizessem discípulos, alunos, aprendizes dele dentre todas as nações da terra. E, para fazer discípulos, eles mesmos certamente teriam de ser discípulos.

Portanto, devemos considerar atentamente o que significa ser discípulo, aprendiz de Jesus. Consideraremos o que *é* ser discípulo, como *tornar-se* discípulo e como *fazer* discípulos de Jesus.[3]

---

[3]Aqui, como no restante deste livro, não quero detalhar obras de cunho acadêmico sobre o assunto. Contudo, a questão do discipulado e da base textual para entendê-lo é tão importante, que me sinto compelido a direcionar o leitor para dois livros exaustivos e autoritativos escritos por Michael J. Wilkins: *The Concept of Disciple in Matthew's Gospel* [A ideia de discípulo no Evangelho de Mateus] (Nova Iorque: E. J. Brill, 1988) e *Following the Master: Discipleship in the Steps of Jesus* [Seguindo o mestre: discipulado nos passos de Jesus] (Grand Rapids: Zondervan, 1992). Ambos são livros excelentes, e

COMO SER UM DISCÍPULO

A simplicidade do discipulado

Antes de tudo, devemos notar que *ser* discípulo ou aprendiz de Jesus é algo bem-definido e óbvio. Fazer disso um mistério é não compreender o discipulado. Não há razão que justifique o fato de alguns duvidarem se realmente são alunos de Jesus. Além disso, sempre existirão provas claras quanto a determinado indivíduo ser ou não aluno de Cristo, embora não estejamos em posição de coletar todas as evidências ou raramente teríamos motivo legítimo para colher as informações e usá-las.

A ideia de que não há justificativas boas o suficiente para colocarmos em dúvida o nosso discipulado pode soar estranha, até chocante, para muitos em nossa cultura religiosa, permeada pela longa tradição da dúvida ou pelo conceito da impossibilidade de decidir se determinada pessoa é realmente *cristã*. A questão subjacente a essa tradição sempre foi se alguém "escaparia do juízo final", o que, por sua vez, geralmente tem sido uma questão de Deus ter ou não "escolhido" o indivíduo ou ele estar "entre os eleitos". Também diz respeito a se alguém pecou muito ou não, ou se foi bom o suficiente. Não preciso enfatizar o quanto essas questões são difíceis — ou até impossíveis — de responder com qualquer segurança, já que não temos acesso aos registros celestiais.

Entrar nessas controvérsias antigas nos afastaria do nosso objetivo principal. Felizmente, porém, não é necessário. Hoje, há uma aceitação quase universal de que você pode ser cristão sem ser discípulo de Jesus.[4] E aquele que de fato age como aprendiz e cooperador de Cris-

---

as bibliografias que eles contêm certamente levarão alguém interessado a aprofundar-se no assunto. O tópico ainda é motivo de controvérsias. Já escutei o argumento de que, em razão de a palavra *discípulo* não ocorrer após o livro de Atos, não devemos mais fazer discípulos!

[4]Esforços para mover pessoas à categoria de discípulos geralmente são direcionadas àqueles que já são cristãos. Além do mais, o evangelismo nunca é, pelo que percebo, direcionado a levar pessoas a ser alunas de Jesus. A esse respeito, veja nosso artigo em *Christianity Today*, 10 de outubro de 1980, sob o título "Discipleship: For Super-Christians Only?" [Discipulado: apenas para supercristãos?]; também está incluído no apêndice 2 em meu livro *The Spirit of the Disciplines* [O espírito das disciplinas], p. 258-265.

to em sua vida cotidiana é, sem dúvida alguma, "cristão" em todos os sentidos. O próprio termo *cristão* foi introduzido explicitamente no Novo Testamento — no qual, a propósito, é somente mencionado três vezes — aplicando-se aos discípulos quando eles não podiam mais ser chamados de "judeus" em função da existência de muitos gentios entre eles [cf. At 11:25-26].

Ora, quando alguém é questionado quanto a ser aprendiz de determinado político, músico, advogado ou roteirista importante, não precisa de nem um segundo para responder. O mesmo acontece ao direcionarmos a mesma pergunta a pessoas que estudam espanhol ou alvenaria com um profissional qualquer, desconhecido do público em geral. É difícil não repararmos quando alguém está aprendendo algo novo. A mesma coisa é verdade, e em um nível ainda maior, quando somos aprendizes de Jesus.

Por outro lado, se perguntarmos se determinado indivíduo é um *bom* aprendiz deste ou daquele profissional, aí pode haver espaço para hesitação. Eles podem responder que sim e que não. Se perguntássemos se os alunos poderiam ser melhores aprendizes, eles provavelmente responderiam que sim. E tudo isso condiz perfeitamente com a ideia de *ser* um discípulo, um aprendiz. Pois ser discípulo em qualquer área ou relacionamento não é ser perfeito. Alguém pode ser um principiante inexperiente e incompetente e mesmo assim ser um discípulo.

Faz parte do realismo revigorante dos Evangelhos notar que Jesus muitas vezes "dá broncas" nos discípulos. A dureza de Jesus em alguns momentos em nada diz respeito a rejeitá-los. Na verdade, é uma forma de fidelidade para com eles, assim como o castigo é o meio utilizado por Deus para mostrar que alguém é seu filho (Hb 12:7-10). Um bom "mestre" leva a sério os aprendizes, e é por isso que chama sua atenção quando necessário.

O que é um discípulo

Com base no que expomos até agora, discípulo ou aprendiz é simplesmente aquele que decide estar com outra pessoa, nas devidas condições, a fim de aprender sua atividade com o mestre, tornar-se como o mestre.

A CONSPIRAÇÃO DIVINA

Como aplicar essa ideia ao discipulado cristão? O que exatamente Jesus, o Senhor encarnado, faz? Em outras palavras, a pergunta é: em que Jesus "é bom"? Encontramos a reposta nos Evangelhos: ele vive no reino de Deus, aplica o reino para o bem dos outros e até mesmo possibilita que outros entrem no reino e o experimentem por si mesmos. Verdades teológicas mais profundas sobre sua pessoa e obra não anulam esse ponto simples. É para isso que Jesus chama cada um de nós, ao dizer: "Siga-me!" [cf. Jo 21:22].

O relato de Pedro na primeira apresentação "oficial" do evangelho aos gentios serve-nos de retrato preciso do Mestre de quem somos aprendizes: "Vocês [...] sabem [...] como Deus ungiu a Jesus de Nazaré com o Espírito Santo e poder, e como ele andou por toda parte fazendo o bem e curando todos os oprimidos pelo Diabo, porque Deus estava com ele" (At 10:36a, 37a, 38).

E, como discípulo de Jesus, eu o acompanho por escolha própria e por sua graça, aprendendo com ele a viver no reino de Deus. Essa é a ideia central. Significa, porém, viver na esfera da vontade efetiva de Deus, tendo sua vida fluindo através da minha. Outra forma importante de falar a mesma coisa é dizer que estou aprendendo com Jesus a viver *minha* vida da forma que ele a viveria se fosse eu. Não estou necessariamente aprendendo a fazer tudo o que ele fez, e sim aprendendo a fazer o que faço do modo como ele faria.

A função principal que exerço na vida, por exemplo, é a de professor e pesquisador universitário. Como aprendiz de Jesus, então, questiono constantemente: como Jesus lidaria com alunos e colegas de trabalho em contextos específicos relacionados à minha posição? Como estruturaria a disciplina, e por quê? Como elaboraria uma prova, como a administraria, como a avaliaria? Quais seriam seus projetos de pesquisa, e por quê? Como ele ensinaria este ou aquele curso?

O todo da minha existência diária é o foco do discipulado

É crucial reconhecermos que a nossa vida serve de ponto focal da relação de aprendiz que temos com Jesus. Ao reconhecê-lo, podemos nos libertar da verdadeira loucura que nos impõe a atual distinção entre serviço cristão "integral" e "parcial". Afinal, o discípulo de Jesus não é necessariamente aquele que está devotado a desenvolver somente atividades religiosas, como geralmente se pensa. Reitero: por *toda* a vida, aprendo a viver *minha* vida, esta vida que levo no mundo. A vida de Cristo na terra foi maravilhosa e transcendental. Mas ela já foi vivida. Nem eu, nem qualquer outra pessoa — até mesmo ele — vivê-la-á outra vez. E, de qualquer maneira, Jesus está interessado na minha vida, na existência em que me defino como "eu". É aqui que se encontra a minha necessidade. Preciso ser capaz de levar minha vida como ele a levaria se fosse eu.

Desse modo, como discípulo de Jesus, não aprendo necessariamente a desenvolver atividades particularmente religiosas — seja como serviço em tempo "integral", seja como parte de um serviço "parcial". Minha condição de discípulo de Jesus não é, dentro de limites claramente definidos, uma questão do que eu faço, e sim de como eu faço determinada obra. Meu discipulado envolve tudo, quer sejam atividades "religiosas", quer não.

O irmão Lawrence, cuja profissão era cozinhar, observa:

> Nossa santificação não depende da *mudança* das nossas obras, mas em fazermos para Deus o que estamos acostumados a fazer para nós mesmos. [...] É uma grande ilusão imaginar que momentos de oração devem ser diferentes dos demais. Devemos nos apegar a Deus tanto na ação quanto na oração.[5]

É de suma importância para a nossa caminhada no reino compreender que os ensinamentos de Jesus, os quais temos examinado com detalhes neste livro, não representam uma vida. Sua intenção nunca foi essa. Antes, eles pressupõem uma vida. Mas isso não é problema algum para nós, visto que cada qual tem uma jornada a trilhar. Além do mais, sabemos exatamente em que consiste a nossa vida: quem somos e o que fazemos. É precisamente esse viver, o nosso viver, que Deus deseja de nós. Só temos de ter o cuidado de entender sua verdadeira dignidade. Para cada pessoa, podemos dizer com confiança: "*Você*, a quem foi designado um caminho a trilhar, é exatamente o tipo de pessoa que Deus queria".

---

[5]Irmão Lawrence [Nicholas Herman], *The Practice of the Presence of God* [A prática da presença de Deus] (Old Tappan, NJ: Fleming H. Revell, 1974), p. 23-24.

O ensino de Jesus nos Evangelhos nos mostra *como* viver a vida que recebemos no tempo e no espaço, em meio à família e aos vizinhos, com base nos talentos e nas oportunidades que nos foram concedidos. Suas palavras registradas na Bíblia nos mostram como conduzir-nos em determinadas situações. Se as colocássemos em prática, segundo já comentamos, boa parte dos problemas que atribulam a vida humana seria eliminada. É por isso que Jesus, conforme temos visto, direciona seu ensino em Mateus 5–7 a coisas como homicídio e ira, desprezo e cobiça, rejeição familiar e *bullying* verbal. São coisas com as quais nos deparamos na vida real. Embora os seus ensinos não representem a vida em si, eles intersectam com cada ponto da nossa existência.

Assim, a vida no reino não se resume apenas a *não* fazer o que é errado. Aprendizes de Jesus se ocupam primordialmente com o bem positivo que pode ser feito durante os dias em que vivem "debaixo do sol"; também se ocupam das forças e virtudes positivas que desenvolvem à medida que crescem para o reino que lhes está "preparado desde a criação do mundo" (Mt 25:34). O que eles, e Deus, alcançam ao longo da vida é antes de tudo a pessoa na qual se tornam. E é por isso que sua vida é tão importante.

O cultivo pessoal, da família, do local de trabalho e da comunidade — especialmente da comunidade da fé — torna-se, assim, o ponto focal da vida conjunta do aprendiz com seu mestre. É com toda a riqueza desse contexto que podemos falar, de modo mais proveitoso e acurado, de "aprender com Jesus a viver minha vida como se ele a vivesse".

A glória do meu trabalho

Sejamos, porém, ainda mais específicos. Pense no seu trabalho, naquilo que você faz para viver. Sua atividade profissional corresponde a uma das maneiras mais claras de focalizar a sua condição de discípulo de Jesus. Essencialmente, ser discípulo de Cristo é aprender com ele a fazer seu trabalho como ele próprio o faria. O Novo Testamento exprime essa ideia ao propor que façamos tudo "em nome de" Jesus.

SOBRE SER UM DISCÍPULO DE JESUS

Pense bem: *não* encarar o trabalho como esfera principal do exercício do discipulado é excluir automaticamente a maior parte das horas ativas de sua vida com Jesus. É aceitar controlar sozinho um dos seus maiores interesses na vida, ou então controlá-lo sob a direção e a orientação de outras pessoas além de Jesus. E tem sido assim que a maior parte dos *cristãos professos* de hoje age, acreditando que o discipulado diz respeito a uma vocação especial relacionada primordialmente a atividades religiosas e ao "serviço cristão em tempo integral".

Mas como, exatamente, podemos fazer do trabalho um aspecto essencial da condição de discípulos de Jesus? Fica óbvio que não é se tornando um cristão "pedra no sapato", rigoroso defensor de toda decência e crítico ferrenho da conduta alheia. Espero que isso já esteja suficientemente claro em vista do nosso estudo de Jesus e seus ensinamentos do Sermão do Monte e em outras passagens.

A firme e gentil não cooperação com as coisas que todos sabem ser erradas, aliada a uma sensibilidade não impertinente, não intrometida e não controladora deve ser o nosso modo habitual e declarado de agir. Devemos combinar isso com uma vida íntima de oração por todo tipo de atividade que o nosso trabalho exige, além do amor genuíno pelas pessoas envolvidas.

Assim, aplicaremos os pontos específicos dos ensinamentos e do exemplo de Jesus — como a não retaliação, a recusa em pressionar os outros por vantagens financeiras, o auxílio devido a pessoas com algum tipo de deficiência etc. — de acordo com as circunstâncias. E devemos estar sempre atentos e prontos para atender, com palavras amorosas, reflexivas e acolhedoras, qualquer pessoa que exiba um interesse ou necessidade espiritual óbvia de entender Jesus.

Não é verdade, creio eu, que simplesmente vivendo o evangelho cumprimos nossa obrigação para os que estão à nossa volta. Existem, claro, muitas formas inadequadas, até prejudiciais, de falarmos da nossa fé; mas é sempre verdade que palavras ditas de modo adequado são algo belo e poderoso, sendo capazes de transmitir vida e alegria. Além disso, você não pode supor que as pessoas entendam o que Deus está fazendo em sua vida se tão somente viver no meio delas como alguém que pertence a Jesus. Talvez eles o considerem apenas mais uma versão esquisita da humanidade.

A CONSPIRAÇÃO DIVINA

Certa vez, contaram-me de um caso em que um professor universitário costumava, ao meio-dia, pegar ostensivamente sua Bíblia e seu almoço e ir a uma capela próxima com o objetivo de estudar, orar e ficar a sós. Em contraste, outro professor chamava sua assistente para o seu gabinete para fazer sexo. Ninguém da universidade achava que valia a pena questionar um ou outro costume. Afinal, pessoas fazem todo o tipo de coisas. Estamos acostumados com isso. Em algumas situações, somente o uso de palavras pode levar à compreensão.

Mas repito: Deus tem muito interesse no trabalho específico das pessoas — seja o de confeccionar machados ou fritar pastéis, vender automóveis ou dar aulas para o jardim de infância, atuar no setor financeiro ou na política, evangelizar ou administrar programas de educação cristã, produzir arte ou ensinar inglês como língua estrangeira. Deus quer o trabalho bem-feito. É tarefa que deve ser realizada, e realizada *como o próprio Jesus a realizaria*. Na minha opinião, pelo menos enquanto estamos trabalhando, todas as atividades de cunho exclusivamente religioso devem assumir um papel secundário em relação à obrigação de fazer "o serviço" com o esforço, a inteligência e o poder de Deus. É assim que lhe demonstramos devoção. (Suponho, claro, que se trate de um tipo de trabalho que promova os bons propósitos humanos.)

Nossa intenção no trabalho deve ser o bem mais elevado em cada aspecto, de modo que devemos perseguir a meta da excelência com a expectativa consciente de que receberemos da parte de Deus um fluxo constante de poder e orientação. Embora o trabalho não deva dominar nossa vida, convém, dentro dos devidos limites, sacrificar o conforto e o prazer costumeiros pela qualidade do serviço — seja na produção de cabos de machado, de pastéis, ou no que se refere à proficiência de um aluno que estamos ensinando.

Sem dúvida, isso beneficia os que usufruem do nosso trabalho. Mesmo assim, é importante que a nossa mente não se deixe obcecar pelos que usufruem do que produzimos; tampouco se deixe obcecar pela ideia de estimá-los. Fazemos o trabalho bem-feito para agradar a Jesus, a quem admiramos e amamos. É como ele faria. Realizamos o nosso trabalho "de todo o coração, como para o Senhor e não para os homens. [...] É a Cristo, o Senhor" que estamos servindo

(Cl 3:23, 24). Como aprendizes de Jesus, relacionamo-nos pessoalmente com ele ao fazer nosso trabalho; e ele está conosco, como prometeu, para nos ensinar a realizá-lo com excelência.

Poucos ilustram isso melhor do que Kirby Puckett, um homem que, por 13 anos, foi jogador do time de beisebol Minnesota Twins. Sua média de rebatidas na carreira foi de 0,318, sendo eleito para a seleção de *all-stars* da temporada por dez anos seguidos e tendo ganhado seis *Golden Gloves* por sua atuação na defesa. Puckett foi um dos homens mais celebrados do esporte, além de um cristão bem conhecido.

Dennis Martinez, lançador do Cleveland Indians, em setembro de 1995 esmagou o lado esquerdo do rosto de Kirby em um arremesso. Martinez pensou que Kirby passaria a odiá-lo. Ao se recuperar um pouco, porém, Kirby chamou Martinez de "meu bom amigo", culpando-se por não ter saído da frente da bola. Kirby foi um importante líder comunitário, defensor de boas causas e expoente natural de sua fé, consistente em palavras e ações. Todos sabiam em quem Kirby confiava e o motivo pelo qual ele não odiava alguém que o havia machucado. Ele vivia no mundo de Deus e nele confiava.

Quem não conhece esse caminho de "discipulado do trabalho" por experiência não consegue imaginar a sensação de liberdade, poder e alegria que ele evoca. E, para reiterar um ponto crucial, se restringirmos nosso discipulado a épocas especiais e religiosas, a maior parte da nossa vida diária será isolada da presença manifesta do reino.[6] Nesse período ativo, estaremos a sós em *nosso* trabalho. Nosso tempo gasto em uma atividade — mesmo no trabalho religioso — acabará sendo uma espécie de "feriado de Deus".

Por outro lado, se você não gosta do seu trabalho, ou até mesmo o odeia — condição epidêmica em nossa sociedade —, o modo mais rápido de livrar-se da sua atividade ou encontrar *alegria* em sua profissão é fazê-la como Jesus faria. Nisso está a essência do discipulado,

---

[6]Veja o tratamento de John Cotton sobre o assunto em "Christian Calling" [O chamado cristão] (*Spiritual Foundations for Leadership* [Fundamentos espirituais para a liderança], ed. Os Guinness, Burke, VA: The Trinity Forum, 1995, p. 1-14 a 1-17.). Na época da Reforma, o significado do sacerdócio de todos os santos referia-se ao fato de que cada discípulo de Jesus exercia seu sacerdócio em qualquer atividade ou contexto em que vivia, não que cada cristão está qualificado a fazer coisas particularmente *religiosas*.

e não podemos ser aprendizes competentes de Jesus sem integrar nossa profissão ao trabalho do Reino Entre Nós.

O ministro cristão como aprendiz de Jesus

Nesse ponto, cabe uma palavra especial àqueles cujo "trabalho", o ganha-pão, é apresentar o reino e ministrá-lo a outros. Podemos chamar sua atividade de "trabalho na igreja" ou "serviço cristão em tempo integral", como já o denominamos. Pouco depois de iniciar seu ministério público do governo de Deus, ou do reino, aos israelitas, o próprio Jesus começou a "fazer discípulos" — isto é, recrutou *aprendizes* para a obra que estava fazendo, a fim de ensiná-los a realizar a mesma coisa. Sua obra consistiu em três fases principais, claramente enumeradas e ilustradas nos Evangelhos (Mt 4:23; 9:35; 10:7-8).

PROCLAMAÇÃO. A primeira fase foi simplesmente *anunciar* o próximo passo do mover de Deus na história humana. Por meio da própria pessoa de Jesus, o governo celestial de Deus, o seu "reino" tornou-se, a partir de então, disponível a qualquer um. O céu, conforme vimos, está *aqui*, *agora*, ao redor do nosso corpo e pairando sobre a nossa cabeça: "Pois nele vivemos, nos movemos e existimos" [cf. At 17:28]. A eternidade não é algo esperando para acontecer, algo que começará mais para frente. O céu já começou aqui. Tudo o que o tempo faz é fluir para a eternidade.

Com a vinda de Jesus, o reino não somente estava *aqui*; na verdade, ele sempre estivera. Com a manifestação de Cristo, o reino passou a ser direta e interativamente *acessível* a qualquer israelita, a despeito de sua posição na vida ou de suas obras. O reino estava aberto às "ovelhas perdidas de Israel" [cf. Mt 10:6]. Para ter acesso ao reino, ninguém precisava estar entre as celebridades ou entre os privilegiados: bastava-lhe confiar neste homem, Jesus, crendo que ele era o ungido, aquele por meio do qual Deus foi pessoalmente introduzido na história humana, demonstrando ser, assim, o Senhor da história.

A mensagem da disponibilidade presente do governo de Deus a qualquer um tinha de ser anunciada, "pregada". Foi isso que Jesus fez, e não tardou para que enviasse os discípulos a fazer o mesmo. Uma vez que o fundamento fosse historicamente estendido a judeus de carne e sangue, historicamente preparados para esse fim, o reino deveria ser pregado para todas as "nações". Os discípulos de Jesus continuam a anunciar a disponibilidade do reino dos céus para todos. Como seus aprendizes no ministério, aprendemos com ele a como realizar essa tarefa.

MANIFESTAÇÃO. A segunda fase do trabalho de Jesus, na qual os seus discípulos deveriam ser treinados, era a *manifestação* do governo celestial de Deus. Isso deveria ser feito por palavras e obras, cujo poder ultrapassava, ou até mesmo anulava, as leis normais da vida e da natureza (assim como os efeitos de espíritos malignos). As obras de Jesus e dos discípulos revelavam a boa presença de Deus no tempo e no espaço. Naturalmente, tais obras consistiam em atos de amor, feitos benéficos em prol dos necessitados. Contudo, também eram sinais (*semeion*) ou "indicações" do governo de Deus. Mostravam o agir de Deus em conjunto com os servos do reino, prestes a serem conhecidos apenas como "santos" (At 9:32). Embora realizadas por intermédio humano, as obras eram, ao mesmo tempo, "obras da parte do Pai" (Jo 10:32).

Também nesse sentido, os discípulos aprenderam observando e ajudando. Então, foram enviados por ele para pregar e libertar: "Por onde forem, preguem esta mensagem: O Reino dos céus está próximo. Curem os enfermos, ressuscitem os mortos, purifiquem os leprosos, expulsem os demônios. Vocês receberam de graça; deem também de graça" (Mt 10:7-8).

E, mesmo longe de terem chegado ao fim do treinamento, os discípulos tinham confiança suficiente para *fazê-lo*. Logo de início, eles experimentaram um sucesso notável (Lc 10). Jesus, cujo ponto de vista partia da encarnação, viu, no retorno dos discípulos, a confirmação de que o plano de deixar sua obra na história com seres humanos fracos e falíveis daria certo (Lc 10:17-24). Por outro lado, eles ainda tinham muito que aprender sobre o trabalho à medida que progrediam em sua experiência com Jesus. Vemos claramente esse progresso nos Evangelhos e no livro de Atos.

ENSINO. A terceira fase do aprendizado abrangeu o ensino sobre a natureza de Deus e o significado do reino entre os homens. Por isso, muitas parábolas de Jesus começam com: "O reino dos céus é semelhante a...". Em função da natureza do reino, foi esse o aspecto da obra de Jesus que os discípulos demoraram mais para assimilar. Devemos notar que, ao enviar os discípulos para anunciar e manifestar o reino, Jesus *não* os instruiu a ensinar. Ele sabia que os discípulos ainda não haviam desenvolvido um entendimento genuíno do reino. Jesus contava com a recordação posterior dos discípulos. Acreditava que eles se lembrariam do que (e de como) foram ensinados — e contava com o auxílio do *paracletos*, o ajudante que, mais tarde, estaria ao lado deles de modo especial, promovendo, após a partida de Cristo, a capacidade de ensino dos apóstolos e assemelhando-a à de Jesus (Jo 14:26).

De qualquer maneira, Jesus deixou claro que esperava que os discípulos ensinassem do mesmo modo como ele ensinou: revelando a natureza do governo de Deus nas coisas da vida comum. Eles deveriam ensinar a verdade revelada, mas de acordo com as circunstâncias daquilo que realmente lhes sucedia. Os discípulos usariam circunstâncias da vida e afazeres diários, como semear e pescar, para compará-las com as realidades de Deus.

Por isso, depois das "parábolas do reino", apresentadas em Mateus 13, Jesus dá aos ouvintes uma instrução geral sobre como ensinar: "Todo mestre da lei instruído (*matheteutheis*) quanto ao Reino dos céus é como o dono de uma casa que tira do seu tesouro coisas novas e coisas velhas" (Mt 13:52). Pense em todas as coisas que se acumulam em casa quando moramos no mesmo lugar por muito tempo. O discípulo do reino ensina com base em seu depósito de experiências pessoais, tendo o governo de Deus nos bastidores dos acontecimentos corriqueiros da vida.

Obviamente, Jesus não deu lições de engenharia e ciência da computação enquanto esteve na terra. Nem sequer ensinou carpintaria, profissão que exerceu antes de sua carreira pública. Sua preocupação era treinar indivíduos a levarem a cabo a obra do ministério no Reino Entre Nós. Hoje, porém, Jesus *ensina* em todas as áreas do conhecimento. Dá lições a qualquer de seus discípulos, sejam engenheiros, analistas, carpinteiros etc. — incluindo (benditos sejam!) "trabalhadores cristãos em tempo integral". E há sempre certa prioridade para o trabalho realizado pelos ministros do reino, pois eles têm o papel extraordinário de fazer discípulos e treiná-los em todos os campos da vida.

É claro que esses argumentos em prol do trabalho devem aplicar-se também ao relacionamento familiar, ao período de recreação, ao relacionamento e às atividades comunitárias, às experiências criativas e artísticas e a tudo mais que faça parte da nossa vida. Devemos continuamente nos perguntar de que modo essas coisas podem fazer parte do reino de Deus. E esperamos que Jesus nos guie e ajude a responder a essa pergunta.

Não devemos, porém, procurar a integração entre a nossa vida diária e o reino de Deus com exagero, hipocrisia ou egoísmo. Conhecemos a graça e a generosidade de Deus, assim como o seu desejo para que sejamos pessoas de valor. Devemos ter certa escolha no processo; afinal, não somos robôs. O Espírito de Deus, em nosso relacionamento com ele, exclui toda e qualquer atitude paralisante e opressora, possibilitando que, em cada aspecto, nossa vida seja uma jornada jubilosa pelos campos do Senhor.

A alegria é a nossa porção na comunhão com Deus; interliga-se com confiança e criatividade. A alegria também é dele, e não se trata de um sentimento qualquer, de uma "felicidade" tímida. A alegria que procede de Deus é robusta, intensa e exuberante — já que nada menos do que ela pode sustentar-nos na justiça do reino que toma posse de nós, uma verdadeira representação da enorme e grave responsabilidade da qual somos incumbidos. Não é à toa que Madre Teresa de Calcutá exigia que suas irmãs de caridade sorrissem sempre.

Em suma, os discípulos ou aprendizes de Jesus, como o Novo Testamento reconhece, são aqueles que decidiram aprender com ele a conduzir a própria vida — independentemente do contexto de vida em que se encontram — como o próprio Jesus o faria. E, com honestidade, segundo melhor lhes parece, estão tomando os passos necessários para fazê-lo, organizando e reorganizando progressivamente suas atividades. Tudo isso acontecerá, de um modo ou de outro, em meio à comunidade especial e inabalável que Jesus estabeleceu na terra. Por fim, os aprendizes estão, claro, perfeitamente posicionados a aprender como fazer tudo que Jesus ensinou. Foi esse o processo idealizado na Grande Comissão (Mt 28:18-20).

COMO TORNAR-SE UM DISCÍPULO

Muitos gostariam de tornar-se alunos e colaboradores constantes de Jesus em todos os aspectos da vida. Dentre eles, muitos são cristãos professos; outros, não. De qualquer modo, viver como aprendiz de Jesus no Reino Entre Nós não é algo que normalmente lhes pareça acessível. Não é de admirar, então, a falta de medidas práticas, experimentais. Eles não entendem realmente o que significa ser discípulo de Jesus, de modo que o discipulado não lhes passa de um ideal distante e belo.

Conforme já observamos, admite-se, hoje, que é possível ser cristão professo e membro de uma igreja sem ser discípulo de Jesus. Ao que parece, não existe nenhuma ligação prática entre ser cristão e aprendiz de Cristo — o que acaba por confundir aquele que gostaria de tornar-se discípulo. Afinal, o que exatamente deveria fazer o indivíduo que não pretende entrar no "serviço cristão em tempo integral" e mesmo assim deseja ser discípulo no sentido que temos exposto neste capítulo?

Talvez possamos identificar passos que se demonstrarão eficazes. Antes, porém, de os discutirmos, devemos ter claro na mente nosso objetivo preliminar, visto que, conforme vimos, o discípulo de Jesus é aquele que está a seu lado e aprende a ser como ele. Assim, devemos questionar: *que estado de alma nos aproximaria dessa condição?* Que tipo de pensamento, quais convicções sobre a realidade levariam alguém a decidir-se por ser discípulo de Jesus?

Evidentemente, o candidato a discípulo sentiria grande admiração e amor por Jesus, acreditando que ele é a pessoa mais magnífica que viveu. Teria plena certeza de que pertencer-lhe, participar do que ele está fazendo no mundo e enquadrar a vida no reino é a maior oportunidade oferecida a alguém.

O campo e a pérola

Jesus nos deixou duas parábolas para ilustrar a condição de alma que leva alguém a tornar-se discípulo. Na verdade, demonstra-se uma condição que todos entendemos muito bem à luz de nossa própria experiência. Por isso, as parábolas ilustram o que queremos dizer ao afirmar que o "escriba" versado no reino ensina a partir de coisas comuns da vida, extraindo "coisas novas e coisas velhas".

Na primeira parábola, Jesus diz: "O Reino dos céus é como um tesouro escondido num campo. Certo homem, tendo-o encontrado, escondeu-o de novo e, então, cheio de alegria, foi, vendeu tudo o que tinha e comprou aquele campo" (Mt 13:44).

Na segunda, diz: "O Reino dos céus também é como um negociante que procura pérolas preciosas. Encontrando uma pérola de grande valor, foi, vendeu tudo o que tinha e a comprou" (Mt 13:45-46).

Essas pequenas histórias expressam perfeitamente a condição de alma daquele que escolhe uma vida no reino com Jesus. O senso da *bondade* a ser alcançado por essa escolha; da *oportunidade* que pode ser perdida; do *amor* pelo objeto de valor descoberto; da *empolgação* e da *alegria* sobre a nova descoberta — tudo isso corresponde exatamente à mesma sensação daqueles que, há muito, foram atraídos por Jesus, quando então ele andou entre nós pela primeira vez. Também é a condição de alma a partir da qual o discipulado pode ser efetivamente escolhido hoje.

Certeza de um bom negócio

Só com essas metáforas em mente é que podemos avaliar de forma correta o famoso "custo do discipulado", do qual tanto se fala. Acaso você acha que o negociante que encontrou a pérola se preocupou com o seu preço? Eis uma pergunta obviamente ridícula! E quanto ao que encontrou o tesouro no campo — quem sabe petróleo ou ouro? Tampouco ele se preocupou com o quanto gastaria para obter o campo. A única coisa a respeito do qual ambos estavam preocupados era saber se conseguiriam "fechar o negócio". Esse é, *precisamente*, o espírito do discípulo.

Ninguém se torna um discípulo de Jesus com tristeza ou de forma relutante. Como ele mesmo afirmou: "Ninguém que põe a mão no arado e olha para trás é apto para o Reino de Deus" (Lc 9:62). Ninguém entra no discipulado lamentando o preço. Antes, todos que entram reconhecem a oportunidade. Uma das coisas que mais obstrui o caminho do discipulado em nossa cultura cristã de hoje é a ideia de que será algo terrivelmente difícil e que certamente arruinará

A CONSPIRAÇÃO DIVINA

a sua vida. Uma história triste, mas típica nos círculos cristãos de hoje, é daqueles que se recusaram a dar a vida para Deus por medo de que ele "os enviaria para a África como missionários".

E esse é o ponto principal dos ensinamentos tão mal compreendidos de Lucas 14. Nesse capítulo, Jesus faz uma afirmação hiperbólica, dizendo que quem não "aborrece" (odeia) toda a sua família e a própria vida, quem não toma a sua cruz e não renuncia a tudo quanto tem "não pode ser meu discípulo" (Lc 14:26-27, 33). A ideia da passagem é que, enquanto a pessoa pensar que algo é realmente mais valioso do que a comunhão com Jesus no seu reino, não poderá aprender com ele. Quem não compreende corretamente os fatos fundamentais da vida não pode fazer as coisas que lhe possibilitam aprender com Jesus, e jamais entenderá os pontos básicos das lições que deveria assimilar.

É como se um professor de matemática do Ensino Médio dissesse a um aluno: "Em verdade, em verdade vos digo: a menos que aprendas pontos decimais e frações, jamais entenderás álgebra". A questão não é que o professor não lhe permitirá fazer álgebra por você ser uma pessoa má; você simplesmente não conseguirá fazer álgebra básica a não ser que domine expressões envolvendo os pontos decimais e as frações.

Assim, calcular o preço não é uma sessão de gemidos e lamentos: "Ah! Que terrível eu ter de dar menos valor a todas as minhas coisas 'maravilhosas' (que provavelmente têm tornado a vida infeliz e miserável de qualquer maneira) do que à vida do reino! Que terrível é ter de estar preparado para abandoná-las, se necessário!". Calcular o preço serve para elevar-nos a um patamar de convicção e determinação. Ajuda-nos a *ver*. Calcular o preço foi justamente o que fez o negociante de pérolas e o homem que achou um tesouro escondido. Disso partiu sua determinação e alegria. Determinação e alegria são o que resulta da contabilização do preço.

A passagem de Lucas 14 diz respeito à *clareza*. Não diz respeito à tristeza ou a algum preço absolutamente terrível que alguém deve pagar para tornar-se aprendiz de Jesus. A "pérola" não tem um preço terrível. Sofrer por Jesus é motivo de alegria, por sermos considerados dignos de padecer por ele (At 5:41; Fp 1:29). O importante é simplesmente reconhecer com clareza a superioridade do que recebemos como alunos de Jesus em relação a todas as outras coisas que podem ser valorizadas. Do contrário, não teremos sucesso como discípulos de Cristo. Não seremos capazes de fazer o necessário para aprender as lições e nos aprofundarmos na vida que é o seu reino.

"Você me ama mais do que a estes?"

No último capítulo de João, Jesus ensina exatamente a mesma lição, mas em um contexto diferente. Nela, Jesus está lapidando seu braço direito, Simão Pedro. Como sabemos, Pedro falhara miseravelmente em sua fidelidade. Mas Jesus conhecia este homem. Inclusive, vimos anteriormente que Jesus havia orado para que a fé de Pedro não esmorecesse. E ela não esmoreceu. Contudo, Pedro precisava saber em que ponto se encontrava naquele momento.

Jesus faz um jogo sutil com as palavras traduzidas por "amor", a fim de ajudá-lo a obter tal clareza. Após a refeição matinal na praia, Jesus pergunta a Pedro: "Você me ama mais do que a estes?". Talvez apontasse para o barco e os equipamentos de pesca, o ganha-pão de Pedro; ou quem sabe indicasse com o dedo os demais discípulos, os amigos e os familiares do apóstolo que estavam em volta. Nesse início de diálogo, Jesus usa a palavra *agapas*, aplicada para designar o tipo mais elevado de amor. Pedro responde: "Sim, Senhor, tu sabes que te amo". Em sua resposta, porém, ele usa a palavra *philo*, isto é, amor de um amigo para o outro. Então, Jesus lhe ordena: "Cuide dos meus cordeiros" (Jo 21:15).

O mesmo diálogo se repete (v. 16), exceto que, desta vez, Jesus diz: "Pastoreie as minhas ovelhas". Não se trata de perda de tempo e saliva. Precisamos entender que Jesus está ensinando, buscando incutir convicção no seu aluno, a qual o levará à decisão. A repetição e a paráfrase são formas de aumentar esse impacto.

Por último, Jesus lhe pergunta uma terceira vez: "Você me ama?". Dessa vez, porém, ele mesmo usa *philo*. Em outras palavras, Jesus aceita o nível em que Pedro se encontra. Mas a repetição da pergunta angustia o discípulo, e talvez Pedro estivesse angustiado por sua própria falta de amor *agape*, pois ele responde: "Senhor, tu sabes todas as coisas e sabes que eu te amo [*philo*]" (v. 17), reconhecendo com tristeza que Jesus sabia exatamente a qualidade e o nível do seu amor.

Mesmo assim, porém, Jesus o incumbe da responsabilidade de apascentar suas ovelhas. Em seguida, explica-lhe que a sua vocação lhe trará na velhice a morte de cruz. Pedro, então, está em condições de tomar uma decisão — e é exatamente o que ele faz, sem jamais se arrepender. O apóstolo agarra o tesouro e se dá conta do negócio excelente que está fechando, mesmo sabendo que morrerá violentamente. Pedro viveu sua vida "com alegria indizível e gloriosa" (1Pe 1:8), e veio a entender esse estado de regozijo como a condição natural do espírito do discípulo, ainda que soubesse, por experiência, que tal condição não vem rapidamente ou com facilidade.

O que devemos fazer?

Conhecendo com clareza a condição de alma que leva à escolha do discipulado, que passos práticos podemos tomar para atrair fortemente a visão gloriosa do reino? É certo que essa visão pode nos sobrevir por iniciativa de Deus, por meio de experiências que ele porventura nos conceda. Na verdade, a iniciativa de Deus está sempre presente, pois ver Jesus em sua beleza e bondade é sempre uma dádiva da graça. Ademais, claro, outras pessoas também podem colaborar. No entanto, esses são fatores sobre os quais não temos controle direto. O importante é saber o que *eu mesmo* posso fazer caso descubra que o melhor para mim é tornar-me aprendiz de Jesus. Como podemos admirar Jesus o suficiente para, com empolgação e alegria, "vender tudo o que temos e comprar a pérola de grande valor"?

Pedir

A primeira coisa que devemos fazer é, de maneira enfática e constante, expressar a Jesus nosso desejo de vê-lo mais plenamente, ou seja, vê-lo como ele realmente é. Lembre-se: a regra do reino é *pedir*. Pedimos para vê-lo não apenas como ele é retratado nos Evangelhos, mas como viveu e tem vivido desde então no decorrer da história; também em sua realidade como aquele que literalmente sustenta a existência do universo. Jesus certamente tomará conhecimento do pedido, assim como você saberia dos desejos de um hóspede em sua casa.

Devemos fazer dessa expressão de desejo uma ocasião solene, devotando-lhe ao menos algumas horas de meditação silenciosa por dia. Também será bom escrever a oração em que pedimos por seu auxílio para vê-lo. Devemos orar e registrar nossa oração no particular, claro; depois, porém, importa-nos dividir o que fazemos com um ministro prudente ou um amigo, disposto a orar conosco e a conversar sobre o que estamos fazendo.

Habitar, permanecer nas palavras dele

A segunda coisa que devemos fazer é usar todos os meios ao nosso dispor para vê-lo mais plenamente. Embora pudéssemos mencionar várias coisas atreladas a isso, duas delas são as mais fundamentais, segundo lemos em uma das declarações mais conhecidas de Cristo. Em João 8, Jesus disse o seguinte aos judeus que o ouviam: "Se vocês permanecerem firmes na minha palavra, verdadeiramente serão meus discípulos. E conhecerão a verdade, e a verdade os libertará" (Jo 8:31-32). Conforme elucida o contexto, Jesus está dizendo que seremos libertos de toda escravidão causada à vida humana pelo pecado, especialmente a escravidão da justiça própria religiosa. Em termos positivos, seremos libertos para usufruir de uma vida no reino de Deus.

Todavia, o que significa "habitar" ou "permanecer" nos termos dele? Significa centralizar nossa vida nas coisas que temos estudado neste livro: em sua boa nova do Reino Entre Nós; em quem é realmente afortunado; e na verdadeira bondade de coração, assim como na forma pela qual ela se expressa em ação. Preencheremos nossa alma com as palavras dos Evangelhos. Dedicaremos nossa atenção a esses ensinamentos, seja no âmbito do estudo pessoal e diligente, seja na instrução pública. Negativamente, nos recusaremos a dedicar energia e espaço mental às coisas infrutíferas, fúteis e degradantes que clamam constantemente por nossa atenção. Nós nos atentaremos o suficiente a elas apenas para evitá-las.

Entretanto, permanecer na palavra de Jesus não se resume a um estudo intenso e contínuo dos Evangelhos, embora também envolva isso. É preciso colocar a palavra em prática. Naturalmente, para

A CONSPIRAÇÃO DIVINA

permanecer na palavra, devemos conhecê-la, saber o seu significa-do. Mas *permanecer* no ensino é colocá-lo em prática. No início da nossa jornada de discipulado, é claro que não conhecemos com profundidade os ensinamentos de Cristo; a essa altura, não somos discípulos comprometidos, pois ainda estamos indecisos quanto a segui-lo. Mesmo assim, podemos contar com o auxílio de Jesus, que se unirá ao nosso esforço reconhecidamente imperfeito e nos ajudará a colocar sua palavra em prática. Onde estiver a palavra de Jesus, ali também ele estará. Ele não deixará a sua palavra cair em descrédito no mundo. Além do mais, seu amor e fortalecimento serão revelados pessoalmente àqueles que simplesmente se esforçarem para fazer o que a sua palavra ordena.

Em nosso esforço por ver Jesus mais nitidamente, não devemos fazê-lo com apatia, e sim levar a tarefa a sério. Devemos encontrar uma versão confiável e legível dos quatro Evangelhos, como a Nova Versão Internacional ou a Almeida Revista e Atualizada. A Bíblia Viva também é boa, mas talvez seja bom lê-la acompanhada de outras ver-sões. Se possível, devemos planejar uma semana de retiro, ou pelo menos de alguns dias, para que possamos ler repetidamente os quatro Evangelhos, anotando comentários e ideias durante a leitura.

Se, ao longo de um período de vários dias ou semanas, lêssemos os Evangelhos integralmente, o máximo de vezes possível — inter-calando a leitura com momentos de descanso e lazer —, já teríamos o suficiente para ver Jesus com uma clareza mais profunda, possibili-tando a transição completa para o discipulado. Podemos contar com o fato de Cristo ir ao nosso encontro durante essa transição e não nos deixar lutando sozinhos, visto que ele está muito mais interessa-do em nosso comprometimento do que nós mesmos. Ele sempre vê todas as coisas claramente. Nós, por outro lado, raramente enxerga-mos com clareza.

Há ainda algumas outras coisas que podem ajudar-nos no cami-nho rumo ao discipulado, incluindo a observação cuidadosa da vida daqueles que realmente se comprometeram com o aprendizado de Jesus. É comum percebermos o brilho do Mestre em alguns alu-nos ilustres. Observar a vida de homens como Francisco de Assis, John Wesley, David Brainerd, Albert Schweitzer ou alguma dentre as muitas "Teresas" que surgiram, por exemplo, é ver algo que eleva a nossa perspectiva e esperança com relação ao próprio Jesus. Entretanto, devemos nos certificar de que a nossa vida está mergulhada nos Evangelhos antes de voltar-nos para a vida de outros seguidores de Cristo.

Talvez pelo fato de a escala ser um pouco mais "humana" nessas grandes personalidades cristãs, é-nos também mais fácil dar alguns passos à frente com eles e caminhar, assim, cada vez mais firmemente à medida que a realidade do reino se apodera do nosso ser. O exame da vida e da personalidade dos grandes discípulos sempre foi um fator particularmente poderoso em minha própria experiência. Em geral, manter companhia com verdadeiros alunos e cooperadores de Jesus, vivos ou mortos — isto é, vivos ou "plenamente vivos" — ajuda-nos a chegar ao ponto real de intenção e decisão. Por fim, devemos, claro, tentar achar grupos de discípulos e envolver-nos profundamente com eles.

Decidir agora: o poder da decisão e da intenção

O passo final do discipulado, porém, é a decisão. Apenas a decisão pessoal faz de alguém aluno de Jesus por toda a vida. Só depois de avaliarmos com clareza o "preço" — dos ganhos e das perdas de quem se torna aprendiz de Jesus — é que podemos tomar a decisão com segurança. Ainda assim, a decisão é indispensável. O discipulado não acontece automaticamente. Não é algo para o qual convergimos de forma natural.

Pode parecer um ponto simples, mas, hoje em dia, a ideia da "decisão" é ignorada ou desconsiderada, mesmo por aqueles que demonstram ter sério interesse em Jesus e em seu reino. Raramente encontro qualquer indivíduo que de fato tenha tomado a decisão de viver como aluno de Jesus segundo expus neste livro. A maior parte dos cristãos professos nem sequer sabe a esse respeito. Mal-entendidos atrelados ao significado do discipulado, assim como a falha de líderes e mestres em instruir e enfatizar o assunto, tornam esse resultado quase inevitável.

Em última análise, porém, deixamos de ser discípulos apenas por nossa própria falta de decisão. Não temos a *intenção* de ser discípulos.

A CONSPIRAÇÃO DIVINA

É o poder da intenção e da decisão que falta em nossa vida. Em um momento solene, devemos fazer de nós mesmos aprendizes de Jesus e, então, revelar nossa decisão aos que estão ao nosso redor.

No segundo capítulo do livro *A Serious Call to a Devout and Holy Life* [Um sério chamado à vida de devoção e santidade], William Law investiga a razão "pela qual cristãos fracassam de modo abismal na santidade e na devoção do cristianismo".[7] Estabelecendo o contexto para a sua investigação, Law parte de um problema correlato. Na época, palavras vulgares e profanas caracterizavam o comportamento masculino, mesmo entre cristãos professos. Assim, o autor questiona: "Por que, a cada três homens, dois são culpados de um pecado tão grosseiro e profano?". Não que eles não soubessem o que estavam fazendo, salienta Law, nem que fossem incapazes de evitá-lo.

A resposta dele é que os cristãos simplesmente não tinham a intenção de agradar a Deus nessa área da vida:

> Um homem jamais voltará a dizer uma só profanidade se tão somente decidir de forma piedosa agradar a Deus em todos os aspectos da vida, crendo que agradá-lo é a melhor coisa do mundo. Se um homem for resoluto quanto ao seu modo de falar, será para ele tão impossível proferir vulgaridades quanto, para alguém cuja intenção é agradar seu soberano, seria impensável insultá-lo abertamente.[8]

É simplesmente a falta de intenção de agradar a Deus, destaca Law, que explica o porquê de:

> Vermos tanta mistura de pecado e tolice, mesmo na vida das melhores pessoas. [...] Foi precisamente essa intenção geral que fez dos primeiros cristãos exemplo tão eminente de piedade, característica da comunhão dos santos e do glorioso exército de mártires e de testemunhas de Jesus. Além do mais, se, neste ponto, você parar para questionar a razão pela qual você mesmo não é tão piedoso

---

[7]LAW, William. *A Serious Call to a Devout and Holy Life* [Um chamado sério à vida de devoção e santidade]. Nova Iorque: Paulist Press, 1978, p. 57.
[8]Ibid., p. 56-57.

378

quanto os primeiros cristãos, o teu próprio coração lhe dirá que não é nem por ignorância nem por inabilidade, mas puramente por você nunca ter intencionado agir como eles.[9]

Talvez não estejamos acostumados a tanta franqueza, e é fácil ofender-se com as palavras de Law. Por outro lado, se pudéssemos, como ele sugeriu, questionar a nós mesmos se realmente temos a intenção de ser alunos de Jesus por toda a vida, tal atitude representaria um momento decisivo para nós. Pretendemos, de fato, fazer e ser todas as coisas elevadas nas quais professamos crer? *Decidimos* realmente praticá-las? Quando tomamos essa decisão? Como colocamos essa decisão em prática?

A intenção e a decisão são absolutamente fundamentais no discipulado cristão. Voltaremos a analisá-las no último tópico deste capítulo, cujo foco é *fazer* discípulos.

AJUDANDO OUTROS A ENCONTRAR SEU CAMINHO PARA O DISCIPULADO

Definir-se como aprendiz de Jesus de modo ponderado e decisivo é a ponte entre a fé inicial nele e a vida de obediência e satisfação pessoal em seu reino. Aqueles que encontraram a porta de entrada desejarão inevitavelmente compartilhar a nova realidade com todos ao redor. Quando descobrimos algo tão grandioso, é natural querer que todos com os quais nos importamos também o descubram. Não queremos deixar o reino nas mãos apenas dos que trabalham "em tempo integral", assim como não deixaríamos apenas nas mãos de profissionais as coisas que realmente nos entusiasmam.

Na última vez em que, em sua forma visível familiar, Jesus se encontrou com seus discípulos, deu-lhes a instrução: "Façam discípulos" (Mt 28:19). Embora sua ordem pareça um tanto intimidadora, e nossa prática contemporânea é quase irreconhecivelmente diferente da exercida por seu povo no início do cristianismo, não há razão para pensarmos que ele mudou suas expectativas e esperanças

---

[9]Ibid., p. 57.

com relação a nós. Nossa única dúvida é de natureza prática: como fazemos discípulos?

A resposta vem em três partes: devemos, claro, ser discípulos; devemos ter a intenção de fazer discípulos; e devemos saber como levar pessoas à fé de que Jesus é realmente o único Messias.

Devemos ser discípulos

Antes de tudo, é óbvio que, se queremos fazer discípulos, devemos nós mesmos ser discípulos. Certamente alguns se tornaram discípulos de Jesus pelo testemunho de cristãos professos, sem comprometimento com o discipulado. Visto que o próprio Deus está envolvido no processo do discipulado, é impossível prever o que ele fará, utilizando meios que só ele conhece. Contudo, esse tipo de "proselitismo" não é algo que podemos planejar; só ocorre por acidente, por assim dizer, e pela graça de Deus. Não podemos tomar como base de um projeto as ações secretas de Deus. Nem podemos imaginar ações "acidentais" como o projeto que Jesus tinha em mente quando nos ordenou recrutar para si alunos de todas as nações.

A fim de formularmos a estratégia certa de fazer discípulos, precisamos saber o que é um discípulo e como as pessoas se tornam discípulos. Precisamos conhecê-lo por experiência própria, como aconteceu com a primeira geração de seguidores de Jesus. Eles mesmos *começaram* como discípulos. Além disso, devemos nos colocar na posição de alunos e colaboradores de Jesus para que o nosso esforço seja devidamente orientado e fortalecido por ele. Devemos fazer discípulos *de Jesus*, não nossos.

Remando contra a maré

Desse modo, somos discípulos formadores de outros discípulos. Aprendemos com Jesus a fazer discípulos como ele fez. Vimos que isso implica proclamar, manifestar e ensinar o reino de Deus. O aspecto do ensino é de suma importância para quem se propõe a fazer discípulos, pois, ao ensinar, ajudamos outros a conceber corretamente o "alcance da vontade efetiva de Deus" e a entender a natureza dessa vontade e como ela trabalha. Quando estivermos aptos para fazer isso, formar discípulos já não será um mistério, em vista da nossa experiência como discípulos. É uma questão de transmitirmos às pessoas informações corretas sobre Jesus e seu reino, ajudando-as, com oração e orientação, a optar pelo discipulado.

Entretanto, no processo da formação de discípulos, percebemos a seriedade do que comentamos ao final do capítulo dois. Vimos, a despeito das palavras sinceras de ministros, o quanto a igreja apropria-se pouco da mensagem do reino. Comentamos acerca de como líderes internacionalmente conhecidos quase não mencionam o reino de Deus em sua prática de ensino cristão, alguns admitindo que jamais ouviram ou nem sequer pregaram uma mensagem sobre o tema. Assim, em vista dessas coisas, o que significa para nós fazer discípulos hoje em dia? Afinal, com o desaparecimento de Jesus como *mestre* — substituído apenas por Cordeiro sacrificial ou profeta da "emancipação" social e pessoal — a perspectiva de formação de discípulos é realmente ruim. Sem mestre, não há alunos.

Também fica claro, à luz do desaparecimento do reino e de Jesus como mestre, a razão pela qual formar *convertidos* ou frequentadores de igreja passou a ser o objetivo obrigatório dos ministros cristãos, enquanto fazer discípulos foi relegado às margens da existência cristã. Muitos grupos cristãos simplesmente não fazem ideia do que é o discipulado, relegando a prática a organizações paraeclesiásticas.

O elefante na igreja

Se, por outro lado, tivermos o retrato claro e constante do povo de Deus como alunos dedicados de Jesus, nossa impressão de sua presença em meio a seu povo será totalmente diferente. Algum tempo atrás, certa instituição dedicada ao programa de reabilitação de viciados colocou no ar um comercial interessante. No comercial, um elefante caminhava por cada cômodo da casa, passando ao lado do filho fazendo o dever de casa, da esposa lavando a louça etc. Todos tentavam ignorá-lo, mas não conseguiam.

A ausência do discipulado é o elefante na igreja. O problema não está nos intermináveis escândalos de ordem moral, nos abusos financeiros ou na incrível semelhança entre cristãos e não cristãos. Tudo isso é apenas um sintoma de problemas subjacentes. A realidade

A CONSPIRAÇÃO DIVINA

fundamentalmente negativa entre os cristãos é sua falha em aprender constantemente a viver sua vida no Reino Entre Nós. Pior ainda: é uma realidade *aceita*. A divisão entre cristãos cuja profissão de fé diz respeito a uma vida de devoção completa a Deus e aqueles cuja relação com a igreja é apenas comercial tem sido a norma aceita nos últimos 1.500 anos.[10]

Em decorrência da Reforma protestante e de sua mensagem correta e magnífica da salvação somente pela fé, essa divisão aceita acabou por penetrar o cerne da mensagem do evangelho. Hoje, como parte da "boa notícia", entende-se que alguém não precisa ser aluno convicto de Jesus para ser um cristão e receber o perdão dos pecados. A ideia dá significado preciso à expressão "graça barata", embora a definiríamos melhor como "infidelidade cara".

Já tratamos de distorções do evangelho do Novo Testamento em capítulos anteriores, e este não é o lugar para lamentar ou contestar essa realidade da vida atual da igreja. Além disso, quero deixar claro uma coisa: não estou dizendo que apenas os "verdadeiros discípulos" de Jesus vão para o céu depois da morte. De fato, não creio que isso seja verdade, embora eu não encoraje ninguém a deixar de avançar no discipulado. De qualquer maneira, no que diz respeito ao perdão, a bondade de Deus é tão grande, que jamais poderemos compreendê-la na terra — se é que um dia a entenderemos em qualquer outro lugar.

Sem dúvida, é isso que significa dizer que Deus entregou seu único Filho para morrer por nós. Estou absolutamente convencido de que Deus admitirá no céu todo aquele que, em sua avaliação sincera e equilibrada, puder suportar a glória. Mas eis a questão: "suportá-la" talvez se revele mais difícil do que imagina quem pensa que o céu se assemelha ao que é mostrado em filmes ou retratado por pregadores populares. O fogo do céu pode ser mais ardente que o de qualquer outro lugar.

Às vezes, talvez seja útil ponderar a intensidade da minha alegria de estar no céu se eu "chegar lá". Será como um hotel de luxo, com

---

[10]Veja a obra de Eusébio, *Demonstration of the Gospel* [A demonstração do evangelho], citado em *Spiritual Foundations for Leadership* [Fundamentos espirituais para a liderança, p. 1-11.

382

ar-condicionado, serviço de quarto ilimitado e amenidades espetaculares pela eternidade afora? Muitas vezes me pergunto: cristãos receosos, amargos, lascivos e rancorosos — gente que já vi envolvida em disputas na igreja, na família, na vizinhança ou na esfera política — serão realmente felizes e úteis se forçados a viver para sempre na plenitude irrestrita da realidade de Deus, a qual tentamos vislumbrar no capítulo três, e com uma multidão de outros seres semelhantes a ele?

É comum pensarmos que a mera passagem pela morte transforma o caráter humano, de maneira que o discipulado não é necessário. Para "chegar lá", basta termos fé o suficiente. No entanto, nunca consegui encontrar nenhum fundamento na tradição bíblica ou na realidade psicológica para acreditar que as coisas funcionam assim. E se a morte nos entregar para sempre como o tipo de pessoa que fomos no momento final? O que *faríamos* no céu com um caráter desregrado ou um coração cheio de rancor?

Certamente, precisamos fazer algo hoje. E isso nos remonta à questão da intenção e da decisão — agora, porém, com respeito a fazer discípulos.

Devemos ter a intenção de fazer discípulos

O segundo passo para quem deseja formar discípulos é ter a intenção sincera de fazê-lo. A essa altura, já nos familiarizamos com a importância da intenção. Levar pessoas ao aprendizado diário de Jesus sobre como viver no mundo em seu lugar deve ser o nosso objetivo consciente. Esse objetivo logo transformaria por completo os cristãos professos que hoje conhecemos.

Por exemplo: hoje, gasta-se muito tempo com os membros da igreja na tentativa de aliviar mágoas ou curar feridas profundas, dadas e recebidas, ou na tentativa de afastar outros de condutas irascíveis, retaliatórias e impiedosas. Suponhamos, porém, que, em vez disso, dedicássemos tempo para inspirar e equipar cristãos e não cristãos a uma nova atitude, segundo a qual o normal é perdoar, não se ofender e nem se irritar à toa. O salmista nos diz: "Grande paz têm os que amam a tua lei; para eles não há tropeço" (Sl 119:165, ARA). Fazer discípulos intencionalmente é dar às pessoas a oportunidade de serem assim. Eis o porquê de o discipulado constituir uma dádiva tão grande para a humanidade.

A intenção de realmente fazer discípulos, porém, não é algo trivial. Implica uma mudança e tanto de direção. O peso da tradição do cristianismo de consumo, que domina as congregações locais e as denominações cristãs — de fato, toda uma cultura cristã —, serve de bloqueio a essa intenção. Não conscientemente, talvez, mas pela inércia de "como as coisas são" em oposição ao que "dever ser feito". Essa ordem estabelecida consegue fazer com que os pastores ou mestres continuem imaginando que fazer discípulos não é algo que *lhes concerne*. Já pastoreei, e sei como é; eu entendo esse cenário.

Henri Nouwen descreve bem essa situação:

> Simplesmente concordamos com os muitos "deveres" que nos foram legados, e convivemos com eles como se fossem interpretações autênticas do evangelho do nosso Senhor. As pessoas precisam ser motivadas para ir à igreja; jovens devem ter atividades que os entretenham; devemos arrecadar dinheiro; e, acima de tudo, todos devem estar felizes. Além disso, devemos estar bem com a igreja e com as autoridades civis; devemos ser admirados, ou ao menos respeitados por uma maioria razoável de membros da nossa congregação; devemos manter um programa de crescimento, de ascensão ministerial e social; e nossa vocação deve proporcionar-nos o suficiente para termos férias e vivermos uma vida cômoda.[11]

É por isso que, na maioria das comunidades cristãs, a tarefa de fazer discípulos é relegada às organizações paraeclesiásticas ou talvez às escolas teológicas, não à igreja em si. Em geral, supõe-se que tudo que os líderes da igreja devem fazer é ganhar convertidos ou recrutar frequentadores; às favas com o discipulado, ou que ele fique nas mãos dos "especialistas". Ou às vezes temos a vaga esperança de que os discípulos vão simplesmente "aparecer", ainda que a experiência nos mostre claramente que isso raramente acontece.

---

[11]NOUWEN, Henri J. M. *The Way of the Heart* [O caminho do coração]. Nova Iorque: Ballantine Books, 1981, p. 10.

SOBRE SER UM DISCÍPULO DE JESUS

Por outro lado, a intenção explícita de fazer discípulos de Jesus pode até ser causa de muita perturbação à vida congregacional. Pessoas que se autodenominam apenas membros convertidos não se acharão em uma posição constrangedora, como se fossem cidadãos de segunda classe? Sem dúvida, será necessário trazer à luz e reavaliar, de modo apropriado, o acordo implícito que cristãos "não discípulos" têm com os seus líderes e suas congregações. Lidaremos mais detalhadamente com esse problema no próximo capítulo. Por agora, porém, cabe-nos apenas dizer que a última coisa que o discípulo ou o discipulador deve fazer é assumir uma postura de superioridade sobre qualquer um, cristão ou não cristão, discípulo ou não. Lembre-se de que somos chamados a formar uma comunidade de amor e oração.

Evangelismo discipular?

E o que dizer do evangelismo? Se temos a intenção e o objetivo de formar discípulos, podemos simultaneamente fazer convertidos ou "membros" que não sejam discípulos? Podemos deixar que os convertidos acreditem que jamais precisarão do discipulado por tratar-se, em essência, da verdadeira mensagem da "graça"? Quais são as consequências do evangelismo se ensinássemos aos membros convertidos que a essência da vida cristã é uma relação comercial entre Jesus e o seu povo?

Porventura temos ideia do que seria exatamente o que poderíamos chamar de "evangelismo discipular"? Qual mensagem pregaríamos com o intuito de levar as pessoas naturalmente à decisão de se tornarem discípulos de Jesus no Reino Entre Nós? A essa altura, espero que, depois de uma longa caminhada, saibamos o que isso significa. Espero que o nosso entendimento do que realmente significa ter fé na pessoa de Jesus Cristo, uma fé que abrange cada aspecto da vida, faça-nos dar o passo seguinte naturalmente: tornar-nos aprendizes dele por toda a vida. Isso seria *evangelismo discipular*, algo bem diferente das práticas atuais.

Fica claro, então, que a intenção geral de fazer discípulos mudaria radicalmente o caráter da igreja, o povo "visível" de Deus, segundo a conhecemos. Apenas uma forte minoria de discípulos genuínos entre os membros da congregação seria o suficiente para

A CONSPIRAÇÃO DIVINA

um efeito incrivelmente transformador. Quase todos os problemas que vemos afligindo, paralisando e mesmo matando cristãos e congregações nunca teriam sequer surgido em um contexto em que a primazia do discipulado de Jesus fosse aceita e desenvolvida em um programa de treinamento.

Reiteramos enfaticamente, porém, que a intenção de fazer discípulos é essencial. Sem ela, o discipulado não acontecerá. *Não* estamos, claro, falando de eliminar o "não discipulado", o cristianismo de consumo. Ambos têm o seu lugar. Propomos, sim, torná-lo secundário, a menos em termos intencionais. Daríamos mais valor à formação de discípulos, deixando que os convertidos "aparecessem". Certamente, reconheço a dificuldade envolvida nessa tarefa. Por isso, enfatizo mais uma vez: é absolutamente necessário que aqueles que exercem liderança sejam alunos fiéis e próximos do próprio Jesus. Ele mesmo deve apontar o caminho.

Mesmo assim, Jesus não decide por nós. Nossa intenção nos pertence, não a ele. Somos responsáveis pelo nosso intento. E, para fazer discípulos, precisamos querer. Não estamos falando aqui das responsabilidades dos que trabalham "em tempo integral" para Cristo, mas dos deveres de um amigo, de um vizinho. Muitos dentre aqueles com quem conversamos e temos contato, ou mesmo dentre os que nos observam à distância responderão com gratidão e alegria o fato de terem tido uma oportunidade realista de aprender a como viver no reino.

Mudando a verdadeira crença das pessoas

Se, então, pretendemos realmente seguir as instruções de Jesus e conquistar discípulos para ele dentre as nações e os grupos étnicos existentes, precisamos ser seus alunos; também devemos ter o desejo de levar outros a se tornarem seus alunos. Depois, porém, de firmada a intenção, como levar alguém a ser aluno de Cristo? Certamente, não os importunando com "pérolas".

Parte do que já dissemos aqui sobre tornar-se discípulo é relevante nesse ponto; devemos, porém, aplicar isso de maneira um pouco diferente. Em suma, levamos pessoas a se tornarem discípulas de Jesus ao *deslumbrá-las* com uma perspectiva de vida no reino dos céus, em comunhão com Jesus. Fazemos isso proclamando, manifestando e ensinando o reino conforme o aprendemos com o próprio Jesus. É assim que mudamos o sistema de crenças que governa a vida das pessoas.

Ainda assim, não basta fazermos apenas isso — especialmente hoje. Precisamos detalhar mais o que significa deslumbrar as pessoas.

Hoje, a mente e a alma de cristãos e não cristãos são massacradas constantemente pelos golpes de uma "sociedade de informação", assim como por uma conscientização social orientada pela mídia, cujos propósitos são diametralmente opostos à realidade do reino de Deus. Sem necessariamente intentar isso, essas forças procuram direcionar nossos sentimentos, nossa imaginação, nosso pensamento e nossa fé contra o mundo de Jesus e de seu Pai, bem como contra as necessidades profundas da alma humana.

Não se trata de uma conspiração. Na verdade, é algo muito mais poderoso. Trata-se de uma estrutura anônima e multifacetada de "autoridade", a qual estipula o que conta como conhecimento e como realidade. De modo silencioso e ponderado, tal estrutura cobre todo o nosso sistema educacional, incluindo o sistema educacional cristão. Ensinamentos tradicionais de Jesus enfaticamente *não* recebem o selo de aprovação desse sistema.

Um "acidente glorioso"?

No capítulo três, mencionamos brevemente uma série importante intitulada *A Glorious Accident* [Um acidente glorioso], recém-transmitida por um canal americano. A série também foi produzida na Europa e, em alguns países, a reação do público foi uma das mais entusiasmadas que um programa televisivo já recebeu. A produção mereceu essa recepção, pois foi realmente um trabalho muito bem-realizado. Todavia, devemos reconhecer que, nele — e, por extensão, na essência da civilização e da cultura intelectual que deve sua própria existência a Jesus —, Jesus e seu ensino a respeito da vida e de Deus estão simplesmente fora de cogitação; ambos nem sequer são mencionados. Ademais, a maior parte das pessoas ficaria surpresa, até mesmo constrangida, se alguém sugerisse que as coisas não deveriam ser assim.

A CONSPIRAÇÃO DIVINA

O programa consistia em uma série de entrevistas com certo número de cientistas e filósofos de renome internacional. Na série, o "acidente glorioso" é a mente humana ou o universo como um todo. Não houve uma única consideração séria — e nenhuma menção sequer — da possibilidade da existência de Deus, de que o universo fosse algo cuidadosamente planejado segundo os desígnios que transcendem a esfera da energia física e da matéria.

É precisamente essa visão da realidade que o cristão, cujo propósito é fazer discípulos, precisa enfrentar. Afinal, é óbvio que nada resta do discipulado ou da fé cristã se não existir um Deus de quem Jesus deriva sua vida, um Deus em quem ele deposita sua fé. Nada mais resta se tudo não passar de "partículas e progresso". Você precisa ser *extremamente* culto e versado no desconstrutivismo e na dialética para crer na relevância de qualquer discipulado do tipo que apresentamos, algo para o qual nem uma pessoa em um milhão se qualifica.

Hoje, para formar discípulos de Jesus, devemos tornar o seu Deus real para as pessoas — e isso apesar de tudo que está no centro do conhecimento e da realidade "oficiais" do mundo. Evidentemente, ideias representadas nos pressupostos automáticos de *A Glorious Accident* são apenas algumas das crenças que obstruem atualmente o discipulado. Cada época é acompanhada por um sistema ou outro de crenças obstrutivas, mas o que caracteriza o nosso tempo é a confiança total e exclusiva nas ciências naturais como a chave para a realidade.

Vale enfatizar que o obstáculo não são as ciências em si, mas a fé generalizada nas ciências como fontes exclusivas da verdade. De qualquer maneira, o foco aqui não é quais crenças precisam ser contestadas ou mudadas; o problema é que, *para possibilitar o aprendizado das pessoas, devemos mudar tudo o que, no que diz respeito a um sistema de crenças, barra a confiança em Jesus como Mestre do universo.* Isso é fundamental, e todo aquele que pretende fazer discípulos precisa ter esse princípio como objetivo consciente e inabalável.

Mudança de crenças provoca mudança de atitude e de caráter

Tal mudança não somente é fundamental, mas também decisiva. E aí reside a esperança. Ao incutir crenças diferentes nas pessoas, elas realmente se transformam em pessoas diferentes. Um dos pontos mais frágeis do ensino e da liderança cristã atual é que desperdiçamos um tempo precioso tentando levar os outros a fazerem coisas que os bons cristãos devem fazer, sem, no entanto, mudar aquilo em que eles realmente acreditam.

Que isso não dá muito certo, todos nós sabemos. Francamente, precisamos deixar de lado a prática de gerenciar o comportamento das pessoas, especialmente dos jovens. Precisamos nos concentrar na forma de pensar daqueles que alcançamos e servimos. A *ação* acompanhará a mudança de pensamento, conforme Jesus bem entendia e ensinava.

Em nossa cultura, porém, existe uma severa ilusão sobre a fé, produzida durante muitos séculos por pessoas que testificaram crer, como identificação cultural, em coisas nas quais na verdade não acreditavam. Ela anda lado a lado com a predominância do que chamamos anteriormente de "cristianismo de consumo". Assim, surge o mal-entendido de que a vida humana não é realmente governada por aquilo em que acreditamos. Trata-se de um erro desastroso.

É comum falarmos de pessoas que andam à altura de sua fé. Tais casos, porém, não correspondem de fato a pessoas que creem em uma coisa e fazem outra. Antes, seu comportamento revela sua verdadeira fé. Nossas ações, por piores que sejam, condizem sempre com o que cremos. Não há outra possibilidade; essa é a natureza da fé. E a razão pela qual ministros e outros líderes têm de empenhar-se tanto para levar pessoas a *fazerem* certas coisas é que eles na verdade trabalham contra as verdadeiras crenças daqueles aos quais tentam conduzir.

Certa vez, ouvi um pastor explicando à sua congregação o mal-estar que sentia quando as pessoas não iam aos cultos, nos quais ele se empenhava com tanto sacrifício. Eu mesmo fui pastor, e entendo como o ministro se sente. Contudo, ele teria sido mais eficiente se lidasse apenas com as crenças que mantinham as pessoas de sua congregação em casa nos domingos à noite.

Estude as verdadeiras crenças das pessoas com quem você fala

Em vez de tentar levar as pessoas a fazerem o que achamos que elas devem fazer, devemos ser honestos sobre em que nós e outros

A CONSPIRAÇÃO DIVINA

realmente acreditamos. Depois, questionando, ensinando, dando o exemplo, orando e confiando no Espírito de Deus, podemos trabalhar pela mudança de crenças contrárias à doutrina de Jesus. Podemos abrir caminho para que outras pessoas, cristãs ou não, optem pela vida de discipulado no reino de Deus.

Parte importantíssima desse trabalho é entender o que as pessoas com quem lidamos realmente acreditam, em vez de fingir, muitas vezes como cúmplices, que eles acreditam naquilo acerca do qual não têm nenhuma convicção. Em uma sociedade que valoriza muito a fé em certas coisas, por solidariedade ao grupo, devemos encarar o fato de que o ser humano pode sinceramente professar crer em algo que na verdade não crê. Alguns agem assim há tanto tempo, que nunca sequer se conscientizam de que não creem naquilo que professam. Atitudes, porém, sempre corroboram com o que acreditamos; e a reação de alguns cristãos, ao se darem conta da incoerência de suas ações, é de perplexidade diante da fraqueza de sua "fé". A perplexidade parece ser uma condição comum entre cristãos professos de hoje.

É claro que esse tipo de confusão não se restringe à confissão religiosa. O fracasso da educação, os altos índices de infidelidade conjugal, a violência doméstica e o abandono infantil contrastam com a confissão de valores e crenças que, se verdadeiros, simplesmente eliminam tais manchas. A verdade é que realidades tristes como essas são geradas por crenças reais, segundo as quais, obviamente, a vida prática das pessoas é regida. Já mencionamos neste livro o princípio da administração que diz: "Teu sistema foi perfeitamente projetado para dar os resultados que você tem obtido". Devemos ponderar melhor a esse respeito.

No contexto particular da nossa família, do grupo ou da congregação, apresentar o reino dos céus significará ensiná-los sobre a natureza da crença (isto é, da fé) e como ela se relaciona com os demais aspectos da nossa personalidade. Então, devemos avaliar nossos amigos e conhecidos para constatar aquilo em que de fato eles creem, ajudando-os a ser honestos a esse respeito. Nossas crenças são como os trilhos sobre os quais a nossa vida corre, de modo que devemos abordar as crenças e as dúvidas de indivíduos, sem perder tempo com a discussão de detalhes cuja relevância para o seu real estado de espírito é mínima.[12]

Em seguida, devemos ser imparciais e meticulosos no exame dessas crenças, refletindo sobre até que ponto elas são justificadas. Não podemos nos desviar da imparcialidade nem um minuto sequer, nem ignorar problemas genuínos, pois isso enfraquecerá e infectará tudo o que, posteriormente, tentarmos fazer. Não podemos edificar à condição de discípula de Jesus qualquer pessoa se nos esquivarmos de questões sérias ou ignorarmos dúvidas honestas relacionadas a Cristo e seus ensinamentos.

Naturalmente, não mudamos a crença das pessoas apenas por nossa própria inteligência. Mesmo assim, devemos ser inteligentes, astutos e minuciosos o quanto pudermos. Temos um papel indispensável a exercer, de modo que devemos estudar cuidadosamente como exercê-lo bem.

Isso significa que confrontaremos diretamente crenças opostas, como aquelas que estão por trás de *A Glorious Accident*. Vamos nomeá-las, afirmando clara e criteriosamente a razão pela qual estão erradas ou equivocadas. Esse é o dever tradicional do pastor, claro, mas, em função de sua importância, também é dever do cidadão, do vizinho e de cada membro da família. Embora a confrontação de valores opostos deva sempre ser acompanhada de oração, serviço e confiança no Espírito, tudo isso não a substitui. Já há algum tempo, a igreja tem sido carente desse trabalho absolutamente necessário. Trata-se de mais uma coisa que contribui com a fraqueza do discipulado no nosso tempo. Torna quase impossível gerar uma confiança alegre em Jesus e em sua palavra.

---

[12]Para qualquer um que sente um chamado especial de fazer discípulos hoje, os capítulos 9, 10 e 11 do *Revival Lectures* [Aulas sobre avivamento] (Fleming H. Revell [S.l.: s.n.]), de Charles G. Finney, serão de ajuda imensurável. As lições de Finney são um pouco antiquadas quanto às opiniões e os movimentos a que se referem; nos elementos básicos, porém, permanecem tão novas quanto se tivessem sido escritas ontem. Finney tinha um profundo entendimento teórico e prático de como crenças governam a ação, bem como sobre como a verdade pode exercer um papel importante na mudança de crenças. Finney também entendia que o trabalho pode ser feito para fins cristãos apenas em cooperação com o Espírito de Jesus.

O único caminho adiante

Em termos práticos, as ideias que cobrimos neste capítulo estão entre as mais importantes para a expectativa do povo de Jesus na terra — e para a própria terra. Se não irrompermos em uma nova visão de fé e discipulado, o verdadeiro significado e o poder do evangelho do reino de Deus jamais serão manifestos. Seremos derrotados pela crença popular de que ter fé em Jesus não envolve aprender dele, e a igreja continuará nos braços mortais do cristianismo de consumo.

É claro que os propósitos de Deus se concretizarão, com o tempo, na história humana. A conspiração divina não será derrotada. Porém, milhões de seres humanos viverão uma vida fútil e uma existência fracassada, algo que Deus nunca intencionou.

Sem dúvida, o principal fardo da obra de discipulado recai sobre aqueles que exercem um papel de ensino e liderança na igreja e na sociedade. Em especial, precisamos nos perguntar, com toda a sinceridade, se as informações que revelamos e a vida que levamos equivalem à vida introduzida no mundo por Jesus — uma vida que, por intermédio de seus discípulos, gerou a igreja histórica e a forma cristã de civilização que se desenvolveu em torno dela. Se não pudermos responder isso de modo satisfatório, nosso dever será retornar às fontes do evangelho de Jesus e do reino, retornar ao momento da história cristã em que o discipulado e a prática de fazer discípulos encontravam plena expressão.

9

Um currículo para a imitação de Cristo

"Portanto, quem ouve estas minhas palavras e as pratica
é como um homem prudente que construiu a sua casa
sobre a rocha. Caiu a chuva, transbordaram os rios,
sopraram os ventos e deram contra aquela casa, e ela
não caiu, porque tinha seus alicerces na rocha."

Mateus 7:24-25

"Ensinando-os a obedecer a tudo o que eu lhes ordenei."

Mateus 28:20

O PROGRAMA DE ESTUDOS NA *MASTER CLASS*

As palavras de Jesus mostram que deve ser possível ouvir e fazer o que ele disse. Também deve ser possível treinar aprendizes de forma tal, que façam naturalmente tudo o que, segundo Cristo ensinou, é o melhor.

Pode parecer-nos uma ilusão, ou quem sabe tal treinamento se nos apresente como uma ameaça à esperança cristã — isto é, à nossa esperança pessoal. Mas isso decorre do fato de vivermos em uma época em que o cristianismo de consumo se tornou a norma aceita, na qual o pleno envolvimento com o reino de Jesus entre nós é tido apenas como uma dentre diversas opções e práticas, ou mesmo como um tipo de "fanatismo". Em contrapartida, do começo ao fim, o padrão bíblico é: "Sejam praticantes da palavra, e não apenas ouvintes" [cf. Tg 1:22a].

Por conta dessa realidade, conforme já insistimos, devemos, neste ponto, lidar com a questão dos meios e dos métodos. O que poderíamos ensinar aos aprendizes de Jesus, e como poderíamos instruí-los a que façam rotineiramente tudo o que Cristo afirmou ser justo? De fato, o que podemos fazer para *estar* na condição de cumprir o que ele disse?

Nos capítulos anteriores, aprendemos boa parte do que precisamos para identificar a resposta. Neste ponto, porém, devemos responder às perguntas sistematicamente, com certa riqueza de detalhes. É o que faremos após alguns esclarecimentos preliminares.

Obediência e abundância: aspectos inseparáveis da mesma vida

Certamente, a vida sobre "a rocha" deve ser uma boa forma de viver. Você não gostaria de ser uma daquelas pessoas inteligentes que sabem viver uma vida fértil e inabalável? Uma vida isenta de solidão, de medo, de ansiedade, cheia de paz e constante alegria? Não gostaria de amar o próximo como a si mesmo, vendo-se livre da ira, da inveja, da ganância e da cobiça? Uma vida em que não precisasse do elogio dos outros, nem se sentisse humilhado pela antipatia e condenação de outras pessoas? Você gostaria de ter a inspiração e a força para levar uma vida regida constantemente por um tipo de bondade criativa? Soa como algo extraordinário, não é?

Você não gostaria também de ter a força e o entendimento necessários para abençoar, de forma honesta e natural, aqueles que o amaldiçoam — ou que o enganam, tiram vantagem de você no trabalho, ofendem-no em uma discussão, riem de sua religião e cultura ou até procuram *matá-lo*? Ou a força e o entendimento para oferecer a outra face a alguém que o tenha agredido? Sem dúvida, toda a nossa realidade interior de pensamentos e sentimentos teria de ser transformada para que chegássemos a esse ponto.

Se você é como a maioria das pessoas, já deve estar começando a sentir certa hesitação e dúvida. Parte disso lembra muito a vida *abundante*: uma condição muito desejável, almejada por qualquer um. Contudo, outras partes lembram *obediência*: algo que pode muito bem estragar os seus planos ou arruinar a sua vida. Assim, talvez eu me questione neste momento se realmente eu quero renunciar a todas as "opções de comportamento" que desapareceriam do meu repertório caso me tornasse a pessoa descrita acima — o indivíduo inteligente que constrói a sua casa sobre a rocha.

A verdade, porém, sobre a obediência no reino de Jesus, como já deve estar claro agora, *é* de fato essa abundância. A obediência do reino é sinônimo de abundância do reino. Não são duas coisas separadas. O estado interior da alma, do qual flui força, amor e paz, é exatamente o mesmo estado que abençoa generosamente o opressor, o mesmo que, com amor, oferece a outra face. Condutas de imitação de Cristo são expressões de força pessoal e alegria contagiantes, não de fraqueza, morbidez e pesar; não são expressões de uma vontade débil, como muitas vezes se supõe. E todas aquelas antigas "opções" que julgávamos necessário deixar de reserva, usando-as apenas em caso de "necessidade", nem sequer farão falta.

A CONSPIRAÇÃO DIVINA

Entretanto, essa verdade sobre a obediência parece um segredo bem-guardado nos dias de hoje. A correlação entre *fé em Cristo* e *vida de obediência e abundância em Cristo* parece um mistério, ainda que tenha funcionado bem em muitos períodos da história cristã, segundo podemos atestar pelos registros históricos e literários. Ainda hoje, porém, há aqueles para quem a fé em Cristo se modula progressivamente em obediência e abundância. Já conheci pessoas assim; mas não muitas. A experiência cristã comum geralmente não progride nos moldes que estabelecemos. E isso se dá principalmente pelo fato de as pessoas raramente receberem direcionamento quanto ao caminho para a vida interior abundante, estabelecido por Jesus em seus ensinamentos e em seu exemplo.

Onde estão os programas de treinamento?

Precisamos aceitar o *fato* de que ninguém pode realmente "ouvir e fazer" sem treinamento específico. Até certa medida, podemos aprender sozinhos, mas sempre será necessário ir além. Receber o auxílio daqueles que estão mais avançados no caminho é fundamental.

Jesus claramente acreditava ser essa a via correta para o seu povo. Ensinar outros a imitar Jesus é uma responsabilidade que os verdadeiros cristãos assumem em relação aos que foram acrescentados à igreja. Mas, na atualidade, a instrução intencional e efetiva de imitar Jesus — no escopo do compromisso exigente do discipulado e da "imersão" da realidade trinitária — *simplesmente não se encontra disponível*. No capítulo anterior, argumentamos que a ausência do discipulado é o "elefante na igreja". O que alimenta o elefante e o mantém forte é a ausência de programas eficazes de ensino, programas que deem às pessoas condições de fazerem o que Jesus ordenou, com regularidade e eficiência.

Imagine encontrar no boletim informativo da igreja o anúncio de um curso de seis semanas sobre como abençoar verdadeiramente alguém que cospe em você. Essa forma primitiva de insulto e profanação ainda é praticada, muito mais comumente do que se pensa. Todos se lembram das imagens incansavelmente repetidas pela televisão de um jogador profissional de beisebol cuspindo na cara de um árbitro. Podemos ter uma ideia da incrível graça e maturidade

necessárias para que o árbitro em questão abençoasse com sinceridade o agressor. E ninguém nem chegou a pensar, claro, que ele
devesse reagir assim, embora fosse essa a reação de Jesus.

Ou suponha que o curso anunciado fosse sobre como viver sem
ceder deliberadamente à cobiça sexual; ou sobre como parar de condenar as pessoas ao seu redor; ou sobre como ser livre da ira e das
complicações que a acompanham. Remete-nos às situações ilustra-
tivas que Jesus empregou para explicar a bondade sincera do reino
(veja o capítulo cinco).

Imagine, também, uma garantia de que, ao final do curso, os que
se aplicaram nos estudos serão realmente capazes de abençoar ofensores, renunciar à cobiça etc. Em termos práticos, ensinar pessoas a *agir*
é dar-lhes condições de realmente fazê-lo quando a ocasião exigir.

Ao ensinar crianças ou adultos a andar de bicicleta ou nadar, eles
realmente andam de bicicleta e nadam. Você não os ensina apenas
o quanto *devem* andar de bicicleta ou o quanto é *bom* andar de
bicicleta; nem o quanto devem ficar envergonhados se não apren-
derem. Semelhantemente, ao ensinar as pessoas a abençoar aqueles
que as maldizem, elas realmente os abençoam — até mesmo os
membros da família! Reconhecem a ocasião quando ela surge e reagem segundo o próprio coração de Jesus, que se tornou seu. Pessoas
replicam o que aprenderam, e de modo bem-feito.

Se ainda há espaço para mais imaginação, visualize em sua mente
a seguinte cena: você passando por uma igreja em cuja fachada as
pessoas lessem: "A todos que se comprometem seriamente com Jesus,
ensinamos a prática de tudo o que ele instruiu". Se, na ocasião, você
estivesse lendo os Evangelhos — principalmente Mateus 28:20, passagem citada na introdução deste capítulo —, talvez pensasse consigo: "Que coisa mais óbvia! É exatamente o que Jesus, o fundador da
igreja, ensinou-nos a fazer".

A segunda coisa que lhe viria à mente, talvez, poderia ser considerar tal igreja bastante incomum. Em seguida, provavelmente pensaria:
"Será que eu li *certo*?". E então: "Será que isso *existe*?". Você se lembra
da última vez em que um grupo de cristãos de determinada igreja fez
uma reunião com os membros mais influentes para discutir como
ensinar as pessoas a realmente fazerem o que Jesus ordenou?

A CONSPIRAÇÃO DIVINA

A necessidade de um currículo para a imitação de Cristo

Neste capítulo, espero dar início à forma como podemos, de modo individual ou até coletivo, explorar de forma equilibrada essas questões. Naturalmente, a última coisa que queremos é culpar alguém pela situação em que nos encontramos ou condenar instituições e pessoas que ocupam cargos de autoridade. Na realidade, não se deve culpar ninguém. Hoje, vivemos o resultado de um processo histórico de afastamento, em grande medida inconsciente. Além do mais, é da natureza humana resistir às mudanças interiores profundas, pois tais mudanças ameaçam nosso senso de identidade pessoal. A necessidade agora é compreender a nossa situação. Onde, exatamente, encontramo-nos hoje como povo de Jesus, e por quê? Só então estaremos em condições de questionar o que pode ser feito a respeito.

Hoje em dia, o *fato* é que carecemos da intenção sincera e ansiosa de levar o povo de Jesus à obediência e à abundância por meio da instrução. Isso seria o discipulado como ele nos ensinou. O que mencionamos há pouco sobre cursos e placas ilustra a nossa falta de intenção, a despeito de escritores proeminentes, como Alister McGrath, reconhecerem que "Deus deseja que o seu povo tenha [...] a plenitude da vida" caracterizada em Jesus.[1] Que pensamento estonteante, quando pensamos a respeito. De alguma forma, a intenção seriamente elaborada — não apenas uma ideia ou desejo vago — de ocasionar a plenitude da vida em Cristo deve ser restabelecida.

Devemos reconhecer que inúmeros programas em congregações locais e em níveis mais amplos de organização são normalmente tidos por programas de discipulado. Não queremos diminuir o bem que eles fazem, pois eles são de fato benéficos. Neste ponto, temos em mente desde a escola dominical e cursos especiais até programas do tipo "doze passos", além de vários movimentos nacionais.

Entretanto, a ênfase frequentemente recai em algum ponto de modificação de comportamento. Isso é útil, mas não adequado à vida humana. Não alcança a raiz do problema humano, o caráter

---

[1]MCGRATH, Alister. *Beyond the Quiet Time* [Além do momento de silêncio]. Grand Rapids: Baker Books, 1995, p. 5.

da vida interior; e é isso que Jesus enfatiza em seu chamado para o discipulado no reino.

Por trás de muitas atividades dignas de elogio, ainda existem muitas desconexões teológicas e institucionais entre fé e obediência. Discutimos várias delas em capítulos anteriores, mas seria necessário um exame ainda mais detalhado, mais do que podemos fornecer neste livro. Essas desconexões refletem a condição profundamente fragilizada do ser humano e encontram-se no centro da vida cristã contemporânea, embora também não sejam uma questão de intenção. Não há conspiração humana nisso. Ninguém intencionou provocá-las e, em meio a uma multidão de boas intenções, poucas pessoas nem sequer têm consciência delas. Mesmo assim, as inconsistências estão presentes, irradiando efeitos letais na fé e na vida cotidiana.

Essas desconexões teológicas e institucionais mais profundas correspondem apenas à forma como, de modo *automático* e em função do desenvolvimento histórico gradual, pensamos atualmente em Jesus Cristo e na vida eterna que ele nos dá. Já não consideramos mais Jesus como o mestre do seu povo: esse papel de Jesus desapareceu do horizonte mental da nossa fé e não faz mais parte do modo como "praticamos", hoje, o cristianismo.

Um dos propósitos principais deste livro é ajudar-nos a enfrentar o fato da ausência de Jesus como mestre e fazer algo a respeito. Chegamos ao ponto em que podemos propor um "currículo para a imitação de Cristo": um curso teórico e prático para aprendizes de Jesus no Reino Entre Nós. Precisamos refletir sobre o que fazer para ajudar os cristãos genuinamente comprometidos com Jesus a praticar seu ensino de forma regular. Ou quem sabe nós mesmos fomos "arrebatados pelo reino de Deus". Nesse caso, o que estudaríamos, o que nós *autodidatas* faríamos para "aprender de Jesus a viver nossa vida como se ele mesmo a vivesse"? Lembre-se: é isso que significa ser discípulo de Jesus.

Não só mais informações

Antes de tratar da tarefa, é muito importante entender que o "ensino" a ser feito — seja ele direcionado a nós mesmos ou a outros — não se trata de armazenar ou transmitir informação. A tarefa não é informar o discípulo sobre aquilo acerca do qual Jesus cria, ensinava e praticava. Em geral, é provável que isso já tenha sido feito, de modo que insistir na transmissão de informação não trará muito proveito. Na maioria dos casos, o aluno já tem as *informações* corretas. E, se ele tivesse que fazer um teste teórico de proficiência, provavelmente seria aprovado.

Essas informações são essenciais. De fato, são elas, em larga medida, responsáveis pela confiança que os alunos depositam em Jesus. Os aprendizes de Cristo desejam crer com honestidade na veracidade de todas essas informações; querem sinceramente acreditar em tudo o que o mestre ensinou. Contudo, não as compreendem, de maneira que sua confiança é, na realidade, instável. São como Pedro em sua confissão grandiosa e verdadeira de que Jesus era o Ungido, aquele que salvaria a humanidade. Na ocasião, o apóstolo falou a verdade, claro, embora não tivesse ideia precisa do que a sua declaração significava (Mt 16:16-19,23).

Inicialmente, é comum que os discípulos pensem que *Jesus* apenas acreditava na mensagem do reino. É como se, de certa maneira, fossem fortalecidos pela crença na fé de Jesus. Com o passar do tempo, porém, demonstra-se que a informação que eles têm não se enquadra em sua vida real. No dia a dia e em interações sociais, alguns discípulos continuam a agir como se a mensagem do reino *não* fosse verdadeira, ainda que, em sua afirmação consciente, aceitem-na. É nesse ponto que deve começar o treinamento para "ouvir e praticar".

Obtendo as respostas certas — e *crendo* nelas

Eis um daqueles pontos em que as práticas educacionais que se desenvolveram em nossa sociedade ferem a nossa alma e impedem a entrada do reino em nossa vida. Em nossa sociedade, considera-se instruído aquele que "sabe as respostas certas". Às vezes eu brinco com os meus alunos na universidade em que leciono, perguntando-lhes se eles acreditam no que escreveram na prova. Os alunos sempre riem; eles sabem que não lhes é exigido acreditar no que escrevem. Aquilo em que você crê, porém, controla a sua vida.

Acho isto engraçado: você não pode diminuir a nota de um aluno por simplesmente dar as respostas certas, mas sem crer nelas. Alguém que não acredita em algo pode, ainda assim, "conhecê-lo". De fato, em alguns tipos de prova, se o aluno marca a resposta "certa" por acidente, por um escorregar da caneta, ainda assim obtém "nota". Um aluno que por mero acaso marca todas as respostas "certas" recebe um "A".

Por isso, como atuais assistentes de Jesus na continuidade de seu programa, um modo importante de caracterizar nosso trabalho de ensinar discípulos a "obedecer a tudo o que eu lhes ordenei" é "levando-os a crer realmente nas coisas que eles já ouviram". Nossa tarefa, para conosco e para com outros, é transformar as respostas certas em respostas automáticas em meio às situações reais da vida.

O membro comum de uma igreja acumula muitas informações sobre Deus, sobre Jesus, sobre sua própria responsabilidade e sobre o seu destino — informações lhes são transmitidas pela tradição cristã. Sem dúvida, alguns aspectos dessa tradição são equivocados. Ninguém consegue evitar isso, nem mesmo *eu*. Em termos gerais, porém, temos as "respostas certas", e elas são realmente preciosas. Mas, na situação em que nos encontramos hoje, somos incapazes de acreditar nelas da mesma maneira como acreditamos em inúmeras coisas da nossa vida "real".

Por exemplo: quase todo cristão professo tem informações sobre a Trindade, a encarnação, a expiação e outros princípios doutrinários. No entanto, ter as respostas "certas" sobre a Trindade e de fato *crer* na realidade da Trindade são coisas totalmente diferentes.

Nossa vantagem em crer na realidade da Trindade não é receber uma nota "A" de Deus por darmos a "resposta certa". Lembre-se: acreditar em uma coisa é agir como se ela fosse verdadeira. Crer que dois mais dois são quatro é comportar-se de modo coerente com essa informação ao tentar descobrir quanto dinheiro ou quantas maçãs ainda temos em casa. A vantagem de acreditar no resultado desse cálculo não está em podermos ser aprovados em testes de aritmética, e sim no fato de podermos ser bem-sucedidos ao navegar em meio à realidade. Tente, por exemplo, lidar com os problemas da vida como se dois mais dois fossem seis...

A CONSPIRAÇÃO DIVINA

Assim, temos vantagem em *crer* na Trindade se vivermos como se ela fosse real: como se o cosmos ao nosso redor fosse composto, acima de tudo, por uma comunidade autossuficiente de seres interpessoais magníficos, plenos de amor, conhecimento e poder imensuráveis. Com essa fé, nossa vida naturalmente se integra, pelas ações que praticamos, em meio à realidade desse universo, como dois mais dois são quatro. Pela fé, descansamos na realidade da Trindade em ação e, em momentos cruciais da vida, somos supridos por essa fé. Afinal, a Trindade existe e está conosco. Nossa vida está mergulhada no verdadeiro mundo de Deus.

Reenfatizando, então, o ponto principal, parte da tarefa de ensinar a "obedecer a tudo o que eu lhes ordenei" consiste apenas em *levar as pessoas a crer de todo o coração na informação que elas já têm* como resultado de sua fé inicial em Jesus — mesmo que ela não passe de uma confiança fundamentada no desespero.[2]

O discípulo não é perfeito — ainda

Entender isso também nos ajuda a dissipar outro equívoco comum: pensar que quem estuda com Jesus já incorporou a visão e a prática

---

[2]A necessidade inevitável é levar indivíduos a alcançar sua própria compreensão e *insight* da realidade e do domínio de Deus e de suas próprias almas. John Stuart Mill, pensador do século XIX — não exatamente um defensor do cristianismo —, remete com precisão aos efeitos de apresentar verdades sobre Jesus de modo a ignorar a compreensão ativa do indivíduo sobre elas: "As palavras daquele cujo discurso era em figuras e parábolas foram presas em grilhões e petrificadas em fórmulas inanimadas e inflexíveis. Jesus foi comparado a um lógico, formulando uma regra capaz de atender a todos os casos e prover uma solução contra todas as possíveis evasões em vez de (alguém) [...] cujo objetivo era purificar e espiritualizar a mente, de modo que, sob a orientação de sua pureza, suas próprias luzes fossem suficientes para encontrar a lei da qual ele apenas supriu o espírito e sugeriu o escopo geral. [...] [Assim] [...] a religião, em vez de um espírito que invade a mente, torna-se uma crosta que a envolve, penetrando nosso interior obstinado, mas apenas mantendo afastados os preciosos raios de luz ou o calor genial que porventura surjam de outros lugares". Extraído de "On Genius" [Sobre a genialidade] (*Autobiography and Literary Essays* [Autobiografia e ensaios literários], editado por John M. Robson e Jack Stillinger [Toronto: Toronto University Press, 1981], p. 337). A percepção de Mill dos danos causados à fé religiosa por não obter discernimento e compreensão está profundamente correta e deve ser respeitada na prática por qualquer que espera transformar as "informações" cristãs em um fundamento sólido para a vida cristã.

do reino. Muitas vezes, escutamos que o discípulo está sempre em um estado espiritual avançado. Não necessariamente. O discípulo deu um passo importante, não há dúvida, mas, na prática, talvez compreenda pouca coisa da realidade do reino.

Os discípulos de Jesus são aqueles que escolheram estar com ele, aprender a ser como ele. Tudo o que necessariamente compreenderam no início do aprendizado se resume à concepção de que *Jesus está certo*. Ele é o maior e o melhor; disso os discípulos têm certeza. Essa fé inicial é uma dádiva da graça de Deus para eles, de modo que os discípulos têm *Jesus*, ainda que não tenham alcançado um estágio mais avançado. Progredindo pelo caminho, crescendo sempre na graça, os discípulos alcançam de fato um "estado espiritual avançado". Em sua interação com Deus, crescem em quantidade e qualidade de graça. Isso é o mesmo que crescer no conhecimento experimental de Jesus Cristo, crescimento que, em nossa condição atual, corresponde à vida eterna (2Pe 3:18; compare com Jo 17:3).

No início de sua caminhada, por exemplo, os discípulos não tinham a real convicção de que os mansos e os perseguidos por causa da justiça são bem-aventurados; e certamente nem os pobres. Em outras palavras, os discípulos não começam agindo como se isso fosse verdade. Todavia, eles sabem que Jesus acreditava no que declarou, assim como creem que Cristo estava certo a respeito de algo em que eles mesmos ainda não acreditam de verdade.

Além do mais, eles querem acreditar nas palavras de Jesus, a quem, contemplando sua força e beleza, muito admiram e em quem confiam. É por isso que se tornaram seus alunos e *intencionam* depositar nele sua fé — em tudo. Seu clamor é o do homem desesperado, porém honesto, dos Evangelhos: "Eu creio, Senhor! ajuda a minha incredulidade" (Mc 9:24, ACF). O homem creu em Jesus e lançou-se sobre ele pedindo ajuda em favor de seu filho possesso. Quanto às demais coisas, o homem estava muito menos seguro sobre o reino e sobre a doutrina de Jesus em geral. Daí o "ajuda a minha incredulidade".

O apóstolo Pedro coloca a estrutura de fé envolvida aqui de uma forma correta e útil ao dizer: "Ele [Jesus] foi escolhido por Deus antes da criação do mundo e foi revelado nestes últimos tempos em benefício de vocês. *Por meio dele vocês creem em Deus*, que o ressuscitou e lhe deu glória. Assim a fé e a esperança que vocês têm estáo firmadas em Deus" (1Pe 1:20-21, NTLH).

Somos cativados por Jesus e nos entregamos a ele como aprendizes. Então, ele nos leva ao entendimento genuíno e à confiança em Deus em cada aspecto da vida. Mas essa progressão leva tempo, e deve vir em parte pelo esforço de outras pessoas dentre o povo de Deus, equipadas para o nosso treinamento até que nós mesmos, de modo contínuo, façamos tudo o que Jesus nos ensinou.

Assim, a fim de nos tornarmos discípulos de Jesus, devemos começar com a fé nele. Em seguida, devemos progredir em sua fé, passando a crer em tudo que o próprio Jesus cria. Para entrar no reino, cremos nele. Para nos desenvolvermos no reino, aprendendo a reinar com Jesus, devemos partilhar de sua fé.

Como aprendizes, passamos por um curso de treinamento: começamos com a fé *em* Cristo e passamos a ter a fé *do* Cristo [cf. Gl 2:16-20, ARC]. Como proclamador e mestre do evangelho e do reino, não cesso de anunciar o evangelho *sobre* Jesus. Trata-se de um fundamento eterno. Mas também reconheço a necessidade e a oportunidade de anunciar o evangelho *de* Jesus (Mc 1:1) — o evangelho da disponibilidade presente a todo ser humano de uma vida no Reino Entre Nós. Sem ele, o evangelho sobre Jesus continua destrutivamente incompleto.

ESCLARECENDO OBJETIVOS

Quatro coisas que não devemos ter como objetivo principal

Para formar corretamente um currículo visando à imitação de Cristo, devemos ter uma percepção clara e simples dos principais objetivos que desejamos alcançar e daquilo que queremos evitar.

Em especial, dois objetivos que temos como meta principal não devem ser mantidos nessa posição, mas poderão ser reintroduzidos mais tarde, subordinados aos objetivos mais importantes. São eles: *conformidade exterior* às frases dos ensinos de Jesus quanto a ações em contextos específicos e *a citação correta de doutrinas*. Em termos históricos, a igreja vivível tem sido obcecada por essas coisas — atualmente, mais pelo conhecimento correto da doutrina do que pela conformidade exterior.

UM CURRÍCULO PARA A IMITAÇÃO DE CRISTO

Não precisamos mais esperar; os resultados já saíram. Tanto um quanto o outro não fornecem o crescimento e o desenvolvimento produzido por aqueles que "ouvem e praticam". Dessas duas coisas, uma: ou elas esmagam a mente e a alma humana, separando as pessoas de Jesus, ou então geram legalistas preconceituosos e especialistas em teologia, gente que "me honra com os lábios, mas o seu coração está longe de mim" (Is 29:13). Certamente, o mundo não precisa de mais pessoas assim.

O mesmo pode ser dito das estratégias — raramente tidas como objetivos principais, mas muito usadas — de encorajar fidelidade às atividades de uma igreja ou a diversas práticas externamente religiosas e "espirituais", e de buscar estados especiais de consciência ou experiências extáticas. Essas são coisas boas. Contudo, devemos estabelecer, de uma vez por todas, que, como no caso da conformidade exterior e da confissão doutrinária correta, elas não devem ser tidas como os objetivos principais em um currículo apropriado à imitação de Cristo.

Experiências especiais, fidelidade à igreja, doutrina correta e conformidade exterior ao ensino de Jesus — tudo isso é bom e acontece de modo mais ou menos automático com a transformação do interior. São coisas, porém, que não produzem tal transformação.

O coração humano deve ser lavrado em um nível muito mais profundo. Assim, esses quatro objetivos têm o seu lugar, e até são necessários quando compreendidos corretamente. Tidos, porém, como objetivos *principais*, tudo o que fazem é sobrecarregar a alma, fazendo da imitação de Cristo algo extremamente difícil, senão impossível. Com respeito a esses quatro objetivos, devemos repetir em alto e bom som para todos que queiram ouvir: "Você não pode construir sua casa sobre a rocha dessa maneira".

As *duas* coisas que devemos ter como objetivo principal

Em contrapartida, há dois objetivos *principais* que devemos incluir em qualquer curso eficaz de treinamento para a "vida sobre a rocha", isto é, a vida que "ouve e pratica".

O primeiro é levar os aprendizes ao ponto em que amam ternamente e se deleitam constantemente no "Pai celestial" que se tornou real para o mundo por meio de Jesus; e levá-los à convicção de que não há "surpresas desagradáveis" nem limites à bondade de Jesus, tampouco ao seu poder de levar a cabo os seus propósitos.

Ao se aproximar do fim de sua longa vida, o apóstolo João, que fora o "caçula" entre os apóstolos, escreveu: "Esta é a mensagem que dele ouvimos e transmitimos a vocês [...]" (1Jo 1:5). Seria muito útil descobrir como completaríamos espontaneamente a frase se não soubéssemos como ela termina; perceberíamos exatamente qual a nossa posição hoje. Se fosse você falando a mesma frase, como a terminaria? Qual é *a* mensagem que Jesus trouxe, segundo a entendemos? Se perguntássemos para os nossos amigos e conhecidos, que resposta teríamos? Ficaríamos espantados com as respostas e isso seria uma experiência iluminadora.

Mas era isso que o apóstolo ancião, após uma vivência de experiências exclusivas com Jesus, tinha a dizer como *sua* mensagem: "Deus é luz; nele não há treva alguma" (v. 5). Segundo João, foi essa a mensagem que Jesus trouxe. Também era, segundo o apóstolo, a mensagem que "transmitimos a vocês" (v. 5) — a mesma mensagem que devemos proclamar hoje. Conforme elaboraremos mais adiante, é essa mensagem que impele o coração ávido para o amor terno e o deleite constante no "Pai celestial", que, em Jesus, tornou-se real para o mundo. É a mensagem que nos dá segurança de que o *seu* universo é "um lugar perfeitamente seguro para nós". O perfeito amor expulsa o medo [cf. 1Jo 4:18].

Quando a mente estiver cheia desse Deus grandioso e belo, a reação "natural", removidos todos os empecilhos "interiores", será a de "obedecer a tudo o que" Jesus ordenou.

O segundo objetivo principal de um currículo para a imitação de Cristo é remover nossas reações automáticas contra o reino de Deus, libertando os aprendizes da "dominação" e da "escravidão" (Jo 8:34; Rm 6:6) de seus antigos padrões de pensamento, sentimento e ação. São os padrões "automáticos" de resposta, alicerçados em nosso "eu social" durante a nossa longa vida fora do Reino Entre Nós. Esses padrões constituem o "pecado que habita em mim", que, conforme Paulo brilhantemente entendia, ocasiona a situação segundo a qual "tenho o desejo de fazer o que é bom, mas não consigo realizá-lo" (Rm 7:18).

Se realmente temos a intenção de capacitar alunos de Jesus a fazerem o que ele ordenou, não basta apenas anunciar e ensinar a verdade sobre Deus, sobre Jesus e sobre os desígnios de Deus para a humanidade. Pensar assim é a falácia subjacente à maior parte do treinamento que ocorre em nossas igrejas e em nossos cursos de teologia. Mesmo quando perseguida intensamente, essa meta não é, por si só, suficiente.

Pouquíssimo do nosso ser jaz sob a direção da nossa mente consciente, e muito pouco de nossas ações flui do nosso pensamento e de nossa intenção consciente. Sozinha, nossa mente é um instrumento extremamente fraco, cujo poder sobre a vida tendemos constantemente a exagerar. Somos por natureza seres de carne e osso, e vivemos a partir do nosso corpo. Se desejamos ser transformados, o corpo precisa de transformação; e isso não pode ser realizado apenas conversando com ele.

O treinamento que leva à *prática* do que escutamos de Jesus deve, portanto, envolver a interrupção proposital do "automatismo" de pensamentos, sentimentos e ações; devemos fazer coisas diferentes com o corpo. E então, por meio de várias práticas intencionais, colocamos nosso corpo perante Deus como um instrumento retreinado, que abandonou as práticas dos antigos reinos e foi transferido para o "reino do Filho do seu amor" (Cl 1:13, ARC).

Essa parte do currículo para a imitação de Cristo consiste em "disciplinas da vida espiritual". Adiante, vamos examiná-las neste capítulo.

Por enquanto, desejamos apenas comentar o seguinte: esses dois "objetivos principais" do currículo não devem ser buscados de forma separada, mas em conjunto. Não devemos ensinar os aprendizes primeiro a amar a Deus e depois a livrar-se do jugo da escravidão. Tampouco fazemos o inverso.

A busca desses objetivos principais deve ser feita simultaneamente e eles devem ser vistos simultaneamente. Não há como ser de outra forma, já que vivemos à mercê dos pensamentos e somos, ao mesmo tempo, seres corpóreos, vivendo em um contexto social que facilmente assume o controle da nossa vida.

Analisemos agora, com certa profundidade, o que teríamos de fazer para alcançar os dois objetivos principais. É neste ponto que entramos na essência do currículo para a imitação de Cristo.

A CONSPIRAÇÃO DIVINA

UMA MENTE DESLUMBRADA COM DEUS

Voltando a mente para Deus

Com relação ao nosso primeiro objetivo, a questão mais importante com que nos deparamos é: como ajudar pessoas a amar o que já é, por si só, amável? A resposta é muito simples: *pedimos*, motivamos e ajudamos os discípulos a fixar a mente em Deus, o objeto amável. Procuramos ajudá-las nesse aspecto de todas as maneiras possíveis. Tomás de Aquino observa que "o amor nasce da contemplação sincera do objeto amado". Também conclui: "o amor sucede ao conhecimento".[3] O amor é uma reação emocional, aguçada pela vontade mediante a contemplação do que é bom. Contrariando o dito popular, o amor nunca é cego, embora nem sempre veja corretamente. O amor não pode existir sem enxergarmos, ao menos um pouco, o objeto amado.

Assim, como mestres, nosso trabalho é expor o objeto amável — no caso, Deus — perante o discípulo, do modo mais completo e convincente possível, aplicando todo o nosso esforço. Contudo, não devemos nos esquecer nunca de que, em última análise, segundo já aprendemos com Emily Dickinson, "a alma escolhe a sua própria companhia e, então, fecha a porta".[4] Fazemos a nossa parte, sem dúvida — e com toda inteligência e responsabilidade possível. No entanto, sempre nos posicionamos como quem *pede*. Convidamos as pessoas, pedimos a Deus e reagimos às respostas que recebemos.

Deus depositou a única chave para as regiões mais íntimas da alma humana nas mãos de cada indivíduo, de modo que jamais a tomará de volta ou dará essa chave a qualquer outro. Você pode até destruir a alma de outra pessoa, mas jamais conseguirá abri-la contra a vontade dela. A alma, retomando as palavras de Dickinson, pode "trancafiar as válvulas de sua atenção, como uma pedra". Pode até

---

[3]AQUINO, Tomás de. *Summa Theologica* [Suma teológica], parte II, pergunta 27, artigos 2 e 3; p. 1.300, traduzida pelos padres dominicanos, 5 vols. (Westminster, MD: Christian Classics, 1981).

[4]Emily Dickinson, "The Soul Selects Her Own Society" [A alma escolhe a própria companhia], em *A Pocket Book of Modern Verse* [Livro de bolso do verso moderno], editado por Oscar Williams (Nova Iorque: Washington Square Press, 1970), p. 77.

mesmo perder a chave e precisar de ajuda para reencontrá-la; ou até mesmo recusar a ajuda de que tão desesperadamente necessita. Mas a alma jamais perderá a sua necessidade de amar, que é ainda mais profunda do que a necessidade de ser amada.

Certo ditado popular americano diz: "Arrume tempo para cheirar as rosas". O que isso significa? Para apreciar a rosa, é necessário focá-la, aproximá-la o quanto possível do nosso olfato, da nossa mente. Para apreciar uma rosa, devemos fazê-lo com calma. Só então nos deleitaremos nela.

Dedicar tempo para apreciar as rosas pode cravar em nós impressões duradouras de uma glória que, revivida muitas vezes, pode mudar totalmente a qualidade de vida de alguém. A rosa — e mais genericamente a flor, mesmo em sua forma mais humilde — serve-nos de testemunho frágil, mas incontestável, de que existe um mundo "mais amplo", onde o bem se encontra, de algum modo, seguro.

Esse exemplo simples contém verdades profundas. Se alguém pretende amar a Deus e ter sua vida inundada por esse amor, Deus, em sua realidade gloriosa, deve ser trazido à mente e afixado nela. Naturalmente, o indivíduo deve estar disposto a isso, mas qualquer aprendiz de Jesus deseja que Deus permaneça em seu pensamento. Afinal, em primeiro lugar, é para isso que os aprendizes se matricularam na escola de Cristo.

Assim, a pergunta da primeira parte do nosso currículo simplesmente é: *como* podemos apresentar Deus de modo apropriado à mente e ao espírito do discípulo? Devemos fazê-lo de forma tal que estimule a pessoa a amar a Deus e a deleitar-se nele, fixando essas duas atitudes como a orientação principal de sua responsabilidade. Essa orientação preencherá a mente da alma ávida pelo aprendizado e progredirá rumo ao governo fácil e prazeroso de toda a personalidade. Nosso primeiro objetivo principal terá sido, então, alcançado.

Nossa mente e as escolhas que fazemos

Em relação a isso, conforme entendemos, o que simplesmente *ocupa* a nossa mente governa, em grande medida, o que fazemos. Assim se estabelece o tom emocional a partir do qual fluem as nossas atitudes e projetam-se os possíveis cursos de ação que nos estão disponíveis. Além

A CONSPIRAÇÃO DIVINA

disso, a mente, a despeito do pouco que pode fazer por si mesma, é o lugar no qual usufruímos da forma mais elementar de liberdade, tanto em termos diretos quanto indiretos. De tudo o que fazemos, temos maior liberdade *com relação ao que pensamos*, ao lugar no qual focalizamos a mente, do que em relação a qualquer outra coisa. E a liberdade de pensamento é uma liberdade direta, onde quer que se faça presente. Não precisamos de nenhuma outra ação para exercê-la. Simplesmente dirigimos nossa mente para aquilo em que decidimos pensar. A revelação mais profunda do nosso caráter está no que escolhemos insistir em pensar, o que constantemente ocupa a nossa mente — assim como nas coisas que nos recusamos a pensar.

Entretanto, a mente também é a raiz de liberdades indiretas — das coisas que poderemos fazer se tomarmos outras atitudes. Por exemplo: o conhecido programa dos Alcoólicos Anônimos tem o objetivo de libertar pessoas do consumo do álcool. Nele, os participantes aprendem que não podem libertar-se apenas tentando. Dos "Doze Passos" do programa, os passos um a quatro são exercícios da liberdade direta do indivíduo, a liberdade de focalizar a mente naquilo de que necessita: a própria realidade como dependente do álcool e Deus, que pode ajudá-lo.[5]

---

[5]Em virtude de os famosos "doze passos" do programa dos Alcoólicos Anônimos serem mais citados do que propriamente analisados, talvez seja útil conhecê-los:

1. Admitimos que éramos impotentes perante o álcool — que tínhamos perdido o controle sobre a nossas vidas.
2. Viemos a acreditar que um Poder superior a nós mesmos poderia devolver-nos à sanidade.
3. Decidimos entregar nossa vontade e nossa vida aos cuidados de Deus, *na forma em que O concebíamos*.
4. Fizemos minucioso e destemido inventário moral de nós mesmos.
5. Admitimos perante Deus, perante nós mesmos e perante outro ser humano a natureza exata de nossas falhas.
6. Prontificamo-nos inteiramente a deixar que Deus removesse todos esses defeitos de caráter.
7. Humildemente rogamos a Ele que nos livrasse de nossas imperfeições.
8. Fizemos uma relação de todas as pessoas a quem tínhamos prejudicado e dispusemo-nos a reparar os danos a elas causados.
9. Fizemos reparações diretas dos danos causados a tais pessoas, sempre que possível, salvo quando fazê-las significasse prejudicá-las ou a outrem.
10. Continuamos fazendo o inventário pessoal e, quando estávamos errados, nós o admitíamos prontamente.

Os primeiros passos possibilitam-no fazer outras coisas (os oito passos restantes) que de outra forma seriam impossíveis se a mente do indivíduo não fosse orientada aos objetos constantes dos quatro primeiros passos. Em algum momento, o dependente desejará, dia após dia, livrar-se da bebida. Esse é o objetivo. Mas essa "liberdade" nunca será concretizada, a menos que o indivíduo envolvido tome o cuidado constante sobre o posicionamento *direto* de sua mente.

O que vemos nesse programa salvador-de-vidas é a organização geral da personalidade humana, uma organização totalmente óbvia para qualquer pessoa reflexiva. Porém, raramente refletimos, segundo expressa A. E. Houseman em um de seus poemas: "Pensamos aos trancos e barrancos"; e é por isso que parte do chamado de Deus para nós sempre foi que *pensássemos*. De fato, o chamado de Jesus ao "arrependimento" nada mais é do que o convite à reflexão sobre como temos pensado. Quando nos virmos ante à tarefa de levar os discípulos à plenitude de Cristo, é bom deixar claro que parte importante dessa tarefa, e sem dúvida a mais fundamental, é *formar insights e hábitos na mente do aprendiz a fim de que o seu pensamento permaneça direcionado a Deus*. Feito isso, um coração cheio de amor se inclinará para Deus, e a vida se inundará de alegria e de obediência.

O que acabamos de explicar corresponde ao testemunho constante dos escritores bíblicos. Podemos citar Salmos 16 como exemplo:

> SENHOR, tu és a minha porção e o meu cálice. [...] Bendirei
> o SENHOR, que me aconselha; na escura noite o meu coração me

---

11. Procuramos, através da prece e da meditação, melhorar nosso contato consciente com Deus, *na forma em que O concebíamos*, rogando apenas o conhecimento de Sua vontade em relação a nós e forças para realizar essa vontade.

12. Tendo experimentado um despertar espiritual, graças a estes Passos, procuramos transmitir esta mensagem aos alcoólicos e praticar estes princípios em todas as nossas atividades.

Disponível em: https://www.aa.org.br/informacao-publica/principios-de-a-a/os-passos. Acesso em: 19 abr. 2021.

Comparado com esse programa de recuperação, vemos quão superficial é o cristianismo de consumo dos dias de hoje. Imagine-se, para fins de comparação, como membro de uma igreja ou congregação local de cristãos na qual os 12 Passos são aplicados, sem referência específica ao álcool.

ensina! Sempre tenho o Senhor diante de mim. Com ele à minha direita, não serei abalado. Por isso o meu coração se alegra e no íntimo exulto; mesmo o meu corpo repousará tranquilo, porque tu não me abandonarás no sepulcro, nem permitirás que o teu santo sofra decomposição. Tu me farás conhecer a vereda da vida, a alegria plena da tua presença, eterno prazer à tua direita (Sl 16:5-11).

Por outro lado, a distorção ou "erro" da vontade — chamada de "corrupção" por teólogos de outras épocas — é primordialmente uma questão de *recusa* em concentrar o pensamento nas coisas certas e da forma correta.[6] Recusamo-nos a reter Deus em nosso conhecimento, como Paulo diz em Romanos 1:28.

Tomando um exemplo mais simples, a saber, no caso de eu não querer cumprir uma promessa ou um contrato, decidirei concentrar-me em uma forma de evitar cumpri-lo, e não o contrário. Trata-se de um fato observável. Se, porém, concentrar-me em maneiras de cumpri-lo, é certo que o farei, pelo menos no que depender de mim.[7] A personalidade humana está organizada desse jeito, e devemos ter essa organização sempre em mente com o objetivo de ensiná-la aos discípulos.

TRÊS ÁREAS INDISPENSÁVEIS DE CLAREZA INTELECTUAL

Há três maneiras principais pelas quais Deus permanece em nossa mente, e é nela que podemos ser envolvidos no amor por ele.

---

[6]Veja o excelente estudo sobre o assunto em G. B. Wyner's: *Toward a Phenomenology of Conscientious Action and a Theory of the Practicality of Reason* [Em busca da fenomenologia das ações da consciência e a teoria da praticidade da razão], dissertação não publicada, 2 vols., University of Southern California, maio de 1988.

[7]Veja os capítulos sobre a vontade em *Principles* [Princípios], de William James. O colega de James, em Harvard, Josiah Royce, tinha o seguinte a dizer: "A única ação moral livre possível é a concentração nas ideias do Dever, que já estão presentes. Pecar é escolher conscientemente esquecer, por um estreitamento do campo de atenção, um Dever que já se reconhece. Embora eu não possa evitar agir de acordo com o Dever, desde que eu o conheça claramente, posso, por desatenção voluntária, optar livremente por esquecê-lo". *The World and the Individual* [O mundo e o indivíduo], v. 2 (Nova Iorque: Dover Publications, 1959), p. 359.

UM CURRÍCULO PARA A IMITAÇÃO DE CRISTO

Obviamente, também há maneiras de apresentar Deus aos outros, bem como maneiras pelas quais cada um de nós pode individualmente buscar preencher os pensamentos com a ideia de Deus. O Deus amável conquista o amor dos discípulos e vem até nós: (1) por sua criação, (2) por suas ações públicas no cenário da história humana e (3) por experiências individuais.[8]

1. "Deus Pai, o Todo-poderoso, Criador dos céus e da terra"

Ao ensinarmos a nós mesmos e a outros sobre a plenitude da vida no Reino Entre Nós, nossa primeira tarefa é apresentar nosso Pai celestial como o Criador e sustentador de tudo, dos "céus e da terra". Desde o início da experiência judaico-cristã, ele é tido como o "Deus Altíssimo" (*El Elyon*), criador e, portanto, dono "dos céus e da terra" (Gn 14:18-19).

O fundamento dessa convicção sobre Deus jaz na compreensão ou impressão comum segundo a qual toda realidade "natural", incluindo você e eu, deve sua existência e, portanto, sua ordem e magnificência estonteantes a algo além de si. Não temos experiência de qualquer objeto ou acontecimento natural que gere a si próprio ou se autossustente. Conhecemos bem, porém, o papel do pensamento e do planejamento humano na produção de alimentos, móveis, computadores, aviões etc. Por isso, é natural que, à luz desse fato, o ser humano deduza, como sempre deduziu, a existência de um "Deus Altíssimo" em tudo o que enxerga à sua volta.

O famoso filósofo grego Epiteto, contemporâneo de Pedro e de Paulo, comentou que "qualquer coisa na criação é o suficiente para demonstrar a providência a uma mente modesta e grata".[9] O próprio

---

[8]Veja o meu ensaio: *Language, Being, God and Three Stages of Theistic Evidence* [Linguagem, ser, Deus e os três estágios da evidência teísta], em *Does God Exist?* [Deus existe?], editores J. P. Moreland e Kai Nielsen, Nashville: Thomas Nelson, 1990, p. 196-217. Reimpresso substancialmente em *Contemporary Perspectives on Religious Epistemology* [Perspectivas contemporâneas em epistemologia religiosa] (Nova Iorque: Oxford University Press, 1992), p. 212-224.

[9]*The Moral Discourses of Epictetus* [Discursos morais de Epiteto], tradução de Elizabeth Carter (Londres: J. M. Dent & Sons, 1911), p. 35. Epiteto deixou diversos tratamentos curtos sobre a "Providência", bem como acerca de Deus como Pai da humanidade, boa parte deles contidas nesse volume.

A CONSPIRAÇÃO DIVINA

Paulo explica que todo ser humano continua responsável, a despeito de quão drástica seja a sua queda, pela forma clara na qual Deus se posiciona na realidade natural. "Pois desde a criação do mundo", declara Paulo, "os atributos invisíveis de Deus, seu eterno poder e sua natureza divina têm sido vistos claramente, sendo compreendidos por meio das coisas criadas (Rm 1:19-20).

Em uma passagem posterior de Romanos (10:18), o apóstolo chega perto de identificar a própria "palavra de Cristo", o evangelho, com a palavra de Deus que flui da natureza "até os confins do mundo", conforme lemos em Salmos 19. Através dos séculos e até os dias de hoje, pensadores extraordinários continuaram a convencer-se da sensatez desse raciocínio.

Embora, porém, o processo natural envolvido na visão do Criador pela natureza seja importante — e, acredito eu, conclusivo —, ele não é a única coisa envolvida. Pode ser que, para a maioria das pessoas, Deus seja mais *sentido* pela natureza do que inferido — semelhante ao modo como eu "sinto" ou "leio" os pensamentos, os sentimentos e a presença de alguém quando estou ao seu redor, sem, contudo, inferi-los.

As palavras do poeta Wordsworth expressam melhor a situação de muitos:

E eu senti
Uma presença que me provoca a alegria
De pensamentos elevados; uma percepção do sublime
De algo mais profundamente interligado,
Cuja habitação é a luz de sóis que se põem,
O revolver do oceano, o ar vívido,
O céu azul e a mente do homem;
Um movimento e um espírito que impelem
Todas as coisas pensantes, objetos de todo pensamento,
E se sobrepõem a todas as coisas.[10]

---

[10]William Wordsworth, *Lines Composed a Few Miles Above Tintern Abbey* [Poema composto a poucas milhas acima da abadia de Tintern], em *British Poetry and Prose* [Poesia e prosa britânica], 3. ed., 2 vols., editado por Paul Lieder, Robert Lovett e Robert Root (Boston: Houghton Mifflin, 1950), v. 2, p. 19. Para explorar essa ideia importante,

Seja como for, o importante é que, no que diz respeito ao treinamento que leva aprendizes de Jesus a viverem sobre a rocha do "ouvir e praticar", o "Deus Todo-poderoso, o Pai, o Criador dos céus e da terra" esteja presente na mente dos discípulos. Assim, eles poderão perceber a magnífica beleza divina e serão forte e constantemente atraídos a Deus. Isso fará uma grande e indispensável contribuição à sua habilidade de amá-lo integralmente de coração, alma, entendimento e força.

Nosso esforço e ensino precisam ser cuidadosa e absolutamente sinceros

Na busca e no ensino, é evidente que exploraremos com os discípulos cada um dos termos — *Deus, Pai, Criador* — da melhor forma possível. Usaremos a mina de ouro da conceptualização bíblica para esse fim, assim como o que temos de melhor no pensamento e na escrita humanos. De modo crucial, cuidaremos em fazer esse trabalho de modo a intercalá-lo com o restante da educação que recebemos ou estamos recebendo durante o nosso discipulado.

Escutaremos atentamente, então, aqueles a quem ensinarmos. Incentivaremos perguntas e deixaremos claro que a única forma de alcançar uma fé forte e saudável é abordar com sinceridade todas as dúvidas que surgirem. *Jamais* desprezaremos as dificuldades do discípulo, tampouco encararemos qualquer problema senão com seriedade; nem censuraremos ou repreenderemos alguém por levantar questionamentos e revelar dúvidas. Quando, sinceramente, não soubermos o que dizer na ocasião, simplesmente o admitiremos. Então, incorreremos na busca pela resposta, estudando, inquirindo e orando.

Após momentos de estudo e ensino, prestaremos atenção precisamente à perplexidade que surge em nossa mente e na mente

---

com mais detalhes, veja o tratamento que Norman Kemp Smith mostra a respeito de como a natureza funciona em nosso conhecimento do criador, em seu livro *British Academy lecture* "Is Divine Existence Credible?" [Palestras da Academia Britânica] (reimpresso em *The Credibility of Divine Existence: The Collected Papers of Norman Kemp Smith* [A credibilidade da existência divina: ensaios selecionados em homenagem a Norman Kemp Smith] London: Macmillan, 1967), p. 375-297.

A CONSPIRAÇÃO DIVINA

dos ouvintes. O que não faz sentido? O que não compreendemos? Devemos dar mais importância a essa falta de clareza do que a questões sobre evidências e provas, embora a busca por evidências não deva ser desprezada. A maioria das incertezas na mente dos *discípulos* resulta de obscuridades e falhas na compreensão — algo que, a propósito, acontece com as pessoas em geral, talvez apenas em um nível um pouco menor. Essas imprecisões sufocam a confiança e o amor, e não devemos descansar enquanto não forem extirpadas da mente por completo.

É claro que, para fazer isso, não contamos apenas com a nossa inteligência e capacidade, mas esperamos pelo auxílio do Espírito da verdade, que age constantemente nos discípulos de Jesus. Fazemos tudo isso com a consciência de que atuamos lado a lado com ele. Além do mais, desenvolvemos esse tipo de trabalho paralelamente ao cultivo da mente e do espírito. Fazemos uso da arte e da imaginação, da poesia e da música, do louvor, da oração e da adoração. Tudo isso ajuda a nossa mente a apreender esse ser amável — a saber, Deus — em todos os aspectos da realidade.

Teologia testada pelo amor de Deus

Hoje, o grande problema das ramificações mais liberais da teologia cristã está em sua incapacidade de apresentar um Deus capaz de ser realmente amado. Fala-se muito de amor — especialmente em conexão com coisas relacionadas à comunidade, ao respeito e à liberdade; ao final, porém, o que sobra é algo muito parecido com as palavras da canção: *Falling in love with love* [Apaixonando-se pelo amor].

Na teologia liberal, o que deve ser amado é o amor, identificado como nada além de uma noção vaga de comunidade e um conceito impreciso de Deus como aquele que é amor. É como se, para essa teologia, o amor fosse a realidade *definitiva*. Contudo, trata-se de uma ideia bem diferente da revelação de Deus em Jesus, encontrada no Novo Testamento. Segundo ela, o amor de Deus não se assemelha a amor nenhum conhecido pela humanidade.

Em geral, as tentativas modernas de refletir sobre Deus impendentemente da revelação histórica foram vítimas das correntes filosóficas dos séculos XIX e XX, que fizeram do conhecimento de

UM CURRÍCULO PARA A IMITAÇÃO DE CRISTO

Deus, e talvez de tudo mais, algo simplesmente impossível — não só impossível, mas também risível. Tais correntes nos condicionam a lidar com textos e tradições relacionadas a Jesus de modo tal que jamais nos levarão a um Deus pessoal, a quem podemos amar com todo o nosso ser.

Entretanto, a teologia da direita não se sai muito melhor, pois tende a satisfazer-se com a sensação de saber as doutrinas e tradições certas, mas parando por aí, sem jamais passar a uma posição de admiração, deleite e devoção ao Deus do universo. Por um lado, as doutrinas são tidas por necessárias, pois levam às respostas certas; por outro lado, recebemos pouco ou nenhum ensino e exemplo de como cultivar um amor autêntico por Deus.

A prova de fogo de *qualquer* teologia é esta: o Deus apresentado pode ser amado de coração, alma, entendimento e forças? Se a resposta ponderada e honesta for "Na verdade, não", então devemos procurar outras fontes ou mergulhar mais profundamente na revelação. Pouco importa quão sofisticada e intelectual ou doutrinária é a nossa abordagem teológica. Se a teologia não apresenta às pessoas um Deus *amável* — um ser radiante, feliz, amigável, acessível e absolutamente poderoso —, então ela está errada. Não devemos prosseguir nessa mesma direção, e sim buscar outro caminho.

Teólogos da direita e da esquerda, bem como aqueles que não se enquadram em nenhum rótulo preestabelecido, são todos amados por Deus, que tem grandes coisas em mente para cada um deles. São nossos próximos, de modo que devemos partilhar da visão e do amor que Deus tem por eles. Contudo, cabe a *eles* amar a Deus. O teólogo que não ama a Deus corre um grande perigo, assim como corre o risco de causar enorme prejuízo, pois também ele precisa conhecer a Deus e estar convicto das coisas que declara acreditar.

De qualquer forma, teólogos são seres humanos, independentemente de fazerem parte da comunidade de cristãos professos; e, como no caso da humanidade em geral, pensam mais em Deus do que em qualquer outra coisa. Se, porém, não compreenderem a Deus corretamente, não terão confiança nele. Na maioria das vezes, as pessoas não precisam de provas ou evidências. Antes, precisam de alguém que lhes apresente um Deus que faça sentido diante daquilo que, bem ou mal, conhecem acerca de si e a respeito do mundo. Por este tempo, já temos razões suficientes para concluir que isso não pode ser alcançado senão mediante a autorrevelação de Deus, particularmente em Jesus.

Dois mitos prejudiciais

Infelizmente, diversos mitos ligados a esse aspecto do treinamento do discípulo de Jesus predominam na sociedade. Um deles é a ideia de que o progresso do "conhecimento científico" negou a existência de um Deus criador de forma conclusiva, com base no argumento de que nada de significativo pode ser conhecido de Deus pela investigação da ordem natural — ou de qualquer outra coisa que exista.

Por mais estranho que pareça, no século XIX a suposição geral era precisamente o contrário: que Deus estava claramente presente na natureza. Respostas positivas sobre a existência de Deus eram ensinadas como *conhecimento* em escolas de todos os níveis, e poucas vozes dissonantes eram ouvidas — embora não possamos negar que os dissidentes não eram muitas vezes tratados com dignidade.

Hoje, o padrão é quase o oposto. Assim como as conclusões positivas do passado fundamentavam-se mais na disposição para crer do que em raciocínios precisos — ainda que realmente não houvesse essa necessidade —, também as conclusões negativas que predominam na sociedade atual baseiam-se mais em uma predisposição para a descrença, uma disposição socialmente imposta. E *tais* conclusões negativas, que não encontram Deus na natureza, precisam apoiar-se no condicionamento social.

Conforme já expressei em um contexto semelhante (capítulo três), absolutamente nada de substancial mudou nos últimos cem anos ou mais em relação às questões básicas relacionadas a Deus, ao mundo e à personalidade humana.[11] Neste tipo de livro, só podemos declarar que as razões para crermos em Deus como Criador

---

[11]A discussão técnica sobre o "design inteligente" na natureza encontra-se em um estado empolgante e inteligentemente articulado. Cf. BEHE, Michael J. *Darwin's Black Box* [A caixa preta de Darwin]. Nova Iorque: The Free Press, 1996.

continuam boas. E, ao instruir os aprendizes de Jesus, devemos apresentar essas razões de modo detalhado e cuidadoso, atualizando-as sempre conforme a necessidade.

Para entendermos o porquê de o preconceito negativo ser tão forte hoje, basta pensarmos que todo o sistema de *expertise* humano, representado por nossa estrutura multifacetada de diplomação e credenciamento, tem todo o interesse em *excluir* Deus da nossa investigação intelectual. Afinal, caso não consiga fazê-lo, simplesmente se revelará errado naquilo que apresenta como conhecimento e realidade — da qual Deus não faz parte. Conforme já observamos, Deus está fora de questão em qualquer campo de conhecimento ou prática humanos.

Se, porém, vivemos no universo de Deus, os atuais senhores do conhecimento cometeram aquilo que é sem dúvida o maior erro da história humana. Crer que o mundo é plano ou que a Lua é um queijo não se compara em nada com o erro cometido por eles. Por outro lado, acreditar na veracidade dos atuais senhores do "conhecimento" é o mesmo que omitir o Deus espiritual e a vida espiritual da essência da realidade. É crer que esse Deus e essa vida não passam de ilusões; e dois ou mais séculos de "pensamento avançado" foram dedicados a mostrar que não passam, *de fato*, de pensamentos ilusórios. Assim, a batalha por identificar nosso universo como o universo de Deus e nossa existência como parte de sua criação simplesmente tem de continuar. Não podemos ficar de braços cruzados. Ao ensinar pessoas a "ouvir e praticar", devemos assumir uma postura franca e inteligente a respeito dessas questões fundamentais — uma postura, porém, fundamentada no amor.

Outro mito prejudicial que devo mencionar é a ideia de que somente os estudiosos, munidos de profundo conhecimento técnico, podem abordar com competência questões acerca de Deus como criador. Sem dúvida, precisamos de estudiosos, e devemos valorizá-los e orar por eles. Hoje, são uma raridade no povo de Deus. (Talvez você deva tornar-se um). Contudo, a obra de apresentar o Deus amável por meio de sua criação é fundamentalmente *pastoral*, além de ser a tarefa de um amigo ou um vizinho. Os eruditos podem ajudar, mas o trabalho em questão pode ser feito por qualquer que

A CONSPIRAÇÃO DIVINA

esteja disposto a ensinar, seguindo por onde o caminho levar (isto é, dedicando o tempo e estudo necessários) e confiando na cooperação do Deus Trinitário que está sendo apresentado.

O que, porém, não devemos nos esquecer jamais no caminho rumo à "fé sobre a rocha" é o fato de que o "fazer" ou o "não fazer" flui daquilo em que realmente acreditamos. Por isso, se pretendemos ensinar às pessoas o "tudo o que eu lhes ordenei" de Jesus, devemos trabalhar em suas crenças. Só assim poderemos mudar o objeto do seu amor. É impossível mudar o caráter ou o comportamento deixando as crenças intactas. A suposição de que é possível fazê-lo representa uma das grandes ilusões da cultura ocidental, cuja origem remonta a uma forma de cristianismo meramente cultural. Não podemos contornar essa ilusão; precisamos desfazê-la.

Assim como devemos mudar a crença das pessoas para que se tornem aprendizes de Jesus, também precisamos ampliar essas crenças se é nosso intuito que se desenvolvam aprendizes que vivem na plenitude a abundância da vida do reino, que têm a obediência como subproduto. Outra coisa: devemos ajudar o discípulo a alcançar a convicção inteligente de que este universo é realmente o mundo de Deus, levando esse aprendiz a avançar na direção do amor ao "Senhor, o seu Deus, de todo o seu coração, de toda a sua alma, de todo o seu entendimento e de todas as suas forças" (Mc 12:30).

Apresentando esse mandamento como o principal ou o "primeiro", Jesus acreditava que, se alguém possuísse esse amor, todas as demais coisas importantes acompanhariam, incluindo o "ouvir e praticar". É por isso que o amor sincero e lúcido por Deus deve ser a meta principal de qualquer currículo para a imitação de Cristo. Tal objetivo é alcançado na prática quando nosso "fiel Criador" se acha nítida e continuamente presente em nosso pensamento (1Pe 4:19).

2. O Deus de Jesus e do seu povo

Embora o conhecimento de Deus por meio de sua criação seja fundamental para o nosso amor a ele, não é o bastante, nem jamais se tencionou que o fosse. Tal conhecimento não esclarece a extensão do amor de Deus, particularmente pelo ser humano. Além do mais, não esclarece ao ser humano o "afeto paternal" de Deus. Mas o "fiel

Criador" não se deixa resumir a um mero objeto de especulação. Seu amor vem ao nosso encontro. Dos primórdios da revelação bíblica, Deus tem abençoado pessoalmente o ser humano, buscando com ele um relacionamento face a face, renovado por visitas periódicas (Gn 1:27-31; 2:7–3:8).

Trata-se de um propósito tão admirável, que chega a sugerir aos autores bíblicos um enigma sobre a própria natureza divina. O salmista clama: "Quando contemplo os teus céus, obra dos teus dedos, e a lua e as estrelas que ali firmaste, pergunto: Que é o homem para que com ele te importes? E o filho do homem, para que com ele te preocupes? Tu o fizeste um pouco menor do que os seres celestiais e o coroaste de glória e de honra. Tu o fizeste dominar sobre as obras das tuas mãos; sob os seus pés tudo puseste: todos os rebanhos e manadas, e até os animais selvagens, as aves do céu, os peixes do mar e tudo o que percorre as veredas dos mares" (Sl 8:4-8).

Mesmo quando o ser humano volta as costas ao Pai e se coloca no trono cósmico, Deus continua a visitá-lo, fazendo todas as provisões necessárias para a sua salvação. Aparentemente, nem os anjos entendem isso (1Pe 1:12). Parece que, ao longo dos séculos, a humanidade é admoestada e instruída acerca da natureza de Deus pela presença eterna da comunidade remida entre as nações (Ef 2:7; 3:10). E Deus não somente interage com cada ser humano (Jo 1:9; At 10:30-31; 14:17; Rm 1:14-15), mas também estabelece uma presença *pública* na história humana por meio do povo da aliança, no qual manifesta-se de forma tangível a todo o que na terra deseja encontrá-lo.

A oração magnífica de Neemias 9:5-38 expressa como a criação e a aliança se interligam na tradição histórica de um povo redimido e redentor. O contexto é a confissão coletiva de como o povo falhou catastroficamente em cumprir a aliança, bem como a renovação do pacto perante o Deus gracioso, que não desiste de nós. A primeira parte da oração equivale à "frase de abertura" que estudamos no capítulo sete. Os dois elementos cruciais declarados no início da oração são precisamente a criação e a aliança:

CRIAÇÃO: "Só tu és o SENHOR. Fizeste os céus, e os mais altos céus, e tudo o que neles há, a terra e tudo o que nela existe, os mares e tudo o que neles existe. Tu deste a vida a todos os seres, e os exércitos dos céus te adoram" (v. 6).

A CONSPIRAÇÃO DIVINA

Aliança. "Tu és o Senhor, o Deus que escolheu Abrão, trouxeste-o de Ur dos caldeus e deu-lhe o nome de Abraão", cujo significado é "Pai de multidões" (v. 7).

A mudança de nome foi feita porque, em Abrão, "todos os povos da terra serão abençoados" (Gn 12:3). Abraão e a tradição de fé transmitida por meio dos seus descendentes deveriam ser o *lugar publicamente estabelecido* para que a natureza do coração paternal de Deus fosse acessível a todos.

É claro que o povo que mais tarde veio a seguir Jesus, o filho de Abraão — o mesmo Jesus a quem Paulo se referia como *a* semente de Abraão —, julgou-se como a continuação e o cumprimento da aliança de Deus com Abraão. Assim, eles se consideravam parte de uma "nova aliança", um "novo testamento". Os primeiros capítulos de Atos dos Apóstolos revelam como os discípulos compreendiam a transição e a continuação da aliança por meio de Jesus, e suas orações refletem a mesma combinação de criação e aliança que vemos em Neemias 9.

É por isso que, em Atos 4, os apóstolos e outros discípulos que estavam com eles, sob ameaça severa das autoridades, reagem da seguinte maneira: "Ouvindo isso, levantaram juntos a voz a Deus, dizendo: 'Ó Soberano, tu fizeste os céus, a terra, o mar e tudo o que neles há!" (v. 24). Em seguida, citam o grande rei da antiga aliança, Davi, e uma associação é estabelecida entre ele e "teu santo servo Jesus" (v. 25-30). Deus, então, responde ao povo da nova aliança fazendo tremer "o lugar em que estavam reunidos; todos ficaram cheios do Espírito Santo e anunciavam corajosamente a palavra de Deus" (v. 31).

"Conhecimento da glória de Deus na face de Cristo"

Desse modo, impressionamos a mente dos discípulos com a bonda-de, a graça e a generosidade incompreensíveis de Deus ao ajudá-los a ver e a entender a pessoa de Jesus. Em uma noite pesarosa e terrível, Jesus dizia uma série de coisas que confundiam e perturbavam seu círculo de amigos. Filipe exclamou, exasperado: "Senhor, mostra--nos o Pai, e isso nos basta" (Jo 14:8). Pacientemente, Jesus respondeu: "Você não me conhece, Filipe, mesmo depois de eu ter estado com vocês durante tanto tempo? Quem me vê, vê o Pai" (v. 9). Sem dúvida, Filipe e os outros achavam essas palavras boas demais para serem verdade. O caráter de Deus era mesmo como o de Jesus? A resposta espantosa é: "Sim, de fato!".

A chave, então, para amar a Deus é *ver Jesus*, retendo-o no pensamento da forma mais completa e clara possível, isto é, adorá-lo. Para fins de treinamento discipular, devemos dividir a adoração em quatro aspectos principais.

Em primeiro lugar, ensinamos a beleza, a verdade e o poder de Jesus enquanto ele aqui viveu, como um ser humano entre tantos outros. O conteúdo dos Evangelhos deve ser explicado e trazido à vida de tal maneira, que ele se transforma em uma presença permanente na mente do discípulo.

Em segundo lugar, ensinamos o modo como Jesus foi executado, por nossa causa, como criminoso comum entre outros criminosos. Não precisamos compreender exatamente como isso tudo funciona. Qualquer que pensa compreender plenamente o que a teologia denomina "expiação" sem dúvida alguma terá algumas surpresas pelo caminho. Em nenhum outro tópico a arrogância teológica se revela tão comumente quanto na doutrina da expiação. De qualquer maneira, o *fato* da morte de Jesus é algo que devemos manter sempre em nossa mente. Essa é uma boa razão para o uso ou a exibição de uma cruz. Por todas as associações falsas e enganosas que possam cercar a imagem da cruz, ela ainda assim diz, mesmo sem o conhecimento daquele que a exibe: "Fui comprado pelos sofrimentos e pela morte de Jesus e pertenço a Deus. A conspiração divina, da qual faço parte, paira sobre a história humana na forma de uma cruz".

Todo discípulo deve trazer gravada indelevelmente na alma a realidade dessa pessoa maravilhosa que andou entre nós e sofreu uma morte cruel para trazer a vida de Deus a todo ser humano. Deve tornar-se algo que *nunca* se encontra além das margens de sua própria consciência, pois Paulo nos assegura: "Mas Deus demonstra seu amor por nós: Cristo morreu em nosso favor quando ainda éramos pecadores" (Rm 5:8).

A exclusividade da revelação cristã a respeito de Deus jaz nisto: ninguém pode ter uma perspectiva adequada do coração e dos

A CONSPIRAÇÃO DIVINA

propósitos do Deus do universo se não entender que ele permitiu que o seu Filho morresse na cruz para alcançar todas as pessoas, incluindo aquelas que o odiavam. Deus é assim. Mas essa descrição não corresponde apenas à "resposta certa" a uma pergunta teológica. É muito mais do que isso: trata-se de Deus olhando da cruz para *mim* com compaixão, suprindo a minha necessidade e pronto para tomar a minha mão e levar-me de volta, onde quer que eu me encontre no caminho da vida.

A compreensão de Paulo sobre o significado da morte do Filho dedicada a cada ser humano se revela detalhada e categoricamente em Romanos 8:31-39:

> Se Deus é por nós, quem será contra nós? Aquele que não poupou seu próprio Filho, mas o entregou por todos nós, como não nos dará com ele, e de graça, todas as coisas? Quem fará alguma acusação contra os escolhidos de Deus? É Deus quem os justifica. Quem os condenará? Foi Cristo Jesus que morreu; e mais, que ressuscitou e está à direita de Deus, e também intercede por nós. Quem nos separará do amor de Cristo? Será tribulação, ou angústia, ou perseguição, ou fome, ou nudez, ou perigo, ou espada? Como está escrito: "Por amor de ti enfrentamos a morte todos os dias; somos considerados como ovelhas destinadas ao matadouro". Mas, em todas estas coisas somos mais que vencedores, por meio daquele que nos amou. Pois estou convencido de que nem morte nem vida, nem anjos nem demônios, nem o presente nem o futuro, nem quaisquer poderes, nem altura nem profundidade, nem qualquer outra coisa na criação será capaz de nos separar do amor de Deus que está em Cristo Jesus, nosso Senhor.

Com essa esplêndida passagem perante nós, podemos vislumbrar os dois últimos aspectos da pessoa de Jesus a serem impressos na alma do aprendiz.

Em terceiro lugar, ensinamos a realidade do Jesus ressurreto, sua existência fatual como alguém que está presente entre o seu povo. Apresentamo-lo em sua *ecclesia*, seu grupo heterogêneo, mas glorioso, dos que foram chamados. Acompanhamos a trajetória de Cristo desde os surpreendentes encontros da manhã da primeira Páscoa, passando por todos os períodos históricos e incrivelmente diversos da Igreja. Mas também o demonstramos ativo entre os discípulos hoje, revelando-se essencialmente por intermédio do seu povo.

Assim, a encarnação *contínua* do Filho divino em meio ao ajuntamento do seu povo deve preencher a nossa mente se desejamos amá-lo, tanto ele quanto ao seu Pai, de forma adequada, construindo, então, nossa vida sobre a rocha do "ouvir e praticar". Algo que contribui para o nosso amor por ele é ver como, através do tempo e do espaço, tantas pessoas diferentes têm amado e servido a Jesus, apresentando-o e celebrando-o.

Em quarto lugar, então, ensinamos aos discípulos que Jesus é o senhor do universo criado e da história humana. É ele quem governa átomos, *quarks*, "cordas" etc., ou qualquer outra partícula da qual o cosmos depende.

Há muito o ser humano aspira controlar as partículas e forças fundamentais da realidade comum. Nosso progresso foi modesto, porém temos a forte sensação de que estamos na direção certa e de que esse é o nosso destino. Esse é o significado teológico do empreendimento científico e tecnológico. Apesar de a ciência e a tecnologia se apresentarem sempre como instrumentos para a resolução de problemas humanos, sem o seu contexto teológico, a busca por novas descobertas torna-se idólatra e enlouquece.

Mas esse Jesus é senhor de todo o universo mediante a sua palavra. Satanás, ao tentá-lo, afirmou estar em posse de todos os reinos da terra. Só que ele mentia, como é de sua natureza. Mentiras são a única esperança dele. Afinal, o próprio Jesus é rei dos reis da terra, o qual, com bons propósitos em mente, permite que Satanás e o mal exerçam alguma influência sobre a humanidade por um curto espaço de tempo. Sendo o *Logos*, Jesus é quem sustenta e manipula as leis fundamentais do universo físico.

Apresentado de modo completo em todos esses ângulos, o amor de Cristo por nós, bem como a majestade de sua pessoa, leva o discípulo a adorar Jesus. Seu amor e sua amabilidade preenchem a nossa vida. Certo irmão franciscano mais velho disse a Brennan Manning no dia em que ele entrou para a ordem: "Uma vez que você conhecer o amor de Jesus Cristo, nada mais no mundo parecerá tão belo ou desejável".[12]

O próprio Jesus sabia ser essa a chave. O verdadeiro sinal de amor por ele era a guarda de seus mandamentos, pois observá-los seria possível apenas por meio desse amor. Nesse amor de Jesus, todas as coisas se encaixam: "Se alguém me ama, obedecerá à minha palavra. Meu Pai o amará, nós viremos a ele e faremos morada nele" (Jo 14:23).

3. A mão de Deus vista nos acontecimentos da vida do discípulo

O terceiro aspecto do ensino exigido para levar o discípulo à condição de amar integralmente ao Senhor de coração, alma, entendimento e forças diz respeito à bondade de sua própria existência, da vida que lhe é concedida no nascimento natural e em sua consequente trajetória sobre a terra.

Como nosso "fiel Criador" e apresentado "na face de Cristo", Deus é adorável e magnífico. Mas ele permanecerá como objeto a ser admirado e até adorado de longe se isso é tudo que sabemos dele. Para que os discípulos sejam levados a amar a Deus de maneira plena e jubilosa, devem ver sua própria vida nos parâmetros estabelecidos pela bondade incondicional dele. "Ver" talvez seja uma palavra forte demais, ainda que, certamente, represente o que devemos ansiar. Contudo, eles devem pelo menos ter a certeza em seu coração de que sua vida *necessariamente* é fruto da bondade divina. Aqueles que ensinam os discípulos a fazer o "tudo o que eu lhes ordenei" de Jesus devem ter como objetivo ajudá-los com essa convicção.

Clara de Assis, convertida em sua juventude a uma vida de devoção completa a Jesus, por Francisco de Assis, expirou com essas últimas palavras: "Senhor Deus, bendito sejas tu por me haveres criado!". Esse deve ser o suspiro diário do discípulo de Jesus.

Pouco antes, estando Clara de Assis já no leito de morte, o irmão Rainaldo a exortara a suportar com paciência a sua enfermidade. Ela lhe respondeu: "Meu caro irmão, desde que conheci a graça do meu

---

[12]MANNING, Brennan. *Abba's Child* [O filho do Aba]. Colorado Springs, CO: Navpress, 1994, p. 186-187.

Senhor Jesus Cristo pelo seu servo Francisco, nenhum sofrimento me perturbou. Nenhuma penitência me foi dura demais, nenhuma doença, penosa demais".

Em seguida, pouco antes de suas últimas palavras, alguns repararam que ela murmurava consigo: "Parta em paz, pois terás boa companhia na jornada. Vá confiante para ele, que te protegeu e amou como a mãe ama o filho".[13]

Nunca amaremos a Deus de modo afável e resoluto, o amor que faz da obediência a Jesus nossa reação natural, a não ser que estejamos absolutamente seguros de que a *nossa existência é boa e que é bom ser do jeito que somos*. Isso quer dizer que não podemos ter dúvidas quanto à bondade que nos foi demonstrada pelo tempo e lugar de nascimento, ou pelos pais que recebemos; e que nada irredimível nos sucedeu ou nos sucederá a caminho de nosso destino no mundo pleno de Deus.

Qualquer dúvida nesse ponto reforça a ideia errônea de que os mandamentos de Deus são apenas para benefício e contentamento dele, e que, em última análise, cada qual deve cuidar de si. Ao examinarmos as "falhas morais" de cristãos conhecidos (e desconhecidos também), geralmente a sua origem está na ideia de que Deus exige que eles o sirvam de tal maneira, que cada qual deve "cuidar de suas próprias necessidades" em vez de ser ricamente provido por Deus. Em vez de amor, o resultado é ressentimento contra Deus; e, a partir de uma postura como essa, torna-se impossível praticar atos consistentes de amor.

Uma bela ilustração da fé e do amor a ser desenvolvidos no discípulo é fornecida, no Antigo Testamento, por José. Sua história é encontrada em Gênesis 37–50. Partindo de um senso de ser abençoado por Deus desde a infância, José permaneceu completamente fiel a Deus.

Atacado e vendido como escravo por irmãos invejosos (37:18-36) e então esquecido por anos na prisão, sob falsas acusações, provocadas precisamente por sua retidão moral (39:7-23), José conservou-se

---

[13]ENGLEBERT, Omer. *Saint Francis of Assisi: A Biography* [São Francisco de Assis: uma biografia]. Ann Arbor, MI: Servant Books, 1979, p. 123.

seguro da bondade de sua vida perante Deus. Posteriormente, depois de tornar-se governador de todo o Egito, pôde dizer aos irmãos com respeito à sua traição: "Vocês planejaram o mal contra mim, mas Deus o tornou em bem, para que hoje fosse preservada a vida de muitos" (Gn 50:20).

A despeito dos males e sofrimentos que nos sobrevêm na jornada da vida, é a convicção de que Deus sempre intenciona o nosso bem que nos assegura paz e alegria. Precisamos ter certeza dessa intenção se pretendemos ter a liberdade e capacidade de, como José, simplesmente fazer o que sabemos ser o certo.

Honrar pai e mãe: uma necessidade vital

Uma boa parcela das dúvidas que temos sobre a bondade da nossa vida está atrelada a questões bem específicas: aos nossos pais e à nossa família; ao nosso corpo; ao nosso casamento e filhos (ou à falta de um cônjuge e de filhos); às oportunidades da vida; ao nosso trabalho e ao nosso chamado (que não são a mesma coisa).

Na essência da nossa identidade encontra-se a nossa família, especialmente os nossos pais. Ninguém será grato pelo que é, a menos que seja grato pelos pais. Naturalmente, não se trata apenas de ser grato por todas as coisas que eles fizeram, pois pode ser que tenham feito coisas terríveis. Em muitos casos, devemos primeiramente ter piedade deles, e só então poderemos ter gratidão.

Entretanto, o quinto dos Dez Mandamentos diz: "Honra teu pai e tua mãe", com o acréscimo: "a fim de que tenhas vida longa na terra que o SENHOR, o teu Deus, te dá" (Ex 20:12). Paulo observa que esse é "o primeiro mandamento com promessa" (Ef 6:2).

A promessa está enraizada nas realidades da alma humana. Uma existência longa e saudável requer nossa gratidão a Deus por quem somos, e não podemos ser gratos por isso se não formos agradecidos por nossos pais, através de quem nossa vida veio a existir. Eles são parte da nossa identidade, de modo que rejeitá-los e ficar irados com eles é o mesmo que autorrejeição e uma ira autodirigida. Rejeitar a nós mesmos, por sua vez, leva à doença, à devassidão e à morte espiritual e física. Não podemos nos autorrejeitar e amar a Deus.

UM CURRÍCULO PARA A IMITAÇÃO DE CRISTO

Enquanto a ferida da autorrejeição permanecer aberta na alma humana, tanto o indivíduo quanto a sociedade ficam sujeitos a toda sorte de males terríveis. É daí que surgem os "Hitlers". Para cada Hitler que sobe ao poder, milhões se consomem e morrem, esquecidos pelos confins da terra. As últimas palavras do Antigo Testamento abordam esse problema profundo. Falando de um "Elias" que havia de vir, as últimas palavras de Malaquias declaram que "ele fará com que os corações dos pais se voltem para seus filhos, e os corações dos filhos para seus pais; do contrário, eu virei e castigarei a terra com maldição" (Ml 4:6). Essa "conversão do coração" representa uma necessidade profunda, a qual o movimento desencadeado pela organização *Promise Keepers* [Guardadores de promessas], bem como outros indivíduos e grupos, tenta abordar em nosso tempo.

Assim, ao treinar discípulos a "ouvir e praticar" as palavras de Jesus, um dos pontos mais importantes será ajudá-los a honrar seus pais. Não podemos evitar essa etapa. Enquanto, em alguns casos, o processo poderá ser fácil, em outros, nos quais o discípulo já honra os pais, ele nem sequer será necessário. Mas esses casos são raros, especialmente na sociedade contemporânea.

O treinamento em questão tem estágios claramente distinguíveis. Primeiro, o discípulo deve ser sincero a respeito de quem são seus pais, do que eles lhe fizeram e de como realmente se sente a respeito deles. Em seguida, deve confessar ações praticadas contra os pais, pedindo perdão. Por fim, deve aceitar os seus pais como eles são, demonstrando-lhes misericórdia, perdoando suas falhas.

Tudo isso exigirá aconselhamento cuidadoso, muita oração e, de vez em quando, a presença ativa do discipulador. Às vezes, será necessário o auxílio de conselheiros especialmente formados. Já em outros casos, o processo levará um longo tempo, durante o qual o filho precisará exercer cautela para não recair em velhos hábitos, prejudiciais ao relacionamento com os pais, como tentar fazer o pai ou a mãe compreendê-lo, tentar dar a "última palavra" ou provar que está de posse da razão. Essas questões devem ser simplesmente entregues a Deus, para que ele trabalhe da forma como julgar necessário.

Ensinamentos e instruções semelhantes devem ser dados com respeito a outros aspectos da vida do discípulo, incluindo áreas

A CONSPIRAÇÃO DIVINA

como o corpo, o amor e a sexualidade; a vida conjugal e os filhos; o sucesso profissional e a carreira. O propósito em cada uma dessas áreas é levar o discípulo a ser grato por quem ele é e pelo que tem. Praticamente a mesma sequência se demonstrará necessária: da sinceridade à aceitação, da compaixão ao perdão e, finalmente, do perdão à gratidão a Deus, com respeito a todos os aspectos da vida. Ao final desse treinamento, as palavras de Paulo farão pleno sentido: "Dando graças constantemente a Deus Pai por todas as coisas, em nome do nosso Senhor Jesus Cristo" (Ef 5:20). E também estas: "Aprendi a adaptar-me a toda e qualquer circunstância. [...] Tudo posso naquele que me fortalece" (Fp 4:11, 13).

Parte da vida eterna de Deus é a cura de todas as feridas que nos levam a exigir constantemente a punição pelo que os outros nos fizeram. O que realmente importa, em termos pessoais, quando você sabe que *foi incluído* na família de Deus? Você foi *escolhido*; *Deus* te escolheu. Essa é a mensagem do reino.

Escrevendo aos coríntios que lutavam entre si sobre quem está certo ou quem é melhor nesse ou naquele aspecto, Paulo lhes assegura: "Todas as coisas são de vocês, seja Paulo, seja Apolo, seja Pedro, seja o mundo, a vida, a morte, o presente ou o futuro; tudo é de vocês, e vocês são de Cristo, e Cristo, de Deus" (1Co 3:21-23).

Naturalmente, Jesus ensinou a mesma coisa a respeito da plenitude pessoal de cada indivíduo do seu povo (Mc 10:30). Também nos escritos do profeta Isaías, há uma passagem muito tocante a esse respeito. Naquele tempo, os não israelitas estavam sempre "de olho" no povo de Israel, como costumamos dizer — da mesma forma que os eunucos, que jamais poderiam constituir família. Mas Deus lhes diz: "A eles darei, dentro de meu templo e dos seus muros, um memorial e um nome melhor do que o de filhos e filhas, um nome eterno, que não será eliminado" (Is 56:2-5).

É algo notório o fato de Jó, depois de finalmente se ter colocado perante Deus, estar totalmente satisfeito e tranquilo, embora nem sequer uma das perguntas que fizera acerca de seus sofrimentos tivesse sido respondida. Suas perguntas eram boas; ele não pecou ao fazê-las. Aos olhos de Deus, porém, elas eram simplesmente irrelevantes. E é como se, para Jó, deixassem de despertar interesse.

Sejamos, agora, perfeitamente claros: não há como você supor como sua vida seria caso tivesse vivido em circunstâncias diferentes. Não existe outro "você" além de sua vida real. Você não é separado da sua vida, de modo que é nela que deve encontrar a bondade de Deus. Do contrário, não acreditará que Deus o tratou bem, nem estará em paz com ele.

Você precisa encontrar a bondade de Deus e a comunhão com Jesus naquilo que você mesmo é; do contrário, seu amor pelo Pai e pelo seu Filho unigênito não constituirão o fundamento de uma vida de abundância e obediência. Ambos desejam habitar em você, na sua vida, tornando cada aspecto dela gloriosa à luz do que lhe foi planejado (Jo 14).

Hoje em dia, muitos dirão que isso simplesmente não justifica os fatos amargos da vida. Que dizer, por exemplo, das vítimas de violência sexual ou de doenças horríveis, de defeitos congênitos, da guerra e de sofrimentos semelhantes? Se sofremos terrivelmente, nossa resolução deve ser não deixar que tais sofrimentos sejam o ponto central da nossa vida. Se pudermos, devemos concentrar nossa atenção em Deus, no mundo de Deus e no fato de estarmos incluídos nesse mundo, com um destino glorioso pela frente. Se não conseguirmos fazê-lo sozinho, devemos buscar aqueles que poderão nos ajudar a encontrar novas forças no reino. Nesse caso, a gratidão se concentrará na redenção vindoura e no futuro que Deus nos tem preparado, aconteça o que acontecer. Tendo em vista a bondade que Deus nos demonstrará, estaremos mais dispostos a acolher, até de bom grado, nossa vida como ela realmente é.

ADQUIRINDO HÁBITOS DE BONDADE

Rompendo com [a escravidão d]o "pecado em nosso corpo"

Já mencionamos a necessidade de levar o discípulo a contemplar a amabilidade de Deus na face de seu Filho encarnado e no compromisso e cuidado pessoal que ele tem para com cada um de nós. Trata-se de um processo que deve caminhar paralelamente ao *segundo objetivo principal* do currículo para a imitação de Cristo. Como já vimos, esse objetivo é romper com o poder do vício da maldade que

A CONSPIRAÇÃO DIVINA

rege a nossa vida em função de nossa longa familiaridade com um mundo distante de Deus. Devemos aprender a reconhecer padrões de maldade, a fim de escapar de seu domínio.[14]

Honestamente, muitas pessoas acreditam que isso simplesmente não pode ser feito. Em Romanos 7:14-25, Paulo fala daqueles que estão divididos entre a sua consciência e sua incapacidade de fazer o que sabem ser o correto. O apóstolo identifica "o pecado que habita em mim" (v. 17) como o poder que, no meu corpo e nos meus membros, leva alguém a fazer o mal a despeito dos seus desejos e das suas intenções conscientes (v. 20-24). O mal adquire vida própria quando habita o corpo em seu ambiente social. Não é diferente da forma como o vírus da aids vive e cresce pelas células do corpo. O que Paulo descreve é uma realidade. Mas essa passagem é erroneamente interpretada como uma declaração pessoal de Paulo a respeito de como era a sua vida o tempo todo.

Após seu encontro com Cristo e seu crescimento espiritual, porém, Paulo passou a levar uma vida totalmente diferente, conforme deixam claro seus escritos e o restante do Novo Testamento. Isso está fundamentado no pressuposto da seção como um todo (Rm 6–8).

Paulo assume diante de seus leitores que o pecado não deve continuar dominando os seus corpos mortais, fazendo que eles obedeçam aos seus desejos. Nem devem oferecer os membros do seu corpo ao pecado, como instrumentos de injustiça. Devem, antes, oferecê-los a Deus como quem voltou da morte para a vida; como instrumentos de justiça (Rm 6:12-13).

O problema é que, hoje, não sabemos ao certo o que isso significa; tampouco temos pessoas que nos sirvam de exemplo. Atualmente, o cristianismo de consumo é a norma. O cristão-consumidor é aquele que se utiliza da graça de Deus para receber o perdão e usufruir dos serviços da igreja em ocasiões especiais, sem, no entanto, render ao

---

[14]Para os que estão informados e se interessam pelos debates a respeito do assunto, não temos em mente aqui a "erradicação da natureza pecaminosa", nem chegarmos a um ponto em que nos é impossível pecar. Falamos da formação do ser interior à semelhança de Cristo, fazendo rotineiramente o que ele faria se estivesse em nosso lugar. Reitero: a questão não é a perfeição, isto é, não ter mais espaço para melhoria em nossa conformidade com Cristo.

reino dos céus a sua vida e os seus pensamentos, as suas intenções e os seus sentimentos mais íntimos. Esses cristãos não sofreram transformação interior, nem estão comprometidos com o cristianismo.

Devido a esse fato, não permanecem apenas "imperfeitos"; imperfeitos todos nós somos. O problema é que continuam, incessante e intensamente, relutantes e incapazes de fazer "o bem que preferem", como Paulo tão habilmente resume.

O cristão-consumidor continua *governado*, "escravizado" pelo pecado (Jo 8:34; Rm 6:16). Por exemplo: sua vida é dominada por medo, ganância, impaciência, egoísmo, desejo de lascívia etc., e ele continua a fazer provisão para essas maldades. É essa condição que o currículo para a imitação de Cristo deve ter como objetivo abolir, de modo inteligente e disciplinado.

O que é o "pecado atuando nos membros do meu corpo"?

Para começar bem, devemos ter em mente que o fator dominador sobre o indivíduo durante o curso de sua "existência humana normal" não é um poder cósmico invencível e todo-poderoso. Não se trata, como teólogos antigos costumavam dizer, de uma necessidade metafísica sob a qual estamos, mas um obstáculo em forma pessoal ou "moral".[15] Se pensamos enfrentar um poder cósmico ou uma malignidade irresistível, sem dúvida seremos levados a ceder e a desistir — muitas vezes com o mínimo de resistência. Se nos autoconvencemos de que resistir é inútil, cruzamos os braços e simplesmente "deixamos a coisa acontecer", sentiremos alívio por um tempo; poderemos novamente ser "pessoas normais". Depois, porém, teremos de lidar com as consequências — muito graves, por sinal.

Na realidade, condutas de maldade que governam a vida humana fora do reino são geralmente fracas, até mesmo ridículas. São simplesmente o *nosso hábito*, nossas respostas automáticas de pensamento, sentimento e ação. Uma situação típica refere-se a quando

---

[15]Sobre a necessidade "moral" ou "metafísica", veja a entrada "necessidade" em McClintock e Strong, *op. cit.*, vol. VI, p. 903-904.

agimos erradamente, antes de nos darmos conta. E é isso que dá aos maus hábitos o seu poder. Na maior parte dos casos, eles formam, conforme Paulo sabia, características do nosso corpo e do nosso contexto social, partes essenciais do ser humano. Em grande medida, tais ações automáticas não se preocupam com o que se passa em nossa mente consciente ou em nossa vontade deliberativa, e muitas vezes agem precisamente na direção contrária à delas. Raramente o que fazemos de errado resulta de uma reflexão cuidadosa.

Antes, nosso comportamento rotineiro consegue manter a vontade deliberativa e a mente consciente desarticuladas e na defensiva. Isso nos faz lidar constantemente com aquilo que *já fizemos*. E normalmente o "hábito nocivo" que nos domina é defender o que fizemos, cometendo, assim, outro erro: negando, enganando e racionalizando — ou mesmo matando alguém, como fez o rei Davi.

Portanto, é primordialmente no corpo e no seu meio social que é preciso realizar o trabalho de substituir hábitos errôneos por reações automáticas cuja origem se encontra no reino de Jesus, fundamentadas por seu poder. Não há dúvidas de que primeiro deve acontecer uma conversão interior profunda de arrependimento e fé. Todavia, a substituição de hábitos continua essencial a qualquer um que pretenda "ouvir e praticar", construindo, então, a sua casa sobre a rocha. Sem isso, dificilmente terá sucesso o esforço imediato de fazer o certo no momento da ação.

Uma questão do que está "em" nós

A ideia de que hábitos corporais são a forma principal da existência da maldade humana na vida prática é absolutamente essencial para compreendermos o currículo discipular exigido; por essa razão, devemos enfatizá-la.[16] Jamais conseguiremos lidar com esse mal enquanto continuarmos a considerá-lo, como é corrente hoje, algo

---

[16]Hanna Arendt assistiu ao julgamento de Eichmann e escreveu sobre a banalidade do mal. Eichmann era um homem tão *comum*! Muitos ficaram irados com ela, pois queriam retratar Eichmann como um monstro. Mas Arendt estava certa. A malignidade do mal *praticado* reflete circunstâncias nas quais o mal se apropriou de hábitos humanos comuns em determinado contexto histórico.

exterior a nós (Satanás, o "mundo"), em vez de rotinas triviais que aceitamos com hábito.

Tiago escreve sobre aqueles que, em vez de permanecerem firmes quando sob provação, lançam sobre Deus a culpa de suas tentações. É claro que, desse modo, acabam abrindo caminho para o "deixar a coisa acontecer". No entanto, Tiago enfatiza que ser tentado a cometer o mal não tem origem em Deus, mas depende do estado interior de cada um, da cobiça (*epithumias*) de cada um. Sem a cobiça, nem mesmo Deus poderia tentar alguém. Quando, porém, o ser humano acolhe e abriga a cobiça, é como se a concebesse e desse à luz "o pecado, e o pecado, após ter se consumado, gera a morte" (1:12-15).

Reações irrefletidas que temos diante das situações são simplesmente uma expressão daquilo que o corpo "sabe" fazer. É claro que, na maior parte das situações, a reação automática do corpo é boa. É para isso que ele serve. O ser humano adulto não faz praticamente nada que não dependa do "conhecimento" inconsciente do corpo. Falar, cozinhar, dirigir pela cidade são coisas que fazemos praticamente sem pensar. Infelizmente, isso também vale para o erro que o corpo "sabe fazer".

Um dos dizeres mais instrutivos de Jesus ocorre quando ele deixa o último encontro com seus alunos mais próximos, antes da crucificação. Jesus explica que está engajado em uma batalha espiritual que não lhe deixará mais tempo para conversar com eles. Agora, ao "príncipe deste mundo" será permitido prová-lo com o máximo de força possível, tentando-o de todas as formas, a fim de que demonstre incredulidade para com o seu Pai.

No conflito ocorrido no lugar chamado Getsêmani, a mente e os sentimentos de Jesus foram martelados de todas as formas possíveis; o intuito maligno era que ele duvidasse do Pai. Jesus quase morreu ali mesmo em função dessa luta. Mas Jesus acrescentou aos seus amigos: "o príncipe deste mundo [...] nada tem *em mim*" (Jo 14:30, ARC). Ao final, foi o que *não* havia em Jesus que o tornou invencível, que o manteve a salvo.

Eis um fato: nada tem poder para tentar-me ou mover-me na direção errada, exceto pelo que eu *permito* agir em mim. Em termos espirituais, as coisas mais perigosas em mim são os pequenos

A CONSPIRAÇÃO DIVINA

hábitos mentais, emocionais e práticos que considero "normais", já que "todo mundo é assim" e "errar é humano".

Treinamento e experiência devem nos levar ao entendimento de que deixar de seguir nossos desejos habituais, e de fazer o que pessoas "normais" fazem não é lá grande coisa. Ninguém morre por isso, embora, no início do processo, nossos velhos hábitos "tentarão nos dizer" que sabem o que estão fazendo. O Sol nascerá e a vida continuará, melhor do que jamais sonhamos.

Corretamente entendida, a "morte para o eu" da qual a Escritura e a tradição falam, é simplesmente a aceitação desse fato. É a "cruz" aplicada à vida cotidiana. E isso é parte importante do que os discípulos precisam aprender para romper o jugo do "pecado que habita em seus membros" e os impulsiona.

Padrões de ira, de zombaria e do "olhar cobiçoso" ilustram vividamente a trivialidade básica do impulso para a prática do mal. O "olhar" é somente um hábito. Não há nada profundo ou vital sobre ele. O olhar cobiçoso simplesmente reage a certos estímulos. Qualquer que se dê ao trabalho de refletir sobre os maus hábitos que tem será capaz de identificar estímulos como esses.

Isso vale para a ira, o desprezo e outras coisas. Não é como a lei da gravidade. Cair de uma plataforma não é um hábito; cultivar a ira, a cobiça e outras coisas más, sim. Em termos gerais, aqueles que dizem não conseguir parar são mal-informados quanto à vida ou apenas decidiram continuar com a prática. A segunda opção é a mais provável.

Entretanto, a notícia realmente boa é que o poder do hábito pode ser quebrado. Hábitos podem mudar. Deus pode ajudar-nos a mudá-los, embora não os mude por nós, pois ele tem um interesse genuíno na pessoa que nos tornaremos. Se, por exemplo, você resolveu não deixar que a ira ou a cobiça governem sua vida, poderá treinar-se (e certamente poderá ser ajudado por discipuladores mais experientes) a usar os mesmos "estímulos" para ativar pensamentos, sentimentos e ações que os anularão — estímulos que, até então, serviram para ativar hábitos de ira e cobiça. Muitos já o comprovaram na prática.

É precisamente essa a estratégia global empregada no programa dos Doze Passos, já mencionado. Logicamente, os Alcoólicos Anônimos não a descobriram, nem a inventaram. Trata-se, de certo modo, de uma "lei" da personalidade humana. No entanto, mesmo o programa dos Alcoólicos Anônimos será incapaz de ajudar alguém que não decidiu parar de beber. Como sempre, a intenção indica o caminho; por isso, pensamentos e desejos habituais precisam de transformação para sustentar a intenção em momentos de ação.

Ninguém fará esse treinamento por nós

Podemos extrair disso uma verdade fundamental em nosso currículo para a imitação de Cristo: o treinamento exigido para a transformação dos hábitos mais básicos de pensamento, sentimento e ação não é de responsabilidade de outros, mas nossa. Mesmo assim, é algo que não podemos fazer sozinhos. A vida, em todas as suas formas, precisa alargar-se para além de circunstâncias imediatas a fim de alcançar a realização; e com a vida espiritual não é diferente.

As conhecidas palavras de Jesus são: "Sem mim vocês não podem fazer nada" (Jo 15:5). Mas tal verdade deve ser contrabalanceada pela percepção de que, em geral, se não fizermos nada, seremos inativos sem Jesus, não com ele.

Obviamente, os resultados do treinamento em qualquer área não podem ser meramente transferidos de uma pessoa para a outra, e raramente, quando muito, serão *injetados* em alguém pela graça divina. Outra pessoa não pode aprender espanhol por mim; tampouco outra pode erguer peso para melhorar a minha musculatura. Da mesma forma, nosso caráter moral mais profundo não é algo que pode ser desenvolvido por nada mais que não seja feito por nós ou para nós. Outros podem ajudar-nos de determinadas maneiras, mas nós mesmos devemos agir. Sábia e consistentemente, devemos agir por um longo tempo.

Mesmo assim, não podemos "nos despir do velho homem e nos revestir do novo homem" sozinhos. A transição e transformação do velho para o novo resultam de diversos fatores que cooperam com nosso esforço interior ou exterior, algo que fica claro pela passagem magnífica de Filipenses 2, na qual Paulo explica a "mente" ou o caráter interior de Jesus e nos chama a ter a mesma "forma de pensar".

A mente ou atitude em questão é a do servo amoroso, que age em benefício dos outros. Essa é a vida do reino. Jesus assumiu a condição de escravo voluntário, a ponto de morrer por outros. Ao fazê-lo, alcançou a unificação mais elevada possível com respeito à vida de Deus e do homem. Jesus é o Maestro, o Senhor, e isso será reconhecido por todo o cosmos, por toda a criatura, no devido tempo (Fp 2:11).

Ainda na passagem de Filipenses, Paulo prossegue ao dizer que recebemos a vida do reino pela nova palavra do evangelho e da pessoa de Jesus. A vida que temos hoje, recebemo-la como um dom. Uma vez, porém, que a recebemos, resta-nos algo a fazer, visto que, segundo já observamos, a pessoa que nos tornamos não pode resultar do trabalho de outros.

Portanto, devemos "pôr em ação" a salvação que temos (2:12). A palavra aqui é *katergazesthe*, cujo sentido é desenvolver ou elaborar algo, levando-o à plenitude do que ele deve alcançar por natureza. Não o fazemos, porém, como se a nova vida fosse simplesmente o *nosso* projeto. Não é. Deus também age em nosso ser, efetuando em nós "tanto o querer quanto o realizar, de acordo com a boa vontade dele" (v. 13). É por isso que agimos — e ninguém pode fazer a tarefa *por* nós — com "temor e tremor", pois sabemos que Deus também está envolvido nesse trabalho.

A tríplice dinâmica

O "triângulo de ouro" do crescimento espiritual

No que chamo de "triângulo de ouro do crescimento espiritual", proponho uma representação dos fatores envolvidos em nossa transformação concreta, de dentro para fora — ou seja, da "mente" para o "comportamento", respectivamente. Essa imagem sugere a correlação, na vida prática, dos fatores que certamente podem levar à transformação do "eu" interior à semelhança de Cristo. A intervenção do Espírito Santo é posicionada no topo do triângulo para indicar a sua primazia em todo o processo. As provações da vida diária e as atividades especialmente planejadas para a transformação são colocadas na parte inferior do triângulo. Elas objetivam demonstrar que a transformação ocorre em nossa vida real, onde moramos com Deus e convivemos com o próximo. E no plano da vida real, o papel daquilo que nos é imposto ("as provações") anda de mãos dadas com nossas escolhas quanto ao que planejamos conosco em termos de crescimento espiritual.

A função primordial do Espírito Santo é agir dentro da nossa alma, especialmente da nossa mente, com o objetivo de apresentar-nos a pessoa de Jesus e a realidade do seu reino. Isso ocorre pela palavra do evangelho, em contraposição às realidades da vida sem Deus. Nossa fé em Jesus como Senhor é sempre resultado de uma ação provocada e sustentada pelo mover espiritual de Deus. Assim, Paulo declara: "Ninguém pode dizer: 'Jesus é Senhor', a não ser pelo Espírito Santo" (1Co 12:3b).

Após recebermos a nova vida, o Espírito continua a agir em nós com o propósito de levar-nos a fazer as obras que Jesus fez (por meio dos "dons" do Espírito) e cultivar o caráter interior que se manifesta no "fruto" do Espírito, isto é, seu resultado na vida exterior: amor, alegria, paz, longanimidade e traços semelhantes de Cristo (Gl 2:23-25).

Não podemos enfatizar o bastante a importância da obra do Espírito Santo. Hoje, porém, nossa prática nos círculos cristãos é, em geral, colocar quase uma ênfase completa no topo da pirâmide, na obra do Espírito de Deus no indivíduo. Tal ênfase assume várias formas, dependendo da história e do ponto de vista do indivíduo ou do grupo.

É muito comum recomendarmos a participação em uma igreja com base em como ela mudará a nossa vida, já que Deus estará presente nos cultos e seremos *inundados* com a sua presença. Certamente, há uma verdade importante nessa ideia. Manifestações públicas de Deus — ou, usando uma terminologia mais comum, "avivamentos" — fizeram uma grande diferença na vida de muitos, incluindo a minha. A ênfase dos cultos pode ser colocada nos dons do Espírito, no fruto do Espírito, no batismo do Espírito, na plenitude do Espírito, na unção do Espírito etc. — todos eles fatores importantes.

Todavia, a dependência do que o Espírito faz *por* nós ou *em* nós, por mais indispensável que seja — como de fato é —, não pode, por si só, transformar as profundezas do nosso caráter. A ação do Espírito deve ser acompanhada pela nossa reação, a qual, conforme vimos, não pode ser realizada por ninguém além de nós mesmos. Nossa participação ativa tem duas características, representadas pelas extremidades da base do nosso triângulo.

O papel indispensável dos acontecimentos comuns: "testes"

Para começar, devemos aceitar as circunstâncias nas quais nos encontramos constantemente como o lugar da bênção de Deus e do seu reino. Deus nunca abençoou alguém fora da situação em que esse alguém se encontrava. Se, porém, por incredulidade, descartarmos contexto após contexto de vida como não sendo o momento "certo", simplesmente não teremos a oportunidade de receber o reino de Deus. Afinal, o *continuum* da nossa existência *é* a nossa vida.

Experimentamos a vida como uma série de tarefas, e os desafios mais sérios que enfrentamos são *provações* e *tribulações*. Na linguagem bíblica, tudo isso corresponde a "tentações". Apenas perceba como as pessoas levam a vida! Para alguns, a primeira tribulação do dia é simplesmente levantar e dar início às atividades comuns: arrumar-se, dirigir-se para o trabalho e encarar as pessoas ao lado de quem exercem uma profissão. Contudo, o conhecimento do reino pode colocá-las em posição de lidar com tudo o que a vida lança sobre elas com excelência e alegria — incluindo levantar-se cedo! Seja o que lhes sobrevier, servirá apenas para confirmar a bondade e a grandeza do Deus que as acolheu em seu mundo.

É por isso que Tiago, irmão de Jesus, inicia sua carta com palavras que verdadeiramente anunciam o evangelho do reino:

> Meus irmãos, considerem motivo de grande alegria o fato de passarem por diversas provações, pois vocês sabem que a prova da sua fé produz perseverança. E a perseverança deve ter ação completa, a fim de que vocês sejam maduros e íntegros, sem lhes faltar coisa alguma (1:2-4).

Que declaração impressionante! Reconhecemos imediatamente que, para enfrentar os desafios cotidianos, precisamos estar profundamente envolvidos com as outras duas arestas do triângulo: devemos ter conosco a ação constante do Espírito Santo e incorporar as "disciplinas espirituais" importantes ao nosso plano de vida. De fato, os três pontos do triângulo são absolutamente essenciais tanto um para o outro quanto como meta geral de crescimento espiritual. Nenhum dos elementos funcionará sozinho.

Semelhante a essa afirmação de Tiago é a abertura do capítulo 5 de Romanos, em que Paulo começa com a esperança que nos foi dada pela graça, a fé e a paz que nos sobrevêm como dom de Deus. Em seguida, o apóstolo estabelece exatamente a mesma ideia de Tiago: "Também nos gloriamos [*kauxometha*, "exultamos", "gabamo-nos"] nas tribulações, porque sabemos que a tribulação produz perseverança; a perseverança, um caráter aprovado; e o caráter aprovado, esperança. E a esperança não nos decepciona, porque Deus derramou seu amor em nossos corações, por meio do Espírito Santo que ele nos concedeu" (Rm 5:1-5).

Desse modo, é absolutamente essencial ao nosso crescimento rumo à "mente" de Jesus que aceitemos as "provações" da existência comum como o plano físico [lugar] em que vamos experimentar e encontrar o reino-do-Deus-conosco [cf. Mt 1:23]. Não é nossa tarefa tentar evitar as provações, nem as classificar como "catástrofes" ou "o fim do mundo" quando elas nos sobrevierem. Devemos encarar esses acontecimentos como oportunidades pelas quais Deus confirmará a sua fidelidade para conosco. É assim que passamos a conhecer a realidade concreta do reino dos céus.

A CONSPIRAÇÃO DIVINA

Poucos discípulos, porém, conseguirão responder diretamente às "provações" comuns que enfrentam dessa maneira, da mesma forma como não conseguirão fazer imediatamente "tudo o que eu lhes ordenei". Os aprendizes de Jesus terão de adotar certas práticas que os condicionarão a reagir de modo apropriado. As práticas em questão são as disciplinas que recaem no lado inferior direito do "triângulo de ouro" do crescimento espiritual.

Pouca informação e imprecisão sobre como desenvolver os hábitos do reino...

Não apenas o resultado do nosso progresso no reino parece fugir ao nosso controle, como também não recebemos instruções sistemáticas sobre o nosso papel nesse processo. Isto é, pelo menos não em termos precisos — e certamente não em fórmulas. A razão é que o processo deverá acontecer como uma caminhada entre duas pessoas. Também porque cada ser humano tem uma necessidade diferente, e o processo deve corresponder à necessidade específica de cada discípulo. Instruções perfeitamente genéricas são simplesmente impossíveis, razão pela qual não as encontramos na Bíblia. O mais próximo que chegamos disso são os livros de "sabedoria", especialmente Salmos e Provérbios.

O pressuposto do caminho de Jesus é que, após a nossa decisão de "ouvir e praticar", faremos *todo o necessário* para levar adiante a nossa decisão. Os detalhes precisos dessa decisão serão modelados e elaborados por cada indivíduo devoto de determinado grupo, da história da redenção e do bom senso da humanidade. E é exatamente o que vemos ao analisarmos a história do povo de Jesus.

A carta de Paulo aos Colossenses talvez contenha a melhor declaração geral da formação espiritual do discípulo no Novo Testamento. Suspeito que isso se deva ao fato de ela ter sido escrita a pessoas que Paulo jamais conheceu ou teve a oportunidade de ensinar. Assim, o apóstolo lhes dá uma apresentação generalizada precisamente daquilo que temos tratado neste capítulo.

Em geral, Colossenses 1 e 2 correspondem ao primeiro objetivo principal do currículo para a imitação de Cristo, conforme já apresentamos. Já os capítulos 3 e 4 da carta, por sua vez, correspondem ao segundo objetivo principal.

Em Colossenses 3:1-4, após resumir as implicações práticas dos dois primeiros capítulos, Paulo passa imediatamente ao segundo objetivo principal, no versículo 5: "Façam morrer tudo o que pertence à natureza terrena de vocês". Dada a maneira como os cristãos de Colossos, e nós também, foram formados na "natureza terrena", esses aspectos são precisamente: "imoralidade sexual, impureza, paixão, desejos maus e ganância, que é idolatria". Não precisamos examinar muito a fundo para ver que a lista abarca os mesmos elementos encontrados em Mateus 5.

"Mas agora, abandonem todas estas coisas: ira, indignação, maldade, maledicência e linguagem indecente no falar", Paulo diz, no versículo 8. Em seguida, ele muda o foco dessas ações e atitudes para o nível mais profundo do *caráter*: "Vocês já se despiram do velho homem com suas práticas e se revestiram do novo, o qual está sendo renovado em conhecimento, à imagem do seu Criador" (v. 9b-10).

Como pessoas envolvidas nesse processo, é-nos dito pelo apóstolo: "revistam-se de profunda compaixão, bondade, humildade, mansidão e paciência. Suportem-se uns aos outros e perdoem as queixas que tiverem uns contra os outros. Perdoem como o Senhor lhes perdoou" (v. 12-13). Repare como tudo isso é enfaticamente expresso como coisas que *nós devemos fazer*.

O que estamos cansados de saber

Só que Paulo não diz aos colossenses *como* fazer isso. Em outras cartas que escreveu, porém, lemos coisas como: "Tornem-se meus imitadores, como eu o sou de Cristo" (1Co 11:1). Ou então: "Ponham em prática tudo o que vocês aprenderam, receberam, ouviram e viram em mim..." (Fp 4:9). O que precisamos compreender é que essas palavras não indicam uma excentricidade marginal e pessoal, e sim uma prática essencial, comum. Todos entendiam o que Paulo queria dizer.

Ademais, é claro que Jesus, acima de todos, é quem nos *mostra* como viver no reino. A sucessão apostólica genuína diz respeito a habitar com Cristo e aprender dele a ser como ele, com os fiéis que nos precederam. Jesus é o objeto definitivo da imitação, como remetem as palavras de Paulo aos coríntios, há pouco citadas. Em seguida, vêm aqueles que imitaram Jesus imediatamente depois dele — e assim sucessivamente ao longo dos séculos. A história do povo de Deus é um tesouro inesgotável que deve a sua substância à pessoa de Jesus — o mesmo que viveu, vive e continuará a viver para sempre, individualmente e em seu povo.

Não apenas ouvimos Jesus e tentamos fazer o que ele *disse*; também o observamos e tentamos fazer o que ele *fez*. Reparamos, por exemplo, como ele passava longos períodos de reflexão solitária e silenciosa; assim, refletimos na solidão e no silêncio com ele. Notamos a forma como ele se dedicava avidamente ao estudo das Escrituras; então, seguimo-lo, a Palavra Viva, às profundezas da palavra escrita. Observamos como ele orava e louvava, como servia os que estavam ao seu redor, e assim por diante. Algumas Bíblias destacam o que ele disse com letras vermelhas. (Não nos seria útil também uma Bíblia com letras verdes para indicar o que ele *fez* — o verde como sinal de "vá em frente" e seja um imitador de Cristo?)

Como alguém versado nas Escrituras, Jesus entendia que o nosso objetivo, se pretendemos mesmo viver segundo Deus intencionou, é cuidar da alma, ou melhor, de todo o nosso ser. Nisso está a sabedoria de toda a tradição bíblica: "Acima de tudo, guarde o seu coração, pois dele depende toda a sua vida" (Pv 4:23). "Tu, Senhor, guardarás em perfeita paz aquele cujo propósito está firme, porque em ti confia" (Is 26:3). Em alguns textos, a pessoa abençoada é aquela que "na lei do Senhor [...] medita dia e noite" (Sl 1:2; cf. Js 1:8).

Como mentor do jovem ministro Timóteo, Paulo o aconselha a ser "um exemplo para os fiéis na palavra, no procedimento, no amor, na fé e na pureza", cultivando o dom que lhe foi depositado em sua ordenação. O apóstolo o adverte a atentar "bem para a sua própria vida e para a doutrina, perseverando nesses deveres", já que, dessa maneira, o jovem pastor salvaria "tanto a si mesmo quanto aos que o ouvem" (1Tm 4:12-16).

Assim, se queremos realmente "nos despir do velho homem e nos revestir do novo homem", tendo a mesma "forma de pensar" ou caráter interior do nosso Senhor, precisamos seguir, na vida como um todo, um parâmetro modelado pelo próprio Jesus. Devemos pôr em prática, como a igreja tem feito no decorrer dos séculos, o mesmo estilo de vida de Jesus, ensinando outros a fazerem o mesmo. Tal projeto de vida deve incorporar *tudo o que se fizer necessário* para o desenvolvimento do caráter de Jesus e a prática de seus ensinamentos e de seus seguidores imediatos — em suma, para o desenvolvimento do caráter e das obras que lemos em Colossenses 3. Nosso projeto de vida e de crescimento no reino de Deus deve ser estruturado em torno de disciplinas para a vida espiritual.

PLANO DE DISCIPLINAS PARA UM NOVO CORAÇÃO

O que são disciplinas espirituais?

Mas o que exatamente são as "disciplinas espirituais"? O que, precisamente, transforma uma prática em uma disciplina espiritual? Antes de tudo, como você já deve ter desconfiado, referimo-nos, claro, a *disciplinas*, quaisquer atividades em nosso poder, em que nos engajamos para levar-nos a fazer o que não conseguimos pelo esforço direto.[17]

A prática de determinada atividade pode ser uma disciplina, como cantar, treinar arremessos, acertar buracos de golfe ou enunciar palavras ou frases em francês. A prática é uma forma de disciplina, mas nem toda disciplina é uma prática; pois, em muitas disciplinas, não nos envolvemos com a atividade que ansiamos dominar.

Em nossa cultura, por exemplo, que avança em um ritmo tão frenético, simplesmente dormir e descansar podem ser disciplinas no

---

[17]O tratamento das disciplinas para a vida espiritual no reino de Jesus fornecido neste capítulo é necessariamente breve. Para um tratamento mais exaustivo, cf., acima de tudo, *A celebração da disciplina*, por Richard Foster, 2. ed. (São Paulo: Editora Vida, 1983) e a excelente bibliografia que o livro contém. Confira, também, o meu livro *The Spirit of the Disciplines* [O espírito das disciplinas] (São Francisco: Harper Collins, 1988) e o tratamento histórico *Christian Spirituality* [Espiritualidade cristã], 3 vols. (Nova Iorque: Crossroad, 1987-1991). Sobre as disciplinas espirituais no contexto da cultura mundial, cf. *Spiritual Disciplines: Papers from the Eranos Yearbook* [Disciplinas espirituais: artigos do anuário de Eranos], editado por Joseph Campbell (Princeton, NJ: Princeton University Press, 1960).

sentido que acabamos de definir. As duas disciplinas nos permitirão, como expusemos há pouco, fazer o que não conseguimos por esforço direto: manter uma boa saúde emocional e física, quem sabe até exibindo uma atitude mais amorosa e sensível para com a família e os colegas de trabalho. Normalmente, porém, quando descansamos, não estamos "praticando o descanso" — embora, no mundo de hoje, isso também se faça necessário às vezes, pois algumas pessoas não conseguem descansar apenas deixando de fazer qualquer atividade.

Mas disciplinas espirituais também são, obviamente, *espirituais*. Isto é: têm o objetivo de fazer com que sejamos ativos e eficazes na esfera espiritual do nosso coração, que hoje está vivo, pela graça divina, para Deus e o seu reino. Disciplinas espirituais objetivam ajudar-nos a abandonar a dependência total do que é meramente humano ou natural (e é precisamente esse o sentido de "mortificar a carne", destruí-la, deixá-la morrer) e passar a depender também do que constitui a realidade definitiva: Deus e o seu reino.

Assim, por exemplo, faço jejum por saber que existe outro alimento que me sustém. Memorizo a Escritura e medito nela a fim de que a ordem do reino de Deus torne-se a ordem e o poder da minha mente e da minha vida.

A centralidade do corpo

De modo um tanto irônico, *todas* as disciplinas "espirituais" são, ou essencialmente envolvem, ações do corpo. Mas isso faz pleno sentido, já que o corpo é, além dos pensamentos, o primeiro campo de energia que temos poder de direcionar; e tudo mais que influenciamos decorre do nosso poder sobre o corpo. Além do mais, é o repositório principal dos hábitos errôneos que devemos abandonar, assim como o lugar no qual novos hábitos devem instituir-se. Até certo ponto, somos capazes de levar o corpo a executar coisas que transformarão os nossos hábitos — especialmente hábitos mentais e emocionais —, possibilitando, assim, que façamos aquilo que, hoje, está fora da nossa capacidade.

As obras do reino fluem naturalmente a partir de certa qualidade de vida. Cultivamos essa vida em sua integridade ao orientar nosso corpo para atividades que fortalecem o nosso ser interior e exterior, para Deus e por meio de Deus.

Nessa segunda parte do currículo para a imitação de Cristo, então, a principal tarefa é, usando o corpo de forma diferente, interromper e conquistar aqueles hábitos de pensamento, sentimento e ação que governam nossa vida fazendo-nos agir como se fôssemos Deus, e como se Deus e o seu reino fossem irrelevantes ou estivessem inacessíveis a nós. Feito isso — ou, colocando-o de forma mais precisa, analogamente a isso —, passamos para o lado positivo: envolvemo-nos com disciplinas para o desenvolvimento de *novos* hábitos, hábitos do reino. A meta final dessa parte do currículo é levar nosso corpo a tornar-se um aliado confiável, um recurso para a vida espiritual.

Dos primeiros estágios do discipulado, nos quais "o espírito está pronto, mas a carne é fraca", avançamos para estágios em que a carne — pense em "carne" como sentimentos, pensamentos e ações mais ou menos automáticos — corrobora com o espírito e condiz com as suas intenções mais profundas. Isso é absolutamente essencial ao treinamento que nos levará a praticar com sinceridade as coisas que Jesus ensinou serem as melhores.

Tendo o próprio Jesus como modelo

Um próximo passo para a compreensão do que são as disciplinas espirituais para o discípulo de Jesus é entendê-las simplesmente como uma forma de imitar a Cristo, uma imitação de suas práticas — devidamente adequadas à nossa condição. Descobrimos um caminho em que o poder de obstáculos internos à vida obediente e abundante é anulado. Como? Observando a prática de Jesus e de outros que o seguiram e aprendendo a estruturar nossa vida ao redor das mesmas atividades. Assim, embora não tenhamos nenhuma fórmula com relação ao modo de estruturar nosso dia a dia, qualquer que saiba ao menos um pouco sobre a vida de Jesus já tem as informações de que necessita, ou pode facilmente descobri-las. Não se trata de um segredo.

Para despojar-nos do velho homem, então, e revestir-nos do novo, basta imitarmos Jesus nas atividades a que ele se dedicava com

A CONSPIRAÇÃO DIVINA

o objetivo de nutrir sua vida em relação ao Pai. Evidentemente, a vocação e missão de Jesus estavam bem além das nossas; além do mais, ele jamais partilhou das nossas fraquezas, resultantes de nossa longa persistência no pecado. A dedicação de Cristo à reflexão solitária, ao silêncio, ao estudo das Escrituras, à oração e ao serviço dedicado aos outros exercia um papel disciplinar em sua vida. Podemos, então, estar seguros de que o que Jesus achou útil para conduzir sua vida no Pai também nos será útil. Foi um marco em minha vida quando finalmente entendi que, se *Jesus* precisou de quarenta dias no deserto em determinado ponto, três ou quatro dias de deserto não me fariam mal.

Ao longo do tempo em que seu povo tem vivido na terra, incontáveis aprendizes de Jesus testificam quanto à eficácia das disciplinas espirituais. Aqueles que fizeram grande progresso espiritual envolveram-se com uma lista razoavelmente padronizada de disciplinas para a vida espiritual. Houve, sem dúvida, abusos e mal-entendidos; no entanto, o poder da solidão, do silêncio, do estudo meditativo, da oração, da entrega sacrificial, do serviço etc. *como disciplinas* é simplesmente inquestionável. Trata-se de um campo de conhecimento e, para a nossa grande desvantagem, continuamos ignorantes a seu respeito.

Entretanto, as disciplinas não confirmam o seu valor para aqueles que apenas falam a seu respeito, estudam-nas "academicamente" ou escutam a seu respeito. Devemos praticá-las, ao lado de Jesus como mestre, para descobrirmos o poder incrível que elas têm para mudar o mundo e o caráter de alguém. Quando praticadas com fé e humildade, sua eficácia é autoconfirmatória — apesar de você não precisar de muita fé e humildade para começar a praticá-las. Se perseverarmos nas disciplinas, elas farão o resto, pois nos abrirão a porta do reino.

Trata-se de uma extensão da ênfase de Jesus na prática como forma de conhecimento do reino. Estaremos aptos para fazer o que ele nos manda à medida que formos transformados interiormente, seguindo suas práticas de solidão, serviço, estudo etc. É parte essencial do que Paulo chama de "oferecer o corpo como sacrifício vivo" (Rm 12:1) e resultará na transformação da pessoa disciplinada, que então será capaz de fazer o que for necessário quando a ocasião pedir.

Fazendo a mesma coisa de forma diferente

Às vezes, entrar nas disciplinas espirituais não é tanto uma questão de fazer algo que não fizemos antes, e sim fazê-lo de forma diferente.

Dei início à prática de disciplinas espirituais mesmo antes de saber o que estava fazendo. Ainda me recordo vividamente de quando gastei boa parte do meu dia apenas lendo e relendo o Evangelho de João. Estava no meu segundo ano da universidade. Não me recordo exatamente o porquê de ter feito isso, mas sei que não se tratava de uma tarefa do curso. Creio que tenha ocorrido em um fim de semana prolongado, quando o campus estava deserto — um fator-chave, por sinal.

Comecei lendo o Evangelho enquanto as máquinas lavavam as minhas roupas. A lavagem, porém, não levou mais do que uma ou duas horas e, por esse tempo, vi-me fascinado e atraído pelo mundo radiante narrado por João. Nunca experimentara algo assim antes.

Não fiz nada pelo resto do dia, além de viver naquele mundo: lendo, meditando, lendo textos paralelos e relendo. Verdadeiramente, testifico que o meu mundo nunca mais foi o mesmo, daquele dia em diante. Descobri uma realidade em Jesus, nas pessoas e nos acontecimentos que o circundavam que nunca conhecera. Não fui exatamente "transformado", creio eu. Talvez o emprego dessa palavra seja muito frequente e desgastado. Alguns "pecados persistentes" ainda não haviam sido eliminados. Contudo, algo novo passou a operar em mim. Aprendera alguma coisa sobre como mudamos — e como não mudamos.

Particularmente, aprendi que *intensidade* é um fator crucial para qualquer progresso na percepção e no entendimento espiritual. A leitura ocasional de alguns versículos ou capítulos da Bíblia durante a semana, durante os cultos e fora deles não reestruturará nossa mente e espírito — assim como uma gota de água a cada cinco minutos não faz um banho, por mais que você fique debaixo do chuveiro. Você precisa de muita água de uma vez, e por tempo suficiente. O mesmo se dá com a Palavra escrita.

Cerca de um ano depois, aprendi uma lição correlata sobre a oração. Na tradição em que fui criado, a leitura bíblica e a oração eram as duas obras religiosas mais importantes que alguém deveria praticar,

A CONSPIRAÇÃO DIVINA

além de frequentar os cultos na igreja. Nunca, porém, fora educado a respeito de como isso tudo devia ser praticado de determinada maneira para que fizesse alguma diferença real na vida de alguém.

Em particular, não entendia a intensidade com a qual deveríamos praticar as disciplinas, nem que a intensidade correta implicava longos períodos de concentração absoluta de cada vez. Além do mais, não sabia que minha vida como um todo devia estar estruturada de maneira que o possibilitasse. Não deveria, por exemplo, estar agitado, apressado ou cansado na hora da oração e do estudo. Por isso, não podemos nos envolver em uma prática eficaz e transformadora de oração e meditação levando a "vida de sempre". Tal estilo de vida deve desaparecer, pois será substituído por algo muito melhor.

Sem que o planejasse ou pretendesse, minha vida de estudante trouxe-me a possibilidade de passar longos períodos sozinho, no devido estado de alma e corpo. No terceiro andar de um prédio vizinho, havia salas onde as crianças tinham a sua aula de escola dominical. As salas estavam cheias de cadeiras e mesas pequenas para as crianças; por razões óbvias, uma pessoa adulta não podia usá-las. De segunda a sábado, porém, eu podia utilizar aquelas salas por horas a fio, totalmente só. O chão era o suficiente para o que eu queria fazer. Lá, aprendi o que a oração extensiva e intensiva pode fazer pela alma de alguém, bem como pelos assuntos da oração.

Algumas disciplinas específicas no currículo

Tendo em mente esses esclarecimentos sobre a natureza geral das disciplinas espirituais, quais são algumas das práticas mais úteis no desenvolvimento do discípulo? Não precisamos definir uma lista completa de práticas espirituais; na realidade, tal lista não existe.[18]

---

[18]Minha "lista-padrão" de disciplinas é dividida da seguinte forma:
- DISCIPLINAS DE ABSTINÊNCIA: solidão, silêncio, jejum, simplicidade, pureza sexual, discrição, sacrifício, vigilância.
- DISCIPLINAS DE AÇÃO: estudo, adoração, celebração, serviço, oração, comunhão, confissão, submissão.
- As disciplinas de abstinência têm o objetivo de enfraquecer ou romper o poder de práticas de vida que exercem pressão contra o nosso envolvimento com o reino de Deus. Já as disciplinas de ação têm o objetivo de mergulhar-nos ainda

Isso torna ainda mais indispensável entender o conceito geral que acabamos de explicar. O que está claro para nós é o fato de algumas disciplinas serem absolutamente centrais para o crescimento espiritual. Algumas delas formam um fundamento sólido para o crescimento integral de nossa vida como aprendizes de Jesus.

Como parte das disciplinas de abstinência, então, temos solidão e silêncio. Como parte das disciplinas de ação, temos estudo e adoração.

Duas disciplinas de abstinência: solidão e silêncio. Por solidão, queremos dizer o afastamento do contato humano e a permanência solitária por longos períodos. Deixar o contato com outras pessoas não é algo que pode ser feito de forma apressada, pois, no início do nosso retiro, temos dificuldade em desligar-nos das pessoas com quem nos relacionamos.

O silêncio é uma parte natural da solidão e constitui o seu complemento essencial. Boa parte do barulho *se origina* no contato humano. O silêncio significa escapar de sons e barulhos que vão além da sonoridade gentil da natureza. Mas também significa não falar, e os efeitos do não falar sobre a alma humana são diferentes do mero silêncio. Ambas as dimensões do silêncio são fundamentais para o rompimento de hábitos antigos e para a formação do caráter de Cristo em nós.

Por que razão, porém, tais disciplinas de abstinência exercem um papel tão essencial no currículo para a imitação de Cristo? Lembre-se: o segundo objetivo principal do currículo é quebrar o poder de respostas automáticas que se opõem ao que Jesus ensina, respostas

---

mais profundamente nesse reino. O resultado que cada prática busca produzir é óbvio, e este não é o lugar para articularmos cada uma delas ou descrevermos o método de cada disciplina. Exponho as disciplinas espirituais de modo mais detalhado em *The Spirit of the Disciplines* [O espírito das disciplinas]. O livro de Richard Foster, *Celebration of Discipline* [Celebração da disciplina], é ainda mais minucioso, especialmente com respeito às questões práticas relacionadas a várias disciplinas.

• O importante é entender que precisamos enquadrar as disciplinas em linhas gerais, pois muitas delas são necessárias para um planejamento de vida de crescimento espiritual. Qualquer que o compreenda e busque a ajuda de Jesus e do seu povo certamente descobrirá suas áreas de maior necessidade.

como: zombaria, ira, manipulação verbal, revide, complacência frente à maldade das pessoas ao nosso redor etc.

Essa tendência existe principalmente no que podemos chamar de nível "epidérmico" do ser, o primeiro ponto de contato com o mundo ao nosso redor. Constitui reações quase totalmente "automáticas" perante estímulos habituais. Nosso próprio idioma está repleto delas, de modo que a nossa fala serve como um "botão" pelo qual, até certa medida, nosso meio social nos controla. Tais estímulos não são "profundos": deparamo-nos com eles *o tempo todo*, de forma constante. Formam a esfera na qual vivemos a maior parte da vida e, na prática, têm o poder de atrair todo o nosso ser para as injustiças e os males mais profundos.

É justamente a solidão e o silêncio que nos permitem escapar à tendência de reações epidérmicas e de suas consequências, pois abrem o caminho para que anulemos essas reações, substituindo-as, com o auxílio de Deus, por reações imediatas diferentes e adequadas ao ambiente do reino — reações que, na verdade, todo ser humano reconhece ser bom em seus momentos de maior lucidez. Ambas quebram o ímpeto desenfreado da vida e criam um tipo de espaço interior que leva o indivíduo a conscientizar-se do que está fazendo e do que está *prestes* a fazer.

De nossas ruas carregadas de conflito, ouvimos o clamor: "Dê uma chance à paz!" e "Não podemos simplesmente conviver em harmonia?". Todavia, não podemos dar uma chance à paz se é *somente* a ela que pretendemos dar uma chance: precisamos dar passos concretos e que possibilitam a paz. Quando ouvimos alguns falando de paz, logo percebemos o quanto não estão dispostos a tratar das condições sociais e da alma que tornam os antagonismos algo inevitável. As pessoas querem conservar as condições antagônicas e ainda assim ter paz — embora a paz que buscam seja nos termos que estabeleceram, o que é impossível.

Além do mais, não podemos todos *simplesmente* conviver em harmonia sem que antes nos tornemos o tipo de pessoa capaz de conviver em harmonia. Parte importante do processo é transformar nossa reação de modo tal, que não somos inflamados imediatamente, como aqueles que têm "pavio curto". A solidão e o silêncio proporcionam-nos o meio para dar início às mudanças necessárias, embora precisemos de algo mais do que apenas esses dois elementos.

A solidão e o silêncio também nos dão a oportunidade de reformar nossa atitude interior com relação a pessoas e acontecimentos, pois tiram o mundo dos nossos ombros por um tempo e interrompem o nosso hábito de gerenciar constantemente as coisas, de estar no controle — ou de ao menos pensar que estamos no controle. Uma das maiores conquistas espirituais é a capacidade de não fazer nada. Por essa razão, o filósofo cristão Pascal observa com perspicácia: "Descobri que toda infelicidade humana surge de um único fato: da incapacidade do ser humano de permanecer em silêncio em seu quarto".[19]

A ideia de não fazer nada revela-se absolutamente aterrorizante para a maioria das pessoas com quem conversei sobre o assunto. Ao menos, porém, o indivíduo capaz de não fazer nada consegue abster-se de fazer a coisa errada. Assim, talvez seja ainda mais capaz de fazer a coisa certa.

Ademais, não fazer nada tem muitas vantagens. Pode ser uma grande bênção a outros ao nosso redor, que raramente têm uma chance enquanto estamos em ação. Outra coisa: talvez o terno Pai celestial se aproximasse mais se ficássemos quietos e descansássemos um pouco. Em geral, Deus prefere não competir pela nossa atenção; enquanto estamos "no comando", ele tende a manter certa distância.

Ao longo da vida, toda pessoa deveria ter períodos regulares dedicados a não fazer nada. E períodos de solidão e silêncio são oportunidades excelentes para aprendermos a não fazer nada. A lei que Deus nos deu em nosso benefício, e também em benefício dele, determina que um sétimo do nosso tempo seja dedicado à inatividade — isto é, seja dedicado a outra coisa além do trabalho. (A lei não inclui apenas nós ou os membros da nossa família, mas também todos que estão sob a nossa responsabilidade, incluindo empregados e até animais. Inclui também, claro, o trabalho religioso.) O sétimo dia deveria ser um repouso sabático, um dia de descanso.

---

[19]Extraído de *Pensées* [Pensamentos]. Veja a página 214 de *Pascal Selections* [Obras seletas de Pascal], editado por Richard H. Popkin (Nova Iorque: Macmillan, 1989).

A CONSPIRAÇÃO DIVINA

O que fazer em meio à solidão e ao silêncio? Em relação a "obrigações e deveres", simplesmente nada. Ao continuar a "fazer o que deve ser feito", você não rompeu com o contato humano. Por isso, não vá para a solidão e para o silêncio carregando uma lista de deveres. Mas você me pergunta: "É possível desfrutar de alguma coisa em períodos de solidão e silêncio?". Sim, mas não tente fazê-lo. Apenas fique quieto.

Abra mão até mesmo de tentar antecipar os resultados que tal disciplina fará para o seu crescimento espiritual, pois você descobrirá coisas incríveis no processo. Uma delas é que você tem uma alma; a outra, que Deus está perto, e que o universo está repleto de bondade; a outra, que algumas pessoas que você julga ruins não são tão ruins quanto aparentam. Mas não tente descobrir os benefícios de antemão. Do contrário, você se ocupará de algo desnecessário e acabará achando mais coisas para fazer.

A cura para o excesso de afazeres é a solidão e silêncio, pois, nessa condição, você se autodescobre como alguém cujo valor excede aquilo que faz. E a cura para a solidão também jaz na mesma disciplina, visto que, nessa condição, você descobre inúmeras razões pelas quais jamais deveria considerar-se só.

A fim de mergulhar na solidão e o no silêncio, faz-se necessário que você esteja à vontade. Não banque o herói, nem nessa nem em qualquer outra disciplina. Você precisará de descanso. Durma até acordar verdadeiramente renovado. Outra coisa: você precisará ficar tempo suficiente em retiro para que o seu interior se torne diferente. A água barrenta fica clara se você não a agitar por um tempo.

Você saberá que está descobrindo a alma e o próprio Deus pela percepção crescente de quem você é, com um senso de diminuição das coisas que você *tem* de fazer, como a sorte que lhe recai na vida. A sensação incômoda do "ter" de fazer algo nasce principalmente de um vazio de alma, o qual deveria ser preenchido pela presença do Pai e do seu reino. À medida que o vácuo é preenchido, você terá cada vez mais certeza de que não tem de fazer certas coisas — mesmo aquelas que você deseja realizar.

A libertação dos próprios desejos é uma das maiores dádivas da solidão e do silêncio. Quando tudo isso começa a acontecer, você sabe que está alcançando seu propósito. Laços antigos que o prendiam à iniquidade começarão a se desfazer, pois você passará a vê-los claramente. E você será desperto para a possibilidade real de amar alguém.

Não demorará para que você descubra como é realmente viver pela graça, em vez de apenas teorizar a respeito do assunto.

Esses são alguns dos frutos da solidão e do silêncio. É claro que o discípulo terá de aprender a *praticá-los*. A maioria de nós precisará fixar novas disposições práticas com aqueles que nos cercam. E devemos encorajar e ajudar familiares e colegas de trabalho na prática das mesmas disciplinas espirituais.

Naturalmente, o resultado mais importante dessa disciplina favorecerá o nosso primeiro objetivo principal: amar a Deus de todo o coração. Afinal, as distrações comuns da vida desviam com frequência nossa atenção de Deus, e o hábito de pensar em tudo mais é quase impossível de abandonar em meio à agitação da vida. Por isso, "dar um tempo" é útil. Pessoas frequentemente reclamam de como sua falta de concentração atrapalha a oração. Mas os pensamentos só fazem o que costumam fazer. Devemos romper com as garras do hábito. Certamente, a solidão e o silêncio nos ajudarão a fazê-lo.

DUAS DISCIPLINAS DE AÇÃO: ESTUDO E ADORAÇÃO. Já mencionamos como a nossa liberdade mais imediata corresponde à decisão do objeto de nossa atenção. É provável que, enquanto a solidão e o silêncio não derem fruto, nossa mente continue focalizada nas coisas erradas — ou até mesmo nas coisas certas, mas com uma atitude ansiosa, como se tentássemos dominá-las. À medida, porém, que nos reposicionarmos em solidão, escapando e mudando os impulsos que estavam no controle constante de nossa forma de pensar e de sentir, teremos mais liberdade para concentrar nossa mente na paz e na força do reino.

Isso, por sua vez, transformará nosso estado emocional e, assim, a própria condição do nosso corpo. Boa parte das pessoas ao nosso redor perceberá isso, de modo que elas mesmas começarão a ser afetadas. O contexto social mudará para melhor, e a nossa resposta decisiva ocorrerá muito mais no espírito do reino. Já o testifiquei em diversas ocasiões.

A CONSPIRAÇÃO DIVINA

Depois de a solidão ter feito seu trabalho, a chave para o progresso será o estudo. O estudo concentra plenamente nossa atenção em Deus e em seu reino, alcançando sua plenitude natural na adoração.

Ao estudar qualquer coisa, absorvo sua ordem e natureza em meus pensamentos, e também em meus sentimentos e em minhas ações. Em determinada etapa da vida, por exemplo, não sabia o alfabeto; mas então o estudei. Com o auxílio de um professor, coloquei o alfabeto em meu pensamento e, usando os dedos, por exemplo, sequenciei-o, como muitos fazem. Não demorou para que a ordem estivesse em minha mente e, assim, em meu corpo. Desde então, essa ordem me levou a reproduzir, reconhecer e usar o alfabeto e suas partes. A ordem que assimilei e da qual tomei posse pelo estudo capacitou-me a fazer muitas coisas que, até então, eu não podia fazer.

O que aprendemos sobre o estudo com esse exemplo simples vale para todas as áreas, da mais teórica à mais prática. Aplica-se também para o estudo do que é mau: internalizamos a ordem e os poderes do mal, e eles se apoderam de nós. Felizmente, porém, boa parte do que normalmente estudamos é boa. Um aprendiz de encanador ou um aluno de canto, por exemplo, absorve em sua mente certas ordens ao perseverar propositadamente sobre o assunto e sobre as atividades de forma apropriada. É assim que o estudo funciona. E é claro que, a partir de determinado ponto, capacita indivíduos a "fazerem o que não podiam por seu esforço direto".

Ora, discípulos de Jesus são pessoas que desejam assimilar em seu ser a ordem do Reino Entre Nós. Desejam viver sua vida no reino como o próprio Jesus, e isso requer a internalização dessa ordem. O estudo é a forma principal pela qual alcançam esse objetivo. Os discípulos devotam sua atenção, sua análise ponderada e sua experimentação prática na ordem do reino conforme a observam em Jesus, na Bíblia, em outros que seguem os passos de Cristo e em todas as coisas boas encontradas na natureza, na história e na cultura.

Eis o porquê do conselho prático de Paulo aos seus amigos na cidade de Filipos: "Tudo o que for verdadeiro, tudo o que for nobre, tudo o que for correto, tudo o que for puro, tudo o que for amável, tudo o que for de boa fama, se houver algo de excelente ou digno de louvor, pensem nessas coisas. Ponham em prática tudo o que vocês aprenderam, receberam, ouviram e viram em mim. E o Deus da paz estará com vocês" (Fp 4:8-9). Pois tudo isso procede de Deus e do seu reino.

É claro que, em todo o nosso estudo, como discípulos e com os demais discípulos, a pessoa de Jesus é o centro da atenção. Na verdade, porém, ele não é separável da palavra escrita e revelada, incluindo, em minha definição, a lei, os profetas, os livros históricos e os poéticos do Antigo Testamento. Aquele cuja intenção é ensinar discípulos a "ouvir e praticar" vai orientá-los a estudar todas essas coisas, concentrando-se, porém, na pessoa de Jesus.

Salmos 23, por exemplo, resume de forma sublime a vida do reino. O discípulo deve gravá-lo em sua mente, não só para nutrir-se de alegria e de paz, mas também para orientar os seus atos no reino de Deus. Os dez mandamentos, a oração do Pai Nosso, o Sermão do Monte; capítulos como Romanos 8, Colossenses 3, Filipenses 2–4 e outras passagens semelhantes — tudo isso deve ser ponderado com profundidade, e boa parte desses textos precisa ser memorizada. Trata-se de uma parte essencial de qualquer currículo para a imitação de Cristo. O envolvimento positivo com essas passagens é condição indispensável para que assimilemos a ordem do reino em nossa personalidade.

Conheço muitas pessoas que professam lealdade a Jesus, o reivindicam como Salvador e, infelizmente, não levam consigo esses textos bíblicos em sua alma e corpo, nem os utilizam conforme indicado. O resultado — digo-o com tristeza — é que eles mantêm o mesmo ciclo de falhas, sem qualquer progresso verdadeiro rumo à abundância e à obediência que analisamos neste capítulo. Alguns tentam usar outras disciplinas espirituais, mas com pouco resultado. Um ingrediente essencial está faltando, de modo que a ordem de sua mente e vida continua a mesma, como se não participassem do reino.

O estudo não é, de forma alguma, uma questão de simplesmente juntar informações para tê-las disponíveis. A assimilação intensa da ordem do reino pelo estudo da palavra escrita e pelo aprendizado da Palavra Viva estabelece boas relações epidérmicas nas esferas do pensamento, da emoção e da ação. Tais relações, por sua vez, integram-nos ao fluxo do governo eterno de Deus. Realmente passamos a pensar e a crer de forma diferente, e isso afeta tudo mais.

A CONSPIRAÇÃO DIVINA

Outro detalhe importante: não devemos adorar sem o estudo, pois a adoração ignorante é de valor limitado, e pode até ser perigosa. Podemos desenvolver um "zelo por Deus, mas não com entendimento" (Rm 10:2, ARC), causando grandes males a nós mesmos e aos outros. Mas a adoração deve ser adicionada ao estudo. Assim, completaremos a renovação da nossa mente pela imersão voluntária naquele que é radiante e digno de louvor: Jesus. O estudo sem adoração também é perigoso, e o povo de Deus sofre constantemente os efeitos devastadores dessa prática, especialmente no meio acadêmico. Lidar com as coisas de Deus sem o adorar é simplesmente falsificá-las.

Ao adorar, atribuímos grandeza, bondade e glória a Deus. Atrelamos todo o nosso ser à adoração: todas as nossas faculdades sensoriais, conceituais, ativas e criativas.

Embelezamos, elaboramos, louvamos. A poesia e a música; a pintura e a textura; o alimento e o incenso; a dança e a procissão — empregamos tudo isso para exaltar a Deus. Às vezes, a adoração se encontra na concentração silenciosa do pensamento, na paixão elétrica do encontro com a presença de Deus, na submissão total da vontade. Na adoração, esforçamo-nos por exprimir de forma adequada a grandeza de Deus. Mas apenas por um momento, se é que conseguimos, sentimo-nos adequados para a tarefa. Em vista do reino e da bondade que nos foram concedidos, não conseguimos adorar a Deus e ao seu Filho da forma como merecem.

Mesmo assim, a adoração grava em todo o nosso ser a realidade do que estudamos. O resultado é uma ruptura radical com os poderes do mal que operam em nós e que estão à nossa volta. Muitas vezes, o resultado da adoração é uma transformação duradoura e substancial. E a renovação da adoração mantém o brilho e o poder de nossa verdadeira terra natal, nossa pátria celestial, como um agente ativo em todas as partes do nosso ser. Na atmosfera da adoração, "ouvir e praticar" é a coisa mais clara, óbvia e natural imaginável.

Ainda que brevemente, então, abordamos quatro disciplinas espirituais — a solidão, o silêncio, a adoração e o estudo — em torno das quais devemos estruturar o currículo para a imitação de Cristo. Já deve estar claro que tais disciplinas nutrem e são nutridas fortemente pelo primeiro objetivo desse currículo: levar o discípulo de Jesus a amar integralmente a Deus de coração, alma, entendimento e forças. Outras disciplinas, como o jejum, o serviço dedicado a outros, a fraternidade etc. também podem ser analisadas. (De fato, devem ser avaliadas em uma análise exaustiva de um currículo para a imitação de Cristo.) Se, contudo, as quatro disciplinas que destacamos forem praticadas com inteligência e oração, tudo o mais certamente virá como consequência.

Neste ponto, o importante é nos lembrarmos de que, para construir uma casa sobre a rocha, para "nos despir do velho homem e nos revestir do novo homem", precisamos ter um plano definido. Esse plano deve incorporar todos os fatores designados no "triângulo de ouro" e deve ser cumprido na esperança de que a nossa vida como um todo será bem diferente, em conteúdo e organização, em comparação com os que não vivem no reino. Incluirá componentes importantes — não só um traço aqui, uma gota ali — das quatro disciplinas há pouco apresentadas, assim como poderá incluir, conforme a necessidade, componentes de outras disciplinas. Não devemos nos envolver nessas disciplinas como se fossem atos de justiça, porque elas não são. Antes, servem-nos de norteamento sobre como viver com Jesus em seu reino. Cada um de nós se depara com a seguinte questão: "Qual é o *meu* plano para a prática dessas disciplinas?"

MEDIDAS PRÁTICAS PARA ALCANÇAR OS DOIS OBJETIVOS DO CURRÍCULO

Um exemplo prático do "ensinando-os a obedecer..."

Além de pôr em prática todo o esforço necessário para alcançar os dois principais objetivos do currículo — fascinar a mente com Deus e romper o poder do mal em nosso corpo —, cada discípulo precisará, pelo menos em alguns casos, de orientação e auxílio individualizados na aplicação dos ensinamentos de Jesus.

Suponhamos, por exemplo, que você esteja tendo dificuldades com o ensinamento sobre deixar a ira ou abandonar o desprezo pelos outros. Nesses casos, a chave é concentrar-se na transformação do coração. A meta é "tornar a árvore boa". Não queremos *apenas* moldar a conduta, e sim mudar a fortaleza interior da alma. Assim,

Deus será adorado "em espírito e em verdade" e o comportamento justo deixará de ser apenas uma *performance*.

Queremos nos tornar uma pessoa que não é mais dominada pela ira e que verdadeiramente ama e respeita os outros. Além disso, queremos auxiliar outros nessa transição. Naturalmente, isso significa que o ensinamento não pode ser enquadrado em regras, tais como: "jamais chame alguém de 'tolo'"; "ceda sempre"; "nunca processe ninguém" etc. Afinal, mesmo acatando essas regras, podemos continuar cheios de ódio, ao passo que, dependendo da situação, podemos ignorá-las e ainda assim estarmos completamente cheios de amor.

Neste ponto, é crucial entendermos que o princípio da não formulação de regras se aplica a todos os ensinamentos de Jesus.

Se nos esquecermos disso, cairemos no pior tipo de legalismo estéril. Aquele que tenta obedecer aos ensinamentos de Jesus formulando regras para si acaba arruinando a sua vida. Todos nós já experimentamos algum tipo de crueldade bem-intencionada por parte daqueles que se sentiam "responsáveis" e que, por zelo, queriam que nos sentíssemos da mesma forma. Na verdade, pode até ser que, de tanto experimentarmos esse zelo mal-direcionado, passemos a ver Jesus, o ser humano mais bem-intencionado de todos, como o mais cruel, que lança sobre nós as suas "leis". Se isso acontece, a raiz da verdadeira imitação de Cristo é destruída.

A ira e o desprezo pelos outros serão removidos apenas pela visão e pela experiência do Deus que está sobre todos, assegurando-me que tudo está bem comigo e que outras pessoas são parte dos seus tesouros. Não preciso mais envolver-me na violência associada à ofensa verbal, visto que não preciso "rebaixar os outros" para sentir-me "elevado". Não preciso assegurar minha própria vida, pois já estou seguro.

Além do mais, o choque de receber um tratamento de amor, justiça e misericórdia certamente transformará o comportamento de outros: "Quando os caminhos de um homem são agradáveis ao Senhor, ele faz que até os seus inimigos vivam em paz com ele" (Pv 16:7).

A fim de ensinar o "mandamento" aqui, explicamos (repetidamente) tudo isso no contexto do evangelho do reino, lidamos com quaisquer problemas de entendimento e ajudamos o discípulo a vivenciar e crer na bondade e na justiça contidas na ordem de Jesus.

UM CURRÍCULO PARA A IMITAÇÃO DE CRISTO

Passamos aos discípulos tarefas relativas à predisposição à ira e ao desprezo. Pedimos-lhes que façam um diário, relatando suas experiências — no dia ou na semana, por exemplo — e, dependendo dos resultados, reforçamos os ensinamentos, dando-lhes sugestões práticas. Sem dúvida, algumas dessas orientações implicarão o uso correto de determinadas disciplinas espirituais.

Outro "mandamento" é não "constranger" outros a aceitar nossos desejos e pontos de vista pelo "juramento": invocando verbalmente várias coisas de valor (dos céus à nossa cabeça) em apoio às nossas crenças e projetos. O mandamento diz respeito ao "teatro" e à "ênfase" que vemos em uso diariamente.

Neste ponto, o ensinamento subjacente é que devemos respeitar os outros perante Deus e permitir que formem seu julgamento com base em nossa afirmação simples de que as coisas são de um jeito ou de outro. Não devemos tentar controlá-las ou manipulá-las. (Mateus 7:1-7 é um ensino complementar, envolvendo não a *ênfase*, e sim o nosso julgamento "brilhante" a respeito de quem e o que está certo ou errado, e por quê.)

A fim de ensinar esse "mandamento", cabe-nos ajudar o discípulo a compreender o que significa mesmo "jurar", mostrando-lhe a falta de amor inerente a esse ato e o quanto ele prejudica os outros. Devemos também ensiná-lo a entregar os outros nas mãos de Deus, pela oração e por seu próprio exemplo.

Também devemos orientar o discípulo com respeito às medidas práticas e individualizadas, há pouco indicadas. Procuraremos auxiliá-lo em áreas nas quais ele demonstra verdadeira dificuldade, nos casos em que a manipulação verbal se oferece como alternativa tentadora, ajudando-o a vivenciar e a crer na bondade e na justiça contidas na instrução de Jesus. Desse modo, o discípulo descobrirá medidas práticas para tornar-se o tipo de pessoa que as obedece naturalmente.

O padrão do ensino

Ao agir assim, estabelecemos um padrão de ensino, o qual poderá então ser adaptado às condições específicas de "todo mestre da lei instruído quanto ao Reino dos céus" (Mt 13:52). É dessa exata maneira que ensinaremos os outros, de forma bem-sucedida, o "obedecer a tudo o que eu lhes ordenei" de Jesus. O *padrão* pode ser aplicado a todos os casos: ao espírito de não retaliação ("a outra face"), ao hábito de responder o ultraje com a bênção (o "método" de Jesus em 1Pedro 3:23), ao ato de caminhar a segunda milha, à conduta de viver livre da lascívia intencional etc.

O padrão tem dois elementos principais:

1. Posicionar claramente o contexto perante o governo atual do Pai celestial, por meio de Jesus.
2. Orientar o discípulo em casos reais de sua vida, proporcionando-lhe a compreensão e a segurança fundamentadas na experiência.

O modelo também pode ser aplicado a mandamentos de nível intermediário, como: "Não se perturbe o coração de vocês" (Jo 14:1); "se vocês me amam, guardarão os meus mandamentos" (14:15); "permaneçam em mim" (15:4). Mas, nesses casos, por sua característica menos específica e por não poderem ser obedecidos por esforço direto, instruções de "como fazer" vão condizer com disposições mais gerais da nossa vida. E essas disposições mais gerais são quase totalmente uma questão de envolvimento com disciplinas para a vida espiritual.

As disciplinas são ações práticas que mudam o interior do ser humano e seu relacionamento com o "Ajudador" (*paracleton*). Seu objetivo é levar-nos a fazer o que pretendemos e evitar o que não queremos. Logicamente, elas não têm sentido algum se isoladas da intenção sincera de obedecer ao ensinamento de Cristo e seguir seu exemplo.

VISÃO GERAL DO PROGRESSO: DE HOJE PARA A ETERNIDADE

Cinco dimensões ou estágios do tipo eterno de vida

Devemos esperar que o discípulo de Jesus mude e cresça, progredindo de um estágio ou dimensão de sua vida em Deus para outro. Aparentemente, em poucos anos, é possível mover-nos de um nível da obediência cega de um servo (ou "escravo") de Cristo ao nível da amizade com ele.

Em seu "discurso de graduação" (Jo 14–16) aos seus primeiros aprendizes, mais uma vez Jesus proclama o seu mandamento mais geral: "O meu mandamento é este: que vos ameis uns aos outros, assim como eu vos amei" (Jo 15:12, ARA). Depois de esclarecer que esse amor significa "dar alguém a própria vida em favor dos seus amigos", algo que o próprio Jesus faria, ele faz a seguinte observação: "Vós sois meus amigos, se fazeis o que eu vos mando" (Jo 15:13-14, ARA).

Trata-se de uma clara e importante mudança de *status* — uma promoção, por assim dizer, baseada no progresso dos aprendizes: "Já não vos chamo servos [*doulos*], porque o servo não sabe o que faz o seu senhor; mas tenho-vos chamado amigos, porque tudo quanto ouvi de meu Pai vos tenho dado a conhecer" (Jo 15:15, ARA).

Isso não quer dizer, claro, que não servimos mais a Jesus, pois ele continua o nosso Senhor; e um dos termos favoritos dos escritores do Novo Testamento como forma de autodesignação é "escravo de Jesus Cristo". Agora, porém, o relacionamento baseia-se em algo diferente, a saber, na cooperação de amor, do esforço *compartilhado*, em que os objetivos de Cristo são os nossos, e o nosso entendimento e a nossa harmonia com o seu reino são essenciais para o que ele faz conosco e por nosso intermédio.

Devemos, então, estar cientes, em linhas gerais, de cinco dimensões da nossa vida eterna no Reino Entre Nós. Podemos agrupá-las mais ou menos na seguinte sequência:

1. *Fé e confiança em Jesus* como "o Filho do homem", aquele que foi designado para salvar-nos. Passagens bíblicas relevantes aqui são João 3:15; Romanos 10:9-10 e 1Coríntios 12:3. Essa confiança é uma realidade, uma manifestação da "vida do alto", não da capacidade humana. Ela é, como Hebreus 11:1 diz, "a prova das coisas que se não veem" [ACF]. Qualquer que realmente tenha essa confiança pode ser completamente assegurado de estar "incluído".

2. Mas essa confiança na pessoa de Jesus naturalmente leva ao *desejo de ser seu aprendiz* na vida do reino de Deus. Apenas um processo histórico ininterrupto envolvendo muitas confusões e falsas

motivações poderia levar à nossa atual situação, em que podemos ter fé em Jesus sem qualquer relação com ele como seus discípulos. Nosso aprendizado com ele significa que vivemos em seu mundo, isto é, colocamos o seu ensino em prática (Jo 8:31). E isso progressivamente integra toda a nossa existência no mundo glorioso da vida eterna. Tornamo-nos de fato livres (Jo 8:36).

3. A vida abundante que alcançamos ao sermos discípulos de Jesus e "permanecendo em sua palavra" conduz naturalmente à *obediência*. O ensinamento que recebemos e nossa experiência de vida nos leva a amar a Jesus e ao Pai com todo o nosso ser: coração, alma, entendimento e força (corporal). Assim, amamos obedecê--lo, mesmo quando ainda não entendemos ou, de fato, não "gostamos" das suas exigências. "Se vocês me amam, obedecerão aos meus mandamentos" (Jo 14:15). E: "Quem tem os meus mandamentos e lhes obedece, esse é o que me ama. Aquele que me ama será amado por meu Pai, e eu também o amarei e me revelarei a ele" (Jo 14:21). O amor por Jesus nos sustenta ao longo da disciplina e do treinamento que possibilita a obediência. Sem o amor, não perseveraremos no aprendizado.

4. A obediência, com a vida de disciplina que ela exige, tanto conduz à transformação quanto sustenta a *mudança completa do coração e da alma*. A condição contínua do discípulo torna-se de "amor, alegria, paz, paciência, amabilidade, bondade, fidelidade, mansidão e domínio próprio" (Gálatas 5:22-23; compare com 2Pedro 1:2-11). E o amor é autêntico, emanando das profundezas do nosso ser. Essas virtudes são chamadas de "fruto do Espírito", pois não são consequências diretas do nosso esforço, porém nos são incutidas à medida que admiramos e imitamos Jesus, fazendo o necessário para aprender dele e obedecer-lhe.

5. Por fim, há *poder para realizarmos as obras do reino*. Uma das declarações mais chocantes de Jesus, também encontrada em seu "discurso de formatura", é esta: "Aquele que crê em mim fará também as obras que tenho realizado. Fará coisas ainda maiores do que estas, porque eu estou indo para o Pai" (Jo 14:12). Talvez nos sintamos estupefatos e incompetentes diante de uma declaração como essa. Devemos, todavia, ter o seguinte em mente: o mundo

em que vivemos precisa desesperadamente de obras poderosas como as de Jesus. Não se trata de impressionar outros ou provar algo para nós mesmos — apesar de que, honestamente, mesmo uma "obra" modesta já é mais do que a maioria das pessoas é capaz de sustentar. Uma única resposta pública à nossa oração pode ser o suficiente para trancafiar-nos por semanas em uma sensação de superioridade espiritual. Grande poder exige grande caráter, se desejamos ser uma bênção e não uma maldição; e esse caráter é algo que exige crescimento gradativo. Mesmo assim, a intenção de Deus é que tenhamos o máximo de poder que podemos suportar, a fim de frutificarmos para o bem. De fato, seu objetivo definitivo no desenvolvimento do caráter humano é capacitar-nos a fazer o que desejamos. Quando estivermos plenamente desenvolvidos à semelhança de Jesus, quando tivermos plenamente a "mente de Cristo", é exatamente isso que vai acontecer — para o grande regozijo e alívio do próprio Deus, sem dúvida.

Avaliando essa sequência, uma das coisas mais importantes que devemos ver e aceitar é que, tendo confiança em Jesus, devemos estar inteligentemente ativos nas dimensões dois a cinco. Fazemos isso pelo estudo dedicado sob a orientação de Cristo, seguindo-o em suas práticas e adaptando-as a disciplinas a partir das quais toda a nossa vida poderá ser reestruturada. É exatamente dessa forma que nós, "pelo Espírito", fazemos "morrer os atos do corpo" (Rm 8:13), despindo-nos "do velho homem com suas práticas" e revestindo--nos "do novo" (Cl 3:9-10). Embora não sejamos capazes de fazê-lo sozinhos, cabe-nos, ainda assim, agir. Cada qual deve questionar-se: *como* pratico as disciplinas? Qual é o meu plano, exatamente? E se porventura ensinamos as disciplinas, devemos levar outros a desenvolver o seu próprio plano.

O CURRÍCULO E A VIDA DA IGREJA
A imitação de Cristo não traz novidades curriculares

A partir da perspectiva da prática cristã contemporânea, muitas pessoas verão a proposta de um currículo para a imitação de Cristo

A CONSPIRAÇÃO DIVINA

como algo drástico e novo. Trata-se realmente de uma prática radical — principalmente sob a ótica do cristianismo de consumo, tão comum nos dias de hoje —, mas não é novidade alguma.

Já comentamos sobre a carta de Paulo à igreja de Colossos como modelo do currículo que estamos explicando. Podemos dizer praticamente o mesmo de seus outros escritos, principalmente a carta aos cristãos de Éfeso e, em menor nível, as cartas às igrejas de Filipos e da Galácia — embora elas sejam mais sistemáticas devido à ligação pessoal do apóstolo com a situação encontrada nessas regiões e às preocupações específicas que ele tinha em mente.

A fim de captar o currículo, porém, você não pode ler as cartas com a mentalidade do "cristão-consumidor"; do contrário, acabará pensando que o objetivo final é apresentar "respostas certas" e combater "respostas erradas" como forma de passar no teste da doutrina correta. Obviamente, "respostas" são de tremenda importância, certas ou erradas. Que isso fique bem claro. Mas elas só são importantes no contexto da vida que temos hoje em conexão com Jesus, no reino. E é sobre *isso* que Paulo escreve, bem como os demais escritores bíblicos.

Com essa ideia em mente, encontraremos espalhados por todo o texto bíblico os dois objetivos principais do currículo para a imitação de Cristo. De fato, a escritura assumirá uma identidade e um significado totalmente novo para nós. Nenhum livro da Bíblia foi escrito com o objetivo de patrocinar a posição do "cristão-consumidor", o "cristão código de barras", que tanto caracteriza o mundo ocidental de hoje.

Para sermos justos, porém, devemos levar em conta que o cristianismo de consumo surgiu cedo na história da igreja. Vemos sua semente nos escritos do Novo Testamento e o seu crescimento no desenvolvimento da tradição monástica, que distinguia os que dedicavam toda a sua vida a Deus — "os religiosos", conforme eram às vezes chamados — dos supostos cristãos de segunda categoria: lavradores, empreendedores, pais de família, administradores do governo e profissionais envolvidos na sociedade em geral.

Assim, alguns dos tratamentos mais profundos do discipulado, como a *Regra de São Bento*, a *Imitação de Cristo* e os *Exercícios Espirituais de Santo Inácio* pressupõem uma classe de cristãos para a qual os livros *não* foram escritos. Contudo, se você deixar esse pressuposto de lado e fizer os ajustes necessários ao conteúdo de tais livros, perceberá que eles oferecem, em essência, precisamente o que temos discutido neste capítulo: um currículo, um programa de treinamento para a vida sobre a rocha. É por isso que, século após século, esses livros exerceram um poder incrível sobre todos que leram essas obras como discípulos de Jesus.

E, caso você examine as pessoas, os acontecimentos e os livros que influenciaram as grandes ramificações do protestantismo, descobrirá basicamente a mesma coisa. Falo aqui da tradição luterana, reformada (calvinista), puritana, menonita, quacre, metodista etc. Ao examinar obras seminais, como as *Institutas* de Calvino ou a edição-padrão dos *Sermões* de John Wesley, não verá nada de novo no que eu disse sobre o currículo para a imitação de Cristo — exceto, talvez, em relação a aspectos organizacionais. (É claro que o meu livro é muito mais superficial, em termos teológicos e práticos, do que essas obras-primas da vida espiritual. Por isso, uma das esperanças que tenho é que os leitores se voltem para essas verdadeiras riquezas do povo de Cristo.)

Contudo, reitero: se você observar o que é geralmente aceitável e feito nas versões contemporâneas dessas grandes tradições protestantes, o que eu disse aqui parecerá drástico e novo — talvez até uma loucura. (Quem pensaria em colocar as disciplinas em prática em um contexto congregacional?) Nesse caso, ao menos eu tenho o consolo de estar em excelente companhia.

Por exemplo: no "Livro III" das *Institutas da Religião Cristã*, Calvino volta sua atenção à vida cristã. No capítulo VII, o reformador resume a vida cristã em uma única frase: "autonegação". Nada de autoestima, e, por certo, nada de realização pessoal! A apresentação de obediência e disciplina que faço neste livro é muito mais tépida se comparada ao que Calvino tem a dizer nos capítulos que dedica à vida cristã. No entanto, sua interpretação da fé em Cristo é a mesma que a minha neste livro. Compare e você perceberá. Um ponto semelhante pode ser feito com referência às outras tradições mencionadas, sem exceção, ainda que, em certos aspectos, elas retenham as peculiaridades que as distinguem.

A CONSPIRAÇÃO DIVINA

Um dos defeitos de uma época desprovida da noção do passado é supor que o que existe hoje sempre existiu, e que tudo mais é novidade ou simplesmente errado — ou os dois. Hoje, porém, o único caminho para levar adiante o povo de Jesus é reivindicar as práticas provadas pelo tempo, pelas quais os discípulos através dos séculos aprenderam a "ouvir e praticar", construir sua casa sobre a rocha. Tais práticas não são um mistério, mas apenas desconhecidas.

Alguns pontos práticos sobre implementação — especialmente para pastores

A fim de implementar algo como um currículo para a imitação de Cristo no contexto de uma assembleia local de cristãos, normalmente será vital apenas *fazer* certas coisas e, ao menos por um tempo, não falar muito sobre elas.

Se lideramos um grupo, devemos, em primeiro lugar, estar seguros de que o currículo esboçado corresponde essencialmente à prática que seguimos em nossa própria vida. Estamos realmente aprendendo a amar o Senhor de todo o coração, toda a alma, todo o entendimento e todas as forças?

Em segundo lugar, devemos observar em oração aqueles a quem servimos e com quem convivemos; assim, veremos quais dentre eles já foram "arrebatados pelo reino de Deus" e estão prontos para tornarem-se aprendizes de Jesus. Ajudamo-los a optar conscientemente pela vida do discipulado, devotando-lhes tempo de qualidade no desenvolvimento do currículo, adaptando-o conforme a necessidade.

De início, talvez não seja possível estender esse projeto a toda a congregação, embora não devamos tratar o discipulado com secretismo. Podemos devotar-nos a algumas pessoas em especial, sem muito alarde, e não demorará para que elas comecem a compartilhar o trabalho da formação com outros discípulos. Esteja certo disto: a notícia do discipulado se espalhará, pois, na verdade, não há nada na terra comparado ao aprendizado de Jesus.

Por último, devemos falar, ensinar e pregar — se for essa a nossa função — o evangelho do reino dos céus na sua plenitude. Em termos práticos, nossa comunicação deve centralizar-se nos Evangelhos, pois, assim, ensinaremos o que o próprio Jesus ensinou, da forma como ensinou. Com orações inteligentes e obras fundamentadas no amor, esse será o nosso método para que as pessoas se deixem "arrebatar pelo reino de Deus" e estejam preparadas para entrar de coração no discipulado.

Insisto: não precisamos fazer muito alarde sobre o que estamos fazendo. Com o tempo, nosso trabalho ficará evidente. Também jamais devemos censurar cristãos sinceros que ainda não são discípulos. Na maioria dos casos, são pessoas que jamais tiveram a oportunidade verdadeira de se tornar aprendizes de Jesus. Em sua maioria, porém, cristãos reagirão bem à palavra do reino e ao chamado ao discipulado.

Evidentemente, devemos antecipar uma coisa: no contexto da congregação local, enfrentaremos dificuldades quando optarmos seriamente pelo discipulado e pela estruturação de um currículo. Mas Deus estará sempre conosco e nos ajudará, a despeito das circunstâncias; e podemos, sem exagero, considerar as dificuldades de implementação do discipulado como "motivo de grande alegria", antecipando a graça manifesta de Deus, ativa em nosso meio.

Embora já esteja afastado do ministério pastoral por muitos anos, continuo a ensinar regularmente nas igrejas e em contextos congregacionais. A atração e o poder do chamado de Jesus para o reino e para o discipulado são fortes, de modo que, em geral, pessoas de todas as tradições e contextos sociais respondem favoravelmente ao chamado quando ele é apresentado de forma direcional — com generosidade de espírito, inteligência, amor e confiança exclusiva em Deus pelo resultado final.

Talvez não tenhamos, em pouco tempo, grandes multidões ao nosso redor; na verdade, pode ser até que o número de pessoas diminua. Mas logo estaremos cercados de cristãos fortalecidos, sem dúvida. É isso que eu chamo de "crescimento da igreja para quem detesta métodos artificiais". Certamente, porém, multidões responderão, pela simples razão de que o ser humano precisa desesperadamente daquilo que temos a oferecer: a palavra e a realidade do Reino Entre Nós.

10
A restauração
de todas as coisas

"Então as profecias das velhas canções se revelaram
verdadeiras, de certa maneira!", disse Bilbo.
"É claro!", disse Gandalf. "E por que não se mostrariam
verdadeiras? Certamente você não deixa de acreditar nas
profecias porque houve uma mãozinha sua para concretizá-las,
não é? Você não supõe que todas as suas aventuras e
escapadas foram guiadas por mera sorte, só para o seu próprio
benefício, supõe? Você é uma ótima pessoa, Sr. Bolseiro, e
tenho muito apreço por você; mas é apenas um camarada bem
pequeno num vasto mundo, afinal de contas!"

J. R. R. Tolkien, O Hobbit

Eles verão a sua face, e o seu nome estará em suas testas.
Não haverá mais noite. Eles não precisarão de luz de
candeia, nem da luz do sol, pois o Senhor Deus os iluminará;
e eles reinarão para todo o sempre.

Apocalipse 22:4–5

POR QUE DEVEMOS ENXERGAR UM FUTURO

Discípulos de Jesus aprendem um estilo de vida imortal, com um futuro tão glorioso e vasto quanto o próprio Deus. Atuando como conspiradores ao lado de Deus, experiências que temos nesta vida nos enchem da antecipação de um futuro cheio de beleza e bondade, além do que podemos imaginar.

"Quando Cristo, que é sua vida, for manifestado, então vocês também serão manifestados com ele em glória" (Cl 3:4), diz-nos Paulo. João, por sua vez, exclama: "Vejam como é grande o amor que o Pai nos concedeu: sermos chamados filhos de Deus, o que de fato somos! Por isso o mundo não nos conhece, porque não o conheceu. Amados, agora somos filhos de Deus, e ainda não se manifestou o que havemos de ser, mas sabemos que, quando ele se manifestar, seremos semelhantes a ele, pois o veremos como ele é" (1Jo 3:1-2). Retornando a Paulo: "Ele transformará os nossos corpos humilhados, tornando-os semelhantes ao seu corpo glorioso" (Fp 3:21).

Para viver de modo criativo e vigoroso no reino dos céus, precisamos ter nossos pensamentos dirigidos para o futuro. Queremos viver plenamente no reino agora e, para tal, nosso futuro precisa fazer sentido para nós. Deve ser algo acerca do qual possamos agora, com clareza e expectativa, fazer planos e tomar decisões. Dessa maneira, nosso futuro pode ser incorporado hoje mesmo em nossa vida, e a nossa vida pode ser hoje mesmo incorporada ao nosso futuro.

Deparo-me com muitos cristãos fiéis que, a despeito de sua fé, estão profundamente desapontados com o rumo que a sua vida tomou. Às vezes, trata-se apenas de como estão experimentando o envelhecimento, fato que eles interpretam como não *tendo* mais um futuro. Na maioria dos casos, porém, o seu desapontamento decorre de circunstâncias ou de decisões e ações tomadas por outros, de modo que o que esperavam cumprir na vida não aconteceu.

Perplexos, reavaliam sua vida constantemente, indagando o que fizeram de errado ou se Deus esteve de fato com eles.

Boa parte da angústia desses bons cristãos surge da falha de perceberem que sua vida na verdade jaz diante de si. O fato de sua vida presente — a sua vida "na carne" — chegar ao fim é de pouca relevância. O importante é o tipo de pessoa que eles se tornaram. As circunstâncias e outras pessoas não têm controle sobre o caráter de um indivíduo, nem da vida sem fim que jaz adiante de nós, no reino de Deus.

De fato, tudo isso toca em uma necessidade geral humana, imbuída em nossa natureza como seres inteligentes e ativos: o que será do nosso universo? O que será da raça humana, e de cada um de nós individualmente? Fazemos essas perguntas tão naturalmente quanto respiramos. A vida e a consciência humana exigem, por sua própria natureza, um futuro projetado.[1] E todos se preocupam profundamente em saber como será o futuro.

Ouvimos com entusiasmo e temor enquanto nossos cientistas e filósofos especulam a respeito desses assuntos. Quase sempre eles falam sobre o futuro do cosmos e sobre a possível continuidade da raça humana. Mas eles não têm nenhuma esperança futura para o indivíduo, nem sequer a discutem.

Ainda assim, cientistas e filósofos se apegam tenazmente a um futuro para o cosmos. Mesmo os que afirmam que a existência do universo não passa de um "acidente" não pensam que ele simplesmente "desaparecerá", de modo que alguns sonham com a ideia de a humanidade assegurar seu futuro ao mover-se para outros planetas, em outros sistemas — e isso em um processo sem fim. Dessa forma, até o indivíduo alcança um futuro obscuro, vicário, já que o futuro da humanidade é tratado implicitamente como o "nosso" futuro: "nós" continuaremos a existir.

---

[1]Cf. a exposição ficcional brilhante de Jean-Paul Sartre sobre essa compreensão de consciência em sua peça *The Wall* [A muralha] (em *Existentialism from Dostoevsky to Sartre* [Existencialismo: de Dostoevsky a Sartre], editado por Walter Kaufmann [Nova Iorque: Meridian Books, 1982], bem como em muitas outras coletâneas). Na peça, Sartre expressa, de forma "intuitiva", a compreensão da consciência que foi arduamente elaborada nas tendências fenomenológicas da filosofia recente.

Nos dias de hoje, essa concepção de futuro se eleva quase ao *status* usufruído na Antiguidade por dogmas sagrados, uma vez que a mente humana *precisa* de alguma ideia do futuro. O governo investe de modo liberal e prodigioso no desenvolvimento e na propagação dessa ideia, em vários níveis: do primário aos cursos universitários, das bolsas de pesquisa às séries de TV por assinatura. A ideia tem como fundamento a concepção do mundo natural, o universo físico, como um sistema *fechado*, determinado completamente por seus próprios recursos *internos*.

O cosmos está aberto para Deus

A tradição bíblica, centralizada nos ensinamentos de Jesus, contrasta fortemente com essas ideias. Para ela, a personalidade é primária em todos os aspectos. Além disso, a tradição bíblica apresenta o universo como um sistema criado, que responde e é permeado pelo que não é parte da criação, mas do qual a criação é parte ou resultado. Assim, o universo não é um sistema fechado em si mesmo. Ele é determinado, em seu curso presente e futuro, por fatores pessoais — fontes de energia e direção — que não podem ser discernidos por meio dos sentidos físicos, nem manipulados pelas ciências naturais.

Tais fatores são Deus e o seu reino entre nós, não somente anunciados definitivamente na história humana nas palavras e obras de Jesus, mas especialmente em sua transfiguração e em sua ressurreição. Nessas ocasiões, pontos elevados na história da redenção, os seres humanos comuns *viram* o reino de Deus (Lc 9:27-28). De fato, a transfiguração e a redenção jazem no coração da tradição do *conhecimento*, fornecendo a base para a realidade histórica e institucional do cristianismo (2Pe 1:16-18; 1Co 15).

O evangelho do reino vê o mundo da natureza, da menor partícula às galáxias mais distantes, como algo grandioso e bom. No mínimo, não há razão para pensar que o mundo natural deixará de existir ou será destruído. Em um universo Trinitário, fundamentado em uma sociedade de pessoas divinas, o cosmos serve a um propósito. E enquanto continuar cumprindo seu propósito — como seguramente o fará — o universo continuará a existir, a despeito da transformação que porventura sofrer. O universo material é uma amostra essencial da grandeza e da bondade de Deus, bem como a arena da vida eterna de espíritos finitos, incluindo o espírito humano.

O futuro humano nesse universo

O presente universo é apenas um único elemento no reino de Deus, mas ainda assim maravilhoso e importante. Nele, o Logos, o Filho do homem ressurreto, está atualmente preparando o nosso reencontro (Jo 14:2-4). Havemos de vê-lo no ambiente belíssimo que ele tinha com o Pai, antes do início da criação do cosmos (17:24). Além disso, participaremos ativamente no governo futuro do universo.

Não ficaremos de braços cruzados, olhando um para o outro e para Deus por toda a eternidade. Antes, nos uniremos ao Logos eterno, "reinaremos *com* ele", em meio à continuidade da obra criativa de Deus. Para esse fim é que cada um de nós foi criado individualmente, como reis e sacerdotes (Ex 19:6; Ap 5:10).

Assim, na presente fase da nossa vida, nossa fidelidade no "pouco" desenvolve em nós o tipo de caráter ao qual "muito" pode ser confiado. Temos, então, permissão para "entrar na alegria do nosso Senhor" [cf. Mt 25:21]. Essa alegria constitui, claro, a criação e o cuidado do que é bom, em todas as suas dimensões. Um lugar na ordem criativa de Deus foi reservado para cada um de nós, antes mesmo do início da existência cósmica. Seu plano é que nos desenvolvamos, como aprendizes de Jesus, a ponto de poder assumir nosso lugar na criatividade contínua do universo.

George MacDonald nos presenteou com alguns versos que podem ajudar-nos a conceber tal futuro:

> No tempo perfeito, ó Deus perfeito,
> Quando estivermos no lar, nosso verdadeiro lar,
> Quando a alegria raiar e o pesar for desfeito,
> E nenhum de nós for capaz mais de errar
> E se pudermos, como tu já tens feito,
> Ligar luas com a luz, cobrir relvas de verde
> Pôr um Sol no horizonte ou uma estrela cadente?[2]

---

[2]MACDONALD, George. *Diary of an Old Soul* [Diário de uma velha alma]. Mineápolis: Augsburg, 1996, p. 30.

Em outras palavras, a intenção de Deus é que cada um de nós se torne o tipo de pessoa a quem ele pode libertar em seu universo, cada qual capacitada a executar os *próprios* planos. Assim como, na medida do possível, desejamos e intencionamos a mesma coisa para os nossos filhos e para as pessoas que amamos, Deus deseja e intenciona a mesma coisa para os seus filhos. Mas o caráter, a propensão interior da personalidade precisa desenvolver-se para que isso se torne possível.

Essa ideia explica o significado das palavras do profeta Daniel, usadas por Jesus para concluir uma de suas grandes parábolas do reino: "Então os justos brilharão como o sol no Reino de seu Pai" (Mt 13:43; compare com Dn 12:3). Inspirados nessa passagem, cantamos: "Quando lá estivermos há dez mil anos, como o sol brilhando radiantes…". Devemos, porém, compreender que esse brilho sempre representa poder, energia; e que, no reino do nosso Pai, estaremos *ativos*, inconcebivelmente criativos.

Profecias mais antigas

As belas profecias do Antigo Testamento, especialmente os últimos livros, cativam o coração de todo leitor. Ao lê-las, parece importar pouco a crença de cada um, até mesmo sua religião. As profecias são um tesouro humano. Expressam algo muito mais profundo do que qualquer tradição, mesmo aquela destacada por Deus para assumir responsabilidades especiais na aliança.

> "Pois vejam! Criarei novos céus e nova terra, e as coisas passadas não serão lembradas. Jamais virão à mente! Alegrem-se, porém, e regozijem-se para sempre no que vou criar, porque vou criar Jerusalém para regozijo, e o seu povo para alegria. Por Jerusalém me regozijarei e em meu povo terei prazer; nunca mais se ouvirão nela voz de pranto e choro de tristeza. Nunca mais haverá nela uma criança que viva poucos dias, e um idoso que não complete os seus anos de idade; quem morrer aos cem anos ainda será jovem, e quem não chegar aos cem será maldito. Construirão casas e nelas habitarão; plantarão vinhas e comerão do seu fruto. Já não construirão casas para outros ocuparem, nem plantarão para outros

comerem. Pois o meu povo terá vida longa como as árvores; os meus escolhidos esbanjarão o fruto do seu trabalho. Não labutarão inutilmente, nem gerarão filhos para a infelicidade; pois serão um povo abençoado pelo Senhor, eles e os seus descendentes. Antes de clamarem, eu responderei; ainda não estarão falando, e eu os ouvirei. O lobo e o cordeiro comerão juntos, e o leão comerá feno, como o boi, mas o pó será a comida da serpente. Ninguém fará nem mal nem destruição em todo o meu santo monte", diz o Senhor (Is 65:17-25).

Nessa nova cidade — "Jerusalém", ou "a paz de Deus" — "virei ajuntar todas as nações e línguas, e elas virão e verão a minha glória" (66:18). Pessoas de todos os povos transmitirão essa visão de Deus por toda a terra, e toda a humanidade irá regularmente ao centro da presença divina na terra, a fim de deleitar-se em Deus e adorá-lo (v. 19-23).

O poder e a presença pessoal de Deus estabelecerão, direta e indiretamente, uma ordem pública entre as nações, a qual nenhum governo humano jamais foi capaz de instituir. Como dois amigos que há muito não se viam, a verdade e a misericórdia se encontrarão e se beijarão (Sl 85:10). A graça e a verdade são reconciliadas na pessoa do Filho do homem (Jo 1:17).

Forçando o surgimento de "Jerusalém"

A grande tentação maligna enfrentada pela humanidade é fazer "Jerusalém" acontecer pelo esforço humano.[3] Os recursos humanos são absolutamente indispensáveis no mundo conforme o encontramos hoje. Condiz com a intenção de Deus. Devemos agir, e nossas ações contam. No entanto, há um limite para o que a organização humana pode conquistar. Ela não pode mudar o coração e o espírito do ser humano.

---

[3]Para um tratamento mais elaborado desse ponto vital, veja o excelente livro de Peter Beyerhaus, *God's Kingdom and the Utopian Error* [O reino de Deus e o erro utópico] (Wheaton, IL: Crossway Books, 1992) e John Polkinghorne, *The Faith of Physist* (Princeton, NJ: Princeton University Press, 1994).

A RESTAURAÇÃO DE TODAS AS COISAS

Por essa razão, os meios empregados para fazer surgir uma "Jerusalém" utópica sempre acabam eliminando a verdade, a misericórdia ou ambas. Não só a história mundial, como também ações em escala menor, demonstram bem esse fato. Ele pode ser comprovado nas devastações causadas pelo poder ditatorial, por um lado e, por outro, na morte lenta e progressiva que a burocracia tende a impor. Já sabemos o quanto é difícil estabelecer uma ordem benéfica por meios humanos. Afinal, o problema, repito, jaz no coração humano. Enquanto ele não se alinhar plenamente com o governo de Deus, o bem que ansiamos não virá. Em certo ponto, será derrotado pelos próprios meios implementados para produzi-lo.

O método que Deus usa para mover-se rumo ao futuro é, com persistência gentil e propósito infalível, transformar o coração humano; e isso, por sua vez, acontece quando Deus fala com o ser humano e convive com ele. Deus encontra um Abraão, um Moisés, um Paulo — um *você*. É esse processo milenar que Jesus, o Filho do homem, traz e que levará à plenitude. É o caminho dos profetas, cuja visão foi que, um dia, o coração de Deus e o do ser humano seriam um só: "Porei a minha lei no íntimo deles e a escreverei nos seus corações" [cf. Jr 31:33]. Isso é o mesmo que dizer: chegará o tempo em que a retidão da mente de Deus será a forma natural do pensamento humano. Então, não entenderemos sequer como alguém seria capaz de conceber o mal. Nisso consiste, em essência, o governo pleno de Deus.

Todos os instrumentos de brutalidade e engano que a sociedade e o governo humano empregam atualmente para administrar uma humanidade corrupta e ingovernável já não terão mais utilidade. Assim como, hoje mesmo, uma boa pessoa toca, influencia, inspira e até governa pessoas ao seu redor pelo respeito que provoca no coração de outros, a presença concentrada da personalidade trinitária sobre a terra governará a humanidade não só pela clareza e força de sua própria bondade, mas também, indiretamente, por meio do seu povo transformado.

Dessa maneira, vemos repetidamente retratada na profecia a gentileza desse governo — pela primeira vez, um governo completamente adequado, no qual recursos para a bondade não limitam nem destroem a possibilidade da bondade. As belas imagens proféticas retratam o meio divino de operar: "Alegre-se muito, cidade de Sião! Exulte, Jerusalém! Eis que o seu rei vem a você, justo e vitorioso, humilde e montado num jumento, um jumentinho, cria de jumenta. [...] Ele proclamará paz às nações e dominará de um mar a outro, e do Eufrates até os confins da terra" (Zc 9:9-10).

A presença divina substitui a força bruta, especialmente o poder exercido pelo ser humano, cujo coração está alienado do melhor que Deus tem a oferecer. "Farei uma aliança de paz com eles; será uma aliança eterna. Eu os firmarei e os multiplicarei, e porei o meu santuário no meio deles para sempre. Minha morada estará com eles; eu serei o seu Deus, e eles serão o meu povo. Então, quando o meu santuário estiver entre eles para sempre, as nações saberão que eu, o Senhor, santifico Israel" (Ez 37:26-28).

Para toda a humanidade — e além

O Espírito do poder não violento está sobre o Ungido, o Messias:

> Ele anunciará justiça às nações. Não discutirá nem gritará; ninguém ouvirá sua voz nas ruas. Não quebrará o caniço rachado, não apagará o pavio fumegante, até que leve à vitória a justiça. Em seu nome as nações porão sua esperança. (Mt 12:18-21, citando Is 42:1-4).

A percepção de que esse futuro profético não é apenas para o benefício de um subgrupo especial de seres humanos — judeus ou cristãos, por exemplo — floresce plenamente no período e nos escritos do Novo Testamento. No último livro da Bíblia, Apocalipse (ou "Revelação"), a frase "toda tribo, língua, povo e nação" torna-se recorrente como meio de descrever o resultado dos propósitos redentores de Deus sobre a terra. Sem dúvida, certos grupos são separados para exercer um papel único nesses propósitos, mas nunca apenas para *benefício* próprio, nem por terem qualquer reivindicação especial ou vantagem sobre Deus.

No início do século V, Agostinho comenta:

Esta cidade Celestial, em sua permanência na terra, chama cidadãos de todas as nações, reunindo uma sociedade de peregrinos de todas as línguas, sem distinção de comportamentos, leis e instituições, por meio das quais a paz na terra é assegurada e mantida — reconhecendo, porém, que, por variadas que sejam, todas tendem a uma única finalidade: paz. Por isso, a cidade Celestial nunca sequer cogitará anular e abolir essa diversidade — diversidade que, aliás, procurará preservar e adaptar, desde que não se introduza nenhum obstáculo à adoração do Deus único e verdadeiro.[4]

O foco de Deus na história é a humanidade, assim como deve ser o nosso. Foi para o *mundo* — o mundo inteiro — que ele deu o seu Filho. Na verdade, em termos ainda mais amplos, seu foco não é nem mesmo a humanidade, mas todo o cosmos criado, no contexto da própria vida de Deus. Voltaremos a falar sobre isso. Por agora, vejamos por que é plausível ter esperança nas profecias.

Por que ansiar pelo cumprimento da visão profética?

Em meio à vida e como a encontramos, alguém pode questionar: por que qualquer pessoa inteligente deve esperar um fim tão glorioso para a história humana? A resposta é simples, e pode ser encontrada na percepção de Deus que subjaz à visão profética: *por Deus ser quem ele é*. A mesma visão divina que deu ânimo aos profetas da antiguidade é levada a um nível pleno de clareza em Jesus.

Conforme vimos, o Deus em questão é uma comunidade perfeitamente interligada de pessoas magníficas, absolutamente autossuficientes e ilimitadas em bondade e poder. A realidade desse Deus, que também é a fonte e o governador de toda a criação, é o que temos em mente ao afirmar que vivemos em um universo trinitário. O universo onde habitamos é o universo do Reino Entre Nós.

Assim, para partilharmos da visão profética, não basta crermos "mais ou menos" em um Deus "qualquer". Se, porém, tivermos esse grandioso Deus, o Deus e Pai de Jesus, no centro da nossa percepção,

---

[4]Agostinho, A cidade de Deus, livro 19, parágrafo 17.

A CONSPIRAÇÃO DIVINA

tudo mais assumirá uma natureza diferente e será visto sob uma ótica diferente.

A história humana, então, já não é uma questão humana: é projeto de Outro. O mesmo vale para a vida humana individual e coletiva: não somos fantoches. Apesar disso, o que está acontecendo não depende, afinal, do que *nós* estamos fazendo. Mais uma vez, a palavra profética diz que "não está nas mãos do homem o seu futuro; não compete ao homem dirigir os seus passos" (Jr 10:23). O mesmo vale para nações e épocas (Is 40:12-26). Em vez de ser o espetáculo principal, só temos importância como parte — e parte essencial — de uma luta imensa entre as imensas forças do bem e do mal.

Também o universo físico, vasto e escuro do ponto de vista humano, de dimensões terríveis e poderes aterrorizantes, é identificado como a habitação de Deus. Identificamos corretamente o poder nuclear como perigoso; por isso, muitos ficam chocados ao descobrir que, na verdade, *vivemos* em um grande reator nuclear. Em sua natureza básica, nosso sistema solar é um reator nuclear, assim como o universo físico além dele. Todavia, em nosso universo trinitário, o poder nuclear não passa de mais uma provisão da "casa de meu Pai", conforme Jesus o chama, onde há muitas moradas.

No clima intelectual de hoje, é fácil perdermos essa visão. Já comentamos isso diversas vezes. O ponto de vista superficial que predomina na sociedade sustenta que a realidade se limita ao que podemos descobrir pela observação e pela explicação científica. De fato, os cientistas nos informam que todas as coisas e acontecimentos físicos conhecidos são determinados pelo que acontece no plano das subpartículas atômicas: quarks etc. Alguns espectadores passivos supõem precipitadamente que não há mais nada a ser dito sobre o assunto. Contudo, nada nas subpartículas e nos constituintes da "matéria" indica ser esse o nível final da realidade, apoiada apenas em si mesma — algo que atribuímos à natureza de Deus. Um exame equilibrado da questão mostra, creio eu, que esse não é, de fato, o nível final.

Existe também uma ideia difundida de que os princípios aplicados às ciências naturais tornam tudo inteligível — ou então tornariam, se tão somente descobríssemos as "leis" certas. Todavia, os princípios da ciência não tornam, em si, nada inteligível, e por razões bem claras: é necessário que existam determinadas "condições iniciais" para que as leis da ciência expliquem qualquer coisa. Em sua "explicação", essas leis devem partir de algum lugar. Só que, obviamente, elas não explicam a existência ou natureza das próprias condições que precisam estar no lugar antes que *qualquer coisa*.

Por isso, a ciência pode explicar muitas coisas importantes e interessantes, mas não a existência em si — nem mesmo a razão pela qual as leis da ciência são as leis da natureza.[5] Tampouco a ciência se autoexplica.[6]

Ao mesmo tempo, temos razões para acreditar que vivemos em um universo trinitário: um universo em que a realidade da qual todas as demais realidades se originam é uma sociedade de pessoas divinas. E é apenas o conhecimento desse Deus, cuja natureza mais profunda é o amor, que sustenta as profecias antigas, com sua esperança radiante. Deus se fez conhecido ao se aproximar pessoalmente de seres humanos e envolver-se em sua vida. Sua história está disponível para todo o que *deseja* ver. Mas ninguém *precisa* ver — pelo menos agora. É assim que a conspiração divina trabalha. Com esse Deus em vista, os profetas testificam incessantemente, e com absoluta certeza, o "tempo em que Deus restaurará todas as coisas" (At 3:21).

Entretanto, diante da majestade de Deus, com suas obras maravilhosas e persistentes interferências na história humana, temos a ordem humana e sua contaminação pelo mal. O grande hino missionário proclama:

> Por que tal aragem suave
> Sopra no Ceilão tão gentil,
> Se o homem a tudo estraga

---

[5]Para discussões conclusivas a respeito desses pontos, veja Paul Davies, *The Mind of God: The Scientific Basis for a Rational World* [A mente de Deus: a base científica para um mundo racional] (Nova Iorque: Simon & Schuster, 1992), e John Polkinghorne, *The Faith of a Physicist* [A fé de um físico] (Princeton, NJ: Princeton University Press, 1994).

[6]Nesta questão vital e pouco entendida, consulte as obras de Edmund Husserl, especialmente sua *Crisis of European Sciences and Transcendental Phenomenology* [Crise das ciências europeias e da fenomenologia transcendental], traduzida por David Carr (Evanston, IL: Northwestern University Press, 1970). *Veja, também,* Philip Johnson, *Reason in the Balance* [Razão em jogo] (Downers Grove, IL: InterVarsity, 1995).

> Com seu comportamento vil?
> Em vão Deus demonstra bondade
> A gente que nunca pediu.
> Pagãos, em sua grande cegueira,
> Prostram-se ante pedra e madeira.[7]

À "pedra e madeira", devemos acrescentar os programas políticos e os grupos sociais, o *status* econômico e a educação, as tecnologias, o conhecimento humano, as drogas e outras coisas mais. O ser humano se prostra perante a tudo isso, pois toma essas coisas como pontos de referência definitivos para a sua vida e ação. Se isso é tudo o que vemos, então não há motivos para esperança. A antiga visão profética não passa de uma projeção ilusória, nada real.

Entretanto, o fato é que a própria criação "suporta angústias" até que a humanidade assuma o papel a ela destinado no cosmos. Sob pressão intensa, a criação "aguarda a revelação dos filhos de Deus" (Rm 8:18-23, ARA). Segundo as profecias, porém, o método de Deus deve prevalecer — simplesmente porque Deus *é* Deus: "Eu sou o Senhor, e ajo com lealdade, com justiça e com retidão sobre a terra, pois é dessas coisas que me agrado" (Jr 9:24). "Essas coisas", então, devem prevalecer. Não pode ser de outro jeito.

Deus se faz conhecido apenas por meio da comunidade redimida

Em contraste com o pior da humanidade, eternamente representado pelo assassinato do próprio Jesus, o evangelho do reino nos acautela contra a crença de que em Deus existe qualquer coisa ruim. Antes, o evangelho nos conclama a crer que Deus manifestará tudo o que é bom.

Antes de tudo, a bondade de Deus está atrelada ao futuro do seu próprio povo, os filhos da luz. Ao longo da história, o povo de Deus sempre esteve abaixo do seu potencial; e isso continua sendo verdade hoje. Contudo, a promessa de Deus é: "Porei a minha lei no íntimo deles e a escreverei nos seus corações. [...] Ninguém mais

---

[7] *The Modern Hymnal* [Hinário moderno] (Nashville: Broadman, 1926), número 13, presente também em muitas outras coletâneas.

ensinará ao seu próximo, nem ao seu irmão, dizendo: 'Conheça ao SENHOR', porque todos eles me conhecerão, desde o menor até o maior" (Jr 31:33-34; cf. Ez 11:19-20; Hb 10:16).

Por incrível que pareça, a fim de cumprir sua intenção de habitar com o seu povo, Deus escolheu ocupar uma tenda — uma *tenda*! — por décadas de acampamento no deserto. O Senhor disse a Moisés: "Consagrarei a Tenda do Encontro e o altar [...]. E habitarei no meio dos israelitas e serei o seu Deus. Saberão que eu sou o SENHOR, o seu Deus, que os tirou do Egito para habitar no meio deles" (Ex 29:44-46).

A imagem de uma comunidade humana a ser habitada por Deus é transferida para a nova aliança em muitas passagens do Novo Testamento, embora nenhuma seja mais bela do que a carta de Paulo aos Efésios. Nela, o apóstolo declara a cristãos gentios, reputados antigamente por "gente sem importância": "Vocês já não são estrangeiros nem forasteiros, mas concidadãos dos santos e membros da família de Deus, edificados sobre o fundamento dos apóstolos e dos profetas, tendo Jesus Cristo como pedra angular, no qual todo o edifício é ajustado e cresce para tornar-se um santuário santo no Senhor. Nele vocês também estão sendo edificados juntos, para se tornarem morada de Deus por seu Espírito" (Ef 2:19-22).

O propósito de Deus na história humana não é nada menos que extrair dela, por pequena e insignificante que pareça em termos biológicos e naturalistas, uma comunidade eterna dos que, um dia, foram tidos apenas como "homens comuns".[8] Em virtude dos propósitos de Deus para ela, essa comunidade vai, a seu modo, permear toda esfera criada e partilhar do seu governo. A intenção de Deus, antes mesmo de ter criado o universo, de ter essa comunidade como lugar de habitação especial, será concretizada. Ele será seu principal sustentador e habitante mais glorioso.

Mas por quê? Qual a razão disso? O propósito é satisfazer o que só pode ser descrito como uma *necessidade* da natureza de Deus, como

---

[8]Em "O Peso da Glória", C. S. Lewis nos lembra de que nunca vimos uma pessoa "comum". Não é fácil manter em mente esse ponto crucial. Em certa ocasião, G. K. Chesterton diz que a coisa mais difícil de acreditar na religião cristã é no valor infinito que ela coloca sobre a dignidade do indivíduo. A magnitude do nosso destino eterno, claro, tanto depende desse fato quanto o elucida.

amor pleno e competente. É o mesmo propósito que se manifesta na criação do mundo. Somente à luz dessa criação e dessa comunidade redimida é possível conhecer a Deus em sua natureza mais profunda. Ambas possibilitam que Deus seja conhecido. E amor desconhecido é amor não cumprido. Além do mais, o bem-estar de todo ser consciente que existe depende desse conhecimento de Deus.

Portanto, após longas eras de preparação, a redenção chegou até nós na forma do seu Filho, "para mostrar, nas eras que hão de vir, a incomparável riqueza de sua graça, demonstrada em sua bondade para conosco em Cristo Jesus" (Ef 2:7).

Esse plano permaneceu um "mistério" aos seres humanos por muito tempo, mesmo para o povo da Antiga Aliança. Israel foi atraído para a conspiração divina, mesmo sem entender. "Mistério" significa, na linguagem do Novo Testamento, algo que por muito tempo permaneceu escondido, mas depois foi manifesto pela primeira vez. Por muitos séculos, o "mistério" dessa bondade ficou "oculto em Deus, que criou todas as coisas" (Ef 3:9). Mas ele gentilmente veio à luz pelo evangelho, para "que agora, mediante a igreja, a multiforme sabedoria de Deus se tornasse conhecida dos poderes e autoridades nas regiões celestiais" (3:10).

A importância da humanidade no futuro que Deus reservou para nós

A vida humana, o mundo humano é aquele que subsiste apenas em termos de expectativas futuras. Essencialmente, a realidade humana envolve *significado*. Para nós, significado não é um luxo, e sim um tipo de "oxigênio espiritual", por assim dizer, que permite a existência da nossa alma.[9] É um "ir além", uma transcendência do estado em que nos encontramos em direção àquilo que o completa. O significado

---

[9]O anseio pelo significado é uma necessidade específica, irredutível frente a outras necessidades, presente, em um grau maior ou menor, em todo ser humano" (Viktor E. Frankl, *The Unheard Cry for Meaning* [Clamor inaudível por significado] [Nova Iorque: Washington Square Press, 1985], p. 33). Esse livro, assim como outras obras de Frankl, demonstra de modo convincente a necessidade que o ser humano tem de encontrar significado.

dos acontecimentos presentes da vida humana depende, em grande medida, do que vem a seguir. Desse modo, tudo que "não tem futuro" não tem significado na ordem humana. É por isso que tentamos evitar a obscuridade do futuro a qualquer custo; ele nos sufoca.

Essa estrutura da vida se reflete na linguagem, na qual o significado e a expressividade se revelam de modo mais claro. Assim, se ouvirmos ou lermos em algum lugar apenas a palavra *casa*, não saberemos se ela corresponde a um verbo ou a um substantivo. Não saberemos a que ela se refere ou o que quer dizer. Se, porém, lermos ou ouvirmos o restante da frase, saberemos distinguir tal significado. Na frase "casa comigo!", exerce a função de verbo; já em "minha casa é logo ali", exerce a função de substantivo.

Os acontecimentos da vida humana são assim, bem como *uma* vida humana em geral ou a própria existência em si. Assemelham-se às palavras iniciais de uma frase, um parágrafo, capítulo ou livro. Em certo sentido, podemos identificá-las e entendê-las, mas não adivinhar o que significam sem que de fato saibamos o que vem a seguir. É por isso que estamos sempre em busca não apenas do significado da vida, mas dos acontecimentos que vivenciamos. Questionamo-nos acerca do significado de acontecimentos e personagens históricos, bem como da história humana como um todo. E o significado é encontrado, se é que realmente o encontramos, em algum contexto mais amplo.

Com Jesus, aprendemos algo sobre o contexto definitivo: Deus e o seu reino. Nas fases futuras desse reino jaz o significado da nossa vida — e, de fato, de toda a história da terra, da qual somos parte. Conforme vimos, Jesus insistia na realidade presente do "reino dos céus" e fazia dela a base do seu evangelho. Mas ele também reconhecia a plenitude futura do reino, bem como o usufruir eterno da vida em Deus, transcendendo em muito a terra e a vida nela contida.

Hoje, somos fortemente encorajados para a vida no reino ao entendermos o que o futuro nos reserva, especialmente quando entendemos como esse futuro se relaciona com a nossa experiência presente. Somente então compreendemos o aspecto atual da nossa vida e estamos em condições de fazer escolhas que correspondem à realidade.

A CONSPIRAÇÃO DIVINA

Não apenas os cristãos entenderam a importância do nosso futuro eterno. Pessoas reflexivas o enxergaram, embora não com o olhar dos propósitos de Deus na história humana e na redenção, características exclusivas do evangelho de Jesus. Esse *insight* com relação à natureza humana fez com que alguns pensadores ponderassem sobre a importância do futuro.

Platão, por exemplo, relatando as últimas horas da vida de Sócrates, põe as seguintes palavras em sua boca:

> Se a alma é imortal, então devemos cuidar não só da parte do tempo que chamamos de "vida", mas de todo o tempo. De fato, agora parece que seria extremamente perigoso negligenciá-lo. Se a morte fosse a libertação de tudo, seria uma dádiva para o transgressor. Visto, porém, que a alma é claramente imortal, não pode escapar ou proteger-se do mal, exceto tornando-se tanto bondosa e sábia quanto possível. Pois a alma não leva nada consigo para o além, exceto sua educação e instrução; e elas, segundo nos dizem alguns, são de suprema importância na ajuda ou no prejuízo do recém-falecido, logo no início de sua jornada após a morte.[10]

Infelizmente, porém, uma das partes menos úteis e perspicazes das atuais apresentações do evangelho cristão encontra-se precisamente no que diz respeito ao futuro do indivíduo e da humanidade corporativa no mundo de Deus. Há inúmeras razões para isso, dentre as quais as imagens confusas e inúteis do céu e do inferno que chegaram até nós, assim como o "retrato científico do homem", que rotula a ideia de existência após a morte como uma fantasia sem sentido.

Antes de encerrarmos este livro sobre a conspiração divina, tentaremos lançar luz sobre como será a nossa vida futura no reino. Trataremos também de alguns dos principais obstáculos com que nos deparamos ao tentar depositar a nossa confiança nos ensinamentos de Jesus e seus seguidores acerca do nosso futuro.

---

[10]Platão, *Phaedo* [Fédon], paginação Stephanus, 107c (muitas edições).

A razoabilidade da preservação e da restauração da humanidade

Antes de tudo, é razoável pensar que continuaremos a existir após a morte do nosso corpo? À luz de Deus e do seu reino, podemos dizer definitivamente que sim. Nas palavras de John Hick, um dos pensadores cristãos mais conhecidos do nosso tempo:

> Se confiarmos no que Jesus disse à luz de sua consciência direta de Deus, partilharemos de sua fé na vida futura. Tal fé é apoiada pelo raciocínio de que um Deus de amor infinito não criaria pessoas finitas para então tirá-las de existência, justo quando as potencialidades de sua natureza, incluindo sua percepção do Ser divino, apenas começaram a ser concretizadas.[11]

Em outras palavras, dada a realidade do mundo de Deus, seria irrazoável concluir que simplesmente deixaríamos de existir.

Devemos acrescentar, porém, que a continuação da nossa existência não é primordialmente para o nosso benefício, mas para benefício de Deus. Não é só porque queremos continuar existindo que ele decide continuar nos suportando. Antes, Deus investiu imensamente em seres humanos individuais e na humanidade como um todo. (Nem precisamos dizer que, para ele, o esforço valeu a pena.) Por isso, ele não pretende jogar fora esse esforço, permitindo que o ser humano deixe de existir. Segundo lemos na antiga profecia: "Ele verá o fruto do penoso trabalho de sua alma e ficará satisfeito" (Is 53:11, ARA).

Desse modo, existimos e continuaremos a existir porque é do agrado de Deus. Ele vê que isso é bom. É assim que devemos entender Salmos 23 [ARA]: "Ainda que eu ande pelo vale da sombra da morte, não temerei mal nenhum". Como pode ser isso? Esse salmo não fala de uma pessoa assustada, assobiando no escuro. Fala, antes, de um conhecimento experimental, da realidade do cajado (proteção) e da vara (correção) de Deus como fontes de consolo. "Bondade

---

[11]John Hick, *The Center of Christianity* [O centro do cristianismo] (São Francisco: Harper & Row, 1978), p. 106.

e misericórdia certamente me seguirão todos os dias da minha vida; e habitarei na casa do Senhor para todo o sempre". Por que o salmista sabe disso? Porque ele conhece a *Deus*. Essas interações mostram quem Deus é e, portanto, o que *Deus* certamente fará! É isso que diz Salmos 23.

Sua potencialidade

Assim, a existência do Deus de Jesus simplesmente dissolve qualquer dúvida relacionada à esperança de "sobrevivência". Além do mais, seu próprio ser prova que a existência pessoal não depende, estritamente falando, da matéria. Pelo contrário: a matéria depende dele. Deus vivia muito bem antes de criar um universo físico. Sem dúvida, ele tem a maior qualidade de consciência que existe — e isso sem um cérebro!

Deus, conforme alguns agora estejam chocados em perceber, não tem um cérebro. E isso não lhe faz falta, o que jamais devemos esquecer. O corpo e o cérebro procedem dele, e não o contrário. Em Deus, portanto, nosso ser pessoal estará tão seguro sem um corpo e um cérebro quanto está neste exato momento. Na verdade, ainda muito mais.

Aqueles que não compreendem isso ou que por motivos diversos o rejeitam dão a entender que a fé em um futuro para o homem além da morte do corpo não passa de uma "necessidade" emocional — ou, melhor dizendo, de uma deficiência moral. A ideia implícita no argumento é que pessoas que não acreditam na existência contínua da alma são corajosas, enquanto, as outras, covardes. No entanto, examinando a questão com uma mente aberta e avaliando caso por caso, você descobrirá que bravura e covardia estão quase que igualmente distribuídas entre os que creem e os que não creem na preservação da alma. Aqueles que não acreditam na vida após a morte não se destacam por sua bravura em relação aos que creem.

De qualquer maneira, essa é uma forma imprudente e infantil de abordar o assunto. O argumento me faz lembrar de uma mulher que conheço, que se recusava a conversar com os filhos sobre a vida após a morte porque, segundo alegava, não queria que eles ficassem desapontados se a alma não continuasse a existir. Só que… se não existir vida após a morte, eles não ficarão desapontados! Se existir, poderão descobrir que não estavam preparados. Só há uma única forma de eles se decepcionarem: continuando a existir!

Se, de fato, a pessoa cessa de existir com a morte física, então lidar com a morte é, na pior das hipóteses, como ir ao cirurgião: é uma experiência desagradável, mas pelo menos tudo estará terminado em breve. Ademais, não haverá dor, sofrimento, arrependimento. Não haverá "você". Do ponto de vista da sua consciência, não existirá mais nada.

O indivíduo realmente corajoso é aquele capaz de enfrentar com alegria o prospecto de uma existência sem fim. Suponhamos que você jamais deixasse de existir e não pudesse fazer nada a esse respeito — exceto, talvez, fazer de sua existência futura o mais agradável possível? Isso sim exigiria verdadeira coragem!

O alívio atrelado à ideia de deixar de existir é um tema comumente expresso ao longo dos séculos. Uma das maiores religiões do mundo apresenta-a como a condição mais desejável. Os antigos epicureus eram famosos por enfatizá-la. Nas palavras do poeta Swinburne:

> Libertos de amor pela vida,
> Do gozo e do medo também,
> Louvamos com a prece devida,
> A um deus qualquer ou a ninguém.
> Que nada dura para sempre,
> Que morto nenhum ressuscita.
> Que até mesmo o rio mais cansado,
> No mar desemboca e lá fica.[12]

O poeta prossegue, como lhe é característico, celebrando "o sono eterno na noite eterna". Mas é claro que não haverá ninguém para desfrutar desse sono, pois não haverá sono algum.

Ora, se o Deus da tradição bíblica, o Deus que revela a si mesmo, é omitido ou transformado em um ser irremediavelmente

---

[12]Extraído de *British Poetry and Prose* [Poesia e prosa inglesa], 3. ed., editado por Paul Lieder, Robert Lovett e Robert Root (Boston: Houghton Mifflin, 1950), p. 704. Lembre-se do dilema de Hamlet: "Morrer, dormir, dormir! Quiçá sonhar. Existe um obstáculo".

misterioso — conforme o pensamento moderno ou parte da teologia atual o reduzem —, então tudo o que devemos esperar é por uma noite eterna. Então, não apenas nós, depois de "desaparecidos", deixaremos de ter qualquer pesar: em breve, *ninguém* terá *nenhum* pesar. Afinal, em breve ninguém mais existirá. O trajeto de nosso pequeno planeta não terá passado de um momento cósmico. Do ponto de vista humano, teríamos pouquíssimos motivos de lamento — e logo ninguém existiria para lamentar.

Entretanto, do ponto de vista do nosso Pai celestial, a história é bem diferente. Ele valoriza aqueles que planejou e criou, por quem ansiou e se entristeceu, aos quais redimiu e chamou. A linguagem bíblica que expressa o relacionamento entre o Pai celestial e os remidos é tão íntima, que soa quase constrangedora. O salmista clama: "Não entregues a vida da tua pomba aos animais selvagens; não te esqueças para sempre da vida do teu povo indefeso" (Sl 74:19). Você jamais deixará de existir, e não há nada que possa fazer a respeito!

Mais uma vez, a palavra especial de Jesus para referir-se ao Pai, "Aba" ("Papai"), exprime um relacionamento cujo valor não pode ser rompido. O Deus de Jesus *obviamente* preserva a personalidade humana na eternidade de sua própria vida. Quando paramos para refletir sobre isso, qualquer alternativa é inconcebível. Insisto: não por causa de quem somos, mas por quem Deus é.

Como será nossa vida futura?

Seria verdade, então, que "não sabemos nada de concreto sobre as condições de nossa existência após a morte",[13] como alguns sugerem? Estranhamente, o mesmo autor que acabamos de citar reconhece que Jesus, descrevendo a vida após a morte do corpo,

> […] empregou símbolos para definir a vida eterna como uma vida ilimitada e aprimorada, um estado de ser mais intensamente vivo e em uma existência perfeita em satisfação, interminável, ao mesmo tempo, em atividade e novidade. Se a morte afinal conduz para *isso*,

---

[13]John Hick, *The Center of Christianity* [O centro do cristianismo], p. 112.

embora ainda a concebamos [...] com temor, espanto e apreensão, ela não evocará mais terror ou desespero; pois, além da morte [...] não estaremos menos vivos, e sim mais vivos do que agora.

Ora, descrever a vida eterna como "uma vida ilimitada e aprimorada", na qual estamos "mais vivos do que agora" e "em uma existência perfeita em satisfação" certamente é conhecer muito "sobre as condições de nossa existência após a morte".

Por exemplo: podemos estar seguros de que o céu, no sentido de nossa existência após a morte, é apenas o nosso futuro neste universo. Não existe outro universo além do que vivemos. Deus criou os céus e a terra. Ponto-final. Atualmente, parte da nossa dificuldade em formular uma imagem crível do céu e da terra vem da tendência de "localizá-los" em "outra realidade", fora do universo criado.

Mas o tempo está dentro da eternidade, não fora dela. O universo criado está dentro do reino de Deus, não fora dele. Se hoje sabemos alguma coisa sobre o universo "físico", tal conhecimento cumpre com os desígnios eternos. Em vista do que conhecemos sobre o cosmos, é plenamente realista dizer que há nele um futuro para a humanidade.

Conhecendo realmente — pela primeira vez

Ao passarmos pelo que chamamos de "morte", não perderemos o mundo. Antes, o veremos pela primeira vez como ele realmente é. Paulo estabelece esse ponto crucial em 1Coríntios 13. Suas próprias experiências de todo tipo lhe asseguraram a plena realidade de Deus e da esfera espiritual.

O entendimento do apóstolo era de que, naquilo a que chamamos de estados e condições "normais", temos, na verdade, uma visão distorcida da realidade. Somos como crianças, que realmente não têm ideia do que está acontecendo ao seu redor (1Co 11). Ao atravessarmos a "morte", porém, parafraseando as palavras de Paulo: "conheceremos como também somos conhecidos".

Estamos sendo conhecidos por quem? Certamente por Deus, por milhares de anjos, pelos espíritos dos justos aperfeiçoados e por Jesus, conforme indicado em Hebreus 12:22-23 — ou pela "grande nuvem

A CONSPIRAÇÃO DIVINA

de testemunhas", mencionada no início dessa passagem. Eles veem e conhecem as coisas como elas realmente são. E o mesmo acontecerá conosco. É essa qualidade de consciência e de vida que teremos.

Paulo, como outros personagens bíblicos, havia estado na presença visível desses seres; e ele sabia que tais seres o conheciam perfeitamente. O apóstolo sabia que, ao abandonarmos este corpo, passando para o mundo pleno de Deus, teremos a mesma plenitude e clareza de apreensão que esses seres agora tinham dele e de todas as coisas.

E isso apenas reflete o ensinamento bíblico padrão: "Nada, em toda a criação, está oculto aos olhos de Deus. Tudo está descoberto e exposto diante dos olhos daquele a quem havemos de prestar contas" (Hb 4:13). A esfera espiritual é a esfera da *verdade*, não de distorções (Jo 4:23). No Antigo e Novo Testamento, os anjos são tidos por "vigilantes", testemunhas do que acontece na terra. Sem dúvida eles veem as coisas como elas realmente são, sem os entraves de um cérebro ou de um corpo.

Em contrapartida, nós, em nosso atual estado corpóreo, sempre vemos as coisas de forma distorcida, "como por espelho". Nos dias de Paulo, os espelhos produziam imagens muito insatisfatórias, e *nunca* permitiam ninguém enxergar as coisas como elas realmente eram. Ao nos movermos além do corpo em sua forma atual, será como voltar o rosto da imagem de um espelho distorcido (nosso "conhecimento" atual) para as coisas reais, ou como mover-nos de uma percepção infantil das coisas para a percepção de um adulto.

Todavia, muitos que creem nesse estado futuro tratam-no como uma condição onírica, ilusória, nebulosa, ou então como um estado em que não teremos autoconsciência, nem noção de identidade individual. Por quê? Talvez por causa da relação comum que estabelecemos entre a morte e o sono. No entanto, essa analogia se aplica somente ao corpo, não à pessoa. A pessoa não "dorme". Ou talvez se acredite que, passando pela morte, entramos em um estado de choque, como alguém que sofreu algum acidente grave. Mas não é bem assim. Ao atravessarmos a morte, *deixamos* um corpo machucado e disfuncional.

Não podemos imaginar que seres como Deus e os anjos estejam em um estado desorientado e onírico. Parte do ensino de Jesus é que aqueles que partilham de sua vida sejam "como os anjos" (Lc 20:35-36).

Morte nunca mais

Isso explica a razão pela qual Jesus declara que, para o piedoso, a morte não é nada. "Não tenham medo dos que matam o corpo", ordena (Mt 10:28). Nós nunca sequer *experimentaremos* a morte (Jo 8:51-52), pois, de fato, sequer morreremos (Jo 11:26). Só estamos reenfatizando ideias que já estabelecemos anteriormente.

Uma das ocasiões em que os Evangelhos registram Jesus chorando é quando ele se contrista diante da agonia que os homens sofrem ao enfrentarem a morte de entes queridos (Jo 11:33-35). Sem dúvida, ele sabia o quanto daquela angústia era equivocada, e mesmo assim o quanto se entregavam a ela. Alguns até contratavam pranteadores, profissionais que ajudavam a chorar.

Discutindo sua própria morte iminente com seus amigos, Jesus lhes disse: "Se vocês me amassem, ficariam contentes porque eu vou para o Pai" (Jo 14:28). Então, ele coloca em outros termos: "Pois o Pai é maior do que eu". Para *Jesus*, não havia nada de pesaroso nisso! É claro que a sua morte deixaria seus *amigos* entristecidos, o que é normal e compreensível. Ao mesmo tempo, porém, eles tinham que ficar alegres por Jesus.

Evidentemente, tudo isso está de acordo com a resposta que ele dá à fé do ladrão que morria ao seu lado: "Hoje você estará comigo no paraíso" (Lc 23:43). Tal declaração não passaria de falsidade se significasse qualquer outra coisa além do seguinte: que o homem continuaria existindo em ótimo estado e em condições maravilhosas — não só com Jesus, mas, sem dúvida, com outras pessoas também.

Tal é o ensinamento do Novo Testamento como um todo. Aqueles que vivem confiantes na palavra e na pessoa de Jesus, conhecendo por experiência a realidade do seu reino, estão sempre em melhor condição "mortos", do ponto de vista pessoal. Conforme expresso por Paulo: "morrer é lucro" (Fp 1:21). Ou então: "Desejo partir e estar com Cristo, o que é muito melhor" (v. 23). Continuamos dispostos, claro, a ficar aqui em nossa posição, servindo aos outros por incumbência de Deus. Mas vivemos cientes de que, segundo Paulo declara em outra passagem: Jesus "tornou inoperante a morte e trouxe à luz a vida e a imortalidade por meio do evangelho" (2Tm 1:10).

A CONSPIRAÇÃO DIVINA

MUDANÇAS QUE VIRÃO

O que muda, então?

Ao passarmos pelo estágio que normalmente denominamos "morte", não perderemos nada além das limitações e dos poderes que correspondem especificamente ao nosso domínio atual sobre o corpo, assim como a acessibilidade e vulnerabilidade que o acompanham. Não conseguiremos mais agir e responder a estímulos por meio dele. Obviamente, é uma mudança angustiante para os que ficam. Por outro lado, na maior parte dos casos, a perda dessas capacidades começa a ocorrer muito antes da morte; é parte normal do envelhecimento e da doença. Como intermediário entre o indivíduo e o mundo físico, o corpo vai perdendo a sua função, enquanto a alma se prepara para uma nova disposição.

Ao longo dessa passagem, no entanto, não perdemos a percepção de quem somos; e todo o nosso conhecimento e os nossos relacionamentos permanecem intactos — exceto, claro, no que diz respeito a serem mediados pelo corpo e pelo ambiente físico.

Na verdade, *nós* mesmos estaremos em posse da nossa personalidade como nunca antes, e o universo limitado que agora vemos continuará por aqui — embora esse universo seja tão interessante quanto, depois da morte, o virmos pela primeira vez. Não desapareceremos em um amontoado eterno de névoa ou em um asilo de mortos; tampouco passaremos a existir em um estado de isolamento ou de animação suspensa, como muitos parecem supor. Deus preparou algo muito melhor para nós.

Em suma, nossa experiência não será fundamentalmente diferente da que temos hoje, embora ela mude em detalhes importantes. *Em termos de personalidade individual, a vida que hoje temos continuará, e continuará no mesmo universo onde existimos hoje.* Nossa experiência, porém, será muito mais nítida e profunda, pois não será mais restringida pelas limitações que nos são impostas pela nossa dependência do corpo. Antes, será enraizada na realidade mais ampla, fundamentada no reino de Deus e, justamente por isso, experimentará maior alcance e poder.

O corpo glorioso de Jesus

Para os primeiros seguidores de Jesus, a chave para entender tudo isso não era apenas o seu conhecimento do próprio Deus, que tanto enfatizamos, nem seu conhecimento de multidões de anjos e seres imateriais que servem a Cristo. O verdadeiro fundamento para a sua confiança a respeito do futuro era, antes de tudo, a realidade de Jesus após sua ressurreição.

Após a ressurreição, Jesus tinha um corpo: um foco de sua personalidade no tempo e no espaço, publicamente observável e passível de interação com realidades físicas. Mas ele era radiante, de modo que foi chamado de "corpo glorioso" (Fp 3:21). E esse corpo não estava *restrito* pelo espaço, pelo tempo e pela causalidade física que corpos terrenos enfrentam.

De fato, Paulo revela: "Se há corpo natural, há também corpo espiritual" (1Co 15:44). Ora, é verdade que o mundo intelectual do primeiro século permitia essa distinção importante, mas a aceitação da realidade do corpo espiritual se baseia fundamentalmente na experiência dos primeiros cristãos com o Jesus ressurreto.

No universo de Deus, a matéria está, em última análise, sujeita à mente ou ao espírito. Isso é tido por certo na tradição de Jesus e do seu povo. Agora mesmo, nosso lar natural, nossa "cidadania" (*politeuma*) ou "ordem sociopolítica" está "nos céus, de onde esperamos ansiosamente o Salvador, o Senhor Jesus Cristo. Pelo poder que o capacita a colocar todas as coisas debaixo do seu domínio, ele transformará os nossos corpos humilhados, tornando-os semelhantes ao seu corpo glorioso" (Fp 3:20-21).

Quando chegarmos ao mundo pleno de Deus pela "morte" — isto é, quando "for destruída a temporária habitação terrena em que vivemos", como Paulo declara em outra passagem — não estaremos privados de um corpo, e sim em posse de outro corpo, como aconteceu com Jesus. Teremos "da parte de Deus um edifício, uma casa eterna nos céus", de modo que "não seremos encontrados nus" (2Co 5:1-8). A parte mortal em nós terá sido "tragada pela vida". Deus nos preparou para isso concedendo-nos um "penhor", a saber, o Espírito Santo (v. 5). Conhecemos agora mesmo, e por experiência, a realidade de uma vida que não é parte do corpo físico.

"Corramos com perseverança a corrida que nos é proposta"

O que, então, devemos esperar à medida que corremos rumo à eternidade, na qual mesmo agora já vivemos? Dividamos esse tempo em três estágios: tempo de crescimento progressivo; tempo de passagem; tempo de reinar com Jesus.

TEMPO DE CRESCIMENTO PROGRESSIVO. Antes de tudo, devemos crescer constantemente em nossa prontidão e habilidade de extrair nossa direção, força e estilo de vida a partir do reino eterno e de nossa interação pessoal com a personalidade trinitária: Deus. Isso implicará, acima de tudo, a transformação do nosso coração e caráter à semelhança da família, tornando-nos cada vez mais como filhos do Pai que está nos céus (Mt 5:45).

Manifestaremos cada vez mais o amor *agape*, de 1Coríntios 13, em nossa personalidade. Mas os efeitos de nossas orações, palavras e feitos — às vezes nossa mera presença — também serão cada vez mais de uma natureza e extensão inexplicáveis em termos humanos. Gradativamente, aquilo que fizermos e dissermos será "em nome do Senhor Jesus Cristo", e cada parte da nossa vida se tornará eterna, no sentido já explicado nos capítulos anteriores. Havemos de nos tornar, cada vez mais, colaboradores de Deus.

O envelhecimento, então, não será um processo de perda, mas de lucro. À medida que o nosso corpo físico desaparece, aproximamo-nos mais do nosso corpo glorioso, e nossa essência espiritual se enriquece e aprofunda. Quanto mais envelhecemos, mais gloriosos nos tornamos. Mais uma vez, as afáveis palavras de George MacDonald nos ajudam a imaginar essa transição crucial:

> Velhice é como a queima da sarça
> Pela chama permanente e inextinguível da vida.
> Ó vida, queime sobre esta concha fraca,
> Até que eu tire a roupa chamuscada,
> Bata as asas da mente e finde a corrida.[14]

---

[14]George MacDonald, *Diary of an Old Soul* [Diário de uma velha alma], p. 32.

TEMPO DE PASSAGEM. A experiência humana comum, em todas as épocas e culturas, ensina muito mais sobre "transição" e "passagem" do que a cultura ocidental dos últimos cem anos está disposta a aceitar. Parte disso tem sido reafirmado, talvez até excessivamente embelezado, pelo recente interesse nas "experiências de quase-morte". Mas o que a experiência humana comum nos ensina de fato vem ao encontro de indícios derivados de fontes bíblicas.

O mais notável é que, na transição para a morte, começamos a "ver o invisível". O indivíduo começa a ver pessoas conhecidas que vêm recebê-lo, mesmo enquanto ele ainda está em contato com os que ficarão. Se a morte é súbita, quem está próximo não tem a oportunidade de perceber o que está acontecendo. Mesmo assim, podemos estar certos de que o falecido não é lançado no isolamento. Você mesmo não faria isso a ninguém que amasse. Tampouco Deus.

Nisso vemos a misericórdia consoladora de Deus por aqueles que o amam e o buscam. O pobre Lázaro morreu, conta-nos Jesus, "e os anjos o levaram para junto de Abraão" (Lc 16:22). Da "grande nuvem de testemunhas" vêm aqueles que Deus nos envia para a nossa proteção, os quais nos saúdam e nos recebem afavelmente. E embora esses primeiros momentos ou horas nos brindem com uma visão mais extraordinária do que a outra, estaremos em paz e alegres, em boa companhia.

O antigo hino espiritual nos diz: "Quem é que me vinha ao encontro, quando olhei para o Jordão? Um destacamento de anjos, que me tomava pela mão". Essa imagem aparentemente simplista, extraída de histórias e ensinamentos bíblicos, apresenta exatamente o que devemos esperar. Devemos esperá-lo com base em nosso conhecimento de Deus, da alma humana, da experiência humana comum e do ensinamento bíblico.

É claro que tudo isso se enquadra na categoria das coisas que Deus "esconde" do indivíduo supostamente informado e culto e revela claramente aos "pequeninos" (Mt 11:25). Mas não se trata de algo que incomodará aqueles que, vivendo no reino, já "experimentaram os poderes da era que há de vir" [cf. Hb 6:5].

Ora, essa interpretação de como passaremos para o mundo pleno de Deus esclarece com precisão o sentido em que, na perspectiva do

Novo Testamento, a morte foi abolida; também esclarece o sentido em que nós, que vivemos no *Logos*, não veremos a morte (Jo 8:51). Nossa existência pessoal terá continuidade ininterrupta. Em contrapartida, talvez possamos dizer que aqueles que não entram agora na vida eterna de Deus pela confiança em Jesus *experimentarão* separação, isolamento e o fim de sua esperança. Talvez isso lhes seja permitido por terem escolhido fazer de si mesmos o seu deus, ou seja, fazerem de si o ponto referencial absoluto. Ainda que Deus permita tal postura por parte do indivíduo, ela é, em longo prazo, insustentável. Temos razões para suspeitar de que o fogo do céu é mais quente do que o fogo do inferno. Ainda assim, há lugar no universo para os que rejeitam a Deus.

Tempo de reinar com Jesus. Não precisamos ter receio algum quanto a haver espaço suficiente para todos em nosso novo ambiente cósmico. Hoje, sabemos que existem cerca de 10 bilhões de galáxias em "nosso" sistema físico, contendo 100 quadrilhões de planetas — ou seja, são 100.000.000.000.000.000 de planetas. E pode ser que o universo que conhecemos seja este, porém, há muitos que ainda não foram descobertos. Há algumas décadas, pensávamos que a nossa galáxia compreendia todo o universo físico.

No devido tempo — só posso supor que será um tempo depois da nossa passagem para o mundo pleno de Deus — começaremos a assumir novas responsabilidades. "Muito bem, meu bom servo!", ouviremos do nosso magnífico Senhor, "Por ter sido confiável no pouco, governe sobre dez cidades", sobre "cinco cidades", sobre "muitas coisas" ou sobre o que for apropriado (Lc 19:17; Mt 25:21).

Desconfio de que haverá muitas surpresas na distribuição de novas responsabilidades. Talvez seja um bom exercício que cada um se questione: hoje, quantas cidades eu realmente poderia governar sob a autoridade de Deus? Se, por exemplo, Baltimore ou Liverpool me fossem confiadas, e eu tivesse poder para fazer o que bem entendesse, em que o meu governo resultaria? Uma resposta honesta a essa pergunta contribuiria e muito com a nossa preparação eterna neste universo.

Por exemplo, estamos preparados para divulgar tudo a nosso respeito a qualquer um? Jesus nos disse que não há nada oculto que não venha a ser revelado. "O que vocês disseram nas trevas será ouvido à luz do dia, e o que vocês sussurraram aos ouvidos dentro de casa, será proclamado dos telhados" (Lc 12:3). Estamos preparados para viver diante de tamanha transparência? Estamos totalmente convencidos de que o caminho de Deus é o único caminho inteligente, e que seremos guiados e capacitados pelo seu poder em tudo o que fizermos? Temos um caráter treinado a ponto de fazer *automaticamente* o que deveríamos?

Ao pensar nisso, impressiono-me ao perceber que poucos que querem "governar cidades" estão de fato preparados para receber essa incumbência. Se eu recebesse a incumbência de nomear governantes, receio que tentaria encontrar alguns poucos cristãos humildes que, apesar de não parecerem ser "muita coisa" do ponto de vista humano, aprenderam a não confiar em si mesmos, e sim depositar toda sua esperança em Deus. Sou grato pelo fato de que nunca receberei tal tarefa. Tenho certeza de que Deus escolherá bem. Contudo, esteja certo de que "muitos primeiros [aos olhos humanos] serão últimos [no julgamento de Deus], e muitos últimos, primeiros".

De qualquer maneira, podemos esperar que, no devido tempo, seremos elevados ao nosso destino eterno de *atividade criativa com Jesus e seus amigos nas "muitas moradas" da "casa de seu Pai"*.

Assim, não devemos pensar a nosso respeito como que tendo sido destinados a ser futuros burocratas celestiais, envolvidos eternamente em "trivialidades administrativas" celestiais, pois isso seria apenas um pouco melhor do que estar preso a um culto interminável de uma igreja. Não. Devemos conceber outro destino, no qual somos parte de uma equipe incrivelmente criativa, dotada de uma liderança inimaginavelmente maravilhosa, em um campo de atividade inconcebivelmente vasto, com ciclos cada vez maiores de produtividade e aprazimento. É esse o futuro que aguardamos, um futuro que, segundo a visão profética: "Olho nenhum viu, ouvido nenhum ouviu, mente nenhuma imaginou" (1Co 2:9, citando Is 64:4).

Isto é o *Shalom*

Ao final de seu livro *A cidade de Deus*, Agostinho tenta abordar a questão da "atividade dos santos que estiverem revestidos de corpos imortais e espirituais".[15] Inicialmente, Agostinho confessa sentir-se "incapaz de compreender a natureza dessa atividade". Depois, porém, concentra-se na palavra *paz* para descrevê-la, desenvolvendo a ideia de paz atrelada à *visão* de Deus — empregando, como nós fizemos, a rica passagem de 1Coríntios 13.

Assim, Agostinho descreve nossa "atividade" como "a visão beatífica", apresentando a eterna bem-aventurança da cidade de Deus como um "sábado perpétuo". Em palavras tão belas que todos deveriam conhecê-las de cor, Agostinho diz: "Lá, descansaremos e veremos, veremos e amaremos, amaremos e louvaremos. É isso que, no final, não terá fim. Pois que outro fim propomos a nós mesmos senão alcançar o reino que não tem fim?".

Todavia, a despeito de toda beleza e bondade dessas palavras, mesmo assim elas não me parecem captar a condição bendita da restauração de todas as coisas — do reino que se manifestará em toda a sua plenitude. Repouso? Sim. Mas não como quietude, passividade e imobilidade eterna. Antes, a condição bendita do reino é de paz como completude e plenitude como função, na qual a criatividade revigorante e interminável envolvida na busca conjunta de uma ordem criada se aproxima, mas nunca chega ao limite de sua bondade e grandeza, tendo como fonte a tríplice pessoa de Deus.

Certamente, é isso que Jesus quer dizer ao declarar: "Ao vencedor darei o direito de sentar-se comigo em meu trono, assim como eu também venci e sentei-me com meu Pai em seu trono. Aquele que tem ouvidos ouça o que o Espírito diz às igrejas" (Ap 3:21-22).

---

[15]Agostinho, *A cidade de Deus*, livro 22, parágrafo 29.

Índice

Abraão, 44, 78-80, 101-103, 128, 173, 196, 305-306, 314, 422, 477, 497
abstinência, 450n.18, 451
abundância, 394-396, 398, 420, 431
ação de graças, 275, 313
ação, disciplinas de, 450, 451, 455
acontecimentos comuns, 439
administração de pecados, 62-92
adoração, 458
adultério, 213-221, 225, 227
África do Sul, 95
afro-americanos, 81
Agostinho, Santo, 178, 215, 296, 478, 479, 499, 500; *A Cidade de Deus*, 500n15
AIDS, 285, 432
Alcoólicos Anônimos, 410, 410n.5, 436, 437
alegria, 369-372
Alemanha, 98
aliança, 48, 422
alimento, 258-260
alma, 205, 206, 217; lei e a, 189-198
alturas, poder das, 62
alunos de Jesus, 306, 358, 373, 379, 407
amor, 178, 228; *agape*, 186, 189, 240, 242, 254, 280, 281, 290, 351, 373, 496; comunidade de amor e oração, 278-344; significado político e social do, 84-86
Amós, 195, 197
animais, 296
anjos, 492, 495
ansiedade, 271, 274, 275, 280, 295

Antigo Testamento, 40, 45n.12, 51, 52, 77, 101, 103, 108n.10, 129, 196, 197, 206, 313, 314, 427, 457, 475; *cf. também* Referências bíblicas
Apel, Karl-Otto, 232n.23
apóstolos, doze, 41 *ver também* referências bíblicas, *apóstolos específicos*
aprendizado, 254, 349, 357, 376, 464
Aquino, Tomás de, 178, 408
Arendt, Hannah, 434n.16
Aristóteles; 183, 196, 216 *Ética a Nicômaco*, 140n.1
artes, 29, 118, 135
ascensão, 352, 353, 354
Atanásio, 18

Babilônia, 129
Barth, Karl, 45n.12, 72n.8
Bauman, Clarence, 180, 180n.3
beisebol, 365, 396
beleza exterior, 274
bem-aventuranças, 138-175; como proclamação do reino, 162-166
Bernardo de Clairvaux, 345
Betsaida, 40
Bíblia: traduções, 70-71; *cf. também* referências bíblicas; Novo Testamento; Antigo Testamento; *versões específicas*
Bíblia de Estudos Scofield, 149n6
Bíblia Viva, 376
Blackwood, A.W., 180
boas obras, 157
Bok, Derek, 22, 23, 23n.1, 24, 124
bom samaritano, 154, 155, 157

A CONSPIRAÇÃO DIVINA

bondade, 176-244; adquirindo hábitos de, 431-445
Bonhoeffer, Dietrich, 126, 178, 187, 187n6, 190, 278, 302, 303; *Ethics* [Ética], 187n.6; *Life together* [Vida em comunhão], 126, 278, 302, 303
Bourget, Paul, *The disciple* [O discípulo], 28
Brainerd, David, 376
Buda, 106
budismo, 60
Bultmann, Rudolf, 133
Butler, Bispo Joseph, 131, 132, 179
Byrd, Randolph, 317
Byron, George Gordon, "A Destruição de Senaqueribe", 314

Cafarnaum, 40, 42
Calvino, João, 11, 18, 46, 49, 102, 467; *As Institutas da Religião Cristã*, 467
"Cântico de Moisés e de Miriã", 168
casamento, 209, 217n.17, 224, 225, 229
centralidade do púlpito, 90
Chalmers, Gordon Keith, 25n.2
Chesterton, G. K., 483n.8
Cho, David (Paul), 60
Chronicle of Higher Education, 24
Cícero, 324
ciência, 38, 110, 114425, 480, 481
Clara, Santa, 426
Clarke, Adam, 99, 100, 102
cobertos na presença, 254
cobiça sexual, 197, 202, 213
código mosaico, 224
Coles, Robert, 24-28, 25n.2, 243; "Disparidade entre Intelecto e Caráter", 24
colinas de Golã, 40
compaixão, 11, 25, 335-339
comunidade de amor e oração, 278-344
comunismo, 111, 157
condenação, 279-292

Conferência de Lausanne sobre Evangelização Mundial (1974), 91
conflito, 53, 57, 435
congregações, 384, 385
Conselho Nacional de Igrejas (CNI), 81
convite, 34; diminuído, 63
coração, 268, 445; centralidade do, 117-119; dureza de 225-226
coração do reino, 176-244
correções, 282, 284
Cosby, Bill, 251
Cosmos, 279, 472-474
Cowper, William, 96, 97n.3
criação, 419-420, 421; aliança da, 48, 421
crianças, 32, 69, 112, 131, 204, 272, 296, 310, 322, 331, 334, 352, 397, 450, 491
"cristãos vampiros", 72n.8
cristianismo de consumo, 389, 392
crucificação, 174
Cruzada Mundial pela Alfabetização, 50
culpa, 74, 141, 287
currículo para a imitação de Cristo, 393-469

Daniel, 475
dano, 233
Dante, 183
Davenport, R., 318
Davi e Golias, 168
decisão, 377-379, 442
Depressão, 164
desprezo, 198, 203-205; no sexo, 218-219
destino eterno, 76-77
Dez Mandamentos, 56, 89, 103, 140, 191, 192
Dickason, Matthew, 95
Dickinson, Emily, 299, 300, 408
dikaiosune, 166, 195-198, 212, 226, 235, 275, 356
disciplinas espirituais, 445-462, 445n.17

discipulado, 358-359, 358n.4, 379-392
divórcio, 177, 197, 217n.17, 223-229, 227n.22
Dodd, C. H., 56, 108
Dossey, Larry, 318-319; *Healing Words* [Palavras de cura], 318

Edersheim, Alfred, 142n.2, 146
educação, 27, 38
Egito, 52, 256, 314, 428, 483
Einstein, Albert, 35, 183, 257
Elias, 44, 429
encarnação, 401, 425
entendimento moral, 177-179
epicureus, 489
Epiteto, 413, 413n.9
escolas, 262, 384
esmolas, 250, 261
espaço habitado por Deus, 109
espaço vazio, mito do, 114
espírito humano, 110-112
Espírito Santo; ação do, 438-441, 495
espírito; humano, 110-112; e espaço, 109-110
estrutura molecular, 136
estudo, 450n.18, 456-458
evangelho social, 81-82
evangelismo discipular, 358n.4, 385-386
evasão religiosa, 262
experiência de quase-morte, 497n.4
experiências de "novo nascimento", 72
expiação, 71, 80, 401, 423
Ezequias, 314, 315
Ezequiel, 129, 263

Faber, F.W., 37
Faculdade de Teologia de Harvard, 22
família, 80, 291-292, 428, 430
fé código de barras, 64
Filipe, o evangelista, 357, 423
Findlay, James, 81
Forsyth, P.T., 18, 45n.12
Fosdick, Harry Emerson, 110n.12

Foster, Richard: *Celebration of Discipline* [Celebração da disciplina], 451n.18; *Prayer: Finding the Heart's True Home* [Oração: encontrando o verdadeiro lar do coração], 309n.9
Foucault, Michel, 89
Fox, George, 325
Francisco de Assis, 376, 426
fraqueza do discipulado, 391
Frugerio, irmão, 284
fundamentalismo, 70
futuro, 471-493

Gaia, 332
Galileia, 40
ganância, 194, 202
Gates, Bill, 183
Gilligan, Carol, 23
Goldman, Ari, *In Search for God at Harvard* [À procura de Deus em Harvard], 86
graça barata, 65
Graça Sublime (hino), 125
Grande Inversão, 128-130, 168, 236
Grant, Michael, 178
Graves, Steven, 144n.3
Green, Michael, 91
grupos terapêuticos de oração, 317
Guelich, Robert, 145n.4
Guerra do Vietnam, 81
Guinness, Os, 229

Habermas, Jürgen, 232n.23
habitação, 38
Hagar, 102-103
Hallesby, Ole, 115
Hawking, Stephen, 31
Hegel, G. F.W., 179
Heidegger, Martin, 89
Heiler, Friedrich, 107n.8
Herodes, o Grande, 250
Hick, John, 487
Hilel, escola de, 224
Hobbes, Thomas, 140n.1
homicídio, 201, 202, 205, 213, 223

A CONSPIRAÇÃO DIVINA

honestidade, 369, 400
honra, 247-248
Houseman, A. E., 411
Howells, Rees, 309
Hume, David, 324; *Tratado da Natureza Humana*, 199n.9
Huxley, Aldous, *The Doors of Perception* [As portas da percepção], 121
Hyde, John, 309

Igreja do Evangelho Pleno, Seoul, 60
Igreja Unida de Cristo, 86
Iluminismo, 180
imitação de Cristo, currículo para, 393-469
imortalidade, 122, 493
Índia, 106
individualismo, 346
Inglaterra, 334
inimigos, 239-242
intelecto, 11, 25-26, 111, 131-137; três áreas indispensáveis de clareza, 412-431
intenção, 385-386
ira, 200-201
Isaías, 129, 166, 195, 197, 315, 328, 430
Isaque, 78, 103, 128, 305
Israel, 40, 44, 52, 80, 102, 103, 355, 366

Jacó, 103, 128, 266; "Escada de Jacó", 104
James, William, 85n.21, 118, 118n.19, 412n.7
jejum, 255-256, 257-261
Jericó, 155, 250
Jerusalém, 40, 41, 155, 183, 231, 475-476
Jesus de Nazaré, 5; bem-aventuranças de, 138-175; conhecimento de, 93-137; sermão do monte, 176-244; discípulo de, 345-392; métodos de ensino de, 151-152; como força histórica, 36

Jó, 213-214
João, apóstolo, 79, 104, 273, 298, 355, 406
João Batista, 40, 41, 45, 167, 191, 354
Jonas, 172
Jones, E. Stanley, 18
Jordão, 41
Josafá, 168
José, 37, 69, 167, 250, 427
Judeia, 41
julgamento, 289-291
Juliana de Norwich, 113
juramento, 230-232
juramentos, fazendo, 230

Kant, Immanuel, 26, 89, 98, 118, 140n.1, 140, 179; *Fundamentação da Metafísica dos Costumes*, 118n.19
Kennedy, John F., 159
Keynes, John Maynard, 27
King, Martin Luther, Jr., 82
Krishna, 106
Küng, Hans, 44, 45

lacuna do evangelho, 86
Lasch, Christopher, *The Revolt of the Elites and the Betrayal of Democracy* [Revolta das elites e traição da democracia], 25n.2
Laubach, Frank, 18, 49, 50, 309n.9; *Prayer: The Mightiest Force in the World* [Oração: a força mais ponderosa do mundo]; *Practicing His Presence* [Praticando sua presença], 117n.18
Law, William, *Sério Chamado à Vida de Devoção e Santidade*, 378
Lawrence, irmão, 114, 361
Lázaro, 497
Lecky, W. E. H., 178; *History of European Morals from Augustus to Charlemagne* [História da moralidade europeia de Augusto a Carlos Magno], 140n.1
legalismo, 151, 156, 174, 235

lei e alma, 189-198
Lewis, C. S., 18, 45, 114-115, 283-284, 307; "O círculo interior", 205; *Cristianismo Puro e Simples*, 176; *Além do Planeta Silencioso*, 114; *Cartas de um Diabo a Seu Aprendiz*, 5; *O Peso da Glória*, 483n.8
língua grega, 145, 196, 197
linguagem, para expressar a Deus, 97-100
Locke, John, 89, 140n.1
Logos, 279, 425, 474
Los Angeles, 60, 96, 195, 200, 343
Lucas, 160
Luteranos, 467
Lutero, Martinho, 11, 328-329

MacArthur, John, 69, 73, 77
MacDonald, George, 18, 474
maná, 156-259
manifestações, 355-356
Manning, Brennan, 425
mansos, os, 163
Mantle, Mickey, 125
Maria, virgem, 168
Maria Madalena, 75
Marsden, George M., *The Soul of the American University* [A alma da universidade americana], 132n.27
Marshall, Dr. I. Howard, 92
Marshall, Peter, 126
Martelet, Gustave, *The Risen Christ and the Eucharistic World* [O Cristo ressurreto e o mundo eucarístico], 93
Martinez, Dennis, 365
mártires, 277, 378
Marx, Karl, 72
McClain, Alva, *The Greatness of the Kingdom* [A grandeza do reino], 51n.18
McGrath, Alister, 398
mendicância, 177
menonitas, 276, 467
Mente, deslumbrada com Deus, 408-431; do Espírito, 121-122

mestres e discípulos, 346-369
metodistas, 467
mídia, 27, 30, 31, 35, 39, 169, 194, 212, 248, 387
milênio, 75, 149
Mill, John Stuart, 140n.1, 402n.2
Milton, John, 177
Miqueias, 195
misericordiosos, os, 164
mitos, prejudiciais, 418-420
modernidade, 28, 88, 98
Moisés, 52, 56, 103, 105, 119, 149, 168, 182, 190, 314, 315, 320, 477, 483
Moody, Dwight, 126
Morte, 123-128, 493; de Jesus, 75, 423
movimento de "crescimento da igreja", 92
movimento pelos direitos civis, 81, 82
Muggeridge, Malcolm, *Jesus: the man who lives* [Jesus: o homem que vive], 21

Nabokov, Vladimir, 94, 124, 124n.23
não resistência, 234-235
não retaliação, 363, 462
Nazaré, 36, 37, 40, 166, 250, 360
nazismo, 172
Nebulosa da Águia, 96
Nee, Watchman, *O Poder Latente da Alma*, 320.15
Neemias, 257
Neill, Stephen, 71
New English Bible [Nova Bíblia inglesa], 144
Newman, John Henry, 127
Nicodemos, 102
Nietzsche, Friedrich, 179
Nouwen, Henri, 384
Nova Iorque, 195, 208
Novo Testamento, 13, 14, 54n.19, 55, 70, 74, 83, 92, 102, 104, 108, 123, 133, 145n.4, 150, 191, 194-197, 220, 250, 276, 310, 312, 359, 362, 382, 416, 422, 432, 442, 463, 478,

A CONSPIRAÇÃO DIVINA

483, 484, 492, 493; cf. também Referências bíblicas

obediência, 189-191, 349, 394-396, 399, 411, 463, 464, 467
Oden, Thomas, 88, 217n.17
ódio, 106, 177, 200-201
Oração, 117n.18, 241, 253-255, 278-344, 309n.9, 450n.18; *continuum* de, 300-301; estudos científicos sobre, 317-320
Oração do Pai Nosso, 52, 85, 140, 254, 308, 325, 343
Ordem dominicana, 284
Ordem franciscana, 425
organização *Promise Keepers* [Guardadores de promessas], 429

pacificadores, os, 164, 165
pais, 336, 346, 347, 405, 407, 428, 429
Palestina, 40, 183, 250
parábola, 152, 154, 156
Parker,William R., 317, 319
Pascal, 453
Páscoa, 152
pássaros, 270-273
Paulo, apóstolo, 53, 55, 101, 102, 102n.6, 116, 120, 120n.20, 122, 123, 125, 146, 149, 150, 161, 172-174, 186, 191, 197, 202, 208, 240, 241, 282-284, 355-357, 412-414, 430, 432-434, 441-444, 466, 471m 491-493, 495
paz, 500
pedido, 235, 236, 299, 301, 315; não atendido, 301
Pedro, apóstolo, 105, 158, 168, 308, 351, 373, 374, 400, 403
Pelikan, Jaroslav, 36
Penfield, Wilder, 120n.20
Penn, William, 325
pensamento, 117
perdão, 63-65, 77, 79, 334-338
Picard, Max, 130; *The flight from God* [A fuga de Deus], 93

Picasso, Pablo, 29
Pike, Bispo James, 84
Platão, 195-196, 323, 486; *A República*, 140n.1, 195, 222n.19
plateia de Um só, 248-249
poder, definitivo, 116
pornografia, 219
programa dos Doze Passos, 398, 410, 410n.5, 436
protestantismo, 467
provações, 339, 340, 440-442
Puckett, Kirby, 365
puritanos, 467

Raca, 203, 204
Rainaldo, irmão, 426
reação automática, 435
realidade espiritual, 111, 112
Reforma Protestante, 382
Rei Davi, 434
Rei Salomão, 100
Reid, Clyde, 262, 262n.3
Reino, 450n.18, 464-465; de Deus, 51-53, 54n.19, 102n.6, 153; dos céus, 142, 143, 147, 160, 165
reputação, 245-277
respeitabilidade, 247-264
ressurreição, 353, 354, 495
retaliação, 232, 233, 237
revistas, cristãs, 66
riquezas, 264-276
riso, 304-306
Robinson, John A.T., 83, 83n.18, 84
Royce, Josiah, 412n.7
Russell, Bertrand, 242
Ryrie, Charles, 54n.19, 73-77, 79

Sagan, Carl, 31, 88
sal da terra, 173, 185
salvação, 76-77
salvação pelo senhorio, 73-75
Samaria, 250, 254, 357
Sanford, Agnes, 107n.9
Santayana, George, 259
São Domingos, 284

Sara, 305
Sartre, Jean-Paul, 89; *The Wall* [A muralha], 472n.1
Satanás, 177, 256, 425
Schweitzer, Albert, 376
Schweizer, Eduard, 209
Séforis, 185, 250
Senaqueribe, 314
Septuaginta, 196
sermão do monte, 139, 142, 142n.2, 145, 145n.4, 149, 149n.6, 150, 158, 179, 180, 180n.3, 187, 187n.6, 193, 228, 231, 272, 363, 457
serpente, 296
serviço, 363, 418n.18
Shamai, escola de, 168
silêncio, 448, 450n.18
Simão, 42-43
Singh, Sundar, 106-107, 107n.8
sique, 106
Síria, 40
slogans, 31-34
Smith, Gary, 59
Smith, Huston, 38
sobrenaturalismo, 85
Sociedade dos Amigos (Quacre), 325
Sócrates, 196, 222n.19
solidão, 450n.18, 451-455
sonhos, 269
Suprema Corte dos Estados Unidos, 89
Swinburne, Algernon Charles, 489

Telescópio Hubble, 96
televisão, 31, 104, 170, 218, 231, 318
teólogos, 417
Teresa, Madre, 184, 369
Teresa de Ávila, 11, 57
Tertuliano, 183
tesouros, 264-276
Thielicke, Helmut, 67
Thoreau, Henry David, 120, 200
Tiago, apóstolo, 194, 231, 277, 298, 301, 321, 339, 435, 439, 441
tipo eterno de vida; entrando desde já no, 21-61; cinco estágios de, 462-465

Tolkien, J. R. R., *O Hobbit,* 470
tolo, 206
Tolstoy, Leo, 30-31, 122, 233, 266; *A Confession* [Uma confissão], 30, 121
Traub, James, 82
triângulo de ouro do crescimento espiritual, 438
Twain, Mark, 184

Um Acidente Glorioso (Série da PBS), 31, 387, 388
Universidade Bradley, 85
Universidade Harvard, 22, 140n.1
universidades, 22-24
universo trinitário, 325, 473, 479, 480, 481

velhice, 336, 374, 496
vícios, 66, 287
vida após a morte, 66, 74, 488
vida e fé, integração de, 87-90
vingança, 177, 280
violência sexual, 212, 431
vizinhos, 281
vontade, 350; centralidade da; 117-119

Wagner, Peter, 92
Warhol, Andy, 39
Waugh, Evelyn, *Brideshead Revisited* [Memórias de Brideshead]*,* 132
Wells, H. G., 121
Wesley, John, 178, 376; *Sermões,* 467
Westcott, Canon B. F., *O Evangelho da Ressurreição,* 62
Wilkins, Michael J., 357n.3
Willard, Dallas: *In Search for Guidance* [À procura de direcionamento], 10, 107n.9; The Spirit of the Disciplines [*O espírito das disciplinas*], 18, 221n.18
Willens, Dirk, 276
Wimber, John, 107n.9
Wordsworth, William, 414

Yaconelli, Mike, 68n.4

Referências bíblicas

ATOS, 254, 353, 357, 367
1:2-6, 354
2:2, 355
2:14-40, 355
3:21, 481
5:41, 372
7:60, 126
8:9-24, 356
9:32, 367
10:30-31, 421
11:5-9, 105
14:17, 421
16:25, 146n.4
19:11-17, 254
28:23-31, 357

AMÓS
3:2, 80
5:24, 197

1CRÔNICAS
1:26-31, 172
21:26, 103

2CRÔNICAS
20, 168
20:7, 78

COLOSSENSES, 442-443
1:10, 356
1:13, 55, 407
1:15, 46
1-17, 135
2:3, 135
3, 150, 445, 457

3:3, 270
3:4, 471
3:8, 202
3:9-10, 465
3:10-11, 174
3:12-17, 150, 439
3:17, 25, 89, 348
4:11, 55

1CORÍNTIOS
2:2, 174
2:15, 253
3:21-23, 430
7:9, 228
10:4, 351
11, 491
11:1, 443
12:2, 463
12:3, 491
13, 150, 491, 496, 500
15, 473
15:44, 495

2CORÍNTIOS
1:3-12, 146n.4
3:6-10, 186
4:6, 112
4:8-18, 116, 146n.4
5:1:8, 125, 495
5:16-17, 174
6:4-10, 146n.4
12:9-10, 340

DANIEL, 475
7-14, 51
10:13, 321
12:3, 475

DEUTERONÔMIO
4:8, 191
4-12, 353
4:24, 103
6:4-5, 191
7:21, 55
8:3-5, 256, 333
19:14-21, 233
22-24, 224
32:9, 266

EFÉSIOS, 483
2:7, 421, 484
2:19-22, 483
3:9-10, 421
3:20, 122
4:26-27, 203
5:20, 430
6:2, 428
6:6, 260

ÊXODO
3:14, 118
8:19, 56
13:21, 103
15, 168
15:18, 52
19:6, 474
20, 103
20:4, 353
20:7, 230
20:12, 336
29:44-46, 483
31:18, 56

EZEQUIEL
11:19-20, 483
17:22-24, 129

REFERÊNCIAS BÍBLICAS

33:31-32, 263
37:26-28, 478

GÁLATAS
1:12, 241
2:16-20, 404
3, 173
3:21, 208
3:24, 149n.6;
5:22-23, 439
5:22-26, 464
6:1, 282
6:8-10, 268

GÊNESIS
1:27-31, 421
2:7, 421
2:24, 224
12:3, 422
14:18-19, 413
15:6, 78, 196
15:8-11, 78
15:17, 103
17:17, 305
17:19, 305
18:12-15, 305
21:1, 78
21:17-19, 103
22:11-15, 103
26:27-29, 129
28:16b17b, 103
37-50, 427

HEBREUS
1:3, 46
2:14, 58
2:15, 272
3:4, 60
4:13, 492
6:16, 230
10:16, 192, 483
11, 312
11:1, 463
12:7-10, 359
12:11, 341
12:22-24, 270, 491
12:27, 51

12:29, 103
13:5-6, 348

OSEIAS
6:6, 209

ISAÍAS
6:3, 57
26:3, 444
29:13, 405
40:12-26, 480
41:8, 78
42:1-4, 478
52:7, 52, 168
53:11, 487
56:3-8, 129
61:3, 287
63:12, 52
64:4, 499
64:6, 197
65:17-25, 476

TIAGO
1:2-4, 439
1.12, 145n.4
2:13, 336
2:23, 78
3:9, 298
3:12, 194
4:4, 277
5:11, 335
5:12, 231

JEREMIAS
9:24, 482
10:23, 480
31:33-34, 483

JÓ
31, 213

JOÃO
1:4, 37
1:9, 421
1:17, 182
3, 259
3:3,5 102n.6

3:5, 439
3:13, 342
3:15, 463
3:16, 21
3:17, 278
4, 258
4:23, 492
4:34, 258
5:17-19, 50
5:26, 119
5:44, 245
6:28, 190
6:29, 193
6:63, 13
8:31-32, 375
8:34, 406
8:51-52, 124. 498
8:56, 80
10:18, 136
10:32, 367
11:26, 124, 493
11:33-35, 493
14, 431
14:2-4, 137, 474
14:8, 422
14:15-16, 193, 464
14:23, 320
14:28, 493
14:30, 435
15:5, 437
15:11, 97
15:15, 78
15:19, 276
16, 373
16:2, 166
16:33, 277
14:26, 368
17:3, 403
17:6-8, 342
17:17, 331
17:24, 474
18:36, 55
21:15, 373

1JOÃO
1:1, 104
1:5, 406

A CONSPIRAÇÃO DIVINA

2:16, 273
3:1-2, 471
4:8, 298
4:20, 298
5:11-12, 79

JOSUÉ
1:8, 444

JUDAS
1:16, 349

1REIS
8:22-56, 310
18:38, 103

2REIS
1:10, 103
19:8-37, 314

LAMENTAÇÕES
3:22, 335

LEVÍTICO
19:8-18, 191
24:17-21, 233

LUCAS, 79, 145n.4,
148, 152, 160-162,
160n.7
1, 168
1:34, 80
4:18-19, 166
6, 141, 160n.7
6:17-19, 161
6:21, 163
6:24, 26, 276
6:30, 235
6:35, 294
6:43-45, 176, 194
6:46, 348
7:44-47, 43
8:13, 41
9:27-28, 473
9:29, 325
9:62, 371
10, 154, 367

10:9, 55, 56
10:17-24, 367
10:28, 192
11, 55, 326
11:1, 326
11:5-6, 322
11:20, 56
11:27-28, 145n.4
11:29-54, 285
12, 152
12:1, 41, 193
12:3, 499
12:6, 273
12:21, 334
12:24, 273
14:26-33, 372
16:1-12, 50
16:14-15, 245
16:16, 42
16:22, 497
16:25, 145n.4
17:21, 55
18:1-8, 322
18:9, 286
19:17, 498
20:35-36, 492
20:38, 123
22:32, 308
23:34, 234, 241
23:43, 493
24:45-49, 62

MALAQUIAS
4:6, 336, 429

MARCOS, 40, 79
1:1, 404
1:15, 55
2:4, 41
7:21-23, 223
8:38, 298
9:24, 403
9:43, 222
10:8, 225
10:19, 192
10:25, 299
10:30, 430

10:31, 168
11:25, 299
12:30, 420

MATEUS, 40, 75, 108
3:2, 55, 28
4:4, 256
4:17-25, 55, 75, 187,
5, 141, 167, 186, 197,
443
5:1, 142
5:3-20, 138, 139, 143,
144, 175
5:20-48, 55, 139, 175,
177, 186, 187, 189,
195, 240
6, 100, 187, 246, 308,
326, 330, 332, 338
6:1-34, 75, 248, 275
7, 279, 289, 291m 350
7:1-12, 187, 280, 287,
289, 304, 308
7:13-27, 188, 349
7:29, 44
8:12, 75
9:35, 75, 366
10:7-8, 366, 367
10:16, 296
10:28, 272
10:31, 273
10:42, 78
11:4-6, 167
11:12, 41
11:25-27, 342
12, 152
12:18-21, 478
12:34, 193
13, 368
13:31-32, 129
13:43, 475
13:44-46, 371
13:52, 160,194, 368,
461
16:16-19, 400
16:23, 400
18:3, 55
18:8-9, 222

510

REFERÊNCIAS BÍBLICAS

19:3, 224
19:5-10, 224
19:30, 138
20:22, 339
21:43, 357
23, 190, 285
23:5-7, 247
23:25-26, 194
24:46, 145n.4
25, 50
25:21, 474, 498
25:34, 50
26, 152
26:13, 75
27:18, 306
28:18-20, 16, 345, 369, 393, 397

NEEMIAS
9:5-38, 328, 421

NÚMEROS
7:89, 105
12:7-8, 320
17:8, 257

1PEDRO
1:4-5, 269
1:8, 374
1:12, 421
1:20-21, 404
2, 351
3:8, 335
3:9, 237
3:23, 462
4:19, 404

2PEDRO
1:1-15, 351
1:16-19, 325
2:14, 220
3:18, 403

FILIPENSES, 438
1:21, 493

1:29, 372
2-4, 457
2:11-15, 438
3:20-21, 55, 325, 471, 495
4:6-7, 275
4:8-9, 196, 457
4:11,13, 430
4:19, 270

PROVÉRBIOS, 196, 206, 442
3:7, 33
3:32, 78
4:7, 33
4:23, 444
9:8, 288
11:22, 274
14:16, 206
16:7, 460
18:2, 206
26:11, 206

SALMOS, 51, 98, 311
1:2, 444
8:4-8, 421
16, 411
19, 414
23, 57, 85, 140, 457, 487, 488
34, 104, 168, 277
37, 168
39:6, 335
46:1, 270
74:19, 490
85:7-10, 336
91, 340
96-99, 52
103:10-14, 335
107, 168
119, 191
126:1-2, 305
145-150, 51

APOCALIPSE, 478
1:5, 135, 137
1:18, 135
3:21-22, 500
5:10, 474
22:4-5, 51, 470

ROMANOS
1-8, 197 423, 432, 433, 441
8:1, 292
8:6, 120
8:10-13, 439
8:18-23, 482
33-39, 292
10:2, 458
10:9-10, 463
10:12, 60
10:18, 414
12:1, 448
12:17, 237
13:8, 208
14:17-18, 356

1SAMUEL
2, 168
7:10, 103
16:7, 157
17, 168

1TESSALONICENSES
4:14, 126
5:23, 331

1TIMÓTEO
4:12-16, 444
6:6-8, 146n.4, 272, 333

2TIMÓTEO
1:10, 122, 493
3:16, 149n.6

ZACARIAS
9:9-10, 478

Este livro foi impresso pela Exklusiva para a
Thomas Nelson Brasil em 2021.
A fonte do miolo é Adobe Garamond Pro.
O papel do miolo é pólen soft 70g/m²,
e o da capa é cartão 250g/m².